능호관 이인상 연보

능호관 이인상 연보

박희병 지음

2022년 3월 28일 초판 1쇄 발행

펴낸이 한철희 | 펴낸곳 돌베개 | 등록 1979년 8월 25일 제406-2003-000018호
주소 (10881) 경기도 파주시 회동길 77-20 (문발동)
전화 (031) 955-5020 | 팩스 (031) 955-5050
홈페이지 www.dolbegae.co.kr | 전자우편 book@dolbegae.co.kr
블로그 blog.naver.com / imdol79 | 페이스북 /dolbegae | 트위터 @Dolbegae79

편집 이경아
표지디자인 민진기 | 본문디자인 민진기·이연경·이은정
마케팅 심찬식·고운성·한광재 | 제작·관리 윤국중·이수민·한누리
인쇄·제본 상지사P&B

ISBN 979-11-91438-44-4 (93990)

책값은 뒤표지에 있습니다.

능호관 이인상 연보

박희병 지음

돌베개

함께 걸으며 능호관의 그림에 대한 이야기를 주고받았던

고 신광현 교수를 기억하며

책머리에

능호관(凌壺觀) 이인상(李麟祥, 1710~1760)에 관심을 갖고 공부한 지 20년이 넘었다. 그사이 나는 40대 초반에서 60대 후반이 되었다. '소년이로학난성'(少年易老學難成)이라는 말을 실감하게 된다. 한 인간의 삶을, 그것도 세계와 불화했던 한 인간의 삶을 오랫동안 자세히 들여다보는 건 그리 상서로운 일이 아니다. 슬픔이 깊어지기 때문이다.

한 인물에 대한 충실한 연보는 문학 연구, 역사 연구, 사상사 연구의 초석이 된다. 오늘날 중국에서는 '연보학'이라고 할 만한 분야가 탄탄하게 자리 잡고 있다. 하지만 한국에서는 그렇지 못하다.

연보는 한 사람의 사적(事蹟)을 연대순으로 기록한 것을 이른다. 이 경우 '사적'은 인물의 외적 행위가 주가 된다. 하지만 본서는 이런 일반 연보와 달리 인물의 외적 행위는 물론 그 '실존'과 '내면 풍경'까지도 기술하고자 했다. 이 점에서 필자는 새로운 종류의 연보를 시도했다고 생각한다. 연보는 한·중·일 세 나라의 학문에 모두 존재하므로 이 시도는 비단 한국학만이 아니라 동아시아 인문학 전체에 하나의 문제 제기가 될 줄 안다. 본서에 의하면 연보는 단지 보조적 연구에 그치는 것이 아니라 그 자체로서 하나의 독자적이며 독특한 '인간학'적 보고(報告)이며, 지적 건축물에 해당한다.

이인상은 시인이자 산문가, 화가, 서예가였다. 또한 그는 사상과 이념에 깊은 관심을 가졌던 당대의 문제적 지식인이었다. 요컨대 이인상은 여러 영역을 넘나들며 활동한 인물이다. 본 연보는 '통합인문학'적 방법을 따름으로써 이인상의 이런 다양한 면모를 충실히 기술하고자 했다.

나는 2016년에 『능호집』 번역본을 냈고, 2018년에 『능호관 이인상 서화평석』을 낸 바 있다. 이 책들이 있었기에 이인상의 연보를 집필할 수 있었다.

2015년 10월부터 나는 이인상의 문집 초본인 『뇌상관고』(雷象觀藁)의 번역을 주관해 오고 있다. 『뇌상관고』는 시고(詩稿)와 문고(文稿)로 구성되어 있는데, 시고는 내가 이끄는 강회(講會)에서 작년 봄에 초벌 번역을 끝냈고, 문고 역시 비슷한 시기에 김대중 교수가 주도하여 초벌 번역을 끝냈다. 내가 이인상 연보 작성에 착수한 것은 2016년이다. 마침 연보를 마무리할 무렵 『뇌상관고』의 초벌 번역이 끝나 연보를 보완하는 데 큰 도움이 되었다.

이 책은 이인상의 연대기가 주축이 되고 있지만 그럼에도 이인상의 연대기로만 한정되지 않으며, 이인상 주변의 인물들, 특히 단호그룹에 속한 인물들의 연대기이기도 하다. 그리하여 이인상과 단호그룹의 인물들을 따라가며 18세기 전·중기 조선의 시대정신(Zeitgeist)의 추이를 탐색하고자 했으며, 더 나아가 이 시기 동아시아의 추이를 조망하고자 했다.

무릇 학문은 어떤 시대든, 어떤 공동체에서든, 그 고유의 힘을 갖는다. 이 힘은 공동체의 향방이나 인간 삶의 방향에 작용하기에 엄중하다. 학문 고유의 이 힘을 '학문력'(學問力)이라고 부른다면, 학문력이 상대적으로 큰 시대나 공동체가 있는가 하면, 작은 시대나 공동체가 있기도 하다고 생각된다.

오늘날의 한국은 과연 어떠한가? 학문의 힘을 학문력이라고 하듯 예능의 힘을 '예능력'이라고 부를 수 있다면, 지금 한국의 예능력은 누가 보더라도 엄청나다고 하지 않을까. 그와 달리 학문력, 특히 인문학의 학문력은 점점 더 왜소해지고 있는 것으로 판단된다. 이것은 우리 모두에게 아주 좋지 않은 징후로 느껴진다. 이런 상황에서 나의 이 책이 '지금' '이곳'의 학문력의 향상에 조금이라도 도움이 되기를 기대한다.

만일 한국학 연구자가 저마다 자신이 관심을 둔 인물 가운데 한 사람을 택해 평생 공력을 기울여 그 연보를 작성한다면 한국학의 학문적 기초는 지금보다 훨씬 더 탄탄해질 수 있을 것이다. 그리고 이를 토대로 한국학은 그 외연을 더욱 확장하면서 더 높고 심오한 방향으로 나아갈 수 있을 것이다. 아무쪼록 나의 이 책이 그 한 '예시'가 되었으면 한다.

끝으로, 나의 다른 책과 마찬가지로 이 책 역시 이경아 편집자의 안목과 솜씨 덕에 모양을 갖출 수 있었다는 사실을 밝혀 두고 싶다. 책의 전체적인 편집은 말할 것도 없고, 도판의 배치, 번역된 『능호집』을 일일이 확인해 그 면수를 밝히는 일, 색인어를 분류해 정리하는 일, 이 모두를 편집자가 했다. 그 노고에 감사의 마음을 전한다. 아울러 이 어려운 시기에 순수 학술 도서의 출판을 흔쾌히 맡아 주신 한철희 사장께도 심심한 사의를 표하는 바이다.

2022년 2월 22일
박희병

차례

일러두기

1 이 책은 능호관 이인상의 생년인 1710년 숙종 36년부터 이인상 사후 116년인 1876년 고종 13년까지의 사적(事蹟)을 강목체(綱目體)를 참용(參用)해 연도순으로 기록했다.

2 연보가 시작되기 전에 '서설'을 따로 두어 동아시아 연보학의 장구한 역사 속에서 이 책이 어떤 의의와 새로움을 갖는지를 밝힘과 동시에 이 연보가 어디에 주안을 두고 있으며 어떤 방법과 체재를 취하고 있는지 말했다.

3 이인상의 사적을 보여 주는 시와 산문을 언급할 경우,『뇌상관고』(이인상 후손가 제공)는 해당 작품이 수록된 책의 권수를 밝히고, 번역 출간된『능호집』의 경우 돌베개 출판사 출간본(2016)에 수록된 작품명과 해당 면수를 밝혔다.

4 『능호집』의 시문을 인용할 경우 번역 출간된『능호집』을 이용하되 혹 수정이 필요하거나 오류가 있는 경우 바로잡았다. 하지만 번거로움을 피해 이 사실을 일일이 밝히지는 않았다.

5 자주 인용된 단호그룹 인물들의 문집명은 다음과 같은 약칭을 사용했다.

『단』(이윤영의『단릉유고』),『한』(송문흠의『한정당집』),『수』(오찬의『수재유고』),『오』(윤면동의『오헌집』),『지』(김순택의『지소유고』),『연』(김무택의『연소재유고』). 한편 이인상의 문집인『뇌상관고』와『능호집』은『뇌』,『능』으로 약칭했다.

6 여러 집안의 족보를 많이 참조했으나 일일이 밝히지는 않았으며 책 말미의 '참고문헌'에만 언급해 두었다.

7 이인상의 그림과 서예, 전각 작품은 일실된 경우를 제외하고 거의 모든 작품이『능호관 이인상 서화평석』(2018, 돌베개)에 수록되어 있다. 따라서 연보에 이인상의 서화 작품이 언급된 경우, 해당 작품의 감상과 이해를 돕기 위해『능호관 이인상 서화평석』에 수록된 면수를 밝혔다.

8 서화 작품은〈〉, 서화첩은《》로 표시했다.

9 시문(詩文)은「」, 책은『』로 표시했다.

10 연보에 쓰인 약물의 쓰임은 다음과 같다.

● 이인상 본인의 사적 및 이인상 가족의 사적. 단호그룹 핵심 인물들의 사적.

○ 단호그룹에 속한 인물들을 위시한 이인상의 우인 및 지인들의 사적.

◎ 이인상과 동시대에 존재하거나 활동한 조선의 문인·학자·예술가·정치가들의 사적.

◑ 중국과 일본의 주요 문인, 학자, 예술가들의 특기할 만한 사적이나 당시의 동아시아 정세를 이해하는 데 필요한 사항.

11 이인상은 당색이 노론이다. 이 때문에 이 책에 거론된 인물들은 대부분 노론에 속한다. 이에 당색이 노론이 아닌 인물은 반드시 그 당색을 밝혀 주었다.

12 문헌 자료를 인용할 때 결락된 글자는 ■로 표시했다.

13 일본어 표기는 통용되는 방식과 달리 장음(長音)을 표기해 주었다.

14 연보의 자세한 독법은 다음과 같다.

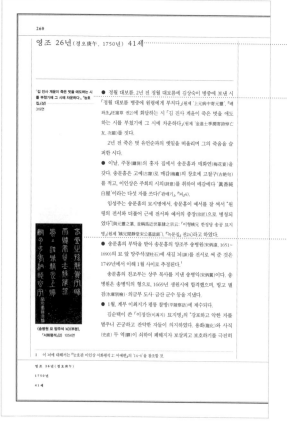

1750년 영조 26년 경오년, 이인상의 나이 41세

해당 글의 번역문은 『능호집』 상권(2016, 돌베개) 319면에 「김 진사 계윤이 죽은 벗을 애도하는 시를 부쳤기에 그 시에 차운하다」라는 제목으로 수록되어 있다.

해당 도판은 『능호관 이인상 서화평석』 2 서예(2018, 돌베개) 1054면에 작품 해설과 함께 수록되어 있다.

서설

연보란 무엇인가: 연보학의 정초(定礎)

1

'연보'(年譜)는 한 개인의 평생 사적(事蹟)을 연대순으로 기록한 것이다. 연보와 견줄 만한 글쓰기로는 행장(行狀)과 평전(評傳)이 있다.

'행장'은 죽은 사람의 가계(家系), 자호(字號), 관작(官爵), 언행, 특별한 사적, 저술 등을 기록한 것으로, 보통 고인의 문생이나 친구나 자식이 작성함이 일반적이다. 행장을 작성하는 이유는 크게 두 가지다. 하나는, 훗날 사관(史官)들이 역사를 편찬할 때 자료로 이용케 하기 위해서다. 다른 하나는, 고인의 애사(哀辭)나 비지(碑誌)나 전기(傳記)를 쓰고자 하는 사람에게 자료로 제공하기 위해서다. 이로 볼 때 행장은, 물론 그 자체로도 의미가 없는 것은 아니지만, 어떤 다른 글쓰기를 위한 글쓰기로서의 성격을 갖는다는 점을 알 수 있다. 이에서 짐작되지만 행장은 공적(公的)이라기보다 사적(私的) 성격의 글쓰기에 가깝다. 이 때문에 행장은 문예물이라고 할지언정 학문적 저술이라고 하기는 어렵다. 이와 달리 연보는 사적인 것일 수도 있고 공적인 것일 수도 있다. 공적일 경우 학문적 저술로서의 성격을 띠게 된다.

연보와 행장은 그 기술 방식도 다르다. 연보는 반드시 연대순으로 기술해야 하나 행장은 그렇지 않다. 뿐만 아니라 행장은 매 연도별로 고인의 행적을 나열할 필요가 없다. 하지만 이런 기술 방식상의 차이보다 더 중요한 차이는 연보의 경우 행장과 달리 공적·학문적 저술이 될 수 있다는 점이다. 연보와 달리 행장은 이제 더 이상 씌어지지 않는다. 전근대에는 아주 흔한 글쓰기였으나 근대에 들어와 더 이상 명맥을 잇지 못했다. 이와 달리 연보는 전근대에도 성행했지만 근대와 현대에 와서도 계속 작성되고 있다.

'평전'이라는 말은 전근대 동아시아에는 없던 말이다. 근대에 와서 일본에서 처음 만들어진 말이 아닌가 한다. 이 말은 현재 동아시아에서 두루 사용되고 있다. 일본의 『산세이도오 국어사전』(三省堂 国語辞典)에는 평전이 "어떤 인물에 대하여 평가를 더하여 쓴 전기"라고 풀이되어 있으며, 한국의 『금성판 국어대사전』에는 "평론을 겸한 전기"라고 풀이되어 있다. '평전'이라는 말은 영어의 'critical biography'의 역어(譯語)로 보인다. 『브리태니커 백과사전』(Encyclopedia Britannica)에는 'critical biography는 biography의 한 종류이며, 인물의 역사와 저자의 인물에 대한 견해가 결합되어 있는 글쓰기'라고 정의되어 있다.

평전은 일반 전기와 달리 저자의 크리티시즘이 개입되기 때문에 저자의 이념적 지향, 가치의식이 문제가 된다. 이 때문에 사실의 나열이 꼭 평전의 본령이라고는 하기 어렵다. 물론 팩트에 기반한 엄정성도 중요하지만 그 이상으로 평전자의 문제의식과 시각이 중요하다.

하지만 바로 이 점으로 인해 평전에서는 왜곡이나 과장이 나타날 수도 있고, 전체적 맥락을 사상(捨象)한, 부분의 과대한 강조가 나타날 수도 있으며, 균형감각의 상실이나 주관적 재단의 남발이 나타날 수도 있다. 평전에서는 설사 팩트적 충실성이 밑받침된다 할지라도 팩트의 취사선택이 불가피하다. 이 점에서 전기와 마찬가지로 평전에 제시된 팩트는 '선택된' 것이다. 평전과 달리 연보에서 팩트는 선택의 대상이라기보다 충실한 제시의 대상이다. 좋은 연보일수록 팩트는 충실히 제시된다. 물론 동일한 인물의 연보도 작성자의 의도나 가치태도에 따라 팩트의 제시가 달라질 수는 있다. 하지만 그럼에도 불구하고 기본적으로 연보에서 팩트의 제시가 충실히 이루어져야 하다는 전제에는 이론(異論)이 있기 어렵다.

물론 연보의 작성자도 평전의 저자처럼 문제의식이나 이념을 갖고 작업을 할 수 있다. 그렇다고 하더라도 연보는 평전처럼 서술자의 이념이 '직접적'으로 개입되지는 않는다. 평전에서 서술자의 이념은 종종 팩트 바깥으로 나오기도 한다. 이와 달리 연보에서는 설사 서술자의 이념이 개입한다 할지라도 그것은 언제나 팩트 내부에 머문다. 이처럼 팩트를 다루는 방식, 주관과 객관의 관계 방식에서 연보와 평전은 중대한 차이를 보인다.

그러므로 연보는 개인의 연대기라 할 수 있지만, 평전은 그렇지 않다. 이 점에서 연보는 평전에 비해 '역사'에 더 근접해 있다. 평전은 아무리 '역사'적으로 보일지라도 '문학'으로서의 면모를 갖는다. 평전을 '역사 서술'이라고 말하기는 어렵지만, 연보는 연대기적 역사 서술이라 말할 만하다. 근현대 세계에서 평전은 연보와 달리 문학으로 간주되기에 일반 독자를 염두에 두고 저술된다. 이 때문에 평전은 학술적 저술과 저널리즘적 저술, 학문적 지향과 대중적 지향 사이에서 동요할 수 있다. 이와 달리 연보에는 대중적 지향이나 저널리즘적 지향이 전연 존재하지 않으며, 철저히 순수학문적이다.

충실하고 신뢰할 만한 평전이 씌어지기 위해서는 충실한 연보가 꼭 필요하다. 그 역이 꼭 성립되지는 않는다. 연보는 대중과는 무관한 글쓰기다. 하지만 적어도 학문적으로 본다면 평전보다 연보가 훨씬 더 중요하다. 비유컨대 연보가 땅을 파 씨를 뿌려 작물을 생산하는 농사에 해당한다면, 평전은 생산된 곡물을 가공해서 파는 일에 해당한다고 말할 수 있을 것이다. 순수학문은 여러모로 가공업보다는 농사일에 더 가깝다.

2

동아시아에서 연보라는 형식은 중국 송대(宋代)에 비롯되었다. 홍흥조(洪興祖)의 『한유연보』(韓愈年譜), 조자력(趙子櫟)의 『두공부연보』(杜工部年譜) 같은 것을 예로 들 수 있다. 연보는 그 후 명·청대에 들어와 성행하여 수천 종이 저술되었다.

일본 전근대 시기 연보의 예로는 오와리(尾張)의 번주(藩主)인 도쿠가와 요시나오(德川義直)가 편찬한 도쿠가와 이에야스(德川家康)의 연보 『신쿤고넨푸』(神君御年譜)를 들 수 있다. 총 5책이며 1646년에 성립되었다. 이에야스의 평생 사적을 편년체로 기술해 놓았다.

우리나라에서는 고려 시대부터 연보가 씌어졌다. 현재 확인되는 최초의 연보는 이규보 연보다. 이규보의 아들 이함(李涵)이 부친의 문집 『동국이상국집』(東國李相國集)을 엮으면서 연보도 함께 작성하여 책머리에 얹어 놓았다. 고려 말의 문인인 급암(及菴) 민사평(閔思平)의 시집인 『급암시집』(及菴詩集)에도 연보가 부록으로 첨부되어 있다. 가정(稼亭) 이곡(李穀)의 문집인 『가정집』(稼亭集)과 목은(牧隱) 이색(李穡)의 문집인 『목은집』(牧隱集)에도 연보가 실려 있다. 가정 연보와 목은 연보는 특이하게도 표로 작성되어 있다. 이들 연보는 모두 문집이나 시집에 첨부된 것으로서 대단히 간략하고 짧다.

조선 시대에는 더욱 많은 연보가 씌어졌다. 조선 시대의 연보는 대개 분량이 길고 강목체(綱目體)로 기술된 특징을 보인다. '강목체'란 큰 글씨로 주요한 사실을 제시하고 작은 글씨로 자세한 경위를 밝히는 기술 방식을 말하는데, 주희의 『자치통감강목』(資治通鑑綱目)에서 비롯된다. 소재(蘇齋) 노수신(盧守愼)이 작성한 이언적(李彦迪)의 연보인 『문원공회재선생연보』(文元公晦齋先生年譜)는 40쪽이나 된다. 『회재집』(晦齋集)에 부록으로 첨부되어 있는데 원래 1권 분량의 독립된 책으로 저술된 것이다. 퇴계(退溪) 이황(李滉)의 문인인 서애(西厓) 유성룡(柳成龍)이 1600년에 엮은 『퇴계선생연보』(退溪先生年譜)는 4권 1책이다. 『우암연보』(尤菴年譜)는 우암(尤菴) 송시열(宋時烈)의 손자 송주석(宋疇錫)이 처음 편찬해 송시열의 문인 권상하(權尙夏) 등이 첨삭하고 윤문하는 과정을 거쳐 증손인 송무원(宋婺源)이 최종 정리해 1732년에 인행(印行)했는데, 무려 5책이나 된다. 18세기 후반 정조 연간에 편찬된 송시열의 저작집 『송자대전』(宋子大全)에 부록으로 붙여진 『우암연보』는 총 11권이다. 이는 전근대 시기 연보 중 최장(最長) 분량이 아닌가 한다.

3

전근대 동아시아에서 편찬된 연보 가운데 학술서로서의 면모를 갖는 것을 조금 살펴보기로 한다.

송 조자력의 『두공부연보』, 송 설중과(薛仲邅)의 『이태백연보』(李太白年譜), 청 왕기(王琦)의 『이태백연보』 같은 것은 모두 문학가에 대한 연보다. 이것들은 시의 창작 시기와 창작 배경에 대한 이해에 도움을 준다.

'주자연보'는 송, 명, 청대에 걸쳐 여러 학인이 거듭 편찬했다. 송의 이방자(李方子)가 편찬하고 명의 이묵(李默)과 주하(朱河)가 정정(訂正)한 『자양문공선생연보』(紫陽文公先生年譜) 5권, 명의 하가화(何可化) 등이 편찬하고 청의 주열(朱烈)이 정정한 『자양주부자연보』(紫陽朱夫子年譜) 3권, 청 정사범(鄭士範)이 편찬한 『주자연보』 1권, 청 모념시(毛念恃)가 편찬한 『자양선생연보』(紫陽先生年譜) 1권, 청 왕무횡(王懋竑)이 편찬한 『주자연보』 4권, 청 주흠신(朱欽紳)이 편찬한 『주부자연보』(朱夫子年譜) 2권, 청 저인량(褚寅亮)이 편찬한 『중정주자연보』(重訂朱子年譜) 1권, 청 황중(黃中)이 편찬한 『주자연보』 1권 등을 예로 들 수 있다.

주자의 연보만큼은 아니지만 왕양명(王陽明)의 연보도 명, 청대에 여러 학인이 거듭 편찬했다. 왕양명의 제자인 명 전덕홍(錢德洪)이 편찬하고 나홍선(羅洪先)이 고정(考訂)한 『양명선생연보』 3권, 명 시방요(施邦曜)가 편찬한 『양명선생연보』 1권, 명 이지(李贄)가 편찬한 『양명선생연보』 2권, 청 진담연(陳澹然)이 편찬한 『왕문성공연기』(王文成公年紀) 1권 등을 꼽을 수 있다.

이들 연보는 모두 학문적 연보로 간주할 수 있다. 주자의 연보 가운데 왕무횡이 편찬한 『주자연보』는 필생의 역작으로서 청조 고증학의 학풍이 반영되어 있다. 왕무횡은 기존의 주자 연보들을 수용하되 거기에 대대적 수정을 가해 이 책을 완성했다. 그리하여 왕양명의 이른바 '주자만년정론'(朱子晚年定論)을 비판했으며, 주자와 왕양명이 완전히 서로 다른 학문적 체계 위에 서 있음을 밝혔다. 왕무횡의 성과는 연보가 학문적으로 얼마나 문제적일 수 있는지를 잘 보여 주는 하나의 사례다.

조선 시대에 나온 연보 가운데는 먼저 노수신의 『문원공회재선생연보』를 주목할 만하다. 다음은 그 한 대목이다.

(弘治)十三年庚申先生十歲

二月十四日, 丁贊成公憂辭狀"九歲而孤", 然孫氏碣序言"庚申",
當從.[1]

우리말로 옮기면 다음과 같다.

홍치 13년 경신 선생 10세
　　2월 14일 찬성공(贊成公)의 상을 당하였다. 사장(辭狀)에는
"9세에 아버지를 잃었습니다"라고 하였으나, 손씨(孫氏)의 묘갈
명(墓碣銘) 서문에서 "경신"(庚申)이라고 하였으니, 이를 따르는
것이 옳다.

　'찬성공'은 이언적의 부친을 말한다. 이 대목을 통해 노수신이
사료 비판을 수행하고 있음을 알 수 있다. 사료 비판은 학문의 기
본이다. 노수신은 어긋나는 두 자료를 제시한 뒤 이 중 어느 것이
더 합당한지를 밝히고 있다.

　『문원공회재선생연보』에는 이언적이 어느 때 어떤 시를 창작
했는지가 상당히 자세히 기록되어 있다. 조선 시대의 연보들에는
보주(譜主: 연보의 대상 인물)의 벼슬살이라든가 정치적 활동이라
든가 학문 활동에 대부분의 지면이 할애되고 있다. 그 연장선상
에서 보주가 임금에게 올린 상소의 내용이 소개된다든가, 누군가
에게 보낸 편지 내용이 소개된다. 그렇기는 하나 문학 작품으로
서의 시문(詩文)이 언제 어떤 상황에서 창작되었는지는 그다지
관심의 대상이 되지 못하고 있다. 그러므로 『문원공회재선생연
보』의 이런 면모는 다소 특별한 것이라 하지 않을 수 없다. 여기
에는 연보 편찬자인 노수신의, 문학을 중시하는 관점이 반영되어
있다고 할 만하다.

　유성룡이 쓴 『퇴계선생연보』 역시 퇴계의 관인(官人)으로서의
면모나 학자로서의 면모 외에 시인으로서의 면모를 중시하고 있
음이 주목된다. 『문원공회재선생연보』에서는 주로 시 제목만 제
시했는데, 『퇴계선생연보』에서는 그에 그치지 않고 종종 시의 내

1　李彦迪, 『晦齋集』부록.

용을 발췌해 소개하고 있다. 이 때문에 『퇴계선생연보』는 연보로서 더욱 깊이를 확보할 수 있었다. 외면적 사실의 나열만이 아니라 보주의 특정 시기의 내면 풍경을 드러내고 있음으로써다.

유성룡은 『퇴계선생연보』의 발문에서 "소략하고 잘못된 점을 보완하는 것은 또한 내가 바라는 바이다"(補其疎舛, 則是又余所望也)라고 말했다. 이 역시 학문적 태도의 발로로 볼 수 있다. 학문은 사적(私的)인 것이 아니라 열려 있는 것이며, 혹 있을 수 있는 오류를 인정하고 오류의 수정을 기꺼이 받아들이려는 자세 위에 구축되기 때문이다. 『퇴계선생연보』가 편찬된 지 207년 뒤인 1807년 『퇴계선생연보보유』가 이루어졌다.[2]

유득공(柳得恭)의 숙부인 유금(柳琴)은 유몽인(柳夢寅)의 연보인 『어우선생연보』(於于先生年譜)를 편찬했는데, 그 '기미년'(1619년, 유몽인 61세) 조에서 유몽인이 고시 19수를 의고(擬古)하여 자신의 비감(悲感)을 부쳤음을 말하면서 19수 가운데 두 수의 전문을 소개하고 있다. 유성룡의 선례를 따르고 있다고 할 만하다.

4

동아시아 전근대에 축적되어 온 학문적 연보 작성의 전통은 근대에 어떻게 계승되는가?

20세기 이래 중국학에서는 '연보학'이 학문의 한 영역으로 확고하게 자리 잡았다. 그리하여 연보학은 중국학의 엄중한 학문적 기초가 되고 있다. 몇몇 예를 들어본다.

딩원장(丁文江)은 1936년 량치차오(梁啓超)의 연보인 『양임공연보장편초고』(梁任公年譜長編初稿)를 유인본(油印本)으로 세상에 선보였다.[3] 딩원장은 이해에 작고했지만 이 연보는 1958년 대만 세계서국(世界書局)에서 『양임공연보장편』(梁任公年譜長編, 2책)으로 정식 출판되었다.[4] 이 책에는 후스(胡適)의 서문이 붙어 있다.[5]

2 퇴계의 9대손인 광뢰(廣瀨) 이야순(李野淳)이 편찬했다.
3 유인본 50부를 제작했으며 1부는 총 12책이었다고 한다. 딩원장은 량치차오의 만년(晩年) 우인(友人)이다.
4 楊家駱 主編, 『梁任公年譜長編』(台北: 世界書局, 1958) 上·下.

그 뒤 상해인민출판사(上海人民出版社)에서 옛날 딩원장의 연보 편찬을 도왔던 자오펑톈(趙豊田)에게 『양임공연보장편초고』의 증개(增改)를 요청해 그 수정본(修訂本)이 『양계초연보장편』(梁啓超年譜長編, 3책)이라는 이름으로 1983년에 출간되었다.[6] 자오펑톈은 이 책의 출간을 보지 못하고 1980년에 사망했는데, 그의 조수(助手)인 선쑹신(申松欣)·리궈쥔(李國俊) 양인이 작업을 마무리했다.[7]

이처럼 량치차오 연보는 20세기 중국 국학의 기념비적인 성과라 할 만하다. 이 연보에는 량치차오가 사우(師友)들에게 보낸, 문집에는 실려 있지 않은 서간 자료가 아주 풍부하게 실려 있으며 이 때문에 량치차오를 연구할 때 제일 먼저 읽어야 할 문헌으로 간주되고 있다. 흥미로운 점은 이 책이 출판된 뒤 이 책의 오류에 대한 지적이 몇 차례 있었다는 사실이다. 주훙빈(朱洪斌)의 「『양계초연보장편』(梁啓超年譜長編) 규오(糾誤)」(2004), 리양(李揚)의 「『양계초연보장편』 변오일칙(辨誤一則)」(2010), 천시량(陳希亮)의 「왕경방의 자(字)는 '搏沙'가 아니라 '搏沙'이다─『양계초연보장편』 제서(諸書) 감오(勘誤)」(2012) 등이 그것이다.[8] 이를 통해 중국 학계에서는 연보에 대한 학문적 반향(反響)이 있다는 사실이 확인된다.

『양계초연보장편』은 2004년 일본의 이와나미(岩波) 서점에서 5권으로 번역되어 나왔다.[9] 편역자(編譯者)는 시마다 겐지(島田虔次, 1917~2000)다. 시마다 겐지는 독서회를 이끌며 1993년부터 공동으로 번역을 시작했는데, 그 완결을 보지 못하고 사망했다. 이에 교토대학 교수인 이나미 료오이치(井波陵一, 1953년생)를 위

---

5   제목은 「梁任公先生年譜長編初稿序」이며, 1958년에 쓰였다.

6   丁文江·趙豊田, 『梁啓超年譜長編』(上海: 上海人民出版社, 1983)이 그것이다. 이 책은 『梁任公先生年譜長編初稿』의 내용과 구성을 유지하는 것을 기초로 증보와 삭제를 행했다. 그리고 자료를 교감(校勘)하고 주석을 붙였다.

7   顧頡剛, 「梁啓超年譜長編序」, 『梁啓超年譜長編』 제1권. 구제강은 자오펑톈의 스승으로서, 1932년 27살의 청년 자오펑톈을 딩원장에게 소개해 량치차오 연보 편찬 사업을 돕게 했다.

8   朱洪斌, 「『梁啓超年譜長編』糾誤」(『民國檔案』, 2004 第3期, 中國第二歷史檔案館); 李揚, 「『梁啓超年譜長編』辨誤一則」(『讀書』, 2010 第10期, 中國出版集團); 陳希亮, 「王敬芳字搏沙非搏沙─『梁啓超年譜長編』諸書勘誤」(『紅海學刊』, 2012 第2期, 江蘇省社會科學院).

9   島田虔次 編譯, 『梁啓超年譜長編』(東京: 岩波書店, 2004).

시한 독서회 멤버들 9명이 함께 작업을 완료해 시마다 겐지 사후 4년 만에 책을 냈다.[10] 일역서(日譯書)에는 수많은 역주(譯註)가 달려 있다.

또 다른 예를 들어 본다. 당나라 시인인 백거이(白居易)의 연보는 1971년 일본 학자 하나부사 히데키(花房英樹)가 100쪽 분량의 『백거이연보』(白居易年譜)를 찬(撰)한 이래, 중국 학자 주진청(朱金城)이 1982년 335쪽의 『백거이연보』를 냈고, 1989년 대만 학자 뤄렌톈(羅聯添)이 382쪽 분량의 『백낙천연보』(白樂天年譜)를 냈다.[11] 뤄렌톈의 연보는 사적(事蹟)과 작품을 분리해, 사적은 앞에 기술하고 작품은 '작품계년'(作品繫年)이라는 제목으로 뒤에 기술했다. 이 점에서 이 연보의 기술 방식은 일반 연보와는 좀 다르다.

수징난(束景南)은 2001년 『주희연보장편』(朱熹年譜長編)을 두 책으로 냈다.[12] 그는 새로운 자료를 발굴하고 자료에 대한 새로운 고증과 해석을 토대로 이전의 주자 연보를 넘어서는 학문적 성과를 거두었다. 이어 2017년에는 『왕양명연보장편』(王陽明年譜長編) 4책을 냈다.[13] 이 책은 전덕홍이 편찬한 『양명선생연보』의 오류를 전면적으로 시정해 새로운 왕양명의 상(像)을 구축해 놓고 있다. 그리하여 전덕홍에 의해 만들어진 왕양명의 신비화된 성인상(聖人像)이 탈각되고, 철저한 실증적 근거 위에 그 원래의 모습이 복원되었다. 이를 위해 저자는 왕양명 관련 신자료를 대량 수집했으며, 연보의 기술 중 논란처라든가 오류의 시정이 필요한 곳이라든가 자료에 대한 변증(辨證)이 필요한 곳에는 혹은 간단한 혹은 아주 자세한 '안설'(按說)을 붙여 놓았다. 이 안설은 억측이 배제되고 시종 자료의 인증(引證)과 고증을 기초로 하고 있어, 저자의 학문적 태도와 내공을 잘 보여 준다. 저자는 자신의 연보가 기존의 연보와 무엇이 다르며 무엇이 새로운지를 책의 「서」(敍)에서 간명히 밝혀 놓고 있다.[14] 이에 의하면, 이 연보는 단순히

---

10 井波陵一, 「あとがき」, 『梁啓超年譜長編』 제5권 참조.

11 花房英樹, 『白居易年譜』(『白居易研究』, 京都: 世界思想社, 1971 所收); 朱金城, 『白居易年譜』(上海: 上海古籍出版社, 1982); 羅聯添, 『白樂天年譜』(台北: 國立編譯館, 1989).

12 束景南, 『朱熹年譜長編』(上海: 華東師範大學出版社, 2001).

13 束景南, 『王陽明年譜長編』(上海: 上海古籍出版社, 2017).

보주의 행사(行事)를 기술하는 의의를 가질 뿐인 일반 연보를 초월하여 학술사적·사상사적 의의와 가치를 갖는다. 이처럼 수징난의 왕양명 연보는 근대 이래 동아시아 연보학의 걸출한 성과이며, 보주에 대한 새로운 시각을 열어 보인 역작이라 할 만하다. 수징난의 두 연보는 전근대 시기 중국에서 이룩된 연보 편찬의 성과와 전통이, 그리고 청조 고증학의 전통이 현대 중국으로까지 발전적으로 계승되고 있음을 보여 주는 흥미로운 사례라 생각된다.

동아시아에서 나온 연보 중 가장 방대한 것은 대만의 후쑹핑(胡頌平)이 편찬한 후스(胡適)의 연보인 『호적지선생연보장편초고』(胡適之先生年譜長編初稿)인데, 무려 10책이나 된다.[15] 이 연보의 서두에는 위잉스(余英時)의 긴 학술적 논문이 서문으로 얹어져 있다.[16]

일본 학자가 편찬한 일본인의 연보로는 『오규우 소라이 연보고』(荻生徂徠年譜考)를 꼽을 수 있다.[17] 저자인 히라이시 나오아키(平石直昭)는 사상사 연구자로서, 일본의 저명한 학자인 마루야마 마사오(丸山眞男)의 제자다. 이 책은 단순한 연보가 아니라 '학문으로서의 연보'를 자각적으로 표방하고 있음이 주목된다. 책 이름을 '오규우 소라이 연보'라고 하지 않고 '오규우 소라이 연보고'라고 한 건 이 때문이다. '고'(考)라는 말을 굳이 넣어 이 책이 그저 그런 연보가 아니라 엄정한 '학문 행위'에 속한다는 사실을 스스로 밝힌 것이다.

저자의 이런 의도에 따라 이 책에는 연보 앞에 「과제와 방법」이라는 글과 「기술의 체재(體裁)와 주요 참고 자료에 대하여」라는 글이 얹어져 있다.[18] 이어서 「오규우 소라이 연보」(荻生徂徠年譜)가 나오고, 연보가 끝난 뒤 주(注)가 나온다. 흥미로운 것은 연보 분량이 140쪽, 주(注)의 분량이 92쪽이라는 사실이다. 주(注)의 분량이 연보 분량의 3분의 2에 육박하는 셈이다. 저자는 이 주를

---

14 束景南, 「敍」, 『王陽明年譜長編』, 1~9면.

15 胡頌平, 『胡適之先生年譜長編初稿』(台北: 聯經出版事業公司, 1984).

16 제목은 「中國近代思想史的胡適－胡適之先生年譜長編初稿』序」이며, 1983년에 쓰였다.

17 平石直昭, 『荻生徂徠年譜考』(東京: 平凡社, 1984).

18 원문은 '課題と方法', '記述の體裁と主要參考資料について'이다.

통해 기존의 견해와 자신의 견해가 어떻게 다른지를 밝히거나 자신의 견해가 왜 타당한지를 논증하거나 자신이 새롭게 밝혀낸 사실의 실증적 근거를 면밀히 제시하고 있다. 그래서 이 책에서 가장 흥미진진한 부분은 바로 이 주(注)라고 말할 수 있다. 자료를 대하는 저자의 자세, 실증과 추론을 전개해 나가는 저자의 실직(實直)한 태도가 있는 그대로 눈에 환히 들어오기 때문이다.

이 점에서 이 연보는 비록 중국 학자들의 연보처럼 분량의 방대함을 보여 주지는 않으나 꼼꼼함과 엄정함에서 일본 연보학의 수준을 보여 주는 것으로 생각된다.

한국 학자의 전저(專著)에 해당하는 연보로는 금세기에 나온 다음 넷을 꼽을 수 있다.

(가) 정석태, 『退溪先生年表月日條錄』(퇴계학연구원, 제1책은 2001, 제2·3책은 2005, 제4책은 2006), 총 2568쪽.

(나) 허경진, 『허균 연보』(보고사, 2013. 4), 총 312쪽.

(다) 김용선, 『이규보 연보』(일조각, 2013. 11), 총 366쪽.

(라) 조성을, 『年譜로 본 茶山 丁若鏞 – 샅샅이 파헤친 그의 삶』(지식산업사, 2016), 총 838쪽.

『퇴계선생연표월일조록』은 책 제목 중에 '연표'라는 말이 들어 있기는 하나 연보로 볼 수 있다. 이 책은 먼저 '생애사실'란에서 보주의 사적을 적고, 이어서 '자료'란에서 자료를 원문으로 제시했으며(자료 뒤에는 '고증'이 달려 있는 경우가 많다), 마지막으로 '저작'란에서 보주가 지은 시문의 제목을 제시하는 방식을 취하고 있다.

이 책은 이황에 대한 기존의 모든 자료를 다 집성해 놓았다. '생애사실'에서는 문헌에 전하는 이황에 대한 정보를 하나도 빠뜨리지 않고 말했으며, '자료'에서는 존재하는 모든 이황 관련 자료를 제시해 놓았다. 이 점에서 많은 시간과 노력을 들인 연보라고 말할 수 있다. 하지만 기존 문헌에 언급된 사실의 진위(眞僞)를 비판적으로 검토하지 않은 채 오로지 '망라'하는 데만 힘을 쏟은 탓에 이황에 대한 미화나 이상화가 발견된다. 몇 가지 예를 들어

본다. 이황 1세 때의 생애사실에는 "어머니 春川 朴氏는 孔子가 대문에 들어오는 꿈을 꾸고 退溪를 낳았다고 한다"라는 기술이 보이는데, 이는 『퇴계선생연보보유』를 무비판적으로 따른 것이다. 9세 때의 생애사실에는 "이 무렵부터 이미 道에 뜻을 두었다"라고 기술되어 있는데, 이 역시 『퇴계선생연보보유』에 의거한 것이다. 28세 때의 생애사실 중에, '진사(進士) 회시(會試)에 응시하여 2등으로 합격했으나 고향으로 내려가면서 조금도 기쁜 빛을 보이지 않았다'고 한 것이나, 이황이 사망한 해인 1570년 12월의 생애사실에, '퇴계가 서거할 때 흰 구름이 갑자기 몰려들어 눈이 한 치 가량 내렸는데 서거한 후 곧바로 구름이 걷히고 눈이 그쳤다'고 한 것도 모두 그러하다.[19]

이황의 후손이 편찬한 『퇴계선생연보보유』는 믿기 어려운 전문(傳聞)에 바탕한 기술이 적지 않아 비판적 접근이 필요하다.

이처럼 『퇴계선생연표월일조록』은 '팩트'에 대한 엄정한 학문적 판단에 있어 문제가 없지 않은 것으로 보인다. 사실에 대한 고증이 없지는 않으나 시문의 창작 시기에 대한 것이 대부분이고, 정작 기존 연보에 실려 있는 보주에 대한 기술의 타당성에 대한 분석이나 변증은 찾아보기 어렵다. 이 때문에 자료를 집대성한 공(功)은 인정되나, 이황의 상(像)이 새롭지는 않다.

한편, 생애사실의 기술은 강목체를 따르고 있지 않아 일목요연하지 않으며 번다해 보인다. 또한 보주의 사적과 관련해 중요하거나 의미 있는 시의 내용이 생애사실에서 일절 거론되고 있지 않다. 이 때문에 보주의 내면풍경이 제대로 드러나지 않아, 보주의 사적은 아주 자세함에도 불구하고 피상적이다.

『허균 연보』는 보주의 나이에 따라 먼저 사적을 기술하고, 그에 이어 사적을 입증하는 자료를 제시했으며, 마지막으로 매 해의 맨 끝 부분에 그해 창작된 작품의 목록을 쭉 열거했다. 논란처에 대한 변증이나 자료에 대한 고증을 하지는 않았다. 제시된 자료는 허균의 문집인 『성소부부고』(惺所覆瓿藁)와 왕조실록의 것이 대부분이다. 실록의 허균 관련 기사에 대해서는 비판적 접근

---

19 정석태, 『퇴계선생연표월일조록』, 제1책 27면·38면·91면, 제4책 655면.

이 필요하다고 생각되는데, 사료 비판이 일절 없으며, 기사를 논평 없이 그대로 실어 놓기만 했다. 『성소부부고』의 글이나 기타 문헌의 글도 아무 논평 없이 그저 자료로 제시해 놓기만 했다. 허균의 연대기적 삶에서 특정한 시나 문이 갖는 의미에 전연 관심을 보이지 않았으며, 이 때문에 허균의 행적과 작품 간의 내적 관련이 드러나지 않는다.

『이규보 연보』는 책의 체재가 좀 특이하다. 제1장이 「이규보 연보」 만들기'이고, 제2장이 '연보'이며, 제3장이 '작품 목록'이다. 분량을 보면, 제1장이 총 12쪽, 제2장이 총 208쪽, 제3장이 총 121쪽이다. 책 전체 쪽수(색인 포함)는 366쪽이나 실제 연보는 208쪽밖에 되지 않는다. 이 연보의 학문적 면모는 제1장 「이규보 연보」 만들기'에서 확인된다. 저자는 이 부분에서 이규보 연보를 기술할 때 난점이 무엇인가, 이 난점을 어떤 방식으로 돌파할 것인가, 그리고 이 책이 어떤 원칙에 의거하고 있는가를 주로 밝히고 있다.

이규보의 연보는 앞에서 언급했듯 그의 아들 이함에 의해 처음 편찬되었다. 이함은 이 연보의 서문에서, 부친의 글 중에서 창작된 연월을 확실하게 알 수 있는 것은 10분의 1, 2에 불과하다고 말하고 있다. 그럼에도 이함은 창작된 연월을 알 수 없는 작품들도 모두 창작된 연도에 따라 배열해 수록하는 것을 원칙으로 삼았다. 여기서 난점이 발생한다. 같은 해에 창작된 작품이라 할지라도 계절이 뒤바뀌어 배열된 것이 있을 수 있기 때문이다. 즉 연보의 한 해의 순차적 기술이 꼭 시간적 계기성을 담보하는 것은 못 된다는 난점이 생기게 되는 것이다.

저자는 이 난점을 어떻게 해결했는가? 「이규보 연보」는 먼저 이규보의 사적이나 당시 고려 사회에서 일어난 중요한 일을 연보의 매해 첫머리에 순차적으로 제시하고, 그에 이어 작품 목록을 장르별로―즉 고율시(古律詩), 어록, 기(記), 서(序), 표(表), 애사(哀辭), 전(傳) 등등으로―나누어 제시해 놓고 있다. 하지만 가령 고율시 항목에서 제시된 시들의 순차성이 꼭 시간적 계기성을 보여 준다는 보증은 없다. 이 점에서 애초의 난점이 완전히 해소되었다고 하기는 어렵다.

한편 저자는 대체로 이함의 연보에 의거하되 『고려사』 등의 사서(史書)나 다른 자료를 통해 작품의 창작 연도를 바로잡거나 새로 비정(比定)하고자 했는데,[20] 이런 경우 각주를 달아 그 근거를 밝혔다.

이처럼 『이규보 연보』는 그 나름의 방법과 원칙에 따라 작성되었으며, 고증을 중시하고 있다는 점이 주목된다. 그렇기는 하나 연보의 기술은 꽤 소략하며 그리 충실하지 못하다. 이는 무엇보다도 이규보의 사적과 작품의 내적 관련을 도외시한 데 기인한다. 이 연보에서 이규보의 시문은 이규보라는 인간의 '내부'로 포섭되고 있지 못하며, 그 '외부'로 밀려나 있다.

『연보로 본 다산 정약용 – 샅샅이 파헤친 그의 삶』(이하 『연보로 본 다산』으로 약칭)은 분량이 총 838쪽이나 된다. 정약용은 많은 시문과 저작을 남겼고 그 삶도 대단히 문제적이니 이런 규모의 연보가 작성된 것이 하등 이상한 일은 아니다.

저자는 정약용 자찬(自撰)의 『다산연보』와 『자찬묘지명』(自撰墓誌銘), 정약용의 저작집인 『여유당전서』(與猶堂全書), 정약용의 현손(玄孫)인 정규영(丁奎英)이 1922년에 완성한 연보인 『사암선생연보』(俟菴先生年譜) 등을 기초 자료로 삼고, 근년에 전산화된 『조선왕조실록』과 『승정원일기』를 활용해 연보를 편찬했다고 했다.

아쉬운 점은 『연보로 본 다산』에 이 책의 방법, 과제, 체재에 대한 적시(摘示)가 없다는 사실이다. 이 때문에 왜 이런 방식으로 연보를 썼는가, 어떤 문제의식이 이 연보를 관통하고 있는가, 이 연보를 통해 새로 밝힌 주요한 점은 무엇인지가 잘 드러나지 않는다. 굳이 책의 「머리말」에서 관련된 언급을 찾는다면,

> 정약용을 공부하는 과정에서 정약용 연구자가 적지 않음에도 그에 대한 기초적 사실이 망라된 체계적 연보가 없다는 사실을 알게 되었다. 이리하여 7~8년 전부터 이 작업에 착수하였다.[21]

---

20 김용선, 「「이규보 연보」 만들기」, 『이규보 연보』, 19면.

라고 한 것이 그 전부다. 이 이상의 언급은 발견되지 않는다.

　『연보로 본 다산』은 연도별로 월일 아래에 보주의 사적이나 국왕의 행사나 조정의 중요한 일을 적고, 그에 이어 (가), (나), (다) 식으로 근거 자료를 제시했으며, 끝으로 저자의 안설(저자의 말에 의하면 '해제')[22]을 붙여 놓았다. 안설은 꼭 모든 조목마다 있지는 않으나 대부분의 조목에 붙여져 있다. 이를 통해 저자가 이 책에 얼마나 큰 공력을 들였는지 알 수 있다.

　그런데 문제는 연보 기술에서든 안설에서든 추정이 지나치게 많다는 점이다. 보주의 사적이 분명치 않거나 의문이 있는 사항에 대해서는 혹간 여러 자료들을 이리저리 맞춰 보아 추론을 행하는 것이 가능하고 필요한 일이지만 이 책에서는 그런 정도를 넘어 추정이 남발되는 듯한 느낌이 없지 않다.[23] 물론 이런 허다한 추정조차도 다산을 연구하는 동학들에게 얼마간 도움이 될지 모르지만 그럼에도 그것이 연보 자체의 학문적 엄정성을 떨어뜨리고 있음은 분명하다.

　한편, 이 연보에는 보주의 일이 아닐뿐더러 보주와 직접적 관련이 없는 일이 월일 아래에 기술된 것이 왕왕 발견된다. 책의 앞부분에서 특히 그러하다. 이를테면 1789년(다산 28세) 9월 26일 조의 "왕대비가 은언군(恩彦君)과 관련하여 처벌을 내리라는 언문 교시를 내리다"라고 한 것이라든가, 동년 12월 2일 조의 "정범조가 성균관 대사성에 임명되다"라고 한 것이라든가, 1791년(다산 30세) 6월 6일 조의 "이조판서 서호수가 면직되다"라고 한 것 등

21　조성을, 「머리말」, 『年譜로 본 茶山 丁若鏞 ― 샅샅이 파헤친 그의 삶』, 5면.

22　조성을, 「일러두기」, 위의 책, 10면.

23　특히 심한 것은 시의 창작 시기에 대한 추정이다. 문집의 경우 비록 작자가 자편(自編)하여 시기순으로 시를 실어 놓은 것처럼 보이는 경우라 할지라도 시의 수록 순서가 꼭 시간적 순차성을 담보하는 것은 아니다. 후인이 편찬한 문집이야 더 말할 나위도 없다. 문집을 읽다 보면 그런 경우를 허다히 발견하게 된다. 그럴 수밖에 없는 것이 일반적으로 작자 자신도 오래 전에 창작한 시들의 시간적 선후 관계를 정확히 알기 어렵기 때문이다. 그리하여 실제로는 어떤 해의 가을에 창작된 시가 그해의 봄이나 여름 부분에 실려 있는 경우가 있다. 뿐만 아니라 어떤 해의 봄에 창작된 것처럼 되어 있는 시들도 꼭 그 실린 순서가 창작된 순서라고 말하기는 어렵다. 심지어 창작 연도가 착종된 경우도 왕왕 있다. 사정이 이러니, 설사 문집에 a라는 시가 창작된 것이 4월임이 명기되어 있고 그 뒤쪽에 실린 b라는 시가 창작된 것이 7월임이 명기되어 있다고 하더라도 이 사실만으로 그 사이에 실린 시들이 다 반드시 4월에서 7월 사이에 창작되었다고 단정할 수는 없다. 그러므로 이런 경우 창작 시기를 비정(比定)하기 위해서는 시의 내용을 면밀히 검토한다든가 시를 주고받은 우인(友人)의 문집을 뒤진다든가 하는 등의 별도의 다각적 노력을 통한 고증이 필요하다. 『여유당전서』도 예외가 아니다.

을 예로 들 수 있다.[24] 이는 연보 기술의 체례(體例)를 잃은 것으로 생각된다.

이 연보에는 많은 문헌 자료가 제시되어 있다는 미점이 있다. 그렇긴 하나 한문 원문이 번역 없이 제시되어 있다는 점, 표점이 붙여져 있지 않다는 점은 지적되어야 할 문제다. 이리 작업하는 쪽이 편하며, 번역문을 제시하고 원문을 병기한 뒤 거기에 표점까지 붙여 주는 것은 아주 번거로운 일이긴 하나, 그럼에도 그리하는 것이 옳다. 이 책에서는 그리 하지 않았지만 작품 제목 역시 그리해야 마땅하다.

이 연보 역시 『퇴계선생연표월일조록』, 『허균 연보』, 『이규보 연보』와 마찬가지로 보주의 '외면적 사적'에만 관심을 쏟고 '내면적 사적'에는 관심을 보이지 않고 있다. 작품 혹은 저술 제목만 언급하고 있을 뿐 그 주요한 내용을 발췌하거나 전문 소개함으로써, 그리고 필요한 경우 그에 적절한 논평을 가함으로써, 보주의 마음이나 인간적 고뇌, 그리고 특정 시공간 속에서 확인되는 보주의 사상이나 문예의 핵심적 면모를 짚어 주지 못하고 있다. 외면적 역사 기술에 얽매여 있다는 점에서, 즉 역사 기술을 외면적 사실의 나열로 이해하는 통념을 탈피하고 있지 못하다는 점에서 이들 연보는 비록 21세기에 쓰인 것이기는 하나 전근대의 연보와 연속적이다.

5

이 글의 서두에서 밝혔듯 연보란 한 개인의 한평생 사적을 연월순으로 기록하는 글쓰기이다. 모든 연보는 이 점에서는 차이가 없다. 그렇기는 하나 앞서 살펴본 데서 드러나듯 연보도 연보 나름이며, 각양각색이다. 이런 차이는 주로 연보의 방법과 체재에서 기인한다. 방법과 체재에 따라 연보가 달라질 수 있다는 사실은 연보 글쓰기가 꼭 고정되어 있는 것은 아니며, 어떤 틀을 지키면

---

24 조성을, 앞의 책, 156면, 162면, 201면.

서도 새로워지거나 계발되거나 확장될 수 있음을 의미한다. 이런 가능성에 대한 이론적 탐색을 위해 먼저 기존의 연보에서 취할 점은 무엇이며 지양해야 할 점은 무엇인지를 점검해 보기로 한다.

전근대의 연보들은 거의 모두 보주를 '공'(公) 혹은 '선생'(先生)으로 칭하고 있다. 근대의 연보 중에도 이런 관습을 따른 것이 없지 않다. 가령 『양계초연보장편』이나 『사암선생연보』에서는 '선생'이라는 호칭을 쓰고 있다. 하지만 적어도 학문적 연보라면 보주에게 존칭을 쓰는 것은 적절치 못하다고 생각된다. 『왕양명연보장편』에서는 보주를 '양명'이라는 호로 일컫고 있고, 『이규보연보』나 『연보로 본 다산』에서는 이름으로 일컫고 있다. 이처럼 호나 이름을 사용하는 것이 객관성의 견지라는 측면에서 적절하다고 본다.

연보는 엄밀한 학문적 고증을 요한다. 동아시아에서는 전근대부터 이미 고증을 토대로 연보가 작성되어 왔다고 볼 수 있다. 물론 고증에 좀 더 철저한 연보가 있는가 하면 상대적으로 덜 철저한 연보가 있기도 하다고 여겨지지만 그럼에도 연보는 철저히 사실 관계 위에 구축되어야 한다고들 생각했던 것만큼은 분명하다. 이런 전통은 근대의 연보로 계승되었다. 그리하여 학문적으로 좀 더 높은 엄밀성이 추구되고, 큰 성취가 이루어졌다. 『왕양명연보장편』 같은 것이 그 좋은 예다.

학문적 연보는, 비록 대단히 번거로운 일이기는 하나, 기술된 사실의 근거를 일일이 밝힐 필요가 있다. 『왕양명연보장편』, 『이규보 연보』, 『연보로 본 다산』에서 그렇게 했다. 뿐만 아니라 사료 비판과 자료의 진위(眞僞)에 대한 변증을 수행할 필요가 있으며, 의심쩍은 사안이 있거나 이견이 있으면 편찬자의 의견을 적극적으로 개진할 필요가 있다. 이 점은 『왕양명연보장편』과 『오규우 소라이 연보 고』가 모범적이다.

중국에서는 근대 이래 간행된 연보 명칭에 '장편'(長編)이라는 말을 많이 사용하고 있다. 이 경우 '장편'은 '장편소설'의 '장편'이라는 말과는 의미가 다르며, 일종의 사료 정리 작업을 의미한다.[25]

---

25 余英時, 「中國近代思想史的胡適 -『胡適之先生年譜長編初稿』序」, 『胡適之先生年譜長編初稿』, 2면.

사마광(司馬光)은 『자치통감』(資治通鑑)을 저술하기 전에 유서(劉恕), 유빈(劉邠), 범조우(范祖禹) 세 사람에 대해 각각 장편을 편찬한 바 있다. 사마광은 이 장편을 기초로 『자치통감』을 저술했다. 18세기 청의 역사학자 장학성(章學誠)은 『문사통의』(文史通義)에서 이 사실을 말하면서, "비유컨대 '저술'(정식의 역사 서술을 이름)이 한신(韓信)의 용병(用兵)과 같다면 비류(比類: 장편을 이름)는 소하(蕭何)의 군량(軍糧) 운반과 같거늘, 진실로 둘 가운데 하나가 없어서는 안 된다"라고 했다.[26] 이에서 보듯 장편은 정식의 역사 기술을 위한 기초 자료의 편찬을 뜻한다. 요컨대 중국의 역사학 전통에서 장편이라는 말에는 '중간 보고' 혹은 '예비 단계'의 작업이라는 뉘앙스가 내포되어 있다.[27] 『양임공연보장편초고』나 『양계초연보장편』에서 그토록 많은 서간의 내용이 장황하게 인용된 것은 이 때문이다. 원래 딩원장은 량치차오 전기를 저술하기 위한 예비 작업으로 장편을 편찬한 것이다.[28]

이처럼 동아시아의 전통적 관념에서 연보는 그 자체로서 하나의 완결된 독자적 저술로서의 의미를 갖기보다 뭔가 더 본격적인 작업을 위한 징검다리와 같은 것이라는 의미가 강했으며, 이런 관념은 근대 이래 지금까지도 중국 학자들의 뇌리에 강하게 각인되어 있는 듯하다.

하지만 이 관념은 타파될 필요가 있다고 생각된다. 물론 연보는 공구서의 역할을 할 수도 있고, 전기나 평전이나 역사 기술을 위한 기초 자료의 역할을 할 수도 있다. 하지만 연보의 역할이 꼭 그에 그치는 것은 아니다. 연보는 연보 그 자체로서도 한 인간에 대한 독특한 방식의―전기나 평전과는 성격을 달리하는―글쓰기로서 독자적인 의미가 있다. 새로운 연보학은 이 점을 인정하는 데서부터 출발하지 않으면 안 된다.

인간은 내면과 외면으로 구성된다. 전통적으로 역사학은 인간의 외면적 행위를 중심으로 인간을 파악해 왔다. 전근대 역사학과 근·현대 역사학은 적어도 이 점에서는 연속적이다. 하지만 역

---

26 "蓋著述譬之韓信用兵, 而比類譬之蕭何轉餉, 二者固缺一不可."(章學誠,「報黃大兪先生」,『文史通義』外篇 三)

27 狹間直樹,「解說」,『梁啓超年譜長編』제5권, 449~450면.

28 胡適,「『梁任公先生年譜長編初稿』序」,『梁任公年譜長編』上, 3면.

사학에 전제된 이러한 인간관은 일면적이며 잘못된 것이다. 주체는 외면에 의해서만 이해되지 않는다. 주체가 외면에 의해서만 비로소 객관적으로 이해될 수 있다는 생각은 순전한 오해이며 편협한 사고의 소치다. 주체는 외면만이 아니라 내면에 의해서 비로소 온전하게 이해될 수 있다. 주체는 내면과 외면의 통일체이기 때문이다. 그러므로 주체를 전일적(全一的)으로 이해하기 위해서는 단순히 그 사적(事蹟)만 파악하는 것으로는 불충분하며, 그 내면 풍경을 들여다보는 일이 필요하다.

연보에서 보주의 외면, 이른바 '행사'(行事)만이 아니라 내면에 대한 기술이 필요한 것은 이 때문이다. 보주의 내면은 보주가 남긴 일기나 서간 등 다양한 기록에서 확인될 수 있지만 특히 중요한 것은 시문이다. 시문에는 보주의 고뇌, 심리, 감정, 가치 태도, 미적 지향, 이상, 이념, 입장 등이 풍부하게 담겨 있다. 시문은 문학 작품이기에 텍스트 분석이 필요하지만 이 과정을 잘 거치면 진실을 포착해 낼 수 있다.

이렇게 본다면 연보 기술에서 시문을 '외부화'(外部化)해서는 반쪽짜리 연보밖에 될 수 없다. 즉 보주의 외면만 열심히 뒤따라간 피상적 연보가 될 수밖에 없다. 여기서 '피상적'이라 함은 연보의 소략함을 말하는 것이 아니다. 연보가 아무리 방대하고 그 기술이 자세하다 할지라도 보주의 내면이 시간의 흐름 속에 적시(摘示)되고 있지 않다면 그 연보는 '피상적'이다. 왜냐면 내면에 대한 기술이 빠졌기 때문이다.

기실 인간의 외면과 내면은 따로따로가 아니며 밀접한 관련을 갖는다. 외면에 대한 고증과 변석(辨析)을 통해 내면으로 들어가는 길이 마련되며, 내면에 대한 탐색과 심원한 이해는 외면에 대한 이해를 심화한다. 그러니 인간은 외면과 내면의 통합적 접근을 통해 비로소 온전히 그리고 깊이 이해될 수 있다. 이처럼 새로운 연보학은 기본적으로 '주체'에 대한 정당한 재인식 위에서 출발할 필요가 있다.

연보 기술에서 시문에 대한 고려는 전근대의 연보 중에서도 이따금 발견된다. 가령 노수신이 편찬한 이언적의 연보인 『문원공회재선생연보』라든가 유성룡이 편찬한 『퇴계선생연보』라든가 유금이 편찬한 『어우선생연보』를 예로 들 수 있다. 물론 이들 연보에서 시문에 대한 고려는 충분하지 않다. 그렇기는 하나 이들 연보는 특정 시간 속의 보주의 정신과 마음을 이해하는 데에 시가 얼마나 중요한 자료인지 잘 보여 준다. 『양계초연보장편』이라든가 『왕양명연보장편』이라든가 『오규우 소라이 연보 고』라든가 『연보를 통해 본 다산』은 고증이 치밀하거나 자료가 풍부히 제시되어 있거나 분량이 방대하거나 함에도 주체의 내면에 대한 고려는 비켜 가고 있거나, 턱없이 부족하다. 주체에 대한 인식론적 정립(定立)이 제대로 안 된 탓이다.

이렇게 본다면 철저한 고증이 없고서는 연보가 성립되지 않지만 그렇다고 단지 고증만으로 온전한 연보가 가능한 것은 아님을 알 수 있다. 또한 방대한 자료의 수집과 섭렵이 없고서는 제대로 된 연보가 불가능하지만 그렇다고 그것만으로 온전한 연보가 가능한 것이 아님을 알 수 있다. 이것들과 함께, 혹은 이것들에 앞서 필수적으로 요청되는 것은 보주의 내면을 포착하고 제시하고자 하는 끈질긴 노력이다.

보주에는 문학가도 있고 역사가도 있고 사상가도 있고 예술가도 있고 학자도 있고 정치가도 있다. 보주는 이처럼 다양하지만 적어도 전근대 인물이 보주가 되는 경우 그는 시문도 창작하고 사상 행위도 하고 역사 기술도 하고 학문 행위도 하고 예술 행위도 하고 관료로서 정치 행위도 하는 등 영역을 넘나드는 행위자일 수 있다. 바로 이 점에서 정당한 연보의 기술을 위해서는 통합 인문학적 관점이 요청됨을 알 수 있다.[29] 그러니 주희나 왕양명이나 이언적이나 이황처럼 사상 행위나 학문 행위에 치력한 인물이라 할지라도 그 관력(官歷)이나 사상·학문 쪽만 주로 들여다봐서는 정작 사상·학문조차도 깊이 있게 파악하기 어려울 수 있다. 사상이나 학문을 아무리 들여다볼지라도 거기서 행위자의 인간적 고뇌나 감정, 내적 동기 등이 잘 포착되지는 않음으로써다. 그러므로 연보가 온전하고 충실한 '인간학적 연대기'가 되려면 창작된 시문을 통한 내면 풍경의 재구성이 불가결하다.

---

29 통합인문학이 무엇인지는 박희병, 『통합인문학을 위하여』(돌베개, 2020)에서 제론(提論)된 바 있다.

이 점에서 연보 편찬자는 그 원래의 전공이 무엇이든 간에 통합인문학적 관점을 취하지 않으면 안 된다. 즉 문, 사, 철, 예(藝)를 가로지르면서 인물의 평생을 시간적으로 재구성해 내야 한다. 역사 전공자나 철학 전공자라 할지라도 보주가 남긴 시를 모조리 읽고 궁구해 그중 연보에 제시할 만한 자료가 무엇인지를 엄밀히 가려내야 한다. 이를 제대로 수행하지 못한다면 준비가 제대로 된 연보 편찬자라고는 하기 어려우며, 일찍이 당(唐)의 유지기(劉知幾)가 사가(史家)에게 필요한 세 자질로 꼽은 재(才)·학(學)·식(識) 중 '학'과 '식'이 부족하다는 지적을 면하기 어려울 터이다.[30] 요컨대 연보 기술자(記述者)는 문학 작품, 특히 시를 '외부화'해서는 안 되며 '내부화'해야 한다.

바로 이 때문에 연보는 단순한 자료의 집적이나 어떤 무엇을 위한 예비 작업에 그치지 않고, 그 자체로 독자적인 하나의 정신적 건축물이 될 수 있다. 즉 한 인간의 '안'과 '밖'을 시공간의 좌표 속에서 간직(簡直)하면서도 깊이 있게 드러내는 글쓰기가 될 수 있다. 이런 독특한 글쓰기는 연보 말고는 달리 없다.

전기나 평전도 한 인간의 평생을 시간의 흐름에 따라 서술하는바 이 점에서 연보와 통하는 점이 있다. 하지만 전기나 평전은 연보처럼 연월일별로 한 인간의 삶을 정리하는 방식을 취하지는 않는다. 이와 달리 연보는 시간을 아주 잘게 쪼개어 인물의 전 생애를 들여다본다. 그리하여 연보에서 매 시간은 늘 '현재'로 표상된다. 이에 수십 년의 현재가 집적되어 하나의 연보를 이룬다. 이와 달리 전기나 평전에서 시간은 건너뛰어지기도 하고 생략되기도 한다. 전기나 평전의 시간은 전기 작가나 평전 작가가 보기에 의미 있다고 생각되는 시간들이며, 나머지 시간들은 도태된다. 연보에서처럼 분절된 매 시간이 가능한 한 모두 포섭되지는 않는다. 그리고 전기나 평전에서 시간은 언제나 '과거'로 표상된다.

이처럼 연보는 시간의 표상 방식에서 전기나 평전과 본질적 차이가 있다. 시간의 표상 방식은 '시간성'의 문제와 직결된다. 연보는 시간성을 생명으로 삼으며, 시간성에 대단히 예민한 글쓰기

---

30 "史有三長, 才學識."(「劉知幾傳」, 『新唐書』列傳 57)

다. 연보의 시간성은 '직접적'이며, 아주 촘촘하다. 다른 글쓰기와 달리 연보에서는 한 인간의 출생에서부터 죽음에 이르기까지의 시간이 마치 눈앞에 흘러가는 강물을 보는 것처럼 뚜렷이 한 눈에 포착된다. 흘러가는 강물을 볼 때 우리는 모종의 무상감을 느끼게 되지 않는가. 이와 마찬가지로 연보에서도 우리는 혹 무상감을 느낄 수 있다. 이는 연보의 유난한 시간성에 기인한다.

　연보의 시간성이 직접적이라 여겨지는 것은 연보 기술자의 태도나 개입의 방식과 관련이 있다. 연보 기술자는 보주의 사적을 기술할 때 최대한 자신을 배제한다. '완전히'라고 말하는 것은 어폐가 있겠지만 가능한 한 자신을 밀어내 버린다. 그래서 거의 모든 연보에서 사적의 기술은 아주 높은 객관성을 띤다. 물론 연보 편찬자는 안설이나 각주 같은 데서는 자신의 의견이나 판단을 적극적으로 개진하지만 적어도 보주 사적의 기술에서는 그렇게 하지 않는다. 연보의 시간성은 바로 이 때문에 '직접적'이다. 즉 보주의 시간은 기술자에 의해 매개되는 방식이 아니라 즉자적(卽自的)으로 현현된다. 그래서 그 시간은 현재로 표상된다. 이와 달리 전기나 평전의 시간은 매개되어 있으며 이 점에서 간접적이자 대자적(對自的)이다. 매개자는 전기 작가와 평전 작가다. 이들 매개자에 의해 보주의 시간은 과거형으로 표상된다.

　이 점에서 전기나 평전은 아무리 객관성의 외관을 취한다 할지라도 '이야기'(Erzählung)로서의 성격을 지니며, 비록 논픽션이라고는 하나 그 기술 방식이 '서사'(敍事)에 해당한다. 이는 그 시간성과 밀접한 관련이 있다. 하지만 연보는 이야기도 서사도 아니다. 이처럼 연보는 전기나 평전과는 완전히 다른 성격과 다른 가치를 갖는 글쓰기라고 말할 수 있다. 연보의 서술은 '기술'(記述)이라고 할 성격의 것이며, 전기나 평전의 서술은 '서사'라고 할 성격의 것이다. 학문적 성격의 평전이라 하더라도 기본적으로 그러하다. 요컨대 연보는 '기술되는' 것이며, 전기나 평전은 '서사되는' 것이다. 그 시간성의 본질이 그 점을 입증한다.

　앞에서 나는 평전과 달리 연보에서 팩트는 선택의 대상이라기보다 충실한 제시의 대상이라고 말한 바 있다. 이 지적은 연보와 평전을 마주 세워 양자를 비교할 때 타당한 말일 수 있다. 하지만 연보 내부로 들어가 논의한다면 이 말에는 약간의 변통 내지 수정이 필요하다.

연보는 보주에 따라 자료가 비교적 한정되어 있는 경우가 있다면 아주 방대한 경우도 있다. 비교적 한정되어 있는 경우와 달리 아주 방대한 경우 존재하는 모든 자료를 연보에 다 넣을 수는 없는 일이니 취사선택이 불가피하다.

이 점에서 동일 인물을 대상으로 할지라도 누가 편찬하느냐에 따라 연보는 조금씩 달라질 수 있다. 즉 연보의 내용과 뉘앙스가 달라진다. 바로 이 점에서 연보의 또 다른 '창조적' 면모가 생겨난다. 연보는 자료와 실증을 토대로 함이, 그리고 팩트를 충실히 제시함이, 그 대강령(大綱領)이지만 그럼에도 그 대강령은 연보 편찬자의 문제의식과 주제의식을 배제하지 않는다. 연보 편찬자의 시각과 관점에 따라 기존에 별로 주목되지 않았거나 언급되지 않은 자료가 새로운 조명을 받을 수도 있으며, 이는 궁극적으로 보주에 대한 새로운 이해로 이어질 수 있다. 연보는 한 개인의 삶을 연대기적으로 기술하는 것이니, 크게 보면 '인간학'에 속한다. 인간학의 핵심은 인간에 대한 다면적이며 심원한 이해에 있다. 그러므로 연보 편찬자의 문제의식은, 적절히 잘 발휘되기만 한다면 연보의 '인간학적 깊이'를 더하는 데 큰 도움이 될 수 있다.

그리하여 연보 편찬자의 문제의식에 따라 특정 연보는 좀 더 심화된 젠더적 시각을 보여 줄 수도 있고, 좀 더 인민적 관점을 취할 수도 있으며, 좀 더 사상사적 시각을 보여 주는가 하면, 좀 더 문화사적이거나 예술사적 시각을 보여 줄 수도 있다. 그러므로 연보는 누가 저술하든 자료의 상략(詳略)의 차이만 존재하지 거기가 거기라고 생각한다면 그것은 크게 잘못된 것이다. 연보 역시 여느 글쓰기와 마찬가지로 그 저자에 따라 각각 '의미화'되기 때문이다.

이처럼 특정한 인물에 대한 연보 편찬자의 문제의식에 따라 연보는 상이한 지향과 의미망을 가질 수 있기에 연보 편찬자는 자신의 시각과 관점을 대자화(對自化)할 필요가 있으며, 아울러 연보의 '방법'과 '체재'에 대해서도 뚜렷한 자의식을 가질 필요가 있다.

『능호관 이인상 연보』의 주안, 방법, 체재

1. 주안(主眼)

이인상은 시인이자 산문가이자 화가이자 서예가였다. 또한 그는 학문과 사상에도 경도되어 평생 유교 경전을 읽고 도가서(道家書)에 탐닉했다. 뿐만 아니라 그는 이른바 '천하사'(天下事)에 평생 몰두했을 뿐 아니라, 국내 정치와 민(民)에 대한 우민(憂悶)을 품고 있었다. 요컨대 이인상은 문학가·예술가로서의 면모만이 아니라 사상인(思想人)·지식인으로서 면모[1] 또한 갖고 있다 할 것이다. 이 넷이 어우러짐으로써 이인상이라는 인간은 18세기 전반과 중반의 동아시아에서 그만의 독특한 풍모와 아우라를 빚어내고 있다.[2] 이처럼 이인상은 퍽 다면적 면모를 갖는 인물인데, 본 연보는 이를 충실히 드러내기 위해 힘을 쏟았다.

이인상은 신분이 서얼이다. 흔히 서얼 문사들은 신분적 차대(差待)에 대한 분만감(忿懣感)과 서러움을 시문에 기탁하곤 했다. 그 존재여건을 고려할 때 당연하고 자연스런 일이다. 이인상 역시 서얼로서의 분만감과 설움이 있었을 터이지만 그는 비(非) 서얼 벗들과의 교유를 통해 동시대의 역사 및 현실과 치열히 맞섬으로써 자신의 존재여건을 넘어서서 사유하며 지적·정신적으로 자아를 확장해 나갈 수 있었다. 본 연보는 이인상의 이런 면모를 충실히 제시하고자 노력했다. 그렇기는 하지만 이인상은 이봉환(李鳳煥)을 비롯해 서얼 출신의 벗들과도 친교를 맺었다. 이런 양

---

1   일반적으로 '사상가'라고 하면 사상 행위를 통해 자기만의 고유한 사상의 세계나 독자적 사상의 체계를 만들어 간 인물을 가리킨다. 비록 이런 정도는 못 되지만 평생 사상 행위를 함으로써 사상이 그 삶에서 심대한 의미를 갖는 인물을 가리키기 위해 '사상인'(思想人)이라는 말을 새로 만들어 쓴다.

2   이인상에 대한 전반적 소개는 박희병, 「능호관 이인상, 그 인간과 문학」, 『능호집(하)』(돌베개, 2016)이 참조된다. 또 그의 그림에 대한 개괄적 이해를 위해서는 박희병, 『능호관 이인상 서화평석 1: 회화』(돌베개, 2018)의 「서설: 방법과 시각」이, 그의 서예에 대한 개괄적 이해를 위해서는 『능호관 이인상 서화평석 2: 서예』(돌베개, 2018)의 「서설: 방법과 시각」이 참조된다.

상에 대해서도 소루함이 없이 기술하였다.

　이인상은 이윤영(李胤永)과 함께 이른바 단호그룹을 대표하는 인물이다. 이인상의 문학적·예술적·이념적 자아는 단호그룹 멤버들과의 관계와 교유 속에서 형성되고 확장되었다. 그러므로 이인상이라는 인간을 알기 위해서는 단호그룹에 속한 인물들의 행위와 정체성에 대한 이해가 없고서는 안 된다. 단호그룹의 정체성에 대한 이해가 높아지면 높아질수록 이인상에 대한 이해는 심화된다. 이런 이유에서 본 연보는 단호그룹의 성원들에 대해, 그리고 이인상과 그들의 관계에 대해 자세히 기술했다.

　이인상은 가난하되 염치가 있고 부끄러움을 아는 인간이었다. 그는 인간이 인간다울 수 있는 가장 중요한 조건의 하나로 '부끄러움'을 꼽았다. 이와 함께 그는 가족애가 퍽 깊은 인간이었다. 나는 이인상의 이런 면모가 그의 삶에서 어떻게 관철되는지를 이 연보에서 드러내고자 했다.

　일반적으로 이인상 하면 그의 존주대의론(尊周大義論)과 숭명배청(崇明排淸)의 입장을 떠올리게 되며, 그 사상적 근거로 주자학을 상도하게 마련이다. 이인상이 이런 이념을 추구하고 이런 입장을 취한 것은 물론 사실이지만, 문제는 그의 사유 지향과 문제의식이 이 틀로만 설명되지 않는다는 점에 있다. 흥미롭게도 이 틀 바깥에서 혹은 이 틀과 무연한 지점에서 확인되는 이인상의 사유와 의식의 지향들이 존재한다. 가령 도가 사상 같은 것이 그러하다. 그가 경도된 도가 사상은 그의 존재여건과 결합되면서 다소간 '평등'의 감수성을 낳고 있다. 뿐만 아니라 도가 사상은 그의 예술론과 예술 실천에 큰 영향을 미치고 있다. 이런 점을 고려하여 본 연보에서는 이인상의 대명의리론자(對明義理論者)로서의 면모만이 아니라 당시의 주류 담론에서 벗어나는 그의 행위와 의식들에 대해서도 똑같이 주목하는 입장을 취하였다.

　이인상은 그의 아내에 대한 존중, 특히 그녀의 지적 능력에 대한 존경이 남달랐다. 그는 자신의 처를 '사우'(師友)로 여겼으며, 처의 지적과 충고를 통해 자신을 향상시켜 갔다. 처와의 이런 존재관련으로 인해 이인상은 '여성'에 대한 진보적 관점을 갖게 된 것으로 보인다. 이런 점을 고려해 본 연보는 젠더적 시각에 유의

하고자 했다. 그 연장선상에서 이인상 집안의 여인들―어머니를 비롯해 딸, 며느리 등―에 대해서도, 비록 자료의 제약이 있기는 하지만, 할 수 있는 한 최대한 이 연보에 기술하고자 했다. 이 점에서 본 연보는 보주(譜主)와 그 주변의 남성들에 대해서만 주로 기술해 온 종전의 연보들과 차이가 있다.

본 연보는 이인상의 외적 행위만이 아니라 그의 내면 풍경―고뇌, 감정, 심리적 추이 등등―을 가능한 한 충실히 기술하고자 했다. 이를 위해 이인상이 남긴 간찰과 산문들과 시 가운데 적지 않은 부분을 인용하거나 소개했다. 이를 통해 이인상이라는 인간이 좀 더 전일적(全一的)이며 깊이 있게 이해될 수 있으리라 기대한다.

사상사나 정신사에서 볼 때 이인상과 이윤영이 주도한 단호그룹은 다음 세대의 인물들인 홍대용과 박지원이 주도한 담연그룹[3]과 연결된다. 담연그룹은 인간 자세나 취향이나 기질이나 정치적 지향에서는 단호그룹을 계승한 면이 있지만 대청인식(對淸認識)이라든가 조선의 개혁에 대한 문제의식이라든가 미적 지향에 있어서는 단호그룹과 다른 노선을 취했다. 그렇기는 하지만 이 두 그룹은 의외로 깊은 연관을 맺고 있음이 분명하다. 이 점을 감안해 본 연보에서는 적어도 이인상의 생존 기간 내에 포착되는 담연그룹의 인물들, 특히 홍대용과 박지원의 사적에 관심을 표했다.

대상은 그 자체로서만이 아니라 다른 존재들과의 관계 속에서 이해될 필요가 있다. 이는 대상에 대한 이해를 심화하는 길이다. 본 연보가 이인상의 연보임에도 불구하고 이인상의 우인(友人)들인 단호그룹의 인물들을 주시하는 이유가 여기에 있다. 하지만 본 연보는 이에 그치지 않는다. 본 연보는, 비록 제한된 것이기는 하나, 단호그룹을 넘어 이인상이 활동한 동시대의 다른 주요한 인물들―그중에는 이인상과 연결되는 인물도 있고 그렇지 않은 인물도 있다―에 대해서도, 그리고 더 나아가 아주 제한적이기는 하나 중국과 일본의 사정에 대해서도 얼마간 관심을 보인다.

---

3   기존에 써 오던 '연암그룹'이나 '연암일파'라는 말 대신 이 말을 쓰는 이유에 대해서는 박희병, 『범애와 평등』(돌베개, 2013), 209면의 각주 25를 참조할 것.

이는 보주(譜主)인 이인상을 문화사적·예술사적·사상사적·정치
사적 맥락 및 동아시아적 맥락 속에서 조망하고자 하는 노력의
소산이다.

2. 방법

연도별로 네 개의 층위를 두어 연보를 기술하였다.

제1층위에서는 이인상의 사적이 주가 되며, 이인상 가족의 일
도 언급된다. 이인상과 그의 벗들과의 교유라든가, 꼭 벗은 아니
더라도 이인상이 관계한 인물들에 대한 언급 역시 여기서 이루어
진다. 일반 연보는 대체로 이 제1층위로만 구성되어 있다.

제2층위에서는 단호그룹에 속한 인물들을 위시한 이인상의
우인(友人)들이라든가 지인(知人)들의 사적이 기술된다. 이들의
사적 중 이인상과 얽힘이 있는 것은 대체로 제1층위에서 기술되
나 이인상과 직접적 연관이 없는 것은 이 층위에서 기술된다.

제3층위에서는 이인상의 우인도 지인도 아니나, 이인상과 동
시대에 존재하거나 활동한 문인·학자·예술가·정치가들의 사적
이 간단히 언급된다. 가령 겸재 정선이라든가 홍대용이라든가 박
지원 등의 사적이 이 층위에서 기술된다.

제4층위에서는 중국과 일본의 주요 문인이라든가 학자라든가
예술가들의 사적 중 특기할 만한 것이 언급된다. 또한 당시의 동
아시아 정세를 이해하는 데 필요한 사항이 있으면 그런 것도 더
러 언급된다.

제1층위는 아주 자세하고, 제2층위는 제법 자세하며, 제3층위
는 간단하고, 제4층위는 아주 소략하다. 제2층위는 제1층위의 기
술을 이해하는 데 상당히 도움이 되기에 제법 자세히 기술했으
며, 제3층위는 같은 시기에 어떤 인물들이 존재하고 활동했는지
를 알면 역사적 시각이 확대될 수 있기에 간단히 기술했고, 제4층
위는 당시 동아시아의 역사적 추이와 지적·문화적 추이를 좀 아
는 것이 이인상의 행위와 멘탈리티를 동아시아적 시좌(視座) 속
에서 조망하는 데 도움이 되기에 소략하게라도 기술했다.

이처럼 제2층위 이하는 보조적인 것으로서, 보기에 따라서는 좀 번거롭게 여겨질지도 모른다. 하지만 달리 생각하면 본 연보의 구성은 가장 안쪽의 작은 동심원에 해당한다 할 제1층위를, 그 바깥의 제2층위 이하의 보다 큰 동심원들이 각각 둘러싸고 있는 방식을 취하고 있는바, 방법상 다층적·입체적이라 할 만하다.

공력과 시간이 많이 드는 것을 감수하면서까지 군이 이런 구성을 안출(案出)한 이유는, 첫째 이인상의 자아가 단호그룹의 정체성 속에서 온전히 이해될 수 있다는 점 때문이고, 둘째 가능한 한 전체사(全體史)의 맥락 속에서 이인상의 개인사를 읽어내는 연보를 작성하는 일이 애초 나의 목표였기 때문이다.

한편 본 연보의 기술은 이인상의 내면과 외면을 아우르고 있다. 한 인간의 외면은 남아 있는 자료들에서 확인되는 그의 행적을 통해 포착된다. 그렇다면 한 인간의 내면은 어떻게 포착될 수 있는가? 그가 남긴 글들, 특히 문학 작품들이 그의 내면을 엿보는 데 아주 긴요하다고 말할 수 있다. 문학 작품 가운데서도 시에는 특히 한 인물의 미묘하거나 복잡한 심회와 의식이 담겨 있어 대단히 섬세한 독법이 필요하다. 이인상은 많은 시를 남겼다. 필자가 발굴한 이인상의 초고본 문집인 『뇌상관고』에는 간행된 문집인 『능호집』에 실린 시들보다 두 배 반쯤 많은 시가 실려 있다. 뿐만 아니라 『뇌상관고』에는 『능호집』에는 실리지 못한, 이인상의 내면세계와 사적(私的) 감정을 보여주는 흥미로운 산문들이 많이 보인다. 본 연보는 이인상의 내적 면모를 기술하기 위해 방법적으로 이런 시문 자료를 대거 활용하였다.

시문을 인용하거나 소개할 때는 그 제목과 본문을 우리말로 번역한 뒤 원제와 원문을 병기했다. 그리고 시문의 내용 중 설명이 필요한 부분은 혹은 연보 기술 중에 혹은 주석을 통해 밝힘으로써 독자들의 이해를 돕고자 했다.

연보에 기술된 내용은 그 근거를 밝힘으로써 엄정성을 확보하고자 했다. 특히 제1층위에 기술된 사실에는 반드시 그 근거를 명시했는데(단 벼슬의 임면任免은 『승정원일기』나 『조선왕조실록』을 참조했는데 이 경우 따로 그 근거를 밝히지 않았다), 『능호집』과 『뇌상관고』에 공통으로 실려 있는 글이 근거가 될 경우 『능호집』의 것을 근거로 제시함을 원칙으로 삼았다. 『능호집』이 이미 번역되어 나와 있음으로써다.

연보는 기본적으로 연월일에 따라 인물의 평생 일을 기술하는 글쓰기이다. 본 연보도 연보 글쓰기의 이 기본 강령을 따르고 있다. 『뇌상관고』는 이인상이 죽기 전에 자편(自編)한 원고이다. 이 자편고(自編稿)는 시고(詩稿)와 문고(文稿)로 구성되어 있는데, 특히 시고는 처음 필사된 뒤에(이인상이 직접 필사한 부분도 있다) 이인상이 몇 차례 수정하고 보완했다. 또한 이인상은 '북산필교록'(北山筆橋錄) '보산록'(寶山錄) '현계조산록'(玄溪鳥山錄) '남관록'(南觀錄) '회곡조산속록'(晦谷鳥山續錄) '동관록'(東觀錄) '황려록'(黃驪錄) 등과 같은 명칭을 부여해, 시를 창작된 시기별로 분류해 놓았다. 이를 통해 이인상이 시고의 편집에 얼마나 힘을 쏟았는지 알 수 있다.

이인상은 시고의 시를 창작된 연도에 따라 배열해 놓았으며, 매 연도의 시들을 가능한 한 그 창작된 순서대로 싣고자 했던 것으로 보인다. 요컨대 이 시고가 원칙적으로 시간적 순차성을 염두에 두고 편차(編次)되었음은 분명하다. 이 점을 의심할 이유는 없다. 하지만 그럼에도 불구하고 이 시고의 편차에는 의심스런 부분들이 없지 않다. 즉 창작 연도에 착오가 있거나, 한 연도에 배열된 시의 순서에 착종이 없지 않다. 왜 이런 문제가 생겼을까? 비록 이인상이 자신이 창작한 시들을 시간적 순서를 고려해 자편한다고는 했으나 창작 시기에 대한 기억이 분명치 못하거나 기억의 착오가 있어서가 아닌가 한다. 특히 오래전에 창작한 작품의 경우 당연히 그럴 수 있다고 생각된다.

이런 난점이 있기에 본 연보에서는 할 수 있는 한 시의 창작 시기를 변증하고자 노력했다. 이 작업은 주로 두 방면에서 이루어졌다. 그 하나는 시의 내용을 면밀히 분석하는 것이다. 이를 통해 특정한 시가 봄, 여름, 가을, 겨울 중 어느 계절에 창작되었는가를 비정(比定)해 낼 수 있었다. 다른 하나는 문헌을 통한 고증이다. 단호그룹의 인물들인 이윤영, 송문흠(宋文欽), 오찬(吳瓚), 윤면동(尹冕東), 김순택(金純澤), 김무택(金茂澤) 등은 각기 문집을 남기고 있다. 『단릉유고』(丹陵遺稿),[4] 『한정당집』(閒靜堂集), 『수재

유고』(修齋遺稿), 『오헌집』(娛軒集), 『지소유고』(志素遺稿), 『연소재
유고』(淵昭齋遺稿) 등이 그것이다. 이 문헌들을 통해『뇌상관고』
시고의 착오를 일부 바로잡을 수 있었다.

예컨대『뇌상관고』에는「김자(金子) 원박(元博: 김무택)과 윤자
(尹子) 자목(子穆: 윤면동)이 술을 가지고 왔길래 남간(南澗)을 찾
았는데 몹시 취해 체모를 잃고 돌아왔으므로 이틀 후 원박을 찾
아가 시를 지어 서로 경계하다. 두시(杜詩)의 운(韻)을 쓰다」(원제
'金子元博、尹子子穆携酒來過, 因尋南澗, 胥醉失儀而歸, 其再明日訪元博
賦詩, 相與戒之. 用杜韻')가 1741년에 창작된 시들 사이에 들어 있
는데, 이 시는 실은 1740년 동짓날에 지어졌다. 윤면동의 문집
『오헌집』권1에 실린「동짓날 술을 갖고 원령을 방문해 함께 읊
다」(원제 '至日携酒訪元靈共賦')를 통해 그 점이 확인된다.

또『뇌상관고』에는「봄날 원박·자목과 담화재(澹華齋)를 방문
하여 함께 공동(空同: 이몽양)의 시「이씨의 연못가 정자를 찾다」
에 차운하여 주인에게 주고, 인하여 이자(李子) 백눌(伯訥: 이민보)
에게 편지로 부치다」(원제 '春日同元博、子穆訪澹華齋, 共次空同過李
氏荷亭詩, 寄主人, 因柬李子伯訥')가 1743년에 창작된 시들 속에 들
어 있으나 실은 1743년작이 아니라 1741년작이다. 이윤영의『단
릉유고』에 이 시와 같은 운을 쓴「계속 차운해 같이 노닌 여러 군
자에게 보여 화답을 구하다」(원제 '續次示同遊諸君子要和')가 실려
있는데, 그 창작 시기가 1741년이라는 데서 그 점이 고증된다.

뿐만 아니라『뇌상관고』에 1743년 창작된 시들 사이에 들어
있는「여러 벗들과 달밤에 배를 띄우기로 약속했으나 그러지 못
해 이자 윤지(이윤영)의 백석산방에 모여 운을 나누어 시를 짓다」
(원제 '與諸子約泛月, 不諧, 集李子胤之白石山房分韻')라든가,「담화재
에 모여 운을 나누어 짓다」(원제 '會澹華齋分韻')라든가,「담화재
에서 조금 술을 마셨는데 모인 이가 무릇 여덟이었다. 도연명의 "朝
爲灌園, 夕偃蓬廬"라는 시구를 써서 분운하다. 나는 '조'(朝) 자를
얻어 장구(長句)를 짓다」(원제 '澹華齋小酌, 會者凡八人, 用 '朝爲灌園,

4　이윤영의 문집에는 두 종류가 있다. 하나는 간본(刊本)인『단릉유집』(丹陵遺集)이고 다른 하나는 초고본『단릉유고』
　　(丹陵遺稿)이다.『단릉유집』보다『단릉유고』가 수록된 글들이 훨씬 많아 자료적 가치가 더 크다.

夕偃蓬廬'分韻, 余得'朝'字賦長句')라는 시들도 모두 1741년작이다. 이윤영의 『단릉유고』와 그의 아우인 옥국재(玉局齋) 이운영(李運永)의 문집 『옥국재유고』를 통해 그 점이 고증된다.

『뇌상관고』에 실린 시들 중에는 어느 해의 어느 달에 창작되었는지 알 수 있는 것도 일부 있지만 그 대부분은 어느 달에 창작됐는지 알 수 없다. 하지만 그 창작된 계절을 알 수 있는 작품은 상당히 많다. 이런 점을 고려해 본 연보는 창작된 달을 알 수 없는 시들의 경우 대체로 『뇌상관고』의 배치 순서를 준용함을 원칙으로 삼되 작품 내용이라든가 여타의 정황상·문헌상 근거로 볼 때 『뇌상관고』의 배치 순서를 따르지 않는 것이 합당하다고 판단될 경우 이 판단에 따라 연보를 기술했다.

그러므로 본 연보 제1층위의 기술 중 봄, 여름, 가을, 겨울의 순차는 시간적 계기성을 담보한다 할지라도, 각 계절 내부의 기술은 꼭 시간적 계기성을 담보한다고 말하기 어렵다. 무엇보다도 『뇌상관고』 시고의 순차성이 시간적 계기성을 정확히 반영하고 있는지가 불확실하기 때문이다. 독자들은 이 점을 감안해 이 연보를 읽기 바란다. 참고로, 여기서 말한 '봄'은 음력 1·2·3월을 말하고, '여름'은 음력 4·5·6월을, '가을'은 음력 7·8·9월을, '겨울'은 음력 10·11·12월을 말한다.

앞에서 말했듯 이인상은 문학가이면서 서화가였다. 이 점을 감안해 본 연보는 비단 이인상의 문학가로서의 면모만이 아니라 서화가로서의 면모를 충실히 담고자 노력을 기울였다. 그리하여 그 창작 연도가 확인되는 서화 작품은 모두 언급했으며, 그 인기(印記)와 화제(畫題)·제발(題跋)을 자세히 소개했다.

본 연보는 이상의 방법적 고려를 통해 이인상이라는 인간을 시간의 축(軸) 위에서 가능한 한 총체적으로 읽어내고자 했으며, 이와 아울러 이인상이 살았던 18세기 전·중반의(그리고 이어지는 18세기 후반의) 조선과 동아시아의 문화사, 예술사, 사상사에 대한 밑그림을 그려 보고자 했다.

3. 체재

보통의 연보는 다음과 같이 서기(西紀) 몇 년인지부터 표기한다.

1710년(숙종 36년, 경인) 1세

본 연보는 이런 통례를 따르지 않고 다음과 같이 표기했다.

숙종 36년(경인, 1710년) 1세

본 연보의 연월일은 모두 음력(정확히 말하면 태음태양력)에 의한 것이다. 음력은 평년에는 354일과 355일, 윤년에는 383일과 384일이 있다. 윤달은 19년에 7회 들게 되어 있다. 이 때문에 양력과는 한 해 차이가 나는 '날들'이 존재하게 된다. 이런 문제를 고려해 본 연보에서는 전통적 방식을 준용해 '무슨 왕 몇 년'인지를 먼저 적고 '서기 몇 년'인지는 뒤에 적는 방식을 취했다.

한편, 본 연보는 따로 '안설'(按說)을 두지 않았으며, 편찬자의 논평이나 의견 제시는 본문에서 보주에 대한 기술이 끝나면 행을 바꾸어 했으며, 자료나 사실 관계에 대한 고증이나 설명은 주로 각주를 통해 했다.

연보 기술에서 제1층위는 ● 표시를 했고, 제2층위는 ○ 표시를 했으며, 제3층위는 ◎ 표시를 했고, 제4층위는 ① 표시를 했다. 만일 연도만 확인될 뿐이고 그 월(月)은 물론 계절조차 확인되지 않는 보주의 사적들은 따로 모아 제1층위의 맨 끝에 제시했으며, 시작되는 부분에 짧은 선을 그어 두었다.

연보에 거론된 이인상의 시문 중 『능호집』에 수록된 것은 그 번역본의 면수를 일일이 밝혀 주었다. 또한 연보에 이인상의 서화 작품이 거론되었을 경우 『능호관 이인상 서화평석』에 실린 도판을 연보에 전재(轉載)하고 책의 면수를 밝혀 주었다. 단 도판의 상태가 좋은 것만 그리 하고, 도판 상태가 좋지 못한 것은 『능호관 이인상 서화평석』의 면수만 밝혀 주었다. 이외에도 혹 참조가 될 만한 도판이 있으면 더러 도판을 제시했다. 이인상이 서화가로 이름이 높은 만큼 이런 시도는 의의가 없지 않다고 생각한다. 이는 다른 한편에서는 시각문화(視覺文化)의 중요성이 커진 시대에 부응하는 새로운 연보의 모색이라는 의의도 있지 않은가 한다.

능호관 이인상 연보

"비극적 인간은 절대로 희망을 포기하지 않는다.

단지 희망을 세계에 두지 않을 뿐이다."

— 뤼시앵 골드망,『숨은 신』에서

숙종(肅宗) 36년(경인庚寅, 1710년) 1세

● 4월 26일, 진시(辰時: 오전 7시에서 9시 사이)에 서울 남산에 있던 조부 이수명(李壽命)의 집에서 부(父) 이정지(李挺之)와 모(母) 죽산 안씨(竹山安氏)의 차남으로 태어나다.[1]

본관은 완산으로, 세종대왕의 열셋째 아들인 밀성군(密城君) 이침(李琛)의 후손이다. 자는 원령(元靈), 별자는 연문(淵文), 호는 능호관(凌壺觀)·능호자(凌壺子)·천보산인(天寶山人)·보산자(寶山子)·보산인(寶山人)·운헌(雲軒)·운수(雲叟)·자용(恣慵)·두류만리(頭流慢吏)·운담인(雲潭人)·뇌상관(雷象觀)·뇌상자(雷象子)·고우자(古友子)이다.

고조부는 이경여(李敬輿, 1585~1657, 호 백강白江)로, 인조 때 우의정, 효종 때 영의정을 지냈으며, 친명배청(親明排淸)의 입장 때문에 심양(瀋陽)에 일시 억류되기도 하였다. 이경여의 이런 반청적(反淸的) 입장은 이인상에게 큰 영향을 미쳤다.[2]

증조부는 이민계(李敏啓, 1637~1695)로, 음직으로 송라 찰방(松羅察訪)[3]을 지냈다. 이민계의 모 해풍 김씨(海豊金氏)는 이경여의 귀첩(貴妾)이었다.[4] '귀첩'은 다른 첩과 달리 정처(正妻)의 사망 후

---

1 유홍준과 유승민이 작성한 연보에는 모두 보산(寶山: 楊州 檜巖面 茅汀里를 지칭)에서 출생한 것으로 되어 있으나 착오다. 유홍준, 「능호관 이인상의 생애와 예술」(홍익대 석사학위 논문, 1983) 말미의 '별표 2. 이인상의 연보'; 유승민, 「능호관 이인상 서예와 회화의 서화사적 위상」(고려대 석사학위 논문, 2006)의 '부록1. 이인상 간략 연보'를 볼 것.

2 이인상의 벗인 황경원(黃景源)이 쓴 「이원령 묘지명」(李元靈墓誌銘, 『江漢集』 권17)의 다음 말 참조: "군은 젊을 적 문정공(文貞公: 이경여)의 글을 읽고 이 때문에 이렇게 탄식하였다. '홍광제(弘光帝: 南明의 첫 번째 황제)는 나의 선제(先帝)이시고, 융무제(隆武帝: 남명의 두 번째 황제)와 영력제(永曆帝: 남명의 마지막 황제) 또한 나의 선제이시다. 명(明)이 비록 망했지만 내 어찌 우리 선조의 복수를 잊으랴.'"(君少讀文貞公書, 爲之歎曰: "弘光吾先帝也, 隆武·永曆亦吾先帝也. 明雖已亡, 吾豈忘吾祖之讐哉.)

3 송라 찰방은 종6품 벼슬로, 송라도(松羅道)를 관장했다. 송라도의 본역(本驛)인 송라역(松羅驛)은 지금의 경상북도 포항시 청하면에 해당하는 청하현(淸河縣) 북쪽 1리 지점에 있었으며, 7개의 속역(屬驛)을 거느렸다.

4 "白江又有貴妾之子敏啓, 其孫最之, 能文通禮說, 有所撰『深衣註說』, 其從子麒祥淡然忘世, 世亦不知, 而弟麟祥元靈, 號凌壺, 能文章·工篆隸丹靑, 爲人最亭有大名, 其子英章, 雖不及其父, 而亦自超高, 此一脈, 眞一名中名家也."(『頤齋亂藁』 권38 병오년[1786] 5월 6일, 한국학자료총서 3 『頤齋亂藁』 제7책, 236~237면)

집안의 주부(主婦) 일을 맡아 했으므로[5] 적계(嫡系)의 자손들도 존중하였다.[6] 이인상이 비록 서출(庶出)이었으나 이경여의 적손(嫡孫)들에게 대접을 받은 것은 이런 점이 작용한 것으로 생각된다. 이민계에게는 배 다른 서형(庶兄)이 한 분 있었는데 곧 이민철(李敏哲)이다. 이민철은 천문(天文)과 기예에 뛰어난 재주를 지닌 저명한 자연과학자였다. 이인상이 『주역』에 경도해 천문에 남다른 관심을 보인 데에는[7] 종증조부 이민철의 영향이 있지 않나 생각된다.

　　조부는 이수명(李需命, 1658~1714)으로, 호는 성재(醒齋)이며, 음직으로 소촌 찰방(召村察訪)[8]을 지냈다. 이수명은 산소로 삼을 곳을 물색하던 중 양주목(楊州牧) 회암면(檜巖面) 모정리(茅汀里)[9]

5　宋翼弼, 「與浩原論叔獻待庶母禮」, 『龜峰集』 권6; 李珥, 「答宋雲長」, 『栗谷全書』 권11의 "집안일을 주관하는 첩은 곧 귀첩이다"(若主家之妾, 則乃貴妾也)라는 말 참조.

6　한편 이인상 후손가에 전하는 필사본 『완산이씨세보』(完山李氏世譜: 이하 『완산이씨세보』로 칭함)의 '이경여'에 대한 기술에는 그 초배(初配)인 해평 윤씨(海平尹氏)와 후배(後配)인 풍천 임씨(豊川任氏)에 대한 언급에 이어 이인상의 고조모인 해풍 김씨에 대한 다음과 같은 언급이 나온다: "副室海豊金氏, 父兵使大乾, 祖縣令瑩, 曾祖虞侯遇秋, 外祖郡守趙惟精豊壤, 辛亥九月一日生, 庚戌正月十五日卒, 享年六十. 墓在楊根葛山未坐之原. 生一子敏啓."

7　권헌(權攇)의 시 「아양(鵝陽: 지금의 충청남도 서천군)에서 종산(鐘山)의 옛 이웃을 생각하며」(원제 '鵝陽憶鐘山舊隣', 초고본 『震溟集』 권2)의 "기이한 비결(秘訣)은 성위(星緯)를 부연하였고／괴상한 전주(篆籀)는 창힐(蒼詰)과 우(禹)임금을 본떴네"(奇訣衍星緯, 怪籀摹蒼禹)라는 구절 참조. 시 제목 중의 '종산'(鐘山)은 이인상이 만년에 살았던 종강(鐘崗)을 가리킨다. 또 윤면동(尹冕東), 「이원령 제문」(원제 '祭李元靈文', 『娛軒集』 권3)의 "뇌상관에서 어느 날 저녁 그대가 이런 말을 했었지요. '모두(旄頭)와 혜성이 나타나 어두운 기운이 하늘에 가득하니 선류(善類)는 재앙을 입고 문도(文道)는 날로 황폐해질 거요.'"(雷觀之夕, 子嘗有言: '旄頭彗奎, 漕氣塞天, 善類其凶, 文道日榛')라는 구절도 참조. 이인상이 젊을 때부터 『주역』을 열심히 읽었음은 임경주(任敬周), 「증이원령서」(贈李元靈序, 『靑川子稿』 권2)의 "원령은 자사(子思)씨의 책(『중용』을 이름)을 읽는 것을 좋아하고 또 『주역』 「계사」를 읽는 것을 좋아해 '나는 이 일을 죽을 때까지 하겠다'라고 말했다"(元靈喜讀子思氏之書, 又喜讀 『易』 「繫辭」, 曰: '吾以此終吾命也')라는 구절을 통해 알 수 있다. 이인상은 만년에 와서 『역』 공부를 더욱 독실히 한 것으로 보인다. 이인상이 종강 집의 이름을 '뇌상관'(雷象觀)이라고 붙인 것도 이인상 만년의 『역』에 대한 경도와 관련이 있다. 한편 이인상의 『역』 공부는 천문에 대한 그의 관심과 무관하지 않다. 이인상의 작은아버지인 이최지 역시 천문에 조예가 있었으며 천문학겸교수(天文學兼敎授)를 역임한 바 있다(金純澤, 「李定山墓誌銘」, 『志素遺稿』 제3책; 成海應, 「李定山遺事」, 『硏經齋全集』 권11; 徐宗華, 「藥軒謦咳」, 『藥軒遺集』 권8의 "이최지씨는 천문에 뜻을 두었다"(李最之氏留意天文)라는 말 참조). 이렇게 본다면 이인상의 천문에 대한 관심은 가까이는 이최지, 멀리는 이민철의 영향을 받은 것이라고 할 수 있다. 이상은 박희병, 『능호관 이인상 서화평석 1: 회화편』(돌베개, 2018) 중 〈구담초루도〉(龜潭艸樓圖)의 평석 참조. 또 이민철에 대해서는 김려(金鑪)의 『담정유고』(藫庭遺藁) 권9 단량패사(丹良稗史)에 실린 「이안민전」(李安民傳) 참조. '안민'(安民)은 이민철의 자이다.

8　소촌 찰방은 종6품 벼슬로, 소촌역(召村驛)을 관장했다. 소촌역은 경상남도 진주에 있었으며, 소촌도(召村道)의 본역으로서 15개 속역을 거느렸다.

9　『완산이씨세보』에는 '모청'(茅淸)으로 기재되어 있다.

에 땅을 샀으며,[10] 이후 이곳의 전장(田庄)이 이인상 집안의 주요한 근거지가 되었다. 이인상의 조부 때는 집안 형편이 괜찮았는데, 조부 타계 후 가세가 급격히 기울었다. 이는 이인상의 부친이 아무 벼슬도 하지 못한 데다 일찍 세상을 뜬 때문이었다. 이인상은 남산의 조부 집에서 살던 때를 유족(裕足)하고 아름답던 시절로 회억하였다.[11]

부(父)는 이정지(李挺之, 1685~1718)로, 34세에 기세(棄世)했다. 조부 이수명이 타계한 지 4년 뒤다. 부의 기세 후 집안 형편이 어려워져 이인상 가족은 마침내 남산의 조부 집을 팔고 자주 이사를 다녔다.[12]

모 죽산 안씨(1685~1761)의 부는 통덕랑(通德郎) 안흥필(安興弼)이고, 조부는 인의(引儀) 벼슬을 지낸 안만령(安萬齡)이며, 증조부는 안몽룡(安夢龍)이다. 외조부는 영종 만호(永宗萬戶)를 지낸 장선활(張善活)인데[13] 예조판서를 지낸 장선징(張善澂)과 사촌간이다.

이인상에게는 고모 두 분과 계부(季父) 한 분이 있었다. 큰 고모는 파평 윤씨 윤관교(尹寬敎)에게 시집 갔고, 작은 고모는 파평 윤씨 윤적교(尹迪敎)에게 시집 갔다. 계부는 이최지(李最之, 1696~1774)로, 자가 계량(季良)이고, 호는 연심재(淵心齋)·회암거사(檜巖居士)·모정자(茅汀子)[14]이며, 정산 현감(定山縣監)을 지냈다. 김창흡(金昌翕, 1653~1722, 호 삼연三淵)의 문인(門人)으로, 지조가 높고 식견이 있었으며, 특히 예학(禮學)에 조예가 있어 『심의설』(深

---

10 "茅汀墓舍, 南庭有檜香一樹. 始我祖考問舍過茅汀, 與主人姜老坐于樹下, 樹已記其年, 祖考意甚愛之. 其後茅汀爲李氏世葬之地."(「檜樹記」,『雷象觀藁』제4책)

11 『능호집』(凌壺集) 권1에 실린 「감회」라는 시 참조: "先人弊廬今誰主, 行過南皐每懷古. 壁藏古經三百卷, 園有李梅桃杏樹. 幼時我臥王考膝, 香爐錯刀隨意取. 移家十年五易里, 夢游必在南澗戶. 萬事不如垂髫時, 呑聲忍淚心膈苦." 또 같은 책 권1에 실린 「삼가 형님의 시에 차운하다」(원제 '謹次伯氏韻')의 제1, 2구 "對山疑故宅, 面水昔開門"도 참조.

12 「노복 유공 제문」(원제 '祭老僕有功文',『雷象觀藁』제5책) 참조. 또 『뇌상관고』 제1책의 '북산필교록'(北山筆橋錄)도 참조.

13 장유(張維)의 동생인 장신(張紳)의 서자인데 뒤에 장유의 서제(庶弟)인 장면(張緬)의 양자로 들어갔다. 현종 3년(1662) 2월 두모포(豆毛浦) 만호에 제수되었고, 현종 6년(1665) 6월 남도포(南桃浦) 만호에 제수되었으며, 숙종 1년(1675) 8월 영종 만호에 제수되었다.

14 오희상(吳熙常), 「문정공 부군 행장」(文靖公府君行狀,『老洲集』권19)의 "숙사 이모정 최지"(塾師李茅汀最之)라는 말 참조. 이인상의 형인 이기상(李麒祥)도 '모정자'(茅汀子)라는 호를 사용했다.

숙종 36년(경인庚寅)

1710년

1세

이최지가 새긴 인장, 〈완산〉(完山), 『서화평석』(2) 1096면

이최지가 새긴 인장, 〈모정야수〉(茅汀野叟), 『서화평석』(2) 1099면

衣說)을 저술하였다. 황윤석(黃胤錫)은 이 책의 학문적 수준을 높이 평가하였다.[15] 이최지는 또한 전각(篆刻)으로 당대에 명성이 높았다. 부친을 일찍 여읜 이인상은 계부를 부친처럼 섬겼으며 그에게 수학하였다. 이인상이 노론의 신임의리(辛壬義理)를 굳게 지킨 것이나 전각에서 일가를 이룬 것은 계부의 영향이 크다.

이인상에게는 이기상(李麒祥, 1706~1778)이라는 네 살 위의 형이 있었다. 이기상은 자가 사장(士長)이고, 호가 담허재(湛虛齋) 혹은 모정자(茅汀子)이며, 도원(桃源) 찰방[16]을 지냈다. 그 역시 이인상처럼 성정이 개결(介潔)하고 염담(恬淡)하였다.[17]

자녀는 4남 1녀를 두었는데, 장남은 영연(英淵, 1737~1760, 자 백심伯心)이고, 차남은 영장(英章, 1744~1832, 뒤에 '장영'章英으로 개명,[18] 자 중순仲純, 호 형산亨山)이며, 삼남은 영하(英夏, 1748~1768, 자 숙형叔亨)이고, 사남은 영집(英集, 1752~1776)이다. 고명딸(1741~1809)[19]은 백동우(白東佑: 백동수白東脩의 사촌)에게 시집갔다. 네 아들 중 벼슬한 사람은 차남 영장인데, 진잠 현감(鎭岑縣監)과 창평 현령(昌平縣令)을 지냈다.

○ 이하상(李夏祥, 1744년 졸, 자 자화子華, 이인상의 사종형제.[20] 임서任遾의 처남이며 임매任邁의 외종형) 출생.

○ 송문흠(宋文欽, 1752년 졸, 동춘당同春堂 송준길宋浚吉의 현손, 송

---

15 황윤석의 『이재난고』(頤齋亂藁) 권16 경인년(1770) 10월 27일(한국학자료총서 3 『頤齋亂藁』 제3책, 431면) 일기에 "최지는 식견이 몹시 높은데 올해 나이가 일흔다섯이다. 일찍이 『예기』(禮記)의 「심의」(深衣)와 「옥조」(玉藻) 두 편에 실린 심의(深衣)의 제도를 연구했는데 옛 주를 참고해 제유(諸儒)의 오류를 깨뜨렸으며 그것을 문답으로 만들어 명쾌히 해명 했거늘 그 주장이 모두 근거가 없지 않다"(最之見識尤卓, 今年七十五. 嘗究『禮記』之「深衣」「玉藻」二篇所裁[載]深衣制度, 攷定舊註, 以破諸儒之謬, 因爲問答, 以發明之, 其說皆非無據)라 하여, 이최지의 식견과 학문적 능력을 높이 평가하였다. 『이재난고』 권16 경인년(1770) 11월 3일 일기에 이최지의 『심의설』 전문이 실려 있다.

16 종6품 벼슬로, 황해도 장단에 있던 도원도(桃源道)를 관장했다. 도원도는 경기 지방에 있던 8개 역도(驛道) 중의 하나인데, 그 본역은 도원역(桃源驛)이다.

17 성해응(成海應), 「세호록」(世好錄, 『研經齋全集』 권49) 참조. 또 황윤석, 『이재난고』 권38 병오년(1786) 5월 6일(한국학자료총서 3 『頤齋亂藁』 제7책, 한국정신문화연구원, 2001, 236면)의 "이기상은 염담(恬淡)하여 세상을 잊었고 세상 또한 그를 알지 못했다"(麒祥淡然忘世, 世亦不知)라는 말 참조.

18 순조 12년(1812) 8월 27일 개명했다. 『승정원일기』 순조 12년 8월 27일 기사 참조.

19 『수원백씨대동보』(水原白氏大同譜, 1997) 권9, 206~207면 참조.

20 이하상은 원래 이경여의 현손이며 이현지(李顯之)의 아들인데, 이경여의 동생 이정여(李正輿)의 증손인 이중지(李重之)의 양자로 들어갔다.

명흠의 동생. 자 사행士行, 호 한정당閒靜堂) 출생.

○ 송익흠(宋益欽, 1757년 졸, 자 시해時偕, 호 오숙재寤宿齋, 송문흠의 재종제)[21] 출생.

○ 이봉환(李鳳煥, 1770년 졸, 자 성장聖章, 호 우념재雨念齋, 서얼) 출생.

○ 안표(安杓, 1773년 졸, 자 사정士定) 출생.

○ 오종형(五從兄) 이보상(李普祥, 1698~1775, 호 석산石山) 13세. 오종형 이준상(李駿祥, 1705~1778, 자 원방元房, 호 천식재泉食齋) 6세.

이들은 모두 이인상이 가깝게 지냈던 족친들이다.

○ 김진상(金鎭商, 1684~1755, 호 퇴어退漁) 27세. 조영석(趙榮祏, 1686~1761, 호 관아재觀我齋) 25세. 윤흡(尹滃, 1689~1753) 22세. 윤심형(尹心衡, 1693~1754, 호 한빈漢濱·임재臨齋·반천盤泉, 이윤영李胤永의 스승) 18세. 민우수(閔遇洙, 1694~1756, 호 섬촌蟾村·정암貞菴) 17세.

이들은 모두 이인상이 종유(從遊)한 존장(尊丈)뻘의 인물들이다.

○ 유후(柳逅, 1690~1778, 자 자상子相, 호 취설옹醉雪翁·도산道山, 서얼) 21세.

이인상의 인척이다.

○ 유언길(兪彦吉, 1695~1743, 자 태중泰仲, 호 매호梅湖) 16세. 남유용(南有容, 1698~1773, 호 뇌연雷淵) 13세. 김광수(金光遂, 1699~1770, 자 성중成仲, 호 상고당尙古堂, 당색 소론) 12세. 김익겸(金益謙, 1701~1747, 자 일진日進, 호 잠재潛齋, 서얼) 10세. 김용겸(金用謙, 1702~1789, 호 효효재嘐嘐齋)·김원행(金元行, 1702~1772, 호 미호渼湖, 송문흠의 고종사촌 형)·이명익(李明翼, 1702~1755, 호 담존재湛存齋) 9세. 송명흠(宋明欽, 1705~1768, 자 회가晦可, 호 늑천櫟泉) 6세. 윤득민(尹得敏, 1706~1743, 자 성구聖求) 5세. 홍자(洪梓, 1707~1781, 자 양지養之, 홍대용洪大容의 종백부) 4세. 임서(任遾, 1708~1764, 자 태이泰爾, 임매의 종형)·김상무(金相戊, 1708~1786, 자 중척仲陟) 3세. 황경원(黃景源, 1709~1787, 자 연보淵父·대경大卿, 호 강한

---

21 부친은 소대헌(小大軒) 송요화(宋堯和)이고, 모친은 호연재(浩然齋) 김씨다.

江漢) 2세.

◎ 윤동섬(尹東暹, 1795년 졸) 출생.

◎ 강희언(姜熙彦, 1764년 졸, 호 담졸淡拙, 도화서 화원) 출생.

◎ 김창흡 58세, 김창업(金昌業, 1658~1721) 53세, 이하곤(李夏坤,
1667~1724, 호 담헌澹軒·두타頭陀, 당색 소론) 44세, 윤두서(尹斗緒,
1668~1715, 당색 남인) 43세, 유덕장(柳德章, 1675~1756)·이병연(李
秉淵, 1675~1735, 호 사천槎川) 36세, 정선(鄭敾, 1676~1759) 35세,
이재(李縡, 1680~1746) 31세, 윤덕희(尹德熙, 1685~1776, 윤두서의
아들) 26세, 조귀명(趙龜命, 1693~1737, 당색 소론) 18세, 오원(吳瑗,
1700~1740, 오찬의 형) 11세, 이광사(李匡師, 1705~1777, 당색 소론)
6세, 심사정(沈師正, 1707~1769, 당색 소론) 4세, 이용휴(李用休,
1708~1782, 당색 남인)·윤용(尹愹, 1708~1770, 윤덕희의 아들)·허필
(許佖, 1708~1768, 당색 소북) 3세.

① 강희제(康熙帝) 재위 49년.
　　세조 순치(順治) 원년의 자금성 입궐(入闕) 이래 66년째 되는
해다.

숙종 37년(신묘辛卯, 1711년) 2세

○ 임성주(任聖周, 1788년 졸, 자 중사仲思, 호 녹문鹿門, 송문흠의 이종사촌 동생) 출생.

○ 임매(任邁, 1779년 졸, 자 백현伯玄, 호 보화재葆和齋·난당蘭堂, 김무택金茂澤의 외사촌 형) 출생.

○ 권진응(權震應, 1775년 졸, 자 형숙亨叔, 호 산수헌山水軒, 오찬의 자형) 출생.

정선, 《신묘년풍악도첩》 중 〈옹천〉

◎ 김윤겸(金允謙, 1775년 졸, 자 극양克讓, 호 진재眞宰) 출생.

◎ 남구만(南九萬, 1629년 생, 당색 소론) 사망.

◎ 정선,《신묘년풍악도첩》(辛卯年楓岳圖帖)을 그리다(국립중앙박물관 소장).

◎ 일본에 통신사(通信使)를 보내다.

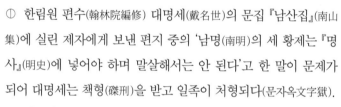

① 한림원 편수(翰林院編修) 대명세(戴名世)의 문집『남산집』(南山集)에 실린 제자에게 보낸 편지 중의 '남명(南明)의 세 황제는『명사』(明史)에 넣어야 하며 말살해서는 안 된다'고 한 말이 문제가 되어 대명세는 책형(磔刑)을 받고 일족이 처형되다(문자옥文字獄).

① 신운설(神韻說)을 주창한 왕사정(王士禎, 호 어양산인漁洋山人) 사망.

① 『패문운부』(佩文韻府) 완성되다.

① 막부, 아라이 하쿠세키(新井白石)의 건의로 조선사신접대법을 고치고, 쇼오군(將軍)의 칭호를 '일본국왕'으로 하다.

① 유학자 아사미 케이사이(淺見絅齋) 사망.

아라이 하쿠세키(1657~1725); 츠바키 친잔(椿椿山) 그림, 국립중앙박물관 소장

숙종 38년(임진壬辰, 1712년) 3세

○ 김상굉(金相肱, 1734년 졸, 자 양재良哉·백량伯良, 호 괴암자乖庵子) 출생.

○ 홍기해(洪箕海, 1750년 졸, 자 조동祖東) 출생.

○ 김양택(金陽澤, 1777년 졸, 자 사서士舒) 출생.

○ 김화행(金和行, 1750년 졸, 자 예경禮卿·원례元禮) 출생.

○ 김진상, 문과에 급제하다.

　본관은 광산(光山)이고, 김장생(金長生)의 후손이며, 김상굉의 종조(從祖)이다.

◎ 신경준(申景濬, 1781년 졸, 호 여암旅菴, 당색 소론) 출생.

◎ 신광수(申光洙, 1775년 졸, 자 성연聖淵, 호 석북石北, 당색 남인) 출생.

◎ 최북(崔北, 1786년 졸, 자 칠칠七七, 호 호생관毫生館) 출생.

◎ 정선, 김화(金化) 현감으로 있던 이병연(李秉淵)의 초치(招致)로 금강산을 유람하고《해악전신첩》(海岳傳神帖: 실전失傳)을 그리다.

◎ 김창업 입연(入燕).

◎ 백두산 정계비(定界碑)를 세우다.

숙종 39년 (계사癸巳, 1713년) 4세

● 2월, 조부 이수명, 소촌(召村) 찰방에 제수되어 내직(內職)에서 외직(外職)으로 옮기다.

○ 김근행(金謹行, 1784년 졸, 자 신부愼夫·상부常夫, 호 용재庸齋) 출생.

    증조부는 참의(參議)를 지낸 김수익(金壽翼)이고, 조부는 인제 현감을 지낸 김성대(金盛大)이며, 부친은 김시서(金時敍, 1681~1724)이다. 김시서는 김창협·김창흡 형제에게 수학하였다.

○ 임과(任薖, 1733년 졸, 자 중관仲寬, 임매의 동생) 출생.

○ 신사보(申思輔, 1777년 졸, 자 자익子翊, 호 유란자幽蘭子, 이인상의 동서, 서얼) 출생

○ 권헌(權攇, 1770년 졸, 자 중약仲約, 호 진명震溟) 출생.

○ 김숙행(金肅行, 1743년 졸, 자 치공穉恭) 출생.

    선원(仙源) 김상용(金尙容)의 후손으로, 모주(茅洲) 김시보(金時保)의 아들이고, 김근행의 족형이며, 임매의 동서이다.

◎ 강세황(姜世晃, 1791년 졸, 자 광지光之, 호 표암豹菴, 당색 소북) 출생.

① 경학가이자 문학가인 모기령(毛奇齡) 사망.

① 유학자 카이바라 에키켄(貝原益軒)의 『양생훈』(養生訓) 완성되다.

① 화가 카노 츠네노부(狩野常信) 사망.

강세황(1713~1791)

숙종 40년(갑오甲午, 1714년) 5세

● 7월 13일, 사시(巳時: 오전 9시에서 11시 사이)에 부인 덕수 장씨 (德水張氏) 출생하다.

　　장유(張維, 호 계곡谿谷)의 서(庶)현손녀이다.

● 12월, 조부 이수명(1658년 생) 사망하다. 향년 57세.

　　묘는 양주 회암면(檜巖面) 모정리(茅汀里: 『완산이씨세보』에는 '모 청리'茅淸里로 되어 있음). 관력(官歷)은 숙종 28년(1702) 윤6월 전 생서 주부(典牲署主簿)에 제수되었고, 숙종 30년(1704) 1월 경안 (慶安) 찰방에 제수되었으며, 숙종 34년(1708) 5월 서부 감동관(西 部監董官)에 제수되었고, 숙종 39년(1713) 2월 소촌 찰방에 제수 되었다.

　　숙종 32년(1706) 5월 경기 암행어사 이명준(李明浚)의 서계(書 啓)에, "경안 찰방 이수명은 3년 동안 관직에 있으면서 마음을 다 해 봉직하고 역졸들을 잘 돌봐줘 칭찬이 자자했다"(慶安察訪李需 命段, 三年居官, 盡心奉職, 撫恤驛卒, 頗有稱譽: 『승정원일기』)라고 한 것으로 보아 이민(吏民)을 잘 다스렸던 것을 알 수 있다.

　　이수명의 집은 남산의 남간(南澗)[1] 부근에 있었으며 이인상은 이 집에서 태어나 유년 시절을 보냈다. 이수명이 죽은 지 4년 후 인 1718년 그의 장남 이정지(이인상의 부친)가 필교(筆橋)의 집에 서 작고했다는 기록이 보이는데(「노복 유공 제문」, 『뇌상관고』 제5 책), 이를 통해 이정지는 이수명의 작고 후 남산의 집을 처분한 것 으로 보인다. 그리고 북악 아래 삼청동에 일시 거주하다가 필교

1　'남간'은 서울 남산의 시내가 있던 곳이다. '南磵'이라고도 표기한다. 이인상가(家)의 고택(古宅)이 그 부근에 있었다. 유 년 시절 이인상은 조부 소유의 이 집에서 조부의 사랑을 듬뿍 받으며 자랐다. 이인상은 이 시절을 자기 집안의 '성시'(盛 時)였다고 했으며 가장 행복했던 때로 기억하고 있다. 하지만 이 행복한 시절은 오래가지 못했다. 1714년 조부가 죽자 가세는 급격히 기울기 시작하고, 이인상의 부친 이정지는 이 집을 처분한 뒤 북산(北山: 북악)과 필교(筆橋: 원래 서울시 중구 筆洞에 있던 다리인데 이 다리 부근의 동리를 이르는 말로 씀) 등지의 집으로 이사하였다. 엎친 데 덮친 격으로 4년 뒤인 1718년, 그러니까 이인상이 아홉 살 되던 해 부친 이정지마저 세상을 떴다. 이후 이인상은 극도의 가난 속에서 숙 부 이최지의 가르침을 받으며 성장하였다.

에 집을 구한 것으로 보인다.[2]

○ 이윤영(李胤永, 1759년 졸, 자 윤지胤之, 별자 명소明紹, 호 단릉산
인丹陵山人) 12월 28일 출생.[3]

○ 김순택(金純澤, 1787년 졸, 자 유문孺文, 별자 지소志素, 호 설창雪窓
·설계雪溪·옥계玉溪·유식재游息齋) 출생.

○ 심관(沈觀, 1749년 졸, 자 성유聖游) 출생.

○ 민우수, 생원시에 합격하다.

○ 정기안(鄭基安, 1695~1767, 초명 사안思安, 호 만모晩慕), 진사시
에 합격하다.

◎ 김상복(金相福, 1782년 졸, 김상숙金相肅의 형) 출생.

◎ 윤증(尹拯, 1629년 생, 당색 소론) 사망.

ⓛ 왕홍서(王鴻緒), 황제에게 『명사열전』(明史列傳)을 바치다.

ⓛ 오규우 소라이(荻生徂徠)의 『훤원수필』(蘐園隨筆) 간행되다.

ⓛ 카이바라 에키켄 사망.

----

2 『뇌상관고』 제1책에 실린 첫 번째 시고(詩稿) 명칭이 '북산필교록'(北山筆橋錄)인데, '북산필교'는 '북산과 필교'라는 뜻
   이다. '북산'은 북악을 가리키고, '필교'는 남산 자락인 필동(筆洞)에 있던 필동교(筆洞橋)를 가리킨다. 이 시고 명칭으로
   미루어 보아 이인상 가족은 필동으로 이사오기 전에 잠시 북악 아래 삼청동에 살았던 게 아닌가 짐작된다.
3 이운영(李運永), 「백씨 광지」(伯氏壙誌), 『옥국재유고』(玉局齋遺稿) 권10. 이윤영의 생년월일은 양력으로는 1715년 2월
   2일이 된다.

숙종 40년(갑오甲午)

1714년

5세

숙종 41년(을미乙未, 1715년) 6세

○ 사종숙 이휘지(李徽之, 1785년 졸, 자 미경美卿, 호 노포老浦·노정露汀·설소재雪巢齋) 출생.[1]

○ 신소(申韶, 1755년 졸, 자 성구成九·성보成甫,[2] 호 함일재涵一齋·상지재尚志齋) 출생.

신소는 본관이 평산이며, 조부는 대사간을 지낸 신심(申鐔)이고, 부친은 강화 유수를 지낸 신사건(申思建)이다. 어머니 광산 김씨는 음보로 승지와 강원 감사를 지낸 김진옥(金鎭玉)의 딸이다. 젊어서 무예와 병법을 좋아했고 음악과 시를 즐겼으며 자잘한 예법에 구애받지 않았다. 송문흠·이인상과 교유하였으며 임성주와 경학 토론을 벌여 당대에 명성이 높았다. 『능호집』권4에 수록된 「신성보 제문」에 따르면, 엄격히 출처(出處)를 따져 과거에 응시하지 않았다고 한다. 대명의리론을 철저히 견지했던 인물이며, 협기(俠氣)가 있어 남을 돕기를 좋아하였다. 이인상이 집이 없어 이곳저곳 세들어 사는 것을 딱하게 여겨 송문흠과 힘을 합해 남산에 집을 마련해 주기도 했다.

「신성보 제문」, 『능호집』(하) 214면

○ 종증조부 이민철(1631년 생) 사망.

○ 김무택(金茂澤, 1778년 졸, 자 원박元博, 호 노계蘆谿·연소재淵昭齋, 김순택의 재종제, 윤면동尹冕東의 인척[3]) 출생.

○ 이최중(李最中, 1784년 졸, 자 계량季良, 후에 인부仁夫로 개칭, 호 위암韋菴) 출생.

○ 유언순(俞彦淳, 1748년 졸, 자 경명景明, 일자 태소太素) 출생.

---

1 이휘지는 이민서(李敏叙)의 맏아들인 이관명(李觀命)의 3남이다. 이민서는 원래 이경여의 3남인데 종숙부 이후여(李厚輿)의 양자로 들어갔다.

2 윤득서(尹得叙)의 『지재시집』(止齋詩集)에서, 신소가 1732년부터 '성보'(成甫)로 불리고 그 이전에는 '성구'(成九)로 불리고 있음으로 보아, 신소는 1732년경 '성구'에서 '성보'로 자를 바꾼 듯하다.

3 김무택의 처 윤씨는 윤면동과 10촌 남매간이다.

◎ 최석정(崔錫鼎, 1646년 생, 당색 소론) 사망.

◎ 신정하(申靖夏, 1680년 생, 당색 소론) 사망.

◎ 윤두서(1668년 생) 사망.

◎ 윤선거(尹宣擧: 당색 소론)의 『가례원류』(家禮源流) 발문으로 인
해 노론과 소론 간의 당쟁이 격화되다.

포송령(1640~1715)

① 청초 6대가(淸初六大家)의 한 사람인 화가 왕원기(王原祁, 호 녹
대麓臺) 사망.

① 『요재지이』(聊齋志異)를 쓴 포송령(蒲松齡) 사망.

① 광동에 영국의 상관(商館)이 설치되다.

① 아라이 하쿠세키의 『서양기문』(西洋紀聞) 완성되다.

① 본초박물학자 이노오 쟈쿠스이(稻生若水) 사망.

숙종 42년(병신丙申, 1716년) 7세

● 마마를 살짝 예쁘게 앓고 나왔다고 가내(家內)에서 좋아하며 이인상에게 다투어 완호물(玩好物)을 주다.

　　이인상은 이를 "오가전성시사"(吾家全盛時事)라고 말했다(『『화권』지』畵卷識, 『뇌상관고』 제4책).[1]

○ 이양천(李亮天, 1755년 졸, 자 공보功甫, 호 영목당榮木堂, 본관 전주) 출생.

　　조부 이덕영(李德英)은 황해도 관찰사와 대사간을 지냈으며, 부친 이계화(李繼華)는 벼슬하지 못했다. 박지원의 장인인 이보천(李輔天)의 아우다.

○ 이연(李演, 1763년 졸, 자 광문廣文, 본관 덕수) 출생.

　　생부는 이후진(李厚鎭)인데, 출계(出系)하여 종숙부 이악진(李岳鎭)의 양자가 되었다.

○ 김선행(金善行, 1768년 졸, 자 술부述夫, 김근행의 동생) 출생.

◎ 영조, 윤선거 문집의 훼판(毁板)을 명하고, 윤증·윤선거 부자를 선정(先正)으로 부르는 것을 금하다(이른바 '병신처분'丙申處分).

　　이로써 노론 소론의 싸움에서 노론이 일단 승리하다.

① 성령설(性靈說)을 주창한 시인 원매(袁枚, 자 자재子才, 호 수원隨園) 출생.

① 『강희자전』(康熙字典) 간행되다.

① 아라이 하쿠세키의 『고사통』(古史通) 완성되다.

1　이하 『뇌상관고』 제1책은 『뇌』1, 제2책은 『뇌』2와 같은 방식으로 표기한다. 또 『능호집』 권1은 『능』1, 권2는 『능』2로 표기한다.

숙종 43년(정유丁酉, 1717년) 8세

○ 오찬(吳瓚, 1751년 졸, 자 경보敬父, 별자 청수淸修, 호 수재修齋) 출생.

○ 김상숙(金相肅, 1792년 졸, 자 계윤季潤, 호 배와坯窩·초루草樓) 출생.

○ 이기중(李箕重, 1697~1761, 자 자유子由, 이윤영의 부친), 생원시와 진사시에 합격하다.

○ 이기진(李箕鎭, 1687~1755, 호 목곡牧谷·목와牧窩), 진사시에 합격하고, 문과에 급제하다.

　　덕수 이씨로, 이식(李植, 호 택당澤堂)의 증손이다.

○ 유언철(兪彦哲), 생원시에 합격하다.

○ 유언길(兪彦吉), 생원시와 진사시에 합격하다.

◎ 김창집(金昌集), 5월 영의정이 되다.

◎ 윤선거·윤증 부자의 관작이 5월에 추탈되다.

◎ 송시열 문집이 7월에 간행되다.

① 청초 6대가의 한 사람이며 우산파(虞山派)의 영수인 화가 왕휘(王翬, 호 석곡石谷) 사망.

① 오규우 소라이의 『변도』(弁道) 완성되다.

숙종 44년(무술戊戌, 1718년) 9세

● 8월, 부친 이정지, 필교의 집에서 사망하다(1685년 생). 향년 34세.

　　묘는 양주목 회암면 모정리. 소과에 합격하지 못했으며, 벼슬을 하지 못했다.

● 부친 사망 후 경제난 때문에 하인 유공(有功)을 한때 팔았다가 곧 다시 데려오다(「노복 유공 제문」(원제 '祭老僕有功文'), 『뇌』5).

　　유공은 아주 충직해 1756년 사망할 때까지 집안일을 도맡아 했다.

　　부친 사망 후 이기상·이인상 형제의 집안 형편은 극도로 어려워진 듯하며, 양주의 회암으로 낙향하기 전까지 필교 인근의 여기저기를 서른 번이나 천거(遷居)했다.[1]

○ 이명환(李明煥, 1764년 졸, 자 사회士晦·주신朱臣, 호 해악海嶽) 출생.

○ 임경주(任敬周, 1745년 졸, 자 직중直中, 호 서하西河·청천자靑川子, 임성주의 동생) 출생.

○ 유언철, 정릉 참봉(貞陵參奉)에 제수되다.

◎ 이성린(李聖麟, 자 덕후德厚, 호 소재蘇齋, 도화서 화원) 출생.

① 청초 6대가의 한 사람인 화가 오력(吳歷, 호 어산漁山) 사망.

1　이인상이 집의 종 유공의 제문에서 "우리 형제는 서울의 동리를 서른 번이나 이사했으므로 유공은 하루도 쉬지 못하고 썩은 나무를 베어 마룻대와 들보를 만들고 칡 동아줄을 이어 담장을 보수했다. 자귀질하고 구멍을 내느라 살이 찢어지고 눈이 침침해졌는데 집이 완성되면 곧 이사하게 되어, 네 공은 헛수고가 되고 말았다"(吾兄弟遷居者三十其里, 而功無一日之間, 斲朽木爲棟梁, 續繩葛以補垣, 斤刌鑿缺, 脂裂眼眊, 屋完便徙, 汝功徒勞: 「노복 유공 제문」(원제 '祭老僕有功文'), 『뇌』5)라고 한 것으로 보아, 남의 땅에 오두막을 지어 살거나 빈집을 수리해 살다가 쫓겨나곤 했던 게 아닌가 한다. 조선 후기에 한성부의 입안(立案)을 받은 지 얼마 되지 않아 집주인의 추심(推尋)으로 세입지에서 쫓겨난 사례는 유승희, 「조선후기 한성부 무주택자의 거주양상과 특징」(『한국민족문화』 40, 2011), 278면 참조.

① 희곡『도화선』(桃花扇)을 쓴 공상임(孔尙任) 사망.

① 청군(淸軍), 티베트에 들어가 준가르부(部)를 축출하다.

① 유학자 미야케 칸란(三宅觀瀾) 사망.

① 유학과 신도(神道)를 겸수(兼修)한 학자 타니 신잔(谷泰山) 사망.

숙종 44년(무술戊戌)

1718년

9세

숙종 45년 (기해己亥, 1719년) 10세

○ 삼종제 이연상(李衍祥, 1782년 졸, 자 천여天汝) 출생.[1]

○ 조정(趙畯, 1775년 졸, 자 인서寅瑞) 출생.

◎ 정선, 이하곤의 집에서 《사계산수화첩》(四季山水畵帖)을 그렸으며(호림박물관 소장), 이하곤이 거기에 제사(題辭)를 쓰다.

◎ 일본에 통신사를 보내다.

① 서예가 유용(劉墉, 호 석암石庵) 출생.

① 카가 번(加賀藩)의 번주(藩主) 마에다 츠나노리(前田綱紀)가 이노오 쟈쿠스이의 『서물유찬』(庶物類纂)을 막부에 바치다.

① 유학자 사토오 나오카타(佐藤直方) 사망.

정선, 〈하경산수도〉,
《사계산수화첩》

---

1   이연상은 원래 이건명(이민서의 작은아들)의 3남인 이술지(李述之)의 아들인데, 이경여의 큰아들인 이민장(李敏章)의
    2남 이진명(李晉命)의 양자인 이성지(李性之)의 양자로 들어갔다. 그러니 이인상과는 삼종간이 된다.

숙종 46년(경자庚子, 1720년) 11세

● 봄, 이최지, 단의묘(端懿墓) 수위관(守衛官: 종9품)에 제수되다.

○ 윤면동(尹冕東, 1782년 졸, 자 자목子穆, 호 오헌娛軒, 김종수金鍾秀의 먼 인척)[1] 출생.

○ 이민보(李敏輔, 1799년 졸, 자 백눌伯訥, 호 상와常窩·풍서豊墅) 출생.

　본관은 연안이고, 정관재(靜觀齋) 이단상(李端相)의 증손이며, 이조참판을 지낸 이희조(李喜朝)의 손자이고, 예조참의와 삼화(三和) 부사를 지낸 이양신(李亮臣)의 아들이다. 어머니 평산 신씨는 이조참의와 대사간을 지낸 신심(申鐔)의 딸이다. 신소와는 고종사촌간이다.

◎ 숙종, 6월에 승하하고(1661년 생) 왕세자가 즉위하다.

◎ 이의현(李宜顯, 호 도곡陶谷, 1669~1745), 사행(使行)에서 돌아올 때 연경(燕京)에서 구입한 서양화 1폭과 천주당에서 증정받은 서양화 15폭을 가져오다.

◎ 좌의정 조태구(趙泰耉, 당색 소론), 상소하여 영의정 김창집을 공박하다.

◎ 채제공(蔡濟恭, 1799년 졸, 당색 남인) 출생.

① 청, 투르판과 티베트를 점령하다(티베트에 6세 달라이 라마를 세움).

① 광동에 공행(公行) 창립.

① 이토오 진사이(伊藤仁齋)의 『맹자고의』(孟子古義) 간행되다.

1　윤면동과 김종수가 인척 관계임은 김수진, 「능호관 이인상 문학 연구」(서울대 박사학위 논문, 2012), 21면 참조. 윤면동의 부친 윤득일(尹得一)과 김종수의 장인 윤득경(尹得敬)은 윤두수(尹斗壽)의 6세손이다.

경종(景宗) 원년(신축辛丑, 1721년) 12세

○ 이유수(李惟秀, 1771년 졸, 자 심원深遠, 호 완이莞爾) 출생.

○ 김종후(金鍾厚, 1780년 졸, 자 백고伯高·자정子靜, 호 본암本菴·직재直齋, 김종수의 형) 출생.

○ 윤심형, 진사시 합격, 문과 급제.

○ 이명익, 진사시 합격.

◎ 임윤지당(任允摯堂, 1793년 졸) 출생.

임매의 재종질녀이고, 송문흠의 이종사촌 누이동생이다. 둘째 오빠가 임성주이고, 셋째 오빠가 임경주이다.

◎ 권상하(權尙夏, 1641년 생) 사망.

◎ 김창업(1658년 생) 사망.

◎ 정선, 대구 근처인 하양(河陽) 현감으로 부임하다.

◎ 왕제(王弟) 연잉군(延礽君: 뒤의 영조英祖), 8월 왕세제로 책봉되다.

◎ 유봉휘(柳鳳輝, 당색 소론), 8월 상소하여 왕세제 책봉을 논핵하다.

◎ 경종, 10월 왕세제를 대리청정케 했다가 곧 취소하다.

◎ 김일경(金一鏡, 당색 소론), 12월 상소하여 노론 4대신(영의정 김창집, 좌의정 이건명李健命, 전 좌의정 이이명李頤命, 전 우의정 조태채趙泰采)을 논핵하다. 이달 노론 4대신이 귀양 감으로써 이른바 '신임사화'(辛壬士禍)[1]가 시작되다.

노론 4대신 중 이이명은 이인상의 재종조이고, 이건명은 사종조이다.[2]

◎ 조태구, 영의정이 되다.

---

1 이하 이 책에서는 '신임사화' 대신 '신임옥사'(辛壬獄事)라는 중립적 용어를 사용한다.

2 이건명은 원래 이경여의 셋째아들인 이민서의 아들인데 종숙부 이후여의 양자로 들어갔다. 따라서 이인상의 사종조, 즉 10촌 할아버지가 된다.

① 수학자이자 역학자인 매문정(梅文鼎) 사망.

① 대만에서 주일관(朱一貫)의 난이 발발하다.

경 종 원 년 (신 축 辛 丑)

1 7 2 1 년

1 2 세

경종 2년(임인壬寅, 1722년) 13세

● 이최지, 임인옥(壬寅獄)으로 종숙부인 이이명(호 소재疎齋), 재종숙인 이건명(호 한포寒圃)이 사사(賜死)되면서 벼슬에서 물러나다.

김순택이 쓴 「이정산 묘지명」(李定山墓誌銘, 『지소유고』志素遺稿 제4책)의 "임인년에 종숙부 소재공과 한포공이 모두 극화(極禍)를 입었으며 이때부터 곤궁한 처지로 서울과 시골을 오갔다. 을사년(1725) 겨울에 소현묘(昭顯墓) 수위관(守衛官)에 제수되었다"(壬寅 從叔父疎齋公·寒圃公, 皆罹極禍, 自是匍匐京鄉, 至乙巳冬, 除昭顯墓守衛官)라는 말로 보아 이최지는 영조 원년인 1725년에야 다시 출사(出仕)하게 된 것으로 보인다. 또 이 묘지명 중의 "이때부터 곤궁한 처지로 서울과 시골을 오갔다"라는 말로 보아 이최지는 벼슬이 떨어진 후 서울과 회암의 전장(田庄)을 오가며 어려운 생활을 했던 것으로 보인다. 『뇌상관고』 제1책의 '북산필교록'에 「사천(槎川: 이병연)의 시에 차운(次韻)하여 회암(檜巖)의 전사(田舍)로 돌아가는 계부(季父)께 삼가 올리다」(원제 '次槎川韻, 敬呈季父歸檜巖田舍')라는 시가 실려 있는데, 이를 통해 당시 이인상 형제는 아직 서울에 거주하고 있었음을 알 수 있다.

○ 이운영(李運永, 1794년 졸, 자 건지健之, 호 옥국재玉局齋, 이윤영의 동생) 출생.
○ 이명익, 신임옥사로 서천군(舒川郡)의 노비가 되다.

신임옥사 때 장폐(杖斃)된 조부 이홍술(李弘述)에 연좌되어 서천군의 관노(官奴)가 되었다가 후에 해남현(海南縣)으로 옮겨졌다.

◎ 오원(吳瑗), 1722년 봄 단양 일대를 유람하고 「청협일기」(淸峽日記, 『월곡집』月谷集 권9)를 짓다.

김창흡이 설악산을 평한 전례에 따라 단양의 승경(勝景)을 마치 시문·서화를 평하듯 평했는데, 가령 구담(龜潭)·사인암(舍人巖)·삼선암(三仙巖)에 대한 평을 보면 다음과 같다: "구담의 빼어난 경치를 보건대, 국내의 강 가운데 툭 트이고 웅위함이 이보다 나은 곳이 여럿이기는 하나 기이함을 드러내고 신령함을 간직하여 절로 한 절경을 이루어 둘러볼 산수가 성대하기로는 팔도를 다 꼽아 봐도 그 짝이 없는 듯하다. 금강산이 실로 매우 기이하다 일컬어지지만 이런 강이 없으니 어쩌겠는가."(龜潭之勝, 國內江上通濶宏偉過此者何限, 乃其揚奇蓄靈, 自作一區, 極流峙之環觀者, 歷選八域, 恐無其儔, 楓嶽固稱奇絶, 其於無此水何.) "사인암의 옥류담(玉流潭)은 곡운(谷雲)의 백운담(白雲潭)과 방불하나 조금 못하다. 그러나 지척 간에 높다란 바위가 있는 것은 백운담이 어찌 미칠 수 있겠는가."(舍人巖之玉流潭, 彷彿谷雲白雲潭而少貶焉, 然其置巖於咫尺地則白雲安能企及.) "상선암(上仙巖)은 자못 기이하고 장대하나 거친 데 가깝고, 중선암(中仙巖)은 몹시 청결하나 좀 좁으며, 하선암(下仙巖)은 담박하면서 아스라하나 둘의 장점을 결(缺)하고 있어 등급을 매기기가 쉽지 않다. 그러나 중선암의 깨끗함은 깨끗함 가운데 지극한 것일 터이다."(上巖頗奇壯而近矗, 中巖極淸潔而殊隘, 下巖澹且夐矣, 而乏二者之長, 故未易品級. 然中巖之潔, 潔之至者乎.)

◎ 윤동석(尹東晳, 1789년 졸, 당색 소론) 출생.

◎ 김창흡(1653년 생) 사망.

◎ 목호룡(睦虎龍, 당색 소론), 3월 고변(告變)해 노론 4대신이 역모를 꾀했다고 무고함으로써 대옥사가 일어나다.

　　노론 4대신이 사사되고, 수많은 노론측 인사가 처형되거나 유배를 당하다. 임인년에 일어난 옥사라고 해서 이를 '임인옥'이라고도 하고, 신축·임인년에 일어난 사화(士禍)라고 하여 '신임사화'(노론측 용어)라고도 한다. 목호룡은 6월 녹훈(錄勳)되었다.

◎ 윤선거·윤증, 8월 관작과 증시(贈諡)가 회복되다.

① 양주팔괴(揚州八怪)의 한 사람인 황신(黃愼, 호 영표瘦瓢), 〈선인도〉(仙人圖)를 그리다.

① 강희제(康熙帝, 재위 61년)가 승하하고, 옹정제(雍正帝)가 즉위하다.

경종 2년 (임인壬寅)

1722년

13세

경종 3년(계묘癸卯, 1723년) 14세

조영석, 〈원주행선도〉

○ 이기중(이윤영의 부친), 시사(時事)가 날로 잘못되고 있다고 판단해 겨울에 가족을 이끌고 향저(鄕邸)가 있는 충청도 결성(結城)으로 내려가다(「기년록」紀年錄, 『옥국재유고』玉局齋遺稿 권10).

○ 조영석, 〈원주행선도〉(原州行船圖)를 그리다(개인 소장).

◎ 정선, 김광수에게 〈망천도〉(輞川圖: 실전)를 그려 주다.

◎ 홍낙순(洪樂純, 1782년 졸, 자 백효伯孝, 호 대릉大陵) 출생.

◎ 조태구(1660년 생) 사망.

① 서예가 양동서(梁同書) 출생

① 청, '옹정'(雍正)으로 개원(改元)하다.

① 북경의 옹화궁(雍和宮)이 완성되다.

① 복건(福建)에서 기독교 박해 사건이 일어나다. 기독교를 금지해 선교사를 마카오로 추방하다.

경종 4년(갑진甲辰, 1724년) 15세

● 향리로 돌아가는 계부(季父)에게 「사천의 시에 차운하여 회암의 전사로 돌아가는 계부께 삼가 올리다」(원제 '次槎川韻, 敬呈季父歸檜巖田舍')라는 시를 지어 드리다.

시는 다음과 같다: "집이 산수(山水)를 마주해 나무하거나 낚시하기 좋고 / 고목과 칡넝쿨이 들녘에 울창하네 / 옛집에 와 누우니 맑은 일 넉넉하고 / 북창(北窓)에는 보슬비 내리고 서안(書案)에는 책이 있네."(宅臨山水可樵漁, 古木蒼藤鬱野墟. 歸臥故居淸事足, 北窓微雨一床書.:『뇌』1) 이 시가 현재 확인되는 이인상이 지은 최초의 시다. 이최지는 임인옥(1722) 때 벼슬이 떨어져 생활이 어렵게 되자 선영이 있는 양주 천보산(天寶山) 기슭의 회암 전사(檜巖田舍)로 내려간 듯하다.

○ 김상악(金相岳, 1815년 졸, 자 순자舜咨, 호 위암韋菴, 김상굉의 동생) 출생.

◎ 최익남(崔益南, 1770년 졸) 출생.
◎ 홍양호(洪良浩, 1802년 졸, 당색 소론) 출생.
◎ 이희조(李喜朝, 1655년 생), 1월 철산(鐵山)으로 이배(移配) 중 사망하다.
◎ 좌의정 최석항(崔錫恒, 1654년 생, 당색 소론), 2월 사망하다.
◎ 영조, 8월 경종(1688년 생)이 승하해 즉위하다.
◎ 이광좌(李光佐, 당색 소론), 10월 영의정이 되다.
◎ 김일경, 11월 유배 갔다가 12월 서울로 잡혀와 처형되다.
◎ 목호룡(1684년 생), 12월 고문 끝에 사망하다.

① 고증학자 대진(戴震)과 기윤(紀昀, 자 효람曉嵐) 출생.
① 청, 티베트 라사에 주장판사대신(駐藏辦事大臣)을 두다.

① 청, 선교사를 광동으로 이주시키다.

① 청, 선교사를 광동으로 이주시키다.

영조(英祖) 원년(을사乙巳, 1725년) 16세

● 겨울, 이최지, 소현묘 수위관에 제수되다.

○ 임안세(任安世, 1691~1756), 진사시에 합격하다.

　『현호쇄담』(玄湖瑣談)을 지은 임경(任璟)의 아들로, 본관은 풍천이고 호는 득귀헌(得歸軒), 자는 유자(孺子)이다.

○ 이기중, 가족을 이끌고 경저(京邸)로 돌아오다.

○ 이명익, 3월 해남현의 관노로 있다가 방송(放送)되어, 5월 제릉(齊陵) 참봉에 제수되다.

○ 이휘지, 3월 유배 가 있던 덕천군(德川郡)에서 방송되다.

　이휘지는 임인옥 때 부친 이관명에 연좌되어 평안남도 덕천군에 유배되었다.

○ 윤흡, 휘릉(徽陵) 참봉에 제수되다.

○ 유언철, 6월 사옹원(司饔院) 주부에, 11월 형조좌랑에 제수되다.

◎ 조윤형(曺允亨, 1799년 졸, 당색 소론) 출생.

◎ 홍세태(洪世泰, 1653년 생, 역관) 사망.

◎ 김유성(金有聲, 몰년 미상, 도화서 화원) 출생.

◎ 영조, 1월 붕당(朋黨)의 폐해에 대해 하교하고, 경종 즉위 후에 유배된 자를 해배(解配)시키다.

◎ 영조, 3월 노론 4대신의 관작을 회복시키고, 경종 2년의 옥사를 관장했던 자들(조태구, 유봉휘, 조태억, 최석항)의 관작을 빼앗다.

◎ 영조, 8월 4대신의 서원(書院)을 건립하게 하다.

① 『고금도서집성』(古今圖書集成) 간행되다.

① 아라이 하쿠세키 사망.

『고금도서집성』(규장각 소장본)

영조 2년(병오丙午, 1726년) 17세

「밤에 앉아」, 「능호집」(상)
23면

● 「밤에 앉아」(원제 '夜坐')라는 시를 짓다.

　시는 다음과 같다: "하얀 달 구름에 나오자／맑은 빛 높은 다락에 가득하네／잠 깨어 발[簾] 걷고 앉으니／바람 고요한데 꽃잎 절로 지네."(淡月來雲端, 淸輝滿高閣. 睡起捲簾坐, 風恬花自落.)

● 5월, 이최지, 천문학겸교수(天文學兼敎授)에 제수되다.

조영석, 〈쌍작도〉

○ 김상묵(金尙黙, 1779년 졸, 자 백우伯愚, 호 초부草阜, 김종수의 족숙族叔) 출생.

○ 유언철, 9월 고령(高靈) 현감에 제수되다.

○ 윤흡(尹潝), 12월 선릉(宣陵) 봉사에 제수되다.

○ 조영석, 장원서(掌苑署) 별제(別提)에 제수되다. 〈쌍작도〉(雙鵲圖)를 그리다(개인 소장).

◎ 신한평(申漢枰, 몰년 미상, 호 일재逸齋, 도화서 화원) 출생.

◎ 정선, 《영남첩》(嶺南帖: 실전)을 그리다.

◎ 영조, 2월 당폐(黨弊)를 통탄하다.

◎ 영조, 10월 삼조(三條: 붕당·사치·숭음崇飮)의 계서(戒書)를 내려 8도에 반포하다.

영조 3년(정미丁未, 1727년) 18세

● 「화훼(花卉) 수수께끼」(원제 '花草謎', 『뇌』1) 6수를 짓다.

'미'(謎)는 수수께끼라는 뜻이다. 이 시는 화훼의 별칭을 이용해 지은 일종의 희작시(戲作詩)이다.[1] 그 제4수를 보면 다음과 같다: "누(樓)에 올라 거듭 머뭇거리며 / 강남 가는 사신의 깃발을 바라보네 / 당신이 오랑캐별을 쏘시면 / 저는 스스로 옥잠(玉簪)을 사겠어요."(登樓重躑躅, 征旆望江南. 歡能射旄頭, 儂自買玉簪.) 흥미로운 점은 여성이 화자(話者)인 이 옥대체(玉臺體) 시에 존주의식(尊周意識)이 보인다는 사실이다. 이를 통해 이인상이 이때 이미 존명배청(尊明排淸) 의식을 지녔음을 알 수 있다. 「화훼 수수께끼」 6수의 말미에는 다음과 같은 자주(自註)를 붙여 놓았다: "'아아황'(鵝兒黃)은 국화이고, '투설홍'(鬪雪紅)은 월계화이며, '옥영롱'(玉玲瓏)은 모란이고, '옥소두'(玉梳頭)는 옥잠화이며, '매소'(買笑)는 장미이고, '망우'(忘憂)는 원추리고, '망강남'(望江南)은 결명화(決明花)이며, '모두'(旄頭)는 계관(鷄冠: 맨드라미)이고, '악단'(渥丹)은 산단(山丹: 하늘나리)이다. 나머지는 모두 본명(本名)이다."('鵝兒黃',

---

1 '북산필교록'의 맨 끝에는 이인상이 30세(1739) 때 지은 「양두섬섬시」(兩頭纖纖詩)라는 또 다른 희작시가 '부록'(附錄) 되어 있다. 이 시의 제2수는 다음과 같다: "둘 다 가느다란 건 구름 속 기러기요 / 반은 희고 반은 검은 건 눈 덮인 소나무라네 / 탁탁 소리나는 건 나부끼는 깃발이요 / 뇌락한 건 장대 위 등불이네."(兩頭纖纖雲間鴻, 半白半黑雪下松. 膊膊膊膊旗擊風, 磊磊落落竿上燈.) 이런 시는 우리가 일반적으로 알고 있는 청고(淸苦)하고 심절(深切)한 이인상의 시풍과는 다르다. 이인상이 20대 때 지은 시는 대체로 30대 이후 그의 시가 보여 주는 청고의 지향과 통하지만 이처럼 다른 지향도 일부 섞여 있음이 주목된다. 이를 통해 이인상의 시 세계가 처음부터 청고·심절했던 것이 아니라 시간이 흐르면서 그런 방향으로 확립되어 간 것임을 알 수 있다. 이인상의 20대 때 시에 잠시 보이던 '애상'의 정조는 30대 이후가 되면 '우민'(憂悶)으로 바뀐다. 애상이 즉자적(卽自的) 감정에 가깝다면 우민은 대자적(對自的) 감정에 가깝다. 애상은 이념과 무관하지만 우민은 이념과 관련을 맺고 있다. 이규상(李奎象)은 『병세재언록』(幷世才彦錄)에서 이인상의 시를 "험하고 신기하고 파리하고 가늘다"(峭神瘦纖: 『幷世才彦錄』 「書家錄」의 '이인상'조)라고 평했는데, 적실한 평가라고 하기 어렵다. 『병세재언록』의 "인상의 부친 최지"(麟祥父, 最之: '이인상'조)라는 기술에서 알 수 있듯 이규상이 이인상을 깊이 알았다고 여겨지지는 않는다. 한편 오희상(吳熙常)은 이인상의 시가 "기준(奇儁)하고 진구기(塵垢氣)가 없다"고 평했다(「凌壺李公行狀」, 『老洲集』 권20). '기준'(奇儁)은 범상하지 않고 준미(俊美)함을 이른다. '진구기가 없다' 함은 속기(俗氣)가 없다는 뜻이다. 이인상은 시만이 아니라 그림과 글씨도 진구기가 없다는 평을 받았다.

菊; '鬪雪紅', 月季; '玉玲瓏', 牧丹; '玉梳頭', 玉簪; '買笑', 薔薇; '忘憂', 萱; '望江南', 決明; '旒頭', 鷄冠; '渥丹', 山丹. 餘皆本名.)「화훼 수수께끼」 6수는 이인상이 소싯적부터 화훼에 대한 남다른 애호가 있었음 을 보여 준다.

이인상은 이 무렵「죽지사」(竹枝詞),「다듬이질 노래」(원제 '搗素曲'),「횡당곡」(橫塘曲) 등 악부시제(樂府詩題)의 의고시(擬古詩) 를 지었다(『뇌』1). 이 시들은 여성적 정조(情調)를 담고 있는 염사 류(艷詞類)에 가깝다. 가령「다듬이질 노래」의 제2수를 보면 다음 과 같다: "베짱이 찌륵찌륵 울어 긴 설움 일으키는데/박달나무 다듬판에 밤새 겨울옷을 다듬이질하네/변방에 가신 님 추워 잠 못 이룰까봐/젊은 아내 가위 들고 공연히 애를 끊네."(絡緯啾啾惹 恨長, 檀砧竟夜搗淸霜. 征人玉塞寒無睡, 少婦金刀空斷腸.) 이런 악부시 제의 의고시는 명(明) 이반룡(李攀龍)의 문집인『창명집』(滄溟集) 에 많이 보인다.[2] 이를 통해 이 시기 이인상이 진한고문(秦漢古文) 을 학습하고 있었음을 알 수 있다.

이 무렵의 시에서 주목되는 또 하나의 정조는 '애상성'(哀傷性) 이다.「두견」(杜鵑,『뇌』1)이라는 시에서 그 점이 확인된다: "삐삐 삐 슬픈 소리 높은 가지 둘러싸니/산 귀신도 듣고는 차마 지나치 지 못하네/날아 월산(越山)에 이르니 울음소리 더욱 괴롭고/봄 날 꽃떨기의 꽃이 떨어지면 달빛 더욱 일렁이네."(哀聲磔磔抱危柯, 山鬼一聽未忍過. 飛到越山聲更苦, 春叢花落月層波.) 하지만 이런 시적 경향은 한때 보일 뿐 그리 오래 가지는 않는다.

● 「감회」(感懷,『뇌』1)라는 시를 짓다.

이 시에 "굳센 가지는 눈서리에 어울리니/지사(志士)는 이로 써 자신을 돌아보네"(勁枝宜雪霜, 志士以省躬)라는 구절이 보인다. 소나무의 정고(貞固)함과 지사를 결부시킨 감수성은 이후 이인상 의 시문과 회화에 지속적으로 나타난다.

「왕자 교」(王子喬,『뇌』1)라는 시를 지은 것도 이 무렵이라 생각 된다: "선인(仙人) 왕자 교(喬)[3]는/푸른 머리를 발끝까지 드리우

2 　『창명집』(滄溟集, 包敬第 標校, 上海, 上海古籍出版社, 1992), 권1·2에 실린 것은 숫제 이런 시다.

3 　주(周)나라 영왕(靈王)의 태자 진(晉)을 가리킨다. 직간을 하다가 폐(廢)해져 서인(庶人)이 되었다. 『열선전』(列仙傳)에 의하면 피리를 불어 봉황의 울음소리를 내곤 했으며, 부구공(浮丘公)을 따라 숭산(嵩山)에 올라가서 선도(仙道)를 닦은

고/연꽃으로 옷을 지어 입고/경수(瓊水)[4]로 이를 닦네/하늘 밖에서 노닐다가/누런 먼지 가운데를 굽어보네/한 덩어리 땅은 아득하고/큰 바다에는 파도가 자주 이네/진나라와 한나라가 분분(紛紛)하지만/빼앗고 빼앗기는 것은 같다네/현명한 자는 마음을 위해서 힘쓰고/어리석은 자는 이름을 위해서 죽네/충융(沖瀜)한 일기(一氣) 외에는/천지의 부림을 받네."(僊人王子喬, 綠髮垂兩趾. 蓮花以絹衣, 瓊水以漱齒. 遨遊霄漢外, 俯視黃埃裡. 杳然一丸地, 溟海波頻起. 紛紛秦與漢, 傾奪在一視. 賢者爲心勞, 愚者爲名死. 冲瀜一氣外, 天地爲形使.)

이 시는 이인상이 평생 지녔던 도가적 취향이 이때 이미 형성되고 있었음을 보여 준다.

● 이때지, 이해에 이광좌가 영의정이 되자 천문학겸교수의 벼슬을 그만두다.

○ 오재순(吳載純, 1792년 졸, 자 문경文卿, 호 순암醇菴, 오찬의 조카) 출생.
○ 윤상후(尹象厚, 1778년 졸, 자 덕이德以, 윤심형의 아들) 출생.
○ 송문흠, 상원(上元)에 홍자와 함께 하량교(河梁橋)에서 달을 구경하며 노닐다.
○ 이기진, 3월 강화 유수에 제수되다.

◎ 정선, 인왕곡(仁王谷: 현 옥인동 20번지 일대)으로 이사하다.
◎ 유봉휘(1659년 생), 4월 유배지에서 사망하다.
◎ 이광좌가 영의정이 되고 소론이 진출하다('정미환국'丁未換局).
◎ 김창집 등의 관작을 추탈(追奪)하고 그 서원(書院)을 철폐하다.

① 시인 사신행(查愼行, 호 초백노인初白老人) 사망.
① 청, 러시아와 캬흐타 조약을 맺다(다음 해 캬흐타 개시開市).

후, 구씨산(緱氏山) 정상에 백학(白鶴)을 타고 내려와 가족들에게 손을 흔들어 인사하고 떠났다고 한다.

4 경액(瓊液)을 가리킨다. 마시면 장생(長生)하는 것으로 알려진 도가(道家)의 선액(仙液)이다.

영조 3년(정미丁未)

1727년

18세

영조 4년(무신戊申, 1728년) 19세

● 초가을 무렵, 서울에서 양주의 천보산 자락인 회암면 모정으로 가족과 함께 이거(移居)하다.

『뇌상관고』 제1책의 '보산록'(寶山錄)[1] 중에 실린 「양주(楊州) 가는 길에」(원제 '楊山道中')라는 시는 서울에서 양주로 이거할 때 읊은 시로 보인다. 이 시의 제3·4구 "말 타고 나직이 읊조리니 산이 이미 다하고/밭두렁 메밀에서 갈바람이 일어나네"(馬上微吟山已盡, 隴頭蕎麥起秋風)를 통해 절후(節候)가 초가을임을 알 수 있다. 이인상은 무신란(1728)이 일어난 지 10년이 지나 「이튿날[2] 남산 언덕에 올라 무신란 후의 옛 놀이를 생각하다」(원제 '翌日上南岡, 憶戊申亂後舊游')라는 시를 지었는데, 시제(詩題) 중의 "무신란 후의 옛 놀이"(戊申亂後舊游)라는 말을 통해 이인상이 1728년 4월 이후 아직 서울에 살고 있었음을 알 수 있다. 무신란은 3월에 발발해 4월에 진압되었는데, 이인상이 당시 남산에 올라 노닌 것은 난이 진압된 후인 4월 이후일 터이다.

● 양주 칠봉산(七峯山)에 은거하는 일사(逸士)인 한중엽(韓重燁) 어른에게 시를 봉정하다(「칠봉七峯 장인丈人[3]께 봉정奉呈하다」(원제 '奉呈七峯丈人'), 『뇌』1).

이 시 중의 "나의 모정(茅亭) 좋아하시어 때로 지팡이 짚고 오시면"(好我茅亭時植杖)이라는 말로 보아 한중엽이 때때로 회암의 이인상 집에 들르곤 했음을 알 수 있다.

● 시 「병든 국화」(원제 '病菊', 『뇌』1)를 짓다: "쇠한 꽃은 아직 안

---

1 '보산록'에는 첫 번째 시로 정미년(1727)에 창작된 「감회」가 실려 있고, 두 번째 시로 「왕자 교」가 실려 있으며, 세 번째 시로 「양주 가는 길에」가 실려 있는데, 「감회」와 「왕자 교」는 '보산록'이 아니라 앞의 '북산필교록'에 실려야 하며, 「양주 가는 길에」가 '보산록'의 첫 작품으로 실려야 옳다. 『뇌상관고』의 시 편차(編次)에는 이런 착오가 이따금 발견되므로 주의가 필요하다.

2 1737년 3월 16일로 추정된다.

3 한중엽(1673~미상)을 말한다. '칠봉'(七峯)은 그 호로 보인다. 자(字)는 문원(文遠), 본관은 청주(清州)다. 1713년(숙종 39) 진사시에 합격했다. 칠봉산에서 은거하다가 일사(逸士)로서 생을 마쳤던 듯하다.

떨어졌고 / 새 꽃 또한 시름에 얼굴 찡그리네 / 저녁 되니 바람이 더욱 급하니 / 엎어져 가을을 이기지 못하네."(衰花猶不落, 新花又嚬愁. 晚來風更急, 顚倒不勝秋.)

이 시에는 애상적 정조가 엿보인다. 이와 달리 「유거」(幽居, 『뇌』1)라는 시에는 "책을 낀 채 고목(古木)에 기대고 / 지팡이 짚고 맑은 도랑을 굽어보네 / 촌 늙은이와 기쁘게 서로 만나 / 농사 이야기 하니 기운이 펴지네"(挾書依古木, 植杖俯淸渠. 野老歡相迎, 農談氣自舒)라는 구절에서 보듯 시골 생활의 정취가 담박하게 그려져 있다.

● 「〈예학명〉(瘞鶴銘)[4] 발문」(원제 '瘞鶴銘跋', 『뇌』5)을 짓다.

〈예학명〉이 왕희지(王羲之)의 글씨라고 주장한 소식(蘇軾)·황정견(黃庭堅)의 견해를 반박하면서 그 서체가 왕희지의 것이 아님을 밝혔다. 이인상이 이미 이 시기에 서예에 대한 고안(高眼)을 갖추었음을 알 수 있다.

「〈예천명〉 발문」, 『능호집』(하)
159면

● 「〈예천명〉(醴泉銘)[5] 발문」(원제 '醴泉銘跋', 『능』4)을 짓다.

이 글에는 다음과 같은 말이 보인다: "서체(書體)는 팔분과 예서에 이르러 쇠변(衰變)이 극심하였다. 그러나 한(漢)나라 사람들의 필법(筆法)과 자법(字法)은 그래도 전(篆)·주(籒)를 절충했으니, 시에 비유한다면 마치 고시(古詩) 19수와 『시경』의 관계와 같아, 옛 뜻이 가득하였다."(書到分隷, 衰變極矣, 而漢人筆法字法, 猶折衷篆籒, 譬詩猶十九首之於三百篇, 古意鬱然.)

이인상은 이 글에서 왕희지와 종요(鍾繇)의 서법을 비판하면서 구양순(歐陽詢)의 서법을 옹호하고 있는데, 이는 왕희지나 종요와 달리 구양순이 전예(篆隷)의 전통에 좀 더 연결되어 있다고 봤기 때문이다. 이를 통해 이인상이 10대 후반에 이미 글씨쓰기에서 '고'(古)의 미학을 정립했음을 알 수 있다.

---

4 '화양진일'(華陽眞逸)이라는 인물이 죽은 학(鶴)을 묻어 주고 지은 명문(銘文)으로, 마애서(磨崖書)의 명작으로 꼽힌다. 황정견(黃庭堅)의 큰 글씨에 많은 영향을 끼쳤다. 원래 강소성(江蘇省) 진강(鎭江) 초산(焦山)의 서쪽 기슭 바위에 새겨져 있었는데, 바위가 무너져서 장강(長江)에 잠겨 있다가 송(宋) 순희(淳熙) 연간에 발견되었다. 그런데 〈예학명〉은 단비잔갈(斷碑殘碣)이어서 불완전한 상태인데다가 기년(紀年)이 간지만 적혀 있고 찬서인(撰書人)도 자호(字號)만 적혀 있어 작자 및 간각(刊刻) 시기가 불분명하여 이설이 분분하다. 〈예학명〉의 서사자(書寫者)에 대한 설은 고황(顧況)이라는 설, 왕희지라는 설, 도홍경(陶弘景)이라는 설, 왕찬(王瓚)이라는 설 등으로 갈린다.

5 구양순의 〈구성궁예천명〉(九成宮醴泉銘)을 말한다.

● 12월, 종제(從弟) 이욱상(李旭祥, 1786년 졸, 자 백승伯昇) 출생.

○ 김종수(金鍾秀, 1799년 졸, 자 정부定夫, 호 몽오夢梧·진솔眞率) 출생.

◎ 소론의 이인좌(李麟佐)·정희량(鄭希亮) 등이 3월에 밀풍군(密豊君) 탄(坦)을 추대하여 반란을 일으키다.
   이른바 '무신란'(戊申亂)이다.
◎ 조태억(1675년 생), 10월 사망.

① 사학가 전대흔(錢大昕) 출생.
① 오규우 소라이 사망.

오규우 소라이(1666~1728)

영조 5년(기유己酉, 1729년) 20세

● 「옛 뜻」(원제 '古意')이라는 시와 「송문휴(宋文休)[1]에게 주다」(원제 '贈宋文休', 『뇌』1)라는 시를 짓다.

이 무렵 이인상이 지은 시들이 보여 주는 주요한 경향의 하나는 '우정의 중시'다. 「옛 뜻」은 「고시 19수」의 유의(遺意)가 있는 고문사풍(古文辭風)의 시다: "친구가 멀리서 와서/한번 웃으며 양소매 잡아끄네/근처에 내 집이 있다네/산 중턱에 초목으로 지은."(故人從遠方, 一笑挽雙袖. 近地有吾家, 中峯草木搆:「옛 뜻」제2수) "무력(武力)으로 사해(四海)가 혼미하니/문덕(文德)이 어느 때 회복될까/아득히 높은 산 속에서/그대와 함께 자지(紫芝)를 캐네."(干戈迷四海, 揖讓復何時? 漠漠高山裡, 與君探紫芝:「옛 뜻」제4수) "삼월의 회암사(檜巖寺)[2]에/물 흐르고 꽃잎 절로 날리네/예전에 송자(宋子) 손잡고/「춘면」(春眠)[3] 시 읊으며 돌아왔었지."(三月檜巖寺, 水流花自飛. 曾携宋子手, 春眠詠而歸:「송문휴에게 주다」제1수)

이 중 「옛 뜻」제4수에서는 우정의 중시, 배청의식(排淸意識), 은거적 지향, 이 셋이 모두 보인다. 이인상이 평생 추구한 것이 이미 이 무렵 거개 다 나타나고 있다 할 것이다.

한편 「송문휴에게 주다」의 제2수 "나는 거문고 품고 앉고/흰 구름은 골짜기에 이네/소나무 사이의 시내에서 스르릉 타니/그대 부디 한번 들어보게나"(我抱玄桐坐, 白雲生谷裡. 彈作松間泉, 煩君試側耳)를 통해 당시 이인상이 거문고를 배워 연주하곤 했음을 알 수 있다. 음악에 대한 이인상의 조예는 죽기 2년 전인 1758년에

---

1 '문휴(文休)는 자이고, 이름은 규상(奎祥, 1703~?)이다. 본관은 여산(礪山)이다. 1741년(영조 17) 진사시에 합격하였다. 이인상이 회암에 살 때 사귄 벗으로 추정된다. 성대중과도 친분이 있어 성대중이 그에게 보낸 간찰 1편이 『청성집』(靑城集)에 실려 있다. 성해응(成海應)의 『세호록』(世好錄, 『연경재전집』권49 所收)에 따르면 송규상은 행실이 독실하고 천자(天姿)가 높았으며 수(壽)를 누려 80여 세까지 살았다고 한다.
2 지금의 경기도 양주시 회암동 천보산에 있던 사찰이다.
3 중국 당대(唐代) 시인 백거이(白居易)의 「춘면」(春眠)으로 추정된다. 원문은 다음과 같다: "枕低被暖身安穩, 日照房門帳未開. 還有少年春氣味, 時時暫到夢中來."

쓴 글「서악」(敍樂, 『뇌』5)에 잘 드러난다.

● 이해 전후에(늦어도 다음 해 조모상을 당하기 전에) 6언시「우연히 소폭(小幅: 작은 그림)을 완성하다」(원제 '偶成小幅', 『뇌』1)를 지은 것으로 추정된다.

시는 다음과 같다: "구름은 산곽(山郭)에 뭉게뭉게 피어나고/나무는 첩첩이 수촌(水村)을 둘러쌌네/작은 수레에 술을 싣고 봄 골짝으로 가나니/아이는 사립문에 꽃을 얽누나."(藹藹雲濃山郭, 重重樹繞水村. 小車載酒春洞, 穉子架花蓽門.) 이 시는 이인상이 소경산수(小景山水)를 그린 후 거기에 부친 일종의 제화시다. 이인상은 6언시를 별로 짓지 않았으니 이 점에서 이 시는 눈길을 끈다. 명말에 황봉지(黃鳳池)가 『육언당시화보』(六言唐詩畵譜)를 편찬해 간행한 바 있다. 또 예찬(倪瓚)의 문집인 『청비각집』(淸閟閣集)에도 여러 편의 6언시가 실려 있다.[4] 이인상은 혹 이런 책의 영향을 받았을 수 있다.

○ 이유년(李惟秊, 1756년 졸, 자 용강用康, 이유수의 동생) 출생.
○ 오재유(吳載維, 1764년 졸, 자 지경持卿, 오재순의 동생) 출생.
○ 윤흡, 5월 부수(副率)에 제수되다.

◎ 정선, 의금부도사(종5품)에 오르다. 이 무렵 〈의금부도〉(義禁府圖)를 그리다(개인 소장).
◎ 황윤석(黃胤錫, 1791년 졸, 호 이재頤齋) 출생.
◎ 영조, 8월 '기유처분'(己酉處分)을 내려 노론 4대신 중 좌의정 이건명과 우의정 조태채의 관작을 복구하다.

'반충반역'(半忠半逆)의 논리로 노론을 견제하고 온건 소론을 중용하기 위한 포석이다.

① 반청(反淸) 사상을 지닌 호남의 한인(漢人) 증정(曾靜)이 5월 하옥되다. 또 증정에게 반청 사상을 제공했다는 이유로 이미 작

---

4 『해남윤씨군서목록』(海南尹氏群書目錄)에 예찬의 문집인 『청비각집』이 들어 있는 것으로 보아 이 책은 적어도 18세기 초 이전에 조선에 들어왔다고 할 수 있다. 차미애, 「공재 윤두서의 중국출판물의 수용」, 『미술사학연구』 264호, 2009, 98면 참조.

여류량(1629～1683)

『대의각미록』

고한 절강(浙江)의 거인(擧人) 여류량(呂留良, 호 만촌晩村)의 시신을 훼손하고 그 일족을 모두 죽이다.

① 광서(廣西)의 거인(擧人) 육생남(陸生楠)이 『통감론』(通鑑論)을 지었는데 그중에 봉건(封建)의 이로움을 논한 말이 있다고 하여 처형되다.

① 옹정제, 9월 『대의각미록』(大義覺迷錄)을 간행하다.

『대의각미록』은 증정의 반청 사상과 화이론(華夷論)이 부당함을 논변하고 청의 중국 지배의 정당성을 주장한 책이다. 증정은 청초의 주자학자 여류량의 화이론과 반청 사상에 영향을 받아 청에 대한 항거를 꾀하던 중 체포되었다.

① 다자이 슌다이(太宰春臺)의 『경제록』(經濟錄) 완성되다.

① 양명학자 이시다 바이간(石田梅岩), 쿄토에서 심학(心學)의 강석(講席)을 열다.

영조 6년(경술庚戌, 1730년) 21세

● 7월, 조모 광산 김씨(1658년 생) 사망하다. 향년 73세.
부(父)는 주부(主簿) 김익병(金益炳)이고, 조(祖)는 부호군(副護軍) 김실(金宲)이며, 증조는 별제(別提) 김의손(金義孫)이다.

○ 정기안, 문과에 급제하다.
○ 윤흡, 1월 형조좌랑에, 2월 호조좌랑에, 9월 함흥 판관(咸興判官)에 제수되다.
○ 김성응(金聖應, 1699~1764, 본관 청풍), 1월 사복시(司僕寺) 내승(內乘)에 제수되다.

◎ 정철조(鄭喆祚, 1781년 졸, 호 석치石癡, 당색 소북) 출생.
◎ 황운조(黃運祚, 1800년 졸, 자 사용士用) 출생.
◎ 심환지(沈煥之, 1802년 졸) 출생.
◎ 유언호(俞彦鎬, 1796년 졸) 출생.

① 『묵자교주』(墨子校注)를 찬(撰)한 고증학자 필원(畢沅, 호 추범秋帆) 출생.
① 화가 황정(黃鼎, 호 광정曠亭·정구노인淨垢老人) 사망.
① 국학자 모토오리 노리나가(本居宣長) 출생.

영조 7년 (신해辛亥, 1731년) 22세

● 「벼루 명(銘)」(원제 '硯銘', 『녀』5)을 짓다: "물건이 수명을 다하지 않는 한 이지러져도 버리지 않고 나는 너와 끝까지 함께하리."(物不終完, 缺而不棄, 吾與爾終始.)

○ 김성자(金聖梓, 1698~1767, 자 문보文甫, 김성응의 종형), 1월 의릉(懿陵) 참봉에 제수되다.

○ 송문흠, 황경원·이헌보(李獻輔, 자 헌가獻可)와 함께 태고정(太古亭)에서 노닐다(「태고정에서 이헌가·송사행과 모여 짓다」(원제 '太古亭會李獻可·宋士行作'), 『강한집』江漢集 권1).

송문흠·황경원은 인물이 수려해 신소·홍자와 함께 당시 8미인(八美人)으로 꼽혔다(이규상 지음, 민족문학사연구소 한문분과 옮김, 『18세기 조선 인물지 병세재언록』, 창작과비평사, 1997, 31면, 50면).

◎ 홍대용(洪大容, 1783년 졸, 자 덕보德保, 호 담헌湛軒) 출생.

① 동성파(桐城派) 산문을 확립한 요내(姚鼐, 호 석포헌惜抱軒) 출생.
① 청나라 화조화가(花鳥畫家) 심전(沈銓, 호 남빈南蘋)이 일본에 가 화법(畫法)을 전하다(1733년 귀국).

엄성이 그린 홍대용(1731~1783) 초상

영조 8년(임자壬子, 1732년) 23세

● 봄, 보산에서 서울로 이거하다. 봄부터 광산 김씨 명문가 자제인 김상굉과 교유하다.[1]

　　김상굉은 당시 현계(玄溪: 중구 필동 일대)에 살고 있었는데 이인상도 같은 동리에 살았다. 김상굉은 이인상이 서화를 잘한다는 소문을 듣고 이인상의 집으로 찾아와 결교하기를 청했으며 이때부터 두 사람의 친교가 시작되었다. 이인상은 "선비가 능히 빈천(貧賤)을 잊고서 교유하고 그 한 장점을 취하여 서로 함께 선(善)으로 나아가기를 오래 될수록 더욱 독실히 하는 것은 옛 도(道)이거늘, 군은 이에 능했다"(士能忘貧賤而交之, 取其一能而與之進人于

1　김상굉은 자가 '양재'(良哉) 혹은 '백량'(伯良)이며, 호는 괴암자(乖菴子)이고, 본관은 광산(光山)이다. 사계(沙溪) 김장생(金長生)의 6대손이다. 고조부는 형조참판을 지낸 김익훈(金益勳)이고, 증조부는 병조참판을 지낸 김만채(金萬埰)이며, 부친은 예산 현감을 지낸 김성택(金聖澤)이다. 어머니 가림(嘉林) 조씨(趙氏)는 연풍(延豊) 현감을 지낸 조정의(趙正誼)의 딸이다.

이인상은 「관매기」(觀梅記, 『뇌』4)에서는 "신해년(1731)에 처음 김자(金子) 양재(良哉)와 사귀게 되었다. 양재는 자신의 서실(書室)을 '매죽사'(梅竹社)라고 이름했는데, 소나무며 오동나무며 단풍나무며 박달나무 따위를 함께 심어서 화훼와 나무가 무성했는데도 특별히 '매죽'을 내세운 것은 그에 대한 각별한 사랑을 표시한 것이었다. 우리 집은 현계(玄溪) 남쪽에 있었고 매죽사는 북쪽에 있어서, 조석으로 오가며 시를 주고받아"(辛亥始交金子良哉. 良哉名其書室曰梅竹社, 雜植松楓檀之屬, 卉木繁鬱, 而特標梅竹者, 識偏愛也. 余家玄溪水南, 社在水北, 晨夕往來唱酬)라고 하여 1731년 처음 김상굉과 사귀게 되었다고 했으나, 「김자 양재 애사」(金子良哉哀辭, 『뇌』5)에서는 "임자년(1732)에 김군이 처음 남계(南溪)로 나를 찾아왔다. 내가 서화(書畵)를 한다는 소문을 듣고 나의 한 장점을 취하고자 해서였다. 나는 비천한 기예로써 사람을 사귀는 것이 두려워 사양했지만, 군은 찾아오기를 더욱 부지런히 하였다. 나는 혼자 웃으며 말했다. '서화는 말단의 기예이나 김군이 그것을 취하니 이 역시 지기(知己)라 해야겠지.' 마침내 예(藝)로써 교유하였다"(歲壬子, 君始訪余於南溪, 蓋聞余爲書畵, 取其一能爾. 余懼以賤伎交人辭焉, 君之來愈勤. 余自笑曰: '書畵, 末伎也, 而金君取之, 是亦知己也.' 遂以藝交焉)라고 하여 1732년 김상굉이 이인상의 남계 집으로 찾아와 교유가 시작되었다고 말하고 있다. 「김자 양재 애사」는 김상굉이 사망한 직후인 1735년에 지어진 글이고, 「관매기」는 이인상의 만년인 1757년 지어진 글이다. 「관매기」의 말은 이인상의 기억이 좀 희미해진 탓에 착오가 있는 게 아닌가 한다. 김상굉과의 첫 교유는 「김자 양재 애사」의 말을 준신(準信)해야 할 것으로 여겨진다.

한편 이인상이 보산에서 서울로 이거한 것은 1732년 봄이다. 『뇌상관고』의 '보산록'에는 1727년부터 1732년까지의 시가 실려 있으며('보산록'에 1727년의 시가 실린 것은 앞에서 지적했듯 착오다), '현계조산록'(玄溪鳥山錄)에는 1732년부터 1734년까지의 시가 실려 있다. 1732년에 지은 시가 '보산록'과 '현계조산록'에 분속(分屬)되어 있는 것은 그 해 보산에서 현계로 이거했기 때문이다. '현계조산록'의 첫 시는 「남계(南溪)의 봄날」(원제 「南溪春日」)이다. 시내의 '잔빙'(殘氷)과 '꾀꼬리 우는 소리'가 언급되고 있는 것으로 보아 이 시는 음력 2월경(양력 4월) 지어진 것으로 보인다.

善, 而久而愈篤者, 古之道, 而君盖能焉)라며, 김상굉이 지체를 뛰어넘어 자신을 벗으로 허여한 데 대해 감사하는 마음을 피력한 바 있다(「김자 양재 애사」金子良哉哀辭, 『뇌』5).

귀천과 빈부를 따지지 않고 상대방의 덕(德)과 재(才)를 취한 김상굉의 이런 벗사귐의 방식은 주목을 요하니 그의 이런 우도(友道)에 영향을 받아 김상굉의 벗들인 홍자, 김근행, 황경원도 이인상을 서얼이라고 차별하지 않고 평생 벗으로 공경했다.

뿐만 아니라 이런 우도의 방식은 여타의 인물로 확산되었으니 송문흠, 신소, 오찬, 송익흠, 임경주, 임매, 이윤영, 이최중, 김상묵, 이민보 등등이 한결같이 이인상과 이런 우도를 나누었다. 이인상과 존재관련이 깊은 이 여러 사람들은 이인상의 빈천을 문제삼지 않았으며, 이인상이 서얼임을 잊고 교유했다.[2] 말하자면 이들에게 이인상은 '타자'(他者)가 아니었다.

● 이해 겨울경, 〈병국도〉를 그리다(국립중앙박물관 소장).

〈병국도〉, 『서화평석』(1) 62면

기존의 연구에서는 모두 이 작품을 만년작으로 간주했다. 이 작품에는 다음과 같은 관지(款識)가 있다: "남계에서 겨울날 우연히 병든 국화를 그리다. 보산인."(南溪冬日, 偶寫病菊. 宝山人.) 이 관지는 이 작품의 창작 연도를 비정(比定)하는 데 결정적 단서를 제공한다. '남계'는 보산에서 서울로 나온 이인상의 첫 거주지다.

———

● 「무택」(無宅, 『뇌』1)이라는 시를 지어, 집이 없어 자주 옮겨다니는 신세지만 김익겸·김상굉·김근행 같은 벗들 덕에 유유자적함을 읊다.

이 시의 '병서'(幷序)에 다음과 같은 말이 보인다: "나는 자주 집을 옮겨 다녀 도서가 산실되어 갖고 다닐 수 없었다. 집에 전해지는 거문고는 김일진(金日進)[3]에게 맡겼다. 때때로 김양재(金良

---

2 이인상의 벗 중 이런 벗사귐의 도리를 이론적으로 테제화한 인물은 임경주이다. 그는 「벗이란 무엇인가」(원제 '釋友', 『靑川子稿』)라는 글에서, 벗사귐은 신분의 귀천이나 빈부와는 무관하며 오직 상대방의 덕(德)을 취하는 것이라고 했다. 신분을 초월한, 인간 대 인간의 인격적 만남을 우도의 본질로 규정한 것이다. 조선 후기에 제출된 우정론 가운데 그 이론적 수준에 있어, 그리고 그 이론적 철저성에 있어, 임경주의 이 테제를 능가하는 것은 달리 찾기 어렵다. 임경주의 우정론은 오늘날의 관점에서 보더라도 신선하며 혁신적이다. 임경주의 이 우정론은 만일 이인상이 없었다면, 그리고 이인상과 그 벗들간의 깊은 존재관련이 없었다면, 정초(定礎)되지 못했을 것이다.

3 김익겸(金益謙, 1701~1747)을 말한다. '일진'(日進)은 그 자이다. 호는 잠재(潛齋)이고, 본관은 안동이다. 1735년 진사

哉: 김상긍)와 김신부(金愼夫: 김근행)[4]의 집에 가서 화죽(花竹)을 감
상하곤 했다.”(余屢移宅, 圖書散落, 不能隨身. 傳家有琴, 寄金日進益謙.
時造金良哉、金愼夫謹行家, 償花竹.) 김익겸은 김수증(金壽增)의 서손
(庶孫)으로 이휘지의 서자형(庶姊兄)이니, 이인상과는 인척간이
다.

● 장유(張維, 호 계곡谿谷)의 후손인 덕수 장씨를 아내로 맞다.

이인상의 장인 장진욱(張震煜)의 부친은 장력(張櫟, 서얼)이고,
조부는 예조판서를 지낸 장선징(張善澂)이며, 증조는 장유(張維)
이다. 이인상의 모친 죽산 안씨의 외조부 장선활(張善活, 서얼)과
이인상의 처증조부 장선징은 사촌간이다.

○ 성대중(成大中, 1809년 졸, 자 사집士執, 호 청성靑城) 출생.

○ 윤득서(1712년 생, 자 성범成範, 호 지재止齋), 겨울에 사망. 향년
21세.

사후에 송문흠·홍자·황경원이 그의 시 백 몇 십 편을 정선해
『지재시집』(止齋詩集)이라는 시집을 엮었으며, 송문흠이 그 서문
을 썼다.

○ 김상긍, 금강산을 유람하다.

○ 김성자, 윤5월 제용감(濟用監) 부봉사(副奉事)에 제수되다.

○ 김성응, 5월 고부(古阜) 군수에 제수되다.

○ 신사보, 늦여름 조귀명(趙龜命, 1693~1737, 호 동계東谿, 당색 소
론)을 좇아 청주 북쪽에 있는 봉림(鳳林)에서 노닐다(「봉림 유기」
(원제 ‘遊鳳林記’), 『동계집』東谿集 권2).

○ 조영석, 〈동자견우도〉(童子牽牛圖)를 그리다(간송미술관 소장).

◎ 유한준(兪漢雋, 1811년 졸, 자 여성汝成, 호 저암著庵·창애蒼厓) 출생.

◎ 이한진(李漢鎭, 1815년 졸, 자 중운仲雲·취미翠微, 호 경산京山) 출생.

◎ 윤증의 문집 『명재유고』(明齋遺稿) 편찬되다.

....

시에 합격하고 벼슬은 상의별제(尙衣別提)와 찰방을 지냈다. 문집으로『잠재고』(潛齋稿)가 전한다.

4　‘신부’는 김근행(金謹行, 1713~1784)의 자이다. 또 다른 자는 상부(常夫)이다. 호는 용재(庸齋), 본관은 안동이며, 김시
　서(金時敍)의 아들이다. 1740년 진사시에 합격했으며, 김포 군수(金浦郡守)와 인천 부사(仁川府使)를 지냈고, 경명(經
　明: 경전에 밝음)으로 세마(洗馬)에 천배(薦拜)된 바 있다. 이인상이 20대 초반 이래 교유해 온 벗이다.

장정석, 《백종목단보》
(百種牡丹譜)

ⓛ 화가 장정석(蔣廷錫, 호 남사南沙) 사망.

ⓛ 막부의 태학두(太學頭)인 하야시 호오코오(林鳳岡, 이름은 노부아츠信篤) 사망.

　　하야시 라잔(林羅山)의 손자이다.

영조 9년(계축癸丑, 1733년) 24세

● 봄, 남산의 차계(叉溪) 동쪽 언덕에 있던 홍자의 집 하락당(河洛堂)에서 황경원과 만나 시를 짓다.

이인상은 작년에 김상굉을 통해 홍자를 알게 된 게 아닌가 생각된다. 황경원과는 하락당의 이 자리에서 처음 알게 된 것으로 보인다. 당시 지은 시에 "상(床)에 가득한 시화축(詩畫軸)"(盈床詩畫軸)이라는 말이 있는 것으로 보아 이인상은 당시 그림을 그렸던 듯하다(「하락당에서 황씨黃氏 연보淵父(황경원)¹를 만나 함께 짓다」(원제 '河洛堂會黃氏淵父共賦'), 『뇌』1).

홍자는 당시 유씨(柳氏)의 청류당(聽流堂)을 사서 거주했는데, '하락당'이라고 당호를 바꾸고, 난간 이름은 '청청'(聽淸), 문 이름은 '보광'(葆光), 벽(壁) 이름은 '안화'(晏華), 단(壇) 이름은 '저음'(貯陰)이라고 했다.

홍자의 조부 홍숙(洪璛)은 호조참판과 강원도 관찰사를 지냈으며, 부친 홍귀조(洪龜祚)는 벼슬을 못했다. 어머니 우봉 이씨는 충청 감사와 대사간을 지낸 이만견(李晩堅)의 딸이다. 작은아버지 홍용조(洪龍祚)는 신임옥사 때 온성에 안치(安置)되었으며, 충청도 관찰사와 대사간을 지냈다. 홍용조에게는 두 아들이 있었는데, 큰아들이 홍력(洪櫟)이고 작은아들이 홍억(洪檍)이다. 홍력은 목사를 지냈고, 홍억은 대사헌과 판서를 지냈다. 홍력의 아들이 홍대용이다.

● 겨울, 생활고를 이기지 못해 아내의 향리인 모산(茅山)으로 이거하다(「장경지 제문」(원제 '祭張敬之文'), 『뇌』5).

'모산'은 '못안'이 변한 말로, 마을 앞에 큰 못[大澤]이 있어 이런 명칭이 붙었다. 지금의 시흥시(당시는 안산) 물왕동 일대의 마

---

1 '연보'는 황경원의 자이며, 또 다른 자는 대경(大卿)이다. 호(號)는 강한(江漢), 본관은 장수(長水)이다. 1740년 증광문과(增廣文科)에 급제한 이래 대사성, 대사간, 대사헌 겸 양관 제학, 홍문관 제학, 이조참판 겸 대제학, 형조·예조·공조의 판서 등을 역임했으며, 1776년 정조 즉위 초 이조판서에 이어 대제학에 제수되었으나 사양했다.

을로, 그 부근에 조산(鳥山)이 있었다고 여겨진다. 이인상은 이곳에서 유언길(兪彥吉, 자 태중泰仲, 호 매호梅湖),[2] 성범조(成範朝, 자 사의士儀·의백儀伯), 장지중(張至中, 1710~1750, 자 계심季心),[3] 장재(張在, 1710~1750, 자 경지敬之),[4] 장훈張壎(자 자화子和, 서얼로 추정됨) 등과 새로 교분을 맺었다.[5] 유언길과 성범조는 처사(處士)였으며, 장지중·장재·장훈은 처족(妻族)이었다. 장재와 장훈은 이인상을 따뜻하게 대해 주며 여러 가지 생활상의 도움을 주었는데, 이인상은 그들이 지닌 순후한 인간미를 평생 잊지 못했다. 유언길과 성범조는 세상을 피해 은거하여 외롭고 고단한 삶을 살면서도 자신이 품은 이상을 죽을 때까지 고집스레 고수한 인물들이었다. 이인상은 특히 이 두 인물에 큰 공감을 느꼈으며, 때로는 그들을 슬퍼하고, 때로는 그들에 큰 경의를 표하였다.

「감회」, 『능호집』(상)
25면

● 「감회」(感懷) 4수[6]를 지어, 옛날 조부 집에서 살던 시절에 대한 회상과 서울의 형님 집에 계신 모친에 대한 그리움, 국정(國政)에 대한 비판 등을 담다.

---

2 유언길(1695~1743)은 진사 유택기(兪宅基)의 아들이다. 1717년(숙종 43) 생원시와 진사시에 모두 합격했다. 부친이 신임옥사에 휘말려 유배지 홍원(洪原)에서 별세한 후, 세상에 뜻이 없어 시와 술로 자오(自娛)하다 삶을 마쳤다.

3 이인상의 장인인 장진욱(張震煜)의 사촌형 장진환(張震煥)의 아들이다. 별자는 '평보'(平甫) 혹은 '계평'(季平)이다. 영조 23년(1747)에 현릉(顯陵) 참봉을, 영조 25년(1749)에 북부 봉사(北部奉事)를 지냈다(처음에 사용원 봉사에 제수되었으나 곧 북부 봉사인 金後材와 相換되었음).

4 『덕수장씨족보』(德水張氏族譜, 덕수장씨종친회, 1974)에는 이름이 '지재'(至在)로 되어 있다. 이인상 장인의 사촌형인 장진희(張震熙)의 아들이다. 평생 처사로 지냈다.

5 유언길에 대해서는 「매호(梅湖)의 태중씨(泰仲氏)를 방문하다」(원제 '梅湖訪泰仲氏', 『뇌』1), 「매호 유 처사(兪處士) 만시」(원제 '梅湖兪處士挽', 『뇌』1), 「매호 유 처사 제문」(원제 '祭梅湖兪處士文', 『능』4), 「매호의 또 다른 제문」(원제 '又祭梅湖文', 『능』4)을, 성범조에 대해서는 「성사의에게 화답하다」(원제 '和成士儀', 『능』1), 「성사의 제문」(원제 '祭成士儀文', 『능』4), 「해서소기」(海漵小記, 『뇌』4)를, 장지중에 대해서는 「조산초당을 지나다가 유태중(兪泰仲), 장계심(張季心)과 옛날에 함께 노닐던 일을 생각하고 벽 위에 써 놓은 시에 느낌이 있어 차운하다」(원제 '過鳥山草堂, 憶兪泰仲·張季心舊游, 感次壁上韻', 『능』1)를, 장재에 대해서는 「장경지의 고산 별장」(원제 '張敬之孤山別業', 『능』1), 「장경지 만시」(원제 '張敬之輓', 『능』2), 「장경지 제문」(원제 '祭張敬之文', 『뇌』5)을, 장훈에 대해서는 「이윤지의 천왕봉 그림에 적다張子和張子和의 부채」(원제 '題李子胤之寫天王峰張子和扇', 『뇌』2), 「밤에 한죽당에 앉아 장자화의 통소 연주를 듣고 장단성(長短聲)을 지어 화답하다」(원제 '夜坐寒竹堂, 聽張子和吹簫, 作長短聲以和之', 『뇌』2), 「자화의 검 명(銘)」(원제 '子和劍銘', 『뇌』5), 「자화의 서궤(筮几) 향로 명(銘). 사의(士儀)와 연구(聯句)를 지어 전서로 새기다」(원제 '子和筮几香爐銘. 與士儀累句篆之', 『뇌』5), 「자화의 고전(古錢) 단갑(檀匣) 명(銘)」(원제 '子和古錢檀匣銘', 『뇌』5), 「장자화 제문」(원제 '祭張子和文', 『뇌』5) 참조.

6 『능호집』에는 제1수만 실려 있다. 또 『뇌상관고』에는 창작 시기를 '계축'(1733년)이라 했는데, 『능호집』에는 '갑인'(1734년)이라 했다. 『뇌상관고』를 따른다.

영조 9년(계축癸丑)

1733년

24세

제1수: "선인(先人)의 옛집에 지금 뉘 사나/남간(南澗) 부근 지날 때면 옛날을 생각하네/벽에는 삼백 권 옛 책이 가득했고/뜰엔 매화, 도리(桃李)와 살구나무 있었지/어릴 적 할아버지 무릎에 누워/향로와 착도(錯刀: 금으로 만든 완구)도 갖고 놀았지/십 년 동안 다섯 번 이사했건만/유독 남간 그 집을 꿈에 노니네/온갖 일 어릴 때와 같지 않아서/목이 메고 눈물 참으니 맘이 괴롭네."(先人弊廬今誰主, 行過南皐每懷古. 壁藏古經三百卷, 園有李梅桃杏樹. 幼時我臥王考膝, 香爐錯刀隨意取. 移家十年五易里, 夢游必在南澗戶. 萬事不如垂髫時, 吞聲忍淚心膈苦.) 제2수: "저 조산(鳥山)에 올라 어머님 계신 곳 바라보나니/어머님은 새끼손가락 깨물며 내 옷 걱정하시겠지/북풍에 펑펑 눈 내려 아이 마음 괴롭나니/말뚝에는 양도 없고 솥에는 죽조차 없어서라네/쌀 짊어진 형은 아직 집에 돌아오지 않고/형수[7]는 베 짜느라 베틀에서 내려오지 않네/나 홀로 스승 찾아 서검(書劍)을 짊어진 채/사방을 떠돌아다니며 어머님 곁을 떠나 있네/아! 소자(小子)에게 실로 죄가 있나니/증자(曾子)는 산에 다니며 (세 글자 빠졌음)"(登彼鳥山瞻望母, 母咋小指念我衣. 北風繁雪兒心苦, 樴無羔羊鼎無糜. 長兄負米未歸家, 兄嫂織帛未下機. 我獨尋師負釖書, 飄飄四方離親闈. 嗚呼小子誠有罪, 曾子歷山 [缺]). 제3수: "이웃집 등불빛 빌려 『춘추』 읽느라/서안(書案)을 밤에 서쪽 시냇가로 옮겼네/깊은 골짜기에는 어슴푸레 구름이 나무에 잠겼고/하늘에는 환하게 달이 별과 마주했네/아이가 바위 수풀 사이에서 눈[雪]을 모으는 건/내가 주묵(朱墨) 갈아 미사(微辭)[8]에 점찍는 걸 알아서지/새벽녘에 지팡이 짚고 뜰 가운데 서니/인적 고요한 앞마을에 북풍이 부네/아, 내 노래엔 생각하는 바가 많은데/술 따르니 그저 마음속 슬픔만 더하네."(隣燈借輝看麟史, 書丌夜移西澗涯. 絶壑蒼茫雲沈木, 玄顔錯落月麗奎. 小僮采雪嵒藪間, 知我研朱點微辭. 向晨植杖中庭立, 前村人靜北風吹. 嗚呼我歌多所思, 斟酒祇益中心悲.) 제4수: "누가 양장(羊腸)과 염예(灩澦)[9]를 갈 수 있으랴/

밤에 배와 수레 타고 가는 건 더욱 어렵네 / 혜성이 하늘을 스치고 격택성(格澤星)[10]은 숨었고 / 하늘에서 곡식과 돈이 떨어지나[11] 재변을 고하지 않네 / 선왕은 종묘(宗廟)의 제도를 만드셨는데 / 후인은 동량(棟梁)이 될 재목을 태우네 / 수레는 전복되고 백성들 도탄에 빠졌나니 / 책상머리의 서책은 재가 되려 하네 / 산중에 영지가 찬란커늘 / 「귀거래사」(歸去來辭) 한 곡조 소리 내어 부르네."(羊腸灩澦誰得行, 夜行舟車尤難哉. 妖彗掃天格澤藏, 天雨粟錢不告災. 先王制爲宗廟制, 後人燎烘棟樑材. 輿盖反復民臭載, 丌頭簡册欲成灰. 三秀燦燦山之中, 放歌一曲歸去來.)

「형님 시에 차운하다」, 『능호집』(상) — 58면

● 「형님[12] 시에 차운하다」(원제 '次伯氏韻')를 지어 백씨의 가난을 걱정하며 그 마음을 위로한 것은 이해 겨울이 아닌가 한다.[13]

시 중에 "때로 오는 편지글은 서글픈 말 일색인데 / 책 팔아 동곽(東郭)에 두옥(斗屋)을 장만하시겠다고 / 어린 조카는 홑옷만 걸치고 종이 이불은 구멍나고 / 형수씨 애써 밥을 하나 상에 나물조차 없네 / 우환 속에 성공이 깃드는 법이니 / 눈썹 찡그리고 들보 보는 일[14]은 부디 마세요 / 누워 생각하니 천지에는 원통한 마음 많고 / 예로부터 영웅은 또한 적막했지요 / 시절이 위태로워 포의로 사는 게 영광임을 점차 깨닫게 되나니 / 선인(先人)들도 금서(琴書)의 즐거움을 으뜸으로 가르치지 않았나요 / (…) / 졸졸 흐르는

절현(奉節縣) 동쪽에 해당한다.

10 '격택성'은 별 이름이다. 격택성이 나타나면 파종하지 않아도 수확한다는 말이 『사기』(史記) 「천관서」(天官書)에 보인다. 격택성의 출현은 풍년의 징조로 해석되었다.

11 『회남자』(淮南子) 「본경훈」(本經訓)에 창힐(蒼頡)이 문자를 만들자 하늘에서 곡식이 비처럼 내렸다는 고사가 전한다. 고유(高誘)의 주석에 따르면, 문자 창조로 인하여 사람들의 마음에 허위가 싹트면 근본인 농사를 버리고 조그마한 이익에 힘쓰게 되므로 하늘이 그들이 장차 굶주리게 될 것을 알아 곡식을 비처럼 내린 것이라고 한다. 한편 임방(任昉)의 『술이기』(述異記)에 "주(周)나라 때 함양(咸陽)에서 돈이 종일 비처럼 내리다가 그쳤다"(周時咸陽, 雨錢終日而絶)라는 말이 보인다.

12 이인상은 1735년에 진사시에 합격하여 4년 뒤인 1739년에 음직(蔭職)으로 북부 참봉에 보임되어 서울에서 벼슬 생활을 시작하지만, 그 형인 이기상은 6년 후인 1741년에야 진사시에 합격하였다. 1737년에 쓴 이 시는 출사(出仕)하기 전 이인상 형제의 간고한 생활상을 잘 보여 준다.

13 『뇌상관고』에는 이 시를 '사우기사'(四寓記事)에 넣어 놓았으며 정사년(丁巳年: 1737)에 창작한 것으로 밝혀 놓았으나 착오로 보인다. 시의 첫구 "아우가 아프니 형이 조산(鳥山)에 와 근심하는데"(弟病兄愁鳥山中)라는 말로 보아 이인상이 조산에 있을 때 창작한 것이 분명하다.

14 '눈썹을 찡그림'은 근심에 잠겨 있음을 뜻하고, '들보를 본다' 함은 『후한서』(後漢書) 「한랑전」(寒朗傳)의 "들보를 쳐다보며 가만히 탄식한다"라는 구절에서 유래하는 말로, 어떻게 해 볼 방법이 없어 탄식함을 이른다.

영조 9년(계축癸丑)

1733년

24세

북간(北磵)에서도 머리감을 만하니/남산의 옛집엔 가지 마세
요"(尺牘時來語悽苦, 賣書東郭謀斗屋. 小郞衣單剝紙衾, 長嫂勞飯盤無
蕨. 極知憂患將玉成, 皺眉仰屋兄愼莫. 臥念天地多怨情, 終古英雄更寂寞.
時危漸覺布韋榮, 先人最訓琴書樂, […], 北磵洋洋堪濯髮, 休向南山經古
宅)라는 말이 보인다. 이 시 중에 보이는 '옛집'(古宅)은 옛날 조부
의 집을 말한다. 또 이 시 중의 "졸졸 흐르는 북간(北磵)에서도 머
리 감을 만하니/남산의 옛집엔 가지 마세요"라는 말로 미루어 보
아 당시 이인상의 백씨는 '북간'(北磵)[15]이 있던 북악 아래 삼청동
에 거주했음을 알 수 있다.

● 겨울, 「『화권』지」(畵卷識,『뇌』4)를 짓다.

『집화선석각』(集畵仙石刻)에 붙인 지(識)이다. 17세 때 계부에
게서 받은 이 책에 얽힌 사연을 언급한 글이다.

——

●「화옹전」(花翁傳,『뇌』5)을 짓다.

이인상 자신을 '화옹'(花翁)에 가탁한 탁전(托傳)이다. 24세 때
창작한 이 작품에 이인상 평생의 면모와 지향이 다 담겨 있다.
'고'(古)를 좋아하고, 고기(古器)를 애호하고, 나무와 화훼를 사랑
하고, 산인(山人)으로서 살고자 하고, 염치를 중시한 것이 그것이
다. 이 작품을 관통하는 주제는 '피명'(避名), 즉 '허명'(虛名) 피하
기'이다. 이 작품을 통해 이인상이 소싯적부터 허명을 극도로 경
계했음을 알 수 있다. 이인상은 자기가 이름을 피할 경우 혹 '피명
지명'(避名之名)을 얻게 되지는 않을까 하는 것까지 걱정하고 있
다. 이름에 대한 이인상의 이런 태도는 그의 '염결'(廉潔)한 성벽
에서 비롯된다 할 것이다.

한편, 이 작품의 "옹은 키가 크고 얼굴이 야위었으며, 마음은
통했으나 말은 어눌하였다. 그러나 책 읽기를 좋아하여"(翁長身瘦
面, 心通語訥, 而喜讀書)라는 말을 통해, 이인상이 키가 크고 소싯적
부터 얼굴이 파리했으며, 말은 어눌하고 독서를 좋아했음을 알
수 있다.

●「일사전」(逸士傳,『뇌』5)을 짓다.

---

15 '磵'은 '澗'으로도 표기한다.

장유(張維)가 소싯적에 영남의 산사(山寺)에서 만났다는 기이한 일사(逸士)에 대한 이야기이다. 이인상은 이 이야기를 진사 민유(閔瑜, 자 사성士成, 윤득서의 벗)[16]에게서 듣고, 산야(山野)에 유재(遺才)가 많음을 말하기 위해 이 작품을 창작했다고 생각된다. '전'(傳)이라고 했지만 실은 야담(野譚)에 해당하는 작품이다.

● 인장명(印章銘)을 짓다(『뇌』5).

22개 석(石)에 새긴 24편의 명(銘)이다. 이 무렵 전각을 많이 했음을 알 수 있다.

○ 남유용, 신사보가 보내온 시에 화답한 「신생 사보가 부처 온 시에 답하다」(원제 '答申生思輔見寄', 『뇌연집』雷淵集 권2)를 짓다: "그대는 무슨 즐거움 있어/늘 가난한데도 얼굴 그리 좋나/방덕공(龐德公)은 관청에 들어가지 않았고/사령운(謝靈運)은 유산(遊山)을 즐겼더랬지/물이 줄어들어 바위 드러나니 강물 소리 사납고/안개 일자 골짝의 나무 단란도 하네/외배가 방달을 용납하여서/신선의 동부(洞府)를 함께 오르네."(之子有何樂, 長貧猶好顔. 龐公不入府, 謝子喜遊山. 石落江聲厲, 烟生峽樹團. 扁舟容放達, 仙洞共躋攀.) 또 단구(丹丘)로 떠나는 신사보에게 「신생이 단구에 들어가매 그의 부채에 써서 이별하다」(원제 '申生入丹丘, 書其扇爲別', 『뇌연집』 권2)라는 시를 지어 주다: "본디 성품이 소한(疎寒)하지만/애초 초췌한 얼굴 아니네/물가에 초가집 짓고/청산에 들어가 약초를 캐네/골짝의 바위에는 외로운 뿌리 아스라하고/마을의 무성한 풀은 먼빛이 단란도 하네/자그만 외배는 내게도 있으니/신선의 자취 다시 뒤따르려 하네."(自是疎寒性, 初非憔悴顔. 誅茅臨白水, 采藥入靑山. 峽石孤根逈, 村蕪遠色團. 輕舟吾亦有, 仙躅擬重攀.)

이 시들을 통해 신사보가 몹시 가난했지만 방달하여 산수에 노닐기를 좋아했음을 알 수 있다.

신사보가 서울에 있을 때 남유용을 종유(從遊)했기에 남유용

---

16 윤득서의 『지재시집』에는 민유에게 준 시 「상원 밤에 달을 보다가 민사성에게 부치다」(원제 '上元夜看月, 寄閔士成'), 「사성이 율시 한 수를 부쳐 보내 얼른 그 시에 차운해 부치다」(원제 '士成寄示一律, 走次以寄'), 「심사정·심위거와 더불어 민사성 집에 모여 두보 시의 운을 밟아 즉각 완성하다」(원제 '與沈士精, 沈渭擧, 會于閔士成家, 占杜韻卽成')가 실려 있다. 서울에 거주한 처사형 인물로 보인다.

이 이런 시를 지어 준 것이다. 남유용은 신사보를 도가자류(道家者流)로 보고 있다[유한준兪漢雋, 「유란자가 오다」(원제 '幽蘭子至'), 『자저』自著 권9]. 한편 유한준은 신사보를 "그 사람됨이 염정(恬靜)하고 아심(雅深)했으며 노년에는 더욱 문예와 서화에 종사하기를 즐겼다"[其爲人, 恬靜雅深, 老益喜文藝書畵之事:「태사공太史公의 뜻으로 신옹申翁에게 주다」(원제 '太史公之意贈申翁'), 『저암집』著庵集 권13]라고 평하였다. 신사보는 신소의 부친 신사건(申思建)의 서족제(庶族弟)이니, 신소에게는 서족숙이 된다. 한편 신사보는 유한준의 모친 창녕 성씨의 이종사촌이니, 유한준에게는 이종오촌당숙이 된다.

○ 김성응, 5월 도총도사(都摠都事)에 제수되다.

○ 이보상, 6월 의영고(義盈庫) 주부에 제수되다.

○ 김성자, 6월 상서원(尙瑞院) 부직장(副直長)에, 8월 상서원 직장에 제수되다.

○ 성효기(成孝基, 서얼, 1701~1770), 진사시에 합격하다.
　본관은 창녕이고, 자는 백원(百源)이다.

◎ 정선, 청하(淸河) 현감으로 부임하다.

◎ 이관명(李觀命, 1661년 생, 호 병산屛山, 이건명의 형) 사망.

① 양주팔괴의 한 사람인 나빙(羅聘, 호 양봉兩峰) 출생.

① 금석학자 옹방강(翁方綱, 호 담계覃溪) 출생.

① 오규우 소라이의 『도량고』(度量考) 간행되다.

영조 10년(갑인甲寅, 1734년) 25세

〈초옥도〉, 『서화평석』(1) 112면

● 봄, 〈초옥도〉(草屋圖)[1]를 그리다(국립중앙박물관 소장).

이 그림에는 "갑인년 봄밤에 원령이 그리다"(甲寅春夜, 元靈寫)라는 관지가 적혀 있고, "문종"(眷鐘) "이인상인"(李麟祥印)이라는 인장이 찍혀 있다. 이 그림은 이인상이 모산으로 이거한 지 몇 달 되지 않아 그린 것으로, 당시 이인상의 존재여건이 표현되어 있다.

● 봄, 서대문 밖 괴헌(槐軒)에서 시를 짓다(「괴헌에서 내키는 대로 읊다」(원제 '槐軒漫賦'), 『뇌』1).

'괴헌'은 해평 윤씨 윤득민·윤득서 형제가 살던 집 당호다. 이 집에 회화나무가 있어 이런 당호를 붙였다. 윤득서는 2년 전 겨울 병으로 요절하였다. 윤득서의 백씨 윤득경(尹得敬)은 송문흠의 자형이다. 윤득서는 송문흠·홍자·이민보·황경원 네 사람과 아주 친했으며, 신소와도 가까이 지냈다(윤득서, 『지재시집』止齋詩集 참조). 이인상이 윤득서와 친교가 있었는지는 확인되지 않으나, 그의 중씨(仲氏) 윤득민과는 친교가 있었다. 1743년 윤득민이 죽자 이인상은 그의 애사를 썼다(「윤자 성구 애사」尹子聖求哀辭, 『뇌』5). 그러므로 이 시는 윤득민과 만나 지은 시라고 할 것이다.

● 봄, 백씨와 함께 남산에 오르다. 익일 또 백씨와 남산 차계(叉溪)의 수각(水閣)에 오르다(「다음날 차계의 수각[2]에 오르다」(원제 '翌日登叉溪水閣'), 『뇌』1).

이때 지은 시에 "돌이켜 생각건대 보산으로 돌아가려던 계획이 좋았으니 / 동산에 물 대고 나무 심어 깊은 봄에 누우리"(飜思寶山歸計好, 灌園種樹臥深春)라는 말이 보인다. 이인상은 작년 여름 백씨를 모시고 수각에 가서 그 동쪽 반석(磐石)에 시를 제(題)한

---

1 종래 〈산가도〉(山家圖) 혹은 〈한거도〉(閑居圖)로 불렸다.
2 '차계'는 남산에 있는 계곡으로, 그곳에 남별영(南別營)의 수각(水閣)이 있었다.

적이 있다. 당시 봉정(鳳汀: '鳳頂'이라고도 표기함)의 김근행·선행(善行) 형제도 왔었다(「다음날 차계의 수각에 오르다」 주기註記).

'봉정'은 지금의 경기도 고양시 덕양구 행주외동에 속한 지명으로, 행호(杏湖)가 내려다보이는 구릉이다. 당시 봉정에는 김근행의 조부 김성대(金盛大, 인제 현감을 지냈음)가 세운 유사정(流沙亭)이 있었고, 김근행의 백씨(伯氏) 김현행(金顯行, 1700~1753)[3]이 건립한 연체당(聯棣堂)이 있었다. 연체당 서편의 용정(龍汀: '龍頂'이라고도 표기함)[4]에는 영조 때 이조판서를 지낸 김동필(金東弼)이 건립한 낙건정(樂健亭)이 있었으며, 연체당 동편의 학정(鶴汀)[5] 아래에는 김근행의 고조부인 김광욱(金光煜, 효종 때 좌참찬을 지냈음)이 세운 귀래정(歸來亭)이 있었고, 귀래정 동쪽 기슭에는 김근행의 당숙인 김시좌(金時佐, 숙종 때 의령 현감을 지냈음)가 세운 관란정(觀瀾亭)이 있었다. 한편 봉정의 유사정 북쪽에는 숙종 때 이조참판을 지낸 송광연(宋光淵)이 세운 범허정(泛虛亭)이 있었다.

● 「매죽사의 작은 그림 찬」(원제 '楳竹社小畫贊', 『뇌』1)을 짓다.

김상굉이 소장한 그림에 붙인 찬이다. '매죽사'는 김상굉의 서재 이름이다.

● 가을, 김상굉·신소·황경원과 함께 홍자의 하락당에서 야회(夜會)를 갖다(「괴암자乖庵子(김상굉)와 밤에 낙당洛堂[6]에 모이다」(원제 '乖庵子夜集洛堂'), 『뇌』1).

이날 황경원이 지은 시 「홍양지(洪養之)의 청원관(清遠觀) 연회에서 거문고 연주를 듣다」(원제 '讌洪養之清遠觀, 聽彈琴', 『강한집』 권1)의 "헌걸찬 홍양지"(有頎洪養之)라는 말을 통해 홍자의 키가 컸음을 알 수 있다. 이날 황경원이 지은 또 다른 시 「밤에 송단(松壇)에 올라 퉁소를 불다」(원제 '夜升松壇, 吹洞簫', 『강한집』 권1)에 "이생(李生: 이인상)은 때를 만나지 못해 / 술 취하면 하늘의 별 바

3　김근행의 부친 김시서(金時敍)는 아들이 넷이었으니, 큰 아들이 현행(顯行), 둘째 아들이 면행(勉行, 호 强齋), 셋째 아들이 근행, 막내가 선행이다. 면행은 당숙인 김시민(金時敏)에게 출계(出系)하였다.

4　'용정'은 돌방구지 위의 구릉이다. '돌방구지'는 용정 아래의, 한강에 접한 바위 절벽 이름인데, 지금의 행주대교 부근인 덕양산 끝자락에 해당한다.

5　'학정'은 덕양산의 행주서원 쪽 마지막 큰 봉우리이다. 용정이 맨 서쪽에 있고, 학정이 맨 동쪽에 있으며, 봉정은 그 중간에 있다.

6　'낙당'은 홍자의 서실 하락당(河洛堂)을 말한다.

라본다네/함께 송단에 올라/퉁소 부니 귀또리 소리 요란도 하네/변음(變音)을 내니 화평한 맛 적고/곡이 끝나니 애원(哀怨)이 반이네/이윤(伊尹)이 유신(有莘)의 들에서 났지만/어찌 꼭 김매고 물대는 일에 상심했으랴"(李生不遇時, 中酒望星漢. 相與躋松壇, 洞簫寒蛩亂. 聲變中和少, 曲終哀怨半. 伊尹出莘野, 何必傷鉏灌)라는 말이 보이니, 불우감에 술에 취해 멀리 하늘의 별을 바라보는 이인상의 모습을 엿볼 수 있다. 특이하게도 이인상의 시에는 별이 많이 등장한다. 한편 이 시를 통해 이인상이 퉁소를 불 줄 알았음을 알 수 있다.

이날 있었던 일은 황경원이 쓴 「이원령 묘지명」(『강한집』 권17)의 "밤이 깊어지려 할 때 성보(成甫)가 거문고를 가지고 와서 처량한 곡조인 상성(商聲)을 연주하자, 군(君: 이인상)은 서글피 하늘을 바라보며 탄식하였다. '명나라는 내 부모 나라요. 지금 천하가 옷깃을 왼쪽으로 여민 지 오래되었으나 나는 부모의 원수를 갚을 수 없소. 비록 구차히 살고 있지만 무엇이 즐겁겠소.' 그러고 나서 성보와 송단에 올라 퉁소를 불었는데 밤새도록 괴로워하고 원통해하다 잠을 이루지 못했다"(夜將半, 成甫操琴彈商聲, 君愀然仰天而歎曰: '明, 吾父母之國也. 今天下左衽久矣, 吾不能復父母之讐, 雖苟生, 何所樂哉!' 因與成甫, 升松壇, 吹洞簫, 終夜煩寃, 不能寐也)라는 구절을 통해 좀 더 자세히 알 수 있다.[7]

당시 이인상은 모산에 있으면서 이따금 서울에 올라왔던 것으로 보인다. 또한 이인상은 이해 처음 송명흠·송문흠 형제와 사귀었다(「숙인 청송 심씨 애사」淑人靑松沈氏哀辭, 『뇌』5). 홍자를 통해 알게 된 것이 아닌가 한다. 송명흠·송문흠은 모두 이재(李縡, 오찬의 고모부)의 문인이다.

● 10월, 서울 이연상의 집 박고당(博古堂)[8]에서 독서하다.

---

7 신소는 젊어서 거문고를 배웠으며(任聖周, 「處士申公墓誌銘」, 『鹿門集』 권24), 능히 신성(新聲)을 지을 정도의 수준에 이르렀다. 송문흠은 이런 신소에게 편지를 보내 거문고를 배워서는 안 된다고 충고하였다. 신성은 급촉(急促)하여 화(和)라고 하기에 부족하고, 거문고 곡조의 사(詞)는 모두 여항비리지언(閭巷鄙俚之言)이라는 이유에서였다(「與申成甫」, 『閒靜堂集』 권2). 송문흠은 황경원이 보내온 편지 중의 '신소가 거문고를 잘 타고 신성을 능히 제작한다'라는 말에 걱정이 되어 신소에게 편지를 보낸 것이다. 따라서 송문흠의 이 편지는 김상긍·신소·황경원이 홍자의 하락당에서 야회(夜會)를 가진 직후에 작성된 것으로 여겨진다.

8 「관매기」(『뇌』4)에는 '창석재'(蒼石齋)로 되어 있다: "甲寅冬, 余讀書于天汝氏之蒼石齋." '박고당'(博古堂)은 당(堂) 이름

박고당에서의 독서는 이해 12월 무렵까지 이어졌던 게 아닌가 한다.[9] 이때 지은 시 「삼연 시에 차운하다」(원제 '次三淵詩', 『뇌』1)에는 존주의식(尊周意識)이 담겨 있다. 한편 「사방의 산들」(원제 '四山', 『뇌』1)이라는 시에서는 "회암으로 돌아가 숨어 살면서/늙도록 선산을 지키고 싶네"(檜巖歸欲隱, 終老護松楸)라고 하여, 향리 회암으로 귀은(歸隱)하고 싶어하는 마음을 읊었다. 박고당에서 이연상·임경주와 지은 연구(聯句)에는 "등불 차가운데 고검(古劍)을 보고/바람 고요한데 단경(丹經: 도가서道家書)을 풍송(諷誦)하네"(燈寒看古劍, 風靜諷丹經)라 하여, 검(劍)에 대한 관심과 선(仙)에 대한 지향이 처음 나타난다. 이후 이인상의 감수성과 정신적 지향에서 '검'과 '선'은 대단히 중요한 의미를 갖는다.

● 11월 26일, 김상굉의 제문을 지어 영전에 곡하다.

○ 송문흠, 스승 이재를 모시고 도곡(塗谷)[10]에서 배를 타고 금강의 물길을 따라 황산(黃山)으로 내려오다(『한정당집』閒靜堂集 권1).

○ 황경원, 오찬과 함께 단양에 노닐며, 옥순봉·구담·도담·삼선암 등을 구경하다.

○ 김성자, 2월 공조좌랑에, 10월 진천 현감에 제수되다.

○ 김성응, 3월 승지에 제수되다.

○ 이기진, 3월 함경 감사에 제수되다.

○ 윤흡, 4월 배천(白川) 군수에 제수되다.

○ 임안세, 8월 인제 현감에 제수되다.

○ 이보상, 10월 군자감(軍資監) 주부에 제수되다.

○ 조영석, 〈청유도〉(淸遊圖)를 그리다(국립중앙박물관 소장).

◎ 심익운(沈翼雲, 1782년 졸?, 자 붕여鵬如, 호 지산芝山) 출생.

고기패의 지두화,
〈고강독립도〉(高崗獨立圖)

ⓛ 지두화(指頭畵)로 유명한 고기패(高其佩, 호 차원且園) 사망.

이고, '창석재'는 서재 이름일 것이다.

9　이해 겨울 이연상의 서재에서 독서하며 매분(梅盆)의 꽃이 핀 것을 봤다는 기록에서 그 점이 확인된다(「관매기」, 『뇌』4).

10　원래 이름이 '용호'(龍湖)인데 송명흠이 '도곡'으로 이름을 고쳤다(『늑천집』 권19에 부록으로 실린 「櫟泉年譜」 참조). 지금의 대전시 대덕구 용호동의 용호교 부근으로 추정된다. 당시는 옥천에 속했다.

영조 11년 (을묘乙卯, 1735년) 26세

● 정월 대보름, 가언 전사(檟堰田舍)[1]에서 홍자 및 그의 종제 홍력(洪櫟, 1708~1767, 자 수옹壽翁, 홍대용의 부친)과 함께 달을 완상하며 시를 짓다(「가언의 전사에서 대보름달을 완상하며 홍자 양지 및 수옹과 함께 시를 읊다」(원제 '檟堰田舍, 翫上元月, 與洪子養之壽翁賦'), 『뇌』1).

● 모산을 떠나 서울로 올라오다(「또 한 편의 아내 제문」(원제 '又祭亡室文'), 『뇌』5).

『뇌상관고』에 이 시기의 시들이 '회곡록'(晦谷錄)이라는 제목 하에 수습되어 있음으로 보아 이인상은 서울의 '회곡'(晦谷)이라는 곳에 새로 집을 얻은 것으로 생각된다. '회곡'은 회동(晦洞)을 가리킨다. 서울시 중구 인현동 1가와 2가에 걸쳐 있던 남산 자락의 마을로, 인근에 필동이 있었다.

● 삼각산 백운대(白雲臺)에 올라 서쪽으로 신주(神州: 중국)를 바라보다(「백운대」白雲臺, 『뇌』1).

● 용산[2]의 관란정(觀瀾亭)에 올라 김근행 형제를 생각하다(「용산의 관란정에 올라 김자 신부 형제[3]를 그리워하며」(원제 '登龍山觀瀾亭, 憶金子愼夫兄弟'), 『뇌』1).

관란정은 김근행의 5촌숙인 김시좌(金時佐, 1664~1727)가 건립한 정자로 행주의 귀래정(歸來亭) 동쪽 기슭에 있었다(지금의 경기도 고양시 덕양구 행주외동幸州外洞에 해당함). '행주'(幸州)는 '杏州' 혹은 '杏洲'로도 표기했다. 행주 일대의 한강을 '행호'(杏湖)라고 불렀다. 행호는 '서호'(西湖)에 포함된다.

「월파정」, 『능호집』(상) —— 29면

● 월파정(月波亭)을 읊다.

---

1 홍자와 홍력의 향리인 청주 수신면(修身面) 장명리(長命里)에 있던 전사(田舍)가 아닌가 한다. 지금의 행정 구역으로는 천안에 속한다.

2 정확히는 행주(杏州)를 이른다.

3 김근행과 그 동생 김선행(金善行, 1716~1768) 형제를 가리킨다. '신부'(愼夫)는 김근행의 자(字)이다.

월파정은 계곡(谿谷) 장유(張維)의 아들인 장선징(張善澂, 호 두곡杜谷)이 조성한 정자로, 지금의 노량진 수산시장 남쪽에 그 터가 남아 있다. 장선징은 예조판서·좌참찬을 지냈으며, 이인상의 장인 장진욱의 조부다.

● 보산장(寶山庄)을 그리워하며 백씨와 함께 시를 읊다(「보산장을 그리워하며 백씨를 모시고 함께 짓다」(원제 '憶寶山庄, 侍伯氏共賦'), 『뇌』1).

이 시 속에 "전나무 단(壇)이 아직 있어 / 보산의 모정(茅亭)을 그리워하네."(檜樹壇猶在, 茅亭憶寶山) "이웃 승려⁴ 나를 보고 웃으리 / 도성에 가 돌아오지 않는다고"(鄰僧應笑我, 城府去無還)라는 구절이 보인다.

● 진사시에 합격하다(추방秋榜).

● 향리 장명(長明: 청주 수신면 장명리)으로 돌아가는 홍자를 전송하다(「장명으로 돌아가는 홍자 양지를 전송하고 나는 영남을 유람하다」(원제 '送洪子養之歸長明, 余遊嶺南'), 『뇌』1).

● 겨울, 김진상과 함께 충주를 거쳐 경상북도 문경, 구미, 상주, 선산, 달성, 안동, 순흥, 봉화, 영주를 여행했으며, 태백산에 오르다.

여행 중 시를 많이 지었다. 「낙동강에서 향랑을 슬퍼하다」(원제 '洛東江哀香娘', 『뇌』1)는 스스로 목숨을 끊은 향랑을 슬퍼한 시이고, 「하회동(河回洞)⁵의 옥연정(玉淵亭)의 문선(門扇)⁶에서 서애(西厓) 시의 묵적(墨跡)을 보고 차운하다」(원제 '河回玉淵亭門扇, 觀西厓詩墨次韻', 『뇌』1)는 남인인 유성룡의 시에 차운하여 하회의 풍광을 읊은 시이다. 이황의 시에 차운한 시를 짓기도 하였다(「백운서원.⁷ 삼가 퇴도退陶의 시⁸에 차운하다」(원제 '白雲書院. 敬次退陶詩', 『뇌』1)). 「낙연(落淵)⁹을 보고」(원제 '觀落淵', 『뇌』1)라는 시에서는,

---

4 보산장 인근에 회암사가 있었기에 한 말이다.
5 '하회동'은 경북 안동시 풍천면에 있는 마을로, '옥연정'은 이곳에 서애(西厓) 유성룡(柳成龍, 1542~1607)이 세운 정사(精舍)의 이름이다.
6 '문선'은 문짝을 달 수 있도록 문 양쪽에 세운 기둥을 말한다.
7 경상북도 영주시 순흥면 내죽리에 있는 소수서원(紹修書院)을 가리킨다.
8 '퇴도의 시'는 『퇴계집』(退溪集) 별집 권1에 실린 「경렴정」(景濂亭)을 가리킨다.
9 경북 안동시 임하면 수몰 지역에 있던 폭포로, 경치가 좋아 유람 장소로 유명하였다. 폭포 밑의 소(沼)가 질그릇[陶] 같이 움푹 패인 모양이라서 '도연폭포'(陶淵瀑布)라고도 불렸다.

〈동해유민〉, 『서화평석』(2)
1083면

「태백산 유기」, 『능호집』(하)
130면

〈구학정도〉, 『서화평석』(1)
488면

병자호란의 국치(國恥) 이후 안동의 와룡산 아래 와룡초당을 짓고 40여 년 동안 출사(出仕)하지 않고 절의를 지킨 남인계 인물 김시온(金時榲, 1598~1669, 호 표은瓢隱)에 대한 추모의 염(念)을 표하고 있으며, 그의 은거지를 그림으로 그리기까지 하였다.[10] 「안동 경내(境內)로 들어가다」(원제 '入安東境', 『뇌』1)라는 시의 제2수에서는 "유민(遺民)은 더 이상 황명(皇明)을 생각지 않네"(遺民無復憶皇明)라 하여 '유민'이라는 말이 처음 보인다. 이인상이 서화에 "동해유민"(東海遺民)이라는 인장을 사용하기 시작한 것은 아마도 이해 전후가 아닐까 생각된다.

이인상은 돌아와 「태백산 유기」(원제 '游太白山記')라는 글을 써서 태백산 등정(登程)을 자세히 기록하였다. 다음은 「태백산 유기」의 한 대목이다: "고개는 갈수록 위태로워지고 길은 갈수록 희미해졌으며 무성한 전나무와 높다란 떡갈나무가 귀신처럼 서 있었다. 바람과 벼락에 거꾸러진 나무들이 언덕을 가로질러 길을 끊어 놓았으며, 눈이 쌓여 길이 뚜렷하지 않았다. 서 있는 나무들은 바야흐로 세찬 바람과 싸우느라 그 소리가 하늘에 가득해 동에서 퍼덕퍼덕 하는가 하면 서에서 '씨잉' 하고 호응하는데, 흐리고 어두워지더니 갑자기 번개가 번쩍거림이 그침이 없었다."(嶺轉危路轉微, 翳翳之檜, 偃蹇之栩, 植立如鬼. 其顚倒於風火者, 橫岡截路, 而雪積糢糊. 植者方鬪勁風, 其聲滿空, 振動於東, 勃鬱而西應, 陰晦倏閃, 無有窮已.) 세찬 바람을 견디느라 귀신의 모습처럼 된 전나무와 떡갈나무를 보는 눈이 범상치 않다. 이인상의 산수화에 종종 보이는 뻣뻣하고 꼬장꼬장한 괴목(怪木)의 형상을 한 나무를 대하는 느낌이다. 그림이든 글이든 나무들에는 이인상의 존재상황과 심회가 투사되어 있다고 할 것이다.

한편, 〈구학정도〉(龜鶴亭圖)는 당시 유람한 영주시 가흥리의 구학정(龜鶴亭)을 그린 것이다(평양 조선미술박물관 소장). 이 그림에는 "구학정"이라는 화제가 적혀 있다. 이인상의 본국산수화[11]는 1737년의 금강산 유람에서 비롯되는 것이 아니라 이해 겨울의

---

10 「낙연을 보고」의 "그의 유거(幽居) 그리며 취한 붓 휘두르네"(我畫幽居奮醉毫)라는 말 참조.
11 '본국산수화'의 개념은 『능호관 이인상 서화평석 1: 회화편』 중 〈장백산도〉의 평석을 참조할 것.

경상북도 여행에서 비롯된다. 이인상은 여행 중 병이 나 중간에 귀경하고, 김진상은 경상남도로 계속 여행하였다(「이군李君 원령을 증별贈別하다」(원제 '贈別李君元靈'), 『퇴어당유고退漁堂遺稿 권3』).

● 「김자 양재 애사」(金子良哉哀辭, 『뇌』5)를 짓다.

이인상은 이 애사에서 김상굉이 "고(古)에 얽매이면 겉모양은 비슷해도 실질은 없어지고, 금(今)을 따르면 조탁(雕琢)을 해도 빛이 나지 않으며, 마음을 본받으면 이름과 실상이 모두 보존되네"(拘乎古則仿像而滅質, 循乎今則雕琢而無光, 師心則名與實俱存)라고 하면서 '고'(古)와 '금'(今)을 지양한 문학론을 견지했다는 사실을 언급하는 한편, 세도(世道)를 만회하고자 하는 군은 뜻이 있었음을 특서(特書)하였다. 김상굉은 문학적 재주가 있고 성격이 호방하여 많은 사람의 기대를 모았으나 애석하게도 젊은 나이에 병사하였다. 이인상은 김상굉 사후 그의 동생인 김상악·김상적[12]과 가까이 지냈으며, 김진상·김순택·김무택·김열택·김양택·김상숙 등 광산 김씨 집안의 사람들과 각별한 관계를 유지하였다.

이경여의 집안은 일찍부터 광산 김씨와 혼인 관계를 맺어 왔다. 이경여의 장자인 이민장(李敏章, 이인상의 종증조부)의 사위가 김진규(金鎭圭, 1658~1716, 호 죽천竹泉, 김만기金萬基의 아들)이고, 이경여의 종제 이신여(李信輿)의 증손인 이인지(李麟之, 이인상의 11촌숙)의 사위가 김민재(金敏材, 1699~1766, 자 사수士修, 호 우계愚溪, 김만중의 증손이며 김광택金光澤의 아들)이다.

○ 이태중(李台重), 윤4월 흑산도에 위리안치되다.
○ 이보상, 5월 금부도사에, 9월 돈령판관에 제수되다.
○ 김성응, 3월 총융사(摠戎使)에, 9월 어영대장에 제수되다.
○ 조영석, 세조 어진(御眞) 중모(重摹)에 적극 응하지 않은 죄로 일시 투옥되고 의령 현감에서 파직되다.

---

12 김상적의 자는 혜재(惠哉), 호는 정재(靖齋)이며, 1759년 생원시에 합격했다. 김상악은 1773년 12월 13일에 가감역(假監役)에 제수되었으나 출사하지 않았고 이후 1793년 6월 24일에 홍릉(弘陵) 참봉에 제수되었으나 출사한 것 같지 않다. 그러니 평생 포의로 산 인물이다. 『주역』 공부에 힘써 『산천역설』(山天易說)을 저술하였다. 김상적은 1766년 12월 17일에 영희전(永禧殿) 참봉에 제수되었고, 이듬해 12월 20일 사옹원 봉사에 제수되었으며, 그 이듬해 12월 21일 정릉 직장(靖陵直長)에 제수되었다.

◎ 장헌세자(莊獻世子, 1762년 졸) 출생.

◎ 서상수(徐常修, 1793년 졸, 자 백오伯五·여오汝五, 호 관재觀齋·기공旂公) 출생.

① 귀주(貴州)의 묘족(苗族) 들고일어나다.

① 장정옥(張廷玉) 등이 칙명을 받아 편찬한 『명사』(明史) 완성되다.

① 옹정제(雍正帝, 재위 13년)가 승하하고, 건륭제(乾隆帝)가 즉위하다.

① 『설문해자주』(說文解字注)의 저자인 문자학자 단옥재(段玉裁) 출생.

① 난학자(蘭學者) 아오키 곤요오(靑木昆陽)의 『번서고』(蕃薯考) 완성되다.

① 유학자 무로 큐우소오(室鳩巢) 사망.

영조 12년(병진丙辰, 1736년) 27세

● 〈풍계청류도〉(楓溪聽流圖: 실전)와 〈송당취설도〉(松堂醉雪圖: 실전) 두 폭을 그려 김근행에게 주다(「옛날 김자 신부와 노닌 일을 그림으로 그리다」(원제 '畫舊游與金子愼夫'), 『뇌』1).

　예전에 노닌 곳을 그린 그림이다. '풍계'(楓溪)는 인왕산 동쪽 기슭인 지금의 종로구 청운동 52번지 일대의 골짜기 청풍계(青楓溪)를 말한다. 푸른 단풍나무가 많아 '青楓'이라는 이름이 붙었는데, 후에 김상용이 이곳에 살면서 '淸風'으로 표기를 바꾸었다.

　김근행은 「쌍계(雙溪)에 내키는 대로 적다」(원제 '雙溪漫題', 『용재집』권13)라는 글에서 "나의 벗 이원령은 기석(奇石)과 고수(古樹) 그리기를 좋아한다"(吾友李元靈, 喜寫奇石古樹)라고 했다.

● 경상도 운문산(雲門山)에 놀러 가는 이준상을 서성(西城)에서 전별하며 주희(朱熹)의 초서 서적(書跡)을 주다(「원방씨에게 드리다」(원제 '贈元房氏'), 『뇌』1).

　이준상의 집은 서대문 밖 냉천동(冷泉洞)에 있었다.[1] 그래서 서재 이름을 '천식재'(泉食齋)라고 한 것이다.

○ 황경원, 남유용과 함께 조귀명의 집에 가 이인상의 선면도(扇面圖: 실전)에 제어(題語)를 쓰다.

　조귀명은 이들의 글 뒤에 제후(題後)를 붙였다(「이인상의 부채 그림에 적힌 남덕재南德哉(남유용)와 황대경黄大卿(황경원)의 제어 뒤에 적다」(원제 '題李麟祥扇畫南德哉、黄大卿題語後'), 『동계집』東谿集 권6).

　이인상의 이 선면도는 일구일학(一丘一壑)을 그린 산수화로 여겨진다. 조귀명은 자신의 글에서 "원령의 이 그림은 본디 아무 뜻 없이 그린 것이 아니다. 대경(大卿: 황경원의 자)이 제어를 씀에 자못 뜻이 없을 수 없어 마침내 말하기를, '이는 영웅이 사람들을 속

1　「숙원방씨천식재」(宿元房氏泉食齋, 『뇌』1)의 "賖取冷泉春酒甕, 離騷一讀共君傾"이라는 말 참조.

인 것이다'라고 하였다"(元靈此畵, 故非無意而作, 而大卿於文, 尤不能無意, 乃其言云: "是英雄欺人爾.")라고 했다. 조귀명의 이 글을 통해 황경원이 쓴 제어(題語) 중에 '영웅기인'(英雄欺人)이라는 말이 들어 있었음을 알 수 있다. '영웅기인'이라는 말은 명(明)의 이반룡(李攀龍)이 쓴 「『선당시』서」(選唐詩序, 『창명집』滄溟集 권15 소수)의 "이태백은 칠언고시(七言古詩)를 분방하게 썼지만 왕왕 힘이 딸렸으며 이따금 쓸데없는 말이 섞여 있었다. 영웅이 사람들을 속인 것이다"(太白縱橫, 往往强弩之末, 間雜長語, 英雄欺人耳)라는 구절에서 유래하는바, 걸출한 작가가 자신의 재능에 걸맞지 않은 작품을 창작한 것을 이르는 말이다. 국립중앙박물관에 소장된, 정선의 작품으로 일컬어지는 《24시품첩》(二十四詩品帖) 중의 열 번째 그림 〈자연〉(自然)에 붙인 혹자의 평어(評語) "먹빛이 짙어 맛이 적으니, 이는 영웅이 사람들을 속인 솜씨다"(濃而少味, 此英雄欺人手也)에도 이 말이 보인다. '영웅기인'이라는 말은 아무한테나 쓰는 말이 아니요, 비범한 작가에 한해 쓰는 말이다. 이로 미루어 이인상의 화재(畵才)가 27세 때 이미 크게 인정받았음을 알 수 있다.

정선, 《사공도시품첩》(司空圖詩品帖) 중 〈자연〉(부분)

황경원이 이인상이 그린 〈구룡연도〉(실전)에 기문을 써 준 것은 이해 전후가 아닌가 생각된다(「구룡연기」九龍淵記, 『강한집』 권9).

이인상은 다음해 9월 금강산 유람을 떠나는데 이 그림은 적어도 그 이전에 그린 것일 터이다. 「구룡연기」에 다음과 같은 말이 보인다: "금년 가을에 이군 원령이 삼연 김공 창흡이 지은 「구룡연」 시를 바탕으로 그림을 그려 나에게 기문을 부탁하였다."(今年秋, 李君元靈, 本三淵金公昌翕所爲九淵詩而爲之圖, 屬余爲記.)

○ 유언철, 2월 이천(利川) 현감에 제수되다.

○ 임안세, 3월 부사과(副司果)에 제수되다.

○ 김익겸, 6월 승문원(承文院) 이문학관(吏文學官)에 제수되다.

○ 김성응, 12월 훈련대장에 제수되다.

◎ 서호수(徐浩修, 1799년 졸) 출생.

◎ 이긍익(李肯翊, 1806년 졸) 출생.

◎ 민진원(閔鎭遠, 1664년 생) 사망.

◎ 정제두(鄭齊斗, 1649년 생) 사망.

영조 12년(병진丙辰)

1736년

27세

이토오 토오가이(1670~1736)

ⓛ 청, '건륭'(乾隆)으로 개원(改元)하다.

ⓛ 훈고학자 계복(桂馥) 출생.

ⓛ 이토오 토오가이(伊藤東涯) 사망.

　고의학(古義學)의 창시자 이토오 진사이(伊藤仁齋)의 아들이
다.

영조 13년(정사丁巳, 1737년) 28세

● 삼월삼짇날, 사람들과 남산 차계의 수각에 오르다(「삼월 계사일癸巳日에 사람들과 차계의 수각에 오르다」(원제 '三月癸巳, 與人登叉溪水閣'), 『뇌』1).

● 남산에 올라 무신란 후의 구유(舊游)를 회억하며 시를 짓다(「이튿날 남산 언덕에 올라 무신란 후의 옛 놀이를 생각하다」(원제 '翌日上南岡, 憶戊申亂後舊游'), 『뇌』1).

그중에 "십 년 만에 다시 태평한 시절을 보지만／봄날 도성에 고가(鼓笳)[1] 소리 들렸던 일 말하니 두렵네"(十年再見昇平節, 怕道春城咽鼓笳)라는 구절이 보인다.

● 봄, 중흥사(中興寺)에서 자고 아침에 서성(西城)으로 나오다(「중흥사에서 자고 아침에 서성으로 나오다」(원제 '宿中興寺, 朝出西城'), 『뇌』1).

● 봄, 청담(淸潭)[2]에 노닐다(「청담」淸潭, 『뇌』1).

● 매호(梅湖)의 유언길을 방문하다(「매호의 태중씨泰仲氏(유언길)를 방문하다」(원제 '梅湖訪泰仲氏'), 『뇌』1).

● 5월 25일, 장남 영연(英淵, 1760년 졸)이 출생하다.

● 8월경, 수옥폭포를 유람하고 〈수옥정도〉(漱玉亭圖)를 그리다(평양 조선미술박물관 소장).

〈수옥정도〉, 『서화평석』(1)
474면

---

1 '고가'는 군대가 출정할 때 의장(儀仗)으로 쓰이는 북과 호가(胡笳: 갈잎피리)를 말하는데, 여기서는 전란의 상황을 은유하는 말이다.

2 고양군 하도면(下道面) 청담리(淸潭里)의 청담골을 말한다. 북한산의 북쪽 기슭에 해당한다. 지금의 행정 구역으로는 경기도 고양시 덕양구 효자동에 속한다. 영조 31년(1755)에 편찬된 『고양군 읍지』(高陽郡邑誌, 규장각 소장)의 하도면 '산천'(山川) 조에 '청담천'(淸潭川)이라는 명칭이 보인다. 또 그 '정관'(亭觀) 조에, "청담의 반석(盤石)과 청류(淸流)가 근교(近郊)의 절승(絶勝)이라 명공(名公)의 시영(詩詠)이 많다"(潭之盤石淸流爲近郊名勝處, 多名公詩詠)라는 말이 보인다. 당시 청담에는 풍산(豊山) 홍씨 홍석보(洪錫輔, 1672~1729)가 건립한 와운루(臥雲樓)가 있었다. 홍석보는 1702년에 이 누각을 지었으며, 1716년 청담에 와 강학(講學)한 김창흡이 여기에 '와운'이라는 이름을 붙였다. 이후 와운루는 문인들이 즐겨 찾는 명소가 되었다. 홍석보의 아들 홍상한(洪象漢, 1701~1769)은 와운루 북쪽 언덕에 농월루(弄月樓)를 지었으며, 정선과 그 제자 김희성(金喜誠)을 초치하여 일대의 풍광을 담은 산수화를 그리게 했다.

이 그림에는 "수옥정"(漱玉亭)이라는 화제가 적혀 있다.

이인상은 수옥폭포를 구경한 후 문경새재를 넘어와 용유동(龍游洞)의 병천정(瓶泉亭)을 찾았다. 병천정(일명 병천정사瓶泉精舍)은 송문흠의 부친인 송요좌(宋堯佐)가 건립한 정자다. 이 무렵 그린 〈용유상탕도〉(龍游上湯圖)는 부근의 용유상탕(龍游上湯: '탕'은 '沼'를 이름)을 그린 것이다(평양 조선미술박물관 소장).

〈용유상탕도〉, 『서화평석』(1)
494면

● 9월, 임안세·홍림(洪琳, 서얼)[3]·홍자와 금강산 유람을 떠나다.

아내가 가는 걸 만류했지만 남에게 갖옷과 말을 빌려 출발하여(「조카 종석 제문」(원제 '祭姪子宗碩文'), 『뇌』5), 내금강, 외금강, 해금강을 차례로 본 후 10월에 돌아오다.

이인상은 중향성(衆香城)의 신수(神秀)함과 만폭동·구룡연의 청장(淸莊)함을 보고는 너무 감동해, "마음이 딱 맞아 갑자기 일어서서 춤을 추고 싶었으나 흥이 극에 달하자 홀연 다시 슬퍼져서 울고 싶었다"(神灘意會, 而輒欲起舞, 興極則忽復悽然欲涕:「조카 종석 제문」)라고 토로하고 있다. 『뇌상관고』에는 이때 지은 시들이 '동관록'(東觀錄)이라는 제목으로 수습되어 있다.

피금정(披襟亭)을 읊은 시에 "가시(謌詩) 끊어진 건 연옹(淵翁) 이후요[4]/전신(傳神)의 그림은 정노(鄭老)에게서 비롯됐지"[5](謌詩絕響淵翁後, 畫筆傳神鄭老初:「피금정」披襟亭, 『뇌』1)라는 구절이 보인다. 이인상은 만년에 〈피금정도〉를 그렸다(개인 소장).

〈피금정도〉, 『서화평석』(1)
316면

「신읍 촌노인에 대해 기록하다」, ——
『능호집』(상) 36면

회양(淮陽)의 잣나무 숲을 읊은 시인 「회양의 잣나무 숲」(원제 '淮陽柏林', 『뇌』1)에서, "슬퍼하네 이 고을 백성이/껍질 까 관아에 공물(貢物) 바치는 것을/백 길의 사다리를 타고 오르니/이따금 몸이 불구가 되기도"(愍此州之民, 剝實輸官庭. 緣梯跨百仞, 有時殘其形)라고 하여, 공물 때문에 질고(疾苦)를 겪는 백성을 동정하였다.

「신읍(新邑) 촌노인에 대해 기록하다」(원제 '記新邑村叟')는 화천(花川)에서 마하령 가는 사이에 있는 신읍의 산골 노인을 읊은

---

3 홍림(1693~1772)은 자가 계진(季珍)으로, 홍자의 서재종조(庶再從祖)다. 출사하지 못했다.

4 '연옹'은 삼연(三淵) 김창흡(金昌翕, 1653~1722)을 말한다. 김창흡은 가행(歌行)을 잘 지었다. 이 구절은 김창흡 이후에 '피금정'을 노래한 가시(歌詩)가 끊어졌다는 뜻이다.

5 '정노'는 겸재 정선을 말한다. 정선이 1711년에 금강산을 유람하고 제작한 《신묘년풍악도첩》(辛卯年楓岳圖帖)에 〈피금정〉(披襟亭)이 실려 있다. 이 구절은 '피금정'의 전신(傳神)이 정선으로부터 비롯되었다는 뜻이다.

시인데, 이인상의 민(民)에 대한 애정을 잘 보여 준다. 시 전문을 보이면 다음과 같다: "괴상한 꼬락서니 산협(山峽) 노인네/짧은 옷 입고 어린 손자 이끌고 가네/늙도록 목피(木皮)로 엮은 굴피집에 살며/물려받은 거라곤 한 뙈기 귀리밭/흰 가을풀 사이에서 매사냥하고/검은 떡갈나무 숲에서 호랑이 잡네/몸으로 먹고사니 기릴 것 없건만/인사하는 그 풍모 오연(傲然)하기만."〔峽翁形貌怪, 衣短弱孫牽. 終老木皮室, 傳家鬼麥田. 呼鷹秋草白, 射虎橡林玄. 勞力亦無譽, 拜人氣傲然.〕

이인상은 장안사, 영원동(靈源洞), 헐성루, 벽하담, 진주담, 은신대(隱身臺: 일명 은선대隱仙臺), 구룡연, 해산정(海山亭), 삼일호(三日湖), 총석정 등을 시로 읊었다. 은신대와 구룡연, 삼일호는 훗날 그림으로 그렸다.

정양사(正陽寺) 약사전(若士殿)을 읊은 시에서 "여래상 앞에 탑이 솟았고[6]/그림은 신묘한 오도자(吳道子)의 솜씨라네"[7]〔塔湧如來像, 畫歸道子神:「약사전」若士殿, 『뇌』1〕라고 하여, 절에서 그림을 관찰하고 있음을 알 수 있다.

벗 김상굉이 1732년 금강산을 유람한 적이 있는데, 이인상은 김상굉이 쓴 유록(游錄)을 행탁(行橐) 속에 넣어 왔다. 원통암의 벽상(壁上)에서 김상굉이 남긴 제명(題名)을 봤으며 구룡동(九龍洞)에 이르러 꿈에 김상굉을 보았다. 이 일을 시로 읊었는데 시 중에 "베갯머리 눈물에 잔서(殘書)[8]가 축축한데/꿈길에 매죽사(梅竹社)를 맴도네"〔枕淚殘書濕, 夢回竹社中:「임자년에 김자 양재가 금강산을 유람했는데, 양재는 이미 죽었지만 그 유람기는 오히려 나의 행낭 속에 있다. 원통암에 이르렀을 때 절벽에서 마침내 그가 새긴 이름을 찾았는데, 구룡동에 이르러 감응해 꿈을 꾸어 시를 짓다」(원제 '歲壬子, 金子良哉游金剛. 良哉今已歿矣, 其游錄猶在. 余行橐到圓通菴, 壁上始得其題名, 到九龍洞, 感夢有賦'), 『뇌』1〕라는 구절이 보인다.

● 금강산 유람 중에 지은 시 「능파루」(凌波樓, 『뇌』1)의 "멀리 생

6　정양사 약사전 내부의 중앙에 신라 시대에 세운 약사여래의 석상이 있으며, 그 전면(前面)에 탑이 있다.
7　약사전의 벽에는 빼어난 불화(佛畫)가 그려져 있는데, 당시 오도자의 그림이라고 칭해졌다는 기록이 여기저기 보인다. 오도자(吳道子, 680~759)는 중국 당(唐)나라 때의 저명한 화가인데 특히 도석인물화(道釋人物畫)에 능했다.
8　김상굉이 남긴 금강산 유기를 가리킨다.

영조 13년 (정사丁巳)

1737년

28세

각하네 서성(西城)의 전 전악(全典樂)[9]이/고요한 밤 거문고 타며 유인(幽人: 은자) 기다리던 일을"(遙憶西城全典樂, 鳴琴靜夜候幽人)이라는 구절로 미루어 보아 악사(樂師) 전만제(全萬齊)와 교유가 있었음을 알 수 있다.

전만제는 당대의 1급 거문고 연주자로 가객(歌客) 김천택(金天澤), 중인 시인 정내교(鄭來僑)와도 친분이 있었으며, 당대 사람들이 좋아하던 신조(新調)를 따르지 않고 고조(古調)를 고수한 것으로 유명하다.[10] 이 점에서 '고'(古)를 존숭한 이인상과 미의식이 통한다. 이인상은 「거문고 타는 이 처사에게 주는 서(序)」(원제 '贈彈琴李處士序', 『능』3)라는 글에서도, "예전에 악사 전만제를 만난 적이 있는데 그는 거문고를 잘 타는 사람이었다. 그가 가운뎃줄을 어루더듬자 웅숭깊이 궁성(宮聲)이 났는데 마치 깊은 못에서 용이 울고 세찬 여울물이 바위에 부딪는 소리 같아, 듣는 이의 가슴속에 쌓인 답답하고 불평스런 마음을 시원하게 풀어 주었다. 그래서 고인(古人)이 연주하던 「청묘」(淸廟)나 「문왕」(文王)[11] 등의 곡을 가히 짐작해 볼 수 있었다"(甞見樂師全萬齊善鼓玄琴, 撫按中絃, 宮聲穆然, 如龍吟深湫而風湍激石. 使聽之者散湮鬱不平之意, 卽古人所彈「淸廟」·「文王」之音, 槩可以想像矣)라 하여 그에 대해 언급하고 있다.

● 10월 2일, 병사한 조카 종석(宗碩)의 장례에 제문을 지어 곡하다.

이인상은 또 시를 지어 백씨를 위로했는데, 시 중에 "서방(西方) 천주학에서는/아들 낳기를 귀히 여기지 않는다 합니다/만방(萬方)을 동포(同胞)로 보며/다만 도(道)를 품은 사람을 귀히 여

「거문고 타는 이 처사에게 주는 서」, ─ 『능호집』(하) 82면

---

9 『능호집』 권3에 실린 「거문고 타는 이 처사(李處士)에게 주는 서(序)」(원제 '贈彈琴李處士序')에 언급된 악사(樂師) 전만제(全萬齊)를 가리킨다. 전만제는 본관이 경주이고 자가 중재(重載)이며 장악원(掌樂院)에 속한 임시 벼슬인 가전악(假典樂)을 역임한 것으로 알려져 있다(장사훈, 『한국악기대관』, 서울대출판부, 1986, 176면). 최홍간(崔弘簡, 1717~1752)의 『최종사문초』(崔從史文艸)에 「전만제전」(全萬齊傳)이 실려 있는데, 이 글에서 전만제는 당대 사람들이 좋아하는 신성(新聲)을 연주하는 것을 부끄럽게 여기고 고조(古調)를 좋아한 인물로 그려져 있다. 「전만제전」에 대해서는 김영진, 「조선후기 詩歌 관련 신자료(1)」(『한국고시가연구』 20, 2006), 205~209면 참조.

10 성기옥, 「18세기 음악의 '촉급화'(促急化) 현상과 지식인의 대응」, 『조선후기 지식인의 일상과 문화』(이화여자대학교 한국문화연구원, 2007), 180~182면 참조.

11 '청묘'는 『시경』(詩經) 주송(周頌)의 편명(篇名)으로, 문왕에게 제사 지낼 때 연주한 곡이고, '문왕'은 『시경』 대아(大雅)의 편명으로, 문왕이 천명(天命)을 받기에 이른 유래를 밝힌 곡이다.

긴답니다"(西方天主學, 不貴生男子. 同胞視萬方, 但貴懷道士: 「아들 석을 잃어 백씨가 지나치게 슬퍼하시기에 시로써 위로하다」(원제 '喪碩姪, 伯氏哀念過情, 詩以寬之'), 『뇌』1)라는 구절이 있는 것으로 보아 천주교에 대한 어느 정도의 이해가 있었던 것으로 여겨진다.

———

● 「괴석기」(怪石記, 『뇌』4)를 짓다.

한 자 남짓한 괴석 한 덩어리를 얻어 그 형상의 기이함을 적은 글이다.

● 중국의 산천을 좋아하여 김창즙(金昌緝)의 〈여지전도〉(輿地全圖)를 3분의 1로 축소 모사해 고열(考閱)하기 편하게 만든 뒤에 지(識)를 붙이다.

지는 다음과 같다: "나는 중국의 산천과 문물의 아름다움을 독실하게 존모하는데 두 눈으로 직접 볼 길이 없는 것을 개탄하여 매번 도경(圖經)과 지지(地誌)를 가져와 보면서 자위하지만 고열(考閱)하기에 번거로운 게 문제였다. 그래서 김포음(金圃陰)[12]의 〈여지전도〉[13]를 모사하되 3분의 1로 축소해 접어서 하나의 첩으로 만들었더니 손에 딱 들어와 강이 실과 같이 가늘게 보여 겨자씨 속에 수미산(須彌山)이 들어 있는 격이다. 주현(州縣)은 소략하게 하고 산수는 상세히 한 것은 산수가 영구히 존재함을 즐거워해서이며 외이(外夷)의 경계를 나누는 것을 생략한 것은 오랑캐가 천하를 어지럽힌 것을 미워해서고 지명(地名)에 여전히 황명(皇明)의 것을 남겨 둔 것은 지금 정통이 없음을 기록한 것이다. 오호라! 나는 불행하게도 외이(外夷)에서 태어나 중국의 아름다운 문물을 보지 못했지만, 또한 다행히 중국에서 태어나지 않은 덕에 내 의관(衣冠)과 머리를 오랑캐처럼 하지 않았다. 나는 이 지도를 완성하고는 이런 시대에 태어난 것을 슬퍼한다."(余篤慕中州山川文物之美, 而慨無以目見, 每取圖經、地誌, 覽以自慰, 而尙患煩於考

---

12 김창즙(1662~1713)을 말한다. '포음'(圃陰)은 그의 호이다. 김수항(金壽恒)의 아들로, 그 형들인 김창집(金昌集)·김창협(金昌協)·김창흡(金昌翕)·김창업(金昌業) 및 아우인 김창립(金昌立)과 함께 '6창'(六昌)으로 일컬어졌다.

13 여기서 말한 '여지전도'가 중국의 판도를 그린 지도인지 세계지도인지는 미상이다. 마테오 리치의 〈곤여만국전도〉(坤輿萬國全圖)도 일명 〈여지전도〉로 일컬어졌기 때문이다. 〈곤여만국전도〉는 숙종 때인 1708년 관상감에서 모사하여 목판 인쇄하기도 했으며 경화사족을 중심으로 적잖이 필사되었다.

閱, 手摸金圖陰〈輿地全圖〉, 三疊而小之, 摺爲一帖, 盈握而止, 則河細如
絲, 而須彌可藏芥子矣. 略於州縣而詳於山水者, 樂其恒存; 而省分界外夷
者, 惡其亂也; 地名猶存皇明者, 志無統也. 噫! 余不幸生於外夷, 未見中州
文物之美, 又幸不生於中州, 鱗介我衣冠, 而佛我之頭也. 余成玆圖, 而悼其
生焉:「輿地小圖識」, 『뇌』5)

● 김씨 성에 광보(光甫)라는 자(字)를 쓰는 사람에게 선면(扇面)
산수화를 그려 주고 화지(畫識)를 붙이다.

화지는 다음과 같다: "그림은 '환'(幻)과 같으니 유자(儒者)는
그림 그리는 일을 하지 않는다. 아무리 만물의 형상을 모사하여
그 형색을 제대로 살렸다 해도 그것을 두고 '진'(眞)이라고 하면
잘못이다. 그렇다면 그림이 사람에게 보탬이 되는 게 무엇이겠는
가. 나는 다른 사람이 그림을 그려 달라 하면 이런 취지로 거절했
는데, 부탁한 사람은 그럴 때마다 성을 내며 나를 오만하다고 했
다. 나는 또한 천한 기예로 인해 다른 사람을 성나게 하는 게 두
려워 때때로 내키지는 않지만 그림을 그려 주기도 했는데, 그림
이 꼭 잘된 것도 아닌 데다 내 마음에 해가 되고 내 소신을 어긴
게 되어 비단 사람에게 보탬이 되는 게 없을 뿐만이 아니다. 그래
서 나를 잘 아는 이들은 나보고 그림을 그리지 말라 한다. 김자(金
子) 광보는 스스로 나를 잘 안다고 하는 사람인데, 그림을 논할
때면 매양 그림이 사람에게 보탬이 되는 바가 있다고 하면서 마
침내 나에게 자신의 글씨를 더럽히도록 권하니[14] 나보고 그림 그
리지 말라고 하는 이들과 비교하면 어떠한가? 하지만 이 그림을
보면, 나무는 이미 단풍이 졌는데 전나무는 무성하고, 물은 이미
구렁으로 돌아갔는데 돌은 빼어나며, 초옥은 마음이 고요한 사람
이 머물 만하고, 교량은 마음이 느긋한 사람이 건널 만하니, 잘 보
면 도(道) 아닌 게 없지 않은가? 그림의 교졸(巧拙)은 족히 논할
게 못 되고, '진'이라 하는 것 또한 감히 믿을 수 없다. 김자는 마
땅히 스스로 깨닫기 바란다."(畫者猶幻也, 儒不可爲也. 雖摸象萬物,
得其形色, 謂之眞則匪也, 顧何所有補於人哉? 余以此意拒人之求畫者, 求

---

14 김광보가 먼저 부채에 글씨를 쓴 뒤 이인상에게 그림을 청한 것이 아닌가 한다. 말하자면 일종의 '서화합벽'(書畫合璧)
으로 제작된 것이 아닌가 한다.

者輒怒, 目之以傲. 余又恐以賤伎移人之性, 時或强爲之. 畫旣未必工, 而累吾之心術, 易吾之守, 不啻無補於人而已. 故知余者止余畫. 金子光甫自謂知余者, 而論畫則每謂有補於人, 遂勸余汚其書, 其視止余畫者何如耶? 然此幅, 木已黃而檜則茂矣, 水歸壑而石則秀矣, 其芰, 靜心者可居; 其梁, 定氣者可度, 善觀則何莫非道? 若畫之巧拙, 不足論, 謂之眞, 亦不敢信. 金子當自得之:「金子光甫畫扇識」,『뇌』4) 이 화지에는, 그림은 본질적으로 '환'(幻)이며 아무리 방불하게 그려도 '진'(眞)은 아니라는 미학적 입장이 개진되어 있는데, '진경'(眞景) 비판으로도 읽힐 수 있어 주목을 요한다.

○ 박지원(朴趾源, 1805년 졸, 자 미중美仲, 호 연암燕巖, 이양천의 조카사위) 출생.

◎ 한종유(韓宗裕, 몰년 미상, 도화서 화원) 출생.
◎ 조귀명(1693년 생) 사망.
◎ 정선, 충북 4군의 명승지를 여행하고《사군첩》(四郡帖: 실전)을 그리다.
◎ 영조, 8월 '혼돈개벽(混沌開闢)의 유시(諭示)'를 내려 당폐(黨弊)를 경계하고 탕평을 천명하다.
◎ 영조, 10월 24일 이광좌(李光佐)·윤순(尹淳)·조현명(趙顯命)·이종성(李宗城) 등의 신하들에게 단양 군수 유수원(柳壽垣, 1694~1755, 당색 소론)의 경륜이 빼어남과 그의 저술『우서』(迂書)에 대해 듣고 승정원에 명해 책을 구해 올리라고 하다.
조현명은 이 책 이름을 '동서'(東書)라 명명했다. '조선의 책'이라는 뜻으로, 그 독보적 가치를 높이 평가한 것이다.
◎ 이광좌, 8월 영의정이 되다.

① 국학자 카모노 마부치(賀茂眞淵), 에도로 나오다.

영조 14년(무오戊午, 1738년) 29세

《공색암·신부·원령 삼인시첩》
(부분), 『서화평석』(2) 853면

〈천보산종화조학지인〉,
『서화평석』(2) 1085면

● 그간 회곡에서 살다가 이해부터 1739년 여름까지 용산(龍山), 남정(藍井), 정방(鼎方), 동곽(東廓) 등지로 이사하다.

『뇌상관고』에는 이 무렵의 시가 '사우기사'(四寓記事)라는 제목 하에 수습되어 있다. '사우'(四寓)는 네 곳의 우거(寓居)라는 뜻으로, 용산·남정·정방·동곽을 말한다. '남정'은 쪽우물이 있던 남정동(藍井洞: 쪽우물골)을 가리킨다. 서울에는 남정동이라는 지명이 광희, 남대문로, 봉래동, 을지로 네 곳에 있었다.[1] 이 중 어느 곳인지 알 수 없다. '동곽'은 동대문 밖 일대를 가리킨다. '정방'은 미상이다.

● 봄, 행호(杏湖)의 관란정에서 노닐다(「행호의 관란정에서 노닐다」(원제 '游杏湖觀瀾亭'), 『뇌』1).

● 봄, 김근행과 행주의 귀래정(歸來亭)에서 노닐며 「행주의 귀래정에 노닐며 김자 신부와 짓다」(원제 '游杏洲歸來, 與金子愼夫賦', 『뇌』1)를 짓다.[2]

해서로 쓴 시고(詩稿)가 전한다(《공색암·신부·원령 삼인시첩》空色菴愼夫元靈三人詩帖, 개인 소장). 이 시고에는 "원령"이라는 관지가 적혀 있으며, "천보산종화조학지인"(天寶山種花調鶴之人)이라는 인장이 찍혀 있다. 귀래정은 김근행의 고조부인 죽소(竹所) 김광욱(金光煜, 1580~1656)이 행주의 학정(鶴汀) 아래에 건립한 정자로, 당시의 주인은 김광욱의 증손인 동포(東圃) 김시민(金時敏, 1681~1747, 김근행의 당숙)이었다. 귀래정의 서편 용정(龍汀)에는 김동필이 건립한 낙건정이 있었으며, 이곳에는 김동필의 아들 김광수가 거주하고 있었다.

● 봄, 범허정(泛虛亭)에서 노닐다(「범허정을 보고 저녁에 돌아오다」

---

1 『한국땅이름큰사전』(한글학회, 1991) 참조.
2 당시 김근행이 지은 시는 『용재집』 권1에 「또 원령과 더불어 당시(唐詩)의 운자를 뽑다」(원제 '又與元靈抽唐詩韻')라는 제목으로 실려 있다.

(원제 '觀泛虛亭, 暮歸'), 『뇌』1).

● 봄, 청풍 능강동(凌江洞)에 사는 벗이자 동서인 신사보가 용산
의 집을 내방해 함께 시를 짓다(「두메에 사는 벗 신자익이 찾아와 함
께 시를 짓다」(원제 '峽友子翊來訪共賦')).

시 중에 "그대와 함께 구담의 물에 발을 씻으며 / 갈필(葛筆: 칡
으로 만든 붓)로 너럭바위에 「벌목」(伐木) 시[3] 쓰길 기약하네"(期君
濯足龜潭上, 墨葛書磐伐木章)라 하여 단양의 구담에 은거할 뜻을 밝
히다. 이인상이 구담에 은거하려고 한 데에는 신사보의 영향이
크다고 생각된다.

● 봄, 용산으로 이사온 이봉환[4]과 가깝게 지내다.

「강춘」(江春, 『뇌』1)의 "용산 서쪽에 벗 찾아가네"(龍岡西畔訪同
年)라는 시구 중의 '벗'은 이봉환을 가리킨다. 이인상과 이봉환은
동갑내기였다(이봉환은 이인상의 작은아버지 이최지와 동서간이다. 이
최지의 장인 김창발金昌發에게는 사위가 셋 있었는데, 맏사위가 이최지
이고, 그다음 사위가 이봉환이고, 막내사위가 유상직柳相直이다). 이봉
환이 「이원령에게 부치다」(원제 '寄李元靈', 『우념재시문초』 권1)라는
시를 쓴 것은 그 얼마 전이다. 그 제1수에 "원령씨를 안 이래로 /
용산에 몇 번이나 찾아갔던고 / 깊은 우의(友誼)의 만남 아니었다
면 / 자주 찾아가진 않았을 테지"(自得元靈氏, 龍山幾試笻. 如非深契
合, 未必數過從)라는 구절이 보인다. 또 그 제2수의 "물가 모래톱
작은 초옥(草屋)에 / 흰 갈매기만 날아 오누나 / 그림은 맑음이 벽
(癖)을 이루고 / 화훼 가꾸는 덴 공교로운 재주를 쓰네 / 화분의 연
에는 꽃이 새로 물 위에 피고 / 바위에 새긴 전서(篆書)에는 이끼
가 돋았네"(瀨洲茅屋細, 唯有白鷗來. 學畵清成癖, 栽花巧用才. 盆荷新出
水, 巖篆已生笞)라는 말을 통해 당시 이인상의 생활 정형(情形)을
엿볼 수 있으니, 그림에 '청'(清)의 벽(癖)이 있었다는 것, 꽃 가꾸
기에 남다른 재주가 있었다는 것, 연꽃을 좋아했다는 것, 바위에
전서를 새겼다는 것 등이 주목된다.

3　『시경』 소아(小雅) 「녹명지십」(鹿鳴之什)의 시로, 친한 벗들이 모여 연음(宴飮)할 때 부르던 노래로 알려져 있다.

4　『우념재시문초』(雨念齋詩文鈔) 권1에 실린 시 「원령이 이자문(李子文: 이명계李命啓), 이경조(李景祖: 이사홍李思興),
　김중호(金仲豪: 김광준金光俊)와 들르다」(원제 '元靈與李子文、李景祖、金仲豪過')의 제3구 "龍洲前月纔移舍"라는 말 참
　조. '용주'(龍洲)는 용산을 가리킨다.

영조 14년(무오戊午)

1738년

29세

「풍북해의 낙화시가 (…) 싫증이 나 그만 두다」, 『능호집』(상) 65면

● 봄, 관란거사(觀瀾居士) 김시좌의 시에 화답하다(「관란거사에 화답하다」(원제 '和觀瀾居士'), 『뇌』1).

● 풍기(馮琦, 1558~1604, 호 북해北海)[5]의 낙화시를 본떠 시를 짓다(「풍북해의 낙화시가 지극히 참신하고 공교하여 시상이 무궁하므로 내가 그것을 본뜨고자 했으나 겨우 세 편을 짓고 싫증이 나 그만두다」(원제 '馮北海落花詩, 極其新巧, 出之無窮, 余欲效之, 纔得三篇, 倦而止')).

"고결한 성품이라 함께 놀 생각 없어 / 회오리바람에 꽃잎은 하늘로 오르네"(潔性終無依附想, 風回芳馥上雲霄: 제2수) "모란꽃 필 녘에 소역(邵易)을 보고[6] / 매실이 익을 무렵 「표유매(摽有梅)[7]」를 느끼네"(數合牧丹觀邵易, 節逢梅實感周詩: 제3수)라는 시구에서 알 수 있듯, 이봉환의 신산(辛酸)하고 초쇄(焦殺)한 낙화시와는 그 미적 지향이 같지 않다.

이봉환의 「고인(古人)이 더러 낙화(落花)를 읊었으나 모두 그 정태(情態)를 곡진하게 표현하지는 못했다. 원령이 말하기를, "예전에 심석전(沈石田: 심주沈周)의 문집을 보니 낙화시가 있던데 그의 역량에는 미칠 수 없겠더구려"라고 했는데 끝내 과연 어떠한지 알지 못했다. 봄이 이미 저물어 정원 가득 온통 꽃인데 우리는 모두 실의(失意)한 사람으로 근심과 탄식에 스스로 마음이 편치 못했는데 우연히 시를 주고 받아 각기 몇 편을 이루었다. 그런데 가장 실의한 처지에 있기에 가장 득의(得意)한 시를 얻었는지는 알지 못하겠다」(원제 '古人或賦落花, 而皆未能曲盡情態. 元靈以爲曾見沈石田集, 有賦落花詩, 其力量殆不可及云, 而竟未知果何如也. 春序已晏, 滿庭皆花, 吾輩皆失意之人, 愁慨不自定, 偶然酬唱, 各成幾篇, 抑未知最失意境, 得最得意詩否也', 『우념재시문초』 권1)라는 시 제목 중에, 이인상이 명(明) 심주(沈周)의 문집에 수록된 낙화시를 읽고 그 역량

5 　자는 용온(用韞), 또 다른 호는 탁암(琢庵)이며, 산동성 임구(臨朐) 사람이다. 명 만력(萬曆) 5년(1577)에 진사(進士)가 되어 편수(編修), 시강(侍講), 예부우시랑(禮部右侍郞), 예부상서 등의 직을 역임하였으며, 재직 중에 죽었다. 문집 『종백집』(宗伯集)이 전한다. 그는 경세제민(經世濟民)의 사상을 지녔으며, 임금에게 직언해 시폐(時弊)를 간하는 용기가 있었다. 시는 오언고시(五言古詩)와 칠언고시(七言古詩)를 좋아했으며, 악부시와 건안(建安)의 풍(風)을 숭상하였다.

6 　'소역'(邵易)은 소강절(邵康節)이 저술한 『황극경세서』(皇極經世書)를 말한다. 소강절이 모란을 사랑하여 천하제일의 모란이 있다는 낙양(洛陽)으로 옮겨 와 살았기에 한 말이다.

7 　『시경』 소남(召南)의 편명으로, 아직 떨어지지 않은 매실(梅實)의 개수에 빗대어 장차 시집가야 할 미혼 여성의 변화하는 심리 상태를 노래한 시이다.

에 탄복했다는 사실이 언급되어 있다. 심주는 홍치(弘治) 17년
(1504)에 「낙화시」 10수를 지었는데, 문징명(文徵明)과 서정경(徐
禎卿)이 각각 그에 화답하는 시 10수를 지었다. 이에 심주는 다시
10수를 지어 화답하였다. 또 여상(呂㦂)이 10수를 지어 화답하자
심주는 재차 화답시 10수를 지었다. 이 시들이 오중(吳中)에 전해
져 일시의 성사(盛事)로 여겨졌다(「문징명 연표」文徵明年表, 『중국서
법전집』中國書法全集 50 문징명권文徵明卷, 북경北京: 영보재榮寶齋,
2000).

● 여호(驪湖: 여주)로 놀러 가는 백씨에게 시를 지어 드리다(「여
호로 놀러 가는 백씨께 삼가 드리다」(원제 '敬呈伯氏, 游驪湖'), 『뇌』1).

● 향리인 구미포(龜尾浦)로 돌아가는 원명룡(元命龍, 자 운백雲伯)

「원운백에게 주다」, 『능호집』(상) ──
69면

에게 시를 써 주다(「원운백元雲伯에게 주다」(원제 '贈元雲伯'), 『뇌』1).

　원명룡은 임진왜란 때 강원도 조방장(助防將)으로서 구미포
전투에서 큰 공을 세운 원호(元豪)의 후손이다. 좌의정을 지낸 원
두표(元斗杓)는 원호의 손자인데, 그의 딸이 이인상의 종증조부인
이민서(李敏敍)에게 시집갔다. 그러므로 이인상과 원명룡은 척분
이 있다. 원명룡은 서얼이며, 영조 30년(1754) 빙고(氷庫) 별제에,
영조 31년(1755) 울산 감목관(蔚山監牧官)에, 영조 39년(1763) 승
문원 제술관(製述官)에, 영조 40년(1764) 평구(平丘) 찰방에 각각
제수되었다.

● 5월, 〈수석도〉(樹石圖)를 그리다(국립중앙박물관 소장).

　이 그림에는 "나무는 추우나 빼어나고, 돌은 문채가 있으나 추
하다"(樹寒而秀, 石文而醜)라는 제사(題辭)가 적혀 있고, "무오년 한
여름에 인상이 장난삼아 그리다"(戊午仲夏, 麟祥戲寫)라는 관지가
적혀 있다.

〈수석도〉, 『서화평석』(1) 368면

● 이인상이 녹운정(綠雲亭) 주인 이윤영에게 〈비선도〉(飛蟬圖:
실전)를 그려 준 것은 이해 가을의 일로 추정된다.

　'녹운정 주인'이라는 칭호는 이인상이 『이정유서』(二程遺書)와
『예기』「악기」(樂記), 『주역참동계』(周易參同契)에서 한 구절씩을
뽑아내 쓴 글씨(《묵희》墨戲 소수, 국립중앙박물관 소장)의 관지 중에
도 보인다.[8] 그러므로 이 글씨 역시 이해에 작성되었다고 생각된
다. 〈비선도〉에는 찬(贊)이 있는데 다음과 같다: "풍로(風露)가 청

〈이정유서·악기·주역참동계〉
(부분), 『서화평석』(2) 167면

려(淸厲)한데/녹음이 드리웠네/가을 기운이 감도니/그늘에서 쉬는구나/구불구불 날지 말고/탁세(濁世)에 떨치거라.〔風露淸厲兮, 綠陰翳兮. 動以秋氣兮, 息陰暍兮. 飛而不蛇兮, 振濁世兮:「삼수단三秀壇에서 가을에 장난삼아 〈비선도〉를 그려 녹운정 주인에게 주고 「매미찬」(蟬贊)을 짓다」(원제 '三秀壇, 秋日戱寫飛蟬, 贈綠雲亭主, 作蟬贊'), 『뇌』5)[9]

● 겨울, 「밤에 이자(李子) 윤지(胤之)의 집에 모이다」(원제 '夜會李子胤之宅', 『뇌』1)라는 시를 짓다.

『뇌상관고』에 이윤영의 이름이 나오는 건 이때가 처음이다. 이인상은 이해 이윤영과 교분을 맺었다. '단호(丹壺)그룹'[10]은 이해 성립되어 그 외연을 확대해 갔다.

이윤영의 고조부는 이조참판을 지낸 이정기(李廷夔)이고, 증조부는 청양(靑陽) 현감을 지낸 이행(李涬)이며, 부친은 단양 군수를 지낸 이기중(李箕重)이다. 어머니 경주 김씨는 김세호(金世豪)의 딸이다. 중부(仲父)는 평안 감사와 호조판서를 지낸 이태중(李台重)이다. 이행은 이단상(李端相)의 사위이고, 이기중은 이단상의 아들 이희조(李喜朝)의 제자다.

● 「담존자(湛存子)[11]가 부악(鳧嶽)[12]의 전사(田舍)에 돌아가 시를 지어 스스로 위로하였다. 제공(諸公)이 그에 많이 화답했는데 그 시에 차운하여 주다」(원제 '湛存子歸鳧嶽田廬, 作詩自慰. 諸公多和之,

---

8   그 관지를 보이면 다음과 같다: "綠雲亭爲主人寫. 麐祥" 박희병, 『능호관 이인상 서화평석 2: 서예편』(돌베개, 2018)의 '1-5' 참조.

9   '삼수단'은 남간의 '영지대'(靈芝臺)를 가리킬 것이다. '삼수'(三秀)는 영지를 뜻한다. 영지대에 대해서는 「남간의 돌에 새겨 이름을 표시하다」(원제 '南澗石刻標名', 1756년 작, 『뇌』5)의 "中臺爲靈芝"라는 말이 참조된다.

10   '단호그룹'은, 단릉 이윤영과 능호관 이인상을 중심으로 하는 문인·지식인 집단을 지칭하는 말이다. '단'(丹)은 단릉(丹陵)을, '호'(壺)는 능호관(凌壺觀)을 가리킨다. 계명대학교 동산도서관 소장의 《단호묵적》(丹壺墨蹟)에, '단호'(丹壺)라는 말로 두 사람을 병칭한 용례가 보인다. 처사적 삶을 그 본원으로 삼으면서 문예 활동을 한 노론 청류(淸流) 집단에 해당한다. 단호그룹의 구성원은 오찬, 송문흠, 윤면동, 김순택, 김무택, 임매, 임과, 김상묵, 김상숙, 이명환, 이최중 등이다.

11   '담존자'는 이명익의 호이다. 자는 성보(聖輔)이고, 본관은 전주(全州)이며, 포도대장을 지낸 이홍술(李弘述)의 손자이다. 1721년 진사시에 급제하였으나, 신임옥사 때 조부 이홍술에 연좌되어 충청도 서천군의 관노(官奴)가 되었다가 후에 해남현으로 옮겨졌다. 영조가 즉위하자 1725년에 신원이 되어 정릉(貞陵) 참봉, 귀후서(歸厚署) 별제, 공조좌랑 등에 제수되었으며, 1753년에 홍천 현감으로 부임하였다. 이인상은 1738년(무오년) 무렵부터 이명익과 교유하였던 것으로 추정된다.

12   '부악'은 경기도 남양주 수락산의 봉우리 중 하나인 오리봉을 가리키는 것으로 보인다. 이곳을 과거에 '부봉'(鳧峰) 혹은 '압봉'(鴨峰)이라 불렀다.

次其韻以贈’,『뇌』1)라는 시를 짓다.

『뇌상관고』에 이명익의 이름이 나오는 건 이때가 처음이다. 이해 무렵 이명익과 교분을 맺은 것으로 생각된다. 시 중에 "나의 집은 성곽 밖 동산(東山)에 있네"(郭外東山有弊廬)라는 구절이 있음으로 보아 동곽에 살 때 지은 것임을 알 수 있다.

● 「마음 가는 대로 읊조리다. 김자 유문(孺文)[13]에게 화답하다」 (원제 '漫吟. 和金子孺文',『뇌』1)라는 시를 짓다.

『뇌상관고』에 김순택의 이름이 나오는 건 이때가 처음이다.

● 「김원박(金元博: 김무택)의 옥계전사(玉溪田舍)[14]에 부치다」(원제 '寄金元博玉溪田舍',『뇌』1)라는 시를 짓다.

『뇌상관고』에 김무택의 이름이 나오는 건 이때가 처음이다. 이해 무렵 김무택과 교유하기 시작한 것으로 추정된다.

김무택의 본관은 광산이고, 증조부는 대사헌을 지낸 김익경(金益炅)이며, 조부는 지평을 지낸 김만근(金萬謹)이다. 부친 김진륜(金鎭崙)은 벼슬하지 못했다. 어머니 풍천 임씨는 우참찬을 지낸 임방(任埅)의 딸이다.

● 여호(驪湖)를 유람하다.

『뇌상관고』에는 이때 지은 시가 '황려록'(黃驪錄)이라는 제목으로 수습되어 있다. 관강정(冠江亭) 아래에서의 뱃놀이, 청심루(淸心樓), 신륵사 동대(東臺) 등을 시로 읊었다. 이 유람 중 임성주·임경주 형제를 만나 김무택과 함께 시를 지었다「신씨申氏의 이상정二橡亭에서 진사 임중사任仲思 형제와 모여 김자 원박과 함께 짓다」(원제 '申氏二橡亭會進士仲思兄弟, 同金子元博賦),『뇌』1). 또 기천(沂川)[15]에서, 영남으로 가는 이제원(李濟遠, 1709~1752, 자 의보毅

「여강 가에서 」,『능호집』(상) 70면

「관강정 아래에서 뱃놀이하다」,『능호집』(상) 72면

「신륵사 동대」,『능호집』(상) 74면

---

13 '유문'은 김순택(金純澤, 1714~1787)의 자이며, 별자(別字)는 '지소'(志素)이다. 호는 설계(雪溪)·설창(雪窓)·옥계(玉溪)이다. 본관은 광산(光山)이며, 반(槃)의 여섯째 아들인 익경(益炅)의 증손이고, 광택(光澤)·양택(陽澤)·열택(說澤) 등과 삼종간이다. 1744년(영조 20) 진사시에 합격했으며, 벼슬은 낭천(狼川) 현감과 무주(茂州) 부사를 지냈다. 남공철(南公轍), 「무주부사 김공 묘지명」(茂朱府使金公墓誌銘),『영옹속고』(穎翁續藁) 권5(『金陵集』所收);「저암집서」(著菴集序),『영옹속고』권4 참조.

14 '옥계'는 김무택의 선산 근처 마을로, 지금의 경기도 평택시 청북읍 옥길리(玉吉里)이다. 이곳은 구한말까지 수원군에 속해 있었다.

15 남천(南川) 혹은 복하천(福河川)이라고도 한다. 경기도 용인시 양지면에서 발원하여 이천시의 중앙을 동류(東流)하여 여주군 금사면 이포진(梨浦津)에서 남한강으로 유입되는 하천이다.

영조 14년(무오戊午)

1738년

29세

父, 이재의 아들)을 송별했다「영남으로 유람을 떠나는 이의보를 기천에서 전송하다」(원제 '沂上送李毅父游嶺南'), 『뇌』1〕.

임성주는 본관은 풍천이고, 고조부는 충청 감사와 공조참판을 지낸 임의백(任義伯)이며, 부친은 양성 현감과 함흥 판관을 지낸 임적(任適)이다. 어머니 파평 윤씨는 호조정랑을 지낸 윤부(尹扶)의 딸이다.

● 김철행(金喆行)에게 시를 써 주다「김자 군보(김철행)에게 주다」(원제 '贈金子君保')〕.

「김자 군보에게 주다」, 『능호집』(상) ── 75면

● 겨울, 이명익의 담존재(湛存齋)를 방문하다「담재를 방문하다」(원제 '訪湛齋'), 『뇌』1〕.

이때 지은 시 중에 "소나무와 대나무는 추위에 절로 소리를 내고/천지는 어두워 분간이 안 되네"(松篁寒自響, 天地黯無分)라는 구절이 보여, 이인상의 세계인식을 엿볼 수 있다.

●「신촌(新村)에 거주하는 조 주부(趙主簿: 미상)를 송별하다」(원제 '送別趙主簿居新村', 『뇌』1)라는 시를 짓다.

시 중의 "그림 아끼는 건 종시 오만해서가 아니요"(惜畵終非傲)라는 말을 통해, 아무에게나 그림을 주지 않아 오만하다는 말을 듣곤 했음을 알 수 있다.

● 겨울, 이연(李演)·김순택과 남유용의 뇌연당(雷淵堂)에 모여 매화음을 갖다.

취한 후 문(文)과 도(道)의 나뉨을 논할 때 이인상이 문장은 의당 맹자를 높여야 한다고 주장했는데, 남유용은 사마천을 높여야 한다고 주장해 서로 의견이 맞서 머쓱해졌다(「관매기」, 『뇌』4).[16] 이인상은 당시 남유용에게 선면에 〈묵란도〉(墨蘭圖: 실전)와 〈유국도〉(幽菊圖: 실전)를 그려 주었다(「뇌연당에서 여러 벗들과 함께 짓다」(원제 '雷淵堂同諸子賦'),[17] 『뇌』1〕.

이인상의 맹자에 대한 존숭은 1752년에 지은 「우연히 쓰다」(원제 '偶書')라는 글의 "맹자는 왕도(王道)의 실천을 자임하면서

「우연히 쓰다」, 『능호집』(하) ── 281면

──────────

16 "酒後與南公論文道之分. 余曰:'文章亦當尊孟子.' 公曰:'孟子猶日月, 司馬氏如海. 日月雖高明, 猶是一物; 海無所不蓄, 萬寶生焉. 如其論文, 當尊司馬氏.' 余曰:'則無日月, 四時何成?' 公堅持不從, 艴然相笑, 劇醉而罷."

17 이때 김순택이 지은 시는 그의 문집인 『지소유고』 제1책에 「뇌연 어르신 댁에 밤에 모이다. 목은 시의 운을 쓰다」(원제 '雷淵丈宅宵集. 用牧隱韻')라는 제목으로 실려 있다.

영조 14년(무오戊午)
1738년
29세

반드시 토지의 경계를 올바로 구획할 것과 학교에서의 가르침에 대해 말했거늘, 절실하고 간요(簡要)하기로는 이보다 더한 게 없다"(孟子自任以行王道, 而必以經界之法、庠序之敎爲言, 親切簡要莫過於此矣)라는 구절에서도 보인다.

● 겨울, 김성택(김상굉의 부친)의 고오헌(高梧軒)에서 매화음을 갖고 매화시를 짓다(「삼가 고오헌의 매화시에 차운하다」(원제 '敬次高梧軒梅花詩'), 『뇌』1).

● 겨울, 이명익의 담존재에서 매화를 감상하다. 운사(韻士)들이 자리해 시를 수창하며 흥겨운 시간을 보내다(「담존재에서 매화를 읊다」(원제 '湛存齋賦梅'), 『뇌』1).

● 겨울, 임매·이휘지와 북악 기슭에 있던[18] 김순택의 집 유식재(游息齋)에서 야회(夜會)를 갖고 산수화 수폭(數幅)을 그리다(「백현伯玄·미경美卿·원령이 밤에 왔기에 간재簡齋의 시에 차운하다」(원제 '伯玄、美卿、元靈夜至, 次簡齋韻'), 『지소유고』 제1책[19];「김자 유문의 집에서 밤에 여러 벗들과 모이다」(원제 '金子孺文舍, 夜會諸子'), 『뇌』1).

이 그림들은 금강산과 설악산을 그린 본국산수화(本國山水畵)이다.[20] 지금 전하는 〈은선대도〉(隱仙臺圖)와 〈옥류동도〉(玉流洞圖: 둘 다 간송미술관 소장)는 이때 그린 그림으로 추정된다. 이 야회에서 지은 시「김자 유문의 집에서 밤에 여러 벗들과 모이다」의 제1수에 "아이 적에 칼을 좋아해 누란(樓蘭)에 뜻을 품었는데"[21](童年愛劒志樓蘭), "애오라지 거오(據梧)[22]를 배워 만물을 평등

〈은선대도〉, 『서화평석』(1)
500면
〈옥류동도〉, 『서화평석』(1)
516면

---

18 김순택의 집이 북악 아래에 있었음은 「유흥. 유식재에 부치다」(원제 '幽興. 寄游息齋', 『뇌』1)의 "投書東澗友, 新釀集群芳"이라는 시구 참조. '동간'(東澗)이 삼청동에 있던 시내임은 「삼청동 유기」(원제 '游三淸洞記', 『뇌』4)의 "六月壬寅, 宋子士行貽書於麟祥, 約游三淸洞, 蓋有同志與俱者. 甲辰, 麟祥先至, 登白蓮山房. 金公文甫繼至, 已而宋子時偕、尹子聖求與士行皆至, 卽聯步入東澗, 左右鳴湍鏘然, 松聲交會, 淸泠可聽"이라는 구절 참조. '동간'을 일명 '북간'(北澗)이라고 했음은 「記北澗游事, 簡宋子士行」(『뇌』1)의 "晚投東澗憐雙瀑, 花樹名亭俟百年"이라는 시구 참조.

19 『지소유고』는 불분권(不分卷) 책이다. 이하 『지소유고』는 『지』로 약칭하고 제 몇 책인지 그 숫자만 표기한다.

20 「김자 유문의 집에서 밤에 여러 벗들과 모이다」(『뇌』1) 제2수 중의 "爲君落筆滄洲趣, 鳳頂、仙臺氣色豪"라는 말 참조. '봉정'(鳳頂)은 설악산을 가리키고, '선대'(仙臺)는 금강산 은선대(隱仙臺)를 가리킨다. 이인상은 바로 전 해에 금강산을 유람했다.

21 '누란'은 한대(漢代) 서역(西域)에 있던 나라로, 흔히 북방의 오랑캐를 가리키는 말로 쓴다. '누란에 뜻을 품었다'는 것은 오랑캐를 정벌해 공을 세울 뜻이 있었다는 말이다.

22 '거오'는 오동나무 궤안에 기대어 명상하는 것을 말한다. 『장자』(莊子) 「덕충부」(德充符)에, 장자가 "마른 오동나무 궤안에 기대어 눈을 감고 있다"(據槁梧而瞑)라는 말이 보인다.

영조 14년(무오戊午)

1738년

29세

하게 여겼거늘"(聊學據梧齊萬物)이라는 말이 보인다. 이를 통해 이
인상이 어릴적부터 배청의식이 있었다는 것과 도가를 통해 평등
에의 감수성을 키워 갔다는 것을 알 수 있다.

김순택의 본관은 광산이고, 증조부는 김익경(金益炅)이며, 조
부는 진산(珍山) 군수와 부평 부사를 지낸 김만재(金萬裁)이고, 부
친은 양지(陽智) 현감을 지낸 김진동(金鎭東)이다.

임매의 본관은 풍천이고, 증조부는 평안 감사를 지낸 임의백
(任義伯)이며, 조부는 공조판서를 지낸 수촌(水村) 임방(任埅)이고,
부친은 가평 군수와 순흥 부사를 지낸 임행원(任行元)이다. 어머
니 전주 이씨는 광주 목사를 지낸 이익명(李益命)의 딸이다. 임방
은 송시열과 송준길의 문인으로 신임옥사 때 함종에 유배되었다
가 금천(金川)으로 이배(移配)되어 죽었는데, 영조 즉위 후 신원되
었다.

———

● 『화서수어』(化書粹語)를 읽고 서후(書後)를 쓰다(「『화서수어』 뒤
에 적다」(원제 '書化書粹語後'), 『뇌』4].

『화서』(化書)는 남당(南唐)의 담초(譚峭)가 저술했다는 책으로,
황로설(黃老說)에 토대를 두고 있다. 『화서수어』는 『화서』의 말을
뽑아 엮은 책으로 보인다. 『화서』의 저자는 담초가 아니라 제구
(齊丘)라는 설도 있는데, 명말의 왕세정(王世貞)은 「화서 뒤에 적
다」(원제 '化書後', 『엄주속고』弇州續稿 권157)라는 글에서 이 설을
반박하면서 제구는 담초의 책을 훔쳐 거기에 자신의 글을 일부
찬입(竄入)했을 뿐 저자는 아니라고 주장하였다. 이인상은 왕세정
의 이 주장을 반박하면서 제구는 『화서』를 훔쳐 자기 것으로 삼
지 않았다는 견해를 제기하고 있다. 견해의 옳고 그름을 떠나 이
인상이 남의 주장을 묵수하지 않고 자기대로의 창견(創見)을 펼
치고 있음이 주목된다. 또한 이인상이 왕세정의 『엄주사부고』(弇
州四部稿)를 읽었음이 이 글에서 확인된다.

● 남송(南宋) 4대 화가의 한 사람인 유송년(劉松年)의 〈산거도〉
(山居圖)에 발문을 붙이다.

● 「축지산(祝枝山)의 〈추흥팔수〉(秋興八首)[23] 진적(眞蹟) 발문」
(원제 '祝枝山秋興八首眞蹟跋', 『뇌』4)을 짓다.

「유송년의 〈산거도〉 발문」,
『능호집』(하) 161면

이인상은 이 글에서 명나라 서예가들의 글씨에 예쁘장함이 많은 걸 싫어하나 유독 축지산의 '신운'(神韻)만큼은 취(取)한다고 했다. 또 명말청초의 서가(書家)인 왕탁(王鐸)의 글씨에 골력(骨力)이 있음은 인정하지만 그가 실절(失節)한 것은 추하게 보고 있다. 그래서 그의 글씨의 심획(心畫)이 바르지 않으며 억지로 경고(勁古)하게 글씨를 써서 사람들을 속이고 있다고 보았다.

● 「장즉지(張卽之) 〈노백행〉(老栢行)²⁴ 발문」(원제 '張卽之老栢行跋', 『뇌』4)을 짓다.

이 글에서 이인상은 원나라 조맹부의 예쁘장한 글씨보다 송나라 장즉지(張卽之)가 쓴 흉중(胸中)의 '비분이 서린 기운'(悲憤糾結之氣)이 드러난 글씨가 훨씬 낫다는 입장을 취하고 있다.

○ 이윤영, 이해부터 동생 운영과 함께 서지(西池)의 남항(南巷)에 거주하다.²⁵

서대문 밖의 둥그재 기슭이다.

○ 이희천(李羲天, 1771년 졸, 자 사춘士春, 호 석루石樓, 이윤영의 아들) 출생.

○ 송명흠·송문흠 형제, 김원행·김성자·홍자와 화양동에서 만나 노닐다(『늑천집』 권19의 연보).

김원행은 홍자의 매부이고, 송문흠의 고종사촌 형이며, 홍대용의 종고모부이다.

○ 임안세, 1월 토산(兎山) 현감에 제수되다.

○ 김성택, 2월 내섬시(內贍寺) 직장에 제수되다.

---

23 '축지산'은 명나라의 서예가 축윤명(祝允明, 1460~1526)으로, '지산'은 그 호이다. 광초(狂草)에 특히 뛰어났으며, 당인(唐寅), 문징명(文徵明), 서정경(徐禎卿)과 더불어 '오중사재자'(吳中四才子)로 일컬어졌다. 「추흥팔수」는 두보의 시인데, 그 시를 광초로 쓴 것이 축윤명의 〈추흥팔수〉이다. 이인상이 본 서첩이 정확하게 어떤 것인지는 알기 어려우나, 현재 중국 요녕성(遼寧省) 박물관에 《초서 두보 추흥시축》(草書杜甫秋興詩軸)이 소장되어 있고, 일본에 《축윤명 초서 두보 추흥팔수권》(祝允明草書杜甫秋興八首卷)이 소장되어 있다. 후자는 개인 소장본으로, 축윤명이 1516년 광동(廣東) 흥녕(興寧) 현령으로 재직할 당시에 서사(書寫)한 지본(紙本)이다.

24 '장즉지'(1186~1263)는 남송(南宋)의 서예가로, 특히 대자(大字)에 뛰어났다. 〈노백행〉은 두보(杜甫)의 시 「고백행」(古栢行)을 쓴 초서 작품으로, 현재 미국 버클리대학 동아시아도서관에 소장되어 있다. 작품 뒤에 왕세정(王世貞)의 제서(題書)가 붙어 있는데, 그에 따르면 장즉지는 두보의 「고백행」 쓰기를 좋아했다고 한다. 주희(朱熹)도 만년에 남송의 중원 회복을 보지 못한 것을 한탄하며 이 시를 읊은 것으로 전한다.

25 당시 행정 구역으로는 서부(西部) 반송방(盤松坊) 지하계(池下契)의 냉천동(冷泉洞)에 해당한다.

영조 14년(무오戊午)

1738년

29세

◎ 노긍(盧兢, 1790년 졸), 서유린(徐有隣, 1802년 졸) 출생.

◎ 정선, 〈정자연도〉(亭子淵圖)를 그리다(간송미술관 소장).

① 『문사통의』(文史通義)의 저자 사학가 장학성(章學誠) 출생.

영조 15년(기미己未, 1739년) 30세

「송사행에게 답한 편지」, 『능호집』(하) —
13면

● 2월경, 「송사행에게 답한 편지」(원제 '答宋子士行書')를 작성하다.[1]

송문흠이 겸양의 말을 하면서 자신을 낮추자 겸손이 너무 지나치다면서 자임(自任)하는 바가 있기를 촉구한 글로서, 우도(友道)에서 '책선'(責善)이 중요하다고 본 이인상의 벗사귐의 태도를 잘 보여 준다.

● 봄, 김근행·홍기해(김근행의 재종형인 김춘행金春行의 사위)·안표(김근행의 매부)·심관(沈觀)·이연상 5인과 함께 서호(西湖: 정확히는 '행호')에서 결사(結社)하여 봄·가을 두 차례 모여 공부하다.[2]

「서호 결사의 약조에 붙인 서」, —
『능호집』(하) 79면

이인상이 「서호 결사의 약조(約條)에 붙인 서(序)」(원제 '西湖社約序')를 짓고, 김근행이 「서호 결사의 절목(節目)」(원제 '社會節目')과 「서호 결사의 약조」(원제 '社約')를 짓다(「서호사식」西湖社式, 『용재집』권12).

「홍조동 애사」, 『능호집』(하) —
192면

'서호사'(西湖社)라는 이름의 이 공부 모임은 김근행과 이인상 두 사람이 주축이 되어 만들었으며(「홍조동 애사」(원제 '洪子祖東哀辭')), 공부를 주도한 사람은 김근행이다. 김근행은 남당(南塘) 한원진(韓元震)의 생질인 강규환(姜奎煥, 1697~1731)에게 수학하였다. 서호사의 멤버들은 이인상과 이연상을 제외하고는 모두 호론(湖論)을 지지하였다. 이는 훗날 북동강회(北洞講會)에 참여했던 사람들이 모두 낙론계(洛論系) 학인들이었던 것과 대조적이다.[3] 서호사가 결성된 1739년은 바야흐로 단호그룹이 형성되어 한창

1 이 편지는 송문흠이 보낸 「이원령에게 주다」(원제 '與李元靈', 『閒靜堂集』권3)에 대한 답서이다. 이하 『한정당집』은 『한』으로 약칭하고 권수는 숫자만 표기한다.
2 서호의 봉정(鳳汀)이 서호 결사의 거점이었다고 생각된다. 봉정에는 김근행의 부친이 지은 유사정과 김근행의 백씨가 건립한 연체당이 있었던바, 김근행은 그 형제들과 함께 이곳에 거주하였다. 김근행이 홍기해 및 안표와 어떤 인척 관계인지는 김수진, 「이인상·김근행의 호사강학(湖社講學)에 대한 연구」(『한국문화』61, 2013), 162면 참조.
3 북동강회에 가끔 들른 권진응이 예외적으로 호론계 학인이다. 그는 남당 한원진의 문생이다. '북동강회'에 대해서는 『능호관 이인상 서화평석 1: 회화편』중 〈북동강회도〉의 평석 참조.

아회(雅會)를 가질 때였다. 서호사의 참여 인물, 특히 호론을 지지한 인물 중 단호그룹에 합류한 인물은 없다. 서호사와 단호그룹의 북동강회는, 강학 모임이라는 점에서는 서로 통하는 점이 있지만, 그 분위기가 사뭇 달랐다. 후자에는 전자와 달리 문예 취향과 고기(古器) 취향이 있었다. 서호사는 수년간 지속되다 폐해졌다.[4] 하지만 그 후에도 이인상과 김근행의 우정은 지속되었다.[5] 이인상 자신은 비록 낙론을 지지했지만, 그는 호론을 지지하는 인물들을 적대시하지 않았으며, 맑고 고상한 인물이기만 하다면 그 사람의 학문적 입장을 따지지 않고 교분을 맺었다.

이인상이 김근행과 서신 왕래를 통해 인물성 동이(人物性同異)에 대해 의견을 주고받은 것은 서호사가 지속되던 몇 년 사이의 일일 것이다.[6]

● 늦봄, 이기상이 서얼 벗인 이세원(李世愿, 자 공보恭甫, 호 고암顧庵)·박만원(朴萬元, 자 인백仁伯)과 함께 해인사에 놀러 가다[이세원, 「박인백·이사장李士長(이기상)과 해인사 유람을 함께하다 도중에 '광'光 자를 얻어 즉석에서 읊다」(원제 '與朴仁伯、李士長, 同作海印之遊, 途中口占得光字'), 『고암유고』顧庵遺稿].

● 여름 무렵, 김무택과 임당(林塘)의 야정(野亭)을 찾아 「임당의 야정에서 김자 원박과 분운(分韻)하다」(원제 '林塘野亭, 與金子元博分韻', 『뇌』1)라는 시를 짓다.

임당은 김무택이 거주하던 남대문 밖 노계(蘆谿) 인근의 땅 이름이다. 선조 때 좌의정을 지낸 정유길(鄭惟吉)의 별서(別墅)가 이곳에 있었으며, 인근에 윤두수(尹斗壽)의 별서가 있었다. 그래서

---

4 「홍조동 애사」의 "居數年, 社講廢"라는 말 참조. '조동'(祖東)은 홍기해의 자이다. 이인상은 서호사의 모임이 중단된 이유를, "社中人皆倦學廢講"(「沈子聖游哀辭」, 『뇌』5)이라 밝히고 있다.

5 김근행이 쓴 「임술년 7월 보름에 원령이 술부와 더불어 용호(龍湖)에서 배를 띄워 내려온다는 말을 듣고 『삼연집』에서 운자(韻字)를 뽑아 목이 빠지게 기다린 일을 기록하다」(원제 '壬戌秋七月望日, 聞元靈與述夫自龍湖舟下, 推淵集韻, 以紀欣企', 1742년 작), 「사근역으로 가는 원령을 보내며」(원제 '送元靈之沙斤', 1747년 작), 「음죽을 지나며 원령을 생각하다」(원제 '過陰竹憶元靈'), 「직산 관아로 대보름날 밤 이원령이 마침 찾아와 『동포집』(東圃集)에서 운자를 뽑다」(원제 '稷衙燈夕, 李元靈適至, 抽東圃集韻', 1758년 작)에서 이 점이 확인된다. 서호사에 대한 이상의 서술은 『능호관 이인상 서화평석 1: 회화편』 중 〈수하한담도〉(樹下閑談圖)의 평석 참조.

6 이인상이 김근행에게 보낸 편지들은 남아 있지 않지만 김근행이 이인상에게 보낸 편지들은 그의 문집인 『용재집』 권7에 남아 있다.

이 시에서 "오음(梧陰: 윤두수)의 고을에서 하루 묵고 / 인하여 정씨의 정자를 찾네"(一宿梧陰里, 因過鄭氏亭)라고 한 것이다.

● 5월 28일, 이준상의 천식재(泉食齋)에서 술을 마신 후 〈정양만봉도〉(正陽萬峰圖: 실전)를 그리다.[7]

정양사(正陽寺) 일대의 금강산을 그린 것으로 추정된다. '천식재'는 서대문 밖 냉천동에 있던 이준상의 서재 이름이다.

● 이봉환과 시를 짓다(「성장聖章(이봉환)과 염운하다」(원제 '與聖章拈韻'), 『뇌』1).

● 6월 전후, 동곽(東廓)에서 백련동(白蓮洞)[8] 근처로 이사한 것으로 보인다.

이 시기의 시는 『뇌상관고』에 '삼우기사'(三寓記事)라는 제목으로 수습되어 있다. '삼우'(三寓)는 세 곳의 우거라는 뜻인데, 첫 번째 거주지는 백련동이고, 두 번째 거주지는 남산 자락으로 추정되며,[9] 세 번째 거주지는 남산 고봉(高峰)의 능호관이다. 이인상은 「또 한 편의 아내 제문」(원제 '又祭亡室文', 『뇌』5)에서, 결혼 후 남산의 능호관에 입주하기 전까지 9년간 15번 거처를 옮겼다고 말하고 있다(九年之間, 遷徙其居者十五).

「칠월 보름날 임백현·중관 형제 및 이윤지와 서지에서 (…) 나는 여덟 수를 얻었다」, 『능호집』(상)——83면

● 7월 보름, 임매·임과 형제[10]와 냉천동의 서지(西池)[11] 남쪽에 있는 이윤영의 집[12]에서 아회를 갖고 서지의 연꽃을 완상하다(「칠

---

7 「원방씨에게 드리다」(원제 '贈元房氏', 『뇌』1)라는 시의 병서(幷序)에 해당하는 다음 글 참조: "五月卄八日, 見元房氏于泉食齋, 出草流泉一年釀, 佐以嶺南笋菜, 醉後用斑竹摺疊扇, 畫正陽萬峰, 極歡而罷. 追賦'凉'字, 以補伊日之意情."

8 백련봉(白蓮峯)의 골짝을 말한다. 백련봉은 북악의 한 봉우리이다.

9 1741년 봄, 이인상이 백씨와 남산에 올랐다는 점(「春日陪伯氏登南岡」, 『뇌』1), 김무택·윤면동이 술을 갖고 이인상의 집에 찾아와 함께 남간으로 걸어 들어가 술을 마셨다는 점(「金子元博, 尹子子穆携酒來過, 因尋南澗, 脣醉失儀而歸, 其再明日訪元博賦詩, 相與戒之, 用杜韻」, 『뇌』1), 송문흠이 밤에 이인상의 집에 찾아와 자는 사람을 깨워 달을 보며 산보하다가 시를 지었다는 점(「宋子夜來喚睡, 與步西壇翫月, 詠二詩而去, 和示」, 『뇌』1) 등을 볼 때 이 무렵 이인상이 남산 부근에 살았음이 분명하다. 송문흠은 당시 명동(明洞)에 있는 윤흡(尹滄)의 집에 우거하고 있었다. 이인상이 남산의 능호관에 거주한 것은 이해 여름부터다.

10 임매·임과 형제의 부친 임행원(任行元)은 이경여의 아우인 이정여(李正興)의 손자 이익명(李益命)의 사위이다. 따라서 임과 형제와 이인상은 인척간이다. 한편 이윤영의 아우 이운영은 임행원의 사위이다. 임매의 동생 임과는 중부(仲父) 임숭원(任崇元)의 양자로 들어갔다.

11 '서지'는 서대문(=돈의문) 바깥, 지금의 금화초등학교(서울시 서대문구 천연동. 당시는 냉천동) 자리에 있던 큰 연못이다. 부근에 반송(盤松)이 있어 '반송지'(盤松池)라고도 불렸다. 당시 동대문 밖에 있던 '동지'(東池) 및 남대문 밖에 있던 '남지'(南池)와 함께 연꽃으로 유명했다. 세 곳 중 서지는 특히 경치가 좋아 연꽃이 필 때면 유상객(遊賞客)들이 많았다.

12 이윤영의 집이 서지 남쪽에 있었음은 이윤영이 쓴 「서지에서 연꽃을 완상한 일을 기록하다」(원제 '西池賞荷記')의 "歲己

월 보름날 임백현·중관 형제 및 이윤지와 서지에서 연꽃을 완상하며 함께 연꽃을 노래한 시를 지었는데, 나는 여덟 수를 얻었다」(원제 '七月望日, 與 任子伯玄·仲寬兄弟、李子胤之, 賞荷西池, 共賦荷花詩, 余得八首」).

이때 〈청서도〉(淸暑圖), 〈구룡연도〉 대폭(大幅), 〈삼일포도〉(三日浦圖)를 그렸으며, 귀가하여 〈연화도〉(蓮花圖)를 그렸다(모두 실전). 또한 이윤영은 〈지상야유도〉(池上夜游圖: 실전)를 그렸다.

● 송문흠의 부채에 〈병천정도〉(瓶泉亭圖: 실전)를 그리다(「송자사행의 부채에 병천정을 그리다」(원제 '畵瓶泉亭于宋子士行扇'), 『뇌』1).

● 7월 16일, 계부를 위시한 여러 공(公)이 남강(南江)에서 뱃놀이를 했으나 따라가지 못해 시를 지어 소회를 말하다(「칠월 기망旣望에 여러 공이 남강에서 뱃놀이를 했는데, 땅이 아름답고 시절이 좋아 파옹坡翁(소동파)과 취옹翠翁(읍취헌 박은) 생각이 났다. 나는 따라가지 못했으므로 시를 지어 감회를 말하다」(원제 '七月旣望, 諸公游南江, 地美辰佳, 蓋有坡翁翠翁之思, 麟祥未之隨, 賦詩以道懷'), 『뇌』1).

'남강'은 '남호'(南湖)라고도 하는데, 동호와 서호 사이인 지금의 이촌동·동작동·노량진 일대의 한강을 이른다.

● 가을, 송문흠·신소·황경원이 밤에 백련동에 있는 이인상의 집 서재에서 자다(「달밤에 송사행·신성보와 백련동으로 들어가 이원령의 서재에 묵으며 짓다」(원제 '月夜, 與宋士行·申成甫, 入白蓮洞, 宿李元靈書齋作'),[13] 『강한집』 권2).

신소가 송문흠과 함께 밤에 이인상의 백련동 집에서 술을 마시다가 취하여 제갈량의 「출사표」를 읊으며 눈물을 흘렸다고 한 것도 이때의 일이다(황경원, 「신성보 애사」, 『강한집』 권22).

未(1739), 李胤之、健之、家于池南巷"이라는 말을 통해 알 수 있다. 서지 남쪽(정확히는 남서쪽)으로 300미터쯤 되는 곳에 무악산(일명 안산鞍山)의 남쪽 지맥인 둥그재(일명 원교圓嶠, '圓'은 '員'이라고도 표기함)가 있었다. 이윤영의 집은 바로 이 둥그재 기슭에 있었던 것으로 여겨진다. 이윤영은 1741년 '담화재'(澹華齋)라는 서재를 조성한바, 이인상은 「담화재 편액 뒤에 윤지를 위해 적다」(원제 '書澹華齋扁後爲胤之', 『뇌』5)라는 글을 지었다. 이 글에서 이인상은, 담화재가 벼랑을 뚫어 조성되었으며, 위로는 둥그재가 바라보이고 아래로는 서지가 굽어보인다고 했다("鑿崖開室, […] 仰看圓峯, 俯瞰綠潭"). 이광사 역시 1737년 이래 둥그재 기슭에 거주했으며, '원교'(員嶠)라 자호하였다.

13 『강한집』에는 이 시의 창작 시기를 '계해'(1743)로 명기해 놓았으나 착오가 있는 듯하다. 계해년이면 이인상이 백련동이 아니라 남산의 능호관에 살고 있을 때이다. 시 중에 이인상을 '유인'(幽人)이라고 칭하고 있음으로 보아 당시 이인상이 아직 출사(出仕)하지 않았음을 알 수 있다. 이인상은 이해 7월 28일 북부 참봉의 벼슬에 처음 제수되었다. 시 중의 "山空秋草深"이라든가 "朗夜寂不寐"라는 말로 보아 이 시가 지어진 계절은 가을이며, 일시는 보름 전후로 추정된다. 그렇다고 한다면 이 시는 이해 7월 보름 전후에 지어졌다고 할 수 있을 터이다.

● 7월 28일, 북부(北部) 참봉(종9품)에 제수되다.

첫 벼슬이다. 북부는 한성부(漢城府)에 속한 관청인 5부(五部: 중부中部·동부東部·서부西部·남부南部·북부)의 하나로, 관할 구역인 가회(嘉會)·안국(安國)·명통(明通)·순화(順化) 등 10방(坊)의 범법(犯法)·도로·교량·금화(禁火)·집터 측량·검시(檢屍) 등의 일을 맡아보았다.

● 8월, 신소를 위해 〈연화도〉(蓮花圖: 실전)를 그리고 그 제사(題辭)를 짓다.

이 제사는 표현이 다소 수정되어 『뇌상관고』 제5책에 「〈연화도〉 찬」(蓮花圖贊)이라는 제목으로 실려 있다. 그 전문을 보이면 다음과 같다: "그림 그리는 일은 비록 잡기(雜伎)에 속하지만 무용한 것이 아니니, 사물의 모양을 본떠 사람을 가르치고, 보불(黼黻)에 베풀어 귀함을 나타내며,[14] 풍토(風土)와 시대의 변화를 살펴 사물의 실정을 온전히 드러내는 일 등이 그러하다. 화조(花鳥)의 아리따운 모습을 사생(寫生)하는 따위는 하지 않아도 그만이지만 나는 또한 연꽃이며 국화며 지초(芝草)며 난초 등속을 그리기를 좋아하니, 그것들이 향기롭고 고결하며 그윽하고 곧아서 기뻐할 만한 점이 있어서이다. 기미년(1739) 7월 보름에 이자 윤지, 임자 백현·중관(仲寬)[15]과 함께 서지(西池)에서 연꽃을 완상했으며 벽통음(碧筒飮)[16]을 했다. 밤이 되자 유리잔을 가져다가 꽃 속에 두고 그 안에 촛불을 넣은 뒤[17] 이를 들보에 달아 두고는 시를 지으며 즐거워했다.[18] 이튿날 연꽃 몇 송이를 꺾어 집으로 돌아와

〈제연화도〉(題蓮花圖),
『서화평석』(2) 921면

---

14 옛날 임금의 대례복(大禮服)은 보불(黼黻) 무늬로 장식했다. '보'(黼)는 검은색과 흰색으로 도끼의 모양을 수놓은 것이고, '불'(黻)은 검정과 파랑으로 아(亞)자 모양을 수놓은 것이다.

15 '중관'은 임과의 자이다. 본래 임매의 동생이나 출계(出系)하여 숙부 임숭원(任崇元)의 양자가 되었다. 상주 목사(尙州牧使)를 지냈다.

16 연잎에 따른 술이 연잎자루로 흐르게 만든 다음 연잎자루에 입을 대어 술을 빨아 마시는 것을 말한다. 당시 임매가 위(魏)나라 사람 정공곡(鄭公穀)의 벽통음을 본떠 연잎에 술을 따른 후 연잎자루를 통(通)하게 하여 그리로 술을 빨아 마셨는데 향기로운 맛이 입에 가득했다고 한다. 이윤영의 「서지에서 연꽃을 완상한 일을 기록하다」(원제 '西池賞荷記', 『丹陵遺稿』 권12)라는 글에 이 사실이 보인다.

17 당시 서지에서 노닐다 밤이 되자 이윤영의 집으로 가서는, 막 피려고 하는 연꽃 속에 유리 술잔을 집어넣은 다음 그 유리 술잔에 촛불을 넣고 불을 밝혀 즐겼다는 사실이 이윤영의 「서지에서 연꽃을 완상한 일을 기록하다」에 보인다.

18 이날 이인상이 지은 시는 『뇌상관고』 제1책에 「칠월 보름날 임자(任子) 백현(伯玄)·중관(仲寬) 형제 및 이자(李子) 윤지(胤之)와 백문(白門)의 서지(西池)에서 연꽃을 완상하며 함께 연꽃을 노래한 시를 지었는데, 나는 여덟 수를 얻었다」(원

서 병에 꽂아 완상하다가 이런 생각이 들었다: '애호해야 할 사물이 한정이 없는데 유독 꽃을 좋아하여 조석(朝夕)의 일로 삼았구나. 더구나 이 연꽃은 못을 떠나서 비바람이 치지 않아도 떨어지고 가을이 오지 않아도 잎이 시듦에랴. 꽃을 아끼는 나의 마음으로 사물의 본질을 온전히 드러내는 것이 옳다.' 마침내 단분(丹粉: 붉은 색의 안료)을 가져다가 그림을 그리고 그 찬(贊)을 쓴다. 아아, 한겨울에 온갖 화훼가 빛을 잃고 얼음과 눈이 연못에 가득할 때 이 그림을 가져다 한번 감상하면 반드시 쓸쓸한 감회가 있을 터이다. 아름다운 연(蓮)/물 가운데 있네/꽃을 머금고 열매를 토하니/바른 성품이요 맑은 빛이네/잎은 말라도 이슬방울 밝고/꽃은 시들어도 향기로우니/대인(大人)의 덕이요/숙녀(淑女)의 향기로다."(繪事雖屬雜伎, 不爲無用. 如象形以敎人, 施黼黹以表貴賤, 考風土時代之變以盡物之情, 是也. 若寫生花鳥靡曼之觀, 已之可也, 而余亦喜畫蓮菊芝蘭之屬, 爲其馨潔幽貞, 有可悅者也. 己未七月之望, 與李子胤之、任子伯玄·仲寬賞蓮於西池, 爲碧筒飮, 向夜取琉璃鍾, 擁燭花心, 懸于屋樑, 賦詩爲樂. 翌日, 折取數蕚歸, 揷瓶中以翫, 仍念物之所當護惜者何限, 而獨好花, 爲朝暮間事, 况此花離池中, 其落不待風雨, 而其葉不待秋至而萎者乎? 當吾惜花之心, 而以盡物之情, 可也. 遂取丹粉以畫之, 又爲之贊. 噫! 大冬之月, 百卉無光, 氷雪滿池, 取此圖一翫, 必有悽然興感者矣. 穆穆天葩, 在水中央. 含華吐實, 正性淸光. 葉枯珠明, 花萎而香. 大人之德, 淑女之芳.)

이 무렵 「사일찬」(四逸贊)이라는 글을 짓다. 엄자릉(嚴子陵), 방덕공(龐德公), 도연명(陶淵明), 진단(陳摶) 네 명의 일사(逸士)를 칭송한 글이다.

● 이민보[19]의 시에 화답한 「이백눌에게 화답하다」(원제 '和李子伯訥')에서 "상관에게 머리 잘도 조아리나니/집에 오면 졸음이 쏟아진다오"(俛首烏紗慣, 還家睡思催)라고 하여, 미관말직의 괴로움을 말하다.

제 '七月望日, 與任子伯玄·仲寬兄弟、李子胤之賞荷于白門西池, 共賦荷花詩, 余得八首')라는 제목으로 실려 있다.

19 진사시에 합격하여 음보(蔭補)로 군수가 되고 후에 보국숭록대부(輔國崇祿大夫)의 위계에까지 올랐다. 문집으로 『풍서집』(豊墅集)이 전하며, 노론의 입장에서 붕당 정치를 논한 『충역변』(忠逆辨)이라는 저서가 있다.

「이백눌에게 화답하다」, 『능호집』(상) ―
92면

● 북악 아래에 살다가 강상(江上)[20]으로 이거(移居)한 이명익에게 시를 써 주다(「강가에 우거寓居하려는 담옹湛翁을 보내며」(원제 '送湛翁寓江上'), 『뇌』1).

　　시 중에 "고상하고 어진 사람이 끝내 초야에 있어"(高賢竟在野) "세상이 어지러워 응당 몸을 숨기고"(世亂身須隱)라는 말이 보인다.

「자익이 화첩을 (…) 다섯 수를 기록하다」, 『능호집』(상) 96면

● 신사보가 얻은 중국인 화첩(畵帖)의 표지에 고예(古隷)로 '담지산백'(啖脂山柏)이라 쓰고 매 폭마다 시를 적다.

　　그 시제는 다음과 같다: 「하문황(何文煌)[21]이 예청비(倪清閟)[22]를 본뜨다」(원제 '何文煌效倪淸閟'), 「사채(謝採)[23]가 백호(伯虎)[24]를 본뜨다」(원제 '謝採效伯虎'), 「반간(潘澗)[25]이 먹을 뿌려 그림을 그리다」(원제 '潘澗潑墨'), 「하문황의 소경산수(小景山水)」(원제 '何文煌小景雲水'), 「사여(謝璵)[26]가 벼루 씻는 것을 보고 있는 도인(道人)을 백묘법(白描法)으로 그리다」(원제 '謝嶼白描道人看洗硯').

　　유한준이 쓴 「태사공(太史公)의 뜻으로 신옹(申翁)에게 주다」(원제 '太史公之意贈申翁', 『저암집』 권13)라는 글 중에 "신옹은 노년에 일이 없어 고금(古今) 명인(名人)들의 서화를 모아 첩(帖) 하나

20　'강상'(江上)은 용산을 가리킨다. 1741년에 쓴 시인 「담옹에게 드리다」(원제 '寄贈湛翁', 『뇌』1)의 "四鄰請具馬, 與我至龍山"이라는 말에서 그 점이 확인된다.

21　'하문황'은 청대(淸代) 사람으로, 해양(海陽: 지금의 安徽省 休寧) 출신이며, 자는 소하(昭夏)이고, 호는 죽파(竹坡)다. 유민(遺民) 화가로 이름 높은 사사표(查士標, 1615~1698. 安徽 休寧人)의 제자로, 서화와 시에 능했다.

22　'예청비'는 예찬(倪瓚, 1301~1374)을 가리킨다. '청비'(淸閟)는 그 호이다. 원나라 말기의 화가로, 황공망(黃公望), 왕몽(王蒙), 오진(吳鎭)과 더불어 '원말 사대가'로 불린다. 강소성 무석현(無錫縣) 출신이다. 자는 원진(元鎭)이고, 호는 '청비' 외에도 운림(雲林)·나찬재(懶瓚齋) 등이 있다. 산수화에 뛰어났다. 유원(幽遠)과 간담(簡淡)을 중시하는 그의 화풍은 후대 산수화가들에게 큰 영향을 끼쳤다. 집에 청비각(淸閟閣)을 두고, 수많은 법첩과 명화를 간직했다. 청나라 강희제(康熙帝) 때 조배렴(曹培廉)에 의해 『청비각집』(淸閟閣集) 12권이 간행되었다.

23　'사채'는 누군지 미상인데, 명말청초(明末淸初)의 인물일 듯하다.

24　'백호'는 당인(唐寅, 1470~1523)의 자이다. 명대(明代) 사람으로 강소성 소주(蘇州) 출신이다. 백호 외에 자외(子畏)라는 자를 쓰기도 했으며, 호는 육여(六如)·도화암(桃花菴)·노국당생(魯國唐生)·도선선리(逃禪仙吏)·강남제일풍류자(江南第一風流子) 등 여럿이다. 회시(會試)에 응시했다가 부정행위에 연루되어 제명되었다. 그 후 명산대천을 두루 유람하며 작화(作畵)에 힘써, 그림을 팔아 생계를 유지했다. 재정(才情)이 걸출했고, 문장도 뛰어났다고 평해진다. 저서로 『육여거사전집』(六如居士全集)이 전한다.

25　'반간'은 청대의 화가로, 금릉(金陵: 지금의 남경) 출신이다. 자는 운초(雲樵)이고, 호는 이천(二泉)이다.

26　'사여'는 명나라 말의 인물로, 상담(湘潭) 사람이다. 숭정(崇禎) 때의 거인(擧人: 鄕試 합격생)으로 그림을 잘 그렸다. 청군(淸軍)에 성(城)이 함락될 때 순절(殉節)했다.

영조 15년(기미己未)

1739년

30세

를 만들었다"(翁老無事, 聚集古今名人書畵爲一帖)라는 말이 보이니, 신사보에게 서화 수장(收藏)의 취미가 있었음을 알 수 있다. 또 권섭의 초고본(草稿本) 문집 『옥소고』(玉所稿)의 산록외편(散錄外編) 2 중에 "신사보는 시를 대강 이해하고 그림을 대강 알아 일원(一源: 이병연)의 시를 보면 반드시 헐뜯고, 원백(元伯: 정선)의 그림을 보면 꼭 비방했다. 나는 웃으며 '이는 근세의 풍습이다. 일원의 시를 헐뜯지만 군의 시가 꼭 낫지는 않고, 원백의 그림을 비방하지만 군의 그림이 꼭 더 낫지는 않다. 이는 일개 성균관 학생이 팔대가(八大家)의 문장을 보고 시원찮다고 하는 격이니, 남들 또한 군의 식견이 높다고 하지 않을 것이다'라고 말하였다"(申思輔粗解吟咏, 粗解繪素, 見一源詩必疵, 見元伯畵必疵. 余笑曰: '此近世風習也. 疵源詩, 君詩未必勝; 疵元畵, 君畵未必勝. 此有一上舍生, 見八大家文, 亦少之, 人亦不許其見高矣')라는 말이 보이니, 신사보가 정선·이병연의 그림과 시에 비판적 태도를 견지했던 것을 알 수 있다. 이는 권섭의 말처럼 신사보가 일부러 정선과 이병연을 헐뜯으려고 그랬다기보다는 신사보의 문학적·예술적 취향이 두 사람과 달랐기 때문이 아닌가 한다. 즉 신사보는 문학과 예술의 본령은 대상의 외면적 '재현'에 있는 것이 아니라 대상의 내면에 깃든 신채(神采)를 포착해 '표현'하는 데 있다고 본 것이 아닌가 한다. 흥미롭게도 이런 관점은 문인화가 이인상의 미학적 관점과 정확히 일치한다. 이리 본다면 이인상이 이병연의 시풍이나 정선의 화풍에 거리를 둔 것이 좀 더 잘 이해될 수 있다. 이인상은 정선과 동시대인이었음에도 불구하고 그를 만난 적이 없으며(만나려고 한다면 만날 수 있었을 테지만) 그의 그림에 대해 일절 평한 바가 없다. 이념적·미학적으로 친근감을 느끼지 않아서였을 것이다.

● 북사(北司: 북부北部의 관서)에서 진사 임서(任遾, 1708~1764, 자 태이泰爾·중유仲由, 호 담담헌澹澹軒, 임매의 종형)에게 시를 써 주다(「북사에서 임 진사 태이에게 화답하다」(원제 '北司和任進士泰爾'), 『뇌』1). 임서는 이경여의 증손인 이현지(李顯之, 이인상의 재종숙)[27]의

〈사일찬〉, 『서화평석』(2) 930면

27 이현지는 원래 이경여의 동생인 이정여(李正興)의 증손이고 이익명(李益命)의 아들이나 출계하여 이태명(李泰命)의 양자가 되었다.

사위이며, 임경주의 재종숙이다. 임경주의 「담담헌에 적다」(원제 '題澹澹軒', 『청천자고』 권1)라는 시의 "선생(임서)의 높은 아취 세상에 짝이 없고 / 경복궁 곁의 집이 또한 그윽하네 / (…) / 오로지 보산자와 서로 좋이 지내거늘 / 꽃 진 무궁화가 아득하네"(先生高趣世無儔, 景福宮邊家更幽. […]惟有寶山相好樂, 落華榮木摠悠悠)라는 구절을 통해, 임서가 당시 경복궁 근처에 살았으며, 이인상과 가깝게 지냈음을 알 수 있다. 또한 임경주의 「섣달 29일에 족숙 태이씨 및 이자 원령과 북사에서 만나 함께 소무(蘇武)와 이릉(李陵)의 이별을 기록한 시의 운자를 집어 짓다」(원제 '臘月二十九日, 與族叔泰爾氏、李子元靈會北寺, 共賦拈蘇李錄別', 『청천자고』 권1)라는 시를 통해 당시 이인상, 임서, 임경주가 서로 친밀한 사이였음을 알 수 있다. 임서는 생원시에 합격하여, 영조 21년(1745) 희릉(禧陵) 참봉에 제수되어 처음 벼슬길에 나갔으며, 서부(西部) 봉사, 내섬시 봉사, 종부시 직장, 활인서 별제, 사복시 주부(司僕寺主簿), 형조 정랑을 거쳐 동복(同福) 현감, 문경 현감, 안산 군수 등을 지냈다.

● 이반룡(李攀龍)의 시에 차운하여 이명익에게 준 시에 "서검(書劍)이 다 적막해진 줄 잘 아노니"(極知書劍俱寥落: 「담옹에게 화운하다」(원제 '和湛翁'), 『뇌』1)라는 말이 보인다.

● 이준상의 천식재에서 자며 지은 시에 "「이소」(離騷) 한번 읽으며 그대와 함께 잔을 기울이네"(「離騷」一讀共君傾)라 하여, 함께 「이소」를 읽었음을 밝히고 있다(「원방씨의 천식재에서 자다」(원제 '宿元房氏泉食齋'), 『뇌』1).

「가을에 감회가 있어 이백눌에게 화답하고, 인하여 해악유인을 그리워하다」, 『능호집』(상) 100면

● 가을, 이민보에게 화답한 시 「가을에 감회가 있어 이백눌(李伯訥)에게 화답하고, 인하여 해악유인(海嶽游人: 이명환)[28]을 그리워하다」(원제 '感秋, 和李子伯訥, 因懷海嶽游人')를 짓다.

『뇌상관시고』에서 이명환이 언급된 것은 이 시가 처음이다. 이 시 중에 "흰머리 자라니 검객(劍客)이 늙었고"(白髮應長劍客老) "생각노라 연(燕)나라 저자의 슬픈 노래 부르던 이들 / 술집에서 서로 만나 칼 찌르며 뽐내던 일"(緬懷燕市悲歌侶, 擊劍相邀酒肆中)

---

28 이명환은 호가 '해악'(海嶽)이고, 자는 사회(士晦) 혹은 사휘(士輝)이며, 본관은 전주이다. 영조 28년(1752) 문과에 장원 급제했으며, 교리·수찬 등을 역임하였다. 문집으로 『해악집』(海嶽集)이 전한다.

이라는 말이 보이는바, '협'(俠)에 대한 이인상의 경도(傾倒)를 읽을 수 있다.

이명환은 본관이 전주이며, 선조의 열두째 왕자인 인흥군(仁興君) 이영(李瑛)의 4대손이다. 부친은 도총관(都摠管)을 지낸 익녕군(益寧君) 이제(李梯)이다. 어머니 광주(廣州) 안씨는 안만태(安萬泰)의 딸이다.

● 직소(直所)에서 〈공정낙엽도〉(公庭落葉圖: 실전)를 그린 것은 이해 가을로 추정된다[이봉환, 「원령의 직소」(원제 '元靈直所'), 『우념재시문초』雨念齋詩文鈔 권1].[29]

● 추동지간(秋冬之間), 이윤영에게 준 시 「차운하여 이자(李子) 윤지(胤之)에게 주다」(원제 '次贈李子胤之', 『뇌』1)를 짓다.

이 시 중에 "푸른 솔에 눈이 내려 천기(天機) 절로 유동하네"(蒼松落雪自天機) "다시 숲의 바람 소리 밤새 듣노라"(更耐風林永夜聞)라는 구절이 보이는바, 시로 쓴 그림이라 할 만하다. 또 "좋은 종이 되는대로 잡고 옛 전서(篆書)를 쓰지만"(縱把華牋書古篆)이라 하여, 고전(古篆)을 서사(書寫)하는 모습을 읊고 있다.

● 「실제」(失題, 『뇌』1)라는 시에서 "나는 흙집에 누워 / 홀로 우옹(尤翁)의 상(像)을 보네"(我臥土屋裏, 獨瞻尤翁像)라고 읊다.

이 구절로 보아, 집에 송시열의 초상이 있었음을 알 수 있다.

● 계부가 죽포(竹浦)[30]에서 준 시에 화답한 시에서 "옛 도는 마음에 절로 기쁘나 / 시운(時運)이 슬픔을 자아내네"(古道心自怡, 時命起悲歔: 「죽포에 계신 계부께서 하사한 시에 삼가 차운하다」(원제 '伏次季父在竹浦下貺詩'), 『뇌』1)라 하여, 시운에 슬퍼하면서도 고도(古道)에 침잠하는 모습을 보여 주다.

● 임서에게 준 시 「차운하여 임 진사 태이에게 주다」(원제 '次贈任進士泰爾', 『뇌』1)라는 시에서 "병약하여 단약(丹藥)을 아끼네"(羸疾愛丹爐)라고 하여, 병약해 단로(丹爐)를 애호하게 되었음을 말하다.

● 이해 가을에서 익년 6월 사이에 북부 관서(官署)에서 『학림옥

---

29 이봉환의 시는 다음과 같다: "나귀 타고 어디로 가나 / 북산에는 단풍나무 많네 / 〈공정낙엽도〉는 / 황공망과 고개지의 발묵을 배웠네."(騎驢何所之, 北麓多楓樹. 公庭落葉圖, 潑墨煩癡顧.)

30 경기도 여주시 대신면 하림리의 대미개를 말한다. 부근에 신륵사가 있다.

〈산정일장〉(부분), 『서화평석』(2)
775면

로』(鶴林玉露)의 「산정일장」(山靜日長) 조(條)를 팔분으로 쓰다(개인 소장).

관지는 다음과 같다: "이상은 나경륜(羅景綸)의 말이다. 북사에서 쓰다. 원령."(右羅景綸語, 寫于北司. 元靈) 서사(書寫)된 글은 다음과 같다: "내 집은 깊은 산중에 있어서 봄·여름 사이에는 이끼가 섬돌에 가득하고 낙화가 뜨락의 길을 메운다. 찾아오는 사람은 아무도 없으며 소나무 그림자가 들쭉날쭉하고 새소리가 들렸다가 잦아지곤 한다. 낮잠을 푹 자고 나서는 샘물을 긷고 솔가지를 주워다가 쌉쌀한 차를 끓여 마시고『주역』, 국풍(國風), 『좌씨전』, 「이소」, 태사공의 글 및 도연명과 두보의 시, 한유(韓愈)와 소식(蘇軾)의 문장 여러 편을 마음 내키는 대로 읽는다. 한가하게 산길을 걸으며 소나무와 대나무를 어루만지기도 하고, 사슴이나 송아지와 함께 숲속의 무성한 풀 사이에 누워 쉬기도 하고, 앉아서 흐르는 시냇물을 보고 즐기면서 양치를 하고 발을 씻기도 한다. 이윽고 죽창(竹窓) 아래로 돌아오면 산처(山妻)와 어린 자식이 죽순과 고사리 반찬에 보리밥을 차려 주어 즐거운 마음으로 배불리 먹는다. 창가에서 붓을 놀려 크고 작은 글자 수십 자를 쓰기도 하고, 간직하고 있는 법서(法書), 묵적(墨蹟), 화권(畵卷)을 펼쳐 놓고 눈 가는 대로 보기도 한다. 흥이 나면 짤막한 시를 읊거나 혹『학림옥로』한두 단락을 초(艸)한다. 다시 쌉쌀한 차 한잔을 마시고는 시냇가로 걸어 나가 농부며 시냇가에 사는 친구를 만나서 뽕나무와 삼을 재배하는 일에 대해 물어 보기도 하고 벼농사에 대해 이야기하기도 하고 날이 갤지 비가 올지 헤아려 보기도 하고 절기(節氣)를 꼽아 보기도 하면서 함께 한 식경 정도 유쾌하게 담소를 나눈다. 집으로 돌아와 사립문 아래에 지팡이를 짚고 있노라면 석양이 산에 걸려 있는데 그 보랏빛과 초록빛의 일만 가지 형상이 삽시간에 변환(變幻)하여 사람의 눈을 기쁘게 한다. 소를 탄 목동들이 피리 불며 쌍쌍이 돌아오니 앞 시냇물에 달빛이 비친다."(予家深山之中, 每春夏之交, 苔蘚盈階, 落華滿徑, 門無剝啄, 松影參差, 禽聲上下. 午睡初足, 旋汲山泉, 拾松枝, 煮苦茗啜之, 隨意讀『周易』、國風, 『左氏傳』、「離騷」、太史公書及陶杜詩、韓蘇文數篇. 從容步山徑, 撫松竹, 與麛[31]犢共偃息于長林豊草間, 坐弄流泉, 漱齒濯足. 既歸竹窓下, 則山

妻稚子作笋蕨, 供麥飯, 忻然一飽. 弄筆卤間, 隨大小作數十字, 展所藏法書
、墨蹟、卷畵縱觀之, 興到則唫小詩, 或艸『玉露』一兩段. 再啜苦茗一杯, 步
出谿邊, 邂逅園翁谿友, 問桑麻, 說秔稻, 量晴較雨, 探節數時, 相與劇譚一
餉. 歸而倚杖柴門之下, 則夕陽在山, 紫綠萬狀, 變幻頃刻, 悅可人目, 牛背
篴聲, 兩兩歸來, 而月印前溪矣.)

――

● 「주계」(酒戒,『뇌』5)를 짓다.

술이 취하여 깨지 아니함과 지각(知覺)이 없음을 즐거워한다
고 객이 말하자 그러면 '일도'(逸道: 백성을 편안하게 하는 일)는 누
가 담당하겠느냐며 객으로 하여금 술을 경계할 것을 촉구한 글이
다. 이인상 역시 술을 퍽 좋아했으므로 이 글은 자계(自戒)의 의미
도 없지 않다고 생각된다.

● 송문흠의 모친 파평 윤씨(1679~1756) 회갑 때 〈의궤삼도〉(衣
櫃三圖: 실전)를 그려 보내다.

송학(松鶴: 소나무와 학), 지록(芝鹿: 영지와 사슴), 하구(荷龜: 연꽃
과 거북)를 그린 것으로, 모두 수복(壽福)을 상징한다. 이 그림에
붙인 찬(贊)은 다음과 같다: "회갑의 해가 뜨니, 치마저고리에 국
화 무늬 놓았네. 학이 신령한 송지(松脂)를 쪼아 먹고, 호박(琥珀)
은 살지누나.소나무와 학 신령한 싹은 구름이 찐 듯하고, 흰 뿔에 이슬
이 엉기었네. 사슴이 한 번에 영지 천 개를 먹고, 사슴을 탄 사람
의 귀 길기도 하지.영지와 사슴 태을(太乙)의 배[舟]가 옥정(玉井)[32]에
떠 있네. 신령이 지키나니, 등에 푸른 이끼가 있네.연꽃과 거북"(冠日方
升, 制菊裳衣. 啄食靈脂, 琥珀生肥.松鶴 靈苗蒸雲, 素角凝霜. 一嚙千茸, 驂
者耳長.芝鹿 太乙之舟, 玉井攸苞. 有神守之, 背有綠毛.荷龜:「〈의궤삼도〉를
삼가 그리고 찬을 지어, 송자 사행의 어머님 회갑일에 삼가 바쳐 축수하
다」(원제 '衣櫃三圖, 謹寫作贊, 敬獻宋子士行太淑人周甲日爲壽'),『뇌』
5).

윤씨는 호조정랑을 지낸 윤부(尹扶)의 딸이다.

● 이윤영의 산수화에 발문을 써서 흥회(興會: 흥취)를 강조하는

---

31 규장각본 『학림옥로』(鶴林玉露)에는 '麛'로 되어 있다. '麋'는 큰 사슴이고, '麛'는 새끼 사슴이다. 이 글자 뒤에 송아지를
뜻하는 '犢'이 나옴을 고려할 때 '麛'라고 써야 옳다. 이인상의 착오로 보인다.

32 '옥정'은 신선이 노는 태화산(太華山) 꼭대기에 있다는 전설상의 못 이름이다.

예술론을 펼치다.

　그 발문은 다음과 같다: "옛날의, 예술에 고매한 자는 그 즐거움이 애초 예술에 있는 것이 아니었으며, 특별히 마음에 맞는 대상을 만나 그에 촉발되어 그림을 그렸을 뿐이다. 뒤에 감상하는 자들은 마침내 '나'의 묵은 자취를 갖고 그 공졸(工拙)을 논하니 어찌 어리석지 않은가? 글씨를 배우는 사람 치고 왕일소(王逸少: 왕희지)가 쓴 〈난정서〉(蘭亭序)를 임모(臨摸)하지 않는 이가 없건만 그 글씨는 끝내 일소에 미치지 못하거늘 왜 그럴까? 후인(後人)의 재주가 실로 일소에 미치지 못하는데다가 난정 당시의 흥취가 없기 때문이다. 황대치(黃大癡: 황공망) 같은 이는 고루(高樓)에 올라 구름이 기기묘묘하게 변하는 모습을 보며 산수(山水)를 그렸다. 대치의 그림은 아직 세상에 전하고 있으나, 구름의 무궁한 변화는 비록 대치 스스로도 그걸 바라보면 왜 기쁜지를 알지 못했거늘 후인이 대치의 그림이 어떤 연고에서 그려지게 됐는지를 알 까닭이 있겠는가. 대개 마음과 대상, 이 둘이 서로 융회(融會)한 뒤에야 참된 그림이 나오는데, 후인이 꼭 그 즐거움을 아는 것은 아니다.

　이자(李子) 윤지(胤之)는 마음이 담박하고 명예를 가까이하지 않는다. 그의 작화(作畵)는 요컨대 대개 무심하게 이루어져 스스로 그 교졸(巧拙)을 알지 못한다. 이 그림은 유묘(幽妙)하고 기운이 생동하여 더욱 사람으로 하여금 정신이 동(動)하게 하니, 대개 흥취가 있어서 그린 것이다. 그러나 뒤에 이 그림을 보는 자는 반드시 이자(李子)가 대치의 필의(筆意)를 배워서 만폭동(萬瀑洞)과 화양동(華陽洞)의 수석(水石)을 그렸다고 말하리니, 서지(西池)에 연꽃이 방개(方開)하여 달밤에 벗들이 찾아오매 이자(李子)의 흥취가 바로 여기에 있었다는 것을 어찌 알겠는가?"(古之高於藝者, 其樂初不在於藝, 特遇神情所會, 而觸發之而已. 後之觀者, 遂取我之陳迹, 而論其巧拙, 豈不癡哉? 王逸少書「蘭亭序」, 學書者無不臨之, 而書終不及逸少, 何也? 後人之才固不及逸少, 而由其無蘭亭當日之興寄耳. 如黃大癡登高樓, 望雲物之變態, 而畵山水. 大癡之畵, 世猶有傳之者, 而若雲之變無窮, 雖大癡不自知其所以爲樂, 則後人何從而知大癡之畵之所起哉? 盖心境俱會, 而後有眞蹟. 後人未必知其樂也. 李子胤之心湛不近名, 其爲畵要

皆發之自在, 而不自知其巧拙. 此幅幽妙渤鬱, 尤令人神動, 盖有所會而發, 而後之觀者必謂李子學大癡筆意, 而畵萬瀑·華陽之水石爾, 豈知北潭荷花方開, 而月夜朋來, 李子之興會政在此耶:「이윤지 산수도 발문」(원제 '李胤之山水圖跋'),『뇌』4)

〈수하한담도〉(부분),
『서화평석』(1) 726면

● 이해 전후 이하상의 집에서 〈수하한담도〉(樹下閑談圖, 개인 소장)를 그렸을 것으로 추정된다.

이 그림에는 다음과 같은 제시(題詩)가 적혀 있다: "노목은 색이 창연(蒼然)하고 / 너럭바위는 고금(古今)을 거쳤네 / 마주 보니 흥회(興會)를 알겠는데 / 어조(魚鳥)가 노니는 동천(洞天)이 깊네— 예경(禮卿: 김화행)의 시요, 윤지의 글씨다."(老木蒼肰色, 平巖閱古今. 相看知興會, 魚鳥洞天深. 禮卿詩, 胤之書)

"끊임없는 시절의 운행 / 화창한 좋은 아침—임씨댁에서 그림을 보고 취흥에 쓰다."(邁邁時運, 穆穆良朝. 任氏宅閱畵, 醉興寫) 이는 김무택이 쓴 것이다.

〈수하한담도〉(부분), 이인상 관지

이인상이 쓴 관지는 다음과 같다: "임자(任子) 백현(伯玄: 임매)은 마음이 담박하여 기호(嗜好)를 끊어 버렸다. 이따금 내게 강청하여 그림을 그리게 하나 그림이 완성되면 문득 한번 웃으며 기뻐할 뿐, 남들이 소매에 넣어 가도 내버려 두었다. 그래서 임자의 상자 속에는 나의 그림이 없다. 내가 다시 그림을 그려 그 말미에 이 글을 적어 남이 소매 속에 넣어 가지 못하게 하나니, 임자는 필시 나의 다심(多心)에 빙긋이 웃으리라."(任子伯玄, 心澹絶嗜好. 時強余作畵, 旣成, 便一笑彈指而已, 任人袖去, 故任子簏中, 無麟祥畵. 余復作此, 識其尾以沮人袖去, 任子必哂余之多心.) 인기(印記): "고반"(考盤) "원박"(元博)

이 그림이 그려진 지 이십 몇 년 뒤에 임매와 이운영이 각각 발(跋)을 썼다. 다음은 임매가 쓴 발이다: "나(임매)는 젊을 때 내형(內兄) 이자화(李子華: 이하상)를 좇아 노닐었는데, 자화로 인하여 원령을 알게 되었다. 뒤에 또한 윤지와 교유하게 되었으며, 또한 예경(禮卿)·치공(穉恭: 김숙행)과 더불어 공부를 함께하였다. 이 다섯 군자는 모두 재주가 맑고 박식하여 문장과 풍아(風雅)로 자임하였거늘, 나 또한 지나치게 이들 군자의 허여하는 바가 되었다. 나는 나산(懶散)하고 소졸(疎拙)하여 세상과 잘 맞지 않아 당

임매(1711~1779)

시 교유한 사람이 오직 이 몇 사람뿐이었다. 매양 흥이 이르면 문득 약속도 없이 만났으며, 만나면 서책·붓·벼루·고기(古器) 등을 벌여 놓았고, 담론을 한참 하고 나면 이따금 시를 지었다. 원령은 술을 마신 후 흥이 나면 붓 가는 대로 고목기석(古木奇石)이나 평파원경(平坡遠景) 두세 폭을 그렸다. 바야흐로 종이를 펴 놓고 구상하며 붓대를 까딱거리면 우리는 모두 숨을 죽인 채 환시(環視)하였다. 이윽고 붓을 놀려 발묵(潑墨)하면 점쇄(點灑)가 임리(淋漓)하였는데, 선염(渲染)이 끝나면 박수를 치면서 '와' 하고 소리를 치지 않음이 없었다. 술이 거나해 곤하면 집에 돌아갈 것을 잊고 혹은 몇날 밤을 머물기도 했으며, 달빛이 어두우면 등촉을 밝혔나니, 홀연 지나친 데로 빠지는 것을 잊을 정도였다. 이렇게 지낸 지 5, 6년에 자화와 치공이 잇달아 일찍 세상을 하직하였다. 그 후 10여 년 사이에 예경과 윤지와 원령이 차례로 세상을 떴다. 나는 이후 쓸쓸히 홀로 되어 문을 나서도 갈 곳이 없었으며, 지금은 또한 이미 늙고 쇠하였다. 병으로 신음하며 외로워하던 중 우연히 옛 상자를 뒤지다 옛 종이 가운데서 이 그림을 찾았는데 먼지가 가득 쌓였으며 겨우 파손을 면하였다.

기억하건대 옛날 자화의 집에서 원령이 나를 위하여 이 그림을 그렸는데, 치공이 손가락으로 그림을 가리키면서 무슨 나무를 그린 거냐고 물었다. 원령이 붓을 멈추고 웃으며 말하기를, "사람 괴롭게 하는구려! 그림 속의 나무에 뭔 이름이 있겠소?"라고 하였다. 그러자 자화는 웃으며 말했다. "'그림나무'라고 하면 되겠구려." 자리에 있던 사람들이 배를 잡고 웃었다. 이튿날 내 집에 다시 모여 이 그림을 꺼내어 돌려 보며 완상하였다. 윤지는 예경에게 즉시 절구를 짓게 한 뒤 스스로 붓을 찾아 그 시를 고예(古隸)로 썼다. 이 일은 오래되어 이미 옛 꿈처럼 망연하여 기억하지 못하고 있었다. 이제 수십 년 후에 다시 이 종이를 펼치니 제군(諸君)의 얼굴 모습이랑 농담을 하며 소탈하게 교유하던 정취(情趣)가 삼삼히 눈에 보이는 듯한데, 산루(山樓)와 지정(池亭)에서 보거나 듣던 처마 밑의 꽃과 가랑비 소리는 이미 흘러간 일이라 과거 지사를 다시 물을 수 없게 되어, 슬퍼서 탄식하며 마음을 가눌 길이 없다. 옛날에 계자훈(薊子訓)은 동적(銅狄)을 쓰다듬으며, "마침

이걸 주조하는 것을 내가 봤는데, 이미 근 500년이 되었구나” 하고 탄식했거늘, 세상의 변천에 대한 서글픔은 신선도 스스로 면하지 못하는 법이니 하물며 우리 무리임에랴. 계자훈에게는 다행히 한 노옹(老翁)이 있어 그와 함께 옛날 일을 이야기할 수 있었지만 지금 나는 혼자서 이 그림을 쓰다듬고 있으니 더욱 슬퍼할 만하다. 을유년(1765) 중춘(仲春).”(余少從內兄李子華遊, 因子華而識元靈, 後又得交於胤之, 而又与禮卿﹑稺恭, 同研肄業. 此五君子者, 皆淸才博識, 以文章風雅自任, 而余亦過爲諸君子所与, 以余之懶散疎拙, 不偕於世, 一時所過從, 唯此數人而已. 每値興到, 輒不約而會, 會則縹緗筆硏与罇爵相錯列, 譚論旣洽, 歌咏間作. 元靈酒後興發, 放筆寫古木奇石或平坡遠景二三幅. 方其伸紙繹思, 颭弄筆管, 衆皆寂然環視, 俄而揮毫潑墨, 點灑淋漓, 渲染旣就, 莫不拍手叫絶. 酒闌意倦, 猶且忘歸, 或至留連累夜, 月暗燈炧, 而忽忘其過於荒也. 如是五六年, 而子華﹑稺恭, 相繼而歿, 伊後十餘年間, 禮卿与胤之﹑元靈, 次第殂謝. 余自是踽踽焉, 出門靡所適, 而今亦已老且衰矣. 病呻幽獨, 偶撿舊篋, 得此幅於故紙中, 塵埃堆疊, 僅免糜壞. 記昔子華宅上, 元靈爲余作此, 稺恭指問所畵何樹, 元靈住筆而笑曰: ‘悶殺人! 畵裏樹寧有名也?’ 子華笑曰: ‘謂之畵樹, 可也.’ 四坐皆絶倒. 翌日, 復會于余所, 出此傳玩, 胤之使禮卿口占斷句, 自索筆以古隷書之. 此事久, 已作昔夢, 茫然不復記有矣. 今於數十年後, 重展此紙, 諸君之鬚眉意態﹑諧笑瀾蕩之趣, 森然如在眼, 而山樓﹑池樹﹑簷花細雨, 已隔前塵, 往劫不可復問, 感念嘆唏, 幾不能爲懷. 昔薊子訓摩挲銅狄, 而歎其適見鑄此, 已近五百年, 人代變遷之感, 神仙亦自不免, 況於我輩! 子訓幸有一老翁, 与之共話宿昔, 今余獨自摩挲, 尤可悲也. 乙酉仲春.)

다음은 이운영이 쓴 발(跋)이다:“을유년 봄에 난실옹(蘭室翁: 임매)이 하나의 작은 화축(畵軸)을 나(이운영)에게 보내와 고하기를, “내가 이것을 옛 상자 속에서 찾았는데, 그린 사람은 원령이요, 제화시(題畵詩)를 지은 사람은 예경이며, 작은 예서로 그 시를 쓴 사람은 그대의 백씨(伯氏) 담화(澹華: 이윤영)라네. 내가 소발(小跋)을 붙였으니 그대 또한 몇 줄을 아래쪽에 쓰게나”라고 하셨다. 기억건대 옛날 우리 백씨는 난실옹을 위시한 여러 군자와 한묵(翰墨)의 모임을 열어 노닐었다. 나는 최연소의 나이로 매양 그분들을 좇아 노닌지라 풍류의 운사(韻事)를 목도하였다. 지금 이 화축을 보니 당시의 일이 꼭 어제 일만 같다. 여러 군자의 모습과 목소리를 황홀히 다시 접한 듯하건만 손가락을 꼽으며 헤아려 보니 이미 20년 전 일에 속한다. 여러 군자의 무덤에 심은 나무는 하마 두 아름이나 되고, 살아 있는 이는 단지 나와 난실옹뿐인데, 저마다 이미 수염과 머리가 허옇게 세고 고고적막(枯槁寂寞)하여 당시의 기상이 아니다. 나는 우리 백씨를 떠나 보낸 이후 한묵(翰墨)의 일은 과거지사가 되어 버렸으며 책상자 중에 남아 있는 백씨의 글 또한 차마 다시 대할 수 없었다. 지금 그래서 나도 모르는 사이 백 번이나 이 그림을 쓰다듬나니, 다만 형을 잃은 애달픔과 지기를 잃은 슬픔이 커질 뿐이다. 애오라지 이를 글로 써서 보낸다. 계방(桂坊)의 직려(直廬)에서 쓰다."(乙酉春, 蘭室翁送來一短軸, 告余曰: '是吾得之舊篋者. 畵者, 元靈也; 詩以題其畵者, 禮卿也; 小隷字寫其詩者, 是君伯氏澹華也. 吾旣係以小跋, 君亦以數行書諸下方.' 記昔吾伯氏, 与蘭室翁諸君子, 遊翰墨社. 余以最年少, 每躡後塵, 而睹風流之韻事, 今焉覽是軸, 當時事宛然如昨日, 諸君子之眉鬚咳唾, 怳若復接, 屈指而計, 居然已屬二十年前事. 諸君子之墓木, 欲拱兩箇, 餘生只余与蘭室翁在, 而各已鬢髮星星, 枯槁寂寞, 非復當時之氣象. 自余哭吾伯氏以後, 翰墨事, 便隔前塵, 巾笥中殘芬剩馥, 亦不忍復對. 今於是, 不覺百回摩挲, 祗增人塡篋曲斷之怨、峨洋絃亡之感尔, 聊書此以歸之. 桂坊直廬識.)

● 이해 무렵 〈송뢰좌문도〉(松籟坐聞圖: 실전)를 그리다(「또 원령의 그림에 쓰다」(원제 '又題元靈畵'), 『지』1).

  김순택이 이 그림에 쓴 제시(題詩)는 다음과 같다. "푸른 안개 자욱하더니/먼 산에 구름이 다하지 않네/붓놀리니 물색(物色)이 저마다 다르고/뜻세움은 홀로 독보적이네/맑은 못은 외로운 정자와 가깝고/푸른 벼랑엔 늙은 나무가 어둑하네/소연(蕭然)히 바위에 기댄 사람/솔바람 소리 앉아서 듣네."(空翠濛濛合, 遙岑不盡雲. 揮毫各異態, 立意獨無羣. 澄沼孤亭逼, 蒼崖老樹曛. 蕭然據石者, 松籟坐來聞.)

○ 김선행, 문과에 급제하다.
○ 이윤영, 7월 보름에 서지에서 이인상·임매 등과 연꽃을 감상하며 질탕하게 노닐다.

이 일을 기록한 글이 「서지에서 연꽃을 완상한 일을 기록하다」(원제 '西池賞荷記', 『단릉유고』丹陵遺稿 권12)이다.

○ 이윤영, 9월 진천 현감으로 부임하는 부친을 따라 충청도 진천으로 내려가다.

○ 김성택, 7월 사도시(司䆃寺) 주부, 10월 호조좌랑에 제수되다.

○ 김성응, 8월 병조판서에 제수되다.

○ 송문흠, 9월 세자익위사 시직(侍直)에 제수되었으나 나가지 않다.

◎ 임윤지당, 원주의 선비 신광유(申光裕, 1722~1747)에게 시집가다.

신광유의 부친 신보(申普, 1699~1735)는 신소의 재종형이다.

◎ 정선, 〈청풍계도〉(淸風溪圖)를 그리다(간송미술관 소장).

◎ 윤덕희, 〈수노인도〉(壽老人圖)를 그리다(간송미술관 소장).

① 이시다 바이간의 『도비문답』(都鄙問答) 간행되다.

영조 16년(경신庚申, 1740년) 31세

● 봄, 향리 옥천의 도곡(塗谷)으로 돌아가는 송문흠에게 준 시에 "어버이 위해 벼슬함을 서로 불쌍히 여기네"(相憐仕爲親)라 하여 생계를 위해 말단 벼슬을 해야 하는 서로의 처지를 슬퍼하다(「송자사행이 섣달그믐에 준 시에 화답하여, 옥주의 향원鄕園으로 돌아가는 것을 전송하다」(원제 '和宋子士行除夕贈詩, 送歸沃州鄕園'), 『뇌』1).

당시 송문흠은 신임옥사의 원흉으로 지목된 조태구의 아들 조현빈(趙顯彬)이 같은 관서에 세마(洗馬)로 있음을 혐의하여 시직 벼슬을 그만두고[1] 향리로 내려가고자 한 것이다. 송문흠은 이후 영조 18년(1742) 3월에 세자익위사 부수(副率)에 제수되나 다음해 4월 병을 핑계로 그만두었고, 동년 10월 동몽교관(童蒙敎官)에 제수되나 1년쯤 하다 그만뒀으며, 영조 20년(1744) 12월 다시 세자익위사 시직에 제수되나 다음해 1월 그만두었다. 그러다가 영조 22년(1746) 2월 또다시 세자익위사 시직에 제수되었으며, 다음해 5월에 종부시 주부가 되고, 동년 6월에 형조좌랑이 되며, 동년 12월에 문의 현령에 제수되었다.

「송사행에게 주다」, 『능호집』(상) ── 105면

● 「송사행에게 주다」(원제 '贈宋子士行')라는 시에 "벼슬 그만두고 귀거래하는 그대/포의의 마음 한시도 잃은 적 없지"(之子休官歸, 不失一布袍) "예악(禮樂)은 마침내 재야(在野)에 있고/하늘의 뜻은 초야에서나 볼 수 있구려"(禮樂竟在野, 天意長蓬蒿) "말단 벼슬아치 출처(出處)를 지키고/선류(善類)는 「이소」를 읊고 있구나"(小官秉出處, 善類賦「離騷」) 등의 구절이 보이는바, 벼슬을 버리고 향리로 돌아가는 송문흠을 부러워하면서도 스스로는 그러지 못하는 처지를 착잡한 심정으로 읊고 있다.

송문흠에게 〈경양입해도〉(磬襄入海圖: 실전)를 그려 준 것은 이

---

1 『한정당집』권1의 「섣달 그믐날 계방의 직려에서, 기미년(1739) 겨울 숙직하며 시를 지어 오형(五兄: 송익흠)의 화답을 얻은 일을 생각하니 어언 십삼 년이 되었다. (…)」(원제 '除日桂坊直廬, 憶己未多鎖直有作, 得五兄俯和, 今已十三年. […]')라는 시제(詩題)로 보아, 송문흠은 1739년 겨울까지는 시직 벼슬을 그만두지 않았음을 알 수 있다.

때로 추정된다.[2]

● 봄, 윤면동이 북부의 직소로 찾아오다(『이원령의 직소를 방문하다』(원제 '訪李元靈直所'), 『오헌집』娛軒集 권1).[3]

윤면동과의 교유는 이 무렵 시작된 것으로 보인다. 당시 윤면동이 지은 시는 다음과 같다: "작은 집 산을 등졌는데／늙은 느티나무와 오동나무 천 길이나 되네／한번 웃으며 문을 열어 주니／외로운 심회는 말하지 않아도 같네／천지에 좋은 비 많이 내리고／숲의 나무에 봄바람 부네／호호탕탕(浩浩蕩蕩)한 것이 정녕 우리 도이니／깊이 공부하여 몸을 성찰하려네."(小齋背山嶽, 千丈老槐桐. 一笑開門處, 孤懷不語同. 乾坤多好雨, 林木動春風. 曠蕩眞吾道, 深工且省躬.)

윤면동은 본관은 해평이고, 오음(梧陰) 윤두수(尹斗壽)의 7대손이다. 조부 윤상명(尹商明)은 금천(衿川) 현감을 지냈고, 부친 윤득일(尹得一)은 벼슬하지 못했다. 어머니 전주 이씨는 승지를 지낸 이민영(李敏英)의 딸이다. 윤면동은 평생 포의로 지냈다.

● 4월 11일, 우의정 유척기(兪拓基)를 위시한 여러 신료(臣僚)와 희정당(熙政堂)에서 왕을 알현하다.

『승정원일기』의 이날 기사에, "이인상이 나아가 부복하였다. 상이 물었다. '직책과 성명은?' 이리 아뢰었다. '북부 참봉 이인상이옵니다.' 상이 물었다. '무슨 일을 맡아 하느냐?' 이리 아뢰었다. '풍속을 어지럽히는 부류를 다스리고 또 도적을 다스리는 검청(檢廳) 등의 일이옵니다.' 상이 물었다. '본부(本部)는 호구 수가 몇이냐?' 이리 아뢰었다. '사천사백구십사 호이옵니다.' 상이 물었다. '남정(男丁)은 몇이 되느냐?' 이리 아뢰었다. '일만구백사 명이옵니다.' 유척기가 아뢰었다. '이 사람은 옛 상신(相臣) 이이명의 서족(庶族)이옵니다.'"(麟祥進伏. 上曰: '職姓名'? 對曰: '北部參奉李麟祥.'

---

2 「파초잎에 시를 적어 천여씨(天汝氏)에게 화답하고, 인하여 송자(宋子) 사행(士行)에게 편지로 보내다」(원제 '蕉葉題詩, 和天汝氏, 因簡宋子士行', 1744년 작, 『뇌』1)의 제3수 "파초잎에 시를 적으며 옛 노님을 생각하는데／벗 소식이 남호(南湖)에 막혀 있어라／풍우(風雨) 치는 장명점(長明店)에 등불 밝히고／누워서 〈경양입해도〉 보고 있겠지"(蕉葉題詩憶舊遊, 故人消息隔南湖. 一燈風雨長明店, 臥看〈磬襄入海圖〉)의 주(註) "일찍이 송자와 파초를 노래한 적이 있고 송자가 남쪽 고향으로 돌아갈 때 부채에 〈경양입해도〉를 그려 주었기에 한 말이다"(嘗與宋子詠蕉, 而南歸時, 就便面作〈磬襄入海〉以贈故云)라는 말 참조.

3 앞으로 『오헌집』은 『오』로 약칭하고, 권수는 숫자만 표기한다.

上曰: ʻ職掌何事?ʼ 對曰: ʻ治傷風敗俗之類, 及治盜檢廳等事矣.ʼ 上曰: ʻ本部戶數幾何?ʼ 對曰: ʻ四千四百九十四矣.ʼ 上曰: ʻ男丁幾何?ʼ 對曰: ʻ一萬九百四口矣.ʼ 拓基曰: ʻ此人卽故相臣李頤命庶族也ʼ)라는 말이 보인다.

〈청호녹음도〉, 『서화평석』(1)
576면

● 5월, 〈청호녹음도〉(淸湖綠陰圖, 국립중앙박물관 소장)를 그리다.

관지는 다음과 같다: "청호의 녹음. 경신년(1740) 5월에 인상이 그리다."(淸湖綠陰. 庚申五月, 麟祥寫)

● 윤6월 2일, 사옹원 봉사에 제수되다.

● 윤6월 7일, 사옹원의 관원은 품계가 낮은 사람은 될 수 없으며 이인상은 서얼이니 그대로 둘 수 없다고 하여 다른 관서의 봉사와 환차(換差)하기로 결정하다.

● 윤6월 22일, 전옥서(典獄署) 봉사 서유상(徐有常)과 상환(相換)되다.

〈둔운도〉, 『서화평석』(1) 460면

전옥서는 구금된 죄수의 행형(行刑)을 맡아보던 관청이다. 이 날 전옥서로 첫 출근해 〈둔운도〉(屯雲圖)[4]와 〈묵죽도〉(墨竹圖)를 그렸다(둘 다 개인 소장). 〈둔운도〉는 지금의 종로구 세종로 1가 부근에 있던 관사(官舍)에서 바라본 우중(雨中)의 하늘을 그린 것으로, 화자(畵者)의 불평지심(不平之心)이 기탁(寄託)되어 있다.

〈둔운도〉, 관지

〈둔운도〉의 관지는 다음과 같다: "우중에 전옥서로 처음 출근해 종이에 물이 넘치고 먹이 썩는 것을 꺼리지 않았다. 생각건대 읍취헌(挹翠軒)의 시구 '취한 후에 글자를 쓰니 둔운과 같네'가 참으로 이 그림과 비슷해 이 때문에 한번 웃는다. 원령이 쓰다."(獄署雨中初臨, 不畏紙潘墨敗, 意翠軒詩 '醉後作字如屯雲', 正類此幅, 爲之一笑. 元靈書.)

〈묵죽도〉, 『서화평석』(1) 470면

〈묵죽도〉의 관지는 다음과 같다: "일찍이 들으니 동파(東坡)는 죽석(竹石)을 전공한 적이 없고 다만 문여가(文與可)를 좇아 한두 폭을 그렸을 뿐이건만 묘함이 그와 같다고 한다. 나는 취한 후에 붓이 거리낌이 없어져 인물과 산수를 그려 용필(用筆)을 미묘하게 할 겨를이 없는지라 대나무 몇 그루를 그려 우울한 마음을 풀려 했으나 문득 소선(小仙: 오위吳偉)[5]의 악필(惡筆)이 되고 말았으

〈묵죽도〉, 관지

4　이 그림은 종래 〈와운〉(渦雲)으로 불렸다.
5　대진(戴進)과 함께 명나라 절파(浙派)의 대표적 화가이다.

니, 옛사람에 미칠 수 없음을 깨닫게 된다."(嘗聞東坡, 未嘗攻爲竹石, 特從文與可, 得其一二筆, 妙乃爾也. 余醉後筆肆, 不暇作人物山水, 屈伸入微, 欲作篠篁數叢, 以瀉幽鬱, 便成小仙惡筆, 覺古人不可及.)

두 그림에는 "이인상인"(李麟祥印)이라는 인장이 찍혀 있다.

〈이인상인〉

● 전옥서에 숙직할 때 시를 지어 송문흠에게 편지로 부치다.

그 시에 "어제는 오늘과 같네"(昨日如今日) "마음에 슬픔이 많아서라네"(此懷多悲辛: 「전옥서 숙직 중에 우연히 써서 송자 사행에게 편지로 부치다」(원제 '獄司直中偶書, 簡宋子士行'), 『뇌』1)라는 구절이 보이는 것으로 보아, 지루하고 권태로운 벼슬살이에 염증을 느끼고 있었음을 알 수 있다. 송문흠은 당시 서울에 있었다.

● 6월, 송문흠과 성서(城西)에 있는 윤득민의 집에 모여 향리로 돌아가는 송익흠을 전별하다.

이인상은 이 자리에서 〈산거도〉(山居圖: 실전)를 그렸다(「괴음사槐陰舍[6]에 모이다. 송자 사행의 시에 차운하다」(원제 '集槐陰舍. 次宋子士行韻'), 『뇌』1). 『뇌상관고』에 송익흠의 이름이 나오는 건 이때가 처음이다.[7]

송익흠은 본관은 은진이고, 동춘당 송준길의 현손이다. 조부는 익산 군수를 지낸 송병하(宋炳夏)이고, 부친은 광주 목사를 지낸 소대헌(小大軒) 송요화(宋堯和)이다. 어머니 호연재(浩然齋) 김씨는 본관은 안동이며, 고성 군수를 지낸 김성달(金盛達)의 딸이다.

● 영남에 놀러 가는 송요제(宋堯濟)를 전송하는 시 「조령을 넘는 인보(仁甫)를 전송하다」(원제 '送仁甫逾嶺')를 짓다.

송요제는 송문흠의 서(庶)11촌숙으로, 자가 '인보'이다.

「월부」, 『능호집』(하)
243면

● 8월 11일, 집의 남헌(南軒)에서 달을 보다가 「월부」(月賦)를 지어 송문흠에게 보이다.

글의 맨 끝에 "이에 잠자리에 들어 베개 베고/벗을 생각하며

6 '회화나무 그늘의 집'이라는 뜻인데, 윤득민의 집을 말한다. 「윤자(尹子) 성구(聖求: 윤득민) 애사」(尹子聖求哀辭, 『뇌』5)의 "짙은 회화나무 그늘에/언덕 같은 집이 있는데"(有鬱槐陰兮, 有堂如阜)라는 말에서 '괴음사'가 윤득민의 집임을 알 수 있다.

7 송문흠, 「성서(城西)에서 오형(五兄)을 보내다」(원제 '城西送五兄', 『한』1) 중의 "유월이라 매미 소리 들리니 아직 가을이 되지 않았고"(六月蟬聲未作秋)라는 말을 통해 당시가 6월이었음을 알 수 있다. '오형'은 송익흠을 말한다.

상심하도다"(旣擁衾而倚枕兮, 懷我友而愾愾)라 하여 송문흠에 대한 그리움을 토로하고 있다.

● 8월 15일, 송문흠과 밤에 한강에서 주유(舟遊)하다〔송문흠, 「8월 15일 밤에 이원령과 함께 한강에 배를 띄우다」(원제 '八月十五夜, 與李元靈泛漢水'), 『한』1〕.

● 가을, 직중(直中)에 읊은 「가을 회포」(원제 '秋懷', 『뇌』1)라는 시에 "미관말직이 나라에 뭔 도움 되리"(微官豈有公家補) "한번 웃고 난간에 기대어 옛 칼자루를 치니"(一笑倚欄彈古鋏)라 하여 자신의 처지에 대한 불만을 토로하다.

● 김순택에게 화답하는 시를 짓다.

그 시 제1수 중에 "낙목(落木)과 한천(寒泉)의 소리 더욱 서글픈데"(落木寒泉響轉哀)라는 구절이 보인다. 또 그 제2수의 "중주(中州)를 잠시도 못 잊어 아직도 꿈을 꾸나"(寤寐中州猶有夢) "사양(師襄)이 깊은 바다에 들어간 것 길이 탄식하네"(永歎師襄入海深) "천운(天運)이 끝내 회복될 줄 알아"(極知天運終迴復) 등의 구절을 통해 존주론적(尊周論的) 의식을 엿볼 수 있다〔「김자金子 유문孺文에게 화답하다」(원제 '和金子孺文'), 『뇌』1〕.

● 연경에 가는 김익겸을 전송하여 시를 써 주다.

시 중에 "역수(易水)에서 형가(荊軻)를 조문하리니"〔易水前頭弔慶卿: 「연경에 가는 김진사 일진日進(김익겸)을 전별하다」(원제 '送金進士日進游燕'), 『뇌』1의 제1수〕 "등촉 밝혀 남몰래 만촌(晩村) 책 읽을 테지"(篝燈暗誦晩村書: 제5수) 등의 구절이 보인다. '만촌'은 반청(反淸) 사상가 여류량을 말한다.

● 동짓날, 김무택·윤면동[8]이 술을 갖고 남산의 셋집으로 찾아와 함께 남간으로 걸어 들어가 서로 취하도록 마셔 몸을 가누지 못하다. 이틀 후 김무택을 방문해 앞으로 서로 조심할 것을 말하다.

『뇌상관고』에 윤면동의 이름이 나오는 건 이때가 처음이다.[9]

---

8   윤면동은 16세 때(1735) 한남(漢南)의 절에서 노닐 적에 김무택을 처음 만났던 듯하다〔「김원박 제문」(원제 '祭金元博文'), 『오』2〕. 김무택의 처는 윤면동과 10촌 남매간이니, 김무택과 윤면동은 인척간이다.

9   『뇌상관고』에는 이인상이 이때 지은 시 「김자(金子) 원박(元博)과 윤자(尹子) 자목(子穆)이 술을 가지고 왔길래 남간을 찾았는데 몹시 취해 체모를 잃고 돌아왔으므로 이틀 후 원박을 찾아가 시를 지어 서로 경계하다. 두시(杜詩)의 운(韻)

● 이윤영의 《하화시축》(荷花詩軸. 일명 '서지하화축'西池荷花軸)에 발문을 쓰다(「《하화시축》발」荷花詩軸跋, 『뇌』4).

이 시축(詩軸)은 전년 7월 서지의 아회 때 지은 이윤영·이인상·임매·임과의 하화시(荷花詩) 초고를 수습한 것이다. 이인상은 이 글에서 자신과 벗들이 지은 하화시가 '부만'(浮曼)했다고 반성하면서 하화시를 짓는 일에 여전히 집착하고 있는 이윤영을 규계(規戒)하고 있다. 「이윤지의 《서지하화축》에 연이어 적다」(원제 '續題李子胤之西池荷花軸')라는 시를 지은 것도 이 무렵일 것이다.

「이윤지의 《서지하화축》에 연이어 적다」, 『능호집』(상)
103면

○ 김근행, 진사시에 합격하다.

○ 윤득민, 진사시에 합격하다.

○ 송문흠, 세자익위사 시직 벼슬을 그만두고 일시 향리로 귀거래했다가 다시 서울로 올라오다.

○ 윤흡, 3월 호조정랑에, 5월 낭청(郎廳)에, 11월 나주 목사에 제수되다.

○ 이태중, 5월 함경도 갑산(甲山)에 유배되었다가 이해 7월 방송(放送)되다.

이태중은 당시 지평(持平)으로 있으면서 소론 유봉휘(柳鳳輝)와 조태구(趙泰耉)의 관작을 추탈해야 한다는 상소를 올린바, 당습(黨習)을 고치지 못했다고 해서 유배 보내진 것이다. 이 일로 동생 이기중은 6월 진천 현감을 그만두고 서울로 올라왔다(「기년록」紀年錄, 『옥국재유고』玉局齋遺稿 권10).[10]

○ 오찬, 5월 23일 초배(初配) 청송 심씨 사망하다. 향년 25세.

청송 심씨는 전주 부사 심사주(沈師周)의 딸이다. 자녀로는 두 딸이 있었으니 큰딸은 이상암(李商巖)에게 시집가고 작은딸은 유언육(兪彦錥)에게 시집갔다. 오찬은 이해 윤6월 5일 청송 심씨의 제문을 썼다(「제망실청송심씨문」祭亡室青松沈氏文, 『수재유고』修齋遺

을 쓰다」(원제 '金子元博、尹子子穆携酒來過, 因尋南澗, 胥醉失儀而歸, 其再明日訪元博賦詩, 相與戒之. 用杜韻', 『뇌』1)가 1741년에 창작된 시들 사이에 들어 있는데, 착종(錯綜)으로 여겨진다. 이 시가 1740년 동짓날 지어졌음은 당시 윤면동이 지은 시 「동짓날 술을 갖고 원령을 방문해 함께 읊다」(원제 '至日携酒訪元靈共賦', 『오』1)를 통해 알 수 있다.

10　이하 『옥국재유고』는 『옥』으로 약칭하고 권수는 숫자만 표기한다.

稿).[11] 이 제문에서 오찬은 심씨의 '양잠미규'(良箴美規)가 자신의 오활함과 어리석음을 깨우쳐 줬다고 말하고 있다.

오찬의 재배(再配)는 경주 김씨(1725~1773)로, 도승지 김재현(金載顯)의 증손녀이고, 돈령참봉 김성호(金性豪)의 손녀이며, 통덕랑 김정(金碇)의 딸이다. 자녀로는 딸이 하나 있었는데, 김순택의 아들 김상모(金相謨)에게 시집갔다. 오찬의 양자인 오재경(吳載絅, 호 죽우竹友, 1735~1788)이 1788년에 쓴 경주 김씨의 묘지명 「선비 숙인 김씨 묘지」(先妣淑人金氏墓誌, 『죽우문고』竹友文稿)에 다음과 같은 말이 보인다: "어려서 총명하고 책을 보며 놀기를 좋아하셔서, 고금(古今)의 치란(治亂)을 아셨다. 언문소설이라 할지라도 한번 보시면 종신토록 기억하셨으며, 혹 남과 역대 사적(事蹟)을 말씀하시면 흥미진진하여 싫증이 나지 않았다. 늘 탄식하시기를, '내가 남자로 태어나 독서했다면 비록 대유(大儒)는 못 되더라도 아마 과거에 급제하여 쇠락한 집안을 일으켜 세웠을 것이다'라고 하셨다."(幼聰明好遊戱讀書, 識古今治亂. 至稗諺一覽輒終身不忘, 或與人語歷代事蹟, 娓娓不厭. 常歎曰: "使我爲男子而讀書者, 雖不能爲大儒, 庶幾得一第, 扶衰門.")

○ 송문흠, 6월 말 이인상에게 간찰을 보내 백련봉에서 아회(雅會)를 갖자고 말하다.

○ 유언철, 7월 파주 목사에 제수되다.

○ 이보상, 7월 돈령주부에, 8월 의빈주부(儀賓主簿)에 제수되다.

○ 김성택, 10월 예산 현감에 제수되다.

○ 오찬, 10월 6일 숙씨 오관(吳瓘: 동모형) 사망하고, 같은 달 10일 백씨 오원(吳瑗: 이모형) 사망하다.

오찬은 이해 11월 15일 「제숙형문」(祭叔兄文)을 썼고, 12월 10일 「제백형문」(祭伯兄文)을 썼다(『수』). 오찬은 이해 5월에 아내를 잃었고 10월에 연달아 두 형을 잃은지라 이 때문에 몇 년간 크게 우울해했다.

송문흠, 〈이인상에게 보낸 간찰〉,
『서화평석』(2) 1144면

---

11 『수재유고』는 후손가에 전하는 오찬의 문집이다. 불분권(不分卷) 단책(單冊)으로, '시'와 '문'으로 나뉘어 있다. 이하 『수재유고』는 『수』로 약칭한다.

이언진(1740~1766)

◎ 이언진(李彦瑱, 1766년 졸, 자 우상虞裳, 호 호동衚衕·송목관松穆館, 역관) 출생.

◎ 오원(1700년 생) 사망.

◎ 정선, 윤6월 이춘제(李春躋)의 옥류동(玉流洞) 서원(西園)에서 이병연·조현명(趙顯命, 1690~1752, 당색 소론)과의 아회를 기념하여 〈서원소정도〉(西園小亭圖)와 〈한양전경도〉(漢陽全景圖) 등을 그리다(둘 다 개인 소장).

◎ 정선, 12월 양천(陽川) 현령으로 부임하다.

◎ 영조, 1월 노론 4대신 중 복관(復官)이 안 된 김창집·이이명을 복관시키다.

◎ 이광좌(1674년 생), 5월 사망.

◎ 영조, 6월 '경신처분'(庚申處分)을 내려 임인옥사가 무옥(誣獄)임을 천명하다.

◎ 김재로(金在魯, 1682~1759), 9월 영의정이 되다.

① 호남(湖南)과 광서(廣西)의 묘족(苗族)이 들고일어났으나 진압되다.

영조 17년(신유辛酉, 1741년) 32세

● 정월 대보름, 송익흠·이윤영과 송문흠의 집에서 매화를 감상하다.

작년 송문흠이 명동(明洞)에 있는 윤흡(尹潝)의 소제(小第)에 우거할 때[1] 매화나무 한 그루를 얻었는데 병이 들어 고향 집에 옮겨 놓았다. 상태가 좋아져 다시 서울로 가져온 분매(盆梅)의 꽃을 완상하러 간 것이다.[2]

● 봄, 윤면동과 함께 노계(蘆谿)[3] 촌사(村舍)의 김무택을 방문하다.

이때 쓴 시에 "고도(古道)로 다시 서로를 권면하고"(古道還相勉) "글을 짓는 건 명예를 가까이할까 걱정이고"(著書憂近名: 「노계의 시골집으로 김자 원박을 방문하다」(원제 '蘆谿村舍訪金子元博'), 『뇌』1) 등의 말이 보인다.[4]

다음날, 김무택과 남단(南壇)[5]에 노닐며, "들에는 주린 아낙이

---

1 윤흡은 송문흠의 자형인 윤득경의 숙부로, 영조 16년 12월에 나주 목사로 부임하였다.

2 「관매기」의 다음 말 참조: "경신년(1740), 송자 사행이 계방(桂坊)의 벼슬을 할 적에 명동에 있는 윤수원(尹水原: 윤흡)의 조그만 집에 우거했다. 그때 매화나무 한 그루를 얻었는데 그다지 기이하지 않았고 병들어 시들시들했다. 송자가 고향에 옮겨 심고 알맞은 방법으로 물을 주어 기르니 매화가 점점 살아나 꽃봉오리가 몹시 성하게 맺혔다. 누가 꽃봉오리를 따 내라고 권하자 송자는 웃으며 말했다. '따 내면 기운은 보전하겠지만 향이 줄 테니, 향을 줄일 바엔 차라리 매화나무로 하여금 오래도록 병들게 하겠소.' 꽃이 피자 운모(雲母)를 잘라 매화 감실(龕室)의 창호(窓戶)를 만들어 꽃을 먼지로부터 보호하였다. 나는 자주 들러서 매화 소식을 물었다. 신유년(1741) 정월 보름에 무성한 꽃봉오리가 모두 벌어져 향기가 엄습했다. 송자(宋子) 시해(時偕: 송익흠)와 이자(李子) 윤지(胤之: 이윤영)와 내가 함께 가서 꽃을 완상하고 달도 구경하였다."(庚申, 宋子士行仕桂坊, 旅寓明洞之尹水原小第, 得一梅樹, 不甚奇而病萎. 宋子將移植故山, 灌養有方, 梅漸活, 結蕚甚繁. 有勸掇蕚者, 宋子笑曰: '掇則氣全而減香. 與其減香, 寧使梅久病.' 及花開, 掇雲母爲梅牖以護塵. 余數過問梅信. 辛酉上元, 繁蕚盡綻, 芬氣襲人. 宋子時偕, 李子胤之與余共來, 賞花翫月.)

3 '노계'는 지금의 용산구 갈월동의 땅 이름이다. 노계의 계상(谿上)에 김무택의 초당이 있었다. 노계 남쪽에는 와옥(瓦屋)인 선지당(先志堂)이 있었는데, 윤면동의 7대조인 윤두수의 별서였다.

4 당시 윤면동은 「이원령과 함께 김원박의 초대를 받아 가서 한밤중에 임당(林塘)의 뒷산을 걷다」(원제 '與李元靈赴金元博招, 夜深步林塘後麓', 『오』1)라는 시를 지었고, 김무택은 「노계의 임정(林亭)에서 술을 마시고 원령(元靈)·자목(子穆)과 함께 짓다」(원제 '蘆谿林亭飲酒, 與元靈, 子穆作', 『연소재유고』 제1책)라는 시를 지었다.

5 '남단'은 남방토룡단(南方土龍壇)의 준말로 토룡제(土龍祭)를 지내던 곳이다. '토룡제'는 기우제를 11번 지내도 비가 오

많아/해 뜨면 나물을 뜯네/슬퍼라 부곽전(負郭田)[6]의/태반이 부호에게 돌아갔으니"(野中多餓婦, 日出挑菜梗. 傷此負郭田, 太半歸豪倖:「이튿날 김자金子와 함께 남단에서 노닐 때의 일을 적다」(원제 '翼日, 借金子游南壇紀事'), 『뇌』1)라며 백성의 질고(疾苦)를 슬퍼하는 시를 짓다.

● 봄, 매화나무를 집의 동산에 심었으나 얼마 있다가 송문흠의 권유로 분매로 키우다(「관매기」, 『뇌』4).

이 매화나무는 순장(巡將) 성모(成某)의 집 뜰에 심긴 것이었는데, 이인상은 〈송오도〉(松梧圖: 실전)를 그려 주고 이 나무를 얻어 왔다.

● 3월 3일(답청일), 김순택·김무택과 남산에 있던 권근(權近)의 고택인 무위당(無爲堂)을 찾은 뒤 남간에서 시를 수창하며 노닐다.

이때 지은 시가 「삼짇날[7] 김자(金子) 유문(孺文)·원박(元博)과 함께 무위당을 찾아가 「이소」(離騷)에서 염운(拈韻)하여 '명'(鳴) 자를 얻어 각기 한 자씩 부르며 이어 가다. 당(堂)은 옛 재상 권근의 집인데, 주천사(朱天使) 지번(之蕃)[8]이 그 편액을 썼다」(원제 '踏青日, 與金子孺文, 元博尋無爲堂, 拈韻離騷得鳴字, 各呼一字以續之. 堂故權相近宅, 朱天使之蕃扁之', 『뇌』1)이다.[9]

지 않을 경우 나라에서 제관을 보내어 토룡(흙으로 만든 용)을 채찍으로 치며 지내던 제사를 이른다. 조선에는 토룡단이 동서남북과 중앙의 다섯 군데에 있었는데 이를 '오방토룡단'이라고 한다. 남단은 지금의 용산구 후암동 용산고등학교 옆 미군기지 캠프 코이너 안에 있다. 김무택의 초당이 있던 노계에서 가깝다.

6 '부곽전'은 성곽 주변의 토지를 말한다. 동서남북의 도성 대문 바깥에 있는 부곽전은 그 값이 비쌌다.

7 '삼짇날'은 원문이 '답청일'(踏青日)인데, 음력 3월 3일을 가리킨다. 지금은 이 명절이 사라졌지만 예전에는 산과 들에서 새싹을 밟으며 봄을 즐기는 큰 명절이었다.

8 '주지번'(朱之蕃, ?~1624)은 명나라 산동(山東) 사평(茌平) 사람으로 자는 원개(元介)이고, 호는 난우(蘭嵎)이다. 1606년 명나라 황태자의 탄생을 알리기 위해 조선에 정사(正使)로 왔다. 윤국형(尹國馨, 1543~1611)의 『갑진만록』(甲辰漫錄)에 의하면 주지번은 "술과 시를 좋아하고 현판의 글씨를 잘 썼다."(朱嗜飲喜詩, 且能額字.) 또한 "현판 글씨를 청하는 이가 있으면 귀천을 막론하고 곧바로 써 주어 필적이 조정 안팎 인가의 창이며 벽에 두루 있었다"(人有請額, 則無論貴賤, 便卽揮灑, 筆迹幾遍於中外人家窗壁)고 한다.

9 이때 김무택이 지은 시는 『연소재유고』 제1책에 「신유년 3월 삼짇날 원령·자목과 함께 남간에서 노닐고 『초사』에서 염운하여 '명'(鳴) 자를 얻어서 세 사람이 각자 한 글자씩 불러 사운시(四韻詩) 한 수를 짓다」(원제 '辛酉三月三日, 與元靈、孺文游南澗, 拈楚辭得鳴字, 三人又各呼一字, 賦四韻一首')라는 제목으로 실려 있고, 김순택이 지은 시는 『지소유고』 제1책에 「신유년 답청일에 원령·원박과 함께 남간에서 노닐고 염운하여 함께 짓다」(원제 '辛酉踏青日, 與元靈、元博遊南磵, 拈韻同賦')라는 제목으로 실려 있다.

「나라의 의례에 매년 (…) 이날 밤 비가
내리다」, 『능호집』(상)
118면

● 3월 4일, 전옥서 봉사(奉事)로서 대보단(大報壇)[10] 제사의 반열
에 참예하다[「나라의 의례에 매년 늦봄 임금님께서 친히 대보단에 제사
지내는데 삼월 나흐렛날 반열을 따라 뫼시었다가 느낀 바 있어 시를 짓다.
이날 밤 비가 내리다」(원제 '國典每歲暮春親祀大報壇, 三月四日陪班感
賦. 是夜雨')].

『시경』「기취」(旣醉)를 팔분으로 쓴 것은 이 무렵으로 추정된
다(개인 소장).

〈기취〉, 『서화평석』(2) 790면

● 봄날 백씨와 남산에 오르다.

이때 지은 시에 "고향에 못 돌아가/ 바라보며 마음 못 이길레
라"[故鄕歸未得, 憑望不勝情:「봄날 백씨를 모시고 남강南岡에 오르다」
(원제 '春日陪伯氏登南岡'), 『뇌』1]라 하여, 보산으로 돌아가지 못하
는 신세를 한탄하다.

● 김무택·김순택과 임당(林塘)의 야정(野亭)에 모여 두시(杜詩)
에 차운하다.[11]

● 늦은 봄, 경상도 가야산에 놀러 간 이윤영을 그리워하며 최근
에 빌린 문징명(文徵明)의 〈수죽도〉(水竹圖)를 함께 감상하지 못
함을 애석해하다[「봄이 다해 이자 윤지가 더욱 그리웠다. 들으니 이자
는 가야산에 들어갔는데 서울로 돌아올 뜻이 없다고 한다. 내가 근래에 문
형산文衡山(문징명)의 〈수죽도〉水竹圖를 빌렸는데, 이자는 남방에서 고
故 이장군의 〈매석도〉梅石圖를 얻었다고 한다. 이것들은 모두 가품佳品
인데 함께 감상하지 못하는지라 증시贈詩를 지어 서술하다」(원제 '春盡益
思李子胤之. 李子聞入伽倻山, 無意北歸. 余近借衡山水竹圖, 聞李子於南
方得故李將軍梅石, 皆佳品而未與之賞, 贈詩以述'), 『뇌』1].

● 우중(雨中)에 이휘지 등 여러 사람과 약속해 도봉서원이 있는

「우중에 여러 공들과 약속해 도봉산에
노닐다. '누'자 운을 나누어 받다」, ──
『능호집』(상) 122면
「또 짓다」, 『능호집』(상)
126면

10 숙종 30년(1704), 임진왜란 때 조선에 원병(援兵)을 보낸 명나라 신종(神宗)을 제사지내기 위해 창덕궁 후원(後苑)에
설치한 제단이다. 매년 3월 상순에 한 번 제사지냈다. 영조 26년인 1750년부터는 명나라의 창업주인 태조와 마지막 황
제인 의종(毅宗)을 함께 제사지냈다.

11 당시 이인상은 「초여름 임당(林塘)의 야정(野亭)에 모여 김원박(金元博)·유문(孺文)과 함께 두시(杜詩)에 차운하다」(원
제 '初夏集林塘野亭, 同金元博、孺文次杜詩', 『뇌』1), 「이튿날 또 차운하다」(원제 '翌日又次', 『뇌』1), 「차운하여 노계(蘆
谿: 김무택)에 이어 짓다」(원제 '次韻續蘆谿作', 『뇌』1) 3수를 지었다. 김무택은 「늦봄에 임당의 구정(舊亭)에서 유문 형
과 원령을 맞아 두시에 차운하다」(원제 '暮春林塘舊亭, 邀孺文兄、元靈, 次杜韻', 『연소재유고』 제1책) 3수를 지었다. 이
인상의 시제(詩題)에는 '초하'(初夏)로 되어 있으나, 김무택의 시제에는 '모춘'(暮春)으로 되어 있다. 아마 봄에서 여름으
로 바뀌는 즈음이었을 것으로 생각된다.

도봉산에 가다(「우중에 여러 공들과 약속해 도봉산에 노닐다. '누'樓자 운을 나누어 받다」(원제 '雨中約諸公游道峰. 分樓字')).

이때 지은 시에 "가련하다 우리 도(道)를 거친 골짝에 부쳤으니"(可憐吾道寄荒谷:「또 짓다」(원제 '又賦'))라는 말이 보인다.

● 마포의 현석(玄石)에 있는 창랑정(滄浪亭)에서 청인(淸人) 이개(李鍇, 자 철군鐵君, 호 치청산인豸青山人)의 추회시(秋懷詩)에 차운하다(「현석의 창랑정에서 담존자 이공과 더불어 중국의 이 처사李處士 개의 추회시에 감회가 있어 차운하다」(원제 '玄石滄浪亭, 與湛翁, 感次中州李處士鍇秋懷詩')).

「현석의 창랑정에서 담존자 이공과 더불어 중국의 이 처사 개의 추회시에 감회가 있어 차운하다」, 『능호집』(상) 127면

작년에 김익겸이 연경(燕京)에 들어갔다가 여관에서 우연히 이개를 만나 단번에 지기(知己)가 되었다. 하루는 이개가 탄식하며 자신이 지은 「추산구작」(秋山舊作)이라는 시를 보여 주었다. 이 시는 다음과 같다: "책상의 잔편(殘編) 게을러 수습 않고/시냇가 물새와 말없이 벗이 되네/산을 보매 홀연 천추의 눈물이 흐르고/물에 임하니 도리어 만리(萬里)의 시름만 더하네/늘그막의 심회(心懷) 오로지 먼 일을 회상커늘/예로부터 사부(詞賦)는 가을을 슬퍼했지/서당에서 함께 공부한 동학 지금 뉘 살아 있나/다만 청산이 나의 백발을 비추누나."(几上殘編倦不收, 溪邊沙鳥默相求. 看山忽下千秋淚, 臨水翻增萬里愁. 老去襟懷偏憶遠, 古來詞賦已悲秋. 塾中同學今誰在, 獨許青山照白頭:「치청산인」豸青山人, 『청비록』淸脾錄 권1, 『청장관전서』靑莊館全書 권32 소수)[12] '추회시'란 바로 이 시를 말한다. 김익겸이 귀국한 후 조선의 사대부들 사이에 이 시가 회자되었다. 이개는 명나라 영원백(寧遠伯) 이성량(李成樑)의 후손으로, 이여송의 족증손(族曾孫)이다. 벼슬을 하던 중 장인 색액도(索額圖)가 태부(太傅)로서 권세가 너무 높은 바람에 멀리 반산(盤山)의 치봉산(豸峯山) 아래 은거하였다. 문집인 『첩소집』(睫巢集)이 조선에 전해졌다.

● 봄, 송문흠이 밤에 와서 자는 사람을 깨워 같이 달을 보며 산보하다가 시를 짓다(「송자가 밤에 와서 잠든 나를 불러 함께 서단西壇을 걸으며 달구경을 하고는 시 한 수를 읊고 갔는데 그 보여 준 시에 화답

---

12 『국역 청장관전서』 VII(민족문화추진회, 1980), 38~40면 참조.

하다」(원제 '宋子夜來喚睡, 與步西壇翫月, 詠二詩而去, 和示'), 『뇌』1).

● 봄, 김무택·윤면동과 함께 담화재[13]에 가 시를 수창하다(「봄날 원박·자목과 담화재를 방문하여 함께 공동空同의 시 「이씨의 연못가 정자를 찾다」[14]에 차운하여 주인에게 주고, 인하여 이자李子 백눌伯訥(이민보)에게 편지로 부치다」(원제 '春日同元博、子穆訪澹華齋, 共次空同過李氏荷亭詩, 寄主人, 因柬李子伯訥'), 『뇌』1).[15]

행서로 쓴 이 시의 시고가 전한다(서울대학교 박물관 소장《근역서휘》槿域書彙 소수). 인장: "이인상인"(李麟祥印) "천보산인"(天寶山人)

「여러 벗들과 달밤에 배를 띄우기로 약속했으나 그러지 못해

〈춘일동원박자목방담화재〉,
『서화평석』(2) 883면

---

13 박경남, 「단릉 이윤영의 『山史』 연구」(서울대 석사학위 논문, 2001)의 부록 '단릉 이윤영 연보'에서는 담화재가 1742년 여름에 조성된 것이라 했으나 착오이다. 이윤영의 동생인 이운영의 문집 『옥국재유고』 권1에 실린 시 「담화재의 작은 모임」(원제 '澹華齋小會')의 제하(題下)에 '신유'(1741)라고 이 시의 창작 시기가 명기되어 있다. 1741년 봄에 담화재가 완공되어 이해 봄·여름 단호그룹의 멤버들은 이곳에서 자주 아회를 가졌다.

14 이 시는 이몽양(李夢陽)의 『공동집』(空同集) 권30에 「이씨의 연못가 정자를 찾아 하자(何子)와 만나다」(원제 '過李氏荷亭, 會何子')라는 제목으로 실려 있다.

15 『뇌상관고』에서 이 시는 1743년에 창작된 시편들 속에 들어 있으나 1743년 작이 아니라 1741년 작이다. 이윤영의 『단릉유고』에 의하면 이 시와 같은 운을 쓴 「계속 차운해 같이 노닌 여러 군자에게 보여 화답을 구하다」(원제 '續次示同遊諸君要和', 『단릉유고』 권7)의 창작 시기는 1741년이다. 뿐만 아니라 『뇌상관고』에서 1743년에 창작된 시편들 속에 들어 있는 「여러 벗들과 달밤에 배를 띄우기로 약속했으나 그러지 못해 이자 윤지의 백석산방에 모여 시를 짓다」(원제 '與諸子約泛月, 不諧, 集李子胤之白石山房分韻'), 「담화재에 모여 운을 나누어 짓다」(원제 '會澹華齋分韻'), 「담화재에서 조금 술을 마셨는데 모인 이가 무릇 여덟이었다. 도연명의 "朝爲灌園, 夕偃蓬廬"라는 시구를 써서 분운하다. 나는 '조'(朝) 자를 얻어 장구(長句)를 짓다」(원제 '澹華齋小酌, 會者凡八人, 用「朝爲灌園, 夕偃蓬廬」分韻, 余得朝字賦長句') 세 작품도 1741년 작이다. 이윤영의 「백눌의 시에 차운하다」(원제 '次伯訥韻', 『단릉유고』 권7 '綠雲錄'에 네 번째로 실린 작품을 말함. 두 번째와 세 번째로 실린 「백눌의 시에 차운하다」(원제 '次伯訥韻')는 다른 자리, 즉 첫 번째로 실린 작품인 「담화재에 모인 여덟 사람, 아우 건지, 백현, 원령, 백현의 아우 중관, 이백눌, 김원박, 김유문이 도연명의 "朝爲灌園, 夕偃蓬廬"라는 시구를 집어 각각 한 글자씩 운으로 삼아 읊다」(원제 '澹華齋會者八人, 舍弟健之、伯玄、元靈、伯玄弟仲寬、李伯訥、金元博、金孺文, 拈陶詩「朝爲灌園、夕偃蓬廬」, 各賦「一字」')가 지어진 자리에서 지어진 것임)는 이인상의 「담화재에 모여 운을 나누어 짓다」가 지어진 자리에서 지어진 시이고, 이윤영의 「담화재에 모인 여덟 사람(…)」은 이인상의 「담화재에서 조금 술을 마셨는데(…)」가 지어진 자리에서 지어진 시이다. 『단릉유고』에 의하면 이 시들의 창작 시기는 1741년이다. 이윤영의 동생 이운영의 문집 『옥국재유고』 권1에 실린 「담화재의 작은 모임」(원제 '澹華齋小會')과 「백눌의 시에 차운하다」(원제 '次伯訥韻')는 이인상의 「담화재에서 조금 술을 마셨는데(…)」가 지어진 자리에서 지어진 시인데, 그 창작 시기가 '신유년'(1741)임이 명기되어 있다. 한편 이인상의 「담화재에서 조금 술을 마셨는데(…)」가 지어진 때가 '여름'이었음은 이윤영이 지은 「백눌의 시에 차운하다」 제2수('綠雲錄'에 세 번째로 실린 작품) 중의 "그대 만나 기운을 내뿜으며 이야기하니 / 여름밤이 길었으면 하네"(吐氣逢君話, 欲令夏夜長), 이운영이 지은 「담화재의 작은 모임」 중의 "객(客)을 맞아 동쪽 문 여니 / 연꽃이 갓 피었구나"(見客開東戶, 蓮花初發英)라는 시구를 통해 알 수 있다. 이인상·윤면동·김무택·김순택·이민보 등이 1741년 봄과 여름에 담화재에서 자주 아회를 가진 것은 이해 봄에 담화재가 낙성된 것과 무관하지 않다고 생각된다.

이자 윤지의 백석산방에 모여 운을 나누어 시를 짓다」(원제 '與諸子約泛月, 不諧, 集李子胤之白石山房分韻', 『뇌』1), 「담화재에 모여 운을 나누어 짓다」(원제 '會澹華齋分韻', 『뇌』1), 「담화재에서 조금 술을 마셨는데 모인 이가 무릇 여덟[16]이었다. 도연명의 "朝爲灌園, 夕偃蓬廬"[17]라는 시구를 써서 분운하다. 나는 '조'(朝) 자를 얻어 장구(長句)를 짓다」(원제 '澹華齋小酌, 會者凡八人, 用'朝爲灌園, 夕偃蓬廬'分韻, 余得'朝'字賦長句', 『뇌』1)는 모두 이해 상반기에 지은 시들이다.

이윤영·오찬·이민보와 함께 당나라 온정균(溫庭筠)의 시 「이주남도」(利州南渡)에 차운해 지은 「담화재에 모여 운을 나누어 짓다」는 그 시고가 현재 전한다(경남대학교 박물관 데라우치문고 소장). 당시 오찬이 지은 시의 시고 역시 전한다(《명가잉묵》名家賸墨 권7 소수).[18] 오찬의 시고 중에 보이는 "원령이 취한 후 파초를 그렸다"(元靈醉後寫芭蕉)라는 주기(註記)를 통해, 이인상이 이때 파초 그림을 그렸던 것을 알 수 있다. 이 그림은 현재 전하지 않는다. 당시 이윤영이 지은 시는 『단릉유고』 권7에 「백눌의 시에 차운하다」(원제 '次伯訥韻')라는 제목으로 실려 있다.

이인상이 이윤영을 위해 '담화재'라는 편액 뒤에 글을 써 준 것은 이해 아니면 그다음 해일 것이다. 글은 다음과 같다: "벼랑을 뚫어 방을 내고/덩굴을 끌어 처마로 삼았네/둥그재를 우러러보고/서지를 내려다보네/사방 창문이 시원하게 열렸고/온갖 화훼가 푸르네/소나무와 대나무/구기자와 국화가 둘러 있네/그 속에서 책을 끼고 있으니/경서와 정사(正史)라네/인의(仁義)로 배불러/고량진미 원치 않네/물(物)에 구속되지 않고 이름을 멀리하니/도(道)에 침잠하여 마음이 유장하네/이 집에 들어올 때는/옷을 깨끗이 빨아야 하리."(鑿崖開室, 引蔓爲檐. 仰看圓峯, 俯瞰綠潭. 四牖洞開, 百卉交翠. 惟松與筠, 杞菊環侍. 擁書其中, 正經眞史. 飽乎仁義, 不願膏粱. 薄物遠名, 道潛心長. 有來入室, 且浣其裳:「담화재 편액 뒤에 윤지를 위해 적다」(원제 '書澹華齋扁後爲胤之'), 『뇌』5)

〈회담화재분운〉, 『서화평석』(2)
879면

오찬, 〈담화재차당인운〉,
『서화평석』(2) 1167면

---

16 이윤영·이운영·이인상·임매·임과·이민보·김순택·김무택 8인이다.

17 도연명의 4언시 「방 참군에게 답하다」(答龐參軍)의 한 구절이다.

18 《명가잉묵》은 『사진 도본 명가잉묵 전7권 외 고인 필적』(이종덕 편, 한국컴퓨터산업, 1992)에 수록된 것 참조.

담화재에서 도연명의 「음주」(飮酒) 제7수를 전서로 쓴 것도 이때부터 몇 년 사이로 추정된다(《해동역대명가필보》海東歷代名家筆譜 소수). 관지는 다음과 같다: "도연명의 「음주」시. 담화재에서 쓰다. 원령."(淵明「飮酒」詩. 書于澹華齋中. 元靈.)

● 성북구 종암동(지금의 월곡동)에 있던 오씨(吳氏: 오원吳瑗)의 별서(別墅) 청령각(淸泠閣)에서 윤면동과 시를 짓다.

당시 이인상은 윤면동·이상목(李商穆, 자 경사敬思)[19]과 함께 도봉산에 가 노닐다가 잠시 고암(鼓巖: 종암동을 이름)의 오씨 정자를 찾았다(「이원령·이경사李敬思와 함께 도봉산에 노닐고 잠시 고암의 오씨 정자를 찾다」(원제 '與李元靈·李敬思遊道峯, 蹔過鼓巖吳氏亭'), 『오』1).

● 여름, 신소가 돈 30냥을 대고[20] 송문흠이 주선하여 남산의 고봉절간(高峰絶澗)[21]에 초옥 세 칸 가량[22]을 지어 이인상에게 살게 하다.

신소는 퍽 의리가 있는 인물이었다. 아픈 벗에게 약을 직접 만들어 보내 주었을 뿐 아니라 벗의 부인이 아파도 약을 보내 주곤 했다.[24] 이인상이 너무 가난하여 자주 집을 옮기며 고생하는 것을 딱하게 여겨 남산 높은 곳에 초가집을 지어 이인상에게 준 것이다. 이인상은 결혼 후 9년 동안 이 집에 입주하기 전까지 열다섯 번을 이사했노라고 스스로 말하고 있다(「또 한 편의 아내 제문」, 『뇌』5). 남산 기슭의 좋은 터는 대개 부귀가가 차지하고 있어 남산 높은 곳에 집을 지을 수밖에 없었다. 이곳은 겨울에 몹시 추웠지만 그 대신 궁궐과 삼각산이 한눈에 들어와 전망만큼은 아주 좋았다. 그래서 송문흠은 이 집을 '능호관'(凌壺觀)이라고 명명하고

「오씨의 별장 청령각에서 윤자목과 함께 짓다」, 『능호집』(상)
121면

〈음주 제7수〉, 『서화평석』(2)
738면

---

19 이상목은 집이 남산 자락에 있어 윤면동과 가까이 지냈다. 윤면동의 『오헌집』에는 그와 수창한 시가 여러 편 실려 있다.

20 "30냥으로 남산의 작은 집을 샀다"(以錢三千, 爲買南麓小屋: 송문흠, 「程秀才訪邵先生圖贊」, 『한』7). 유홍준 교수는 이 구절의 '錢三千'을 3천 냥으로 해석했지만(유홍준, 『화인열전 2』, 역사비평사, 2001, 79면), 착오이다. 박혜숙, 「18~19세기 문헌에 보이는 화폐단위 번역의 문제」(『민족문학사연구』38, 2008), 227면 참조.

21 「주난우 글씨의 「종수」시(種樹詩) 주련(柱聯) 지(識)」(원제 '朱蘭嵎書種樹柱聯識'), 『뇌』4.

22 황윤석의 말에 의하면 당시 서울의 집값은 초가의 경우 한 칸[間]당 10냥이었다. 박혜숙, 앞의 논문, 226면 참조. 한편 송문흠은 「능호관기」(凌壺觀記, 『한』7)에서, "남산 기슭에는 집이 수백 채 있는데 원령의 집이 그 속에 있다. 초옥 몇 칸으로, 비바람을 막기에 부족하고, 머리를 숙여야 들어갈 수 있으며, 몸을 굽혀야 누울 수 있다"(南山之麓, 臺館以累百數, 而元靈之宅在其中, 草屋數椽, 不足庇風雨, 俛首而入, 鞠躬而臥)라고 하였다. 이 중 '초옥 몇 칸'이라는 말이 주목된다.

그 기문을 지었다(「능호관기」, 『한』7). 당나라 이백(李白)의 시 「단양 횡산의 주처사 유장에게 주다」(원제 '贈丹陽橫山周處士惟長')의 "주자(周子)는 횡산(橫山)에 숨었는데/문을 열면 성(城) 모퉁이 내려다뵈네/연달은 산봉우리 창에 들어와/방호(方壺)보다 경치가 더 낫고말고/(…)"(周子橫山隱, 開門臨城隅. 連峰入戶牖, 勝槩凌方壺, […])의 제4구를 취해 붙인 이름이다. '방호'(方壺)는 신선이 산다는 방장산을 가리키니, '능호관'은 방장산을 능가할 만큼 경치가 좋은 집이라는 뜻이다. 이인상은 이 집을 '산관'(山館)[24] '간사'(澗舍) 등으로 불렀다. '간사'는 '시냇가의 집'이라는 뜻이다. 능호관 부근에 있는 시내는 '남간'(南澗)으로 불렸다.[25] 이인상은 종종 이 남간에서 벗들과 함께 시를 수창하거나 그림을 그리거나 글씨를 썼다. 능호관은 공교롭게도 이인상이 어릴 적 살았던 남산의 옛 집(조부의 집) 근처였으며, 또한 그 부근에 고조부 이경여의 사당이 있었다.[26]

● 김근행이 찾아와 「남곡(南谷: 남산)에 있는 원령의 유거(幽居)를 방문하다」(원제 '南谷訪元靈幽居', 『용재집』 권1)라는 시를 지은 것은 이때 전후로 추정된다.

　　시는 다음과 같다: "청량한 땅에 집을 샀으니/한가로운 거처 기뻐하겠네/도서는 모두 고적(古蹟)이고/꽃과 대 또한 그윽해

23　황경원이 쓴 「신성보 묘지명」(申成甫墓誌銘, 『강한집』 권17)의 "내(황경원)가 어릴 적에 열병에 걸려 남산(南山)의 집에 누워 있었다. 선생(신소)이 이를 걱정하여 우황(牛黃)을 사다가 손수 고액(膏液)을 만들었는데 바람에 말리다가 까마귀에게 먹혀 버렸다. 그러자 선생은 또 우황을 사서 재차 고액을 만들어 먹게 하였다. 객이 선생에게 말하기를, '봉우가 병이 깊어진다고 직접 약을 만들어 먹이는 것은 지나치지 않습니까?'라고 하였다. 선생이 말하기를, '봉우의 윤리는 부부나 형제의 윤리와 조금도 다르지 않소. 나는 그저 나의 윤리를 다해야 한다고 알 뿐이오'라고 하였다"(景源少時, 被疹疾, 臥南山下, 先生憂之, 市牛黃, 手自爲膏, 風戾之, 爲鴉所呑, 先生又復市牛黃, 再爲之膏而饋之. 客謂先生曰: '朋友寖疾, 自劑藥而饋之, 不亦過乎?' 先生曰: '朋友之倫, 與夫婦兄弟之倫, 未嘗異也. 吾惟知盡吾之倫而已矣')라는 말 참조. 또 이인상의 「신성보 제문」(원제 '祭申成甫文', 『능』4)과 「또 한 편의 아내 제문」(원제 '又祭亡室文', 『뇌』5)도 참조.

24　정확한 명칭은 『설월풍화산관』(雪月風花山館)이다. 유만주(兪晩柱)의 『흠영』(欽英) 1785년 8월 19일 일기의 "이원령의 산관(山館)에 '설월풍화산관'이라는 편액이 있다"(李元靈有山館之扁曰'雪月風花山館')라는 말 참조.

25　유홍준 교수가 '남간'을 "증조부의 묘소가 있는 경기도 양근(楊根)의 갈산(葛山) 근처를 말하는 것"으로 추정한(「능호관 이인상의 생애와 예술」, 32면) 이래 이 견해는 최근까지 통용되고 있다. 2010년 국립중앙박물관에서 개최된 능호관 이인상 탄신 300주년 기념 전시회의 도록인 『능호관 이인상』의 44면에서 남간을 "경기도 양근 갈산(현재 남양주시) 부근일 가능성이 있다"라고 한 데서 그 점이 확인된다.

26　이경여의 옛 집이 남산 밑 남산동에 있었는데 그 주손(冑孫)이 봉사(奉祀)하고 있었다. 유본예(柳本藝), 『한경지략』(漢京識略) 권2의 '각동'(各洞) 조 참조.

볼만하여라/침상 너머 계곡물 소리 들리고/주렴 열면 구름 낀 산이 들어오네/한가로이 지내며 자신의 분수 따르고/벗이 오면 화락함을 자랑하누나."(買屋淸涼地, 閒居可卜歡. 圖書渾古蹟, 花竹且幽觀. 隔床聞石潤, 開箔納雲巒. 偃仰隨吾分, 朋來詑易安.)

● 6월, 송문흠·송익흠·김성자·윤득민과 삼청동에서 아회를 갖다. 이날 비가 뿌리는 중에 글씨를 쓰고 그림을 여러 폭 그리며 한묵(翰墨)의 취(趣)를 다하다. 집에 돌아와 며칠 후 「삼청동 유기」(원제 '游三淸洞記', 『뇌』4)를 지어 그날의 광경을 자세히 적다.

이날 윤득민의 부채에 그려 준 그림(실전)에 다음과 같은 제시(題詩)를 적다: "푸른 돌 흰 구름이 옛 골짝을 에워싸고/시원한 바람 소리 깊은 솔을 지나네/거나히 취해 산비 만나도 괘념치 않고/누워서 앞산의 짙푸른 빛 보네"(石蒼雲白鎖古洞, 風珮泠泠度深松. 不愁醉極逢山雨, 臥看前峰翠黛濃.「삼청동에서 윤자尹子 성구聖求의 부채에 그림을 그리고 내키는 대로 짓다」(원제 '三淸洞畫尹子聖求扇漫題'), 『뇌』1).

● 경복궁 유지(遺址)에서 송문흠·송익흠·김성자·윤득민·황경원·심공헌(沈公獻, 자 사징士澄, 송문흠의 처남)·신소와 노닐다. 〈청유도〉(淸遊圖: 실전)를 그려 이를 기념하다(「옛 궁궐인 경복궁에서 노닐었는데 삼청동에서 노닐었던 벗들이 모두 모였다. 황자 연보, 심자 사징, 신자 성보 및 송 교수도 왔다. 시와 그림으로 이를 기록하다」(원제 '游景福故宮, 三淸游伴皆會. 黃子淵父、沈子士澄、申子成甫、曁宋敎授又至, 有詩畫以紀之'), 『뇌』1).

● 김화행(金和行, 자 원례元禮)의 시에 화답하다(「김자 원례의 시에 차운하다」(원제 '次金子元禮韻'), 『뇌』1).

● 장진희(張震熙: 이인상의 장인인 장진욱의 종형제)의 시에 차운해 두곡정사(杜谷精舍: 시흥시 과림동果林洞 두곡杜谷에 있던 정자)에 거주하던 장진희의 아들 장재에게 부치다(「장 어르신 진희의 「두곡정사에서 짓다」라는 시에 차운하여 부치며 적다」(원제 '次張丈震熙杜谷精舍作寄題')).

● 백씨, 진사시에 합격하다.

● 가을, 송문흠과 동호(東湖)에 노닐며 압구정·능허대(凌虛臺)를 구경하고 밤에 배를 띄우다.

「장 어르신의 「두곡정사에서 짓다」라는 시에 차운하여 부치다」, 「능호집」(상) — 131면 이때 지은 시 중에 "나의 삶은 본디 요락(寥落)하여라"(吾生本寥落:「송자 사행과 동호에서 노닐었는데, 압구정과 능허대를 구경하고 그 앞 강물에 밤에 배를 띄웠으며 "揚檝越平湖, 泛隨淸壑回"[27]라는 시구의 글자에서 다섯 글자를 취해 각각 짓다」(원제 '與宋子士行游游東湖, 觀押鷗亭[28]、凌虛臺, 泛月前湖, 用"揚檝越平湖, 泛隨淸壑回", 各賦五字'), 『뇌』1)[29]라는 말이 보인다.

● 가을, 송문흠이 술을 갖고 와 뜨락의 국화를 감상하다. 송익흠도 나중에 오다(「송사행이 술병을 소매에 넣고 와 뜨락의 국화를 감상했는데 송시해가 뒤이어 오다」(원제 '宋士行袖壺來, 賞庭菊, 宋子時偕繼至')).

「「송사행이 술병을 소매에 넣고 와 뜨락의 국화를 감상했는데 송시해가 뒤이어 오다」, 『능호집』(상)
134면

「송자의 「우거하는 집에 국화를 심다」에 화답하다」(원제 '和宋子旅次種菊', 『뇌』1) 중의 "남산 높은 곳에 / 국화 심어 내 집을 빙 둘렀네"(超超南山阿, 種菊繞我宅)라는 말로 보아, 능호관 집 주변을 빙 둘러 국화를 심었음을 알 수 있다.

● 중양절, 김근행이 찾아와 이야기를 나누다(「중양일에 원령과 만나 이야기하다」(원제 '重陽日, 與元靈會話'), 『용재집』 권1).

● 10월, 김순택·김무택과 남간에서 노닐다(「신유년 초겨울에 원령 및 유문 형과 더불어 남간에서 노닐다」(원제 '辛酉歲孟冬, 與元靈、孺文兄游南澗'), 『연소재유고』(淵昭齋遺稿 제1책).[30]

● 11월, 임매와 이윤영의 '석실서원(石室書院) 시'에 화답하다(「임자 백현과 이자 윤지의 석실서원 시에 화답하다」(원제 '和任子伯玄、李子胤之石室書院詩'), 『뇌』1).

당시 임매와 이윤영은 양주의 석실서원을 방문 중이었다.

● 11월 17일, 석실서원에 가 있는 이윤영에게 간찰을 보내다(개

---

27 도연명의 시 「병진년 팔월에 하손(下撰)의 전사(田舍)에서 곡식을 거두며」(원제 '丙辰歲八月中於下撰田舍穫')에 나오는 구절이다.

28 '狎鷗亭'이라 적지 않고 '押鷗亭'이라 적었다. '押'은 '狎'과 통한다.

29 이날 송문흠이 지은 시 가운데 3수가 『한정당집』 권1에 「8월 15일 밤, 이원령과 함께 한강에 배를 띄우다」(원제 '八月十五夜, 與李元靈泛漢水')라는 제목으로 실려 있다. 전문은 다음과 같다: "晚照臨漢濟, 洱涘牛馬盈. 囂囂競渡際, 貴賤各有情. 孰以虛舟意, 泛此秋潭淸. 秋潭晚色淨, 勢與遠天平. 聊憑積水大, 悟此一身輕(其一); 壁圓千峯秀, 沙瑩萬頃湛, 會之歸衿袍, 曠然無缺陷. 愁破映水村, 興發當風帆. 煙嵐浸晚畫, 雁鷙隱空鑑. 物色留餉我, 尙有輕鷗泛(其二); 搖搖泝空明, 落落昇素規. 遙輝麗洲嶼, 中流興初奇. 浮雲忽點翳, 重暈終相隨. 望望貞明復, 沈沈中夜期. 晴陰何關我, 遭値固有時(其三)"

30 『연소재유고』는 불분권(不分卷) 책이다. 이하 『연소재유고』는 『연』으로 약칭하고 제 몇 책인지 그 숫자만 표기한다.

〈이윤영에게 보낸 간찰〉(부분),
『서화평석』(2) 937면

인 소장).

이 중에 "묵매 한 폭을 부쳐 드리니 연꽃과 짝할 수 있을지 모르겠습니다"(墨梅一幅寄往, 可配蓮花耶)라는 구절이 있는 것으로 봐서 〈묵매도〉(墨梅圖: 실전) 한 폭을 그려 이윤영에게 보냈음을 알 수 있다.

이 무렵 이윤영이 쓴 시「내가 반곡에서 석실로 향했는데 송사행이 편지를 부쳐 노니는 곳으로 한번 오겠다는 말을 하였고 원령이 지초(紙綃)를 내 행탁에 넣어 주어 한가로운 날에 수묵도를 그리게 하였다. 내가 게으름이 심하여 아직까지 그림을 그리지 못하였고 사행 또한 끝내 오지 않았다」(원제 '余自盤谷向石室, 宋士行寄書有遊事就次一圖之語, 元靈以紙綃入余橐, 使於暇日染水墨, 余倦甚, 尙不能落筆, 士行亦終不至', 『단릉유고』[31] 권5)에 "보산자가 수묵도 그리라 했건만 게을러 부응 못하고／송자와 강에 노니는 일 기다리기 너무 어렵네"(寶山水墨酬何倦, 宋子江遊待已難)라는 말이 보인다.

● 「이윤지에게 편지로 부치다」(원제 '簡李胤之', 『뇌』1)라는 시도 이 무렵 쓴 것으로 여겨진다.

이 시의 제하(題下)에, "마침 정 총병(程摠兵) 용(龍)이 황 의주(黃義州) 일호(一皓)와『대학』(大學) 십장(十章)을 강론한 필적을 보았다. 황씨가 소장했던 〈수선도〉(水仙圖)[32]가 아직도 전하거늘 백강(白江) 선조(先祖)[33]께서 심양(瀋陽)에 가셨을 때 가져 오신 것이다"(適觀程摠兵龍與黃義州一皓講『大學』十章筆蹟. 猶傳黃氏〈水仙圖〉, 白江先祖入瀋時携來者)라는 주(註)가 달려 있다.

'정룡'(程龍)은 호가 백설산인(白雪山人)이며, 부총병(副總兵)을 지냈다. 명 숭정(崇禎) 계유년(1633)에 칙명을 받들어 조선에 왔다가 이듬해 갑술년에 돌아갔다. 이인상은 그가 조선에 와서 그

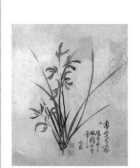

〈방정백설풍란도〉,
『서화평석』(1) 878면

---

31 이하『단릉유고』는『단』으로 약칭하고 권수는 숫자만 표기한다.

32 이경여(李敬輿, 1585~1657)가 중국에서 구해 온 그림인데 훗날 황일호의 후손이 소장했던 것으로 보인다. 이경여의 차남 이민적(李敏迪, 1625~1673)이 황일호의 딸에게 장가들었으니 이경여와 황일호는 사돈간이다. 여기서 말한 〈수선도〉는 호해(湖海)의 신선을 그린 그림으로 여겨진다. 이인상의 시에는 '수선'을 언급한 것이 많다.

33 이인상의 고조부 이경여를 가리킨다. '백강'(白江)은 그 호이다. 이경여는 영중추부사·우의정·영의정을 지냈으며 병자호란 때 인조를 호위하여 남한산성에 들어갔다. 배청(排淸)의 입장을 고수하다가 1642년 심양에 억류된 바 있다.

영조 17년(신유辛酉)

1741년

32세

린 풍란(風蘭)을 본떠 그린 그림을 그리기도 했다. '황일호'(1588~1641)는 1635년 문과에 급제했으며, 병자호란 때 척화(斥和)를 주장했다. 의주 부윤으로 있을 때 명나라를 도와 청나라를 치고자 최효일(崔孝一) 등과 모의한 것이 발각되어 청의 병사에게 피살되었다.

● 겨울, 대설이 내리고 능호관의 집이 추워 분매가 꽃을 피우지 않아서 걱정하며 「능호관에서 설중(雪中)에 내키는 대로 읊어 북쪽 이웃에게 주다」(원제 '凌壺觀雪中謾述, 呈北鄰')를 지어 송문흠에게 보내다.[34]

「능호관에서 설중에 내키는 대로 읊어 북쪽 이웃에게 주다」, 『능호집』(상) 136면

이인상은 어쩔 수 없이 이 분매를 송문흠의 집에 맡겼다.

———

● 이해, 고명딸 태어나다.

○ 이휘지, 진사시에 합격하다.

○ 김양택, 생원시에 합격하다.

○ 이보상, 2월 영춘(永春) 현감에 제수되다.

○ 신소, 3월 송명흠과 「태극도설」(太極圖說)을 강론하다(『늑천집』 권19의 연보).

○ 김성응, 4월 어영대장에 제수되다.

○ 이윤영, 봄 담화재를 조성하다.

○ 이윤영, 여름 병에 걸려 몇 십 일간 죽정(竹亭)에서 누워 지내며 문밖을 나가지 못하다(『단』3).

◎ 이덕무(李德懋, 1793년 졸, 자 무관懋官, 호 형암炯菴·아정雅亭·청장관靑莊館, 서얼) 출생.

◎ 윤순(尹淳, 1680년 생, 호 백하白下, 당색 소론) 사망.

◎ 조유수(趙裕壽, 1663년 생, 호 후계後溪, 당색 소론) 사망.

◎ 정선, 《경교명승첩》(京郊名勝帖)을 완성하다(간송미술관 소장).

◎ 영조, 3월 26일 신하들과 유형원(柳馨遠, 1622~1673, 당색 소

---

34 '북쪽 이웃'이 송문흠임은 「송자의 「우거하는 집에 국화를 심다」에 화답하다」(원제 '和宋子旅次種菊') 제3수의 "북쪽 마을에 벗이 있어"(北里有故人)라는 말에서 알 수 있다.

북)의『반계수록』(磻溪隨錄)을 거론하다.

◎ 영조, 9월 신유대훈(辛酉大訓)을 내려 노론측 신임의리의 정당
성을 인정하다.

　　이로써 충역 시비(忠逆是非)에서 노론이 승리하여 노론의 권력
기반이 강화되다.

◎ 서원의 사건(私建)과 사향(私享)을 금하다.

◎ 숙종 40년 이후에 창건한 향현사(鄕賢祠)와 영당(影堂)을 훼철
(毁撤)하다.

① 난학자(蘭學者)이자 본초학자인 노로 겐죠오(野呂元丈)의『아
란타 본초화해』(阿蘭陀本草和解) 완성되다.

① 유학자 미야케 쇼오사이(三宅尙齋) 사망.

영조 18년(임술壬戌, 1742년) 33세

● 정월, 송문흠에게 〈추기도〉(秋氣圖: 실전) 소폭(小幅)을 그려 보내다「이원령의 집이 추워 매화나무가 얼어 거의 죽게 됐으므로 나에게 보내 간직하게 했는데, 이듬해 정월 열하룻 날 비로소 두어 송이가 피었다. 마침 원령이 〈추기도〉 소폭을 보내온지라 이 시를 써서 사례하고 아울러 내 집에 와서 매화를 완상할 것을 청하다」(원제 '李元靈屋冷, 梅樹凍殊死, 寄藏於余. 翌年正月十一日, 始放數朶, 適元靈寄小幅秋氣圖, 書此爲謝, 仍請來賞'),『한』1).

● 정월, 송문흠의 집을 방문해 맡겨 둔 분매의 꽃을 완상하다.

이 무렵, 자신의 집에서는 꽃을 피우지 않던 분매가 송문흠의 집에서 꽃을 피운 것을 기롱하는 시「언 매화나무를 장난삼아 읊어 송사행에게 보이다」(원제 '戲賦凍梅示宋士行')를 짓다.

● 이휘지가 보낸 고시 19수를 본뜬 시 여러 편에 화답하는 시를 짓다「고시古詩를 본뜬다. 설소雪巢(이휘지)가 하시下示한 여러 작품에 삼가 화답하다」(원제 '擬古. 拜和雪巢下示諸作'),『뇌』1).

● 봄, 필운대에서 꽃구경하다.

● 3월 3일, 종부시(宗簿寺) 직장에 제수되었으나 품계가 낮아 그대로 둘 수 없다 하여 다른 관서의 직장과 상환(相換)하기로 결정되어 사재감(司宰監) 직장 송휘명(宋輝明)과 상환되다.

사재감은 궁중에서 쓰이는 생선·고기·소금·연료 등에 관한 일을 맡아보던 관청이다.

● 여름, 북악과 인왕산 사이의 계곡인 청풍계(淸風溪)에서 노닐다「청풍계. 이사직李士直과 함께 읊다」(원제 '淸風溪. 同李士直賦'),『뇌』1).

● 가을, 북영(北營)[1]에서 노닐다「북영」北營,『뇌』1).

「언 매화나무를 장난삼아 읊어 송사행에게 보이다」, 「능호집」(상) 143면

「필운대에서 꽃구경을 하다. ― '곡'(曲), '경'(徑), '통'(通), '유'(幽), '처'(處) 다섯 운을 써서 다섯 수를 짓다」, 「능호집」(상) 147면

1 창덕궁 서쪽인 지금의 원서동(苑西洞)에 있던 훈련도감의 본영(本營)을 이른다. 연못과 누각이 있어 여름에 피서하기 좋았다.

〈적벽부〉(부분), 『서화평석』(2)
277면

〈후적벽부〉(부분), 『서화평석』(2)
221면

● 7월 15·16일, 김근행·김선행 형제와 한강의 행호(杏湖)에 배를 띄우고 야유(夜遊)하다(「임술년(1742) 7월 보름날, 김자 신부 형제와 행호에 배를 띄우다」(원제 '壬戌七月望日, 與金子愼夫兄弟泛舟杏湖'); 「기망旣望에 용정龍頂[2]에 배를 띄우다. 술부述夫의 시에 차운하다」(원제 '旣望泛龍頂. 次述夫韻'), 『뇌』1).[3]

이 무렵 소식(蘇軾)이 지은 「적벽부」의 "縱壹葦之所如, 凌萬頃之茫然. 浩浩乎, 如憑虛御風, (而)[4]不知其所止; 飄飄(乎), 若遺世獨立, 羽化而登僊"을 전서로 쓰고(《원령필[중]》元靈筆[中], 국립중앙박물관 소장), 「후적벽부」의 "山高月小, 水落石出"을 전서로 쓰다(《원령필[상]》元靈筆[上], 국립중앙박물관 소장).

이 중 〈적벽부〉에는 "원령"(元靈)이라는 관지가 적혀 있고 "동해유민"(東海遺民)이라는 인장이 찍혀 있다. 이 인장은 30대 초·중반 무렵에 서사(書寫)한 것으로 여겨지는 〈억〉(抑,《원령필[중]》소수)에도 찍혀 있다.

● 8월, 이 무렵 건강이 안 좋아 피를 토하다.[5]

───

● 남산의 집 능호관의 당호를 '망운헌'(望雲軒)이라 짓고, 전서로 그 편액 글씨를 쓴 것은 이해 전후로 추정된다.

'望雲軒'이라는 편액 글씨는 현재 전한다(개인 소장). 이인상은 이 당호를 '운헌'(雲軒)이라 줄여 자신의 별호로 삼았으며 인장으로 새겼다. 〈수회도〉라는 글씨와 〈구룡연도〉·〈강남춘의도〉에 이 인장이 찍혀 있다.

● 김진상에게 『중용』 제33장을 전서로 써 준 것도 이해 전후로

〈망운헌〉, 『서화평석』(2) 713면

---

2 지금의 행주대교 부근인 덕양산 끝자락에 해당한다.
3 당시 김근행이 지은 시는 『용재집』 권2에 「임술년 7월 보름에 원령이 술부와 더불어 용호에서 배를 띄워 내려온다는 말을 듣고 『삼연집』에서 운자를 뽑아 지어 목이 빠지게 기다림을 기록하다」(원제 '壬戌秋七月望日, 聞元靈與述夫自龍湖舟下, 抽淵集韻, 以紀欣企'), 「원령이 배에서 시를 지었으므로 차운하다」(원제 '元靈有舟中作, 次之'), 「기망(旣望) 밤에 배를 띄워 십운시(十韻詩)를 연구(聯句)로 짓다. 「적벽부」에서 집자(集字)하다」(원제 '旣望夜泛舟, 聯成十韻, 集赤壁賦中字')라는 제목으로 실려 있다.
4 괄호 속의 글자는 소식의 「적벽부」에는 원래 있으나 이인상이 쓰면서 빠뜨린 글자다.
5 이해 8월 24일 송문흠이 신소에게 보낸 간찰 참조. 이 간찰은 『능호관 이인상 서화평석 2: 서예편』 부록 3의 '2-6'에 실려 있다.

<중용 제33장> 관지와 인장,
『서화평석』(2) 729면

추정된다(개인 소장).[6]

여기에는 "남간에서 인상이 김공(金公)을 위해 쓰다"(南澗, 麟祥 爲金公書)라는 관지가 적혀 있고 "동해유민"(東海遺民)[7]이라는 인 장이 찍혀 있다.

● 「화고명」(花觚銘, 『뇌』5)을 짓다: "난초와 연잎으로 옷을 해 입 고[8] / 구기자와 국화를 먹네[9] / 소나무 곁에 머무르고 매화 옆에서 자며 / 거문고 타고 피리 부네."(服蘭荷, 餐杞菊. 芰松寢梅, 鼓梧吹竹.)

● 연경에 가는 역관 김홍량(金弘梁, 1713~?)에게 여류량의 문집 『만촌고』(晚村稿)를 사올 것을 부탁하다(「연경에 가는 김 역정譯正 홍량을 증별贈別하다」(원제 '金譯正弘梁赴燕贈別'), 『뇌』1).

● 남산에 집을 지어 준 데 대한 감사의 뜻으로 신소에게 <정수 재방소선생도>(程秀才訪邵先生圖: 실전)를 그려 주다.

송문흠이 찬(贊)을 지었는데, 그 병서(幷序)는 다음과 같다: "오 른쪽 그림은 사마공(사마광)이 소강절을 방문한 고사(故事)로서, 백온(伯溫: 소옹의 아들)의 『문견록』에 나온다.[10] 원령은 이를 그림 으로 그려 성보(成甫: 신소)에게 부쳤다. 뜰에 두 그루 오동나무가 있고 뒤켠에 대나무 떨기가 있으며 형문(衡門)[11]이 물 앞에 있는 것은 강절의 집으로서 사마공을 위시한 제현(諸賢)이 강절에게 사 준 그 집일까. 그리고 시내 건너편의 작은 정자는 혹 부공(富 公: 부필)이 맹약(孟約)을 시켜 구입하게 한 동산일까. 원령은 집이 없어 동서로 전전하며 편히 안주하지 못했는데, 지난 여름 성보

---

6 이 글씨는 종래 <전서 팔곡병(八曲屛)>으로 불려 왔으며, 김무택에게 준 것으로 오해되어 왔다. 『능호관 이인상 서화평 석 2: 서예편』의 '7-4'를 참조할 것.

7 여기에 찍힌 '동해유민'이라는 인장은 <적벽부>나 <억>에 찍힌 것과는 다른 것이다.

8 『초사』「이소」에 "강리(江離)와 벽지(辟芷)를 몸에 두르고 / 가을 난초 꿰어서 허리에 차네 / (…) / 마름과 연잎을 재단하 여 저고리 만들고 / 연꽃을 모아서 하의(下衣)를 만드네"(扈江離與辟芷兮, 紉秋蘭以爲佩. […] 製芰荷以爲衣兮, 集芙蓉以 爲裳)라는 말이 보인다.

9 당나라 시인 육귀몽(陸龜蒙)이 일찍이 자신의 집 앞뒤에 구기자와 국화를 심어 놓고 봄여름에 그 지엽(枝葉)을 먹어 「기 국부」(杞菊賦)를 지었는데, 이 작품을 모방하여 소식이 「후기국부」(後杞菊賦)를 지은 바 있다. 한편, '국화를 먹는다'는 구절의 유래는 『초사』「이소」까지 소급되는바, 「이소」에 "아침에는 목란(木蘭)에서 떨어지는 이슬을 마시고 / 저녁에는 가을 국화의 떨어진 꽃을 먹는다네"(朝飮木蘭之墜露兮, 夕餐秋菊之落英)라는 말이 보인다.

10 사마공의 이 고사는 『능호관 이인상 서화평석 2: 서예편』, 199면에 자세히 언급되어 있다.

11 두 기둥에 한 개의 가로 나무를 얹어 만든 대문인데, 가난한 집을 비유할 때 쓴다.

가 3천 전(30냥)으로 남산 기슭[12]의 작은 집을 구입했거늘 나는 대략 맹약의 노고를 본받았다. 그래서 원령이 소강절의 고사처럼 시를 지어 성보에게 사례하지 않음을 늘 괴이쩍게 여기고 있었다. 지금 원령이 성보에게 이 그림을 부치니 그에게 다 생각이 있었던 거로구나. 원령은 바야흐로 그 사는 곳을 더욱 잘 손보고 있으니 훗날 수죽(水竹)과 화목(花木)의 빼어난 경관을 마땅히 더욱 볼 수 있을 터이다. 늦은 봄날 성보는 심의(深衣)와 복건(幅巾) 차림으로 원령을 방문할 때 사마공의 이 고사를 본뜰 텐데 그때 성보가 뭐라고 자칭(自稱)할는지 모르겠다. 원령은 장차 다시 한 그림을 그려 이 그림의 뒤를 이을 테지."(右司馬公訪邵康節事, 出於伯溫『聞見錄』, 元靈爲之圖, 以寄成甫. 其庭有雙梧, 後有叢篁, 衡門臨水者, 盍康節之宅, 而司馬公諸賢所買者歟, 而隔溪小亭, 豈富公使孟約所買之園歟. 元靈轉徙東西, 靡所棲息, 前歲之夏, 成甫以錢三千爲買南麓小屋, 而文欽略效孟約之勞焉, 每怪元靈未嘗爲詩以謝成甫, 如康節故事, 今寄此圖, 其有意夫. 元靈方益修治其居, 佗日水竹花木之勝, 當益可觀, 莫春者, 成甫深衣幅巾, 以訪元靈, 效此事, 成甫所以自稱者, 未知其將何如也, 而元靈將更爲一圖以續此後:『한』7)

● 소옹(邵雍)의 시 「천진(天津)의 내 집을 제공(諸公)이 함께 사 주셨으므로 시를 지어 감사드리다」(원제 '天津敝居, 蒙諸公共爲成買, 作詩以謝')를 행초(行草)로 써서(《묵희》소수, 국립중앙박물관 소장), 남산에 집을 장만해 준 신소와 송문흠에게 감사를 표하다.

〈천진폐거, 몽제공공위성매, 작시이사〉, 『서화평석』(2) 192면

이 글씨에는 "천진의 내 집을 제공이 함께 사 주셨으므로 시를 지어 감사드리다. 소옹(邵翁). 원령(元靈)"(天津弊[13]居, 蒙諸公共爲買, 作詩以謝. 邵翁. 元靈)이라는 관지가 적혀 있고, "원령"(元靈)이라는 인장이 찍혀 있다.

● 오찬·이윤영과 함께 주나라 문왕(文王)의 준이(尊彝)를 본뜬 향정(香鼎)을 주조하고 그 뚜껑과 배에 명(銘)을 쓰다.

향정 뚜껑의 명: "숭정(崇禎) 118년(1745)에 / 원령(元靈)이 윤지(胤之)·경보(敬父)와 함께 문왕의 준이를 본떴으니 / 이것으로

---

12 원문은 "南麓"인데 다분히 수사적인 표현으로 보인다. 이인상 본인은 능호관이 남산의 '고봉절간'(高峰絶澗)에 있다고 했다(「주난우 글씨의 「종수」시 주련 지」(원제 '朱蘭嵎書種樹柱聯識'), 『뇌』4).
13 '弊'는 '敝'와 통한다.

향(香)을 올리며 길이 생각할 것이다."(惟崇禎百十八祀, 元靈共胤之、敬父象文王尊彝, 用薦香永思: 『뇌』5)

향정 배의 명: "문왕묘(文王廟)의 정(鼎)[14]은/주공(周公)이 만든 것인데[15]/세대가 멀어지매 도(道)가 실추되었으니/누가 이것을 안고 제사를 지내겠는가/모양을 본떠 기물을 만들고/향 하나를 올리니/지금 시절을 슬퍼하며/길이 보배로 삼으리라."(文王廟鼎, 周公之制. 世遠道墜, 誰抱而祭? 師象爲器, 薦香一炷. 哀今之時, 永用爲寶: 『뇌』5)

이인상과 오찬은 1738년경 처음 만나 교유했을 것으로 추정된다. 김순택의 문집 『지소유고』 제1책에 실린 「경보·미경·원령과 더불어 풍계(楓溪)에 노닐며 김문충(金文忠: 김상용)의 사당에 알현하고 마침내 두보 시에 차운하다」(원제 '與敬父、美卿、元靈游楓溪謁金文忠祠, 遂次杜陵韻')라는 시를 통해 이인상이 1738년 무렵 김순택·오찬·이휘지와 함께 풍계에서 노닐었음을 알 수 있다.[16]

○ 송문흠, 3월 세자익위사 부수(副率)에 제수되다.

○ 김성자, 3월 장악원 주부에, 9월 호조정랑에, 12월 옥천 군수에 제수되다.

○ 임안세, 9월 광흥(廣興) 주부에 제수되다.

○ 송문흠, 김순택과 이윤영이 능호관에서 지은 시를 보고는 이인상이 동협(東峽: 단양 일대)에 은거하고자 하는 뜻이 절실함을 알고 이인상에게 시를 지어 보내다.

이 시 중에 "이자(李子)는 높은 뜻을 품고서/오래도록 은거하

---

14 문왕묘에서 문왕에게 제사를 올릴 때 사용된 제기(祭器)가 '문왕정'이다. '문왕묘'는 문왕을 모신 사당으로, 중국 하남성(河南省) 안양시(安陽市) 탕음현(湯陰縣) 유리성(羑里城)에 있다.

15 '주공'은 문왕의 아들이다. 문왕정의 명문(銘文)은 "노공(魯公)이 문왕의 준이를 제작했다"(魯公作文王尊彝)인데, 여기서 '노공'이 누구를 지칭하는가에 대해서는 두 가지 설이 있다. 송대 문헌인 『박고도』(博古圖)에서는 '노공'을 주공(周公)으로 본 반면, 청대 문헌인 『서청고감』(西淸古鑑)에서는 주공의 아들 백금(伯禽)으로 보았다.

16 『지소유고』에는 이 시 다음에 「又題元靈畵」,「雷淵丈寄詩來, 期勉甚厚, 謹次其韻以謝」,「雷淵丈宅宵集, 用牧隱韻」이라는 시가 실려 있다. 이 중 「雷淵丈宅宵集, 用牧隱韻」은 『뇌상관고』 제1책에 실려 있는 「雷淵堂同諸子賦」와 같은 운을 밟고 있다. 이로 보아 이 두 시는 같은 곳에서 지어진 것임을 알 수 있다. 이인상의 시는 1738년 세모에 지어졌음이 확인되므로 김순택의 「雷淵丈宅宵集, 用牧隱韻」도 이때 지어진 것이라는 결론을 내릴 수 있다. 이렇게 볼 때 「경보·미경·원령과 더불어 풍계에서 노닐며 김문충의 사당에 알현하고 마침내 두보 시에 차운하다」가 창작된 시기는 1738년경으로 추정된다.

길 사모했지만/적은 녹에 매여/마지못해 수레 먼지 좇았지/속세의 시끄러움에 지취(志趣) 손상되매/노래에 슬픔과 원망 드러냈네/요즘 듣자니 능강동은/산수(山水)가 은거에 어울린다지"〔李子懷高標, 夙昔慕深遁. 微祿遭縛束, 黽勉趨塵坌. 喧卑損志趣, 詠歌發哀怨. 近聞凌江洞, 山水協嘉遯:「김유문·이윤지가 능호관에서 모여 담소하며 지은 시를 삼가 열람하고 원령이 동협에 복거卜居하고자 하는 뜻이 절실함을 알아 이 시를 지어 받들어 부치다」(원제 '奉閱金孺文·李胤之燕話凌壺觀之作, 知元靈卜居東, 措意頗切, 述此奉寄'), 『한』1〕라는 말이 보인다.

〈신소에게 보낸 간찰〉, 『서화평석』(2) — 1148면

○ 이윤영, 이해 무렵 이인상의 부채에 파초와 연꽃을 그려 이준상에게 주다(「원령의 선화扇畵에 제하여 이원방에게 주다」(원제 '題元靈扇畵贈李元房'), 『단』7).

○ 신소, 안악(安岳) 군수로 있던 부친의 책실(冊室) 일을 하다(1742년 8월 24일 송문흠이 신소에게 보낸 간찰 참조).

정선, 《연강임술첩》 〈우화등선〉(부분)

정선, 《연강임술첩》 〈표훈사도〉(부분)

최북, 〈표훈사도〉(부분)

◎ 이가환(李家煥, 1801년 졸, 이용휴의 아들) 출생.

◎ 김응환(金應煥, 1789년 졸, 호 복헌復軒, 도화서 화원) 출생.

◎ 정선(당시 양천 현령), 10월 보름 경기 감사 홍경보(洪景輔, 1692~1745)·연천 현감 신유한(申維翰, 1681~1752)과 임진강 상류인 연천에서 선유(船遊)하고 《연강임술첩》(漣江壬戌帖)을 그리다(개인 소장).

◎ 최북, 〈금강전경도〉(金剛全景圖)를 그리다(개인 소장).

◎ 홍대용, 석실서원의 김원행 문하에서 수학하기 시작하다.

◎ 영조, 3월 탕평비(蕩平碑)를 반수교(泮水橋)에 세우게 하다.

① 황신, 〈여동빈도〉(呂洞賓圖)를 그리다.

영조 19년 (계해癸亥, 1743년) 34세

「김자 치공 만시」, 『능호집』(상) ──
151면
「경복궁에서 이도사 사호씨 형제와 만나
함께 짓다」, 『능호집』(상) 162면

● 김숙행(金肅行)의 만시(挽詩)를 짓다.

● 경복궁 옛 터에서 이시중(李時中, 1701~1777, 자 사호士浩·의백宜伯), 이최중 형제와 노닐다.

　　이시중·이최중은 본관이 전주이고, 세종의 다섯째 아들인 광평대군(廣平大君) 이여(李璵)의 후손이다. 조부는 영의정을 지낸 녹천(鹿川) 이유(李濡)이고, 부친은 현감을 지낸 이현응(李顯應)이다. 어머니 풍산 홍씨는 호조정랑을 지낸 홍중기(洪重箕, 홍봉한洪鳳漢의 조부)의 딸이다.

● 윤면동이 자신의 집 우형관(寓形館)에 심긴 열두 그루의 박달나무 중 한 그루를 주어 능호관에 옮겨 심다.

「박달나무를 심다」, 『능호집』(상) ──
159면

　　이때 쓴 「박달나무를 심다」(원제 '樹檀')라는 시에 "나 처음에 집 없었는데 / 벗이 날 위해 지어 주었지 / 처음엔 나무도 없었던 내 집 / 이제는 날로 무성해지네 / 복사나무 버드나무 그늘 드리우고 / 대나무 오동나무 어긋버긋 자랐네"(我初居無屋, 故人實營之. 我屋初無樹, 而今日華滋. 桃柳還掩翳, 竹梧交參差)라는 말이 보인다. 이를 통해 원래 능호관 주위에는 나무가 없었는데 이인상이 버드나무, 복사나무, 대나무, 오동나무 등 각종 나무를 심었음을 알 수 있다.

「산천정 기사」, 『능호집』(하) ──
278면

● 가을, 송문흠과 단양을 유람하며 지나는 봉벽(峰壁)마다 이름을 지어 새기다. 또 단양 군수 이규진(李奎鎭, 1688~1760, 호 낙촌樂村, 택당 이식의 증손, 이기진의 동생)과 함께 배를 타고 구담에 가서 모랫가에서 술을 마시다(「산천정 기사」山泉亭記事).[1]

　　구담의 강물에 '운담'(雲潭)이라는 명칭을 부여한 것도 이때다.[2]

1　『뇌』1에는 이때 지은 시 「구담의 배 안에서 송자와 함께 지어 단양 군수에게 사례하다」(원제 '龜潭舟中, 與宋子共賦, 謝李丹陽奎鎭')가 1744년에 지은 시들 사이에 편차되어 있는데, 착오로 보인다. 「산천정 기사」의 기록에 의하면 이 시는 1743년에 창작되었다.

「매호 유 처사 제문」, 『능호집』(하)
199면
「매호 유 처사 만시」, 『능호집』(상) 166면

- 8월 9일, 통례원(通禮院) 인의(引儀, 종6품)에 제수되다.

  통례원은 조회(朝會)나 제사 등에 관한 의식을 맡아보던 관청이다.

- 8월 10일, 유언길의 제문을 지어 영전에 곡하다.

  이인상은 만시도 지었는데, 시 중에 "꽃 피는 아침이면 나의 능호관 찾아왔고"(花朝訪我凌壺觀: 「매호 유 처사 만시」(원제 '梅湖兪處士挽'))라는 말이 있음으로 보아 유언길이 생전에 남산의 능호관을 방문한 적이 있음을 알 수 있다.

「이 주부 만시」, 『능호집』(상)
163면

- 가을, 주부(主簿) 이정언(李廷彦)의 만시를 짓다.

  이정언은 이봉환의 부친이며, 이인상 종고모할머니의 사위다. 숙종 39년(1713)에 진사시에 합격했으며, 영조 때 남부 참봉, 장흥고 봉사, 선공감 직장, 예빈시 주부 등을 지냈다.

- 벗 윤득민(1706년 생)의 애사(哀辭)를 짓다(「윤자 성구聖求(윤득민) 애사」尹子聖求哀辭, 『뇌』5).

  윤식(尹湜)의 아들이고 윤흡·윤급의 조카이며, 송문흠의 자형인 윤득경의 아우다.

- 가을, 신사보가 청풍에서 올라와 능호관에 묵다.

  이때 읊은 시 중에 "가을 회포 있어 「의란조」(猗蘭操)에 화답코자 하니/갑(匣) 속의 칼과 서안(書案)의 책이 불평을 발하네"(秋懷欲和「猗蘭操」, 匣劍牀書動不平: 「가을밤에 신자익을 능호관에 머물러 자게 하며 함께 짓다」[3](원제 '秋夜留申子翊宿凌壺觀共賦'))라는 구절이 보인다. 또 "문득 밤새 단양 협곡 거슬러 올라/평평한 도담(島潭)에 낚싯배 편안히 띄우고 싶네"(便欲凌宵溯丹峽, 釣舟穩放島潭平: 『뇌』1)라 하여, 단양에 은거하고 싶다는 뜻을 피로(披露)하다.

「가을밤에 신자익을 능호관에 머물러 자게 하며 함께 짓다」, 『능호집』(상)
173면

- 김순택·김무택이 집에 찾아와 남간에 가 함께 시를 짓다.

  시 중에 "유정(幽貞)한 마음 진세(塵世)를 벗어났네"(幽貞絶塵俗: 「김자 유문·원박이 찾아와 걸어서 남간에 들어가 함께 짓다」(원제 '金

---

2 1745년 가을에 지은 「송사행의 「계방 잡시」에 화답하다. 내키는 대로 아무렇게나 쓴 것으로, 한꺼번에 지은 것이 아니다. 그래서 마침내 11일 밤에 읊은 것을 첫머리에 두었으며 차서가 착종된 것이 많다」(원제 '和宋士行桂坊雜詩, 隨意漫書, 非一時之作, 故遂以十一日夜飮爲首, 而多錯次序', 『뇌』1) 제6수의 "석실(石室)에는 홀로 갈 만하나/운담(雲潭)에 다시 노니는 건 폐하였노라"(石室堪孤往, 雲潭廢再游)라는 말 참조.

3 2수 연작인데 『능호집』에는 제1수만 실려 있다.

子孺文、元博來訪, 步入南澗共賦'), 『뇌』1)라는 구절이 보인다.

● 이 무렵 송문흠에게 준 시에 "어찌하면 회암(檜巖)⁴에 귀거래 할꼬"〔安得歸棲老檜村:「우연히 써서 송자 사행에게 보이다」(원제 '偶書示宋子士行')의 제5수, 『뇌』1)⁵라 하여 향리에 돌아가고 싶은 마음을 토로하다.

● 송문흠이 은어회와 흰밥을 준비해 희어(戲語)로 시를 지어 이 인상을 초대하므로 이인상 역시 희어로 시를 짓다.

　　둘은 이처럼 희어를 주고받을 정도로 각별히 친밀하였다.

● 송문흠의 부채에 〈산거도〉(山居圖: 실전)를 그린 뒤 송문흠·홍 자와 셋이서 그림에 묘사된 것을 낱낱이 연구(聯句)로 읊다.

● 가을, 〈수하관폭도〉(樹下觀瀑圖, 간송미술관 소장)를 그리다.

　　제사(題辭): "물 옆의 깊은 나무에서 반공(半空)에 걸린 폭포를 본다. 원령이 그리다."(側水深樹, 看半空之布. 元靈作)

● 10월 22일, 큰 형수 원주 원씨(1708년 생)가 사망하다. 향년 36세.

　　부친은 현감을 지낸 원몽량(元夢良)이고, 조부는 원만령(元萬齡)이며, 증조부는 우의정을 지낸 원두표(元斗杓)이다.

　　이기상의 후배(後配) 안동 김씨(1723~1793)는 부친이 김창길(金昌吉)이고, 조부는 현감을 지낸 김수징(金壽徵)이며, 증조부는 동지중추부사(同知中樞府事) 김광찬(金光燦)이고, 고조부는 김상헌(金尙憲)이다.

● 11월 10일, 황해도 재령 군수로 부임하는 부친을 따라 재령으로 내려가는 이윤영에게 송서(送序)를 써 주다(「이자 윤지를 전별餞別하는 서序」(원제 '奉贐李子胤之序')).

　　외물에 마음을 쏟지 말고 육경(六經) 공부에 힘쓸 것을 당부한 글이다. 안진경체로 쓴 서적(書迹)이 현재 일본 야마구치현립대학 부속도서관의 오호데라우치문고(櫻圃寺內文庫)에 소장되어 있다.⁶

〈봉신이자윤지서〉(부분),
『서화평석』(2) 857면

4　이인상 집안의 선영이 있는 경기도 양주의 지명이다.

5　6수 연작인데 『능호집』에는 「우연히 써서 송사행에게 보이다」(원제 '偶書示士行')라는 제목으로 4수만 실렸다.

6　이 송서는 『능호집』에 실려 있지 않다. 차미애, 「일본 야마구치현립대학 데라우치문고 소장 조선시대 회화 자료」, 『경남대학교 데라우치문고 조선시대 서화: 돌아온 문화재 총서 2』(국외소재문화재재단 편, 사회평론아카데미, 2014), 141면에 이 글씨를 촬영한 사진이 실려 있다. 이 글씨에 대한 평설은 『능호관 이인상 서화평석 2: 서예편』의 '11-2'를 참조할 것.

● 이인상은 늦어도 이해에, 빠르면 그 이전에, 능호관 부근의 남간에 초루(草樓)를 건립했을 것으로 추정된다.

김무택이 1746년에 지은 시 「여름날 이 주부(李主簿)의 원거(園居)를 방문하다. 10수」(원제 '夏日, 訪李主簿園居十首', 『연』2) 제2수의 "정자를 계곡 가에 만든 날/앉아 쉬니 마음 더욱 기뻤네"(亭成谿上日, 栖息意彌歡)와 제10수의 "숲이 우거져 그림자 흩어지고/시냇가 정자로 달이 막 옮겨 왔네"(扶疎林影散, 谿榭月初移) 중에 보이는 '亭'이나 '谿榭'는 바로 이 남간의 누정을 말한다.

이 산루(山樓)는 이윤영의 지정(池亭: 녹운정綠雲亭)과 함께 단호그룹의 중요한 본거(本據)가 되었다. 임매가 쓴 「〈수하한담도〉 발문」 중의 "이제 수십 년 후에 다시 이 종이를 펼치니 제군(諸君)의 얼굴 모습이랑 농담을 하며 소탈하게 교유하던 정취(情趣)가 삼삼히 눈에 보이는 듯한데, 산루(山樓)와 지정(池亭)에서 보거나 듣던 처마 밑의 꽃과 가랑비 소리는 이미 흘러간 일이라 과거지사를 다시 물을 수 없게 되어, 슬퍼서 탄식하며 마음을 가눌 길이 없다"(今於數十年後, 重展此紙, 諸君之鬚眉意態、諧笑澹蕩之趣, 森然如在眼, 而山樓、池樹, 簷花細雨, 已隔前塵, 往劫不可復問, 感念嘆唏, 幾不能爲懷)라는 말에서 그 점이 확인된다.

● 「녹천(鹿川) 이상국(李相國)의 서등(書凳)과 연궤(硯几)에 적은 글」(원제 '書鹿川李相國書凳硯几', 『뇌』4)을 짓다.

숙종 때 우의정, 좌의정, 영의정을 지낸 이유(李濡, 호 녹천鹿川)가 쓰던 서등과 연궤의 소박함에 탄복해 쓴 글이다. 이유는 이인상이 가깝게 지내던 이시중·이최중 형제의 조부이다.

● 이해 전후에 신소가 10년간 피우던 담배를 끊은 것을 축하해 〈신성보분향도〉(申成甫焚香圖: 실전)를 그리다.

송문흠이 찬(贊)을 지었는데, 그 병서(幷序)는 다음과 같다: "성보가 흡연을 일삼아 벗들의 간청을 듣지 않은 지 오래였는데 하루아침에 문득 스스로 뉘우쳐 끊었다. 원령이 그림을 그려 축하하고 나는 찬(贊)을 지었다."(成甫服煙, 不聽朋友之諫久矣, 一朝忽自悔而去之. 元靈作畵賀之, 余爲之贊:「〈신성보분향도〉 찬」申成甫焚香圖贊, 『한』7)

● 김무택이 지은 시「내가 거하는 곳은 비록 높은 산봉우리와 천석(泉石)의 빼어난 경치는 없으나 초가는 그윽하고 고요해 책 읽는 여가에 몸소 밭 가는 데 힘쓰니 생활은 어렵지만 또한 즐길 만하다. 이에 장경양(張景陽)의 "結宇窮岡曲, 耦耕幽藪陰"으로 운(韻)을 써서 10수를 짓다」(원제 '余所居, 雖無峰巒泉石之勝, 而茅宇幽靜, 典籍之暇, 躬課耕鋤, 生理蕭然, 亦足可樂也. 遂用張景陽'結宇窮岡曲, 耦耕幽藪陰'爲韻, 賦十首', 『연』1)의 제9수에 "이공(이인상)의 유아(儒雅)한 모습/뜻 지켜 궁거(窮居)한 지 오래라네/의론은『서경』(書經)을 조술(祖述)하고/문장은 순후함에 힘쓰네/온공(溫恭)하고 스스로 삼가며/청고(淸高)하고 소박하네/내 한양에 있을 적부터/종유(從游)하며 허여한 벗이지"(李公儒雅姿, 守志窮居久. 議論述謨訓, 文辭務醇厚. 溫恭且自飭, 淸高兼素有. 自余在京師, 從游許朋友)라는 말이 보인다.

　이인상이 온공(溫恭)·청고(淸高)한 사람으로 그려져 있음을 보게 된다.

○ 김양택, 문과에 급제하다.
○ 송문흠, 4월 병을 핑계로 세자익위사 부수를 그만두고, 10월 동몽교관에 보임되었으나 1년 만에 그만두다.
○ 김성응, 윤4월 판윤에 제수되다.
○ 이윤영, 여름 서지의 녹운정(綠雲亭)에서 김무택을 위해 〈임정방우도〉(林亭訪友圖)[7]를 그리다(간송미술관 소장).

　이인상은 훗날(1754년 가을) 이 그림에 다음과 같은 제사(題辭)를 썼다: "필치가 빼어나고 고아(高雅)하며 농섬(濃纖: 진함과 가느다람)이 마땅함을 얻었으니 가히 기뻐할 만하다. 윤지는 근래 단릉(丹陵)의 산중에 거주하여 목석(木石)의 신골(神骨)이 되었고 또한 초고(峭古)함이 절특(絶特)하니, 장차 한번 붓에 미치게 할 일이다. 갑술년 가을, 원령이 쓰다."(筆致秀雅, 濃纖得宜, 可喜. 胤之近在丹陵山中, 作木石神骨, 又峭古絶特, 且使一及筆. 甲戌秋日, 元靈書.)

〈임정방우도〉(부분),
『서화평석』(1) 900면

7　종래 이 그림은 〈녹애정도〉(綠靄亭圖)라고 불리어 왔는데, 관지의 '운'(靁: 雲의 이체자) 자를 잘못 판독해 '애'(靄)로 읽은 탓이다. 이 그림은 녹운정에서 그린 것이지만 녹운정을 그린 것은 아니다.

오찬, 〈봉송이윤지유해서〉(부분), 『서화평석』(2) 1171면

왕주, 〈악양루기〉(부분)

○ 임안세, 7월 서부 도사(西部都事)에, 8월 의빈(儀賓) 도사에 제수되다.

○ 이윤영, 11월 황해도 재령 군수로 부임하는 부친을 따라 재령으로 내려가다.

이윤영은 이 무렵 장단(長湍)의 화석정(花石亭), 금천(金川)의 영수루(映水樓) 등지를 편상(遍賞)하였다.

○ 오찬, 11월 「황해도로 놀러 가는 이윤지를 전송하다」(원제 '奉送李胤之游海西')라는 시를 지어 이윤영에게 주다.

그 시고(詩稿)가 현재 전하는데(『근역서휘』 소수, 서울대 박물관 소장), "오찬사인"(吳瓚私印)과 "경보"(敬父)라는 두 과(顆)의 인장이 찍혀 있다.

◎ 정수영(鄭遂榮, 1831년 졸, 호 지우재之友齋, 당색 남인) 출생.

① 서예가이자 전각가인 등석여(鄧石如, 호 완백산인完白山人) 출생.

① 서예가 왕주(王澍, 호 허주虛舟) 사망.

① 『대청일통지』(大淸一統志) 완성되다(1763년 증보).

영조 19년(계해癸亥)

1743년

34세

영조 20년(갑자甲子, 1744년) 35세

● 1월 1일, 태묘(太廟: 종묘)의 제사를 파하고 집에 돌아오니 송문흠이 잣술과 어초(魚酢)를 보내오고, 행호의 김근행이 제야에 손수 그린 〈태극도〉(太極圖)를 보내오다.

● 2월 6일, 차남 영장(英章, 1832년 졸)이 출생하다.

● 늦봄에서 초여름 사이, 이준상·홍자[1]와 아산, 청주, 괴산, 단양, 청풍, 영춘, 영월을 유람하다. 이때 아산의 이충무공 묘, 온양 온천, 청주의 작천 들판, 괴산의 화양동 등지를 구경하다.[2] 이준상·홍자와 괴산에서 헤어진 후 신사보가 사는 능강동을 방문하다.

『뇌상관고』에는 당시 지은 시들이 '칠군유집'(七郡游集)이라는 제목하에 수습되어 있다.

한편, 이인상이 이보상과 함께 영춘과 영월의 북벽(北壁)·정자연(亭子淵)·남굴(南窟) 등을 구경한 것도 이 무렵으로 생각된다.[3] 당시 이보상은 영춘 현감으로 재직 중이었다.

● 권섭(權燮, 1671~1759, 호 옥소玉所)의 시에 화답하다(「옥소 권 어르신께서 부쳐 주신 시에 삼가 차운하다」(원제 '謹次玉所權丈寄贈韻'), 『뇌』1).

『뇌상관고』에 권섭의 이름이 나오는 건 이때가 처음이다. 권섭은 본관이 안동이고, 큰아버지는 권상하(權尙夏)이며, 작은아버지는 이조판서를 지낸 권상유(權尙游)이다. 권상하·권상유는 모두 송시열의 문인이다.

● 가을, 파초잎에 시를 써서 이연상에게 화답하고, 아울러 송문

---

1 이준상과는 서울에서 함께 출발하고 홍자는 충청도에서 합류한 게 아닌가 추정된다.

2 화양동에 간 것은 이해 4월이었다. 「화양동기」(華陽洞記, 『뇌』4)의 "숭정 두 번째 갑자년(1744) 초여름에 완산(完山) 이인상이 족형(族兄) 원방(元房), 우인(友人) 홍양지(洪養之)와 와서 노닐었다"(崇禎再甲子初夏, 完山李麟祥, 與族兄元房、友人洪養之之來游)라는 말 참조.

3 「뒤에 석산(石山) 어르신의 시에 차운하여 영춘(永春)과 영월(寧越)에서 노닐던 일을 기록하다」(원제 '追次石山丈韻, 記永春·寧越游事', 1745년 작, 『뇌』1) 참조. 이 시는 유람한 당시가 아니고 그다음 해에 지은 것이다.

흠에게 편지로 부치다.

시 중에 "가을 회포 쓸쓸하여 독서를 폐했네"(秋懷寥落廢看書) "그대 집 병든 국화는 또한 어떤지"(君家病菊更何如)라는 구절이 보인다(「파초잎에 시를 적어 천여씨에게 화답하고, 인하여 송자 사행에게 편지로 보내다」(원제 '蕉葉題詩, 和天汝氏, 因簡宋子士行'),『뇌』1).

● 신사보에게 시를 지어 주다.

이 시 중에 "어이하면 단양과 청풍 어름에서 함께 농사지어 / 닭 울면 일어나고 해 지면 쉴꼬 / 나의 서재[4]를 구담에 두고[5] / 설동(雪洞)[6] 북쪽에 다시 운루(雲樓)[7]를 지으리 / 그곳에 고검(古劍)과 동정(銅鼎)[8]을 두고 / 황명(皇明) 때 새긴 고서와 보전(寶篆)[9]도 두며 / 뜰에 매화, 국화, 오동, 대를 나눠 심으리"(安得與君耕桑丹·淸間, 雞鳴而起日入息. 着我畫舫龜潭中, 更架雲樓雪洞北. 中藏古劒與銅鼎, 古書寶篆皇明刻, 梅菊竹桐分庭植:「자익에게 주다」(원제 '贈子翊')의 제2수)라는 말이 보이는 것으로 보아, 이 무렵 단양의 구담에 정자를 지으려는 구상을 하고 있었음을 알 수 있다. 이인상은 1750년 8월 음죽(陰竹) 현감으로 부임한 뒤 신사보에게 부탁해 구담에 다백운루라는 정자를 지었다. 이 정자는 이듬해 1월 완공되었다.

● 겨울, 북동(北洞)에 있는 오찬의 계산동(桂山洞) 집에서 오찬·이윤영·김순택·윤면동과 강학(講學)을 하다.

11월에 시작된 이 강회(講會)는 12월 동지 무렵까지 이어졌다. 오찬의 조카인 오재순과 오재유도 함께 참여해 독서를 했으며, 송문흠·김무택·권진응(오찬의 자형이며 송문흠의 이종사촌 동생)·오재홍(吳載弘)은 이따금 찾아와 환담을 나누며 강학하는 벗들

[좌측 여백 주석]
「자익에게 주다」,『능호집』(상) 208면

「갑자년 겨울에 오경보가 두 조카를 데리고 계산동에서 책을 읽었는데 (…) 2년 뒤인 병인년 내가 당시 얻은 시 두어 편을 적어 그 모임을 기록한다」,『능호집』(상) 211면

---

4 원문은 "畫舫"인데, 원래 아름답게 꾸민 배를 뜻하나 여기서는 서재를 말한다. 송(宋) 구양수(歐陽脩)의 서재 이름이 '화방재'(畫舫齋)였다.

5 이 구절 이하는 모두 희구하는 바를 읊은 것이다. 이를 통해 이인상이 훗날 단양의 구담에 정자를 지은 것이 신사보와 의논해 이루어진 일임을 알 수 있다.

6 연자산(燕子山, 제비봉)의 서쪽 골짜기인 설마동(雪馬洞)을 가리킨다. 단양읍 장회리에 있으며, 골짜기 양쪽에 화강암이 여러 겹으로 하늘을 뚫을 듯이 솟아 있어서 흰 눈이 쌓이면 소나무와 잘 어울려 멀리서 보면 흰말이 다니는 것 같다고 한다.

7 실제 이인상은 1751년 1월 구담에 정자를 지어 '다백운루'(多白雲樓)라 이름하였으며 약칭 '운루'(雲樓)라고 하였다.

8 청동(靑銅) 고기(古器)를 말한다. 이인상은 중국의 골동고기(骨董古器)를 중화 문명의 상징으로 간주해 이를 수장(收藏)했다. 비단 이인상만이 아니라 단호그룹의 멤버들 대부분이 이런 취향을 갖고 있었다.

9 어보(御寶)를 말한다.

을 성원했다. 이때 그린 그림이 국립중앙박물관에 소장된 〈북동강회도〉(北洞講會圖)이다.[10] 그림에는 오찬, 이인상, 이윤영, 김순택, 오찬의 조카 재순·재유·재륜(載綸),[11] 이인상의 큰아들 영연, 8인이 그려져 있다. 인장: "원령"(元靈)

이인상은 현재 전하지 않는 또 다른 〈북동강회도〉를 그렸는데, 이 그림에 붙인 김순택의 지(識)와 오재순의 후지(後識)가 전한다. 다음은 김순택의 지(識)이다.

"갑자년(1744) 11월, 북산 아래에서 글을 읽었는데, 이를 작은 그림으로 그리고, 여기에 지(識)를 붙인다. 등촉 아래 상(床)에 기대어 앉은 이는 오경보이고, 경보와 마주하여 앉은 이는 이윤지이며, 앉은 채 단정하게 손을 모으고 있는 이는 이원령이다. 상 위에는 문왕(文王)의 준이(尊彝)를 본뜬 고정(古鼎)과 소라 모양의 옛 잔과 검과 필통이 각각 하나씩 있다. 윤지의 왼쪽에서 뒷짐을 진 채 서서 돌아보는 이는 김유문이고, 원령을 모시고 선 소동(小童)은 그의 아들 원대(遠大)다. 매화 아래에 앉아 있는 두 사람과 책을 받들어 경보를 향해 서 있는 이는 경보의 조카인 문경(文卿)과 자정(子正)과 인남(麟南)이다. 무릇 서안(書案)이 셋, 책이 몇 질, 화축(畫軸)이 셋, 벼루가 하나이고, 병풍 남쪽에 파초와 대가 각각 한 분(盆)이다. 남쪽 난간 아래의 차 화로 앞에 있는 이는 어린 종 태휘(太輝)다. 순택이 쓰다."(甲子十一月, 讀書于北山之下, 作小圖識之. 燭下憑丌而坐者, 爲吳敬父; 對敬父而坐者, 爲李胤之; 坐而端拱者, 李元靈. 丌上有古鼎像文王尊彝、古螺栖、劍、筆筒各一. 胤之之左, 負手而立且顧者, 金孺文, 而小童侍元靈立, 其子遠大也. 二人坐於梅下, 童子奉書向敬父立者, 敬父從子文卿、子正、麟男. 凡丌三、書數秩、畫軸三、硯一、屏南芭蕉竹各一盆. 擁茶鑪在南檻下者, 小奴太輝也. 純澤書.)[12]

다음은 오재순의 후지(後識)이다.

"임자년(1792), 아이들이 작은 그림 한 폭을 얻어 내게 보여 주

---

10 이 그림은 종래 〈아회도〉(雅會圖) 혹은 〈북동아회도〉(北洞雅會圖)로 불려 왔으나 적절한 명칭이 아니다. 자세한 것은 『능호관 이인상 서화평석 1: 회화편』, 656면을 참조할 것.

11 오원의 둘째 동생인 오관(吳瓘)의 아들이다. 오찬은 오원의 셋째 동생이다. 『해주오씨대동보』(海州吳氏大同譜)에 의하면 오재륜은 생년이 1731년이고 몰년이 1771년이다. 따라서 당시 열네 살이었다.

12 이 글은 오재순의 「〈북동아회도〉 후지」(北洞雅會圖後識, 『醇庵集』 권6)에 실려 있다.

었다. 처음 보자마자 망연하여 마치 꿈속의 일 같았다. 한참 후 나도 모르게 마음이 슬퍼졌다. 아직도 기억하나니, 그때 모인 사람들 중에는 당시의 명류(名流)가 많았으며, 모두 『상서』(尚書)를 읽었다. 이능호 원령이 이 그림을 그렸으며, 김공 유문 순택이 그림의 오른쪽에 지(識)를 붙였다. 모임이 있은 때로부터 지금까지 49년이 흘렀다. 여덟 사람 중 세상에 남은 자는 나 한 사람뿐이다. 인생이 눈 깜짝할 새 지나감이 이와 같다. 장생불사하려 한 옛 사람은 무슨 즐거움을 위해 그랬을까. 오래 사는 건 슬픔을 많이 겪을 뿐이다. 김공이 쓴 지(識) 중 '오모'(吳某)는 나의 숙부 청수공(淸修公)이시다. '윤지'는 단릉 이공 윤영이시다. '자정'(子正)은 나의 아우 지경(持卿) 재유(載維)의 초자(初字)다. '인남'(麟南)은 종제 윤언(允言) 재륜(載綸)의 유명(幼名)이다. '원대'(遠大) 또한 유명인데, 일찍 죽었다.[13] 그림은 작고 글씨는 깨알같은데 마멸되어 알아보기 어려웠다. 나는 그 민멸(泯滅)됨을 마음에 견디기 어려워 추가로 지를 쓰고 김공의 구지(舊識)를 앞에 병기한다. 이 글을 읽는 분은 그림을 역력히 본 듯이 여겨 그 사적을 부디 전해 주기 바란다."(壬子春, 兒輩得小畫一幅示余, 始見也茫然如夢中事, 久之不覺愴恨于懷. 尙記其時會中多當時勝流, 而皆讀尙書. 李凌壺元靈麟祥, 爲此畫, 金公孺文純澤識其右, 自會至今四十九年. 八人之中, 在世者惟載純一人耳. 人事之倏忽嬗變如斯, 誠未知古之人欲久視長生者, 抑爲何樂也. 久生適多閱悲戚耳. 金公識中吳某, 我叔父淸修公也; 胤之, 丹陵李公胤永也; 子正, 吾弟持卿載維初字也; 麟男, 從弟允言載綸幼名也; 遠大, 亦其幼名, 早夭者也. 畫細字微, 磨滅幾不可辨, 於其泯沒, 余有不忍於心者, 追爲之識, 幷記金公舊識于前, 庶幾覽者歷歷如見其畫, 而傳其蹟焉:「〈북동아회도〉 후지」北洞雅會圖後識, 『순암집』醇庵集 권6)

당시 이인상이 지은 7편의 시 가운데 한 편인 「검」(劍, 『뇌』1)에 "고요한 밤 갑 속에 든 검의 마음 누가 슬퍼하리"(靜夜誰憐匣劍心)라는 말이 보인다. 오찬의 집에 있던 검을 읊은 것이다. 당시 오찬은 「겨울밤에 이원령, 김원박, 이윤지, 조카 성임(聖任: 오재홍

---

13 '원대'는 이인상의 장남 영연(英淵)의 아명(兒名)이다. 당시 여덟 살이었다. 1737년에 태어나 1760년 12월 21일 사망하였다(『完山李氏世譜』 참조). 이인상이 사망한 것이 1760년 8월 15일이니, 영연은 부친의 상중에 죽었다 할 것이다.

영조 20년(갑자甲子)

1744년

35세

吳載弘) 및 순(純: 오재순吳載純)과 함께 읊다」(원제 '冬夜與李元靈、金元博、李胤之、聖任·純姪共賦', 『수』)라는 다음 시를 지었다: "눈 온 뒤 구름 담박하고 가지런하지 않은데/벗들이 달 따라 숲 서쪽에서 왔네/자리의 차는 향기 맑아 사무치고/한등(寒燈) 곁 매죽(梅竹)은 그림자가 나지막하네/시서(詩書)의 도 펴지 못해 마음 몹시 착잡하고/자취가 구학(丘壑)과 어긋나니 그윽한 거처에 부끄럽네/속진(俗塵)이 끊이잖아 끝내 없애기 어렵거늘/일어나 송단(松壇) 돌며 새벽 시내 소리를 듣네."(雪後流雲澹不齊, 故人隨月自林西. 茗香一榻淸相徹, 梅竹寒燈影欲低. 道屈詩書懷百感, 跡違丘壑愧幽棲. 塵機滾滾終難了, 起繞松壇聽曉溪.) 이 시는 당시 이인상이 지은 7편 시 가운데 「원박씨가 와서 같이 읊다」(원제 '元博氏來共賦', 『뇌』1)와 운이 같다.

「삼군자찬」(三君字贊)은 이 무렵 지은 글로서, 김순택의 별자(別字) '지소'(志素), 이윤영의 별자 '명소'(明紹), 오찬의 별자 '청수'(淸修)에 대한 찬이다. 이들은 강회하는 겨를에 서로 별자를 지어 줬는데, 이인상은 '연문'(淵文)이라는 별자를 얻었다.[14] 오찬도 이인상·김순택·이윤영 3인의 별자에 대한 찬을 썼으니, 「붕우별자찬」(朋友別字贊, 『수』)이 그것이다. 이 중 이인상의 별자 '연문'(淵文)에 대한 찬은 다음과 같다: "신령한 뿌리 감추어/아득히 깊네/그 근원이 깊으니/가야 할 때는 가고/그쳐야 할 때는 숨네/그 문장은 웅혼하네."(閟其靈根, 窅然而深. 有濬其源, 時至則行, 時止則潛. 渾乎其文.)

● 직산 현감으로 부임한 김선행에게 시를 써 주다「「부임하는 김 직산金稷山을 전별하는 시를 나중에 쓰다」(원제 '追贐金稷山赴郡'), 『뇌』1). 김선행이 직산 현감에 제수된 것은 7월이다.

● 진사 이최중에게 써 준 시에서 "사귐의 도리는 참됨과 담박함이 귀하나니/기개는 기이한 게 못 되네"(交道貴眞淡, 氣槩非爲奇: 「병후에 이 진사李進士가 부쳐 보내준 시에 차운하다」(원제 '病後次李進士最中寄贈韻'), 『뇌』1)라고 하다.

----

14 송문흠은 이들의 별자(別字) 짓는 행태를 비판하였다. 송문흠, 「여러 벗에게 주다」(원제 '與諸友', 『한』4) 참조.

우도(友道)에는 담박함과 참됨이 제일 중요하다는 이인상의 평소 생각이 토로되어 있다. 『뇌상관고』에 이최중의 이름이 나오는 것은 이때가 처음이다.

● 윤면동의 벼루에 명(銘)을 지어 주다「윤자尹子 자목의 위원渭原 자반석紫斑石 벼루 명」(원제 '尹子穆渭原紫斑石硯銘'), 『뇌』5).

● 조영석의 속화(俗畵) 초본(草本)인 《사제첩》(麝臍帖)에 「관아재《사제첩》발문」(원제 '觀我齋麝臍帖跋', 『뇌』4)을 쓰다.

《사제첩》 표지

발문은 다음과 같다: "그림은 비록 소도(小道)이지만 지극한 흥취가 깃들어 있고 깊은 생각이 담겨 있으며 신묘한 쓰임이 있으니 가벼이 말할 수 없다.

세상에 전하길 황자구(黃子久: 황공망)는 누각에 올라 구름의 변화하는 모습을 보고 그림의 구도를 잡았다고 하며, 왕유(王維)는 경물을 그릴 때면 사시(四時)에 구애되지 않아서 눈 속의 파초를 그렸다고 하니,[15] 이는 그 흥취를 지묵(紙墨) 밖에 부쳐서다. 도홍경(陶弘景) 같은 이는 소를 그려 자신의 마음을 암유(暗喩)하였고,[16] 오도자(吳道子)는 지옥을 그려 세상을 깨우쳤으니,[17] 그들의 마음 씀이 매우 깊고 미묘하지만 그림의 도(道)라고는 할 수 없다.

무릇 일(日)·월(月)·산(山)·용(龍)·꿩의 형상,[18] 종정(鍾鼎)·이기(彝器)의 아름다움, 궁실(宮室)·종묘(宗廟)의 성대함, 관복(冠服)의 고금(古今) 향배(向背)의 마땅함, 산천(山川)·조수(鳥獸)·초목(草木)의 각각을, 그림이 아니라면 꾸며 빛나게 하거나 본떠서 전

---

15 문인화의 시조로 추앙되는 왕유는 복사꽃, 살구꽃, 연꽃을 하나의 화폭에 담아 낸다거나(복사꽃·살구꽃은 봄에, 연꽃은 여름과 가을 사이에 꽃이 핀다), 눈 속에 파초를 그리는(파초는 가을이 되면 잎이 다 진다) 등 사시(四時)에 구애되지 않았다. 실제 사실보다는 화가의 상상력과 정신을 중시한 것이다.

16 '도홍경'은 남조(南朝) 양(梁)나라의 은사(隱士)로, 무제(武帝)가 초치(招致)하자 〈이우도〉(二牛圖)를 그려 출사하지 않겠다는 뜻을 완곡히 표현했다. 〈이우도〉는 황금 굴레를 쓰고 사람에게 고삐를 잡힌 소와 초원에서 한가로이 풀을 뜯는 소를 대비한 그림인데, 이 그림에는 부귀보다는 정신적 자유를 추구하겠다는 작가의 마음이 투사되어 있다. 『남사』(南史) 권76 「은일열전」(隱逸列傳) 하(下) 참조.

17 '오도자'는 당(唐)나라 현종(玄宗) 때의 화가로, 도자(道子)는 초명이고 후에 도현(道玄)으로 개명하였다. 산수·인물·귀신·초목 등에 두루 능했으며, 도석(道釋) 인물화에 장처(長處)가 있었다. 장안(長安)과 낙양(洛陽) 등지의 사원에 300여 점의 벽화를 남겼는데 그중 〈지옥변상도〉(地獄變相圖)는 자유분방한 필치와 기괴한 묘사로 유명하다. 주경현(朱景玄), 『당조명화록』(唐朝名畵錄)의 「신품상일인」(神品上一人) 참조.

18 '일·월·산·용·꿩의 형상'의 원문은 "日月山龍華蟲之象"인데, 제왕의 예복에 새기는 문양을 이른다. 『서경』 우서(虞書) 「익직」(益稷)에 "日月星辰山龍華蟲作繪"(해와 달과 별, 산과 용과 꿩을 그림으로 그린다)라는 말이 보인다.

할 수 없으니, 그림의 쓰임이 또한 크다 하겠다.

관아재 조공(趙公)께서는 그림을 그리실 적에 뜻이 이르면 붓을 드셨는데, 사람은 따졌으나[19] 종이와 비단을 가리지는 않으셨다. 흥취는 심원하고 마음은 미묘하여 대상과 정신이 융회(融會)하였다. 때로는 대꼬챙이로 의습선(衣褶線)을 그렸는데 예스럽고 굳세어 오묘한 경지에 들었다. 때로는 마른 붓에 엷은 먹을 묻혀 강산(江山)과 화목(花木)의 소경(小景)을 그렸는데, 고우면 고울수록 더욱 골기(骨氣)가 있었고, 담박하면 담박할수록 더욱 농밀하였다. 때로 햇빛에 무지개가 변하는 것을 그렸는데 기괴하면서도 속기(俗氣)를 벗어났다. 한편 유(類)를 좇아 형상을 그리신 것[20]은 고(古)를 뛰어넘어 홀로 묘(妙)했거늘, 나라 안의 풍물과 인물을 벗어나지 않았다. 채소 파는 아낙·옹이 멘 노인·승려와 초동, 그리고 강교(江郊)·성문·작은 샘·바위·방실(房室)·자잘한 기물에 이르기까지 세세하게 모두 그리셔서 꼭 빼닮지 않음이 없었다. 무릇 공은 그림을 역사(歷史)로 삼은 셈이고, 진(眞)을 스승으로 삼은 것이다.[21]

공께서 평생 그리신 그림을 헤아리면 천 폭쯤 되는데, 스스로 득의작으로 꼽으신 것은 몇 폭에 불과했으니 실로 높은 식견과 안목을 지니셨던 것이다. 그러나 하루아침에 붓과 벼루를 부수고 다시는 그림을 그리지 않으셨다.[22] 비록 기이한 돌과 무성한 숲, 쓸쓸하거나 청량한 경치와 조우하더라도 조금도 흔들림이 없으셨다. 설사 장형(長蘅)을 위해 세 번 긴 탁자를 설치한다고 해도 그림을 얻기 어려웠을 것이다.[23] 곽공(郭公)이 수십 폭 종이에 연

---

19 아무에게나 그림을 그려 주지 않고, 사람을 가려 그림을 그려 주었다는 뜻이다.

20 속화(俗畵)를 가리킨다.

21 조영석은 평소 그림을 보고 베끼는 것은 잘못이며, '즉물사진'(卽物寫眞), 즉 직접 대상에 나아가 그 진면목을 그려야 한다고 했다. 홍계능(洪啓能), 「관아재 조공 행장」(觀我齋趙公行狀, 『莘村集』 제3책, 연세대학교 국학자료실 소장)의 "後生有請畵妙於公者, 公曰: '以畵傳畵, 所以非也, 卽物寫眞, 乃爲活畵'"라는 말 참조.

22 조영석은 의령 현감으로 있을 당시인 1735년 가을 세조(世祖) 어진(御眞) 중모(重摹) 사업에 감조관(監造官)으로 천거되었는데 자신이 직접 그려야 하는 줄로 잘못 알아 일부러 늦게 상경(上京)해(조영석은 비록 취미 삼아 그림을 그렸으나 자신이 선비이지 비천한 환쟁이는 아니라고 생각했음으로써다), 이것이 문제가 되어 고초를 겪은 뒤 파직되었다. 사천 이병연이 쓴 『사제첩』 발」(麝臍帖跋)에 따르면, 이 일이 있은 후 조영석의 그림이 다시는 세상에 나오지 않았다고 한다(『사제첩』 발문」의 내용은 유홍준, 『화인열전 1』, 역사비평사, 2001, 147면 참조. 세조 어진 사건에 대해서는 『관아재고』(觀我齋稿, 한국정신문화연구원, 1984년 영인) 권3, 162~166면 참조.

영조 20년 (갑자甲子)

1744년

35세

조영석, 〈말징박기〉, 국립중앙박
물관 소장

(鳶) 하나를 그린 일에 견주더라도 어찌 고결한 것이 아니겠는
가.[24]

　　공의 그림은 이미 세상에 아주 적은데, 집안의 자제들이 이전
에 공께서 초(草)를 잡아 두신 열네 장의 그림을 겨우 수습해 장
황(裝潢)하여 간직하였다. 화첩에는 무릇 사람을 그린 것이 모두
스물 둘인데, 노인·아이·노복(奴僕)·공장(工匠)의 일이 대략 갖
추어져 있다. 금수를 그린 것이 서른 하나인데 말·소·닭·개·곤
충·새 등속이 대략 갖추어져 있다. 초목을 그린 것은 겨우 두 종
에 불과하다. 이들 작품은 대개 공들여 그린 것이 아니다.[25] 공께
서 화첩에 '사제'(麝臍: 사향노루의 배꼽)라는 이름을 붙이셨으니,
그 뜻이 매우 완곡하다[26] 하겠다."(畫雖小道, 有至趣, 有深心, 有妙
用, 未易言也. 世傳黃子久登樓, 觀雲物變幻, 而爲布置; 王維寫景, 不拘四
時, 嘗作雪中芭蕉, 是其寄趣在紙墨之外, 而若弘景以牛喩心, 道子爲鬼獄
以警俗, 其用意尤深微, 然不可謂畫之道也. 夫日月山龍華蟲之象, 鍾鼎彝
器之美, 宮室宗廟之盛, 與夫冠服古今向背之宜, 山川鳥獸草木之別, 非畫
無以賁餙文章而模像而傳之, 其爲用亦大矣. 觀我齋趙公之於畫, 意到落
筆, 問人而不擇楮素, 趣遠心微, 境與神會, 或用籤頭畫衣紋, 古勁入微; 或
用枯毫淺墨爲江山花木小景, 彌嫩彌骨, 彌淡彌濃; 或畫影移虹, 奇怪絶俗,
而顧其隨類寫形, 超古獨妙, 則不離乎國內之風土人物, 雖賣荣之婦, 負甕
之叟, 飯僧, 樵童, 與夫江郊, 國門, 片泉, 塊石, 房室, 器用之微, 瑣瑣具陳, 而
靡不酷肖. 公盖以畫爲史, 而以眞爲師也. 度公平生所爲畫, 不滿千幅, 而自

---

23 '장형'은 명말(明末)의 화가 이류방(李流芳)의 자이다. 이류방은 만년에 서호(西湖) 지방을 자주 유람했는데, 그의 벗들
은 이류방이 올 때면 그림을 얻기 위해 매번 긴 탁자를 설치하고 흰 비단을 벌여 놓았다. 이렇게 하기를 거듭하자 결국
이류방이 '세 번이나 나를 꾀는구려'라고 말하면서 그림을 그려 주었다고 한다. 여기서는 조영석이 이류방처럼 세 번 그
림 요구를 받았다 할지라도 그의 마음을 바꾸지 않았을 것이라는 뜻으로 쓴 말이다.

24 '곽공'은 북송(北宋) 초의 화가 곽충서(郭忠恕)를 말한다. 어떤 부자가 곽충서를 흠모했는데 곽충서가 술을 좋아한다는
걸 알고는 날마다 좋은 술을 보내주었다. 그러고는 한참 뒤 비단과 좋은 종이를 갖고 와 그림을 좀 그려달라고 했다. 곽
충서는 술기운을 빌려 종이를 길게 펼쳐서는 먼저 한 동자가 얼레를 잡고 있는 모습을 그리고 종이 끝에 연(鳶)을 그렸
다. 부자는 그 그림이 시원찮다고 생각해 사절했는데, 안목이 낮아 여백을 최대한 살린 일품(逸品)의 그림을 알아보지
못한 것이었다. 곽충서의 연 그림은 이인상의 〈장백산도〉(長白山圖)의 관지에도 언급되어 있다.

25 《사제첩》은 조영석이 그간 초(草)해 놓은 밑그림을 한데 모은 것이므로 작품의 완성도에서는 부족한 점이 있다.

26 사향노루는 배꼽에 든 사향 때문에 중시되지만, 또한 그 사향 때문에 죽임을 당한다. 조영석은 세조 어진 중모(重摹) 문
제로 곤욕을 치르자 자신의 그림 재주가 사향노루 배꼽 같은 것이라고 생각했던 듯하다. 그래서 화첩에 '사제'라는 이름
을 붙여 착잡한 심회와 함께 경계하는 뜻을 부친 게 아닌가 한다.

謂得意, 不過數幅, 則實有高識傲眼矣. 一朝毁筆硯, 不復事點染, 雖遇奇石
茂林、幽獨淸涼之境, 亦漠然無動, 雖欲爲長衡設三覆, 難矣. 比之郭公之寫
紙鳶, 豈不高歟? 公之畫, 世旣絶少, 家子弟僅拾公所嘗起草十四紙, 裝繢
以藏之. 凡狀人爲二十一, 而老幼、僕隷、工匠之事略具焉; 爲禽獸三十一,
而馬牛、鷄犬、蟲鳥之屬略具焉; 爲草木僅二種, 皆不經意者. 公題其卷曰
'麝臍', 其意尤婉矣.)

○ 이시중(이최중의 백씨), 생원시에 합격하다.

○ 이최중, 진사시에 합격하다.

○ 신사보, 생원시에 합격하다.

○ 남유용, 오찬의 고연(古硯)과 고경(古磬)에 명(銘)을 써 주다
〔「오경보의 고연과 고경 명」(원제 '吳敬父古硯磬銘'), 『뇌연집』 권27〕

○ 임과, 2월 활인서(活人署) 별제에, 8월 정읍 현감에 제수되다.

○ 임안세, 5월 지례(知禮) 현감에 제수되다.

○ 이기진, 7월 경기 감사에 제수되다.

○ 송문흠, 12월 세자익위사 시직에 제수되다.

○ 김성응, 12월 훈련대장에 제수되다.

◎ 이덕수(李德壽, 1673년 생, 호 서당西堂, 당색 소론) 사망.
　유수원과 함께 소론 학인 중 학식이 높은 인물로 꼽혔다.

◎ 어유봉(魚有鳳, 1672년 생, 호 기원杞園) 사망.

◎ 강세황, 안산으로 이주하다.

◎ 김두량(金斗樑, 1696~1763, 호 남리南里·운천芸泉, 도화서 화원),
〈월야산수도〉(月夜山水圖)를 그리다(국립중앙박물관 소장).

① 건륭제(乾隆帝), 재위 9년.
　청이 자금성에 입궐한 지 100년째 되는 해이다. 조선 사대부
들은 '호불백년'(胡不百年)이라 하여 청나라가 100년을 못 갈 것
이라고 믿었으나 이런 기대가 마침내 무너졌다.

① 훈고음운학자 왕념손(王念孫, 왕인지王引之의 부친) 출생.

① 양명학자 미와 싯사이(三輪執齋) 사망.

① 이시다 바이간 사망.

김두량, 〈월야산수도〉

영조 21년(을축乙丑, 1745년) 36세

「유파주 만시」, 『능호집』(상) ──────
217면

● 파주 목사 유언철의 만시를 짓다.

● 봄, 김순택·이윤영과 함께 오찬의 옥경루(玉磬樓)에서 모여 필운대로 가 상춘(賞春)하다[「김자 유문(김순택), 이자 윤지와 옥경루에서 모여 필운대로 들어가 상춘하다」(원제 '與金子孺文、李子胤之會玉磬樓, 轉入雲臺, 賞春'), 『뇌』1].

● 이최중과 필운대의 장씨 화원(花園)에서 노닐다[「이자 인부(이최중)와 함께 필운대의 장씨 화원에서 노닐다」(원제 '同李子仁夫游雲臺張氏花園'), 『뇌』1].

● 공조좌랑 이시중(李時中, 1707~1777, 자 의백宜伯)과 빗속에 함께 배를 타고 학여울(탄천과 양재천이 만나는 일대의 한강)로 내려가다[「수부水部[1] 이 좌랑李佐郎 의백宜伯[2]과 우중에 배를 타고 학여울로 내려가다」(원제 '與水部李佐郎宜伯, 雨中同舟下鶴灘'), 『뇌』1].

● 이보상과 함께 남산에 가 상춘하다[「석산石山(이보상) 어르신을 모시고 남강南崗에서 상춘하다」(원제 '拜石山丈, 賞春南崗'), 『뇌』1].

「조산초당을 지나다가 (…) 느낌이 있어 차운하다」, 『능호집』(상) ──────
220면

● 근 10년 만에 조산 초당을 방문해 유언길·장지중(張至中)[3]과의 구유(舊遊)를 추억하다.

이때 지은 시에 "십 년 만에 다시 조산에 오니 / 못물에 아련히 저녁 하늘 비치네 / 매옹(梅翁)의 맑은 글 옛 벽에 남아 있고 / 좋은 술 담갔던 계심(季心)의 높은 풍모 떠오르네"[十年重到鳥山中, 雲沼依依照晩空. 梅老淸文餘古壁, 季心醇酒憶高風: 「조산초당을 지나다가 유태중兪泰仲(유언길), 장계심張季心(장지중)과 옛날에 함께 노닐던 일을 생각하고 벽 위에 써 놓은 시에 느낌이 있어 차운하다」(원제 '過鳥山草堂, 憶兪泰仲·張季心舊游, 感次壁上韻')]라는 구절이 보인다.

1 조선시대 육조(六曹)의 하나인 공조(工曹)를 말한다.
2 이시중은 1744년 8월부터 이듬해 10월까지 공조좌랑을 지냈다.
3 장지중(1710~1750)은 본관이 덕수이고 자는 '계심'(季心)이다. 계곡 장유의 현손이요, 군수를 지낸 장진환(張震煥)의 아들로, 북부 봉사를 지냈다. 이인상의 장인인 장진욱의 종질이다.

「조산의 여러 어르신들과 서해의 오이도로 놀러 갈 것을 약속한바 도중에 짓다」,『능호집』(상)
225면

● 봄, 조산의 제장(諸丈)과 서해의 오이도(烏耳島)에 놀러 가다.

이때 지은 시가『뇌』1의 '도산집'(島山集)에 실려 있다. 2년 전에 죽은 유언길을 회억(回憶)하며 슬퍼하는 마음을 노래하거나 서해를 바라보며 여진족에 점거당한 중원에 절망하는 마음을 노래한 시편이 대부분이다.

● 오산(烏山)[4]에 올라 바다의 파도와 운석(雲石)을 보자 장악원(掌樂院)에서 「여민락」(與民樂)을 듣고 남구(南廐)[5]에서 천사(天駟: 임금의 수레를 끄는 말)를 본 즐거움이 생각나 선면화(실전)를 그려 뜻을 부쳐 주부(主簿) 민군회(閔君會)에게 주다.

그 화지(畫識)는 다음과 같다: "나는 일찍이 죽암(竹菴) 김공(金公)[6]을 따라 장악원에 들어가 「여민락」을 들은 적이 있는데,[7] 음절(音節)이 화완(和緩)하고 유묘(幽眇)하며 막측(莫測)하여 사람을 고무하고 진작함이 성대했다. 그리고 또 군회씨(君會氏)[8]를 따라 남구의 천사를 구경했는데, 하나하나가 용이 솟구치고 범이 날뛰는 기상이 있어서 보는 사람으로 하여금 사방으로 치달리고자 하는 뜻을 갖게 했다. 그 이튿날, 우연히 서해(西海)에 들어가 오산(烏山)에 올라 우뚝 솟은 운석(雲石: 구름 속의 바위)을 굽어보니, 맑은 물결이 넘실거리고 거센 바람에 배가 치달리는 모습이 광대하여 음악을 들었을 때의 즐거움과 말을 구경했을 때의 즐거움을 합해 놓은 것 같았다. 그래서 마침내 이 부채에 그림을 그려 내

4 오이도(烏耳島)를 가리킨다. 오이도는 남간, 구담, 종강과 함께 이인상에게 중요한 의미를 갖는 공간이다. 「매호(梅湖)의 또 다른 제문」(원제 '又祭梅湖文',『능』4)에 "저는 오산(烏山: 오이도의 산)에 올라 공(公)이 옛적 노닐던 곳을 어루만졌지요"(余登烏山, 而撫公之舊游)라는 구절이 보인다.

5 궁궐 밖 사복시(司僕寺)의 마구간으로, 정청(政廳) 뒤편에 있었다.

6 김성자(金聖梓, 1698~1767)가 아닌가 한다. 자(字)는 문보(文甫)로, 1742년 3월에 장악원 주부에 제수되었고 동년 12월에 옥천 군수에 제수되었다. 송명흠, 김원행 등과도 교유가 있었다. 김성자는 이인상과 1741년 6월에 삼청동에서 송문흠, 송익흠, 윤득민 등과 함께 노닌 적이 있다(「삼청동 유기」(원제 '游三淸洞記'),『뇌』4). 이인상은 1758년 청주에 들러 청주 목사로 있던 김성자를 방문한 적이 있다(「琅州記事」,『능』2).

7 이 일은 이인상이 1758에 쓴 「서악」(叙樂,『뇌』5)에도 언급되어 있다. 이인상이 민백형을 따라 남구(南廐)를 구경한 것은 1745년의 일이다.

8 민백형(閔百亨, 1707~?)을 말한다. '군회'는 그 자(字)이다. 민우수의 재종질이다. 참고로 민우수는 「제재종질군회문」(祭再從姪君會文,『貞菴集』권14)을 지은 바 있다. 민백형의 아내는 권정성(權定性)의 딸인데, 권정성의 또 다른 딸이 오원과 혼인했으므로, 민백형과 오원은 동서간이다. 권정성은 권상하의 손자이다.『승정원일기』영조 21년(1745) 1월 28일 기사에 민백형이 사복시 주부에 제수되었다는 기록이 보인다.

영조 21년(을축乙丑)

1745년

36세

뜻을 부친다. 나는 매양 흥취가 이르면 장형(長蘅)이 세 번 부탁을 받은 후에야 그림을 그려 주는[9] 것처럼 하지 않았다. 이 때문에 웃는다."〔余嘗從竹菴金公入樂院聽「與民樂」, 音節和緩, 幽眇莫測, 鼓舞作人之盛. 而又從君會氏閔南廐天駟, 箇箇龍騰虎驤, 令人有馳騖四方之志. 其翌日, 偶入西海登烏山, 俯見雲石戟戟, 濤瀧淸盪, 風勁飇駛, 渢渢洋洋, 兼有聽樂閱馬之樂, 遂寫此扇以寄意. 余每到興會, 不待長蘅三覆而後發. 爲之一笑:「민 주부閔主簿 군회에게 그려 준 선화扇畫의 지識」(원제 '閔主簿君會扇畫識'),『뇌』4〕

● 조산에서 돌아와 선면화 둘을 그려 거기에다 유언길의 시에 추화(追和)한 시를 적어 송문흠과 신소에게 주다(모두 실전).

바다와 해산(海山)을 그려 슬픔을 기탁한 그림으로 추정된다. 이 그림의 제발(題跋)은 다음과 같다: "나는 서해(西海) 오산에 올랐는데, 매옹(梅翁) 유태중(兪泰仲)이 예전에 노닐던 곳이다. 매옹이 시를 지었는데 거기에 이르기를 '하늘이 장대해 승사로(乘槎路) 알 수 없는데[10] / 돌이 오래되어 마치 경쇠 치는 소리 들리는 듯하네'(天長不辨乘槎路, 石老如聞擊磬音)라고 했으니, 어찌 그리도 슬프단 말인가. 그래서 나는 이 시에 뒤미쳐 화답하고 돌아와서 부채 둘에 그림을 그리고 내 시(詩)를 적어서 송자(宋子) 사행(士行)과 신자(申子) 성보(成父)에게 주었다. 아아! 세상 사람 중에 그 누가 매옹의 어짊을 알겠으며 두 사람의 고심을 알겠는가?"〔余登西海烏山, 梅翁兪泰仲舊游處也. 梅翁有詩曰: '天長不辨乘槎路, 石老如聞擊磬音.' 何其悲也! 余爲追和其詩, 歸寫二扇, 錄余詩, 贈宋子士行、申子成父. 嗟呼! 世之人孰知梅翁之賢, 而知二君之苦心耶:「부채에 그린 그림」(원제 '扇畫'),『뇌』4〕

「매호의 또 다른 제문」,『능호집』(하) ── 201면

● 5월 19일, 유언길의 대상(大祥) 이틀 전에 제문을 지어 영전에 곡하다.

「송사행에게 준 편지」,『능호집』(하) ── 15면

● 여름 무렵, 「송사행에게 준 편지」(원제 '與宋士行書')를 작성하다.

---

9 본서 192면의 각주23을 참조할 것.

10 이인상의 「통신사를 전별하며」(원제 '贐通信使')라는 연작시의 두 번째 시에도 "하늘 다해 승사로(乘槎路)는 알 수가 없고"(天窮不辨乘槎路)라는 구절이 보인다. 17세기 초 후금(後金)이 요동을 장악해 육로로 명나라에 가는 길이 막히자 조선에서는 해로로 명나라에 사신을 보냈는데, '승사로'는 이를 말한다.

영조 21년(을축乙丑)

1745년

36세

서로 권면하고 책선할 것을 촉구한 편지다. 편지 중에 "세상일은 날로 비통함이 느껴지고, 도리는 날로 어두워지며, 시운은 날로 하강하니, 큰 역량과 큰 식견을 지녀 뜻이 확고하여 흔들리지 않는 자가 아니라면, 마치 맷돌에 콩을 넣으면 크건 작건 모두 분쇄되어 버리듯 스스로 시대의 흐름에 용해되어 버리고 말 터이니 어찌 우려할 일이 아니겠습니까? 옛사람이 이르길, '세계를 바꾸어야지 세계에 의해 바뀌어서는 안 된다'라고 했거늘, 우리들이 비록 세상을 바꿀 힘은 없다 할지라도 자신의 입각지(立脚地)[11]를 굳건히 하지 않는다면 어떻게 살아갈 수 있겠습니까?"(世事日覺悲慟, 道理日以晦塞, 運氣日以低陷, 非有大力量大心識堅確不撓者, 自在運氣中銷瀜如磨盤撒豆, 鉅細共碎下來, 豈非可憂者? 古人曰: '當轉移世界, 不當爲世界所轉移.' 吾輩縱無力轉運他, 自家脚跟不牢, 何以住得)라는 구절이 보인다.

"세계를 바꾸어야지 세계에 의해 바뀌어서는 안 된다"라는 말은, 명말 청초의 인물인 육세의(陸世儀, 1611~1672)의 책 『사변록집요』(思辨錄輯要)에서 유래한다. 이 책 권1에 "사람들이 도학에 대해 이야기할 때 그 역량이 작아 항심(恒心)을 갖지 못함이 두렵다. 만일 항심이 있다면 스스로 능히 세계를 바꾸고 세계에 의해 바뀌지 않을 것이다"(怕人說道學只是自己力量小, 不能有恒. 若果有恒, 自能轉世界, 而不爲世界所轉)라는 말이 보이며, 권32에 "어제 우연히 노장(老莊)의 책을 읽고 그들 학문의 근저를 간파했다. 사람들은 대개 '노자는 본성이 음험하고 장자는 본성이 오만하기 때문에 그 학문이 이와 같으며, 또 대도(大道)를 모르기 때문에 편벽한 데로 흘러갔다'라고 하는데, 이는 잘못되었다. 둘은 모두 세상에 보기 드문 총명한 사람이었으며 또한 공맹(孔孟)과 같은 시대에 살아 문왕과 무왕의 유풍(流風)과도 멀지 않았거늘 어찌 대도의 이치를 몰랐겠는가? 다만 그 입각지가 정해지지 않고 지기(志氣)가 굳세지 않아 세계에 의해 바뀌어 총명함을 갖고 장난을 친 것이다"(昨偶看老莊, 識破他學問根蒂. 人多以爲老子性陰, 莊子性傲, 故其

---

11 '입각지'의 원문은 "脚跟"으로, 본래 발꿈치라는 뜻이다. 이 단어는 『능호집』 권4의 「우연히 쓰다」(원제 '偶書')라는 글에도 보인다.

學如此, 又不知大道, 故流爲偏僻, 非也. 兩人皆絕世聰明, 且與孔孟同時, 文武流風未遠, 豈有不知大道之理? 只是他脚跟不定, 志氣不堅, 爲世界所轉移, 便要使乖)라는 말과 "선문(禪門)에서는 늘 겁(刧)이 지나도 파괴되지 않는다고 말하는데 어찌해야 겁이 지나도 파괴되지 않을까? 다만 세계에 의해 바뀌지 않아야 하나니 공자와 맹자 같은 분이 겁이 지나도 파괴되지 않는 사람이다. 그 밖의 노장과 같은 부류는 겁이 지나면 파괴되고 만다"(禪門常言, 歷刧不壞, 如何是歷刧不壞? 只不爲世界所轉, 便是若孔孟, 便是歷刧不壞, 其餘若老莊之流, 則歷刧便壞了)라는 말이 보인다. 육세의는 강소성 태창(太倉) 사람으로 자는 도위(道威)이고, 호는 강재(剛齋)·부정(桴亭)이다. 정주학(程朱學)을 존숭하고 육왕(陸王)의 심학(心學)을 배척했으며, 천문·지리·농학·병학 등 경세치용의 실학에 힘썼다.

편지의 이 말을 통해 이인상이 육세의의 『사변록집요』를 읽었음을 알 수 있다. 관방(關防)·성지(城池)·전곡(錢穀)·병농(兵農) 등 경세지학(經世之學)에 관심이 많았던 신소 역시 이 책을 읽은 것으로 여겨진다.[12]

● 7월, 이최지가 천문학겸교수(天文學兼敎授)에 제수되다(『승정원일기』).

김순택의 「이정산 묘지명」(李定山墓誌銘)에는 '명과학겸교수'(命課學兼敎授)에 제수되었다고 했다. 『승정원일기』의 기록이 옳다. 이최지는 1727년 정미환국(丁未換局)으로 소론이 집권하자 당시 하고 있던 천문학겸교수를 그만두었다. 19년 만에 이 직책을 다시 맡은 것이다. 물론 그간 아무 벼슬도 하지 못했다. 이최지는 이 사이 일정 기간 오원의 아들인 오재순의 숙사(塾師)로서 자생(資生)하였다(오희상吳熙常, 「문정공 부군 행장」文靖公府君行狀, 『노주집』老洲集 권19).

● 7월, 내자시(內資寺) 주부에 제수되다.

내자시는 대궐에서 쓰던 여러 가지 식품과 직조(織造) 및 내연(內宴)에 관한 일을 맡아보던 관청이다.

● 8월, 정시 무과(庭試武科) 초시(初試)의 이소 주장관(二所主掌

---

12 "早悅孫吳, 略涉大旨, 後不復觀. 然於關防、城池、錢穀、兵農, 常留心揣摩."(任聖周, 「處士申公墓誌銘」, 『鹿門集』 권24)

官)으로 차임(差任)되다.

● 가을, 벗들과 이윤영의 녹운정에 모여 「서지(西池)에 있는 이
윤지의 원정(園亭)에서 염운(拈韻)하여 '용'(用), '졸'(拙), '존'(存),
'오'(吾), '도'(道) 다섯 자를 얻었는데, 다만 '용'(用) 자로만 시를
짓고 일이 있어 모임을 파하고 돌아오다」(원제 '西池李胤之園亭拈
韻, 得用·拙·存·吾·道, 只賦用字, 有事罷還')라는 시를 짓다.

행서로 쓴 그 시고가 전한다(《명가잉묵》名家賸墨 권7 소수).[13]

● 송문흠의 「계방 잡시」(桂坊雜詩)에 화답하는 시를 완성하다.

그 제7수는 다음과 같다: "온세상 온통 어둡고/눈에 드는 좋
은 사람이 적네/송자(宋子: 송문흠)는 경륜이 바르고/신생(申生:
신소)은 행실이 참되네/편강(褊剛)하여 시속에 들기 어렵고/오
벽(迂僻)하여 새로움을 좇지 않네/키는 작으나/오히려 대신(大
臣)이 될 만하여라."(擧世渾陰黑, 目中少好人. 宋子經綸正, 申生語嘿眞.
褊剛難入俗, 迂僻不趨新. 藐爾形軀小, 猶堪作大臣.) 이 시를 통해 송문
흠의 체구가 작았음을 알 수 있다.

● 숭릉(崇陵) 재사(齋舍)의 이휘지가 보내 준 시에 화답하다.

● 송익흠이 남간의 구유(舊遊)를 생각하며 써 보낸 시에 화답하
다(「송자 시해의 「남간에서 예전에 노닌 때를 생각하며 짓다」에 화답하
다」(원제 '和宋子時偕懷南澗舊游作'), 『뇌』1).

● 9월, 이보상이 시를 보내 술을 찾았으나 부응하지 못했고 석
단(石壇)에서 단풍 구경을 하자던 약속도 저버린지라 시를 써 보
내 미안한 마음을 말하다(「석산 어르신이 시를 지어 술을 찾으셨는데
오래 화답하지 못했으며 또한 석단石壇에 단풍 구경 가자는 약속도 저버
렸는데, 얼마 후에 공이 금오金吾로 이직하셔서 율시 한 편을 삼가 드리
다」(원제 '石山丈有詩索酒, 久未能奉酬, 且孤石壇賞花之約, 已而公移職
金吾, 謹呈一律'), 『뇌』1).

'석단'은 경복궁 근정전 서북쪽에 있는 누각인 경회루의 북쪽
에 설치된 간의대(簡儀臺)를 말한다. 세종 때 조성된 천문대로, 돌
을 쌓아 대를 만들었는데, 높이 31척(9.5m), 길이 47척(14.4m), 넓
이 32척(9.8m)이었다. 간의대는 임진왜란 때 파괴되어 천문관측

---

13 이 글씨의 평설은 『능호관 이인상 서화평석 2: 서예편』의 '12-3'을 참조할 것.

기구는 사라지고 이인상 당시에는 석대(石臺)만 남아 있었다. 이인상은 1741년에 송문흠, 신소 등과 경복궁 유허(遺墟)에서 노닌 적이 있으며, 1743년에도 이시중 형제와 노닌 적이 있다. 당시 경복궁의 유허에는 단풍나무 등 온갖 나무가 우거져 있었으므로 풍류객들의 발길이 잦았다.

● 이시중 형제가 직소(直所)로 찾아오다(「이 좌랑 의백씨宜伯氏(김시중) 형제가 내가 숙직하는 곳에 들렀기에 시를 지어 추후에 사례하다」(원제 '李佐郎宜伯氏兄弟過直中, 賦詩追謝'), 『뇌』1).

『신성보가 부쳐 준 시에 차운하다』,
『능호집』(상)
242면

● 신소가 보내준 시에 답하다.

시 중에 "기나긴 밤 언제 다하려나?"(漫漫長夜幾時闌)라는 말이 보이는바, 자신의 시대를 '긴 밤'으로 인식했음을 알 수 있다. 이인상과 그 벗들은 청(淸)이 중원을 점거한 당시의 동아시아 현실을 '밤'으로 인식했다.

『이백눌의 「벗을 노래하며 감회를 읊다」에 차운해 답하다』, 『능호집』(상)
244면

● 이민보의 「벗을 노래하며 감회를 읊다」(원제 '詠友述懷')[14]에 화답하는 시(6수)를 짓다.

그중 이윤영을 읊은 수(首)에 "이윤(伊尹)과 주공(周公)의 옛 솥은 작고 / 우(虞)와 하(夏)의 한 송이 꽃[15] 기이도 하지[16] / 먹 희롱하여 때로 세상 놀래키니 / 나찬(懶瓚)과 대치(大癡)[17]를 배웠다 하겠네"(伊、周古鼎小, 虞、夏片花奇. 墨戲時驚俗, 謂君學懶、癡)라는 말이 보인다. 또 신소를 읊은 수(首)에 "베옷 몸에 친숙하고 / 작은 방엔 절로 바람이 이네 / 창해(滄海)에 자취를 숨겼나니 / 백운(白雲)의 뜻이 몹시도 크지 / 책은 부질없이 벽에 있고 / 약으로 몸을 보존하누나"(布衣與近體, 斗室自生風. 滄海尋蹤泯, 白雲立志洪. 簡編空在壁, 藥餌且存躬)라는 말이 보인다. '창해'(滄海)는 조선을 가리킨다. '백운'(白雲)은 은거를 상징하는 말인데 원(元)나라의 저명한 주자학자 허겸(許謙, 1269~1337)의 호이기도 하다.

---

14 이 시는 원래 6수인데 『능호집』에는 제6수가 빠졌다. 이헌보(李獻輔), 이민보, 이윤영, 신소, 송문흠을 차례로 읊고, 마지막에 이인상 자신을 읊었다.

15 '한 송이 꽃'은 원문이 "片花"로, 꽃 모양의 고대 유물을 가리키는 것으로 보인다.

16 이윤영은 중국의 골동품을 수집하는 취미가 있었으니, 이는 그가 견지한 존주대의(尊周大義) 이념과 깊은 연관이 있다.

17 '나찬'은 원(元)나라 때의 화가인 예찬(倪瓚, 1306~1374)을 가리키며, '대치'는 원나라 때의 화가인 황공망(黃公望, 1269~1358)을 가리킨다. 예찬은 보통 '운림'(雲林)이라는 호로 알려져 있지만, 스스로 '예우'(倪迂), '나찬'이라 일컫기도 하였다. 이인상과 이윤영은 모두 예찬의 화풍에 큰 영향을 받았다.

영조 21년(을축乙丑)

1745년

36세

허겸은 원나라 당시 그의 스승인 김이상(金履祥) 및 하기(何基)·왕백(王柏)과 더불어 '금화4선생'(金華四先生)으로 일컬어졌다. 또 허형(許衡)과 더불어 '남북2허'(南北二許)로 일컬어지기도 했다. 조정의 부름에 응하지 않고 동양(東陽)의 팔화산(八華山: 지금의 절강성浙江省 동양시東陽市에 위치)에서 강학에 전념해, 원나라 때 주자학 전파에 큰 기여를 했다. 문집으로 『백운집』(白雲集)이 전한다. 동시대 사람인 황진(黃溍)은 「허백운 선생 묘지명」(許白雲先生墓志銘, 『절강통지』浙江通志 권266 소수)에서, "정자(程子)의 도는 주자(朱子)를 만나 다시 밝아졌고, 주자의 위대함은 선생에 이르러 더욱 높아졌다"(程子之道, 得朱子而復明; 朱子之大, 至先生而益尊)라고 했다.

신소는 허겸을 존숭했다. 이인상은 이 때문에 여기서 중의적(重義的) 의미를 갖는 '백운'이라는 말을 썼다고 생각된다. 황경원이 지은 「신성보 묘지명」(申成甫墓誌銘, 『강한집』江漢集 권17 소수)에, 어떤 사람이 신소에게 과거를 보지 않는 이유를 묻자 신소가 "옛날 백운 선생 허겸은 송나라 유민으로서 몽고의 시대에 벼슬을 하지 않았습니다. 제가 감히 몸을 깨끗이 하려는 것이 아닙니다. 명나라 황실이 남쪽으로 옮겨간 이래로 세 분의 선제(先帝: 남명의 황제인 홍광제弘光帝·융무제隆武帝·영력제永曆帝)께서 오랑캐에게 시해를 당하셨으니 이는 만세 후라도 반드시 복수해야 할 일입니다. 그러니 사군자(士君子)가 어떻게 벼슬을 할 수 있겠습니까"(昔白雲先生許謙, 以宋遺民, 不仕於蒙古之世. 詔非敢爲潔身也. 自明室南遷以來, 三先帝爲虜所弑, 此萬世必報之讐也. 士君子其可仕邪)라고 했다는 말이 보인다. 한편, 이인상 자신을 읊은 마지막 수(首)에는 "꽃 가꿔 웃음과 찌푸림을 부치네"[18](栽花寄笑顰)라는 말이 보이니, 이인상이 화훼 가꾸기를 몹시 좋아했음을 알 수 있다.

● 이연상과 배를 타고 행주에 가 김근행의 초당에서 자다.

김근행은 1742년 가을에 자신이 살던 봉정에 새로 정자를 하나 건립하여 '고심정'(古心亭)이라는 이름을 붙였다.[19]

「배 타고 행주로 내려가 김 진사 신부의 초당에서 자고, 일찍 일어나 시를 남기고 이별하다. 창석자와 함께 짓다」, 『능호집』(상)
253면

---

18 '웃음과 찌푸림을 부치네'는 소일한다는 뜻이다.

19 김근행의 문집 『용재집』 권1의 「오동나무 아래에 초가집을 새로 짓다」(원제 '梧下茅屋新成')라는 시 참조.

〈서지하화도〉,『서화평석』(1)
764면

〈서지하화도〉 제사와 관지

● 가을, 이윤영과 〈서지하화도〉(西池荷花圖, 일명 '서지백련')를 합작(合作)하다(간송미술관 소장).

그 제사는 다음과 같다: "그 흙이 시커메/검은 물로 변하네/이자(李子)가 밭을 가니/그 꽃은 하화(荷花)로다/진흙 뻘에서 나왔으나/하얗게 피어 더러움에 물들지 않네/혼탁한 세상 속에 초연하니/그대는 깊은 감회가 있을 테지."(厥土黑壤, 黎水攸漸. 李子耕之, 厥華菡萏. 出乎淤泥, 皭而不染. 超然濁世, 子有深感.) 관지는 다음과 같다: "서지(西池)의 이자(李子)가 기초(起草)한 것을 가져다가 백련(白蓮)을 그렸는데, 먹을 쓴 것이 지나치게 담박하며 꽃과 물이 분간되지 않았다. 마침내 색으로 선염(渲染)을 한 뒤 송자 사행의 「부용연지명」(芙蓉硯池銘)을 적어 주인에게 보이며 한번 웃는다. 을축년(1745) 가을날, 보산인 인상."(取西池李子所起草, 寫白蓮, 用墨太淡, 不分花水, 遂染墨行暈, 起錄宋子士行「芙蓉硯池銘」, 示主人一笑. 乙丑秋日, 寶山人麟祥.)

이 그림은 이윤영의 담화재에서 그려진 것으로 여겨진다. 송문흠이 담화재에서 『시경』 위풍(衛風)의 「기욱」(淇奧)을 전서로 쓴 것도 이때일 것이다. 송문흠의 이 글씨에는 다음과 같은 관지가 붙어 있다: "을축년 가을날 윤지(胤之)의 임단(林壇)에서 쓰다. 문흠."(乙丑烑日, 書于胤之林壇. 文欽.)

● 이해와 사근도(沙斤道) 찰방(察訪)으로 나간 1747년 7월 사이에 오찬의 서재인 수재(修齋)에서 〈산목홍도도〉(山木洪濤圖: 실전)를 그리다.[20]

그 관지는 다음과 같다: "수재(修齋)에서 가을밤에 붓 가는 대로 그리다."(修齋秋夜漫寫.)

● 이해 가을이나 익년 가을에 〈추경산수도〉(秋景山水圖)[21]를 그린 것으로 추정된다(《묵희》소수, 국립중앙박물관 소장).

인기: "원령"(元霝)

〈추경산수도〉,『서화평석』(1)
682면

---

20 유만주, 『흠영』 1782년 7월 28일의 다음 기록 참조: "○借來山木洪濤及八分大軸軸 ○英宗壬申, 宋公文欽寫楚詞「招魂」篇, 送吳公敬父柩前者也. 下有謙齋鄭敾水墨畵田園林木之勝. 山濤軸, 乃李元靈筆意, 略施澹彩, 題修齋秋夜漫寫, 皆吳氏家舊物." 오찬의 서재 이름 '수재'는 '청수'(淸修)라는 그의 별자(別字)에서 유래한다. 오찬은 이를 호로 사용했다. '청수'라는 별자는 1744년 겨울의 계산동 강회 때 이인상·이윤영·김순택이 오찬에게 지어 준 것이다.

21 이 그림은 종래 〈누각산수도〉로 불렸다.

● 이윤영에게 〈비각연정도〉(飛閣連亭圖: 실전) 소폭(小幅)을 그려 주다.

그 제사(題辭)는 다음과 같다: "옛적에, 누각에서 지내기를 좋아하면서도 그럴 형편이 못 되면 누각의 그림을 그려 마음으로 노닐었으니, 이를 '신루'(神樓)²²라고 했다. 내가 윤지(胤之)를 위해 비각(飛閣)과 연정(連亭)²³을 그렸거늘, 주변엔 산이 펼쳐져 있고 아래로는 골짜기가 있으며, 우뚝한 소나무와 곧게 솟은 전나무가 주위를 둘러싸고, 오래된 이깔나무²⁴와 쓰러진 단풍나무가 돌 위에 삼울(森鬱)한데, 진토(塵土)는 붙이지 않았다.²⁵ 그 아래로는 맑은 못이 있어 물이 돌아 흐르고 굽이쳐, 가득 고이면 다시 흘러가는데, 오니(汚泥)는 찾아볼 수 없다. 긴 폭포가 석양을 받으며 허공에서 곧게 떨어지는데, 못은 깊고 여울은 가늘어 바닥에 잡석(雜石)이 없으니 당연히 시끄러운 물소리가 들릴 리 없다.

정자에 앉은 사람은 바야흐로 향을 사르며²⁶ 폭포 소리를 듣고 있고, 또 한 사람은 높은 누각에서 병풍을 뒤로 한 채 안석(案席)을 정돈하고 앉아 맑은 못에 눈을 주고 있는 것이 꼭 누군가를 생각하는 듯하다. 그 곁에 한 객(客)은 두 손을 모으고 단정히 앉아 나무와 돌을 보고 있는데, 아마 동자(童子)를 불러 벼루를 씻기고 있는 듯하다. 누정(樓亭)은 사방이 모두 바위여서 초봄에 얼음이 녹으면 이끼가 자라날 터이고, 여름엔 늙은 나무에 맑은 그늘이 많아 어지러운 풀이며 잡화(雜花)며 벌레나 뱀 따위의 괴로움

「이윤지를 위해 작은 그림을 그리다」,—
「능호집」(하) 175면

---

22 '신루'는 명대(明代) 유린(劉麟)의 고사에서 유래하는 말이다. 유린은 높은 누각에 기거하는 것을 좋아했지만 누각을 건립할 형편이 못 되어 자기 집 들보에 가마를 매달아 두고 이를 '신루'라고 부르며 놀았다고 한다. 이를 명(明)의 문징명(文徵明)이 그림으로 그렸는데, 이로부터 그림이나 다른 매개물을 통해 가상으로 자연을 완상하는 것을 '신루'라고 부르게 되었다.

23 '비각'은 높다란 누각이고, '연정'은 쭉 이어진 정자이다.

24 '이깔나무'는 원문이 '杉'인데 요즘의 삼나무가 아니다. 일본어로 '스기'라고 하는 삼나무는 일제강점기 때 일본에서 이식된 것이다. '이깔나무'는 익가나무, 잎갈나무라고도 한다. 소나무과의 낙엽 교목으로, 아주 높이 자란다.

25 나무 주변에 돌만을 그렸으며, 흙은 그리지 않았다는 말이다. 이는 이인상 산수화의 주요한 특징의 하나이다. 속기(俗氣)를 극도로 싫어하고, 맑고 깨끗한 것을 좋아했던 이인상은 나무를 그릴 때 대개 흙은 그리지 않고 각이 지고 견고한 돌만을 그렸다. 이는 탈속(脫俗)과 청고(淸高)를 지향한 그의 정신세계를 반영한다.

26 이윤영, 오찬을 비롯한 이인상의 벗들은 매화를 감상하거나 그림이나 글씨를 완상할 때 곧잘 향을 피웠다. 향이 잡스런 기운을 없애고 정신을 맑게 함으로써이다.

영조 21년(을축乙丑)

1745년

36세

이 없을 터이다. 그리고 가을 달과 겨울 눈이 사람의 몸과 마음을 모두 서늘하게 할 터이니, 한지국(韓持國)[27]이 '자네, 그만 말하게! 내 마음 또한 시원하니까'(君勿言! 我心亦淸)라고 한 격이다.[28]

어떤 이가 나에게 이렇게 말했다.

'진흙 바닥의 연못이 없으니 어떻게 연꽃을 심을 것이며, 평지의 밭이 없으니 어떻게 차조를 심을 건가요? 깊은 방과 고요한 사랑(舍廊)이 없으니 어떻게 겨울을 날 것이며, 처자가 없으니 어떻게 손님을 접대하고 친척들을 기쁘게 할 건가요? 또 수레나 말이 없으니 한가한 날 어떻게 나들이를 하지요?'

나는 웃으며 말했다.

'이 그림을 보면, 누정을 둘러 그윽한 오솔길이 있고, 그 곁에 작은 다리가 놓였으며, 아름다운 나무가 하늘을 가려 원근을 분간할 수 없으니, 어찌 무릉도원(武陵桃源)이나 유신(劉辰)과 완조(阮肇)가 노닌 골짜기[29]가 없다고 장담하겠소? 옛사람의 신루(神樓)에 비한다면 이것도 오히려 사치가 아니겠소?'

윤지가 그림 끝에 글을 써 달라고 해서 마침내 기록한다."(古有喜樓居而不得, 托之繪事以游神. 謂之神樓者. 余爲胤之畵飛閣連亭, 橫山架壑, 環以夭矯之松、挺立之檜, 老杉顚楓, 森鬱石上, 不附塵土, 下臨澄泓, 洄澓汪灣, 而平滿便注, 當無汚泥. 斜映長瀑, 而從空直下, 潭深湍細, 而下無雜石, 當無亂溌之聒耳. 亭中之人, 方燒香聽瀑, 一人在高閣, 倚屛整案而坐, 注目澄泓, 若有所思. 傍有一客端拱而坐, 眣眜木石, 若呼小童洗硏者. 亭閣四圍皆石也. 春初陰氷初瀜, 苔蘚生滋, 夏月則老木多淸陰, 當無亂草雜花蟲蛇之苦, 中秋之月, 大冬之雪, 當令人神骨俱冷, 韓持國所謂'君勿言, 我心亦淸'者矣. 有謂余曰: '不有汚池, 何以種荷花? 不有平田, 何以種秫? 不有密室靜軒, 何以經冬? 不有妻子, 何以供雞黍悅親戚? 不有車馬, 何以暇日出遊?' 余笑曰: '且看繞以幽徑, 接以小橋, 嘉木掩映, 不辨遠近, 安知無武陵之源、劉·阮之洞耶? 比古人神樓, 不其侈歟?' 胤之索書絹末,

---

27 한유(韓維)를 말한다. '지국'은 그의 자이다. 송나라 철종(哲宗) 때 문하시랑(門下侍郞)을 지냈으며, 시에 능했다.
28 한유의 말은『설부』(說郛)에 실린『옥간잡서』(玉澗雜書)에 나온다. 자세한 것은『능호관 이인상 서화평석 2: 서예편』의 '3-2'를 참조할 것.
29 후한(後漢) 때 유신과 완조 두 사람이 약초를 캐러 천태산(天台山)에 들어갔다가 길을 잃었는데, 우연히 두 선녀를 만나 환대를 받고 집으로 돌아왔더니 그동안 세월이 흘러 7대손이 살고 있었다고 한다.

遂爲識.)

〈정연추단도〉, 『서화평석』(1)
754면

● 〈정연추단도〉(亭淵秋湍圖)를 그리다(소장처 미상).[30]

　　관지: "우중에 천루(泉樓: 사역원司譯院의 열천루洌泉樓)에서 그리다. 원령(元靈)"(雨中, 寫于泉樓. 元靈)

● 조산의 도공(陶工) 담거사(淡居士)[31]가 제작한 이윤영의 대련고(大蓮觚)에 명(銘)을 쓰다.

　　이인상은 이 무렵 담거사에게 의뢰해 향로와 호(壺) 등을 제작하고 여기에 명을 썼다(「조산에 도공 담거사가 있는데, 그에게 기물을 만들게 하고 명을 새겼으니 모두 다섯 편이다」(원제 '烏山有陶者淡居士, 使作器, 爲銘. 凡五'), 『뇌』5).

○ 송문흠, 1월 세자익위사 시직을 그만두다.

○ 이휘지, 숭릉(崇陵) 참봉에 제수되다.

○ 김순택, 3월 영릉(英陵) 참봉에 제수되다.

○ 송명흠, 4월 송익흠·송문흠·김성자·김상무(金相戊)와 가산(佳山)에 가서 조헌(趙憲)의 유허를 찾다(『늑천집』 권19의 연보).

○ 오찬, 여름 「근래 상사(喪事)로 인한 병으로 우울하고 마음이 즐겁지 않은데, 유문(김순택)이 문득 「재거(齋居) 10수」 시를 부쳐 오고 또한 위로하기를 "오직 술과 시로만 근심을 풀 수 있다"라고 하므로 애오라지 그 시에 차운해 사례하다」(원제 '近以喪病, 憂悒無悰, 孺文忽寄齋居十首詩, 且慰曰: "惟酒與詩, 可以銷憂", 聊和其韵而謝之, 『수』) 10수 연작을 짓다.

　　오찬은 1740년 5월 아내 청송 심씨의 상(喪)을 당했고, 같은 해 10월 숙씨 오관과 백씨 오원의 상을 연거푸 당했다. 이 때문에 오찬은 몇 년간 퍽 울적했던 것 같다.

　　이 시의 제10수는 다음과 같다: "동쪽 시내에 소쇄하게 집을 지어서 / 맑고 서늘한 한 골짝 전유(專有)하였네 / 전원은 스스로 힘쓸 만하니 / 만년에 금학(琴鶴)을 기약하노라[32] / 산야(山野)의 정

오찬, 〈근래 상사로 인한 병으로 (…) 차운해 사례하다〉의 제10수〉, 『서화평석』(2) 1175면

30　이 그림은 일제강점기 때 간행된 경매 도록인 『조선명보전람회도록』(朝鮮名寶展覽會圖錄, 朝鮮名寶展覽會, 1938)에 실려 있으나 이후 행방이 확인되지 않는다.

31　'담거사'는 누구인지 미상이다.

32　'금학'(琴鶴)은 거문고와 학을 벗삼는 선비의 고상한 생활을 이른다.

취는 나물과 죽순처럼 담박한데/깊은 근심이 수석(水石)에 얽혔네/오랜동안 술 함께 못 마셨거늘/협강(峽江)에 이 시를 전하네."(瀟灑東溪築, 淸泠一壑專. 田園堪自力, 琴鶴期餘年. 野意蔬筍澹, 幽愁水石纏. 朋罇久阻濶, 詩句[向]峽江傳.)

이 제10수는 시고(詩稿)가 전한다(《근묵》槿墨 소수, 성균관대박물관 소장). '협강'(峽江)은 여강(驪江)을 뜻한다. 김순택이 1745년 3월 5일에 영릉(英陵) 참봉에 제수되어 여주에 가 있었기에 이리 말했다.

○ 송문흠, 가을 이윤영의 담화재에서 『시경』 위풍(衛風) 「기욱」(淇奧)의 제1장을 전서로 쓰다(《근묵》槿墨 소수).

관지: "을축년 가을날 윤지(胤之)의 임단(林壇)에서 쓰다. 문흠."(乙丑炑日, 書于胤之林壇.)

송문흠, 〈기욱〉, 『서화평석』(2)
1138면

〈기욱〉 관지

◎ 김홍도(金弘道, 1816년 졸?, 자 사능士能, 호 단원檀園, 도화서 화원) 출생.

◎ 이인문(李寅文, 1821년 졸, 자 문욱文郁, 호 고송유수관도인古松流水館道人, 도화서 화원) 출생.

◎ 이의현(1669년 생) 사망.

◎ 오광운(吳光運, 1689년 생, 호 약산藥山, 당색 남인) 사망.

◎ 7월, 역관이 중국에서 『역상고성후편』(曆象考成後編)을 구입해 오다.

◎ 홍계희(洪啓禧, 1703~1771), 12월 승지가 되다.

『역상고성후편』(규장각한국학연구원 소장)

① 장조(張照) 등이 칙명을 받아 엮은 『석거보급』(石渠寶笈) 초편(初編) 간행되다.

① 절충파 유학자 우노 메이카(宇野明霞) 사망.

영조 22년(병인丙寅, 1746년) 37세

● 1월, 평안 감사에 제수된 이기진을 전별하는 시를 짓다(「평안도 관찰사로 부임하는 목곡牧谷 이공李公[1]을 삼가 전별하다」(원제 '敬贐牧谷李公按節西關'), 『뇌』1).

● 김진상의 「주천 잡영」(酒泉雜詠)에 화답하다(「퇴어 김공의 「주천 잡영」에 삼가 차운하다」(원제 '敬次退漁金公酒泉雜詠'), 『뇌』1).

'주천'은 강원도 원주목의 주천현(酒泉縣)을 말한다. 김진상은 이곳에 3년 거주했다.

● 김상숙에게 화답하는 시를 짓다(「김계윤金季潤[2]에게 화답하다」(원제 '和金子季潤')).

시 중에 "번다한 말 예부터 명리(名利)에 가까워서지"(繁辭從古近名利) "선진(先秦)과 양한(兩漢)[3]도 취(取)함이 없는데 / 세인(世

---

1 이기진(李箕鎭, 1687~1755)을 말한다. 숙종·경종·영조 때의 문신으로 자는 군범(君範)이고 호는 목곡이며 본관은 덕수(德水)이다. 1717년에 진사가 되고 같은 해 문과에 급제하여 예문관·홍문관에서 재직하였다. 1721년에 헌납으로 있을 때 왕세제(王世弟)로 책봉된 연잉군(延礽君: 훗날의 영조)에 대하여 나쁜 말을 퍼뜨린 유봉휘(柳鳳輝)의 처벌을 주장하다가 신임옥사 때 파직되었다. 1724년 영조가 즉위하자 다시 등용되어 홍문관 교리가 되고 이듬해 시독관(試讀官)이 되어 신임옥사를 일으킨 소론에 대한 논죄를 철저히 하여 그 시비를 명백히 밝힐 것을 극언함으로써 한때 영조의 노여움을 사기도 하였다. 1725년에 승지를 지내고 이조참의를 거쳐 1727년에 부제학 등을 역임하고 강화부 유수가 되었으나 왕세자의 관례(冠禮) 때 봉전문(封箋文)을 빠뜨린 일로 파면당하였다. 그 뒤 향리에 머물고 있던 중 1728년에 이인좌 등 소론 일파가 밀풍군(密豊君) 탄(坦: 소현세자의 적손)을 추대해 반란을 일으키자 급거 상경하여 대사성에 임명되었다. 반란이 평정되자 다시 고향으로 내려가 있다가 1729년 재차 벼슬길에 올라 함경도 관찰사를 지내고 이어서 대사간을 지내고 경상도 관찰사, 형조판서, 경기도 관찰사 등을 역임하였다. 1744년 홍주 목사를 거쳐 이듬해 다시 경기도 관찰사, 판의금부사를 지내고 이어 평안도 관찰사를 거쳐 1749년에 동지사로 청나라에 다녀왔다.
2 '계윤'은 김상숙의 자이다. 호는 배와(坏窩) 또는 초루(草樓)이고, 본관은 광산(光山)이다. 김장생(金長生)의 7대손이며, 판윤(判尹) 김원택(金元澤)의 아들이고, 우의정 김상복(金相福)의 아우다. 어머니 청송 심씨는 한성 우윤을 지낸 심정보(沈廷輔)의 딸이다. 1744년(영조 20) 진사시에 합격했으며 관직은 참봉(參奉)과 사어(司禦)를 거쳐 첨지중추부사(僉知中樞府事)에 이르렀다. 고시(古詩)를 즐겨 읽었고, 도연명과 두보의 시를 애독했다. 도가에 경도되어 과욕(寡欲)과 청담(淸淡)을 실천하였다. 서법(書法)은 종요(鍾繇)를 본받았는데, 단아하고 고담(古澹)한 맛이 있다. 그의 서체를 세칭 '직하체'(稷下體)라 하였으니, 그가 서울 사직동(社稷洞)에 살았기 때문이다. 『필결』(筆決), 『중언』(重言) 등을 저술했으며, 문집으로 『배와유고』(坏窩遺稿)를 남겼다.
3 '선진과 양한'은 선진시대(先秦時代)와 서한(西漢)·동한(東漢)의 고문(古文)을 가리킨다. 『장자』·『국어』(國語)·『전국책』(戰國策)·『좌전』(左傳)이 선진의 고문에 해당하고, 『사기』·『한서』(漢書)가 양한의 고문에 해당한다.

人)들은 『팔가서』(八家書)를 외우고 있군"[4](先秦兩漢猶無取, 世人傳誦八家書) "참된 사귐은 정(情)의 심천(深淺)에 있지 않다네"(眞交不在淺深情) 등의 말이 보인다. 『뇌상관고』에서 김상숙의 이름은 이때 처음 보인다. 이 무렵 김상숙과 친교를 맺은 것으로 추정된다.

● 4월 11일, 희정당(熙政堂)에서 여러 신료들과 함께 왕을 알현하다.

『승정원일기』의 이날 기사에, "이인상이 나와 엎드렸다. 상이 물었다. '소회가 있는가?' 인상이 아뢰었다. '내자시는 본디 궁핍하여 한 해에 받는 세미(稅米)가 겨우 이백여 석이온데 그 수가 태반이 채워지지 않고 있으며 관고(官庫)가 지금 텅 비어 있사옵니다.' 상이 말했다. '이는 변통하기 어려운 일이다'"(李麟祥進伏. 上曰: "有所懷乎?" 麟祥曰: "內資寺素疲弊, 歲捧稅米僅二百餘石, 而在數則太半無實, 官庫見方一空矣." 上曰: "此則變通難矣")라는 말이 보인다.

「김원박이 왔길래 동산에서 지내는 생활을 읊다」, 『능호집』(상)
252면

● 여름, 김무택이 내방해 시를 수창하다(「김원박이 왔길래 동산에서 지내는 생활을 읊다」(원제 '金元博來, 賦園居')).[5]

당시 이인상이 지은 시에 "햇빛이 쏟아져 파초잎이 환하네"(蕉明瀉日光)라는 구절이 있음으로 보아 이인상의 집 능호관에 파초

---

4 '팔가서'는 명나라 모곤(茅坤)이 편찬한 『당송팔가문초』(唐宋八家文抄)를 이른다. 이인상은 「감회. 이윤지에게 화답하다」(원제 '感懷. 和李胤之')라는 시의 제4수에서, "사마천과 반고엔 부박(浮薄)함과 참이 뒤섞여 있고 / 한유와 소식은 허탄한 게 많았네"(遷固紛漓眞, 韓蘇多涉虛)라고 읊었다. 또 이 시의 제6수에서 "제자백가 가운데 누굴 높이리 / 만 번 읽어도 공연히 자기를 해칠 뿐"(百家誰抗尊, 萬遍空自傷)이라고 읊었다. 이에서 알 수 있듯 이인상은 당송고문(唐宋古文)과 진한고문(秦漢古文) 모두에 비판적 거리를 취하였다. 이인상은 문장 학습에서 육경(六經)을 중시하였다. 「감회. 이윤지에게 화답하다」의 제6수에서 그 점이 확인된다. 이인상은 또한 『맹자』를 존숭하였다. 이 점은 『뇌상관고』 제4책에 실린 「관매기」의 "나는 말했다. '문장은 또한 마땅히 『맹자』를 높여야 합니다"(余曰: "文章亦當尊孟子")라는 말에서 확인된다. 노주(老洲) 오희상(吳熙常)은 「능호이공행장」(『老洲集』 권20)에서 이인상의 문장을 평하길, "고인(古人)의 법도에 크게 구애되지 않아 신정(新情)이 독창적이었으며, 스스로 능히 진부한 것을 변화시켜 새로운 것을 만들어 냈다"(弗規規於古人法度, 而神情獨造, 自能化腐而爲新)라고 하였다. 이 말에서 알 수 있듯 이인상은 특정한 유파에 속하지 않고 자기대로의 문장을 구사하였다. 이는 그의 전서(篆書)가 당전(唐篆)과 진전(秦篆)을 넘어 금문(金文)을 추구함으로써 그만의 독특한 경지를 이룩한 일과 짝을 이룬다.

5 『뇌상관고』에는 「김자 원박이 원거園居(능호관)에 왔길래 머물러 술을 마시게 하고 시를 읊다. 『삼연집』三淵集의 운자를 쓰다」(원제 '金子元博訪園居, 留飮賦詩. 用三淵集中韻', 『뇌』1)라는 제목으로 실려 있다. 이 시의 운은 『삼연집』 권7에 실린 연작시 「적성 잡영」(赤城雜詠) 제11수에 의거하였다. 「적성 잡영」 제11수의 원문은 다음과 같다: "已謂招提陋, 吾仍板後房. 蒲團堪展股, 紙戶劣容光. 皓釋晨同咳, 烏頭夜逼床. 何由使禮佛, 客得嗅名香." 당시 김무택은 「여름날 이주부의 원거를 방문하다. 10수」(원제 '夏日, 訪李主簿園居十首', 『연』2)를 지었다.

영조 22년(병인丙寅)

1746년

37세

가 있었음을 알 수 있다. 한편 김무택이 지은 시에 "객이 이르자 조곤조곤 경의(經義)를 담론하며 / 구리 향로에 뭇 향을 사르네"(客至談經穩, 銅爐爇衆香: 제1수) "개나리는 비로소 섬돌을 에워싸고 / 측백은 늙어 임단(林壇)을 침범하네"(連翹初遶砌, 側柏老侵壇: 제2수) "동산의 뽕나무에 잡스러운 덩굴 적고 / 시냇가 밭에 맑은 여울물 끌어들였네"(園桑疎雜蔓, 谿圃引淸湍: 제3수) "저물녘 초가집 처마에 약을 말리니 / 높은 숲에 여름 해가 옮겨 가누나"(晒藥茆檐晩, 喬林夏日移: 제5수) "편안히 앉아 있으니 꾀꼬리 소리 많고 / 명아주 상(床)에는 잡화(雜花)가 둘렀네 / 이끼는 괴석에 무성하고 / 등나무 덩굴은 마른 등걸을 덮고 있네"(宴坐鷪聲多, 黎床繞雜花. 苔紋滋怪石, 藤蔓護枯槎: 제9수) "사립문 여니 남쪽 산기슭 바라보이고 / 국화 심으니 동쪽 울타리 가득 찼네"(開扉對南麓, 種菊滿東籬: 제10수)라는 말이 보이니, 이를 통해 능호관의 풍경을 상상해 볼 수 있다. 또 "게으르고 못난 나는 벗이 없거늘 / 문만 나서면 이 집에 가네"(懶拙吾無友, 出門卽此廬: 제8수)라는 말을 통해 이 무렵 김무택이 늘상 능호관에 찾아오곤 했음을 알 수 있다.

● 7월, 송문흠과 남산골에서 만나 김제 군수로 부임하는 부친을 따라 김제로 가는 이윤영을 전별하다(「가을에 남산골에 들어가다. 생각건대 지난 가을 원령과 더불어 여기서 이윤지를 이별했는데 시를 완성하지 못했으므로 좇아 읊어 소회를 부치다」(원제 '秋入南山谷中, 憶前秋與李元靈別李胤之於此, 分韻未成, 追賦寄懷'), 『한』1).

● 오찬의 옥경루에서 국화를 완상하며 술을 마신 것은 이 무렵으로 생각된다(오재순, 「계부 수재공修齋公(오찬)을 모시고 이원령과 옥경실玉磬室에 모여 국화를 감상하며 조금 술을 마시다」(원제 '陪季父修齋公, 與李元靈會玉磬室, 賞菊小酌'), 『순암집』 권1).

● 9월, 백씨 이기상이 예빈시(禮賓寺) 참봉에 제수되다.

● 10월, 홍장한(洪章漢)·이의철(李宜哲)과 함께 용인의 이재 빈소로 가는 이최중을 전송하다.

세 사람은 모두 이재의 제자다. 이인상은 이들을 전송한 후 온릉(溫陵) 재사(齋舍)로 갔다(「겨울날 한천寒泉 선생(이재)을 곡하러 가는 이인부李仁夫(이최중)와 홍공 운기雲紀(홍장한), 이공 원명原明(이의철)을 전송하고, 인하여 온릉의 재사로 가다」(원제 '冬日送李仁夫與洪公

雲紀、李公原明哭寒泉先生, 因赴溫陵齋舍'),『뇌』1).[6]

● 12월, 이윤영과 함께 윤면동의 집에서 매화를 감상하다.

당시 이인상은 윤면동의 집에 하루 유숙하였다(「이원령이 찾아왔기에 머무르게 해 달구경을 했으며 두보 시의 운을 뽑아 짓다」(원제 '李元靈來訪, 仍留觀月, 拈老杜'),『오』1 참조).

———

●「검사전」(劒士傳,『뇌』5)을 짓다.

임진왜란 때 일본에 포로로 잡혀가 검술을 배운 뒤 조선으로 도망쳐 나온 어떤 검객의 이야기로, 야담에 해당한다. 이인상은 이 이야기를 진사 민유에게서 들었다고 했다. 이인상이 24세 때 창작한「일사전」(『뇌』5)도 민유에게서 들은 이야기를 작품화한 것이다. 민유에게는 이야기꾼의 면모가 있었던 것 같다.

이인상은 유난히 '검'에 관심이 많았는데, 그의 이런 취향 때문에 이런 작품이 창작되었다고 생각된다.

● 송문흠의 자명종에 명(銘)을 지어 주다(「송자 사행 자명종 명」宋子士行自鳴鐘銘,『뇌』5).

송문흠, 〈송능상에게 보낸 간찰〉(부분),『서화평석』(2) 1154면

송문흠은 송능상(宋能相)에게 보낸 편지에서, 서양의 자연과학에 대해서는 "하나같이 교묘하고 정밀하여 거의 옛사람이 발명하지 못한 것입니다"(一一巧妙精密, 殆古人所未發)라며 그 정밀함에 탄복하면서도, 천주교의 천당지옥설에 대해서는, "이로써 천하를 변역(變易)하고자 하는데, 중국의 이른바 유자(儒者)는 점차 이를 신봉하고 있습니다. 우리나라에 들어온 천주학 관련 책이 이미 6, 7종 보이는데, 족히 걱정하고 두려워할 만합니다"(欲以此易天下, 中國之所謂儒者, 稍稍信奉之, 其書出我國者, 已見六七種, 亦足憂懼)라며 심각한 우려를 표명하였다(「송사능에게 주다」(원제 '與宋士能'),『한』3). 이 편지는 대전시립박물관에 소장되어 있다.[7]

● 심공헌(沈公獻, 1710년 생)의 애사를 짓다(「심자 사징士澄[심공헌] 애사」沈子士澄哀辭,『뇌』5).

청송 심씨 심공헌은 경상도 관찰사·이조판서·대사헌을 지낸

6　당시 이최중이 온릉 참봉으로 있었다. 이인상은 스승의 빈소에 가느라 자리를 비운 이최중을 위해 온릉의 재사로 갔던 게 아닌가 한다. 온릉은 지금의 경기도 양주시 장흥면 일영리에 있다.

7　『능호관 이인상 서화평석 2: 서예편』부록 3의 '2-6' 참조.

심성희(沈聖希)의 아들이며 송문흠의 처남이다. 1741년 진사시에 합격했으며, 뜻을 펴 보지 못한 채 죽었다.

● 이윤영의 부채에 〈수루오어도〉(水樓晤語圖)를 그려 이준상에게 봉정(奉正)하다(국립중앙박물관 소장).

〈수루오어도〉 관지
『서화평석』(1) 690면

관지: "꽃은 깊고 버들은 아스라하며 오솔길은 뚜렷하지 않은데, 수중(水中)에 누각을 세운 건 세속의 먼지를 끊고자 해서다. 저 난간에 기대어 마주보고 말을 하는 사람은 소자(邵子)의 즐거움과 문산(文山)의 슬픔이 있는 걸까? 윤지(胤之)의 그림 부채에 써서 천재(泉齋)에게 봉정하다. 인상(麟祥)."(花深柳遠, 不分行俓, 起樓水中 將以絶塵, 彼倚欄而晤語者, 其有邵子之樂而文山之悲耶? 題胤之畵扇, 奉正泉齋. 麟祥.)[8] 이 그림은 종래 〈화심유원도〉(花深柳遠圖) 혹은 〈경송초루도〉(徑松艸樓圖)라 불렸으며, 이윤영의 그림으로 잘못 알려져 왔다.

● 선면화 〈왕유시의도〉(王維詩意圖: 실전)를 그리다.

이 그림의 화지(畵識)는 다음과 같다: "'가다가 물 다한 곳 이르러／앉아서 구름 이는 걸 보네／우연히 숲속 노인 만나／담소하느라 돌아갈 줄 모르네.' 나는 마힐(摩詰: 왕유王維)의 이 시(詩)를 그림으로 그리는 걸 좋아한다. 하루는 홀연히 스스로 웃으며 '옛사람의 좋은 시가 얼마나 많은데, 이 시를 취한단 말인가? 그 사람은 청암산(靑巖山)에 부끄러운 바가 있지 않은가'[9]라고 하고는 마침내 다시는 망천잡시(輞川雜詩)[10]를 그림으로 그리지 않았다.

8　이 관지는 『뇌』4에 「담화자를 위해 소폭을 그리다」(원제 '爲澹華子作小幅')라는 제목으로 실려 있는데, 몇 글자의 출입이 있으나 대동소이하다.

9　왕유가 안록산 밑에서 벼슬한 것을 지적한 말이다. 왕유와 동시대 인물인 견제(甄濟, ?~766)는 학문과 덕행으로 명성이 높았는데, 황제의 부름에 응하지 않고 10년 동안 위주(衛州) 청암산에 은거했다. 그런데 안록산이 위주로 찾아와 견제를 부르자 견제는 부득이 그를 만나보았다. 안록산의 부중(府中)에 머물던 견제는 안록산이 반란을 꾸밀 것을 예상하고 양(羊)의 피를 이용하여 거짓으로 피를 토한 것처럼 꾸미고 집으로 돌아왔다. 안록산은 반란을 일으킨 뒤에 채희덕(蔡希德)에게 칼을 주어 견제를 불러오게 하면서 즉시 오지 않으면 그의 머리를 베어 오라고 했으나 견제는 끝까지 거부했다. 이 고사는 『구당서』(舊唐書) 권187 열전(列傳) 137 「견제열전」(甄濟列傳) 및 『신당서』(新唐書) 권194 열전 119 「견제열전」에 보인다. 반면 왕유는 756년에 장안을 함락한 안록산의 핍박에 굴하여 그 밑에서 관원이 되었다. 안록산의 난이 진압된 뒤 왕유는 안록산 밑에서 벼슬을 했다는 죄목으로 죄를 받았는데, 그의 아우 왕진(王縉)이 왕유 대신 속죄하여 관직이 강등되는 데 그쳤다.

10　'망천잡시'(輞川雜詩)는 망천(輞川)을 배경으로 한 왕유의 여러 시편들, 즉 「망천한거증배수재적」(輞川閑居贈裴秀才迪), 「귀망천작」(歸輞川作), 「망천한거」(輞川閑居) 등을 일컫는 듯하다. 왕유는 망천의 승경(勝景) 스무 곳을 〈망천도〉(輞川

그런데 우연히 다른 사람을 위해 부채에 그림을 그렸는데 또 이 시(詩)의 시의(詩意)가 있으니, 기예가 사람의 성정을 바꿈이 이와 같다. 그래서 한 번 탄식한다."("行到水窮處, 坐看雲起時. 偶然值林叟, 談笑滯歸期." 余喜寫摩詰此詩. 一日, 忽自笑曰: "古人好詩何限, 而取此詩耶? 彼有愧於靑巖〔巖〕山." 遂不復寫「輞川雜詩」. 偶爲人畫扇, 則又有此詩意. 伎藝之能移人性情如此, 爲之一歎:「畫扇識」,『뇌』4)

● 인왕산 아래 조영석의 관아재(觀我齋)[11]를 방문해 중국인이 방작(倣作)한 〈서원아집도〉(西園雅集圖)[12]를 감상하고, 조영석이 예전에 그린 〈지산도〉(芝山圖) 초본(草本)을 얻어와 집에 보관하다.

〈지산도〉는 이희조(李喜朝)가 거주하던 영지산(靈芝山)[13] 태극정(太極亭)에서 1709년 김창집·김창흡·김시좌(金時佐)[14]가 아회를 갖던 장면을, 훗날 조영석이 이희조의 분부를 받아 그린 것이다. 이인상은 이 초본에 다음과 같은 발문을 붙였다: "안음(安陰) 조공(趙公)[15]을 관아재로 찾아뵈었을 때 나는 중국인이 모작(模作)한 〈서원아집도〉를 보게 되었다. 내가, '후세의 인물들은 자그마해 소동파나 황정견 같은 분을 만나기란 참 어렵습니다'라고 했더니, 공은 탄식하며 이렇게 말씀하셨다.

'기축년(1709) 지촌(芝村) 선생[16]께서 영지산 태극정에 머물고 계셨는데, 정자에는 큰 바위와 맑은 샘이 있었고, 앞에는 큰 들이

「관아재의 〈지산도〉 초본에 붙인 발문」, 「능호집」(하) 163면

圖)라는 그림으로 그렸다. '망천'은 중국 섬서성(陝西省) 남전현(藍田縣) 남쪽에 있는 계곡으로, 왕유의 별업(別業)이 있었다.

11 원래 인왕산 기슭 순화방(順化坊)에 있던 조영석의 집 서재 이름인데, 조영석의 호이기도 하다.

12 북송(北宋) 때 왕선(王詵)이 자신의 집 정원인 서원(西園)에 당시의 유명한 문인들을 초대하여 아회(雅會)를 열었는데 이 장면을 묘사한 그림이다. 이 모임에는 소식(蘇軾)·황정견(黃庭堅) 및 이지의(李之儀)·이공린(李公麟)·미불(米芾) 등 16명의 문인이 참가했다. 이공린이 그 광경을 그렸고 미불이 찬문을 지었는데, 그림은 전하지 않고 찬문(贊文)만 전한다. 후대에 이 그림의 방작(倣作)이 여러 나왔다.

13 경기도 남양주시 진접읍 내곡리에 있는 산이다. 줄여서 '지산'(芝山)이라고도 한다.

14 '김시좌'는 김창협의 족질이자 제자이며, 김근행의 당숙이다. 김창협의 사후 그의 문집인『농암집』(農巖集)의 편집을 주관했다.

15 조영석을 이른다. 안음 현감을 지냈기에 '안음'이라고 했다.

16 조영석의 스승인 이희조(李喜朝)를 말한다. '지촌'은 그 호이다. 부제학을 지낸 이단상(李端相)의 아들이며 송시열의 문인으로, 벼슬이 대사헌까지 올랐으나 신임옥사로 인해 영암으로 유배되었고 그 후 철산으로 이배되던 중 죽었다. 문집으로『지촌집』(芝村集)이 전한다. 이인상은 그 손자인 이민보와 교유하였다. 한편 이희조는 이윤영의 증조부인 이행(李涬)의 처남인데, 이윤영의 조부인 이병철(李秉哲), 부(父) 이기중(李箕重), 중부(仲父) 이태중(李台重)이 모두 이희조에게 수학하였다.

영조 22년 (병인丙寅)

1746년

37세

펼쳐져 있었으며, 소나무·측백나무·단풍나무·느릅나무가 처마 위 햇살을 가리고, 물결은 살랑살랑 일고 있었다네. 당시 삼연(三淵) 선생[17]은 설악산에서 찾아오셨고, 조정에서 물러나 재야에서 한가롭게 지내시던 몽와(夢窩) 김상국(金相國)[18]은 동자에게 지팡이를 들려 뒤따르게 하면서 소를 타고 오셨다네. 그리하여 다들 태극정에 자리하셨지. 당시 몽와 선생은 서문을 지어 그 정황을 기록하셨는데, 그 글이 자못 힘차고 굳셌다네. 훗날 내가 지촌 선생을 찾아뵈었더니 선생께서는 이 서문을 꺼내 보여 주시며 나에게 작은 그림을 그려 기념이 되게 하라고 분부하셨네. 나는 당시에는 이분들의 일을 심상한 일로만 여겼는데 지금은 이런 분들을 다시 만나볼 수 없네.'

　　이윽고 조공께서는 오래된 종이 속에서 〈지산도〉 초본을 찾아내서 손가락으로 가리켜 보이면서 말씀하시길, '오건(烏巾)을 쓰고 단아하게 두 손을 맞잡고 계신 분은 지촌 선생이시고, 돌아보고 빙그레 웃으시며 들판의 소를 탄 사람을 바라보고 계신 분은 삼연 선생이시네. 또한 자리 중에 있는 사람은 의령(宜寧) 현감인 김시좌이고, 난간 사이의 동자는 지금의 이 교리(校理) 태중(台重)[19]일세'라고 하셨다.

　　아아! 숙종 말년 우암(尤菴: 송시열) 선생은 이미 작고하셨어도 어질고 덕망 있는 분들이 아직 살아계셨으니, 가령 삼주(三洲)[20]나 삼연(三淵) 같은 여러 선생은 학문과 문장으로 세상의 모범이 되었고, 조정의 여러 공들은 모두 맑은 의론[21]을 지켰으며, 태극정은 조야(朝野) 선비들의 예악(禮樂)의 장소가 되었다. 그 빼어난

17 김창흡을 말한다. 이희조는 김창흡의 형인 김창협의 처남이었다.

18 김창집을 말한다. '몽와'는 그 호이다. 김수항(金壽恒)의 맏아들이며, 김창협·김창흡의 형이다. 영의정으로 있을 때 신임옥사를 만나 사사(賜死)되었다.

19 이태중을 말한다. 자는 자삼(子三), 호는 삼산(三山), 본관은 한산(韓山)이다. 이희조의 문인으로 1730년 문과에 급제하였다. 1735년 지평으로 있으면서 신임옥사 때 화를 입은 노론 4대신(四大臣)의 신원(伸寃)을 주장하다 흑산도에 위리안치되었고, 이듬해에 영암으로 이배되었다. 1740년에 다시 지평이 되어 소론인 유봉휘·조태구의 관작을 삭탈할 것을 주청하다가 갑산에 유배되었다. 이듬해 풀려 나와 부교리, 황해도 관찰사, 평안도 관찰사를 거쳐 예조참판, 부제학, 호조판서 겸 예문각 제학 등을 역임하였다. 청백리에 녹선되었다.

20 김창협을 말한다. '삼주'는 그 호이다. '농암'(農巖)이라는 호로 더 알려져 있다. 김수항의 둘째 아들로 문장에 뛰어났으며 성리학에도 조예가 깊었다.

21 '맑은 의론'은 원문이 "淸議"이다. 이 말은 당색과 관련된 말이니, 대개 우암 이래 노론의 비타협적 입장을 가리킨다.

분들이 한가로운 날에 아름다운 모임을 가졌고 또 관아재 조공께서 그것을 그림으로 그렸으니 이는 참으로 쉽지 않은 일이라 하겠다. 이 일을, 소동파나 황정견 등이 부화(浮華)한 문사(文辭)를 숭상하면서 꽃과 돌, 그림을 완상함을 고상한 모임이라 여긴 일과 비교한다면 과연 어떠한가? 아! 30여 년이 지난 지금, 세상의 변화는 더욱 한량없어 선왕의 유택(遺澤)은 이미 다하고 재야에서도 의론이 다시 일지 않거늘, 선생(이희조를 이름)의 문하에 남아 있는 분이 누가 있는가? 듣건대 그림은 이미 유실되고 태극정은 점점 퇴락한다 하니, 그곳의 나무 하나며 돌 하나를 그 누가 기억할 것인가? 내가 이를 몹시 슬퍼하여 마침내 초본을 빌려 돌아와 이 사실을 적어 간직한다."〔余拜安陰趙公于觀我齋中, 觀華人所倣「西園雅集圖」. 余曰: '後世人物眇然, 卽如蘇、黃諸公, 亦自難得.' 公歎曰: '歲己丑, 芝村李先生在靈芝山之太極亭. 亭有峻石淸泉, 前臨大野, 松栝楓楡, 掩映檜日, 水波淪漣. 時三淵先生自雪嶽來訪, 夢窩金相國方退閒在野, 使家僮攜杖隨後, 騎牛而來, 燕坐于太極亭. 夢窩爲作序文以記, 文殊矯健. 其後拜李先生, 先生出示序文, 命作小圖以記之. 當時視以爲尋常矣, 數公者今不可復得.' 遂取草本於故紙中, 指以示余曰: '烏巾端拱而坐者, 爲芝村先生; 顧望莞笑, 看野中騎牛者, 爲三淵先生; 參坐者, 爲金宜寧時佐; 檻間小童, 爲今李校理台重.' 嗚呼! 當肅廟末年, 尤菴旣歿, 而名賢宿德猶有存者, 如三洲、三淵諸先生, 以學業文章爲世準則, 在朝諸公咸秉淸議, 而太極亭爲冠裳禮樂之所. 其選暇日勝會, 而寫以觀我公之筆, 顧不易哉! 比諸蘇、黃諸公競尙浮藻, 以花石粉翠爲雅集, 何如哉? 噫! 距今三十餘年, 而世變益無窮, 先王之遺澤已竭, 而議論不復在野, 先生之門餘存者復有誰歟? 聞圖已遺失, 而太極亭漸圮, 其一樹一石, 誰記其有無者? 余甚悲之. 遂乞草本以歸, 識而藏之:「관아재의 〈지산도〉 초본에 붙인 발문」(원제 '觀我齋〈芝山圖〉草本跋'), 『능』4〕.

● 이명담(李命聃)의 《미로첩》(薇露帖)에 발문을 쓰다〔「이백현李伯玄(이명담)의 《미로첩》 발문」(원제 '李伯玄薇露帖跋'), 『뇌』4〕.

이 첩은 이황(李滉), 김집(金集), 조익(趙翼), 이경여(李敬輿), 이식(李植), 송시열, 송준길, 유계(兪棨), 윤문거(尹文擧), 윤순거(尹舜擧), 이단상(李端相), 김창협의 간찰을 모은 것이다.

● 이해 전후(1745년에서 1747년 7월 사이)에 〈해선원섭도〉(海仙遠

〈해선원섭도〉 제시,
『서화평석』(1) 536면

涉圖, 일명 '해선도해'神仙渡海)를 그리다(호림박물관 소장).

제시(題詩): "세상은 혼탁하나 스스로들 깨닫지 못하누나 / 영욕(榮辱)은 아침저녁에 있건만 / 아! 팔황(八荒)은 참으로 끝이 있나니 / 태초와 더불어 이웃을 삼으리 – 능호관의 초창(草牕)에서 우연히 그리고, 내키는 대로 글을 짓다."(世溷濁而不自悟兮, 曾得喪之在朝暯. 欻八荒之固有垠兮, 與太初而爲隣. 凌壺草牕, 偶寫漫作.) 인기: "연문"(淵文)

○ 이기진, 1월 평안 감사에 제수되다.

○ 송문흠, 2월 시직에 제수되다.

○ 이명환, 금강산 유람을 하다.

○ 이윤영, 윤3월 스승 윤심형[22]을 모시고 김양행(金亮行)·이운영과 함께 도봉산에 노닌 뒤 미호(渼湖)로 가 김원행을 뵙다.

○ 윤흡, 윤3월 황주 목사에 제수되다.

○ 이태중, 4월 서장관으로 연경에 갔다가 10월에 귀국하다. 귀국 후 이윤영에게 수정필산(水精筆山)을 선물로 주다.

○ 김양택, 5월 강동 현감(江東縣監)에 제수되다.

○ 오재순, 이해 전후의 여름에 이욱상에게 난초를 좀 보내 달라고 청하다(「난초를 구하는 시를 이백승(李伯昇)에게 부치다」(원제 '寄李伯昇乞蘭'), 『순암집』 권1).

○ 김익겸, 가을 상의원(尙衣院) 직려(直廬)에서 이명익의 시에 화답하는 시를 짓다(「병인년 가을에 상의원 직려에서 담재(湛齋)가 보내 준 시에 차운하다」(원제 '丙寅秋, 尙房直廬, 次湛齋寄示韻'), 『잠재고』潛齋稿).

김익겸은 이해 9월 3일 상의원 별제에 제수되었다. 김익겸은 일찍부터 이명익·이최지와 가까이 지내며 시를 수창하곤 하였다. 김익겸은 김창흡의 서종질(庶從姪)로, 김창흡의 가르침을 받았다. 이최지 역시 김창흡에게 수학하였다. 게다가 김익겸은 이최

---

22 이윤영은 약관 때 서울로 올라와 윤심형과 사제의 연(緣)을 맺었다(「伯氏壙誌」, 『옥』10). 강효석(姜斅錫)의 『전고대방』(典故大方, 한양서원, 1927) 권3, 22면에 이윤영을 이재(李縡)의 문인이라 했으나, 이는 사실이 아니다. 『전고대방』에는 이인상도 이재의 문인이라 했으나, 이인상은 평생 이재를 찾아가 뵌 적이 없다.

지와 인척간이었다.[23] 이런 연고로 이최지는 김익겸과 아주 자별하게 지냈으며, 김익겸의 사후 그의 문집『잠재고』의 출판을 주선하였다(홍낙인洪樂仁, 「『잠재고』서」潛齋稿序, 『잠재고』).

○ 이휘지, 7월 서부 봉사에 제수되다.

○ 이보상, 7월 사재감 주부에, 10월 문서색(文書色) 도사에, 12월 한성 판관에 제수되다.

○ 김성자, 9월 청풍 부사에 제수되다.

○ 이윤영, 10월 김제 군수로 부임하는 부친을 따라 김제로 내려가다.

◎ 영조, 3월 26일 신하들과『반계수록』의 멱입(覓入: 구하여 궁중에 들이는 것)에 대해 논의하다.

　『반계수록』은 영조 46년(1770) 영조의 지시로 경상 감영에서 간행되었다.

◎ 이재(李縡, 1680년 생, 호 도암陶菴·한천寒泉), 10월에 사망.

◎ 민응수(閔應洙, 1684~1750), 11월 우의정이 되다.

◎『속대전』(續大典) 간행.

① 문학가 홍양길(洪亮吉, 자 치존稚存) 출생.

① 예수회 선교사가 복건성(福建省)에서 포교하는 것을 금지하다.

① 쵸닌(町人) 출신 학자 토미나가 나카모토(富永仲基) 사망.

「속대전」

---

23 김익겸은 이최지의 9촌숙인 이관명(李觀命)의 사위이다. 또 이최지의 장인인 김창발(金昌發: 金壽徵의 아들)은 김익겸의 부친인 김창국(金昌國: 金壽增의 아들)의 서종제(庶從弟)인데, 후에 재종숙인 김수장(金壽長)의 양자로 들어갔다.

영조 23년(정묘丁卯, 1747년) 38세

● 정월 대보름 밤, 이연상의 창동(蒼峒) 집에 가던 중 길에서 김위행(金偉行, 자 유승幼繩)을 만나 함께 가다(「대보름 밤에 걸어서 천여씨의 창동 서재를 찾아갔는데 길에서 김자 유승幼繩(김위행)을 만나 함께 가다」(원제 '上元夜, 步尋天汝氏蒼山峒書齋, 路遇金子幼繩與俱'), 『뇌』2). 또 이날 밤, 유언순·김상숙과 종로에 있는 술집 매초루(賣貂樓)에서 유언순이 가지고 온 귤주(橘酒)를 다 마신 뒤 다시 광통교의 술집으로 가 몇 잔을 더 기울인 후 오찬의 집을 방문하다(「김 진사 계윤이 죽은 벗을 애도하는 시를 부쳤기에 거기에 차운하다」(원제 '金進士季潤寄詩悼亡友, 次韻')의 병서幷序).

「김 진사 계윤이 죽은 벗을 애도하는 시를 부쳤기에 거기에 차운하다」,
『능호집』(상)
319면

'蒼峒'은 '倉洞'으로도 표기하는데, 선혜청이 있던 지금의 북창동·남창동 일대이다.

● 이연상과 함께 서성(西城)에 있는 홍주해(洪疇海, 자 여범汝範, 본관 남양)의 집에 가 매화음을 가졌는데, 홍기해도 행호에서 오다. 예전 김근행·안표·이연상·심관 등과 서호에서 결사하여 춘추로 공부한 일과 김근행·홍기해와 행호에서 배를 띄워 질탕하게 놀던 일을 떠올리다.[1]

「천여씨와 함께 홍여범의 매화음에 갔다. (…) 서글픈 마음에 짓다」,
『능호집』(상)
261면

이인상은 「관매기」(『뇌』4)에서, 홍주해의 집이 몹시 추워 당시 감상한 매화가 이미 얼어죽었을 것이라 말하고 있다.

홍주해의 부친 홍계적(洪啓迪, 1680~1722)은, 생부는 홍우규(洪禹圭, 진사시에 합격해 현령을 지냈음)이고 양부는 홍우석(洪禹錫)이

---

1 이때 지은 시가 「천여씨(天汝氏: 이연상)와 함께 홍여범(洪汝範: 홍주해)의 매화음(梅花飮)에 갔다. 매화는 이미 시들었으나 조동씨(祖東氏: 홍기해)가 행주(杏洲)에서 와서 함께 취하니, 안사정(安士定: 안표), 김신부(金愼夫: 김근행), 천여, 심성유(沈聖游: 심관) 등 여러 군자들과 서호에서 결사하여 봄·가을로 책을 강론하던 일과 정미년(1727) 정월 대보름밤 신부와 앞 강에 배를 띄웠을 때 조동이 와서 함께 배를 타고 취하여 읊조리며 질탕하게 놀아 몹시 즐거웠던 일이 기억났다. 봄날의 결사에서 강론하던 일은 진작 그만두었으므로 서글픈 마음에 짓다」(원제 '同天汝氏赴洪汝範梅花飮. 梅已衰謝, 而祖東氏來自杏洲共醉. 記與安士定, 金愼夫, 天汝, 沈聖游諸君子結社湖上, 春秋講書, 而丁未上元, 與愼夫泛月前湖, 祖東來共舟, 醉吟跌宕, 甚爲樂. 春社講信已廢, 恨然有作')인데, 이 시제(詩題) 중의 정미(丁未: 1727)는 착오로 보인다. 서호결사(西湖結社)가 결성된 건 1739년 봄의 일인바 이인상이 김근행·홍기해와 뱃놀이를 한 것은 그 이후일 것이다.

다. 홍우석은 문과에 급제해 대사헌·강화 유수·부제학 등을 역임했으며, 임인옥사 때 고문을 받아 옥중에서 사망했는데, 영조 즉위 후 이조판서에 추증되었다. 홍계적의 친동생이 홍계도(洪啓道, 교관을 지냈음)인데, 홍계도의 아들이 홍기해이다. 그러므로 홍주해와 홍기해는 사촌간이다. 홍주해는 생몰년이 미상인데, 『영조실록』 영조 44년(1768) 12월 21일 기사에, 도목정사(都目政事) 때 임성주·홍주해를 외대(外臺: 각 도道의 도사都事)에 통의(通擬)하게 했다는 말이 보이는 것으로 보아 적어도 이때까지 생존한 것은 분명하다. 홍주해는 뒤에 홍주영(洪疇泳)으로 개명했다.

● 이명익의 큰아들인 선전관(宣傳官) 이형덕(李亨德)의 만시를 짓다.

● 봄, 국주(菊酒)가 익었으나 병 때문에 마시지 못해 시를 지어 자오(自娛)하다.

이때 지은 시 「국화주가 익었으나 마시지 못하고 꽃놀이 하는 시절 또한 끝났는지라, 누워서 병인년(1746) 봄에 송사행 형제가 옥주(沃州)의 산에서 병을 앓던 중 「술을 그리워하고 꽃을 애석해하며 읊은 잡시(雜詩)」를 지은 일을 생각하고, 마침내 그 시축(詩軸)의 시에 차운해 부치다」(원제 '菊酒旣熟不能飮, 花事又謝, 臥念丙寅春宋士行兄弟病沃州山有「懷酒惜花雜詩」, 遂次其軸中詩以寄')의 제1수에 "가슴을 앓아 청주를 견디지 못하니"(病胸不耐澆淸酒)라는 말이 있음으로 보아 이인상은 이 무렵 이미 격병(膈病)이 있었던 것으로 생각된다. '격병'은 식도협착 혹은 위병(胃病)을 말하는데, 발병하면 음식을 잘 삼킬 수 없게 된다. 이인상에게 격병이 생긴 직접적인 원인은 지나친 음주라고 생각된다. 이인상은 분세(憤世)의 감정과 흉중의 뇌외(磊磈) 때문에 술을 많이 마시게 된 면이 있는 만큼 격병이 생긴 간접적인 원인은 그의 성격과 이념적 자세에서 찾아야 하지 않을까 한다.

● 송문흠이 내자시 직려(直廬)로 찾아오다. 그에게 '취산'(醉山)이라는 초서 글씨를 받아 동루(東樓)에 내걸다.

● 집안에 전해오던 적간관(赤間關) 벼루[2]를 송문흠에게 주다

「이 선전관은 담옹의 맏아들이다. (…) 만시를 지어 슬퍼하다」, 『능호집』(상) 264면

「국화주가 익었으나 마시지 못하고 (…) 마침내 그 시축의 시에 차운해 부치다」, 『능호집』(상) 266면

「송사행이 내자시의 숙직하는 곳으로 나를 찾아와 시를 지은바, 나중에 그 시에 차운해 부치다」, 『능호집』(상) 270면

---

2   일본 야마구치현(山口縣)에서 나는 휘록응회암(輝綠凝灰岩)으로 제작한 벼루를 말한다. 적간관(赤間關, 아카마가세키)

「적간관 벼루. 송사행에게 준 희작이다. 장구」, 『능호집』(상)
271면

〔「적간관 벼루. 송자에게 준 희작이다. 장구長句[3]」(원제 '赤間關硯. 贈宋子戱作. 長句')〕.

이인상은 이 벼루에 일찍이 이런 명(銘)을 지은 바 있다: "소라 껍데기가 때로 산에 있기도 하고[4] / 창해(滄海)가 때로 밭이 되기도 하지 / 하물며 이 한 덩이 돌이 / 오래토록 온전할 리 있으리 / 비록 이지러졌지만 두고두고 보며 / 세운(世運)이 날로 변하는 걸 슬퍼하네."〔螺殼有時而在山, 滄海有時而爲田. 矧玆一塊, 不可以久全. 雖殘缺而永觀, 哀世運之日遷: 「적간관석赤間關石에 파도와 소라 껍데기를 새겼는데, 집에 소장된 오래된 벼루이다. 명을 지어 보존한다」(원제 '赤間關石, 刻海波·螺殼, 家藏舊硯也, 作銘以存之'), 『뇌』5〕

● 종제 이욱상과 김시습의 사당인 청절사(淸節祠, 수락산에 있었음)를 찾아가 그 유상(遺像)을 보고 시를 짓다〔「청절사에 들어가 종제 백승伯升(이욱상)과 함께 짓다」(원제 '入淸節祠, 與從弟伯升賦'), 『뇌』2〕.

이인상은 김시습을 존모하여 「오세암기」(五歲菴記, 1754년 작, 『뇌』4)라는 글을 짓기도 했다.

「홍양지의 「시냇가 정자」에 화운하다」, 『능호집』(상)
273면

● 송문흠과 함께 홍자(洪梓)의 집에 들러 그가 지은 「시냇가 정자」(원제 '澗亭')에 화답하다.[5]

이 시의 병서(幷序)는 다음과 같다: "홍자(洪子)가 남간에 집을 세냈는데 곧 나의 선인(先人)[6]의 집으로서 주인이 거듭 바뀌었다. 누군가가 이 집 남쪽의 석간(石澗)[7]에다 초정(草亭)을 지어 '침

은 일본 야마구치현 시모노세키(下關)의 옛 이름이다. 적간관에서 나는 돌은 자색(紫色)·자청색(紫靑色)·적갈색 등으로 재질이 치밀하여 벼루를 만드는 데 많이 쓰인다. 송문흠의 『한정당집』 권7에 「이원령 잡기(雜器) 명(銘)」(李元靈雜器銘)이 실려 있는데, 그중에 「일본 적간관 벼루」(원제 '日本赤間關硯')가 있어 참고가 된다.

3 칠언 고시(七言古詩)를 말한다.

4 변화무쌍한 자연의 이법(理法)을 뜻한다. 일찍이 주희가 소라 껍데기를 예로 들어 자연의 이치를 논한 바 있다. 『주자어류』(朱子語類) 권94의 "嘗見高山有螺蚌殼或生石中, 此石即舊日之土, 螺蚌即水中之物, 下者却變而爲高, 柔者變而爲剛, 此事思之至深, 有可驗者"라는 말 참조. 이 말은 『성리대전』(性理大全) 권26 「이기」(理氣) 1 및 『주자전서』(朱子全書) 권49에도 보인다.

5 송문흠의 『한정당집』 권1에 실린 「홍양지 집에서 이원령과 함께 짓다」(원제 '洪養之宅, 與李元靈共賦')는 이때 지은 시이다.

6 이인상의 조부 이수명(李需命, 1658~1714)을 말한다. 소촌 찰방을 지냈다.

7 돌 위로 흐르는 산골짝 시내를 이르는 말이다.

영조 23년(정묘丁卯)

1747년

38세

천'(枕泉)[8]이라는 편액을 걸었는데, 홍자의 옛 청원당(淸遠堂)과 언덕 몇 개 사이였으며 임천(林泉)의 풍광이 엇비슷했다. 기억하건대 홍자와 더불어 아침저녁으로 안화(晏華)의 벽과 청청(聽淸)의 난간[9]에서 소요하며 즐거워한 적이 많았다. 내가 지금 옛집[10] 인근에 거주하고 있고 홍자가 여기에 살고 있어 서로 오가는 즐거움이 다시 있게 되어 기쁜 데다 어릴 적 놀던 일에 감회가 있어 마침내 홍자의 두 시에 화답하여 심회를 부친다."(洪子南澗僦舍, 乃麟祥先人之廬, 而再易主. 有人就舍南石澗, 構草亭, 扁以'枕泉', 與洪子淸遠舊堂隔數岡, 林泉之觀略相彷彿. 記與洪子晨夕逍遙於晏華之壁、聽淸之檻, 爲樂曾多. 余今鄰近舊廬, 而洪子居之, 喜又有過從之樂, 而感念小少游戲之事, 遂和洪子二詩以寄懷.)

이를 통해 홍자가 청원당(이 집도 남산에 있었음)에서 이거해 남간에 집을 얻었는데 이 집이 바로 이인상의 옛 집(즉 조부 이수명의 집)임을 알 수 있다. 그리고 이인상의 능호관이 이 옛 집 부근에 있었음을 알 수 있다.

● 여름 무렵, 김무택과 함께 윤면동의 집에 들르다.

이때 윤면동이 지은 시에 "능호가 잠시 들렀는데／서로 보니 근심이 멀리 달아나네"(凌壺許蹔過, 相看却愁逈: 「이원령과 김원박이 찾아와 『산곡집』山谷集의 운을 뽑아 짓다」(원제 '李元靈、金元博來過, 拈山谷集'), 『오』1)라는 말이 보인다.

● 5월 29일, 사근도 찰방에 제수되다.

'사근도'는 함양-산청-단성-의령-진주-하동-남해로 이어지는 역로(驛路)를 말한다. 함양의 사근역(沙斤驛) 관할 아래 14개 속역(屬驛)이 있었다.

● 7월 12일, 사은숙배하다.

---

8 '침천'은 시내를 벤다는 뜻이다. 시냇가에 집이 있기에 한 말이다.

9 '안화의 벽'과 '청청의 난간'은 홍자가 예전에 살았던 남산 청원당의 담장과 난간 이름이다. 당시 홍자는 아취 있게 자기 집의 여기저기에 이름을 붙였다. 『뇌상관고』 제1책에 실린 시 「홍자 양지가 유씨의 청류당(聽流堂)을 구입해 거주했는데, 편액을 '하락'(河洛)으로 바꾸고, 난간은 '청청'(聽淸)이라 하고, 문은 '보광'(葆光)이라 하고, 벽은 '안화'(晏華)라 하고, 단(壇)은 '저음'(貯陰)이라 하였다. 집은 차계(叉溪)의 동쪽 언덕에 있었다」(원제 '洪子養之買柳氏聽流堂居之, 改扁河洛, 檻曰聽淸, 門曰葆光, 壁曰晏華, 壇曰貯陰. 堂在叉溪東岡') 참조. 홍자가 청원당에 살 때는 이인상이 아직 남산의 능호관에 살기 전이다.

10 옛날 조부의 집을 말한다.

● 집을 떠날 때 모친에게 "술을 마셔도 한 말 술을 다 마시지는 말라"(飮酒莫盡斗)는 주의를 받다(「정천定川[11] 길에서 느꺼워 짓다」 (원제 '定川路中感賦'), 『뇌』2).

황경원이 송서(送序)를 써 주었는데, 그 글에 "나의 벗 이원령 은 산수 그리기를 좋아하여 매일 붓을 잡고 그림 그리기를 싫어 하지 않았다. 그런데 사근도 찰방이 되자 그 그림을 모두 꺼내 태 워 버렸으니 정사(政事)에 해가 됨을 염려해서다"(景源友人李元靈, 喜畫山水, 日執筆揮灑不厭, 及爲察訪沙斤驛, 盡出其畫而焚之, 恐害於政 也: 「이원령을 전송하는 서」(원제 '送李元靈序'), 『강한집』 권7)라는 말 이 보인다. 김근행도 시를 지어 전별했다(「원령이 사근역으로 떠나 는 것을 전송하다」(원제 '送元靈之沙斤'), 『용재집』 권2).

● 처족인 장훈(張壎)을 대동해 사근역으로 내려가다.

● 부임길에 김제 군루(郡樓)로 이윤영을 방문하다.

이윤영의 부친이 김제 군수로 있어 이윤영은 김제에 내려와 있었다. 당시 이인상이 지은 시에 "오래 헤어져 묵은 병(病) 가여 워하고 / 가을 되니 새로운 근심이 많네 / 낮은 벼슬[12] 하며 날마다 바쁘게 지내다 / 홀로 수양하는 그대 보니 부끄럽기만"(別久憐舊 疾, 秋至多新愁. 微官日奔馳, 愧君獨淸脩: 「김제의 군루로 이윤지를 찾 다」(원제 '訪李胤之於金堤郡樓'))이라는 말이 보인다. 한편 이윤영이 지은 시에 "세운(世運)은 날로 몰락하고 / 우리 도는 괴탄하기만 하네 / 임금에게 아첨하니 도가 바르지 않고 / 기수(氣數)를 인정하 니 천리가 무너지네"(世運日淪喪, 斯文足誕怪, 媚君道不正, 認氣性遂 壞) "어리석은 저 뭇 사람들 / 그대에게 시화(詩畫)의 병통이 있다 고 나무랐지"(蚩蚩彼衆人, 譏君病詩畫) "서글피 어둠 속 중원을 바 라보노라"(悵望中原夕) "홀로 사양(師襄)의 마음을 아네"(獨知師襄 心) "말세에 즐거울 일 바이 없는데 / 그대 만나는 게 기쁠 뿐이 네"(衰世無可樂, 所喜吾子遇) "밀어 주고 당겨 주면서 험한 길 가 며 / 늙도록 서로 잘못되지 않기를"(扶將涉險蹊, 白首勿相誤) 등의

「작은아버지에게 올린 간찰 1」, 『능호집』 (하) 부록
379면

「김제의 군루로 이윤지를 찾다」, 『능호집』(상)
275면

---

11 지금의 전북 진안군 정천면 일대를 가리킨다. '亭川'은 '程川'으로도 표기한다. 여기서 조금 서쪽으로 가면 김제가 나온 다. 당시 이인상은 정천을 지나 김제로 갔다.

12 이인상은 30세 때인 1739년 북부 참봉에 제수된 이래 전옥서 봉사, 사재감 직장, 통례원 인의(引儀) 등을 역임했으며, 1745년에 내자시 주부에 보임되어 3년간 근무했고, 1747년 7월에 사근도 찰방으로 나갔다.

말이 보인다(「원령이 우중雨中에 벽지碧池에 왕림해 함께 누각에서 잤는데 오랜만에 만난 나머지 그 즐거움을 형언할 수 없었다. 이윽고 작별해 떠날 때 주고받은 말을 엮어 시를 지어 증별贈別하다」(원제 '元靈雨中枉路過訪碧池, 與之同宿樓中, 久違之餘, 樂不可言. 既而別去, 次其酬答之語, 爲詩贈往'), 『단』6〕.

「운봉 여원치를 지나는데 (…) 감회가 있어 시를 짓다」, 『능호집』(상) ─── 277면

〈과운봉여은치〉(부분),
『서화평석』(2) 893면

● 부임길에 운봉의 여원치[13]를 지나며 시를 짓다.

시 중에 "옛 도는 날로 무너져 가고"(古道日崩坼: 「운봉 여원치를 지나는데 길 옆의 바위에 "만력 계사년(1593) 한여름에 정왜도독征倭都督 홍도洪都 성오省吾 유정劉綎[14]이 이곳을 지나가다"라고 새겨져 있는지라 감회가 있어 시를 짓다」(원제 '過雲峰如恩峙, 路傍石上刻"萬曆癸巳歲仲夏月, 征倭都督洪都省吾劉綎過此", 感而有賦'),[15] 『뇌』2〕라는 구절이 보인다.

운봉의 여사(旅舍)에서 쓴, 행서로 된 이 시의 시고가 전한다(성균관대학교 박물관 소장).[16] 관지: "운봉(雲峰) 여원치를 지나는데 길 옆의 누운 바위에 '萬曆癸巳歲仲夏月, 征倭都督洪都省吾劉綎過此'(만력 계사년 한여름에 정왜도독 홍도 성오 유정이 이곳을 지나가다)라고 새겨져 있었다. 글씨 크기가 손바닥만 했으며, 굳세고 아름다워 소식·황산곡의 서체와 비슷했는데, 보각(補刻)한 바람에 진(眞)을 잃어 버렸다. 운봉의 여사(旅舍)에 도착하여 위와 같이 읊었다."(路過如恩峙, 路傍臥石上, 刻'萬曆癸巳歲仲夏月, 征倭都督洪都省吾劉綎過此', 字大如掌, 勁媚類蘇黃體, 被人補刻失眞. 到雲峰旅舍右賦.)

● 가을, 사근도 찰방으로 부임한 후 송문흠의 시 「가을날 남산

---

13 남원시 이백면 양가리와 운봉읍 장교리 사이에 있는 해발 477m의 고개이다. 이 고개를 넘으면 경상도 함양에 이른다. 이인상은 '如恩峙'라고 표기했으나 보통 '如院峙'로 표기한다.

14 '정왜도독'(征倭都督)은 왜(倭)의 정벌을 맡은 도독(都督)이라는 뜻이고, '홍도'(洪都)는 유정의 출신지로 지금의 강서성(江西省) 남창(南昌)이며, '성오'(省吾)는 유정의 자이다. 유정은 명나라의 무장으로 임진왜란이 일어나자 이듬해 5천 명의 원병을 이끌고 조선에 왔다. 1597년 정유재란 때 남원의 패보(敗報)가 전해지자 선편(船便)으로 강화를 거쳐 입국, 전세를 확인하고 돌아가 이듬해 제독(提督)이 되어 대군을 이끌고 왔다. 예교(曳橋)에서 왜군에게 패전했으며, 왜군이 철병한 뒤 귀국했다. 1619년 명나라와 조선의 연합군이 후금(後金: 뒤의 청나라)의 군대에 패한 만주의 부차(富車) 전투에서 전사했다.

15 『뇌상관고』의 시제(試題)와 『능호집』의 시제에 조금 차이가 있다.

16 이 시고의 글씨에 대해서는 『능호관 이인상 서화평석 2: 서예편』의 '12-4'를 참조할 것.

골에 들어가다. 생각건대 지난 가을 원령과 더불어 여기서 윤지를 이별했는데 시를 완성하지 못했으므로 좇아 읊어 소회(所懷)를 부치다」(원제 '秋日入南山谷中, 憶前秋與元靈別胤之於此, 分韻未成, 追賦寄懷')를 이인상식 팔분체[17]로 쓰다(《묵희》소수, 국립중앙박물관 소장).

인기: "원령"(元靈)

송문흠의 이 시에는 지방에 내려가 있는 이윤영과 이인상을 그리워하는 마음이 담겨 있다(『한』1).

● 가을(추석 전), 작은아버지에게 간찰을 올려 본인의 병세와 객지 생활의 쓸쓸함에 대해 말하다.

간찰 중에 "객지 생활에 마음이 쓰라릴 뿐입니다. 온종일 입을 다물고 서로 얘기할 사람도 없고 또한 산책하며 마음을 풀 만한 곳도 없사오니 어쩌겠습니까"(客懷終覺酸辛. 終日閉口, 無與語者, 又無倘伴散襟處, 奈何) "병(病)이라든가 생사(生死)가 모두 운명에 달린 것이온즉 남에게 부축해 달라고 하는 것도 피곤할 뿐이니 어쩌겠습니까"(疾病死生, 皆有命, 要人扶將, 亦覺疲困, 奈何:「작은아버지에게 올린 간찰 1」)라는 말이 보인다.

● 가을, 촉석루를 찾다.

● 10월, 『사근도형지안』(沙斤道形止案)을 완성하다(문경시 옛길박물관 소장).

'형지안'은 노비의 내력을 기록한 관아의 문서를 이른다. 『사근도형지안』은 사근도에 속한 역리(驛吏), 역노(驛奴)의 호구장부(戶口帳簿)에 해당하는바, 역정(驛政)의 중요한 기초 자료다. 총 98장인 이 책의 뒷표지 안쪽에는 "봉직랑 행(行)사근도찰방 이(李)"(奉直郎行沙斤道察訪李)라는 글씨와 수결(手決)이 있다. '봉직랑'은 종5품 문관에게 주던 품계이다. 이인상은 이해 7월 사근도찰방으로 부임한 즉시 『사근도형지안』의 작성에 착수한 것으로 보인다. 『사근도형지안』에 의하면, 당시 사근역의 역리는 641명, 역노는 117명, 역비(驛婢)는 90명이었다. 사근역은 함양의 제한

〈추일입남산곡중〉(부분), 『서화평석』(2) 178면

「작은아버지에게 올린 간찰 1」, 『능호집』(하) 부록 379면

「촉석루 기행」, 『능호집』(상) 280면

「사근도형지안」 뒷표지 안쪽의 이인상 수필(手筆)과 수결 부분, 『서화평석』(1) 485면

17 이인상이 창안한, 전서의 필의(筆意)가 아주 강한 예서를 이른다. 자세한 것은 『능호관 이인상 서화평석 2: 서예편』의 '4-4'를 참조할 것.

역(蹄閑驛), 안음(安陰)의 임수역(臨水驛), 진주의 안간역(安澗驛)·정수역(正守驛)·소남역(召南驛), 삼가(三嘉)의 유린역(有麟驛), 단성(丹城)의 벽계역(碧溪驛)·신안역(新安驛), 의령의 신흥역(新興驛), 산음(山陰)의 정곡역(正谷驛), 하동의 마전역(馬田驛)·율원역(栗元驛)·횡포역(橫浦驛)·평사역(平沙驛) 등 14개 속역(屬驛)을 관할했는데, 이들 속역의 역인(驛人)까지 계산하면 사근도의 역리는 총 2377명이고, 역노는 총 715명이며, 역비는 총 321명이었다.[18]

『사근도형지안』은 『김천도형지안』(金泉道形止案), 『송라도형지안』(松羅道形止案), 『자여도형지안』(自如道形止案) 등 현재 전하는 몇몇 형지안과 달리 면밀한 수정과 교정을 거친 흔적을 보여 준다. 역의 인력을 정확히 파악하기 위해서였다. 이는 전적으로 형지안 작성 책임자인 이인상의 역정(驛政)에 대한 열의와 책임감에 기인한다.[19]

「작은아버지에게 올린 간찰 2」,
『능호집』(하) 부록 382면

● 겨울, 산음(山陰: 안의)의 김양택을 방문하다.[20]

김양택은 당시 산음 현감으로 있었다. 김양택은 이해 3월 부수찬(副修撰)으로 있을 때 올린 상소에서 소론측 인사를 논척(論斥)한 것이 문제가 되어 안의 현감으로 폄적(貶謫)되었다. 김양택은 김만기(金萬基)의 손자이다. 예조판서를 지낸 그의 부친 김진규는 이경여의 장자인 이민장의 사위이다. 따라서 김양택과 이인상은 인척간이다.

● 밤에 권빈역(勸賓驛: 합천군에 있던 역)에서 김양택의 『적중시권』(謫中詩卷)을 읽고 서글픈 마음이 들어 차운시(次韻詩)를 두 편 지어 보내다(「김공金公 사서士舒(김양택)가 좌천左遷되어 와서 엮은 시권詩卷을 보여 주었는데, 「금기琴妓에게 주다」·「환아정」換鵝亭 두어 편이 더욱 은미하고 완곡하여 풍송諷誦할 만했다. 밤에 권빈역에 묵으며 서글픈 감회가 있어 차운하여 부치다」(원제 '金公士舒示謫中詩卷, 其贈琴妓, 換

---

18 임학성, 「18세기 중엽 사근도 소속 역인의 직역과 신분」, 『1747년 사근도 역 사람들-사근도형지안』(문경시, 2017), 146면의 〈표2〉 참조.

19 전경목, 「『사근도형지안』과 작성 책임자 이인상」, 위의 책, 51면, 96면 참조.

20 이해 겨울 이인상이 김양택을 만났음은 『능호집』(하)에 부록으로 실린 「작은아버지에게 올린 간찰 2」와 『뇌상관고』제2책에 실린 「지곡사(智谷寺), 승려의 시축(詩軸)에 차운하여 김자(金子: 김양택)에게 화답하다」(원제 '智谷寺. 次僧軸韻和金子')의 미련(尾聯) "떠나오는 길 어지러운 바위와 한송(寒松)이 있나니 / 황량해 고향의 푸른 산 같지 않아라"(亂石寒松相送路, 荒岡不似故山靑)라는 구절에서 확인된다.

영조 23년(정묘丁卯)

1747년

38세

鵝亭諸篇, 尤微婉可誦, 夜宿勸賓驛, 悵然有懷, 次韻以寄'), 『뇌』2).

「일종 선사에게 답한 편지」, ─── **『능호집』(하) 75면**

● 겨울, 「일종 선사(一宗禪師)에게 답한 편지」(원제 '答一宗禪師書')를 작성하다.

　　일종 선사가 중건한 보전(寶殿)의 기문(記文)을 써 달라고 청해 와 거절의 의사를 밝힌 글이다.

「작은아버지에게 올린 간찰 2」, ─── **『능호집』(하) 부록 382면**

● 겨울, 작은아버지에게 올린 간찰 중에, 저리(邸吏)들이 사근역 관청의 하인들과 짜고 고리대로 백성을 수탈하고 있음에 분개하며 징치(懲治)하고자 하는 뜻을 밝힌 구절이 보인다(「작은아버지에게 올린 간찰 2」).

〈김근행에게 보낸 간찰〉, ─── **『서화평석』(2) 950면**

● 11월 그믐, 서울의 김근행에게 간찰을 보내, 함양으로 내려와 퍽 외로움을 느끼고 있다는 사실과 지병인 격병(膈病)이 더욱 심해져 고생하고 있음을 말하다(개인 소장).[21]

「통신사를 전별하며」, 『능호집』(상) ─── **281면**

● 12월, 영천(永川) 객사에서 수일간 통신사를 기다리며 「받들어 통신상사(通信上使)를 전별하며」(원제 '奉贐通信上使', 『뇌』2)[22] 7수를 짓다.

● 12월 10일 전후, 영천에서 통신상사(通信上使)를 영접한 뒤 수행(隨行)하여 경주를 거쳐 부산까지 갔다가 이달 24일 사근역으로 돌아왔으며, 곧 서울로 출발하다.[23]

　　당시 통신상사, 즉 정사(正使)는 홍계희이고, 부사(副使)는 남태기(南泰耆)이며, 종사관(從事官)은 조명채(曹命采)였다. 또 제술관은 박경행(朴敬行, 자 인칙仁則, 호 구헌矩軒, 여항인), 정사 서기는 이봉환, 부사 서기는 유후(柳逅, 자 자상子相, 호 취설醉雪), 종사관 서기는 이명계(李命啓, 자 자문子文, 호 해고海皐)였다. 원래 홍계희는 이인상을 자신의 서기로 삼으려고 했으나 이인상이 병이 있는 자신이 일본에 가면 노모가 걱정하실 것이라고 완곡히 거절하자 이봉환을 서기로 발탁했다(이봉환, 「서 참의(서명응)에게 편지로 부치다」(원제 '簡徐參議'), 『우념재시문초』 권8).[24]

21　이 간찰에 대한 평설은 『능호관 이인상 서화평석 2: 서예편』의 '13-2'를 참조할 것.

22　『능호집』에는 「통신사를 전별하며」(원제 '贐通信使')로 되어 있다.

23　「작은아버지에게 올린 간찰 3」; 「작은아버지에게 올린 간찰 4」(『능호집』[하] 부록); 『近朝內簡選』(이병기 편, 국제문화관, 1948), 43면의 이봉환이 1747년 12월 24일 모친에게 올린 언간(諺簡) 참조.

24　"丁卯之役, 李麟祥・金益謙詞翰之美, 可謂出類拔萃, 而上价恤其私情, 不爲帶去, 而使如不佞者, 忝代其斲, 眞所謂李廣不封,

〈범해〉(부분), 「서화평석」(2)
262면

〈수회도〉(부분), 「서화평석」(2)
272면

통신사 일행은 1747년 11월 28일 서울을 출발해 이듬해 2월 16일 부산포에서 대마도를 향해 출범(出帆)하였다. 이인상은 1747년 12월 24일까지 부산에 머물며 통신사 일행을 좇아 해운대와 몰운대를 구경하였다. 이인상은 당시 정사 홍계희와 벗 이봉환에게 여러 편의 시를 지어 주었다.

또한 이봉환에게 왕수인(王守仁)의 시 「범해」(汎海)의 후구(後句) "夜靜海濤參萬里, 月明飛錫下天風"(밤 고요한데 바다의 파도는 3만 리/밝은 달에 비석飛錫이 하늘의 바람 타고 내려오네)와 두보의 시 「수회도」(水會渡)와 『시경』의 「벌목」(伐木)을 각각 전서로 써 주었다(《원령필[중]》元霝筆[中] 소수, 국립중앙박물관 소장).

〈범해〉의 관지는 다음과 같다: "양명의 시이다. 배를 타고 떠나는 성장에게 써서 주다. 원령"(陽明詩. 書贐聖章舟行. 元霝) 인기: "이인상인"(李麟祥印) "천보산인"(天寶山人)

〈수회도〉의 관지는 다음과 같다: "「수회도」이다. 성장을 위해 써서 떠남을 기념하다."(「水會渡」. 爲聖章書紀行.) 인기: "운헌"(雲軒)

〈벌목〉의 관지: "써서 성장에게 주다."(書與聖章.)

명(明) 하경명(何景明)의 시 「추흥」(秋興) 8수 중 제3수의 "孤槎奉使日南國, 萬里題詩天畔亭"(외로운 조각배로 일남국日南國에 사신 와/만리 밖 천반정天畔亭에 시를 적누나)이라는 구절을 전서로 쓴 것(인기: "이인상인"李麟祥印 "천보산인"天寶山人)과 두보의 시 「강정」(江亭) 중의 "水流心不競, 雲在意俱遲"(물이 흐르나 마음은 다투

雍齒且侯也."(「簡徐參議」) 또 이인상의 시 「받들어 통신상사를 전별하며」(원제 '奉贐通信上使', 『뇌』2)의 서문에서 "공께서 명을 받들어 일본 통신사로 가게 되자 편지로 나를 불러 서기의 일을 맡겼는데 말씀이 곡진하였다. 내가 고질이 있어 노모가 근심할 것이라는 이유를 들어 사양했는데, 공께서는 결국 다시 다그치지 않으셨다. 마음으로 감복되었으나 은덕에 보답할 길이 없어 바닷가 바위까지 좇아가 뱃길이 순탄하기를 키잡이와 도사공과 더불어 축원하고자 했으나 직무에 매여 분주한 탓에 결국 그리 하지 못했다. 마침내 영천(永川)의 객사에 좇아가 며칠간 사신의 수레를 기다리며 속된 시 7편을 지어 복부(僕夫)에게 바친다. 대개 공의 심중을 말하여 깊은 감회를 부쳐 작은 정성을 기탁한 것이다"(公奉命日本, 以書招猲祥掌書記, 辭意委曲. 猲祥辭以抱病痼, 無以寬老母之憂, 公遂不復相迫. 中心感服, 無以報謝, 欲追到海崿, 與舵夫、工師共祝利涉, 而麋職奔走, 竟不能焉, 遂趨永川客舍, 候使車數日, 賦俚詩七篇以獻僕夫. 蓋竊道公之中心, 以寓深感而托微誠焉: 이 서문은 후손 가장본『뇌상관고』에는 삭제되어 있으나 연세대학교 국학자료실에 소장된『雷象稿[利]』에서 확인된다)라고 했으며, 「통신상사께서 부산에서 보내주신 시에 추차(追次)하여 타고 계신 배에 받들어 바치다」(원제 '追次通信上使在釜山寄贈, 奉呈海舶', 『뇌』2)라는 시에서 "생각노니 나는 막빈(幕賓)을 사양했거늘"(念余辭幕賓)이라고 했다. 홍계희의 셋째 아들 홍경해(洪景海)는 이인상의 사종조인 이관명(李觀命)의 사위이다. 그러니 홍경해는 이휘지의 매부이다. 이리 보면 홍계희와 이인상은 먼 인척간이다.

〈벌목〉(부분), 『서화평석』(2)
308면

「통도사를 출발하며」, 『능호집』(상)
289면

〈추흥〉(부분), 『서화평석』(2)
268면

〈강정〉(부분), 『서화평석』(2)
291면

〈숙백사역〉, 『서화평석』(2)
303면

지 않고/구름이 있어 뜻이 함께 느긋하네)라는 구절을 전서로 쓴 것, 두보의 시 「숙백사역」(宿白沙驛) 중의 "萬象皆春氣, 孤槎自客星"〔만상萬象이 모두 봄기운인데/외로운 조각배 혼자 객성客星(나그네 별) 일세)이라는 구절을 전서로 쓴 것도 이때다(모두 《원령필[중]》元靈筆[中] 소수).

이인상은 어쩔 수 없이 통신사를 배종(陪從)하긴 했으나 통신사 일행이 연로(沿路)의 백성들에게 끼치는 폐단에 대해 퍽 비판적인 태도를 취하였으니, 「통도사를 출발하며」(원제 '發通度')라는 다음의 시에서 그 점이 잘 드러난다: "새벽에 통도사를 출발하니/바위 꽁꽁 얼어붙고 산바람 매섭네/삽우(揷羽)하여 말 모는 이 길에서 만났는데/짐 가득 실은 두 마리 말엔 편자도 없군/채찍질하고 고삐 당겨 번개처럼 내닫거늘/머금은 거품이 빙설(氷雪)을 이루네/긴 회초리와 큰 몽둥이 잔뜩 실었는데/붉은 옻칠 선연하여 핏빛과 같네/'저는 남쪽 고을 늙은 아교(衙校)인뎁쇼/동래와 부산에 통신사 일행 맞으러 갑지요/엄한 태수 친히 음식 감독해/술과 고기 부족하면 이 몽둥이로 때립지요'/사신은 청렴해야 한다고 들었거늘/너희 남쪽 고을 백성들 힘이 다한 게 가엾네/끼니 거르며 천리 길 달려가느라/말과 마부 배 고프고 목이 마르네/여러 고을 태수들 마음 절로 수고로워/하루에 만 전을 거두나 잔치하는 데 부족하네/탐관오리 무서운 몽둥이에도 백성들 안 따르니/오호라 나라의 기강 날로 무너져 가네/짐 가득 실은 두 마리 말의 애처로움 말할 수 없네."(我行曉發通度寺, 凍石慘慘山風冽. 路逢揷羽驅馬者, 兩馬服重蹄無鐵. 加鞭挑靮疾如電, 嚙銜噴沫成氷雪. 盡載長棰與濶杖, 朱漆殷殷色如血. 自道南州老衙班, 往迎萊釜信使節. 太守嚴明親監膳, 酒肉不豐玆杖決. 余聞使臣廉且簡, 憫汝南州民力竭. 疾行減廚行千里, 御人駉馬或饑渴. 數州太守心自勞, 日收萬錢供帳缺. 汚吏峻杖民不信, 嗚呼紀綱日崩裂. 兩馬服重哀莫說.) '삽우'(揷羽)는 융복(戎服) 차림 때에 모립(帽笠)에 꽂는 깃털을 말하고, '아교'(衙校)는 관아의 하급무관을 말한다. 악부시에 해당하는 이 시는 이인상의 애민적 면모를 아주 잘 보여 준다.

● 김상숙을 위해 〈이송도〉(二松圖: 실전)를 그리고 찬(贊)을 짓다

영조 23년(정묘丁卯)

1747년

38세

「「김자金子 계윤季潤을 위해 〈이송도〉를 그리고 찬을 짓다」(원제 '爲金子季潤作二松, 作贊'),『뇌』5).

찬은 다음과 같다: "비록 송백(松柏)처럼 정(貞)한 나무라 할지라도 그 자란 것이 곧은 게 좋고 굽은 건 싫으니, 굽은 나무에는 송라(松蘿)를 붙이고, 곧은 나무에는 돌을 배치한다. 아아, 계윤이여! 사사로운 뜻을 끊고, 명덕(明德)을 잡으며, 훌륭한 벗의 말을 경청하고, 옛날의 가르침을 스승으로 삼아 본뜰지니, 이 그림을 보고서 법으로 삼을진저!"(雖以松栢之貞, 而喜其生之直而惡其曲. 曲者附之以蔦蘿, 直者配之以石. 吁嗟乎季潤! 絶私意·操明德, 惟良朋是聽, 而師象古訓, 觀玆圖而爲式.)

두보의 시 「고백행」(古柏行)을 전서로 써서 김상숙에게 준 것도 이 무렵으로 추정된다(개인 소장). 관지: "「고백행」. 계윤을 위해 또 쓰다. 원령"(古柏行. 爲季潤又書. 元靈)

〈설송도〉(雪松圖)를 그린 것도 이 시기 전후가 아닌가 한다. 〈설송도〉에는 '이인상인b'가 찍혀 있는데[25] 이인상은 이 인장을 30대 초중반 경관(京官) 시절에 주로 사용했다.

〈고백행〉(부분), 『서화평석』(2)
694면

〈설송도〉, 이인상인b

〈설송도〉, 『서화평석』(1) 410면

○ 김익겸, 사망.

○ 이명환, 진사시에 합격하다.

○ 김상묵, 진사시에 합격하다.

○ 이윤영, 3월 변산에 노닐다.

이윤영은 당시 부친 이기중, 태인 현감으로 있던 사돈 임행원(任行元), 은진 현감 심정최(沈廷最), 아우 이운영, 이운영의 처남 임매 등과 함께 변산에 들어가 승경을 두루 구경하였다.

○ 송명흠, 4월 송문흠·김성자와 함께 구담·도담·삼선암·사인암을 유람하다.

○ 송문흠, 5월 종부시 주부에, 6월 형조좌랑에, 12월 문의(文義) 현령에 제수되다.

○ 이휘지, 5월 상의원 직장에 제수되다.

25 '이인상인b'에 대해서는 『능호관 이인상 서화평석 1: 회화편』, 123면; 『능호관 이인상 서화평석 2: 서예편』, 1079~1080면을 참조할 것.

영조 23년 (정묘丁卯)

1747년

38세

○ 오찬, 6월 유후·이명환·이정환(李晶煥, 이명환의 동생) 및 조카 재순·재유와 함께 청담에서 노닐다(「여름날, 유 봉사(유후), 이사회(이명환), 이사회의 동생 사정士精(이정환李晶煥)과 함께 청담에 놀러 갔는데, 재순·재유 두 조카도 따라왔다. 아침에 수문水門을 나서서 정오에 삼담三潭에 이르러 질탕하게 노닐어 해가 저무는 것도 몰랐는데 돌아올 무렵 저마다 삼연三淵의 운으로 노닌 일을 기록하다」(원제 '夏日, 與柳奉事逅·李士晦明煥, 其弟士精晶煥, 作清潭之遊, 載純·載維兩姪亦從之. 朝出水門, 午至三潭, 於焉跌宕, 不知日之將暮, 臨歸, 各以三淵韻, 以識遊'), 『수』).

○ 오재순, 여름 삼각산에서 김상묵·이욱상과 노닐며 시를 짓다(「삼각산에서 여름날 김백우·이백승과 함께 짓다」(원제 '華山夏日, 與金伯愚、伯昇共賦'), 『순암집』 권1).

○ 김성응, 7월 훈련대장에 제수되다.

○ 김순택, 8월 이윤영에게 「국의송」(鞠衣頌)을 지어 보내다.

이윤영의 덕성을 국화에 견주며 칭송한 것이다. 이 작품은 그 초고가 전하며(『근역서휘』 소수, 서울대 박물관 소장), 김순택의 문집 『지소유고』에도 실려 있다.

김순택, 〈국의송〉(부분), 『서화평석』(2) 1202면

○ 홍주해, 8월 의릉(懿陵) 참봉에 제수되다.

○ 송문흠, 가을 「가을에 남산골에 들어가다. 생각건대 지난 가을 원령과 더불어 여기서 윤지를 이별했는데 시를 완성하지 못했으므로 좇아 읊어 소회(所懷)를 부치다」(원제 '秋日入南山谷中, 憶前秋與元靈別胤之於此, 分韻未成, 追賦寄懷')라는 시를 지어 이윤영과 이인상에게 부치다.

송문흠의 이 시는 행초로 쓴 시고(詩稿)가 전한다(『근역서휘』 소수, 서울대 박물관 소장).[26] 관지: "문흠. 접때 왕림하셨으나 만나 뵙지 못해 감히 시를 써서 질정한다."(文欽. 頃枉, 不及奉塵, 敢此書正.) 이 시는 송문흠의 문집인 『한정당집』(閒靜堂集)에도 실려 있는데, 글자의 출입(出入)이 다소 있다.

송문흠, 〈추일입남산곡중〉(부분), 『서화평석』(2) 1157면

○ 임안세, 9월 감찰(監察)에 제수되다.

○ 이유수, 10월 정언(正言)에 제수되다.

---

26 이 글씨에 대한 평설은 『능호관 이인상 서화평석 2: 서예편』 부록 3의 '2-7'을 참조할 것.

○ 이명환, 12월경 통신사 서기(書記)로 일본에 가는 유후를 전별하는 시를 짓다(「일본으로 가는 사신을 수행하는 유취설柳醉雪을 전송하며 율시 한 수와 절구 세 수를 주다」(원제 '送柳醉雪隨東槎之行, 贈一律三絶'), 『해악집』海嶽集 권1).

유한준이 지은 「해악집서」(海嶽集序, 『자저준본[1]』自著準本[1] 소수)에 다음과 같은 말이 보인다: "공(公: 이명환)이 더불어 노닌 이들은 모두 한 무리의 이름난 하사(下士)들이니, 안동 김후재(金厚哉: 김이곤金履坤), 광산 김유문, 한산 이윤지, 청풍 김백우, 완산 이원령, 문화 유자상(柳子相: 유후) 같은 이들이 모두 공과 즐겁게 위아래로 구름과 용처럼 따랐거늘 한때의 성대함을 기록할 만하다."(其所與遊, 皆一隊名下士, 如安東金厚哉、光山金孺文、韓山李胤之、淸風金伯愚、完山李元靈、文化柳子相, 皆樂與公上下角逐, 爲雲爲龍, 一時之盛可記也.) 이를 통해 이명환이 유후와 친했다는 것, 유후가 당시 명사(名士)로 꼽혔다는 것을 알 수 있다.

○ 오찬, 겨울 통신사 서기로 일본에 가는 유후(柳逅)에게 송서(送序)를 써 주다(「일본에 가는 동간東磵의 유군에게 주는 글」(원제 '送東磵柳君逅遊日本序'), 『수』).

'東磵'은 '東澗'이라고도 표기하는데, 삼청동의 시내를 이른다. 이를 통해 당시 유후가 삼청동에 거주하고 있었음을 알 수 있다.

○ 정내교(鄭來僑, 1681~1757, 자 윤경潤卿, 호 완암浣巖, 중인), 이명익·이인상·김익겸과 자신의 집에서 『농암집』(農巖集)의 시에 차운한 시를 짓다(「담재湛齋가 용호龍湖(용산)에서 서울로 돌아와 북계北溪(삼청동)에 우거하며 나를 방문하셨는데, 김일진金日進과 이원령李元靈을 불러 이야기를 나누고 함께 『농암집』의 시에 차운하다」(원제 '湛齋自龍湖返京, 寓居北溪, 見余相訪, 邀金日進、李元靈討話, 共次農巖集韻'), 『완암집』浣巖集 권3).

이는 이인상이 이해 7월 사근도 찰방으로 부임하기 전의 일일 것이다. 정내교는 임인옥(壬寅獄) 때 가족을 이끌고 공주 계룡산에 은거했던바 그의 호 '완암'은 그곳 지명을 취한 것이다. 정내교는 김종수의 어릴 적 숙사(塾師)이기도 했다(「『완암집』 서」浣巖集序, 『몽오집』夢梧集 권4).

정내교는 「감흥(感興), 『삼연집』의 시에 차운하다」(원제 '感興,

次三淵集韻',『완암집』권2)라는 연작시에서 이명익·이최지·김익겸에 대해 각각 읊고 있는바 이최지와도 교분이 있었음을 알 수 있다. 이최지를 읊은 시는 다음과 같다: "그대는 추운 계절의 소나무처럼/눈 속에 홀로 꼿꼿이 서 있네/길이 암혈(巖穴)에 숨어/원숭이 따라 나물 캐고 열매 주우려 했지/인장[27]과 전경(篆經: 전서篆書로 쓰인 경전)만 있고/앉은 자리엔 티끌 하나 없어라/뿌리에 감추고[28] 고요히 길러야/봄 오면 지엽(枝葉) 절로 무성할 테지."(子如歲寒松, 挺立雪中孤. 長擬竄巖穴, 採拾隨狙猺. 圖書與篆經, 坐處一塵無. 晦根須靜養, 春至自敷腴.)

심사정, 〈강상야박도〉

○ 조영석, 정선의 〈수옥정도〉(漱玉亭圖, 개인 소장)에 제사(題辭)를 쓰다.

◎ 심사정, 〈강상야박도〉(江上夜泊圖)를 그리다(국립중앙박물관 소장).

◎ 조현명, 8월 좌의정이 되다.

① 청, 기독교 포교 금지.

① 원명원(圓明園) 완성되다.

① 건륭제의 명에 따라 삼희당법첩(三希堂法帖)을 새기다.

① 다자이 슌다이 사망.

---

27 이최지는 저명한 전각가였다. 다음은 성해응의 글에 보이는 말이다: "공(이최지-인용자)은 전각에 뛰어났다. 정조 대왕이 세손(世孫)으로 계실 적에 인척을 통해 그에게 전각을 구했다. 공은, '어찌 감히 하찮은 기예로써 존엄에게 빌붙어 이익을 꾀하겠는가!'라면서 끝내 명을 받들어 도장을 새기지 않아 당시 사람들이 고상하다고 여겼다."(公精於篆刻. 正宗大王在春邸時, 從戚里而求之. 公曰: "何敢以薄技, 貪緣於尊嚴之地乎?" 終不肯奉命而刻, 時人高之: 성해응, 「李定山遺事」, 『研經齋全集』권11)

28 주희(朱熹) 부친의 친구였던 남송(南宋)의 학자 유자휘(劉子翬)가 주희의 자(字)를 원회(元晦)라 지어 주며 쓴 글 중에 "나무는 뿌리에 감추어야, 봄에 빛나고 무성하리"(木晦於根, 春容燁敷)라는 말이 보인다.

영조 24년 (무진戊辰, 1748년) 39세

● 1월, 6·7일경 서울에 도착하다.

말미를 얻어 잠시 온 것이다.

● 1월 15일, 김상숙이 「정월 대보름 병중에 원령에게 부치다」 (원제 '上元病中寄元靈')라는 시를 지어 이인상에게 보내다(김상숙, 『배와초』坯窩草 권2, 영남대 소장).

작년 매초루에서 술을 마시던 일을 추억하며 이인상을 그리워하는 마음을 읊었다. 이인상은 2년 후인 1750년 정월 대보름에 이 시에 화답하는 시를 지었다. 「김 진사 계윤이 죽은 벗을 애도하는 시를 부쳤기에 그 시에 차운하다」(원제 '金進士季潤寄詩悼亡友, 次韻', 『뇌』2)가 그것이다.

● 봄, 「문의현을 지나가다가 문의현에서 도곡까지가 몹시 가까우므로 즉석에서 시를 지어 송자 형제에게 부치다」(원제 '路過文義縣, 縣距塗谷甚近, 口占寄宋子兄弟')를 짓다.

이 시 제3수에 "초부(樵夫)는 제례(祭禮)에 참예하고/촌부(村婦)는 경륜(經綸)을 아네"(野樵參俎豆, 村婦解經綸)라는 말이 보이는데, 촌야의 미천한 민(民)도 예법을 알고 경륜이 있다는 사고가 반영되어 있다는 점에서 주목을 요한다. '경륜'은 원래 고치에서 실을 뽑아 정리하는 일과 이 실로 끈을 짜는 일을 뜻한다. 이 단어는 전의되어 나라를 다스릴 만한 포부와 재능이라는 뜻을 갖게 되었다. 이인상은 '경륜'의 원의(原義)를 환기시키며 베짜는 아낙도 공적(公的) 영역에 참여할 만한 능력이 있음을 말하고 있다. 여성에 대한 이인상의 남다른 관점을 보여 준다고 하지 않을 수 없다. 초부와 촌부에 대한 이인상의 시선에서 이인상이 여느 사대부와 달리 민을 단지 통치의 대상으로만 간주하지 않고 일정하게 정치의 한 주체로 인정하고 있음이 드러난다.

● 1월 24일, 문의 현령 송문흠에게 〈조어도〉(釣魚圖: 실전)를 그려 주다.

이 그림의 제사(題辭)는 다음과 같다: "정묘년(1747) 중춘(仲春) 17일 이윤지가 새벽에 꿈을 꾸었는데, 내가 〈조어도〉를 그려 송사행에게 주자 자신이 그 그림에 '삿갓에 삼베옷 입고/일생을 강가에서 지내누나/그대는 뭐하고 있나 물으니/세상을 다스림은 생선 삶는 것과 같다고 답하네'(蘆笠與麻褐, 百年流水邊. 問君何所事? 陶世如烹鮮)라는 제시(題詩)를 썼다는 꿈이었다. 이튿날 나에게 편지를 보내, 꿈에 부합되게 그림을 그려 보라고 했다. 하지만 나는 게으르고 속되어 해가 지나도록 〈조어도〉를 그리지 못했다. 윤지는 매양 내가 그림을 그렸는지 물어봤다. 대개 윤지의 벗을 향한 독실한 마음은 따라갈 수가 없다. 마침내 송자(宋子)가 문의 현령이 된 후에야 비로소 나는 이 부채에 그림을 그려 주었다. 나는 또한 송자의 학문이 이루어졌음에도 그 지위가 낮은 데에 유감이 있다. 무진년(1748) 초봄 24일에 쓰다."〔丁卯仲春十七日, 李胤之曉夢麟祥作〈釣魚圖〉寄宋士行, 胤之爲題詩曰: '蘆笠與麻褐, 百年流水邊. 問君何所事? 陶世如烹鮮.' 翌日, 寄書麟祥作畫以實之, 而余懶俗, 經歲不成〈釣魚圖〉. 胤之每問余畫已就否, 盖胤之向朋友誠篤爲不可及. 及宋子出宰文山, 而後余始畫此扇以贈之. 余又感於宋子之學成而位卑也. 戊辰孟春二十四日書: 「송자 사행을 위해 선면扇面에 그리다」(원제 '爲宋子士行作扇面'), 『뇌』4〕

'생선 삶는 것'(烹鮮)은 백성이나 나라를 다스리는 방법을 비유하는 말이다. 생선을 삶을 때 손을 너무 많이 대면 살이 부서지듯 정치도 번잡하지 않게 해야 백성이 흩어지지 않는다는 뜻이다.

● 2월, 이연상을 위해 김창협의 「우암송선생화상찬」(尤菴宋先生畫像贊)을 해서로 쓰다《묵수》墨藪 소수).

관지: "이는 「우암송선생화상찬」으로 농암 김문간공(金文簡公)이 쓰신 글이다. 숭정(崇禎) 이후 두 번째 무진년 중춘(仲春)에 천여씨(天汝氏)를 위해 쓰다. 인상 배수"(右, 尤菴宋先生畫像贊, 農巖金文簡公撰. 崇禎再戊辰春仲, 爲天汝氏書. 麟祥拜手) 인기: "원령"(元靈)

● 2월 19일, 3남 영하(英夏, 1768년 졸) 출생하다.

● 봄, 왕희지의 「난정서」(蘭亭序)를 전서로 써서 윤득화(尹得和, 윤면동의 숙부)에게 보내다《천고최성첩》千古最盛帖 소수, 국립중앙박

〈우암송선생화상찬〉, 『서화평석』(2) 680면

〈난정서〉(부분), 『서화평석』(2) 687면

물관 소장).

관지: 「난정서」. 무진 봄날 삼가 쓰다.(蘭亭序文. 戊辰春日謹寫.)

● 가릉(嘉陵)의 장미산(薔薇山)[1]에 은거하는 금도사(琴道士) 이정엽(李鼎燁)[2]에게 시를 써 주다.

시는 다음과 같다: "목마르면 가릉의 물을 마시고/한성(漢城)의 술은 마시지 말길/배고프면 늘어선 푸른 돌 구워 먹으니[3]/높다란 장미산과 더불어 수(壽)를 누리리/장차 거문고 부숴 버리고/요즘 사람에게 다시는 타지 말기를/금도사는 평생/홀로 담박한 마음 품고 사누나."(渴飮嘉陵水, 莫飮漢城酒. 飢囊翠屏石, 薔薇高山與君壽. 且碎枯桐, 莫向時人復彈琴. 琴道士平生, 獨抱冲素襟:「장미산 금도사에게 주다」(원제 '贈薔薇山琴道士'), 『뇌』2) 이 시에는 풍유(諷喩)의 뜻이 담겨 있다. 이정엽은 자주 서울의 명문가를 드나들며 거문고를 연주했으며 그들의 시나 글씨를 받아오기를 즐겼다. 이인상은 넌지시 이런 일을 하지 말라고 이른 것이다.

● 3월 20일, 밤에 송문흠의 편지를 받고 무척 기뻐 10수의 시를 짓다.

이인상은 송문흠이 병을 앓고 있어 몹시 걱정하고 있던 중이라 편지를 받고 몹시 기뻐한 것이다. 시 중에 "벗이 죽지 않아 편지를 보냈군"(故人不死寄書來) "오늘밤 받은 편지글씨 철삭(鐵索)[4]과 같거늘/내일 아침에 기쁜 소식 김제(金堤)에 이르겠지"[5](今夜得書如鐵索, 明朝報喜到金堤) "신자(申子)는 항상 문 나서는 걸 경계하라 말했거늘/아름다운 산수는 말할 것도 없네"(申子恒言戒出門, 佳山秀水未須論) 등의 말이 보인다(「삼월 이십일 역사驛舍[6]로 돌아와

「삼월 이십일일 역사로 돌아와 밤에 문산의 소식을 듣고 기뻐서 짓다」,
『능호집』(상) 298면

〈송생원(송명흠)에게 보낸 간찰〉
(부분), 『서화평석』(2) 955면

---

1 '가릉'은 충북 충주시 중앙탑면 가흥리 일대의 옛 지명으로, 가흥으로도 불렸다. '장미산'은 충북 충주시 중앙탑면 가흥리와 장천리에 걸쳐 있는 산이다.

2 이정엽의 자는 군중(君重)이고 호는 금석(琴石)이다. 가릉에 거주하였고 거문고를 잘 연주했을 뿐만 아니라 서화 수장가이기도 했다. 金鍾秀,「題薇陰李處士鼎燁詩卷後」, 『夢梧集』권4; 閔遇洙,「薇陰李處士鼎燁輓」, 『貞菴集』권1; 李世愿,「李君重鼎燁宅, 題謙齋畫丹丘山水帖」, 『顧庵遺稿』등 참조.

3 옛날에 선인(仙人)이 돌을 구워서 양식으로 삼았다는 전설에서 온 말로, 도가의 수련하는 방술을 가리킨다.

4 '철삭'은 쇠사슬이다. 서예에서 글씨의 필획이 굳세고 단단한 것을 비유하는 말이다.

5 이윤영에게도 송문흠의 편지가 전해질 것이라는 말이다. 당시 이윤영은 김제 군수로 부임한 부친을 따라 김제에 내려와 있었다.

밤에 문산文山(송문흠)[7]의 소식을 듣고 기뻐서 짓다」(원제 '三月卄日還
郵館, 夜得文山消息, 喜賦'), 『뇌』2).[8] '김제'(金堤)는 이윤영을, '신
자'(申子)는 신소를 가리킨다.

● 3월 26일, 송명흠에게 간찰을 보내 송문흠의 안부를 묻다(개
인 소장).[9]

이 간찰을 통해 이인상이 여전히 격병이 준발(峻發)하여 고생
하고 있음을 알 수 있다.

● 여름, 김제의 이윤영이 찾아와 함께 지리산 천왕봉에 오르다
(「지리산 천왕봉에 올라 원령의 시에 차운하다」(원제 '上智異山天王峯,
次元靈韻'), 『단』6).

당시 지리산 군자사(君子寺)에서 잤다(「군자사[10] 서쪽 승방에서
이자 윤지와 함께 짓다」(원제 '君子寺西寮, 同李子胤之賦'), 『뇌』2). 이때
장훈도 사근역에 와 있었는데, 이윤영은 그에게 선면화 〈천왕봉
도〉(실전)를 그려 주었다(「이윤지의 천왕봉 그림에 적다 장자화의 부채」(원
제 '題李子胤之寫天王峰 張子和扇')). 이윤영은 이때 〈고란사도〉(皐蘭寺
圖)를 그려 이인상에게 보여 주었다(개인 소장). 이윤영은 〈고란사
도〉에 다음과 같은 제사(題辭)를 썼다: "무진년 봄에 고란사(皐蘭

「이윤지의 천왕봉 그림에 적다 장자화의 부
채」, 『능호집』(상) ──
301면

----

6 사근역 찰방청(察訪廳)을 말한다. 지금의 함양군 수동면(水東面) 화산리(花山里)의 수동초등학교가 있는 곳이 그 터로
  추정된다. 조선 시대에는 전국에 500여 개의 역을 두어 공문서의 전달 및 관리의 숙박과 관물(官物)의 수송을 도왔는
  데, 이 가운데 40개 역에 종6품 벼슬인 찰방을 주재시켜 인근의 속역을 관할하게 하였다. 이 40개 역 중의 하나가 사근
  역이다. 이인상은 당시 이 역의 찰방을 맡고 있었다. 사근역에는 또한 공무로 출장 중인 관리들을 위한 숙박 시설인 사근
  원(沙斤院)이 있었다. 사근역에는 찰방 밑에 다수의 역원(驛員)과 노비가 있었다. 사근역은 제한역(蹄閑驛: 함양읍 구룡
  리 소재)과 임수역(臨水驛: 안의면 대대리 소재)을 포함한 인근 14개 역을 관할한 역으로서, 산청의 정곡역(正谷驛) 및
  거창의 무촌역(茂村驛)과 연결되어 있었다. 그리하여 경상도의 진주-단성-산청과 전라도의 운봉-남원을 연결하는 역일
  뿐 아니라, 산청·진주에서 거창-김천-상주-문경으로 해서 서울로 올라갈 때 반드시 거쳐야 할 역이었다. 필자는 2005년
  사근역이 있던 수동면 화산리 일대를 탐방한 바 있는데, 그곳에 몇 대째 산다는 한 고로(古老)의 말에 의하면 구한말 때
  까지만 해도 가득 들어찬 객줏집으로 역사(驛舍) 주변의 도로가 시끌벅적했다고 한다. 내가 갔을 때는 객줏집의 흔적조
  차 찾을 수 없었고 두어 군데의 다방과 작은 음식점이 눈에 띌 뿐인 한적한 마을이었다.
7 당시 송문흠이 문의 현령으로 부임했기에 '문산'이라고 했다. 문산은 문의현 읍내의 땅 이름이다.
8 10수의 연작시인데 『능호집』에는 3수만 실려 있다.
9 이 간찰에 대한 평설은 『능호관 이인상 서화평석 2: 서예편』의 '13-3'을 참조할 것.
10 '군자사'(君子寺)는 지금의 경상남도 함양군 마천면 군자리의 지리산 북쪽 기슭에 있던 절이다. 함양의 사근역에서 출발
  하여 남서쪽으로 가다가 용유담(龍游潭)을 거쳐 서쪽으로 올라가면 있었는데 현재 남아 있지 않다. 허목(許穆)의 『기언』
  (記言) 권28에 실린 「지리산기」(智異山記)에 따르면 군자사 남쪽 벼랑을 따라 올라가 백무동과 제석봉을 거쳐 천왕봉
  (天王峯)에 이를 수 있다고 한다.

영조 24년(무진戊辰)

1748년

39세

이윤영, 〈고란사도〉 제사,
『서화평석』(1) 907면

寺)에서 반천(盤泉) 윤 어르신(윤심형)을 만났다가 돌아와 지리산의 원령을 방문해 그 강산의 빼어남을 이야기하던 중 말로 전할수 없는 것이 있어 대략 건묵(乾墨) 소폭(小幅)으로써 한번 웃게한다. 윤영"(戊辰春, 會盤泉尹丈於皐蘭寺, 歸訪元靈於智異山中, 話其江山之勝, 有言語不可傳者, 略用乾墨■幅, 以發一笑. 胤永) 인기(印記): "두류만리"(頭流慢吏). 이인상이 '두류만리'(頭流慢吏)라는 인장을처음 사용한 것은 이 시기 전후로 생각된다.

이윤영의 「잡저」(『단』14)에, 당시 이인상이 이윤영에게 한 말이 기록되어 있다: "무진년 여름에 원령과 지리산에 들어갔는데, 밤이면 늘 이야기를 맘껏 했다. 근래에 상례(喪禮)가 무너졌다는데 이야기가 이르자 원령이 한숨을 쉬고 탄식하며 말했다. '그래서 우리 숙부님도 말씀하시기를, 평생 조문(弔問)한 중에 상례에맞는 사람을 딱 한 사람 보았으니 바로 윤 응교(尹應敎: 윤심형)였단다. 정말 슬퍼해 사람들을 감동시켜 조문하는 이들이 크게 기뻐했지라고 하셨다오.' 원령은 다시 이리 말했다. '내가 또한 보니 정랑(正郞) 박사백(朴師伯)이 늙어서도 오히려 추모를 하던데, 대단히 공경할 만했다오.' 그러고는 박정랑의 청검(淸儉)과 문식(文識)을 입이 닳도록 말했다."(戊辰夏, 與元靈入智異山中, 夜輒劇談, 語及近世喪禮之壞, 元靈喟然嘆曰: '是以, 我叔父亦嘗曰: 平生弔慰, 僅得一人焉, 乃尹應敎也. 誠哀動人, 弔者大悅.' 元靈復曰: '我亦見, 朴正郞師伯, 其老而猶慕, 尤可敬也.' 仍道其淸儉文識, 亹亹不已.)

● 6월 27일, 종제에게 신을 만들어 보내다.

종제에게 보낸 간찰 중의 "나는 병이 더했다 덜했다 하여 대중이 없으나 대체로 편하게 지내는 편이니 노모께 나의 병에 대한것은 말씀드리지 말게. 병에 아무런 도움이 안되고 도리어 걱정만 끼쳐 드리게 될 테니까. 지난 번에도 대단치 않은 병을 가지고집안에 한바탕 난리가 나게 한 적이 있어 몹시 민망했네"(我病劇歇無常, 而要是安在, 不須向老親說道我病. 無益於病, 而徒貽憂. 頃以微病, 致家中一場潰洞, 極可愁擾: 「사촌동생에게 보낸 간찰 2」)라는 말을통해 이인상의 지병인 격병이 낫지 않고 자꾸 재발하고 있음을알 수 있다.

● 7월, 대구 팔공산에 있는 동화사(桐華寺)를 구경하고 승려 성

「사촌동생에게 보낸 간찰 2」,
『능호집』(하) 부록 408면

원(性元)의 격고(擊鼓) 소리를 듣다.

이때의 일을 기록한 「동화사기」(桐華寺記, 『뇌』4)에 "나는 본디 북소리 듣는 것을 좋아하는데 그 음절이 옛날과 지금이 다르지 않아 거문고나 피리의 가락을 고르기가 어려운 것과는 같지 않아서다"(余素喜聞鼓, 爲其音節無古今, 不如琴瑟管簫之律呂難諧)라 하여, 자신이 법고(法鼓) 치는 소리 듣기를 좋아한다고 밝히고 있다.

● 7월 7일, 벗 유언순(1715년 생)이 사망하다.

이인상은 유언순이 죽은 지 10년째 되는 해인 1758년 애사를 지어 그를 애도하였다. 애사 중에 "몸가짐이 바르고 기운이 굳세고 식견이 밝았으나 뜻을 품은 채 세상을 하직했다"(操履之正, 氣剛識明, 抱志而竟)라는 말이 보인다. 심익운(沈翼雲)은 유언순을 평하여 "참으로 기사(奇士)이니, 세상 풍속이 조그만 이익을 서로 뺏으려 하고 헛된 명예를 경박하게 흠모한다고 보아, 서로 함께 힘써 고고(孤高)하고 기벽(奇僻)하며 세속을 벗어난 행동을 하여 스스로 몸을 숨겼다"(固奇士, 見世俗以薄利相傾奪, 虛譽相浮慕, 仍相與務爲孤高奇僻絶俗之行, 以自匿)라고 하였다〔심익운, 「영가永嘉 김공金公 문집 서문」(원제 '永嘉金公文集序'), 『백일집』百一集〕.

● 8월 10일, 종제에게 간찰을 보내다.

간찰 중의 "나는 그럭저럭 지내는데 병이 자주 도지네. 편지에 써서 번거롭게 할 것도 없으니 노모께는 이런 말씀드리지 말게"(我姑依拙, 病發無時, 不須書煩, 無向老親告之: 「사촌동생에게 보낸 간찰 3」, 『능호집』[하] 부록)라는 말을 통해 계속 병으로 고생하고 있음을 알 수 있다. 또 이 간찰 중의 "유경명이 세상을 떠났으니 슬프기 그지없네. 마음을 진정하기가 어려우이. 자네는 그에게서 글을 배운 정리(情理)가 있으니 빈소가 철폐되기 전에 자주 가서 조문하겠지? 참담한 일일세, 참담한 일이야!"(兪景明喪■, 慟傷何及. 殆難定懷. 君有受學之情想, 必頻往慰弔於靈■未撤之前耶? 慘甚慘甚)라는 말을 통해 이욱상이 유언순에게 글을 배웠음을 알 수 있다.

● 8월, 상관인 경상 감사 남태량(南泰良, 1695~1752, 당색 소북)의 해읍(海邑) 순행길을 수행(隨行)해 진주 촉석루, 노량, 남해 금산(錦山)을 다녀오다(「금산기」錦山記).

「통영 유기」, 「능호집」(하)
143면

통영의 세병관(洗兵館)을 본 것도 이때의 일로 생각된다. 이달 19일 유기(遊記) 「금산기」(錦山記)를 지었다. 「통영 유기」(원제 '游統營記')를 지은 것도 이 무렵일 것이다.

● 밤에 아헌(衙軒)인 한죽당(寒竹堂)[11]에 앉아 장훈의 퉁소 연주에 화답해 가곡창(歌曲唱)의 노래말을 한문으로 지어 부르다(「밤에 한죽당에 앉아 장자화의 퉁소 연주를 듣고 장단성長短聲[12]을 지어 화답하다」(원제 '夜坐寒竹堂, 聽張子和吹簫, 作長短聲以和之'), 『뇌』2).

이인상 자신도 퉁소를 불 줄 알기에 작사(作詞)한 것이다. 노랫말은 다음과 같다: "남두성(南斗星) 환한데(1박拍) / 가느다란 초승달 구름 사이에 비꼈네(2박) / 금풍(金風: 가을바람)은 솔솔 청죽(靑竹)에 불고 / 옥로(玉露: 이슬)는 동글동글 하늘에서 내려오네(3박) / 화장산(花長山)[13]이여(4박) / 산이 유장하고 물이 아득해 생각이 한량없네(5박)."(南斗星耿耿明[一拍], 初月纖纖雲間橫[二拍], 金風颯颯吹靑竹, 玉露團團下碧空[三拍], 花長山[四拍], 山長水遠思無窮[五拍].)

이인상은 1758년에 지은 「서악」(敍樂)이라는 글에서 알 수 있듯 음악에 조예가 깊었다. 아헌의 '한죽당'이라는 편액 글씨는 이인상이 고전(古篆)의 서체로 쓴 것이다(이덕무, 「수수정」, 『한죽당섭필[상]』, 『청장관전서』 권68 소수).

● 가을, 오찬이 답서를 보내와, 원래 이최지와 서로 약속해 금강산 유람을 가려 했으나 이최지에게 일이 생겨 함께 가지 못해 한스럽다는 말을 하다. 이어 구룡연, 비로봉, 총석정 등을 본 이야기를 하고, "태어나 처음 산수를 구경했는데 가히 지극하다 이를 만하다"(生來始見山水之觀, 可謂至矣)라고 하다(「답원령서」答元靈書, 『수』).

오찬이 금강산 유람을 떠난 것은 윤7월 12일이다.

● 9월 12일, 「사근(沙斤) 토지신(土地神) 제문」(원제 '祭沙斤土地神文', 『뇌』5)을 짓다.

---

11 사근역 찰방청을 이른다.
12 '장단성'(長短聲)은 장단구(長短句), 즉 긴 구절과 짧은 구절이 뒤섞인 시를 말한다. 이인상의 이 시는 그 형식이 가곡창에 해당한다.
13 함양군에 있는 산으로 해발 586미터이다. 사근역 객사 남쪽에 있다. 사근역 뒷편의, 사근산성이 있는 연화산(蓮花山)과는 다른 산이다.

집의 노비 사립(士立)이 사근역에서 사망하매 부근에 토빈(土殯)을 만들었다가 바야흐로 유골을 수습해 양주의 선산에 묻고자 했는데 내일이 떠나는 날이므로 사근의 토지신에게 고하는 제문을 지어 사립의 혼이 아무쪼록 선산으로 잘 돌아가게 해 달라고 빈 것이다. 「노복 유공 제문」(원제 '祭老僕有功文', 『뇌』5)이라는 제문과 함께 이인상의 휴머니티를 잘 보여 주는 글이다.

● "制器象參代, 栽花紀四時"(고기古器를 제작함은 삼대三代를 본뜨고/화훼를 재배함은 사시四時를 법삼네)라는 인장을 새긴 것은 이해 추동지간(秋冬之間)으로 여겨진다.

이 인기(印記)는 이윤영이 1748년 가을에 지은 시 「벽루 잡영」(碧樓雜詠, 『단』6) 제2수의 제1·2구를 취한 것이다.

● 10월 3일, 종제에게 간찰을 보내 병이 날로 심해지고 있음과 불평스런 심사를 말하다.

이 간찰 중에 "말세에 하급 관리 노릇하는 건 수명을 단축시키지 않으면 필시 정신이상이 되기 십상이니 정말 개탄하게 되네"(末世微官, 不減壽則必變性, 良爲慨恨: 「사촌동생에게 보낸 간찰 4」)라는 말이 보인다.

● 10월, 오찬이 편지를 보내와, 이인상과 이윤영이 이해 여름 지리산 천왕봉을 유상(游賞)한 일을 말하다(「여원령서」與元靈書, 『수』).

● 이 무렵 「국잠」(菊箴, 『뇌』5)을 지은 것으로 여겨진다.

● 겨울, 말미를 얻어 서울에 올라와 오찬이 이해 새로 지은 산천재(山天齋)에서 빙등(氷燈)을 걸어 놓고 매화를 완상하다. 진사 김상묵도 오다.

「관매기」에는 당시의 일이 이렇게 기록되어 있다: "무진년(1748)에 오경보가 와설원(臥雪園)¹⁴ 동쪽에 산천재를 짓고는 겨울밤에 여러 벗을 초치(招致)해 계산(桂山)의 옛 매화나무를 완상하였다. 문왕의 솥을 가져다가 계설향(桂雪香)을 살랐으며, 빙등을 들보 가운데에 매달아 놓고는 소라 껍데기로 만든 잔에 술을 따라 마셨는데, 환정(歡情)을 다한 후에 파하였다."(戊辰, 吳敬父就

---

14 오찬의 집 정원 이름이다.

臥雪園東築山天齋, 冬夜邀諸友, 賞桂山舊梅, 取文王鼎, 燒桂雪香, 懸氷燈于中梁, 酌酒螺杯, 極歡而罷.) 당시 이인상이 지은 시「산천재에 매화가 차츰 성개(盛開)하는 것을 기뻐하다」(원제 '喜山天齋梅花漸盛', 『뇌』2)에 "서너 벗과 청상(淸賞)을 함께하네"(數友同淸賞)라는 말이 보이고,「산천재에서 매화를 노래하다」(원제 '山天齋賦梅', 『뇌』2)에 "빙등을 걸어 놓고 3일 동안 술 마시니"(懸取氷燈三日飮)라는 말이 보인다. 이로 보아 여러 벗들이 모여 3일 내리 연음(連飮)했음을 알 수 있다. 〈산천재야매도〉(山天齋夜梅圖)를 그린 것은 바로 이때다(국립중앙박물관 소장). 이 그림의 제사는 다음과 같다: "초승달이 주렴(珠簾)을 누르니 금분(金粉)이 차갑고/맑은 바람 벽(壁)에 부니 푸른 가지가 기다랗네. 원령"(微月壓簾金粉冷, 淸飀吹壁翠梢長. 元靈)

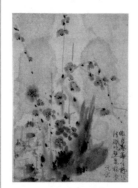

〈산천재야매도〉,『서화평석』(1)
792면

● 겨울, 임성주의 요청에 따라 그의 집안에 전하는 〈산릉계병〉(山陵稧屛)에 「미불도기」(米芾圖記: 「〈서원아집도〉 기」西園雅集圖記를 이름)를 써 주다(임성주, 「경자년庚子年(1780) 〈산릉계병〉 뒤에 적다」(원제 '題庚子山陵稧屛後'), 『녹문집』鹿門集 권21].

● 제야, 시를 써서 임성주에게 주고 아울러 신소에게도 보이다 [「제야除夜에 마음가는 대로 감회를 써서 임 상사上舍[15] 중사仲思에게 주고 신자申子 성보成甫에게도 보이다」(원제 '除夜漫書志感, 贈任上舍仲思, 轉示申子成甫'), 『뇌』2].

이 시는 다음과 같다: "노모께서 한번 취함 허락하시어/붕어찜에 귤술을 마시네/묵은 눈[雪]은 밤의 냉기 더하고/외로운 등불은 세모를 아쉬워하네/병든 벗에 대한 그리움 견디지 못하나니/애오라지 먼지 낀 책을 다시 애석히 여기네/적막 속에 닭 울음 듣고 춤을 추노라/중원에 전쟁 조짐 있는 듯하여."[16](老慈許一醉, 橘酒薦江魚. 宿雪添宵冷, 孤燈戀歲除. 不堪懷病友, 聊復惜塵書. 寂寂聞鷄舞, 中原有戰車.) 이 시 중의 "적막 속에 닭 울음 듣고 춤을 추노라/중원에 전쟁 조짐 있는 듯하여"라는 구절에는 중원에 난리

15 '상사'(上舍)는 생원(生員)이나 진사(進士)를 가리킨다. 임성주는 1733년(영조 9) 진사시에 합격하였다.
16 『진서』(晉書)「조적전」(祖逖傳)에, 동진(東晉) 때 사람인 조적이 오랑캐에게 점거당한 중원을 수복하려는 뜻을 품고 있었는데, 뜻을 같이한 벗 유곤(劉琨)과 잠을 자다가 한밤중에 닭 울음소리를 듣고 일어나 좋은 조짐이라며 기뻐서 춤을 추고 이후 군사를 모아 중원의 오랑캐를 몰아내고자 했다는 내용이 보인다.

영조 24년(무진戊辰)

1748년

39세

가 일어나기를 바라는 마음이 피로(披露)되어 있다.

—

● '철'(哲)이라는 지리산의 검공(劍工)에게 의뢰하여 소검(小劍) 셋을 만들어 자신과 장훈이 하나씩 가졌으며 그 명(銘)을 짓다〔「소검명」小劍銘; 「장자화 제문」(원제 '祭張子和文'), 『뇌』5〕.

　　다른 하나는 이윤영에게 주지 않았을까 한다. 이 칼의 칼집에는 운뢰(雲雷)의 형상을 새기고, 검비(劍鼻)에는 악독(嶽瀆)의 상서로움을 새겼다〔「내가 일찍이 지리산에 있을 적에[17] 휴대용 칼을 주조했는데, 정통척正統尺[18]에 의거해 아홉 치였다. 급기야 설악산에 들어가서는, 길을 가든 머물러 있든, 자리에 앉든 눕든, 비록 고요히 혼자 있을 때라도 칼을 항상 몸에 지니고 있으니 미더워 두렵지 않았다. 돌아오다 갈산葛山[19]에 이르러 마상馬上의 누구累句[20]로 시를 이루다」(원제 '余嘗在智異, 鑄行劍, 準正統尺九寸. 及入雪嶽, 行住坐臥雖悄獨, 而劍常隨身, 恃而無懾. 歸到葛山, 馬上累句成篇'), 『뇌』2〕. '악독'은 산인 5악(五嶽)과 강인 4독(四瀆)을 말한다. 5악을 그린 것으로는 〈오악진형도〉(五嶽眞形圖)가 있으니, 중국의 다섯 산인 태산·형산·숭산·화산·항산을 부적 모양으로 그린 것으로, 도사가 이것을 지니고 산천(山川)에 가면 백신(百神)과 군령(群靈)이 높이 받들고 친히 영접한다고 한다.[21] 〈오악진형도〉는 명말에 나온 책인 『정씨묵원』(程氏墨苑) 상책 제3권 여도(輿圖) 상(上)에 실려 있다. 또 〈오악사독도〉(五嶽四瀆圖)가 『정씨묵원』 상책 제4권 여도(輿圖) 하(下)에 보인다. 이 역시 〈오악진형도〉처럼 부록(符籙)에 가까운 그림이다. 이인상은 『정씨묵원』에 보이는 이런 부록적(符籙的) 도상(圖像)을 검비에 새긴 게 아닌가 한다. 이윤영이 1746년과 1747년 사이에 기른 매화나무의 분(盆)에 운뢰(雲雷)와 오악진형(五嶽眞形)을 새겼다는 말이 「관매기」(『뇌』5)에 보이는데, 이 일과 이인상이 칼에 운뢰와

17　이인상이 함양의 사근도 찰방을 할 때를 말한다.
18　'정통'은 명나라 영종(英宗)의 연호이다. '정통척'은 영종 때 제정된 계량 단위이다.
19　'갈산'은 경기도 양평군 청운면 신론리의 흑천(黑川) 가에 있는 산 이름이다. 갈현(葛峴)이라고도 한다. 용문산 동남쪽이며, 옛길로는 횡성에서 양근으로 올 때 반드시 거쳐야 하는 곳인바, 광탄(廣灘) 조금 못 미쳐 있다.
20　'누구'는 병통이 있는 글귀라는 뜻으로 자신의 시구를 겸손하게 이르는 말이다. .
21　『태평광기』(太平廣記) 권3 「한무제내전」(漢武帝內傳); 『포박자』(抱朴子) 「하람」(遐覽) 참조.

악독의 형상을 새긴 일은 모종의 관련이 있는 것으로 보인다. 두 사람은 도가적 취향을 공유했음으로써다. 이인상은 6년 뒤인 1754년 가을 설악산을 유람할 때 이 소검을 소지하였다.

『명산기』서, 『능호집』(하)
104면

● 이윤영이 엮은 『명산기』(名山紀)에 서문을 쓰다.

이윤영은 화이론적 관점에 의거해 중국의 산들에 차서(次序)를 부여하는 방식으로 이 책을 엮었다. 명말(明末)에 성립된 『명산승개기』(名山勝槩記)를 재편집한 것이다. 이인상은 "윤지는 시대와 삶을 슬퍼해 비분(悲憤)하여 원유(遠遊)²²할 것을 생각하였으나 이루지 못했기에 이 책에 뜻을 부쳤다"(李子哀時悼生, 忼憤於悒, 思遠游而不可得, 故寄意於此編: 「『명산기』서」名山紀序, 『능』3)라고 그 편찬 동기를 밝혔다. 김순택 또한 「이윤지의 『명산기』후서(後序)」(원제 '胤之名山記後序', 『지』3)라는 글에서 이 책이 '귀화천이적'(貴華賤夷的) 관점, 즉 중화를 귀하게 여기고 오랑캐를 천하게 여기는 관점에서 편찬되었음을 말하고 있다.

● 「두곡 성처사전」뒤에 적다」(원제 '書杜谷成處士傳後', 『뇌』4)를 짓다.

'성처사'는 현종·숙종 연간에 효자로 소문난, 황해도 장단의 두곡(杜谷)에 살았던 성호동(成好童)을 말한다. 이인상은 승지(承旨) 성진령(成震齡)이 쓴 전(傳)을 소개한 다음 그 끝에 "내가 또 듣기로, 숙종 때 흉년이 들어 청나라에 곡식을 청하여 백성을 구휼했는데,²³ 공은 마음속으로 수치스럽게 여겨 홀로 받지 않았다고 한다. 오호라! 그 큰 절개가 또한 빛나니"(余又聞肅廟朝歲饑, 乞粟於淸人以賑民, 公心恥之, 獨不受. 嗚呼! 其大節又較然) 운운이라는 말을 붙여 놓았다.

● 「서함표 지」(書函標識, 『뇌』4)를 짓다.

팔괘(八卦)의 자의(字義)를 취하여 서함(書函)을 분류했음을 밝

---

22 『초사』중에 굴원이 쓴 「원유」(遠遊)라는 작품이 있는데, 환멸에 가득찬 현실을 떠나 신선의 세계에서 노니는 꿈을 펼쳐 놓았다. 여기서는 멀리 산수에 노닌다는 뜻으로 쓴 말이다.

23 1698년(숙종 24) 4월에 조선이 백성 구휼을 위해 청나라로부터 구휼미 1만 석과 교역할 쌀 2만 석을 원조 받은 일을 말한다. 1695년부터 1699년까지 5년 동안 조선은 대기근에 시달렸는데, 청나라로부터 구호 곡식을 도입하자는 일부 신하들의 의견에 대해 대다수의 신료들이 반감을 표하자 최석정(崔錫鼎)이 주도하여 구호 곡식을 받기에 이른 것이다. 이 일로 최석정은 결국 파직된 후 문외출송(門外黜送)되었다.

영조 24년 (무진戊辰)

1748년

39세

힌 글이다. 경전을 보관한 서함은 '천'(天), 여러 유학자의 서적을 보관한 서함은 '지'(地), 역사서를 보관한 서함은 '산'(山), 천문서(天文書), 지리지(地理誌), 농상서(農桑書), 의서(醫書), 복서(卜書) 등 백가(百家)의 전서(全書)를 보관한 서함은 '택'(澤), 백가를 초록한 책을 보관한 서함은 '뇌'(雷), 옛날 제자서(諸子書)를 보관한 서함은 '풍'(風), 당송(唐宋) 이후 작가의 글을 보관한 서함은 '수'(水), 불서(佛書)를 보관한 서함은 '화'(火)라고 했다.

당·송 이후 작가들의 서함을 '수'(水)라고 한 이유를, "모아서 간직했다가 쏟아내고, 넘실거리며 반짝이는 것은 물의 덕(德)이다. 하지만 가까이 하다가 빠지기 쉽고, 방탕한 데로 흐르기 쉬우니, 이것은 또한 물의 재앙이다"(蓄藏發泄, 泛濫絢煥者, 惟水之德, 而易狎而溺, 易流而蕩, 亦惟水之災)라고 한 데서 알 수 있듯, 이인상은 당송고문을 그리 존숭하지 않았다.

● 오찬을 위해 산천재의 명(銘)을 짓다.

명은 다음과 같다: "네 방은 좁지만 / 네 덕은 충만하다 / 고명(高明)하여 큰일을 이루고 / 안중(安重)하여 포용함이 있다 / 길상(吉祥)이 머무니 / 의(義)를 모아 지극히 강건하다 / 지극히 드높아 밖이 없으니[24] / 은은하지만 날로 드러난다."[25]〔而室之窄, 而德之充. 高明以成大, 安重而有容. 吉祥之止, 集義至剛. 峻極無外, 闇然而日章: 「오경보가 방실方室[26]을 만들고, 대축괘大畜卦의 뜻을 취하여 '산천재'라 명명했는데,[27] 그를 위해 명을 짓는다」(원제 '吳敬父作方室, 取大畜之義,

---

24 '지극히 드높아 밖이 없으니'는 '산천재'의 '천'에 호응하는 말이다. 『중용』 제27장에 "위대하도다. 성인의 도여! 성대하게 만물을 발육하여 높음이 하늘에까지 닿는구나"(大哉聖人之道! 洋洋乎發育萬物, 峻極于天)라는 구절이 보인다. 이 구절에 대해 주희는 "이는 도가 지극히 큼을 다하여 밖이 없음을 말한 것이다"(此言道之極於至大而無外也)라는 주석을 단 바 있다.

25 '은은하지만 날로 드러난다'의 원문은 "闇然而日章"으로 『중용』 제33장에 보이는 말이다. 해당 구절은 다음과 같다: "『시경』에 이르기를 '비단옷을 입고 홑옷을 덧입는다'라고 했으니 그 문채가 드러남을 싫어해서다. 그러므로 군자의 도는 은은하지만 날로 드러나고, 소인의 도는 선명하지만 날로 없어진다."(『詩』曰"衣錦尙絅", 惡其文之著也. 故君子之道, 闇然而日章, 小人之道, 的然而日亡.)

26 사방이 한 길쯤 되는 좁은 방을 뜻한다.

27 '대축괘'(☲)는 내괘(內卦)가 건괘(乾卦: 천天)이고 외괘(外卦)가 간괘(艮卦: 산山)이다. 따라서 '산천(山天) 대축괘'라 부른다. 그 상전(象傳)은 다음과 같다: "하늘이 산 가운데에 있는 것이 '대축'이니 군자는 이것을 본받아 옛 성현들의 말씀과 행실을 많이 알아 덕을 쌓는다."(天在山中, 大畜, 君子以多識前言往行, 以畜其德.) '산천재'는 오경보가 1748년에 와설원 동쪽에 건립한 서재로, 서울의 북촌(北村) 계산동에 있었다.

〈유천점도〉 관지,
『서화평석』(1) 518면

이윤영, 〈고란사도〉 관지,
『서화평석』(1) 907면

名之日山天齋, 爲銘之'),『녀』5)

● 이해 전후(1747년 7월에서 1749년 8월 사이)에 〈유천점도〉(柳川店圖)를 그린 것으로 추정된다(개인 소장).

관지: "유천점(柳川店) 봉로(蓬壚)에서 장난삼아 패필(敗筆)을 잡다. 원령"(柳川店蓬壚, 戲拈敗筆. 元霝) '유천점'은 수원의 팔달산 아래에 있던 참점(站店)이다. 이인상은 서울과 사근역을 오갈 때 이 점막(店幕)을 이용하곤 하였다.

○ 이윤영, 3월 충청도 황산서원(黃山書院)을 참배하다.

당시 이윤영은 아우 이운영과 함께 부친을 모시고 황산에 이르러 스승 윤심형을 만나 서원에 참배한 뒤 팔괘정(八卦亭)에 올랐으며, 강을 거슬러 올라가 부여의 고란사(皐蘭寺)로 가서 조룡대(釣龍臺) 등 여러 승경을 유람하였다(「기년록」紀年錄,『옥』10).

이윤영은 김제로 돌아온 후 여름에 사근역의 이인상을 방문해 〈고란사도〉를 그렸다.

○ 홍자, 3월 영희전(永禧殿) 참봉에 제수되다.

○ 김성응, 3월 포도대장에, 4월 훈련대장에 제수되다.

○ 이명환, 6월 종암(鍾巖)의 계정(溪亭)에서 남공필(南公弼)·이연(李演)·오찬·남공보(南公輔)·김상묵·오재순·이욱상·김광묵(金光黙, 김상묵의 동생, 송문흠의 사위)과 만나 시를 수창하며 노닐다(『해악집』 권1).

당시 오찬이 지은 시는 『수재유고』에 「늦여름, 남악로(南岳老: 남공보南公輔), 이백승(李伯昇: 이욱상), 김중회(金仲晦: 김광묵), 원직(元直: 남공필南公弼), 광문(廣文: 이연), 사회(士晦: 이명환), 백우(伯愚: 김상묵), 순(純)·유(維) 두 조카와 종암의 계정(溪亭)에서 만나 '明月松間照, 淸泉石上流'로 분운하여 저마다 읊다」(원제 '季夏, 與南岳老公輔、李伯昇旭祥、金仲晦光黙、元直、廣文、士晦、伯愚、純·維兩侄, 會于鍾巖溪亭, 以'明月松間照, 淸泉石上流'分韻各賦')라는 제목으로 실려 있다. 남공보는 남유용의 아들이다. 오찬은 남공필, 이연과 아주 가깝게 지냈다. 남공필(1715~1763)은 호곡(壺谷) 남용익(南龍翼)의 후손이며, 남유상(南有常, 1696~1728)의 아들이다. 13세 때 부친을 여의어 숙부 남유용에 의해 양육되었으며, 오원의 딸과 혼인

했다. 그러므로 오찬에게는 조카사위가 되고, 오재순에게는 자형이 된다. 이연은 남공필의 매부이다. 그래서 오찬은 이 두 사람과 아주 친하게 지냈던 듯하다.

○ 이유수, 7월 지평에, 10월 정언에 제수되다.

○ 오찬, 윤7월 12일 김상묵 및 조카 오재순과 금강산 유람을 떠나다(오재순, 「해산일기」海山日記, 『순암집』권5).

○ 오찬, 자신의 집에 와설원을 조성하고 거기에 산천재를 건립하다.

겨울이면 이곳에 벗들을 초치(招致)해 들보에다 빙등(氷燈)을 걸고 문왕정(文王鼎)에다 향을 피워 분매(盆梅)를 감상하곤 하였다(「관매기」, 『뇌』4).[28] 하지만 오찬 자신은 술을 마시지 못했다(김순택, 「고 정언 오군 경보 행장」故正言吳君敬父行狀, 『지』3).

오찬은 「와설원기」(臥雪園記, 『수』)를 지어 그 조성 경위를 자세히 서술하였다. 글은 다음과 같다: "청수자(淸修子: 오찬)는 사는 집 북쪽에 있는 3, 4무(畝)의 정원에 담을 둘러싸 '와설원'(臥雪園)이라 이름했다. 동남쪽에는 작은 판자로 만든 문이 있는데 '침적문'(寢跡門: '침적'은 자취를 감춘다는 뜻)이라 이름했다. 문 안으로 들어가면 오솔길이 구불구불 북쪽으로 나 있는데 '심원경'(心遠逕: '심원'은 마음이 고원高遠해진다는 뜻)이라 이름했다. 길이 끝난 곳에 작은 서재가 있는데 이엉으로 지붕을 이었다. 서재에는 책을 간직해 북쪽 벽에 세 개의 시렁이 있는데 아래쪽의 두 시렁에 모두 문이 있어 닫으면 간괘(艮卦: ☶)의 형상이고 열면 건괘(乾卦: ☰)의 형상이었다. 이 때문에 벽을 '간지벽'(艮止壁: '간지'는 그쳐야 할 때 그친다는 뜻)이라 이름하고, 서재를 '산천재'(山天齋: '산'은 간괘를 뜻하고 '천'은 건괘를 뜻함)라 이름했다. 벗 이원령이 산천재의 명(銘)을 썼다. 산천재의 서쪽 창호는 '하한유'(夏寒牖: '하한'은 여름에도 춥다는 뜻)라 이름하고, 그 동쪽 창문의 격자는 '관백령'(觀白欞: '관백'은 해를 본다는 뜻)이라 이름해 회옹(晦翁: 주희)의 「조식잠」(調息箴)을 현판에 새겨 걸었다. 산천재 남쪽의 두 문을 열어 겨울의 해와 여름의 달을 맞이했으며, 산천재 속에는 이정(彛鼎)

---

28 이규상의 『병세재언록』「문원록」(文苑錄)에는 빙등을 건 것이 이윤영의 집에서 있었던 일이라고 했으나, 착오다.

과 고검(古劍), 거문고, 벼루 등속을 간직했다. 산천재가 처한 곳
은 푹 꺼지고 깊어 사방에 아무 것도 보이는 게 없었다. 그래서
관백령 앞에 돌을 쌓아 대(臺)를 만들어 남북으로 10여 보, 동서
로 5보 넓이의 땅에 이런저런 꽃나무와 화훼를 심어 '우화대'(雨
花臺: '우화'는 꽃비가 내리는 대라는 뜻)라 이름했다. 우화대 동쪽에
작은 도랑이 있는데, 비가 오면 물이 흐르나 때때로 물이 말랐다.
그곳의 더러운 찌꺼기를 없앴더니 물소리가 졸졸 들려 마치 논물
같아 '치장거'(植杖渠: '치장'은 지팡이를 세워 둔다는 뜻)[29]라고 이름
했다. 산천재의 남쪽에는 섬돌이 있는데 모양이 경쇠처럼 굽어
'경체'(磬砌)라 이름했으며, 정향, 매화, 적목(赤木), 파초, 자형(紫
荊) 등속을 심었다. 늘 아침과 낮, 달밤에 나무 그림자가 우화대에
어른거렸다. 경체의 동쪽에 바위가 있어 높이가 몇 자나 되는데,
심원경의 왼쪽에 있었다. 이 바위를 육방옹(陸放翁: 육유陸游)의
시어(詩語)를 취해 '가인장'(可人丈: 사람 마음에 드는 돌어르신이라는
뜻)이라고 이름했다. 경체의 ■■[곁에][30] 동이를 두어 연을 심어
서 붉은 물고기와 흰 물고기 두 마리를 ■■■■■[넣어 놓았기
에] '자음지'(資吟池: 읊조림에 이바지하는 못이라는 뜻)라 이름했다.
경체 서쪽의 좁은 곳에 3무의 땅을 열어 국화를 심어 '만포'(晚圃:
가을밭이라는 뜻)라 이름했다. 만포의 북쪽에 서너 사람이 앉을 만
한 반석이 있는데 그 곁에 긴 대나무가 줄을 지어 산천재의 서쪽
까지 이르렀으므로 '석상'(石床) '죽위'(竹幃: 대 휘장이라는 뜻)라
이름했다. 산천재의 서쪽 창호를 '하한'(夏寒)이라 이름한 것은 또
한 ■■■■■[까닭이 있다 할 것이다.] 아아! 정원의 화훼와 나
무가 그리 많지는 않으나 봄부터 가을까지 거의 달마다 꽃이 있
으며, 겨울에는 오래된 매화 한 그루가 산천재에 간직되어 있어
꽃이 피면 향기가 방에 가득한데, 유독 정원 이름을 '와설'이라고
한 것은 '원안와설'(袁安臥雪)[31]의 의취(意趣)를 흠모해서다. 청수

---

29 '치장'(植杖)은 『논어』「미자」(微子)에 나오는 고사인, 자로(子路)가 망태기를 멘 장인(丈人)에게 스승 공자의 행방을 묻
자 장인이 공자의 문제점을 지적하고는 지팡이를 세워 둔 채 김을 매었다는 데서 유래하는 말로, 흔히 세상을 피해 농사
를 지으며 살아가는 사람을 이른다.
30 『수재유고』는 손상이 심해 판독되지 않는 부분이 적지 않다. 대괄호 속의 말은 필자가 추정하여 보충해 넣은 것이다.
31 '원안와설'은 후한(後漢) 때 사람인 원안이 낙양에 큰 눈이 내려 사람들이 모두 걸식을 나가는데도 죽음을 무릅쓰고 집

자는 이미 세상에 쓰이고 있지 못한데다 야(野)에 은둔하지도 못
하고 있는지라 큰길에 가까운 땅에 집을 짓고 나무를 심어 아침
에 물 주고 저녁에 편히 쉬며, 때로 간혹 그 무리와 차를 끓여 마
시고 거문고를 연주하거늘, 이야기를 나누는 것은 책이라든가 나
무라든가 돌과 같은 것을 벗어나지 않는다. 그를 알지 못하는 이
는 그의 소졸(疏拙)함을 비웃을 터이고, 그를 아는 이는 그의 용심
(用心)할 데가 없음을 슬퍼할 터이다.”(淸修子於所居之北數畝之庭,
築墻以圍之, 名曰臥雪園. 東南有小板扉, 曰寢跡. 入門有逕, 轉而曲, 至于
北, 曰心遠逕. 逕盡, 有小齋, 覆以草茅, 齋有藏書, 壁三架于北, 下二架中,
皆有門, 闔則象艮, 闢則象乾, 是以壁曰艮止, 齋曰山天, 友人李元靈銘之.
西牖曰夏寒, 東欞曰觀白欞, 揭以晦翁「調息箴」, 南開二局, 以延冬暑夏月,
中藏彝鼎、古劍、琴硏之類. 齋之處, 旣坎而深, 四望無所見, 遂於觀白欞之
前, 築石爲臺, 南北十餘武, 東西半之, 雜植以花果草卉, 曰雨化臺. 臺之東,
有小溝, 雨潦時止, 滌其汚穢, 淙淙若田水, 曰植杖溪[溝]. 齋之南, 有石砌,
若磬之折, 曰磬砌, 亦植以丁香、梅花、赤木、芭蕉、紫荊之屬, 每朝晝夜月,
樹影橫交於雨花臺. 砌之東, 有石高數尺, 而立心遠逕之左, 取放翁詩語, 曰
可人丈, 植盆種荷於砌之■[側], ■[盛]以朱白二魚, 曰資吟池. 砌西一席
之地, 開三畝種菊, 曰晩圃. 晩圃之北, 有石可坐數人, 傍有脩竹成列, 達于
齋西, 故曰石床、曰竹幃, 而西牖之名夏寒, 亦■■[有以]也. 於乎! 一庭卉
木, 無甚多也. 然而自春徂秋, 幾乎逐月有花, 冬藏古梅一樹於齋, 花開芬馥
滿室, 獨名以臥雪者, 盖亦慕袁安臥雪之意也. 淸修子旣無用於世, 亦不能
遯于野, 乃於闤闠中咫尺之地, 結屋種樹, 朝灌夕偃, 時或與其徒, 煮茗調
琴, 而所談說者, 不出于圖書、木石之間, 不知者笑其拙, 而知者哀其無所用
心焉.)

　　오찬은 「도연명의 시구에서 모아 엮다」(원제 '陶詩集編', 『수』)라
는 집구시(集句詩)를 지어 '와설원' '침적문' '심원경' '산천재' '양
지벽' '관백령' '하한유' '우화대' '치장거' '경체' '가인장' '자음지'
'죽위' '석상' '만포'를 차례로 읊기도 했다.
○ 임안세, 4월 사재첨정(司宰僉正)에, 8월 합천 군수에 제수되다.
○ 이윤영, 가을 김제에서 「벽루 잡영」(碧樓雜詠) 4수를 짓다(『단』

....

에 드러누워 구걸하지 않았다는 고사에서 나온 말로, 곤궁한 처지에도 지조를 지킴을 이른다.

6).

그중에 "달이 지니 자꾸 검(劍)을 보게 되고 / 가을꽃에 홀로 술잔을 드네 / 이 마음 알 사람 하나 없는데 / 고개 드니 산등성이의 구름이 기다랗네"(落月頻看劍, 秋花獨引觴. 無人知此意 矯首嶺雲長: 제1수) "벗을 찾아 팔량치³² 넘고 / 폭포 구경하며 천왕봉에 올랐지 / (…) / 한 병 술 가져와 서로 따라 주며 / 슬픈 노래 부르면서 작은 소나무 어루만졌지"(尋朋踰八嶺, 觀瀑上王峯. […] 一酌携相酌, 悲歌撫短松: 제3수)라는 말이 보인다.

○ 이보상, 11월 사옹원 주부에 제수되다.

○ 임과, 11월 공주(公州) 판관에 제수되다.

◎ 유득공(柳得恭, 1807년 졸, 자 혜풍惠風, 호 영재泠齋) 출생.

유덕장, 〈설죽도〉

◎ 유덕장(柳德章, 1675~1756, 자 자고子固, 호 수운岫雲), 〈설죽도〉를 그리다(국립중앙박물관 소장).

◎ 김윤겸, 〈동산계정도〉(東山溪亭圖)를 그리다(간송미술관 소장).

◎ 숙종어진(肅宗御眞) 모사도감(模寫都監)이 1월 설치되어 감동(監董)으로 조영석·윤덕희·심사정이 발탁되었으나 심사정은 과거 부정 및 역모에 관련되었던 심익창(沈益昌)의 손자라는 이유로 탈락되다. 조영석이 그 공으로 승서(陞敍)하고, 윤덕희는 승륙(陞六)하다.

◎ 이성린·최북, 2월 통신사의 수행화원(隨行畵員)으로 일본에 가다.

◎ 좌의정 조현명, 6월 『양역사정』(良役査正)을 올리다.

① 서화가이자 전각가인 고봉한(高鳳翰, 호 남고南皐) 사망.

---

32 경상남도 함양군과 전라남도 남원시의 경계에 있는 고개이다.

영조 24년 (무진戊辰)

1748년

39세

영조 25년(기사己巳, 1749년) 40세

● 1월, 찰방청(察訪廳) 부근 남계상(上)에 수수정(數樹亭)을 건립하다.[1]

'數樹亭'이라는 편액 글씨는 송문흠이 팔분체로 썼다. 송문흠은 또한「수수정기」(數樹亭記,『한』7)를 지었다. 이인상은 이해 3월 정자의 북쪽 기둥에 다음의 글을 써 붙였다: "'칠원(漆園: 장자莊子)은 오만한 관리 아니요/스스로 경세(經世)의 일 안 하였을 뿐/어쩌다 미관(微官)에 몸을 부쳐서/두어 그루 나무 아래 거닐고 있네.' 마힐(摩詰: 왕유王維)이 지은 이 시의 뜻을 취해 정자의 이름을 지었다. 숭정(崇禎) 이후 두 번째 기사년 늦봄에 쓰다."('古人非傲吏, 自關經世務. 偶寄一微官, 婆娑數株樹.'[2] 取摩詰詩意, 以名亭. 崇禎再己巳季春書: 이덕무,「수수정」數樹亭,『한죽당섭필[상]』寒竹堂涉筆[上]) 정자 아래에는 분홍꽃이 피는 큰 매화나무를 사서 심었는데, 찰방에서 체임되자 분매로 만들어 서울 집 능호관으로 올려 보냈다.

● 1월 7일, 종제에게 간찰을 보내다.

이 간찰 중에 "오자(吳子: 오찬)에게 다닌다니 매우 위로가 되네. (…) 경보(敬父) 씨에게는 내가 곧 성(城: 사근역)으로 돌아가야 하기 때문에 뵙지 못한다는 사정을 말씀드리게"(聞就吳子甚慰. […] 敬父氏前, 以還城不遠, 不能奉候之意, 告達也:「사촌동생에게 보낸 간찰 5」)라는 말을 통해 이윤상이 당시 오찬에게 글을 배우고 있었음을 알 수 있다. 또 이 간찰 중의 "역사(驛舍) 동편에 대와 소나무를 헤쳐 조그마한 정자를 지었네. 봇물을 끌어당겨 못을 만들었는데 주변의 산이 마치 담처럼 되어서 거닐며 즐기기에 매우 좋으나 함께 놀 수 있는 친구나 형제가 없는 게 유감일세"(郵館東

「사촌동생에게 보낸 간찰 5」,
「능호집」(하) 부록 414면

---

1   "己巳, 余搆數樹亭于嶺驛濫溪上"(「觀梅記」); 이덕무,「數樹亭」,『寒竹堂涉筆(上)』.
2   이 시는 왕유(王維)가 지은「망천이십경」(輞川二十景)의 제19수 '칠원'(漆園)에 해당한다.

隅, 披竹松樹小亭, 引渠爲沼, 繚山成垣, 極好逍遙, 而恨無朋友與兄弟, 與之遊衍耳)라는 말을 통해 이 즈음 수수정이 완공되었음을 알 수 있다. 또 "보름께쯤 윤(尹)씨에게 시집간 누이와 성내(城內)에 온다면 만날 날도 그다지 멀지 않겠네"(望間, 果能與尹姊還城, 則相見又不遠矣)라고 한 것으로 보아 이욱상이 그 누이와 함께 사근역에 내려오려고 했던 것을 알 수 있다.

이욱상에게는 누이가 셋 있었으니, 맨 위의 누이는 파평 윤씨 재일(在一)에게 시집 갔고, 둘째 누이는 반남 박씨 종각(宗慤)에게 시집 갔으며, 셋째 누이는 의령 남씨 오진(五鎭)에게 시집 갔다.

「사근역 잡술. 김원박의 시에 차운하여 부쳐 보내다」, 『능호집』(상) 311면

● 봄, 「사근역 잡술(雜述). 김원박의 시에 차운하여 부쳐 보내다」(원제 '沙驛雜述. 次金元博韻寄贈')를 짓다.

이 시의 제3수는 다음과 같다: "비바람 부는 남간(南澗)은 밤이 얼만가?/천 권의 장서 있는 산가(山家)를 생각하네/게으른 여종은 졸면서 방의 귀퉁이를 보고/늙은 처는 병으로 누워 등촉을 보고 있으리."(風雨南溪夜若何? 藏書千卷憶山家. 慵婢和睡看屋漏, 老婦嗔燈臥沈痾.) '산가'는 남산의 능호관을 이른다. 이 시에는 서울의 집을 그리워하는 마음이 담겨 있다. 특히 비바람 부는 밤을 떠올리며 처를 상념하고 있음이 주목된다.

● 합천 군수 임안세와 안의 삼동(安義三洞)[3]을 유람하다.

이인상은 12년 전인 1737년 임안세와 함께 금강산 유람을 한 적이 있다. 이인상은 안의 유람시 「임 어르신께서 내게 삼동(三洞)에서 노닐자는 편지를 주셨다. 약속한 날이 되어 비가 몹시 내렸지만 나는 공이 반드시 약속을 지키리라 생각하고 말을 재촉하여 산에 들어가 바라보니 공은 벌써 검은 소의 등에 얹은 죽여(竹輿)[4]를 타고 와 계셨다. 공은 당시 합천 군수[5]였는데 감기가 낫지 않아서 아직도 남바위를 쓰고 계셨다. 서로 반갑게 웃으며 냇물

---

3 안의현(지금의 경남 함양군 안의면 일대)에 있는 세 곳의 명승지로 화림동(花林洞), 심진동(尋眞洞), 원학동(猿鶴洞)을 가리킨다.
4 독교(獨轎)를 말한다. 혹은 장독교(帳獨轎)라고도 한다. 소의 등에 싣고 소를 몰고 가는 사람이 뒤채를 잡고 길잡이를 하며 가는 가마이다.
5 임안세는 1748년(영조 24) 8월 11일 합천 군수에 제수되어 1년 남짓 재직하였다.

을 건너 사락정(四樂亭)[6]에서 쉬었다. 판상(板上)의 퇴도(退陶) 시[7]에 삼가 차운하여 기쁜 마음을 적다」(원제 '任丈貽書麟祥遊三洞, 及期雨甚, 余意公必踐約, 促騎入山望見, 公已乘竹輿駕烏牛而來. 蓋公時爲陜州, 而病寒未解, 猶擁暖巾也. 相與歡笑, 渡水憩四樂亭. 敬次板上退陶韻以識喜', 『뇌』2)라는 시를 지었다. 시는 다음과 같다: "삼동은 원류(源流) 길어 봄을 깊이 에웠는데 / 언덕을 돌자 두어 봉우리 새로 나타나네 / 비 온다고 산에서 만나자는 약속 어이 어기리 / 문득 소를 탄 어르신 만나 시냇가에 이르네 / 숲에 우는 기이한 새가 오리(傲吏)[8]를 맞거늘 / 물 위에 뜬 고운 꽃 보고 은자를 찾아가네[9] / 시내 평평하고 들 넓어 농사짓기 알맞은데 / 뽕나무 대나무로 두른 울에서 순후한 풍속을 보네."(三洞源長深鎖春, 回岡已得數峰新. 敢辭遇雨期山裏, 忽値騎牛到澗濱. 怪鳥啼林迎傲吏, 好花浮水訪幽人. 川平野闊宜耕稼, 桑竹環籬看俗眞.)

　　이인상의 〈해인탈사도〉(海印脫簑圖: 실전)는 바로 이 무렵 그린 그림으로 추정된다. 박지원의 다음 글을 통해 〈해인탈사도〉의 내용을 짐작해 볼 수 있다: "옛날 조남명(曹南冥: 조식曹植)이 경상도 삼가(三嘉)로 돌아오는 길에 보은의 성대곡(成大谷: 성운成運)에게 들렀답니다. 당시 그 고을 원으로 와 있던 성동주(成東洲: 성제원成悌元)가 자리를 함께했는데, 남명과는 초면이었습니다. 남명이 농담으로 '형은 이 수령 벼슬을 참 오래도 하시는구려'라고 하니 동주는 대곡을 가리키며 웃으면서 '바로 이분한테 붙잡혀 그렇게 되었지요. 그렇기는 하나 금년 8월 보름에 해인사에서 달맞이를 할 건데 형께서는 오실 수 있을는지요'라고 말하자 남명은 '좋소이다!'라고 허락했답니다. 약속한 날이 되어 남명이 소를 타고 약속 장소로 가는데 도중에 큰비가 내렸습니다. 남명이 간신히 시

6　지금의 경남 거창군 마리면 영승리 위천 가에 있는 정자로 퇴계 이황이 '사락정'이라는 이름을 붙였다. '사락'은 이 고을에서 누릴 수 있는 네 가지의 즐거움인 농사짓기(農), 누에치기(桑), 고기잡기(漁), 나무하기(樵)를 말한다.

7　『퇴계집』 별집 권1에 실린 「영승촌(迎勝村). 사락정에 머물며 제(題)하다」(원제 '迎勝村. 留題四樂亭')를 가리킨다. 시의 전문은 다음과 같다: "迎勝村中迎早春, 眼中梅柳已爭新. 東風欲動先林杪, 北雁將歸且水濱. 誰作月潭揮弄客, 我曾雲構寄題人. 尊前莫說霜臺事, 野趣方欣愜素眞."

8　오연한 관리를 말하는데, 여기서는 이인상을 가리킨다.

9　도연명의 「도화원기」(桃花源記)에 진(晉)나라 때 무릉(武陵)의 한 어부가 복사꽃이 떠내려 오는 물길을 거슬러 올라가서 진시황의 폭정을 피해 숨어 살던 은자들을 만났다는 내용이 보인다.

내를 건너 절문에 들어서자 동주는 이미 누각에 올라 도롱이를 막 벗고 있더랍니다."[10] 「해인사에서 주고받은 시들에 붙인 서문」 (원제 ‘海印寺唱酬詩序’, 『연암집』 권1)의 한 대목이다. 박영철본 『연암집』에는 없지만 박지원의 필사본 문고(文稿)인 『연암고략』(燕巖稿略), 『연상각집』(煙湘閣集), 『백척오동각집』(百尺梧桐閣集) 등에는 "도롱이를 막 벗고 있더랍니다"(원문 ‘方脫簑’)라는 말 바로 뒤에 "세상에 존재하는 〈해인탈사도〉는 곧 이원령의 그림이지요"(世所有海印脫簑圖, 乃李元靈畫也)라는 구절이 있다.

16세기의 고명한 처사들인 조식과 성제원의 이 고사는 이인상·임안세의 안의 삼동 유람과 유사한 데가 있다. 이런 연유로 이인상은 이 ‘고사도’(故事圖)를 그렸을 터이다.

● 봄, 오찬이 편지를 보내와 이인상이 안의 삼동에 노닌 일이 "사람으로 하여금 동경하게 만든다"(令人馳神)라고 하는 한편, 이인상이 종이와 차를 보내준 것에 감사하다(「여원령서」與元靈書, 『수』).

● 영천 은해사(銀海寺)의 두 암자 상용암(上聳菴)과 중암(中菴)을 유람하고 「관상용중암기」(觀上聳中菴記, 『뇌』4)를 짓다.

「우두산기」, 「능호집」(하)
146면

이해 3월에서 8월 사이의 일로 추정된다.[11] 경상남도 거창군 가조면과 가북면에 걸쳐 있는 우두산을 오른 뒤 「우두산기」(牛頭山記)를 지은 것도 이 무렵으로 생각된다. 「우두산기」는 산을 오르는 도중 눈앞에 나타났다가 사라지곤 하면서 방향에 따라 달리 보이는 봉우리들의 변화무쌍한 자태를 예민한 화가의 시선으로 잘 포착해 보이고 있다.

● 4월, 정중헌(鄭重獻)·노자수(盧子修)·진명옥(陳鳴玉) 등의 향유(鄉儒)가 동산(東山)의 미타암(彌陀菴)에서 강학을 하매 그곳에 왕래해 일사(逸史)·야승(野乘) 등의 책을 읽으며 견문을 넓히다.

---

10 "昔曹南冥之還山也, 歷訪成大谷于報恩, 時成東洲以邑倅在座, 與南冥初面也. 南冥戱之曰: ‘兄可謂耐久官也.’ 東洲指大谷笑謝曰: ‘正爲此老所挽. 雖然, 今年八月十五日, 當待月海印寺, 兄能至否?’ 南冥曰: ‘諾.’ 至期, 南冥騎牛赴約, 道大雨, 僅渡前溪入寺門, 東洲已在樓上, 方脫簑."(「海印寺唱酬詩序」, 박영철본 『燕巖集』 권1) 번역은 박희병·정길수 외 편역, 『연암산문정독 2』(돌베개, 2009), 330면 참조.

11 「관상용중암기」에는 이인상이 상용암에서 신라 〈경순왕(敬順王) 초상〉을 봤다는 기록이 나오는데, 〈경순왕 초상〉이 상용암에 봉안된 것은 1749년 3월이다. 따라서 이인상이 이 암자를 유람한 것은 1749년 3월과 사근도 찰방에서 체임된 1749년 8월 사이의 일로 추정된다.

이 무렵 지은 시가 「객관(客館)이 화장산(花長山) 북쪽에 있는
데 이곳은 골짝이 황량해 사시사철 안개와 비가 많았다. 나는 찰
방이 된 지 2년이 되도록 쓸쓸히 홀로 지내느라 회포를 풀 수 없
었는데 문을 나서도 더불어 노닐 만한 사람이 적었다. 언젠가 남
계(灆溪) 가에 있는 일두(一蠹) 정 선생(鄭先生: 정여창鄭汝昌) 서원
을 참배하고 선생의 후손인 문술 씨(文述氏)중헌(重獻)와 교유하였다.
또 노자수와 진명옥 등 여러 향유와 교유하며 경전의 뜻을 강론
하고 궁금한 것을 묻곤 했는데 뜻이 서로 잘 맞았다. 하루는 여러
공이 동산의 미타암에서 공부를 했는데 나는 아침저녁으로 자주
그곳을 왕래했다. 혹 상자를 열어 일사와 야승을 얻어 견문의 자
료로 삼기도 하고, 혹 순채 나물을 마련하고 솔술을 걸러 술을 마
음껏 마시며 즐겼는데, 모임을 파하고 돌아올 때에는 몹시 서운
한 마음이 들었다. 또 초여름을 맞아 뭇 꽃이 시들매 함께 옥계(玉
溪: 노진盧禛)의 시에 차운해 감회를 기록하다」(원제 '客館在花長山
北, 川谷荒塞, 四時多霧雨. 余作丞二載, 悄獨無以娛懷, 出門少可與游從.
始拜一蠹鄭先生書院于灆溪上, 交先生後孫文述氏重獻, 又與盧子修·陳鳴
玉諸鄕儒游, 講志問業甚相得. 一日, 諸公肄業于東山之彌陀菴, 余往來不
數朝暮, 或發篋, 得逸史·野乘以資見聞, 或具蓴淘松醪, 酣暢讌樂, 及其罷
歸, 甚有悵意. 又當初夏, 群芳已凋謝, 共拈玉溪韻以識懷', 『뇌』2)이다.
이 시제(詩題) 중의 '노자수'는 16세기의 문신 옥계(玉溪) 노진(盧
禛, 1518~1578, 본관 풍천)의 후손이다. 노진은 함양군 지곡면 개평
리 출신이다. '동산'은 개평리의 땅 이름이다. 개평리에는 풍천 노
씨의 집성촌이 있었으며, 일두 정여창의 고택(古宅)이 있었다. 지
곡면 개평리는 사근역이 있는 수동면 원평리와 이삼십 리 떨어져
있고 중간에 남강이 있다.

● 지리산 벽송암(碧松菴)의 성안 선사(惺岸禪師)에게 시를 지어
주다.

● 임경업의 서당(書堂) 유지(遺趾)라고 전해지는 곳을 가 본 뒤
임경업 사당에 들러 그 유상(遺像)에 참배하다(「임장군 서당」林將軍
書堂, 『뇌』2).

● 4월, 주흘관(主屹關)에서 자고 조령(鳥嶺)을 넘어 교구정(交龜
亭)의 용추(龍湫)를 구경한 후 수옥폭포를 다시 찾다.

「성안 선사에게 주다. 선사는 방장산 벽
송암에 있다」, 『능호집』(상)
307면

　　이때의 일을 기록한 글이 「조령 수옥폭포기」(鳥嶺漱玉瀑布記, 『뇌』4)이다. 이인상은 12년 전인 1737년 가을에 수옥폭포를 구경한 적이 있다. 그때는 조유수(趙裕壽, 당색 소론)가 건립한 수옥정(漱玉亭)이 있었는데 지금은 없어지고 주춧돌만 남아 있다고 했다.

● 잠시 귀경했을 때 이윤영·오찬·김순택·임매·임과와 청담(淸潭)에서 노닐기로 약조하여 그리로 가던 중 길에서 소나기를 만나는 바람에 세검정으로 가 노닐다. 이때 지은 시가 「세검정」(『뇌』2)이다.[12]

　　이인상은 당시 삼각산 인수봉을 화폭에 담았다(실전). 김순택이 남긴 시 중의 "청고(淸高)한 이 찰방(이인상)이 / 붓 휘둘러 구름 낀 산을 그렸네 / 인수봉 자태 창연(蒼然)하나니 / 그 빼어남에 흉금(胸襟)이 열리네 / 청담(淸潭)이 우리 곁에 있으니 / 기어이 찾아갈 필요 있으리 / 등나무 덩굴 얽힌 바람벽에서 잠심(潛心)하니 / 맑은 물소리 들리는 듯하네"〔蕭灑李督郵, 揮筆寫雲岑. 蒼然仁壽色, 秀拔開靈襟. 淸潭在我側, 何必勒往尋. 潛神藤蘿壁, 如聞泠泠音:「경보·원령과 청담을 찾아가려 했으나 도중에 소나기를 만나 북영北營의 세검정으로 향했다. 임 통판通判 중관仲寬도 와서 술을 마신 뒤 염운拈韻하여 함께 짓다」(원제 '與敬父, 元靈將訪淸潭, 路遇急雨, 仍向北營洗劍亭, 任通判仲寬亦至, 酒後拈韻同賦'), 『지』1〕에서 그 점이 확인된다.

　　이인상은 모년 여름에 김이안(金履安)·윤면승(尹勉升)·윤면경(尹勉敬)·김상도(金相度)와 청담을 찾은 적이 있다. 이때의 일을 김이안은 「노닌 일을 적다」(원제 '記游', 『삼산재집』三山齋集 권8)라는 글에서 다음과 같이 말하고 있다: "나는 원령을 돌아보며 말했다. '그대는 삼각산을 도봉산과 견주면 어떻다고 여기오?' 원령이 말했다. '그런 말씀 마십시오. 도봉산의 한 굽이는 풍악(楓嶽)에도 없는 것입니다. 규모가 도봉의 크기만 못합니다.' 내가 벌로 술 한 잔을 주자 원령은 흔쾌히 받아 마셨지만 그 뜻은 또한 굽히지 않았다. (…) 나는 나중에 원령의 말에 식견이 있었구나 생각했지만 이미 세상을 떠난지라 한번 사과하지 못함을 애석히 여겼다."(余

12　이윤영의 『단릉유고』 권7에도 당시 세검정에서 지은 시가 실려 있는데, '기사년'(1749)임을 명기해 놓았다.

顧元靈日: '君謂孰與道峰?' 靈日: '止語! 一曲亦楓嶽所無. 規模不如道峰之大.' 余爲罰一觥, 靈欣然受飮, 意亦不伏也. […] 余後思靈言有見, 惜已故不及一謝耳.)

● 7월, 「〈묵란도〉 발」(墨蘭圖跋)을 행서로 쓰다.

글은 다음과 같다: "난초는 우리나라에 나지 않는다. 중국에서 가져와 심으면 시든다. 대개 풍토가 달라 재배가 잘 안 되기 때문이다. 천하의 의관 제도와 전례(典禮)를 오히려 우리나라에서 징험할 수 있으니 진실로 지사(志士)가 있다면 필시 머리를 풀어헤치고 우리나라에 망명할 것이라고 생각한 적이 있다. 그렇건만 그런 사람이 있다는 말은 듣지 못했으니, 아마도 우리가 그런 사람을 성심(誠心)으로 대접하지 않아서일까? 무지한 초목임에도 이식하면 시들어 버리는 것은 어째서일까? 난초를 그리는 자는 그림으로 서로 전할 뿐이므로 비록 관아재(觀我齋) 어른과 같은 고식(高識)·절필(絶筆)이라 할지라도 난초 그림이 참된 뜻을 조금 잃어버리니 나로서는 유감이다. 기사년 추맹(秋孟), 인상"(蘭花不生於我邦, 取于中州, 而植之則萎. 蓋風土之異, 而失種植之宜也. 嘗謂'天下之冠裳典禮, 猶可以徵於我邦, 苟有志士, 必被髮東奔', 而無聞焉, 意我之所以待之者, 不以誠歟? 卽草木之無知, 而移植則萎, 何耶? 畵蘭者, 以畵相傳, 故雖以觀我丈之高識絶筆, 而畵蘭則微失眞意, 余有感焉. 己巳秋孟, 麟祥:《묵희》소수, 국립중앙박물관 소장)

〈묵란도발〉, 「서화평석」(2)
164면

● 7월 하순에서 8월 중순 사이, 작은아버지에게 간찰을 올리다.

그중에 다음과 같은 말이 보인다: "어머니에 대한 그리움이 갈수록 견디기 어렵습니다. 먹고자는 것은 그런대로 하고 있으나 가슴이 늘 편치 못하온데 이는 어제 오늘 갑자기 생긴 병이 아닙니다."(思親之懷, 去益難堪. 眼食粗安, 而膈中常不平, 非一朝之憂也:「작은아버지에게 올린 간찰 5」)

「작은아버지에게 올린 간찰 5」, 「능호집」
(하) 부록
389면

● 8월 15일, 달 밝은 날 역관(驛館)의 남루(南樓)에 올라 격고(擊鼓) 소리를 듣고 있을 때 늙은 여종이 술을 가져와 권하므로 네댓 잔을 연거푸 마시다.

이인상은 사근도 찰방으로 있을 때 술마시는 걸 경계했는데 벼슬을 그만두기 직전에야 비로소 한번 취한 것이다. 이날 송문흠을 그리워하며 시 한 수를 짓다.

「중추에 월색이 몹시 밝을 때 (…) 송사행의 생각이 나 내키는 대로 시 한 편을 쓰다」, 「능호집」(상)
313면

영조 25년(기사己巳)

1749년

40세

● 8월, 사근도 찰방에서 체임되다.

후에 이덕무가 정조 6년(1782) 2월에 사근도 찰방으로 부임하여 익년 11월까지 근무했는데,[13] 그는 현지에서 들은 말을 토대로 관리로서의 이인상을 평가하는 이런 기록을 남겼다: "능호 이인상이 사근도 찰방이 되었을 때 설치(設置)한 것이 많고, 마음가짐을 공정하고 청렴하게 하여 아전들을 단속하였다. 내가 늙은 아전에게 오륙십 년 이래 누가 가장 선정(善政)을 했느냐고 물으니 '능호'라고 대답하였다. 서화(書畵)와 문사(文詞)에 종사하는 사람은 대개 사무를 알지 못하는 자들이 많으니 미전(米顚: 미불米芾)과 예우(倪迂: 예찬倪瓚) 같은 사람이 그러하다. 능호는 이치(吏治: 관리로서의 업무 능력)를 겸하였다."(李凌壺麟祥, 爲沙斤察訪, 多所設置, 持心公廉, 而又束吏. 余問老吏: '五六十年來, 何官最善爲政?' 吏擧凌壺以對. 蓋書畵文詞之人, 例多不識事務, 若米顚、倪迂者, 是也. 凌壺能兼吏治:「수수정」, 『한죽당섭필[상]』, 『청장관전서』 권68 소수) 한편, 19세기 헌종 때의 학자인 유신환(兪莘煥)은 서얼 금고(禁錮)의 폐단을 논하면서, "박수암(朴守庵: 박지화朴枝華), 송귀봉(宋龜峯: 송익필宋翼弼)과 같이 깊은 학문과, 양봉래(楊蓬萊: 양사언楊士彦), 이능호와 같이 맑은 지조를 지닌 자가 바로 그 사람이다. 애석하구나! 이 4인을 시용(時用)했더라면 백성에 미치는 공리(功利)가 어찌 한기(韓琦)와 범중엄(范仲淹)[14]보다 못했겠는가!"(李凌壺邃學如朴守庵、宋龜峯, 淸標如楊蓬萊、李凌壺者, 卽其人也. 惜乎! 使此四人者, 出而爲時用, 其功利之及於民者, 豈遽出韓范下哉:「시무책」時務策, 『봉서집』鳳棲集 권5)라고 하였다.

● 8월, 계부 이최지가 사축서 별제(司畜署 別提)에 제수되다.

● 가을, 오찬이 남산의 능호관을 찾아오다.

오찬은 이때 「능호관을 방문하다」(원제 '訪凌壺觀', 『수』)라는 시를 지었다. 시는 다음과 같다: "남산의 기운 빼어난데/맑은 시냇물 졸졸 흐르네/고인(高人)이 거기 살아/적막 속에 옛 도를 지키네/기거를 뜻에 맞게 하고/남은 흥취 화훼에 미치네/내가 와

───────────────

13 『사근도선생안』(沙斤道先生案, 국립중앙도서관 소장) 참조.
14 모두 중국 송(宋)나라의 고관(高官)으로 훌륭한 치적을 남겼다.

영조 25년(기사己巳)

1749년

40세

기이한 경치 보나니/국화는 어찌 그리 일찍 피었는지/벗들이 자리에 가득해/초연히 깊은 회포를 논하네/그윽한 꽃을 따 손에 가득하고/술잔 번갈아 서로 기울이네/흠뻑 취하니 참으로 득의하거늘/어찌 한사(寒士)의 처지 한탄하리오/일찍부터 구학(丘壑)을 꿈꿔/능강동(菱江洞)을 찾아다녔다지/그윽한 곳인가 어떤가는 말하지 마소/만사(萬事)는 내가 좋아하면 그만이어늘"(南山鍾氣秀, 淸澗流浩浩. 高人處其下, 寂寞守古道. 起居惟所適, 餘興及卉草. 我來獲奇觀, 杞菊一何早. 親朋且滿座, 偃蹇論深抱. 幽芳掇盈掬, 壺觴迭相倒. 熟醉眞得意, 豈復恨枯槁. 夙夕丘園計, 菱江懷幽討. 深淺且莫道, 萬事從吾好.)

● 가을, 이윤영·오찬·이명환과 함께 관악산 삼막사(三藐寺)에 노닐며 낙조(落照)를 구경하고 누각에 올라 바다를 보다.

이때 지은 시가 「이사회(李士晦: 이명환), 오경보, 이윤지와 함께 삼막사에 노닐다」(원제 '與李士晦、吳敬甫、李胤之游三藐寺', 『뇌』2)이다.[15] 이날 밤 절에 묵으며 선면(扇面)에 〈송석해운도〉(松石海雲圖: 실전)를 그렸다. 당시 이명환은 "이이(李二: 이인상)가 아득히 화흥(畵興)이 발동해/그림을 그리고 자리에서 일어나니 사방이 고요하네/관악산 한 굽이가 진면목을 열어/창창(蒼蒼)한 송석(松石)이 해운(海雲)에 둘러싸였네"(李二悠然動畵興, 濡毫起坐寂無聞. 冠山一曲開眞面, 松石蒼蒼繞海雲)라 읊었으며, 이 시에 "당시 원령이 등불의 심지를 돋우고 선면의 묵화(墨畵)에 제사(題辭)를 썼기에 한 말이다"(時元靈挑燈, 題墨畵於扇面故云)라는 주를 붙였다〔「오경보, 이원령, 이윤지와 함께 삼막사에서 노닐며 낙조를 구경하고 앞의 누각에 올라 바다를 보다가 함께 삼연의 시에 차운하여 또 절구 세 편을 읊다」(원제 '與吳敬父、李元靈、李胤之游三藐寺, 觀落照, 登前樓望海, 共次三淵韻, 又咏三絕'), 『해악집』권1〕. 이 시를 통해 이인상이 관악산을 제재로 그림을 그렸음을 알 수 있다. 이명환은 또한 「유삼막기」(遊三藐記)를 지어 이 일을 기록하였으며, 이인상·이윤영·오찬 세 사람을 '고인'(高人)이라 일컬었다(『해악집』권3).

이때 오찬이 지은 시는 『수재유고』에 「삼막사에서 가을밤 원

「이사회, 오경보, 이윤지와 함께 삼막사에 노닐다」, 『능호집』(상) 382면

---

15 『능호집』권2에도 실려 있다. 다만 『뇌상관고』에 5수가 실린 것과 달리 『능호집』에는 4수만 실려 있다.

령, 윤지, 사회와 함께 읊다」(원제 '三邀秋夜, 與元靈、胤之、士晦共賦')
라는 제목으로 실려 있다. 총 5수다.

유한준은 「해악집서」(海嶽集序, 『자저준본[1]』自著準本[1])에서,
이명환이 세속의 기운이 없으며 괴려탁궤(瑰麗卓詭)하고 분방자
사(犇放恣肆)하며, 공족(公族)으로서 충군의 염(念)이 강하다고 했
다. 오재순도 『해악집』에 서문을 썼는데, 이명환이 "고의(古義)를
좋아하고 붕우에 독실하며"(好古義篤朋友), 위인(爲人)이 괴위(魁
偉)하고 기기(奇氣)가 있다고 하였다(「해악집서」, 『순암집』 권4).

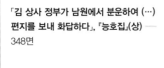

「김 상사 정부가 남원에서 분운하여 (…)
편지를 보내 화답하다」, 『능호집』(상) ─
348면

● 겨울, 김종수의 시에 화답하다(「김 상사金上舍 정부定夫[16]가 남
원南園(남산의 능호관)에서 분운分韻하여 지은 시에 사례하고 인하여 함
께 놀던 제공諸公에게 편지를 보내 화답을 구하다」(원제 '奉謝金上舍定
夫南園分韻之作, 因簡同遊諸公求和')).

『뇌상관고』에 김종수의 이름이 나오는 건 이때가 처음이다.
김종수는 당시 윤면동·김상묵을 따라 남산의 능호관을 방문해
이인상을 처음 만났다.[17]

〈추강묘연도〉(부분),
『서화평석』(1) 178면

● 겨울, 〈추강묘연도〉(秋江渺然圖)[18]를 그리다(국립중앙박물관 소
장).

이 그림의 제화는 다음과 같다: "가을 강 아스라한데, 일사천
리로 흐르누나."(秋江渺然, 一瀉千里) 관지: "백씨 모정자(茅汀子)를
위하여 삼가 그리다. 인상. 기사년(1749) 겨울"(爲伯氏茅汀子敬寫.
麟祥, 己巳冬日) 인기: "원령"(元靈) "천보산인"(天寶山人)

─

● 이윤영의 자석향산(紫石香山)[19]에 명을 쓰다(「이윤지 자석 향산」

....

16 김종수를 가리킨다. '정부'는 그 자이다. 호는 몽오(夢梧), 본관은 청풍(淸風)이다. '상사'(上舍)는 생원(生員)이나 진사
(進士)를 일컫는 말이다. 김종수는 1750년(영조 26) 생원시와 진사시에 모두 합격하였다. 영조 말년에 노론 강경파로
두각을 나타냈으며, 정조가 즉위하자 크게 기용되어 벽파(僻派)의 영수 노릇을 하며 영의정까지 지냈다. 성격이 비타협
적이고 견개(狷介)하였다.

17 이윤영은 1년쯤 뒤인 1751년 정월 김상묵의 집에서 김종수를 처음 만났다. 「경보와 함께 백우(伯愚: 김상묵)의 작은 감
실 속 매화를 보다가 김정부를 만나 그 시에 화답해서 주다」(원제 '偕敬父觀伯愚小龕梅花, 遇金定夫, 和其詩贈之』, 『단』
7)의 "군(君)을 늦게 이제야 안 게 애석하나니 / 장차 선경(仙境)에서 보면 좋겠네"(可惜知君今已晚, 且將神境好參尋)라
는 말 참조.

18 종래 이 그림은 〈모정추강도〉(茅汀秋江圖)로 불렸다. 하지만 이 그림은 모정의 추강을 그린 것이 아니므로 옳은 명칭이
아니다.

19 '향산'(香山)은 향로 모양의 산을 말한다. 북경성 서북 30리의 산에 향로 모양의 큰 바위가 있어 산 이름을 '향산'이라고

李胤之紫石香山,『뇌』5).

○ 윤흡, 1월 선공부정(繕工副正)에, 3월 돈령도정(敦寧都正)에, 8월 수원 부사에 제수되다.

○ 이윤영, 3월 임기를 끝낸 부친을 모시고 김제에서 서울로 올라오다.

○ 홍자, 3월 장원서 봉사에 제수되다.

○ 이양천, 3월 문과에 급제해 전적(典籍)에 제수되다.

○ 이유수, 제향(祭享)할 때 집사(執事)로서 잘못을 범해 경상도 선산(善山)으로 귀양 갔다가 이해 5월 방송(放送)되다.

○ 이윤영, 5월 기망(旣望)에 이양천·이보행(李普行)[20]과 배를 띄워 육신사(六臣祠) 아래서 노닐다(『단』7).

○ 김선행, 8월 문화(文化) 현감에 제수되다.

○ 송문흠, 사근도 찰방에서 체임될 날을 앞두고 있는 이인상에게 편지를 보내 9월 순망(旬望)에 향리 도곡의 형강(荊江: 금강의 별칭)에서 함께 배를 띄워 노닐 것을 기약하다(『한』1).

○ 이보상, 10월 괴산(槐山) 군수에 제수되다.

○ 윤면동, 10월 단양의 옥순봉·구담·사인암·삼선암·도담 등지를 유람하며 「옥순봉에서 퇴계의 시에 차운하다」(원제 '玉筍峯次退陶韻'), 「사인암」(舍人巖) 등의 시를 짓다(『오』1).

「사인암」이라는 시에는 "내가 사인암 아래에 와 읍(揖)을 하니/여기가 능호관의 그림 속인가 하노라"(我來端拱巖臺下, 疑是凌壺畫裏人)라는 말이 보인다.

○ 윤면동, 겨울 김상묵과 남산의 능호관에 찾아와 술을 마시며 시를 짓다(「원령의 시냇가 집에서 김백우와 함께 짓다」(원제 '元靈澗舍, 金伯愚同賦'),『오』1).

이때 김종수도 함께 와 이인상을 처음 만났다. 김종수는 김상묵의 족질(族姪)이고, 윤면동과는 인척간이다. 김종수가 이들과 함께 능호관을 방문한 것은 이런 연고가 있어서였다. 『뇌상관고』

했다. 원래 명칭은 '향로산'인데 줄여서 '향산'이라고 한 것이다. 명(明) 상로(商輅)의 「향산 영안사기」(香山永安寺記)와 금(金) 이안(李晏)의 「향산기략」(香山記略) 참조.

20 이보행(1718~1787)은 이의철(李宜哲)의 조카로 자가 이보(易甫)이다.

제2책에 실린 「김상사 정부가 남원에서 분운하여 지은 시에 사례하고, 인하여 함께 놀던 제공에게 편지를 보내 화답을 구하다」(원제 '奉謝金上舍定夫南園分韻之作, 因簡同遊諸公求和')라는 시와 『오헌집』권1에 실린 「원령의 시냇가 집에서 김백우와 함께 짓다」(원제 '元靈澗舍, 金伯愚同賦')라는 시는 운이 같은바, 같은 때 지어진 것이다.

최북, 〈도담삼봉도〉(부분)

◎ 최북, 봄 이광사와 함께 단양에서 노닐고 〈도담삼봉도〉(島潭三峰圖)를 그리다(개인 소장).

◎ 심사정, 〈소림모옥도〉(疏林茅屋圖)를 그리다(간송미술관 소장).

◎ 영조, 1월 왕세자(사도세자)에게 대리청정(代理聽政)을 명하다.

◎ 영조, 4월 대보단(大報壇)에 신종(神宗) 외에 명나라의 창업주인 태조와 마지막 황제인 의종(毅宗)을 제사지내다.

① 동성파(桐城派) 산문의 개창자 방포(方苞, 호 망계望溪) 사망.

영조 26년(경오庚午, 1750년) 41세

● 정월 대보름, 2년 전 정월 대보름에 김상숙이 병중에 보낸 시 「정월 대보름 병중에 원령에게 부치다」(원제 '上元病中寄元靈', 『배와초』坏窩草 권2)에 화답하는 시 「김 진사 계윤이 죽은 벗을 애도하는 시를 부쳤기에 그 시에 차운하다」(원제 '金進士季潤寄詩悼亡友, 次韻')를 짓다.

2년 전 죽은 벗 유언순과의 옛일을 떠올리며 그의 죽음을 슬퍼한 시다.

● 이날, 주동(鑄洞)의 홍자 집에서 송문흠과 매화연(梅花宴)을 갖다. 송문흠은 고예(古隷)로 매감(梅龕)의 창호에 고절구(古絕句)를 적고, 이인상은 주희의 시의(詩意)를 취하여 매감에다 '眞香純白屋'이라는 다섯 자를 쓰다(「관매기」, 『뇌』4).

임성주는 송문흠의 묘지명에서, 송문흠이 예서를 잘 써서 "원령의 전서와 더불어 근세 전서와 예서의 종장(宗匠)으로 병칭되었다"(與元靈之篆, 並稱爲近世篆隷之宗云: 「이형이형 한정당 송공 묘지명」姨兄閒靜堂宋公墓誌銘, 『녹문집』 권24)라고 하였다.

● 송문흠의 부탁을 받아 송문흠의 양조부 송병원(宋炳遠, 1651~1690)의 묘 앞 망주석(望柱石)에 새길 뇌(誄)를 전서로 써 준 것은 1749년에서 이해 1월 사이로 추정된다.[1]

송문흠의 친조부는 상주 목사를 지낸 송병익(宋炳翼)이다. 송병원은 송병익의 형으로, 1669년 생원시에 합격했으며, 빙고 별검(氷庫別檢)·의금부 도사·금산 군수 등을 지냈다.

● 1월, 계부 이최지가 평릉 찰방(平陵察訪)에 제수되다.

김순택이 쓴 「이정산(이최지) 묘지명」의 "강포하고 악한 자를 벌주니 곤궁하고 잔약한 자들이 의지하였다. 용화(龍化)와 사직(史直) 두 역(驛)이 쇠하여 폐해지자 보살피고 보호하기를 극진히

〈송병원 묘 망주석 뇌〉(부분),
『서화평석』(2) 1054면

---

1   이 뇌에 대해서는 『능호관 이인상 서화평석 2: 서예편』의 '14-6'을 참조할 것.

하여 역민(驛民)들이 이에 소생하였다. 관찰사가 그의 청렴하고 자애로움을 조정에 보고했으며 그가 떠난 뒤에도 역의 이속(吏屬)들이 잊지 못했다"(豪惡者懲, 而窮殘者賴焉. 龍化·史直二驛, 凋將絶站, 而盡其懷保, 驛民乃蘇. 觀察使褒其廉惠, 去後郵屬不能忘)라는 말로 보아 백성을 공평하게 다스리고 억강부약(抑强扶弱)하여 칭송이 있었음을 알 수 있다.

● 2월,「두 임금님의 어묵(御墨)이 있는 작은 병풍 지(識)」(원제 '二聖御墨小屛識', 『뇌』4)를 짓다.

선조가 그린 매죽란(梅竹蘭)에 숙종이 발문을 쓴 작은 병풍에 붙인 지문(識文)이다. 이 병풍은 원래 이명익의 조부인 이홍술(李弘述)이 소장하고 있던 것인데 임인옥(壬寅獄) 당시 포도대장이었던 이홍술이 목호룡의 고문을 받다 장사(杖死)되고 그 가옥이 목호룡에게 상급(賞給)으로 주어진 뒤 집안의 다른 가장품들과 함께 흩어지고 말았다. 이명익은 조부에 연좌되어 애초 충청도 서천군의 관노가 되었다가 후에 해남현으로 옮겨졌으며 1725년 영조가 즉위하자 신원되어 제릉 참봉에 제수되었다. 이명익은 그후 이 병풍이 황해도의 민가에 있음을 친구 이천보(李天輔, 호 진암晉菴)의 제보로 알게 되어 구입해서 다시 집안에 수장(收藏)하였다. 이 글에는 이와 같은 사연이 기록되어 있다.

● 3월 21일, 벗 장재(1710년 생)의 제문을 지어 영전에 곡하다.

제문 중에 이인상이 안산에 우거할 때 만난 유언길·성범조에 대한 추념(追念)이 보인다. 또 "아아! 계축년(1733)에/나는 모산(茅山)에 들어갔거늘/차디찬 겨울날/밤 사이 눈이 빗장까지 쌓였지요/새벽닭 울어 침상에서 일어나/등촉을 켜고 얼어붙은 벼루를 호호 불었더랬지요/그대(장재)는『맹자』를 읽고/나는 사전(四傳)[2]에 주석을 달았는데/의심나는 뜻을 함께 변석(辨析)하며/학업을 연마하매/기뻐서 몸을 잊었지요/사의보(士儀父: 성범조)의 말을 듣고/나에게 큰 술잔을 권했으니/기분 좋게 취해 더디게 깼는데/의기(意氣)가 드높아/담론한 것이 산과 같았지요"(嗚

2　『춘추좌씨전』(春秋左氏傳), 『춘추공양전』(春秋公羊傳), 『춘추곡량전』(春秋穀梁傳)의 삼전(三傳)과 송나라 호안국(胡安國)의『춘추호씨전』(春秋胡氏傳)을 합칭해 '춘추사전'(春秋四傳)이라 이른다.

영조 26년(경오庚午)

1750년

41세

呼! 歲在癸丑, 余入茅山. 冬日烈烈, 夜雪被關. 鷄鳴動枕, 點燭呵硯. 子讀 『孟子』, 我箋四傳. 疑義與析, 而講及志業, 逌然忘形. 惟士儀父是聽, 侑余 大觶, 善醺遲醒. 意氣颯涌, 有談如山:「장경지 제문」(원제 '祭張敬之文'), 『뇌』5)라 하여, 안산 시절의 삶을 회고하는 대목이 보인다.

이인상은 장재의 만시도 지었다.

● 3월, 오찬·이윤영과 취몽헌(醉夢軒)의 이화(梨花)를 구경하고 〈이화도〉(梨花圖: 실전)를 그리다.

이 그림의 제지(題識)는 다음과 같다: "3월 14일, 경보씨(敬父氏)와 걸어서 취몽헌에 이르렀는데, 늙은 배나무 예닐곱 그루가 한창 난만하게 꽃을 피워 성대하게 뜰에 가득했다.³ 조금 뒤에 달이 동원(東園)에 떴다. 꽃향기가 자욱한데 옅은 노을이 져서 몽몽(濛濛)한 것이 마치 안개와 같았다. 나도 모르게 정신이 황홀해졌다. 헌(軒)을 돌아 작은 연못가에 이르자 나무 하나가 또 있었는데, 더욱 성대하게 꽃이 피어 마치 눈을 뿌려 놓은 듯했다. 이에 경보가 탄복하며 '이 나무는 예전에 바람에 엎어져 다시 세운 것인데, 지금은 꽃을 피우고 열매를 맺지요'라고 했다. 숙종(肅宗) 치세(治世) 때 도위(都尉: 오태주吳泰周) 집에서 정원의 배를 진상하자 숙종께서 특별히 어제시(御製詩)를 하사하셨는데, '맛이 시원하여 빙설(氷雪) 같다'(味涼氷雪)라는 구절이 있었으니, 바로 이 나무를 가리킨 것이었다. 나무가 이제 늙어서 열매 맺은 것이 많지는 않으나, 이 나무는 정원의 나무 중 선왕(先王)의 은택을 제일 많이 입었다. 그래서 경보와 함께 감탄했다. 이튿날, 이윤지가 와서 다시 북헌(北軒)의 갖가지 향기로운 꽃들을 보고 임금이 내리신 어제시를 보았다. 이에 나는 〈이화도〉를 그리고 거기에 소지(小識)를 붙인다."(三月十四日, 與敬父氏步到醉夢軒, 老梨六七株方爛開, 離披滿庭. 小間, 月上東園, 花氣芬氲, 罩以輕霞, 濛濛如霧, 不覺神思怳慌. 繞軒至小池上, 又有一樹尤盛開似撥雪. 敬父歎曰: '玆樹嘗風倒而復

「장경지 만시」, 『능호집』(상) ———— 323면

---

3 이인상이 취몽헌에서 오찬과 배꽃을 구경한 일은 오찬 사후에 지은 시「김백우(金伯愚)의 고재에서 배꽃을 완상하다가 술에 취해「상춘」시를 서사(書寫)하다」(원제 '金伯愚顧齋賞梨花, 醉書傷春', 『뇌』2)에서도 언급되고 있다. 해당 부분은 다음과 같다: "옛적에 죽은 벗(오찬)과 이 시절 즐겨/북촌(北村)을 지나려니 눈물이 줄줄/여덟 그루 늙은 배나무꽃 바다 같은데/취몽헌에는 밤이 깊었네/뉘라서 정수사(淨水寺)의 고동(枯桐) 물으리/배꽃은 뜰에 가득하나 거문고 탈 이 없네."(昔與亡友樂玆辰, 欲過巷北淚淫淫. 八株老梨花如海, 醉夢軒中夜正深. 枯桐誰問淨水寺? 梨花滿庭莫按琴.)

영조 26년(경오庚午)
1750년
41세

植, 至今開花結實也.' 當肅廟御世, 自都尉家進園梨, 特賜御製詩, 有'味涼 氷雪'之句, 卽此樹也. 樹今老朽, 結子不多, 而此樹在園中, 尤被先王雨露 矣. 相與感歎. 翌日, 李胤之至, 復觀北軒群芳, 觀宸翰. 麟祥作〈梨花圖〉, 係 之以小識.「오씨의 취몽헌에서〈이화도〉를 그리다」(원제 '吳氏醉夢軒作 梨花圖'), 『뇌』4)

오찬의 조부는 형조판서를 지낸 오두인(吳斗寅, 1624~1689)이 다. 오두인에게는 관주(觀周), 정주(鼎周), 태주(泰周), 진주(晋周), 이주(履周) 다섯 아들이 있었다. 오진주(1680~1724)는 농암 김창 협의 사위로, 사마시에 합격해 음직으로 공조정랑(工曹正郎)을 지 냈다. 오찬과 그의 큰형 오원은 오진주의 아들인데, 오원은 현종 의 부마인 오태주(1668~1716)의 양자로 들어가고, 오찬은 오이주 (1684~1709)의 양자로 들어갔다. '취몽헌'은 오태주의 옛 집으로, 교동(校洞: 지금의 낙원동)에 있었으며, 당시 오원의 큰아들인 오재 순이 살고 있었다.

● 3월, 이윤영과 함께 이양천의 집에서 아회를 갖다(「기년록」, 『옥』10).

당시 이윤영은 이보행 및 아우 이운영과 함께 북한산성에 올 라 성첩(城堞)을 돌며 꽃을 구경하다가 이양천의 집에 이르렀다. 이인상은 뒤에 와 함께 놀았다.

「감회. 이윤지에게 화답하다」, 「능호집」 (상) ——— 327면

● 「감회. 이윤지에게 화답하다」(원제 '感懷. 和李胤之') 16수를 짓 다.

이 시는 이인상의 문학관, 이념, 가치관, 삶의 지향을 두루 노 래하고 있는바, 그 대표작의 하나라 할 만하다. 시 중에 "사마천과 반고(班固)엔 부박(浮薄)함과 참이 뒤섞여 있고[4] / 한유(韓愈)와 소 식(蘇軾)은 허탄한 게 많네"[5](遷、固紛漓眞, 韓、蘇多涉虛: 제4수) "중 화(中華)의 고기(古器)[6]는 민멸(泯滅)되었네"(古器泯諸夏: 제5수) "노(魯)나라 솥은 둥근 뚜껑을 잃었고 / 은(殷)나라 술잔에는 명문

---

4 사마천의 『사기』에 수록된 「유협열전」(游俠列傳)과 「화식열전」(貨殖列傳)은, 무뢰배를 미화하고 이익 추구를 긍정한 글 이라고 하여 후대의 문인들로부터 종종 비난을 받았다. 한편 반고의 『한서』(漢書)에도 「유협열전」이 들어 있다.

5 한유와 소식의 문학이 유교 이념에 비추어 볼 때 순수하지 않음을 지적한 말이다. 한유는 「배해문자」(俳諧文字)라 일컫 는 희문적(戲文的) 성격의 글을 쓰기도 했고, 소식은 유교와 도가, 불교를 넘나들며 호한한 문학 세계를 구축했다.

6 '중화의 고기'란 중국 고대의 문물을 말하는데, 여기서는 중화 문명을 상징하는 말로 쓰였다.

영조 26년(경오庚午)

1750년

41세

(銘文)이 없네"(魯鼎失圓盖, 殷爵無銘辭: 제8수) "매양 성조(聖祖)[7]의 가르침 느꺼워하며 / 애통함 참으며 『산사』(山史)를 엮었지 / 신주(神州)는 이미 오랑캐 됐거늘 / 창해(滄海)를 누가 밟나"[8](每感聖祖訓, 忍痛編『山史』. 神州已被髮, 滄海誰投履: 제9수) "어릴 적 가슴에 울분을 품어 / 전장(戰場)에서 죽기로 맹세했었지 / 비급(祕笈)에는 기문(奇門)[9]이 풀이돼 있고 / 묘결(妙訣)에는 검객의 일 서술돼 있네"(幼少抱幽憤, 誓心死沙磧. 秘笈演奇門, 妙詮述劒客: 제11수) "『명산기』를 교정하고 / 바다로 갈 배 장만코자 했네"[10](始正『名山紀』, 欲具浮海舟: 제12수) "묘용(妙用)은 그윽히 홀로 지냄에 있네"(妙用在幽獨: 제15수) "자고로 진실된 교우(交友)의 도는 / 그윽히 잠거(潛居)한 이에 많았지"(古來眞交道, 多在幽潛者: 제16수) 등의 말이 보인다.

　'산사'(山史)는 산수유기(山水遊記)를 모아 엮은 책을 일컫는 말로도 사용한다. 이윤영의 『단릉유고』에 수록된 단양산수기 모음집인 『산사』가 바로 그에 해당한다. 하지만 이인상의 시에서 말한 『산사』(이 책은 현재 전하지 않는다)는 그런 뜻이 아니고, '산야(山野)의 역사서', 즉 '야사'(野史)라는 뜻이다. '산인'(山人)으로 자처했던 이인상은 『산사』라는 책을 1741년 봄 대보단 제례에 참예한 후 집필하기 시작했던 것으로 보인다. 「감회. 이윤지에게 화답하다」 제9수의 "북원(北苑)[11]에 대보단(大報壇) 있어 / 천신(賤臣)[12]은 오래 살아 죽지 않았으면 하네 / 샘물 소리에 음악 슬프고 / 규벽(珪璧)[13] 쥐고 지내는 제사 예법이 간소하네 / 매양 성조(聖祖)의 가르침 느꺼워하며 / 애통함 참으며 『산사』를 엮었지"(北

7　대보단을 설치한 숙종(肅宗)을 지칭하는 듯하다.

8　'창해를 누가 밟나'는 바다에 뛰어들어 자살함을 이른다. 전국시대 제(齊)나라 노중련(魯仲連)은 진(秦)나라가 천하를 다스리게 된다면 동해에 빠져 죽지 진나라의 백성이 되지 않겠다고 했다. 『사기』 「노중련·추양열전」(魯仲連鄒陽列傳) 참조.

9　'비급'(祕笈)은 비법을 적어 놓은 책을 말하고, '기문'(奇門)은 고대의 술수(術數) 이름으로 '둔갑'(遁甲)이라고도 한다.

10　은거하고자 했음을 뜻한다. 『논어』 「미자」(微子)에 "경쇠를 치던 양(襄)은 바다의 섬으로 들어갔다"(擊磬襄入於海)라는 말이 보인다.

11　창덕궁 후원(後苑)을 말한다.

12　이인상 자신을 가리킨다.

13　제후들이 천자를 알현하거나 제사 지낼 때 손에 쥐는 옥(玉)이다.

苑有荒壇, 賤臣願無死. 樂悲檻泉音, 禮簡珪璧祀. 每感聖祖訓, 忍痛編山史)라는 말에서 그런 추정이 가능하다. 이 시의 후구(後句)에서 "남명(南明)[14]으로 정통을 잇고 / 유신(遺臣)을 외기(外紀)에 부치었구나 / 한 조각 땅에 제사 안 끊어졌으니 / 천자는 없으나 기다림 있네 / 이 의리 천지에 세우니 / 깊은 치욕 품은 것 차마 잊으랴 / 역사책은 사사로움 용납치 않으니 / 유래가 있으면 자초지종 환히 밝혀야지"(南明紹正統, 遺臣附外紀. 片土未殄祀, 無君猶有俟. 此義建天地, 忍忘包深恥)라고 한 것으로 보아, 『산사』는 남명의 역사를 기록한 책으로, 명(明)에 절의를 지킨 조선인들의 전기가 외기(外紀)에 배치되어 있었음을 알 수 있다. 청나라에서 1739년 편찬된 『명사』에는 남명이 명나라 역사에서 배제되었다. 이 때문에 이인상은 1741년경 『산사』의 집필을 결심했을 듯하다. 『산사』라는 명칭은, 이인상이 1742년에 쓴 시인 「연경에 가는 김 역정(譯正)[15] 홍량(弘梁)[16]을 증별하다」(원제 '金譯正弘梁赴燕贈別', 『뇌』1)라는 시의 미련(尾聯) "『만촌고』(晚村稿)[17]를 구입해 돌아온다면 / 『산사』에서 그대의 어짊을 허여하리라"(販歸『晚村稿』, 山史許君仁)에도 보이고, 1751년에 쓴 시인 「부정 잡시」(桴亭雜詩, 『뇌』2) 39수 연작시 중 「탁필봉 시」(卓筆峰詩)의 전구(轉句) "곧은 그 기운에 의거해 『산사』를 엮고"(憑將直氣編山史)에도 보인다. 황경원도 이인상과 동일한 문제의식에서 『남명서』(南明書)와 『명배신전』(明陪臣傳)을 저술했는데, 『산사』는 이 둘을 합쳐 놓은 성격의 책에 가

---

14 '남명'(南明)은 명(明)이 멸망한 뒤 명 왕실의 일족이 화중(華中)과 화남(華南)에 세운 지방 정권으로, 1644년에서 1662년까지 18년간 존속하였다. 남명 18년간은 크게 세 시기로 나뉜다. 제1기는 복왕(福王), 즉 만력제(萬曆帝)의 손자인 홍광제(弘光帝)가 남경(南京)에서 사가법(史可法) 등에게 옹립된 시기이고, 제2기는 당왕(唐王), 즉 홍무제(洪武帝)의 9세손인 융무제(隆武帝)가 정지룡(鄭芝龍) 등에게 옹립되어 복주(福州)에서 즉위한 시기이다. 제3기는 계왕(桂王), 즉 만력제의 손자인 영력제(永曆帝)가 광동(廣東)의 조경(肇慶)에서 구식사(瞿式耜) 등에게 옹립된 시기이다. 남명 정권은 1662년 계왕(桂王)이 운남성(雲南省) 곤명(昆明)에서 살해됨으로써 막을 내렸다.

15 사역원(司譯院) 정(正)을 말한다. '정'은 조선 시대 정삼품(正三品) 당하관(堂下官) 관직으로서, 각종 시(寺)와 원(院) 및 감(監)의 최고 직위이다.

16 김홍량(金弘梁, 1713~?)을 말한다. 자는 제중(濟仲), 본관은 우봉(牛峰)이다. 한어(漢語) 역관으로 1729년(영조 5) 역과에 급제하였다. 김홍량은 1742년 동지 겸 사은사(冬至兼謝恩使)의 수행 역관으로서 연경에 갔다. 당시 사행의 정사(正使)는 낙창군(洛昌君) 이탱(李樘), 부사(副使)는 서명빈(徐命彬), 서장관(書狀官)은 홍중일(洪重一)이었다.

17 명말청초의 문인 여류량(呂留良, 1629~1683)의 문집을 가리킨다. '만촌'은 여류량의 호이다. 여류량은 청나라 조정에 출사하지 않았으며, 청나라를 비판하는 글을 많이 남겼다.

영조 26년(경오庚午)

1750년

41세

깊지 않나 추정된다.

　이윤영은 중국의 『명산승개기』(名山勝槩記)를 화이론적 관점에 의거해 재편집한 책을 엮었는데 그 책 이름이 '명산기'(名山紀)이다. 이인상은 그 서문을 1748년에 썼다.

● 4월 29일, 음죽(陰竹) 현감에 제수되다.

「명산기」서」, 『능호집』(하)
104면

　음죽현은 호수(戶數)가 1200호쯤 되는 경기도의 작은 고을로, 통상 서얼 출신이 수령으로 임명되었다. 지금의 경기도 이천시 장호원읍(長湖院邑) 선읍리(善邑里)에 관아가 있었다.

● 5월, 이윤영·오찬·김순택·이명환·김상묵과 북영(北營)에 노닐다.

　당시 김순택이 지은 시에 "우리들 또한 무리 이루니"(吾輩亦成羣) "흥(興)이 일면 오직 술이 필요할 뿐"(發興惟須酒) 등의 말이 보인다(「경오년 한여름에 북영에서 모여 나와 이원령·이윤지·오경보·이사회·김백우가 한 자字씩 불러 여섯 운韻을 이루다」(원제 '庚午仲夏, 會于北營, 余及李元靈·李胤之·吳敬父·李士誨·金伯愚, 各呼一字爲六韻'),『지』1). 당시 이명환이 지은 시 중에 "부채를 펼쳐 새로 그린 그림에 제(題)하네"(展筆題新畵:「경보가 나를 불러 북영에서 노닐다. 이원령·김유문·이윤지·김백우가 함께 갔으며, 여섯 사람이 각자 운을 하나씩 불러 함께 배율排律을 짓다」(원제 '敬父邀余遊北營. 李元靈·金孺文·李胤之·金伯愚偕之, 六人各呼一韻, 共賦排律'),『해악집』권1)라는 말이 있음으로 보아 이인상이 선면화를 그렸던 것으로 보인다.

　이때 오찬이 지은 시는 『수재유고』에 「북영의 수각(水閣)에서 윤지, 원령, 백우, 유문, 사회와 함께 읊다」(원제 '北營水閣, 與胤之·元靈·伯愚·孺文·士晦共賦')라는 제목으로 실려 있다.

● 봄·여름 무렵, 이윤영과 동대문 밖의 동관왕묘(東關王廟)에서 만나 윤심형 어른을 찾아뵙다(「관공묘關公廟에서 원령을 기다려 함께 한빈漢濱 윤 어르신 댁을 방문하다」(원제 '關公廟待元靈, 偕訪漢濱尹丈席'),『단』7).

「유경명 제문」, 『능호집』(하)
203면

● 7월 4일, 유언순의 대상(大祥) 이틀 전에 제문을 지어 영전에 곡하다.

　제문 중에 "혹 도가나 불가의 뜻을 취한 것도 대개 속진(俗塵)을 끊어 버리고자 해서였습니다. 머릿속에 글이 이루어져도 즐겨 붓을 들어 쓰려고 하지 않았으며, 유독 태사공(太史公)의 글[18]을 즐겨 읽었으니"(或取仙佛之旨, 蓋有感於超世而絶塵. 腹有成書而不肯下筆, 獨喜讀太史氏之文: 「유자愈子 경명景明 제문」(원제 '祭愈子景明文'), 『뇌』4)라는 말이 보이니, 유언순이 선(仙)·불(佛)을 넘나들었으며 『사기』를 혹애했던 것을 알 수 있다.

● 가을, 송문흠이 향리 방산(方山)에 짓고 있던 귀거래관(歸去來館)의 상량문을 짓다.

「귀거래관 상량문」, 「능호집」(하) —— 259면

방산은 송명흠이 거주한 늑천(櫟泉: 일명 추곡楸谷)의 앞이다.[19]

● 8월 10일, 사은숙배하고 임지인 음죽으로 떠나다.

이인상은 떠나기 전 사근역에서 가져온 매화나무를 오찬의 집에 맡겼다. 벗 가운데 오찬만큼 매화를 애호하는 이가 없었음으로써다.

윤면동은 임지로 떠나는 이인상에게 송서(送序)를 지어 주었다(「음죽 현감으로 부임하는 이원령에게 준 송서」(원제 '送李元靈宰陰竹序'), 『오』3). 백성을 수탈하지 말고 '염애'(廉愛), 즉 청렴함과 인애(仁愛)로 다스려 백성의 마음을 얻는 것이 치민(治民)의 요체임을 강조한 글이다.

● 8월, 이기상이 사포서(司圃署) 별제에 제수되다.

● 11월 1일, 수원 부사 윤흡에게 보낸 간찰(《해좌묵원》海左墨苑 소수, 국립중앙박물관 소장)에서 "구담(龜潭)의 집이 대강 지어졌다고 들었습니다"(龜潭屋子聞粗成)라 하여 구담봉과 옥순봉 사이에 짓고 있던 다백운루(多白雲樓, 일명 운루雲樓)가 거의 완공되었음을 말하다.

〈윤흡에게 보낸 간찰〉(부분), 「서화평석」(2) 399면

● 겨울, 김진상을 배종(陪從)하여 신륵사에 노닐다.

——

「퇴어 어르신을 모시고 신륵사에서 노닐다가 '회'(廻) 자 운을 얻다」, 「능호집」(상) 349면

● 김이홍(金履興, 자 사호士豪)의 애사를 짓다(「김자 사호 애사」金子士豪哀辭, 『뇌』5).

김이홍은 안동 김씨 김유행(金由行)의 아들로, 21살에 병으로

---

18 『사기』를 말한다. '태사공'은 사마천(司馬遷)을 가리킨다.
19 『늑천집』 권19 연보의 '56세' 조 참조. '櫟泉'의 '櫟'은 '역'이 아니라 '늑'으로 읽어야 한다. 송명흠 집안에서 그리 읽어 왔고, 또 16세기의 문헌인 『훈몽자회』(訓蒙字會)에도 그 음이 '늑'으로 적혀 있다. '늑천'은 지금의 대전시 동구 추동 가래울 일대다.

죽었다.

○ 김종수, 생원·진사시에 합격하다.

○ 김순택, 1월 부수(副率)에 제수되다.

○ 이최중, 1월 동몽교관에, 4월 사옹원 봉사에 제수되다.

○ 권진응, 1월 사산 감역(四山監役)에 제수되다.

○ 김성응, 5월 판의금부사에 제수되다.

○ 이유수, 6월 정언에, 9월 수찬에 제수되다.

○ 이윤영, 여름 무렵 병석에서 「청선」(聽蟬)시를 지어 이인상과 오찬에게 보내다.

○ 송문흠, 7월 문의 현령에서 체직되다.

송문흠은 이해 문의 현령으로 있을 적에 충청 감사인 홍계희에게 편지를 보내 균역법의 문제점과 개선해야 할 점을 조목조목 자세히 지적하였다. 그 첫 번째 편지에 "양역(良役)의 법은 조종(祖宗) 수백 년 이래 조금씩 무너져 지금에 이르렀으니 그 폐단이 극심합니다. 국가의 위망(危亡)함이 급박한데 경상(卿相)과 시종(侍從)하는 신하들은 녹봉에 연연하여 자리를 지키며 총애를 다투어 나라가 어떤지를 알지 못합니다. 혹 귀로 듣고 눈으로 보아 대략 사세(事勢)를 아는 자도 한탄만 하고 있으며 남의 일처럼 여기고 있을 뿐입니다"〔良役之法, 自祖宗數百年來, 沈浸蠱壞, 至於今日, 而其弊極矣. 國家危亡, 在於呼吸, 而卿相侍從之臣, 懷祿保位, 爭姸鬪寵, 不復知民國之爲何事. 其或耳目所及, 略知事勢者, 亦不過爲之嗟歎, 而視之以秦人之瘠而已:「방백에게 답하다」(원제 '答方伯'),『한』4〕라는 말이 보인다. 이 편지에 첨부된 「결포의 첨목」(結布議籤目)[20]에서 "무릇 입법(立法)의 큰 근심거리는 '불균'(不均)에 있으니, 지난번 편지의 '들쭉날쭉하여 가지런하지 않으면 폐단이 반드시 생긴다'는

---

20 「결포의」(結布議)는 영조 때 영의정을 지낸 김재로(金在魯)의 숙부인 김유(金楺, 朴世采의 문인)가 지은 글이다. 『경종실록』 경종 원년 9월 6일 기사에, "김유가 일찍이 결포의를 지어 반드시 행할 만하다고 여겼다"(金楺嘗著結布私議, 以爲必可行)라는 말이 보이고, 『승정원일기』 영조 26년 5월 29일 기사에 "재로(在魯)가 아뢰었다. '(…) 신의 숙부가 「결포의」를 지었사온데 늘 여러 법 가운데 결포가 자못 간편한 듯하다고 했습니다'"(在魯曰: […] 臣之叔父, 私撰結布議, 而常以爲諸法之中, 結布稍似簡便)라는 말이 보인다. 「결포의」는 현재 전하지 않는다. '첨목'(籤目)은 어떤 글에 대해 조목별로 의견을 제시한 것을 말한다. 그러므로 송문흠의 「결포의 첨목」은 「결포의」에 대해 조목별로 자신의 의견을 밝힌 글이라 할 것이다. '결포'는 전결(田結)을 단위로 포(布)를 징수하는 세법을 이른다.

말씀은 진실로 확론(確論)입니다. 양역의 폐단은 오로지 불균에서 말미암습니다. 지금 법을 바꾸는데 힘쓸 것은 오직 '균'(均)에 있을 따름입니다. 혹 육두(六斗)의 쌀을 세금으로 바치는 자가 있는가 하면 혹 한 필의 베를 세금으로 바치는 자도 있으니, 모두 세금으로 바친 결포(結布) 외에 이 숫자만큼 더 납부한 것이라 그 불균함이 심합니다"(凡立法大患, 在於不均, 上文盛論所謂參差不齊則弊端必生者, 誠爲確見. 良役之弊, 職由不均. 今玆變法, 務在均之而已, 而乃或有納六斗米者, 或有納一匹布者, 皆於所納結布之外, 加納此數, 其爲不均甚矣)라 하고 있음으로 보아, 송문흠은 '균역'의 원래 취지에 맞게 균역법의 시행 때 나타날 수 있는 문제점을 보완·개선하지 않으면 안 된다고 생각했던 것을 알 수 있다.

송문흠이 충청 감사에게 보낸 제2서의 끝에 다음과 같은 부기(附記)가 보인다(이 부기는 문의 현령을 그만둔 1751년 7월에 쓴 것이다): "방백(方伯)이 이 일을 주관했는데 나는 그의 관할하에 있어 이해득실을 모두 직접 보았으므로 논변하지 않을 수 없었다. 만나서 아뢰거나 편지로 논하기를 두세 번씩이나 하며 그 입의(立意)가 잘못되어 그 병폐를 받음이 깊다는 것을 자세히 보였지만, 끝내 더불어 말할 수 없다고 판단되었다. 그래서 그 세 번째 편지는 초(草)만 잡아 두고 끝내 부치지 않았다. 그가 다시 입조(入朝)하자 나는 작별하러 가서 이렇게 고했다: '순사(巡使: 관찰사)께서는 독단하기를 좋아하고 남의 말을 이처럼 경시하시니, 대사(大事)를 담당하시면 안 됩니다.' 이는 또한 그 일단(一端)을 들었을 뿐이다. 오호라! 마음 씀씀이와 일을 꾀함이 그와 같으면서도 나라를 그르치고 백성에게 재앙을 끼치지 않는 자는 예로부터 없는 법이니, 경계하지 않을 수 있겠는가!"(方伯旣主此事, 而余在管屬, 利害得失, 皆將親見, 故不得不與之辨, 面陳書論, 至于再三, 備見其立意之誤而受病之深, 度其終不可與言, 故第三書草定而竟不送. 其還朝也, 余往別告之日: '巡使好自用而輕人言如此, 不可以當大事.' 此亦擧其一端而已. 嗚呼, 宅心謀事如是, 而不誤國殃民者, 終古以來未之有也. 可不戒哉:「방백에게 답하다」(원제 '答方伯'), 『한』4)

당시 음죽 현감으로 있던 이인상도 송문흠과 마찬가지로 균역법에 비판적이었다.

○ 이명환, 유후의 환갑날인 9월 28일 유후에게 편지를 보내 '오늘이 환갑날인데 어제부터 눈을 뜨지 못할 정도로 머리가 몹시 아파 미안하지만 가지 못하겠다'고 하다(「취설에게 준 편지」(원제 '與醉雪書'), 『진신적독』搢紳赤牘, 규장각 소장).

○ 김근행, 10월 세마에 제수되다.

○ 이휘지, 11월 평시서(平市署) 봉사에, 12월 시직(侍直)에 제수되다.

○ 이윤영, 겨울 병중에 자신의 집에서 오찬, 김상묵과 함께 중국 시인 임포(林逋)의 매화시 8편에 차운한 시를 짓다(「병석에서 매화를 읊다. 경보, 백우와 함께 고산孤山의 매화시 8편에 차운하다」(원제 '病枕詠梅. 與敬父·伯愚共次孤山八篇'), 『단』7). 이때 오찬이 지은 시는 『수재유고』에 「윤지 제공(諸公)과 더불어 임화정(林和靖: 임포)의 매화시에 차운하다」(원제 '與胤之諸公, 次林和靖梅詩韵')라는 제목으로 5수만 실려 있다.

이윤영은 매화시 8편을 지은 후 얼마 있다 다시 「매화후시」(梅花後詩, 『단』7) 8편을 지었다. 이 시의 서문 중에 다음과 같은 말이 보인다: "매화시가 완성되자 그에 화답한 사람이 두엇이었는데, 1편이 지어질 때마다 작은 종이에 적어 매화나무에 매달아 길게 읊조려 심회를 부쳤다. 원령과 함께 시를 지어 가작(佳作)을 내지 못한 게 몹시 한스러웠다."(梅花詩旣成, 屬而和者又數三人. 每一篇纔就, 寫小紙, 懸之梅樹, 長詠寄懷. 甚恨不能與元靈同之, 而發佳作.) 당시 이인상은 음죽 현감으로 있었기에 이 자리에 함께할 수 없었다. 이윤영과 오찬은 이듬해인 1751년 봄, 음죽의 이인상에게 자신들의 매화시에 화답하라고 했으나 이인상은 제1수를 짓다가 말았으며, 오찬이 죽고 난 뒤인 1752년 겨울에 마침내 완성하기에 이른다. 「뒤에 오경보의 매화시 여덟 편에 화답하다」(원제 '追和吳敬父梅花八篇', 『능』2)가 그것이다. 이인상은 이 시 서문에, 오찬의 죽음과 연관된 이 시의 창작 경위를 자세히 밝혀 놓고 있다.

◎ 박제가(朴齊家, 1805년 졸, 자 재선在先·차수次修, 호 초정楚亭·정유각貞蕤閣, 서얼) 출생.

◎ 민응수(1684년 생) 사망.

박제가(1750~1805)

◎ 영조, 5월 홍화문(弘化門)에 나가 백성들에게 양역(良役) 변통에 대한 여론을 청취하고, 7월 균역청(均役廳)을 설치해 양역(良役)의 반(半)을 감하는(2필을 1필로) 균역법을 시행하다.

◎ 신경준, 『훈민정음운해』(訓民正音韻解) 저술하다.

영조 26년(경오庚午)

1750년

41세

영조 27년(신미辛未, 1751년) 42세

● 1월, 다백운루가 완공되다.

'다백운'이라는 명칭은 중국 남조(南朝)의 은자인 도홍경(陶弘景)의 시에서 취(取)하였다.[1]

인근인 청풍의 능강동에 살고 있던, 이인상의 벗이자 동서인 신사보가 건립을 주관했다. 위치는 구담봉과 옥순봉 중간의 강가 언덕이다. 이인상은 다백운루 앞의 강을 '운담'(雲潭)이라 명명하였으며, 그 주변의 봉우리들과 기암(奇巖)에 새 이름을 부여하였다. 그리고 뗏목을 만들어 '부정'(桴亭)이라 이름하고는 강을 오르내리며 주변의 산수를 마음껏 완상하였다. 「운담 잡영」(雲潭雜詠) 12수 연작(『뇌』2), 「부정 잡시」(桴亭雜詩) 39수 연작(『뇌』2), 「부정기」(桴亭記, 『뇌』4), 「구담소기」(龜潭小記, 『뇌』4)는 모두 이해에 지은 것이다.[2]

이인상의 그림 〈다백운루도〉(국립중앙박물관 소장)와 〈구담초루도〉(龜潭艸樓圖, 개인 소장)는 다백운루를 그린 것이다.

● 1월 29일, 음죽의 성황신(城隍神)을 위로하기 위해 제사지내는 글을 짓다[「음죽현 성황신 위제문慰祭文」(원제 '慰祭陰竹城隍神文'), 『뇌』5].

당시 음죽에 역병(疫病)이 만연했으므로 역병이 사라져 백성이 큰 복을 입을 수 있게 해 달라고 성황신에게 빈 것이다. 조령(朝令)에 따른 것이다.

이인상은 또한 역병으로 사망한 이들을 제사지내는 글을 지어

「운담 잡영. 이윤지에게 화답하다」, 「능호집」(상)
351면
「부정 잡시」, 「능호집」(상) 368면
「부정기」, 「능호집」(하) 113면

〈다백운루도〉, 『서화평석』(1) ——
298면

〈구담초루도〉, 『서화평석』(1)
334면

---

1   도홍경의 시는 다음과 같다: "산중에 무엇이 있소?/산봉우리 위 백운(白雲)이 많지요/그저 혼자 기뻐할 뿐/그걸 가져다 임금께 부칠 수는 없지요"(山中何所有? 嶺上多白雲. 只可自怡悅, 不堪持寄君: 「임금께서 '산중에 무엇이 있는가' 물으셔서 시를 지어 답하다」(원제 '詔問山中何所有, 賦詩以答')]

2   『능호집』에는 「운담 잡영」 12수 중 7수만, 「부정 잡시」 39수 중 22수만 실려 있다. 한편 『뇌』4에는 「구담소기」가 1751년에 창작되었다는 사실이 명기되어 있다. 하지만 「구담소기」 중에는 이윤영이 1752년 구담봉 맞은편에 건립한 창하정(蒼霞亭)에 대한 언급이 보인다. 따라서 이 글은 1751년 창작된 후 보완된 것으로 보인다.

그 원혼을 위로하였다. 글 중에 "내가 보살피지 않아/기만과 학대를 당하여/부세(賦稅)가 번다하고 신역(身役)이 괴로워/민력(民力)이 어느새 고갈되었는데/고혈을 짜내고/게다가 채찍질까지 했구나/늙은이는 쉬지 못하고/어린아이는 배고프다 울부짖는데/입은 옷 단한(單寒)하여/비가 살갗을 적시네/마침내 역병에 걸려/애통함 품고 죽었으니/뼈는 구렁에 버려지고/혼령은 도깨비불에 의탁했네"(顧余不字, 伊誑伊虐. 賦繁役苦, 民力暗鑠. 渴其膏血, 從而鞭扑. 老者不息, 稺兒號飢. 衣裳單寒, 霧雨浸肥. 遂遘沴厲, 抱哀殞身. 骨委丘壑, 神托陰燐: 「또 여신厲神을 제사지내는 글」(원제 '又祭厲神文'), 『뇌』5)라는 말이 보이니, 이인상의 목민관으로서의 긍휼지심(矜恤之心)을 엿볼 수 있다.

● 제천 군수 이재(李在: 이유수의 부친)에게 시를 드리다.

「평수헌과 의림지에서 노닌 일을 술회하여 삼가 이 어르신께 바치다」, 『능호집』(상) 357면

제천 동헌의 '平岫堂'이라는 편액 글씨는 이인상이 쓴 것이다(김려金鑢, 「황성이곡」黃城俚曲 제192수의 주註, 『담정유고』薄庭遺藁 권2).

● 송문흠에게 「송자 사행의 늑천정사(櫟泉精舍)[3]를 읊은 20수」(원제 '宋子士行櫟泉精舍二十詠', 『뇌』2)[4]를 지어 보내다.

「송사행의 귀거래관 잡영」, 『능호집』(상) 359면

송문흠이 이해 늑천의 방산(方山)에 지은 집 당실(堂室)과 그 주변 경관을 읊은 시이다. 송문흠은 여러 당실들 이름의 편액 글씨 및 집 주변에 각석(刻石)할 글씨를 이인상에게 부탁한 바 있다〔「이원령에게 답하다」(원제 '答李元靈') 제7서, 『한정당집』 권3〕. 송문흠의 '한정당'(閒靜堂)이라는 호는 당시 지은 집의 당호이다. 송문흠은 도연명의 글귀에서 '한정'이라는 말을 취하였다.

「묵계 댁에서 형님을 모시고 읊조려 자익에게 주다」, 『능호집』(상) 385면

● 묵계(墨溪)[5]의 백씨댁에서 신사보와 함께 시를 짓다.

이때 지은 시에 "그대[6] 덕에 운루(雲樓: 다백운루) 지어/구봉(龜

---

3 귀거래관(歸去來館)을 가리킨다. 귀거래관은 송문흠이 대전시 동구 추동의 방산(方山)에 지은 여섯 칸 초가집이다. 방산은 늑천 앞에 있었다. 늑천은 원래 명칭이 '추곡'(楸谷: 우리말로는 가래골)이었는데 송명흠이 무진년(1748)에 늑천으로 고쳤으며, 이곳에 집을 지었다. 주희(朱熹)가 남강군(南康軍)의 지사(知事)로 있을 때 도공취석(陶公醉石)의 곁에 집을 지어 '귀거래관'이라고 했는데 이를 본뜬 것이다. 이 사실은 송문흠의 문집인 『한정당집』 권3에 수록된 「이원령에게 답하다」(원제 '答李元靈')라는 편지에 언급되어 있다.

4 『능호집』에는 15수만 실려 있으며, 제목이 「송사행의 귀거래관 잡영」(원제 '宋士行歸去來館雜詠')으로 되어 있다.

5 현계(玄溪)를 말한다. 지금의 서울시 중구 필동에 속한 지명으로, 당시 이인상의 형 이기상의 집이 이곳에 있었다.

6 신사보를 말한다. 이인상과 동서간으로, 청풍의 능강동에 거주했다. 음죽 현감으로 있던 이인상을 대신해 단양의 구담에

영조 27년(신미辛未)

1751년

42세

峯)에다 책을 수장(收藏)하였지"(雲樓賴君築, 龜嶽有藏書:「묵계 댁에서 형님을 모시고 읊조려 자익에게 주다」(원제 '墨溪宅, 陪伯氏賦, 贈子翊'), 『뇌』2)라는 말이 보인다. 이인상은 다백운루에 서적과 고기(古器)를 갖다 놓았으며, 석경(石磬)도 구비해 놓았다.

● 2월 2일, 이윤영의 부친 이기경이 단양 군수에 제수되어 같은 달 22일 임지로 떠나다. 이윤영도 부친을 따라서 단양으로 내려가다.

이달 6일 오찬이 이윤영의 집을 찾아와 이윤영이 단양으로 내려가게 된 것을 축하하는 한편, 자신이 예전에 조천관(朝天館)이라는 알지 못하는 곳에 간 꿈을 꾼 적이 있으며 어제 또 그곳에 갔다가 돌아올 적에 운구(運柩)되어 온 꿈을 꾸었는데 무슨 몽조인지 모르겠다는 말을 하다(「잡저」雜著, 『단』14). 이인상은 이해 11월 오찬이 죽자 12월 23일 「소화사」(素華辭)라는 글을 지어 이 일에 대해 언급했다.

● 2월 18일, 오찬, 대과에 장원급제하다.

● 2월 하순 경, 「오경보에게 답한 편지」(원제 '答吳子敬父書')를 작성하다.

이 편지는 다음과 같다: "화창한 봄날에 기거 평안하신지요. 일전에 보내 주신 편지를 받아 보니 우도(友道)의 중(重)함으로써 권면하시며 어리석고 과문한 저에게 도움을 구하시는 뜻이 몹시 참되고도 도타워 공경하는 마음이 일게 하였습니다. 그대가 과거에 응하기로 결심한 이후로 저는 홀로 근심하고 탄식하였습니다. 조정(朝廷)이 한 사람의 어진 선비를 얻게 됐음을 기뻐한 것이 아니라, 한 사람의 처사(處士)를 잃게 됐음을 근심했으며, 그대의 입심(立心)이 바르지 못해 벗을 잘 가려 사귀지 못할까 오히려 걱정했지요. 그대와 사귄 지 이미 오래되었고 그대의 마음을 아는 것도 이미 깊어 그 염려함이 여기에까지 이르지 않아야 하겠지만 그런데도 감히 이런 말을 하는 것은 진실로 그대를 깊이 알고 지나치게 사랑해서입니다.

근세의 사대부들은 벼슬길에 나가 임금을 섬김에 대개 칠전팔

「소화사」, 『능호집』(하)
182면

「오경보에게 답한 편지」, 『능호집』(하)
34면

다백운루를 건립했다.

도(七顚八倒)[7]하여 함께 물에 빠지고 수렁에 빠져 구할 도리가 없으니, 이는 참으로 입심(立心)이 어긋나고 벗을 가려 사귀지 못한 탓입니다. 지난날 그대와 함께 깊이 우려하며 탄식하던 게 바로 이에 있지 않았던가요?

그대는 천품이 충후(忠厚)하고 언의(言議)가 정대(正大)하니 나아가 임금을 섬기매 반드시 우뚝하여 볼만한 점이 있으리라는 건 신명(神明)께 물어 봐도 의심이 없을 겁니다. 다만 독서궁리(讀書窮理)의 공부에 아직 이르지 못한 바가 있어서, 일에 대처하고 응대함에 명달(明達)[8]하고 엄밀한 기상이 부족하며, 세목(細目)이 성글어 혹 대체(大體)를 해치는바, 자대(自待)[9]가 아직 십분 진중하다고는 할 수 없겠기에 개연히 옛사람을 모범으로 삼고 세도(世道)를 자신의 책임으로 여겨 아홉 번 죽어도 후회하지 않는다[10]는 뜻을 가져야 할 것입니다.

일단 출사하고 나면 독서할 시간은 점차 줄어들고 사변(事變)이 닥쳐 옴은 끝이 없을 것입니다. 이는 몸과 마음이 늘 동(動)하여 정(靜)함이 적고 근심과 의심이 마음속에 교차해서이니, 이렇게 되면 임금을 돕고 보필할 힘도 없을 것입니다. 만약 부지불식간에 친구의 바람을 저버리고 스스로의 마음을 저버린다면, 그대를 아는 자는 슬퍼할 것이고 그대를 모르는 자는 나무랄 것이니, 그렇다면 도리어 깊이 은거하여 본성(本性)을 기르면서 고상함과 한적함과 과용(寡用)의 도(道)[11]로 몸을 보존하고 세상을 돕는 것만 못할 것입니다. 무릇 목전의 일만을 계획하는 자에게는 반드시 평생의 근심이 있으며, 삶을 탐하고 요행을 구하는 자는 반드시 몸과 이름을 상하게 됩니다. 자신의 견해를 스스로 믿는 자는 성인의 말씀으로도 그 마음을 복종시킬 수 없고, 자신의 허물을

---

7 일곱 번 넘어지고 여덟 번 엎어진다는 뜻.
8 총명하고 사리에 밝다는 뜻.
9 스스로를 대하는 태도나 자세. 이인상은 선비가 지녀야 할 자세와 태도에 대한 자의식이 강렬했기에 '자대'를 아주 중시했다.
10 굴원의 「이소」(離騷)에, "또한 내 마음에 좋아하는 바라/아홉 번 죽어도 후회하지 않노라"(亦余心之所善兮, 雖九死其猶未悔)라는 말이 보인다.
11 '과용'(寡用)은 쓰임이 적다는 뜻으로, '무용'(無用)과 비슷한 말이다. 『장자』「인간세」(人間世)에 "무용지용"(無用之用)이라는 말이 있다.

영조 27년(신미辛未)

1751년

42세

둘러대며 변명하는 자에게는 어진 선비가 날로 멀어지고 아첨하는 벗이 날로 다가오게 됩니다. 아첨하는 벗이 다가오면 안팎[12]이 서로 망하고, 허물은 있으나 뉘우침이 없으니 천하사(天下事)를 행할 수 없게 됩니다. 입심(立心)이 어긋나는 데서 시작되어 벗을 잘 가려 사귀지 못함으로 종결됨은 예로부터 그러했던 것이니 이 어찌 가슴 아픈 일이 아니겠습니까?

가만히 근세의 사대부들을 보건대, 벼슬하기 전에는 높은 절개를 표방하며 '조정(朝廷)에 사론(士論)이 없다'라고 말하다가도 벼슬만 하면 '오활한 유생(儒生)들이라 괴이한 주장이 많다'[13]라고 말하면서 마침내 용모가 준수하고 말씨가 점잖으며 시문(詩文)이 화려하고 법과 정사(政事)에 익숙한 이를 '세상에 이바지하는 군자'라 일컫더군요. 저들은 또한 시세(時勢)를 좇아 이름을 날리고, 겉으로는 거룩한 주장을 펼쳐 벗을 속이며, 녹위(祿位)[14]를 도둑질하고 서로 돈독하게 믿어 점차 한통속이 되어 서로 아첨하고 좋아하면서 그 뜻을 멋대로 행해 끝내 남의 집과 국가에 해를 끼치니 어찌 통탄스럽지 않겠습니까? 저들이 말하는 '오활한 유생들'은 옛것을 좋아하고 지금을 슬퍼하며 우직함을 안고 검약함을 지키므로 고요하기만 하고 시무(時務)를 알지 못하는 사람들처럼 보이지요. 이에 뭇 사람들이 비웃고 나무라며 옛 도(道)는 오활하고 편벽되어 행하기 어렵다고 하지만, 예로부터 성현은 옛 도에 의거하여 시속(時俗)을 구하는 방책을 강구했고, 목전의 계책과 세상을 속이는 의론을 펴지 않았음을 통 알지 못해서지요.

현명함과 간사함의 경계는 그 기미(幾微)가 아주 은미합니다. 『대학』에 이르길, '한 마디 말이 일을 그르치고, 훌륭한 한 사람이 나라를 안정시킬 수 있다'라고 하였으니 이 말을 어찌 믿지 않겠습니까? 굴원(屈原)은, '뭇사람이 모두 취해도 홀로 깨어 있을 것이요, 온 세상이 다 혼탁해도 홀로 깨끗하리라'라고 했습니다. 굴원은 일절지사(一節之士)[15]에 불과하건만 오늘날 그런 사람조차

---

12 마음과 몸을 말한다.
13 재야의 선비들이 그렇다는 말이다.
14 녹봉과 작위.
15 한 절개를 지킨 선비.

찾아볼 수 없거늘 하물며 옛 도를 행하는 사람을 얻을 수 있겠습
니까? 얻기 어려울 뿐만 아니라 사람들은 그런 이를 공격하느라
여력(餘力)이 없으니 어떻게 그런 이의 도움을 받아 나라와 천하
의 일을 함께 도모할 수 있겠습니까? 그대는 반드시 이 뜻을 살펴
고인(古人)으로 표준을 삼고 세도(世道)를 자임하며, 벗을 잘 가려
사귀어야 할 것입니다.

  아아, 신하가 군주를 섬기는 데에는 바른 이치가 있으니, 일에
따라 직분(職分)을 다할 따름이요, 성패(成敗)와 화복(禍福)을 계
산해서는 안될 것입니다. 양성(陽城)[16]만큼 간쟁(諫諍)을 해야 할
때 간쟁을 하지 않은 이도 없고, 적인걸(狄仁傑)[17]만큼 인군人君에
게 강직한 간언을 한 이도 없을 겁니다. 저들을 본받아서는 안 되
겠거니와, 군자의 입심(立心)엔 요체가 있는바 의(義)를 실천하여
두려워하지 않는 것이 그것입니다. 도리(道理)를 보는 것이 밝지
못하고 정도(正道)와 권도(權道)를 아직 잘 분간하지 못한다고 한
다면, 기자(箕子)가 종이 되고[18] 공자가 미복(微服)으로 송(宋)나라
를 지나간 일[19]과 같은 것은 비록 성인(聖人)의 변통하는 방법이
라고는 하나 급히 배워서는 안 될 것이니, 또한 본분(本分)에 따라
해 나가야 할 것입니다. 진동(陳東)[20]이나 전약수(錢若水)[21] 같은
사람은 명백하고 흠이 없건만 천하 후세에 말이 있습니다. 이 두
가지 사실에 대해 그대는 잘 생각하여 자신의 마음과 붕우(朋友)

---

16 당(唐)나라 때 인물로, 초야에서 공부하다가 발탁되어 간의대부(諫議大夫)가 되었다. 한유(韓愈)는 「쟁신론」(爭臣論)에
   서, 양성이 간의대부가 된 지 5년이 되어서도 별다른 간쟁을 하지 않았음을 비판했다.
17 당나라 측천무후(則天武后) 때 인물로 강직한 간언으로 유명하다. 측천무후가 조카인 무삼사(武三思)를 태자로 세우려
   하매 그 뜻을 꺾고 아들인 중종(中宗)을 태자로 세우게 함으로써 당나라의 왕업(王業)이 지속되게 한 공이 있다.
18 기자는 은나라 주왕(紂王) 때의 인물이다. 『논어』「미자」(微子)에 "기자는 종이 되었다"(箕子爲之奴)라는 말이 보인다.
   주희는 이에 대해 "주왕(紂王)이 (…) 기자를 가두어 종을 삼았다. 기자는 거짓 미친 체하고 욕을 받았다"(紂王…囚箕子
   以爲奴, 箕子因佯狂而受辱)라는 주석을 붙인 바 있다.
19 송(宋)나라 사마환퇴(司馬桓魋)가 공자를 죽이려 한다는 말을 듣고 공자가 미복(微服)으로 송나라를 지나간 적이 있다.
20 북송(北宋) 말 남송(南宋) 초의 인물로, 『송사』(宋史) 충의열전(忠義列傳)에 입전(立傳)되어 있다. 흠종(欽宗) 때 태학생
   (太學生)으로 있으면서 여러 차례 복궐상서(伏闕上書)하여 채경(蔡京)·왕보(王黼) 등의 간신을 내치고 이강(李綱)을 기
   용할 것을 말했으며 고종(高宗)이 즉위하자 행재소(行在所)에 불려갔다. 황잠선(黃潛善)·왕백언(汪伯彦) 등을 탄핵하
   는 글을 올렸다가 이들의 모함으로 처형되었다.
21 북송 태종(太宗) 때 우간의대부(右諫議大夫)를 지냈다. 병법(兵法)에도 능해 적을 다스려 변경을 편안하게 하는 계책을
   내놓기도 했다.

를 저버리지 말고 진퇴(進退)와 화복(禍福)의 구분에 있어 더욱 이치를 밝히는 공부를 해서 옛 도리를 따른다면 벼슬길에 나아가 임금을 잘 섬길 수 있을 것입니다.

　구구한 정성을 다해 실로 가슴속에 있는 것을 다 털어놓았으니 유념했으면 합니다. 이즈음 직책이 없으니 사군(四郡)²²에 놀러가기로 한 약속을 지킬 수 있을는지요? 윤지씨(胤之氏)에게서 연신 편지가 오는군요.²³ 이 달 그믐께 꽃 피고 물 좋은 날 구담(龜潭)과 옥순(玉筍) 사이를 찾는다면 실로 기사(奇事)가 될 테지요.”〔伏惟春和, 起居萬衛. 頃承下復, 勉以友道之重, 而求助於蒙昧寡聞者, 意甚眞篤, 令人起敬. 麟祥自高明之決科, 竊獨憂歎. 不以聖朝之得一賢士爲喜, 而以失一閒人爲憂, 猶恐高明之立心猶不端而擇交猶不審也. 與高明托契已久, 知心已深, 其爲憂宜不至於此, 而敢發此言者, 誠以知高明特深而愛之太過耳.

　近世士大夫立身事君, 槩多七顚八倒, 載胥及溺, 入於泥糟膠漆之中而莫可救出, 誠由立心之差而擇交之不審也. 平昔與高明深憂永歎者, 豈不在此乎? 高明天姿忠厚, 言議正大, 出以事君, 必有卓然可觀者, 質之神明而無疑. 第於讀書窮理之工, 有所未臻, 故辨事應物, 終欠明達嚴密氣像, 節目之疎而或累大體, 其所自待, 遂未能十分尊重, 慨然以古人爲準的, 以世道爲己任, 而有九死靡悔之意焉.

　一出身, 讀書之日漸少, 事變之來無窮. 此一箇身心, 恒動少靜, 憂疑交中, 而又無滋灌輔助之力. 若於不知不覺之中, 已孤朋友之望, 而自負中心, 知者悲之, 不知者罪之, 則反不如深居養眞, 以高閒寡用之道, 存身而補世也. 凡爲目前之計者, 必有終身之憂; 貪生徼福者, 必隕身喪名; 自恃己見者, 聖人之言不能服其心; 文過飾非者, 賢士日遠而諛友日進, 諛友進而內外交喪, 有各無悔, 天下事無復可爲矣. 始於立心之差, 而終於擇交之不審, 自古而然, 豈不痛心?

　竊觀近世士大夫, 方其未達也, 莫不標名抗節, 謂'朝廷無士論', 及其已達也, 乃謂'迂儒故多怪論', 見一等人容辭都雅、詞翰華妙、諳鍊刑法政事者, 而遂謂之'需世之君子'. 彼又能隨時立名, 外主偉論, 以欺朋友, 竊祿位

22　단양·청풍·영춘·제천을 말한다.
23　이윤영은 1751년 2월 단양 군수로 부임한 아버지를 따라 단양에 내려와 있었다.

而信之采篤, 浸入混同, 相與諛悅, 恣行其志, 至於禍人家國, 豈不痛哉? 彼
所謂迂儒, 則好古而悲今, 抱愚守約, 貌然若不識時務. 遂羣笑而非之, 謂之
古道迂僻難行, 殊不知從古聖賢, 莫不依據古道, 以爲救時之策, 而不爲目
前計, 不爲欺世之論也.

賢邪之分, 其幾甚微. 傳曰:"一言僨事, 一人定國." 豈不信哉? 屈氏曰:
"衆人皆醉而獨醒, 擧世皆濁而獨淸." 此不過一節之士, 而今不可得, 況行
古道者哉? 不惟得之之難, 攻之不遺餘力, 尙可以得其助而與之謨國家天
下事乎? 高明必審此義, 以古人爲準的, 以世道爲己任, 而擇交必審焉.

嗚呼! 人臣之事君有正理, 不過隨事盡分而已, 成敗禍福, 不宜較計. 莫
忍於陽城, 莫危於狄仁傑, 彼固不可師, 則君子之立心有要道, 蹈義無懼而
已. 見理不明, 經權未分, 則卽如箕子之爲奴, 仲尼之微服過宋, 雖聖人之所
以處變者, 而不可遽學, 且依本分做得. 陳東、錢若水一等人, 猶明白無累,
有辭於天下後世也. 惟此二端, 高明其念之, 求所以不負中心, 不負朋友, 於
進退禍福之分, 益加明理之工, 而循之以古道, 則庶可以立身事君矣.

區區悃款, 實罄肝心, 惟高明念之. 近無職責, 可踐四郡之約不? 胤之氏
連有書來. 若趂今月晦間花明水潤, 相訪於龜、玉之間, 誠爲奇事:「오경보
에게 답한 편지」(원제 '答吳子敬父書'), 『능』3〕

● 2월 그믐께, 오찬, 단양에 내려와 이인상·이윤영과 만나 노닐
다.

오찬은 구담의 다백운루에도 올랐다.

● 3월 중순, 경상도 풍기로 귀양 가는 이유수가 제천의 부친을
뵈러 가던 차에(당시 이유수의 부친 이재는 제천 군수로 있었다) 음죽
에 들렀으므로 시를 지어 주며 운담(雲潭) 쪽으로 길을 잡을 것을
권하다(「이정언李正言 심원深遠이 영외嶺外로 유배 가는데,[24] 제주堤州
(제천)에 계신 부친을 뵙고자 해 죽현竹縣(음죽현)[25]에 들렀기에 운담 쪽
으로 길을 취하라고 권면하다」(원제 '李正言深遠謫嶺外, 將歷省堤州, 過
訪竹縣, 因勉取路雲潭'), 『뇌』2).[26]

24 '심원'(深遠)은 이유수(李惟秀, 1721~1771)의 자이다. 호는 완이(莞爾)이고 본관은 전주이며 이재(李在)의 아들이다.
    1747년 정시문과에 장원급제한 뒤, 그해 정언이 되고, 곧 지평을 거쳐 수찬이 되었다. 1750년 12월 노론의 신임의리(辛
    壬義理)를 강조하며 소론 문신 9인을 탄핵한 바 있다. 1751년 3월 임금의 부름에 응하지 않았다는 이유로 경상북도 풍
    기(豊基)에 유배되었다.
25 음죽현 관아는 지금의 경기도 이천시 장호원읍 선읍리 일대에 있었다.

● 3월 하순; 임진태(任鎭泰, 자 중망仲望)가 붓 수백 자루를 증여 하다(「장차 단협丹峽에 놀러가고자 해 임군任君 중망仲望의 시에 차운 하다」(원제 '將遊丹峽, 次任君仲望鎭泰韻'), 『뇌』2).

임진태와 수창한 시에 "내게 준 붓 삼백 자루로/금병산(錦屛山) 동쪽 절벽에 새로 지은 시를 쓰리"(贈我柔毫三百束, 新詩題遍錦屛東: 『뇌』2)라는 말이 보인다. '금병산'은 청풍에 있던 산이다. '금병산 동쪽 절벽'은 다백운루가 있던 단양의 구담 일대를 가리킬 터이다. 당시 임진태는 음죽현의 객관에 머물고 있었는데, 어떤 인물인지는 미상이다. 시의 제목에서 '임군'이라고 칭한 것을 보면 이인상보다 지체가 낮은(중인 신분과 같은) 인물이 아닌가 한다.

● 3월 하순, 김상묵·윤상후(尹象厚)·이유년(李惟季)·김종수가 오군(五郡) 유람을 가는 길에 음죽에 들러 객사(客舍)에 머물다 [「김 진사 백우伯愚, 윤 진사 덕이德以, 이 대아李大雅 용강用康, 김 진사 정부定夫가 오군五郡에 놀러 가는 길에 설성현雪城縣의 재실齋室을 방문하였다. 엄주弇州 주산인朱山人의 「벽란정碧瀾亭을 지나며」라는 시에 차운하다」(원제 '金進士伯愚、尹進士德以、李大雅用康、金進士定夫, 將遊五郡, 歷訪雪城縣齋, 用弇州朱山人過碧瀾亭韻'),[27] 『뇌』2].

당시 이윤영이 단양 군수인 부친을 따라 단양에 와 있었기에 이윤영과 함께 단양을 유람하고자 한 것이다.[28] 이들은 제천에서 이윤영을 만나 함께 단양으로 들어갔다. 이때 김종수가 지은 시 「동유」(東遊, 『몽오집』 권1)에 "설성(雪城: 음죽) 태수는 참으로 기사(奇士)/한번 웃고 마주 본 뒤 술 내오라 하네/단양에서 호탕하게 노닐 건 말할 나위 없고/오늘 밤 장차 실컷 취하리"(雪城太守眞奇

「김 진사 백우, 김 진사 정부, 이 대아 용강이 오군에 놀러 가는 길에 설성현의 재실을 방문하였다. (…)」,
『능호집』(상) 386면

---

26 이 시는 『능호집』에는 실려 있지 않다. 『능호집』에 실려 있는 「남쪽 바닷가로 귀양 가는 사람에게 주다」(원제 '贈嶺海遷客')는 동년 6월 29일 거제로 유배 간 민백상(閔百祥)에게 준 시이다.

27 『뇌상관고』에는 이 시의 제목 중 '尹進士德以' 다섯 글자가 묵말(墨抹)되어 있다. '덕이'(德以)는 윤심형의 아들 윤상후(尹象厚, 1727~1778)의 자(字)이다. 정조 2년(1778) 윤상후는 정조를 시해하고자 모의했다는 죄명으로 처형되었다. 그러므로 이 다섯 글자는 이인상 사후인 1778년 이후 정치적 이유로 묵말된 것으로 보아야 할 것이다. 『능호집』에도 이 시가 실려 있는데, 제목 중에 윤상후라는 이름이 소거되어 있다.

28 이윤영이 김종수를 처음 만난 것은 1751년 정월 김상묵의 집에서이다. 「경보(오찬)와 함께 백우(김상묵)의 작은 감실 속 매화를 보다가 김정부(김종수)를 만나 그 시에 화답해서 주다」(원제 '偕敬父觀伯愚小龕梅花, 遇金定夫, 和其詩贈之', 『단』7)의 "군(君)을 늦게 이제야 안 게 애석하나니/장차 선경(仙境)에서 봤으면 좋겠네"(可惜知君今已晚, 且將神境好參尋)라는 말 참조.

士, 一笑相看呼酒至. 莫論丹峽浩蕩遊, 且盡今宵爛熳醉)라는 말이 보인다.

이인상은 며칠 후 운선구곡(雲仙九曲) 중 제7곡에 해당하는 사인암으로 가 이들과 합류했으며, 이윤영·김종수와 「사인암찬」(舍人巖贊)을 함께 지어 팔분체로 써서 사인암 암벽에 새겼다(이 글씨는 현재 남아 있음). 찬(贊)은 다음과 같다: "먹줄처럼 곧고 수평기(水平器)처럼 평평하며/금성옥색(金聲玉色)이로다/우러러볼수록 더욱 높고 우뚝하여/뭐라 형용할 수 없도다."(繩直準平, 玉色金聲. 仰之彌高, 魏乎無名.) 관지는 다음과 같다: "신미년(1751) 봄에 윤지, 정부, 원령이 짓다."(辛未春, 胤之, 定夫, 元靈撰.)

또한, 구담에 배를 띄워 이들과 노닐었다(「제공과 구담에 배를 띄워 영외의 귀양객[29]에게 써서 부치다」(원제 '與諸公泛酒[舟]龜潭, 書寄嶺外遷客'), 『뇌』2).

● 3·4월 경, 이윤영이 그린 산수화에 발문을 쓰다.

이 그림에는 창호(窓戶)를 열고 멀리 바라보는 사람이 그려져 있는데, 이인상은 발문 중에 이리 썼다: "무엇을 생각하며, 무엇을 즐거워하는 걸까?"(所思何事, 所適何樂: 오찬, 「백우가 소장한 윤지의 그림에 원령의 발문이 붙어 있는데 그 뒤에 쓰다」(원제 '書伯愚藏胤之畵元靈跋後'), 『수』)

● 4월 8일, 종제에게 간찰을 보내다.

간찰 중에 "이 편지를 수재(修齋: 오찬)에게 전해 주고, 서울 소식 듣거든 상세히 좀 알려주게"(此書傳上修齋, 京耗有聞, 詳及也:「사촌동생에게 보낸 간찰8」)라는 말이 보인다.

● 평양 서윤으로 부임하는 이시중을 전별하는 시를 짓다(「이공의백(이시중)이 평양윤으로 가는 것을 전별하며 김 학사金學士가 지은 '산'山'을 운자로 하는 구절을 완성하다」(원제 '贐李公宜伯出尹平壤, 聯成金學士山字'), 『뇌』2).[30]

'김 학사'는 고려의 문인 김황원(金黃元)을 가리킨다.

● 5월 23일, 작은아버지에게 간찰을 올리다.

〈사인암찬〉, 『서화평석』(2)
1025쪽

「사촌동생에게 보낸 간찰 8」, 『능호집』(하) 부록
419면

「작은아버지에게 올린 간찰 7」, 『능호집』(하) 부록 394면

---

29 당시 풍기로 귀양 간 이유수를 가리킨다.

30 이시중은 4월 11일 평양서윤에 제수되어 5월 2일 사은숙배했으므로 이 사이의 일이다.

영조 27년 (신미辛未)

1751년

42세

간찰 중의 "정국(政局)의 소문은 요사이는 특별한 것은 없습니다. 주상께서 새 조항(條項)을 강경히 지지하시와 경연(經筵)에서 여러 번 말씀을 내리셨는데[31] 어떤 사람은 조대신(趙大臣: 조현명)이 절목책자(節目冊子)를 올렸다[32]고 합니다"(時奇近無異聞, 而上意堅持新條, 屢下敎, 或傳趙相進節目冊子云:「작은아버지에게 올린 간찰 7」라는 말에서 보듯, 균역법의 시행을 예의주시하고 있음을 알 수 있다. 또 이 간찰에는, 양주의 갈산(葛山) 서북쪽 용문사 근처 회적동(晦跡洞)에 온 가족이 다 모여 살 만한 은거하기에 알맞은 곳이 있으니 녹봉에서 남는 돈이 생기면 장차 집을 짓고 밭을 이룰 수 있는 자금을 만들어 두는 것이 어떨지 여쭙고 있다. 이인상이 구담은 척박하여 온 가족이 다 모여 살기는 어렵다고 보아 적당한 딴 곳을 물색하고 있었음을 알 수 있다.

「윤자목에게 답한 편지」, 「능호집」(하) — 20면

● 여름 무렵, 「윤자목에게 답한 편지」(원제 '答尹子子穆書')를 작성하다.

『속근사록』(續近思錄)과 『오자근사록』(五子近思錄)에 대해 논평한 편지인데, "비록 주자가 경전에 달아 놓은 장구(章句)라 할지라도 모름지기 의심을 가져 본 후에 귀일(歸一)해야 성인을 독실히 믿을 수 있고 주자를 독실히 믿을 수 있을 것입니다. 먼저 사사로이 믿는 마음을 가지는 건 옳지 않습니다"(雖朱子章句, 要須會疑而後歸一, 便爲篤信聖人, 篤信朱子, 不宜先着私意)라 하여, 주희의 주석에 아무 의심이 없어서는 안 된다고 하였다. 또 "제가 작은 고을의 수령으로서 일을 함에 잘못이 많아 밥 먹을 때 얼굴이 부끄러워 때로 책을 보면서 스스로를 경동(警動)하려 하지만 글이 마음에 잘 들어오지 않습니다. 그래서 벼슬을 그만두어 허물이

---

31 '새 조항'이란 균역법을 말한다. 종래의 양역(良役)은 백성에게 막대한 부담을 준바, 1750년 영조는 이에 대한 대책으로 균역청을 설치했으며 1751년에 절목(節目)을 마련하여 신법을 시행하였다. 그리하여 기존의 양포(良布) 2필을 1필로 반감했으며, 그 재정상의 부족액은 신설된 결세(結稅) 및 어염세(魚鹽稅), 선무군관포(選武軍官布)로 보충하였다.

32 1750년(영조 26) 8월 5일, 3정승(영의정 조현명趙顯命, 좌의정 김약로金若魯, 우의정 정우량鄭羽良)이 연명(連名)하여 양역의 절목 및 차자(箚子)를 임금께 바치고, 1751년(영조 27) 5월 12일, 조현명이 균역에 관한 문답을 담은 소책자를 임금께 바쳤다. 여기서는 아마도 후자를 가리키는 듯하다. 균역법의 시안 마련 및 확정 작업은 조현명이 힘써 돕고 병조판서 홍계희(洪啓禧)가 일을 주관하였다. 당시 사대부들 중에는 균역법 및 이와 연계된 어염세·결세(結稅) 등의 세안(稅案)이 번잡한데다 오히려 백성의 부담을 가중시킨다는 이유에서 반대하는 이가 많았다. 이인상은 1752년 정월 19일 사촌동생에게 보낸 간찰에서도 이 법이 번잡하며 괴이하다는 반응을 보이고 있다.

영조 27년(신미辛未)

1751년

42세

적기를 바라고 있습니다"(如麟祥作小邑宰, 而循事多誤, 當食慚顏, 間欲看書以自警動, 而苦不入心. 直須投印而去, 庶幾寡過也)라는 말이 보인다.

이 편지의 별폭(別幅)에는 『명산기』(名山記)[33] 및 도연명에 대한 언급이 보인다: "『명산기』에 실린 여러 글을 보건댄 대체로 모두 왕사임(王思任)이나 원중랑(袁中郎) 투의 말이었습니다. 저 또한 그것을 미워해야 함을 스스로 알고 있습니다만, 도리어 또 시류에 의해 변화됨을 면치 못하니 부끄럽습니다."(觀『名山記』所載諸篇, 槩皆王思任、袁中郎一套語. 余亦自知其可厭, 而卻又不免殆爲氣機所轉移, 可愧.) "이를테면 「형가(荊軻)를 노래하다」, 「한정부」(閑情賦) 같은 글은 도리어 골기(骨氣)가 스스로 드러나, 협사(俠士)에 비유한다면 아마 신용(神勇)하여 얼굴빛 하나 변치 않는 자라 할 것입니다. 그렇건만 그대는 넉넉하고 한가하다고만 여기고, 우수(憂愁)나 비분(悲憤)의 언어는 조금도 보지 못하니 이는 어째서인가요? 저는 처사(處士) 중에 진실로 기개를 자부한 이가 많다고 여기는데, 도연명 같은 이는 결코 세도(世道)에 무관심한 사람이 아니었습니다."(如「詠荊軻」詩、「閑情賦」諸篇, 卻自透露骨氣, 譬之俠士, 殆是神勇色不變者, 而高明乃謂優閒, 不少見其憂愁悲憤之語, 何耶? 余謂處士固多負氣, 而若如陶公者, 決非無心於世道者.) 이인상은 또한 별폭에서 "비록 곤궁하여 아래에 처한 자라도 마땅히 나라가 존재하면 살고 나라가 망하면 죽는다는 마음을 세워야 할 것입니다"(雖窮而在下者, 要當以國存則生、國亡則死立心)라 하여 국가와 '사'(士)의 운명을 일체시하는 입장을 보여 준다.

● 윤5월 15일, 오찬, 사간원 정언(正言)에 제수되다.

● 윤5월 18일, 오찬, 상소를 올려 신임의리를 강조하며 징토(懲討)를 엄히 해야 한다면서 소론 인사인 고(故) 영의정 이광좌와 고 좌의정 조태억의 관작을 추탈할 것을 청하다.

● 윤5월 29일, 오찬, 대사헌 정형복(鄭亨復), 부제학 윤급(尹汲), 사간 홍낙성(洪樂性), 응교 김문행(金文行), 장령 유건(柳謇)·권항

---

33 명나라 하당(何鏜)의 『명산승개기』(名山勝槩記)를 말한다. 노고(盧高)·장진언(張縉彦)·곡응태(谷應泰) 등이 증보했다. 46권 29책의 거질이다.

(權抗), 교리 안윤행(安允行), 수찬 이규채(李圭彩)·이현중(李顯重), 부수찬 윤학동(尹學東) 등 삼사(三司)의 신료들과 합사(合辭)해 이광좌와 조태억의 관작 추탈을 청하다.

또 이날 이광좌·조태억을 두둔하는 사직(司直) 이종성(李宗城)을 절도안치(絶島安置)시킬 것을 대리청정 중인 왕세자에게 아뢰다.

● 6월 2일, 영조, 대사헌 정형복, 장령 유건, 사간 홍낙성, 정언 오찬을 체직(遞職)시키다.

● 6월 3일, 오찬, 영조에게 「대양역구폐책」(對良役捄弊策, 『수』)을 바치다.

영조가 문신들에게 균역법의 시행을 앞두고 그 폐단을 구제하는 책문(策文)을 올리라고 명해서 쓴 글이다. 오찬은 이 글에서 군포(軍布) 2필(疋)을 1필로 감한 후 그것을 재정적으로 메우는 방안으로 백성들에게 어염세(魚鹽稅)와 선세(船稅)를 부과하고 은결(隱結)에 세금을 부과하는 방안이 거론되고 있으나, 삼세(三稅)에서 취렴(聚斂)하지 말고 손상익하(損上益下: 위의 것을 덜어 아래에 보탬)하는 데 힘써 임금에게 사심이 없음을 보이는 게 중요하다면서, 이리 말하고 있다: "먼저 내수사(內需司) 및 제궁(諸宮: 궁방宮房)의 긴요치 않은 것을 혁파하여 균역에 부쳐 그 재정 부족분을 메움으로써 백성에게 세금을 더 거두지 않는다면 저 지극히 어리석은 백성들 또한 조정이 백성을 똑같이 사랑하는 뜻을 알아 민심이 스스로 안정될 것이니, 이것이 어찌 민국(民國)이 다같이 부유해지고 적폐를 제거하는 요체가 아니겠습니까."(先罷內司及諸宮之不緊者, 付諸均役以補其減疋, 而不加賦於民, 則彼至愚者, 亦知朝家一視之意, 而民心自安矣. 是豈非民國俱裕, 積弊可祛之要道乎.)

내수사는 왕실 재정 전반을 관장하는 기관이다. 왕실의 비호 아래 내수사는 막강한 권한을 가져 큰 위세를 부린바, 사회적·경제적으로 여러 가지 문제점을 야기하면서 국가 재정에 적지 않은 부담을 주고 있었다. 그래서 율곡 이이가 내수사를 혁파해 호조(戶曹)에 편입해야 한다고 주장한 이래 유형원(柳馨遠)·이유태(李惟泰)·남구만(南九萬) 등이 그 혁파를 주장한 바 있다.

영조는 오찬의 내수사 혁파 건의에 격노하여 "찬(瓚)은 어릴 때부터 내수사의 찬(饌)을 먹었거늘 그 형을 생각한다면 감히 이런 말을 할 수 있나!"(瓚自幼時食內司之饌, 若思其兄, 則敢爲此言乎: 『영조실록』 영조 27년 6월 3일 기사)라고 하였다. 오찬의 백씨 오원이 현종의 부마인 오태주의 양자로 들어갔기에 오찬이 더러 내수사의 덕을 봤음을 지적한 말이다.

내수사를 혁파해야 한다는 오찬의 이 대책문(對策文)은 영조의 격노를 사기에 충분했으며, 불에 기름을 끼얹은 게 되었다. 이를 계기로 영조는 지난 윤5월 29일 사헌부·사간원·홍문관 삼사(三司)에서 징토(懲討)를 엄히 해야 함을 주장하면서 이광조와 조태억의 관작 추탈을 청하는 합사(合辭)를 올린 일을 주동한 인물이 오찬이라고 몰아세웠다. 그리하여 오찬은 한 달 후 문외출송(門外黜送)되고 급기야 사지(死地)인 삼수로 유배 가게 되었다. 만일 오찬이 내수사를 혁파해야 한다는 주장만 하지 않았더라도 오찬은 꼭 유배 가지 않았을지도 모른다.

● 6월 4일, 오찬, 정언이 되어 우쭐대며 형을 잊고 임금을 저버렸다는 이유로 사판(仕版)에서 삭제되다. 대사헌 정형복(鄭亨復)도 같은 조처를 당하다. 임금을 배신하고 당파(黨派)를 위했다는 이유에서다.

● 6월 16일, 좌의정 조현명(趙顯命), 차자(箚子)를 올려 사임 의사를 밝히다.

차자 중에 "오찬이 탕평을 능욕한 것은 모두 신(臣)이 꼭 물러나야 하는 이유가 됩니다"(吳瓚之汚辱蕩平, 皆臣必退之端: 『승정원일기』)라는 말이 보인다. 당시 대리청정 중이었던 동궁(사도세자)이 사퇴를 극구 만류했다.

● 6월, 다백운루 곁에 단하실(丹霞室)을 추가로 건립하다.

이인상은 다백운루의 오른쪽 방을 '단하실'(丹霞室)이라 명명하고, 거기에 승려 설규(雪奎)와 지원(智遠)을 거주케 하여 집을 지키도록 하였다(「단하실기」丹霞室記, 『뇌』4).

● 6월 중순 전후, 잠시 서울에 올라오다.

당시 이인상은 눈병이 심해 의원을 찾아가 치료해야 했던 것으로 보인다(「답윤지」, 『수』).

● 6월 28일, 대사간 민백상(閔百祥), 당론을 일삼았다는 이유로

의금부에 하옥되다.

당시 민백상은 경상 감사에서 체직되어 대사간이 되자 신임옥사와 관련해 징토(懲討)를 주장하는 상소를 올려 물의를 일으켰다. 이 때문에 이날 의금부에 하옥되었으며, 이튿날 거제로의 유배 처분이 내려졌다. 이인상은 거제도로 귀양 가는 민백상에게 시를 증정했다(「거제로 귀양 가는 대사간 민공閔公에게 드리다」(원제 '贈大司諫閔公謫巨濟'), 『뇌』2).

「남쪽 바닷가로 귀양 가는 사람에게 주다」, 『능호집』(상)
388면

● 7월 2일, 오찬, 문외출송되다.

당시 영조는 오찬이 민백상의 효시(嚆矢)이며, 민백상을 선동했다고 했다. 영조가 이런 말을 한 것은, 오찬이 신임의리를 내세우며 징토(懲討)를 주장하는 상소를 민백상보다 먼저 올려서이기도 하지만, 내수사 혁파 건으로 인해 오찬에게 특히 악감정을 가졌기 때문으로 보인다.

● 7월 5일, 오찬, 극지(極地) 삼수(三水)로의 유배 처분이 내려지다.

개마고원 최북단의 삼수는 최악의 유배지로, 한번 들어가면 살아 돌아오기 힘든 곳으로 알려져 있었다. 해발고도가 1200~1300미터나 되는 한반도의 최저온 지대로, 『신증동국여지승람』(新增東國輿地勝覽)에 의하면 음력 7월부터 눈이 내린다. 겨울이 엄청 추워 1월 평균 기온이 영하 15도 내외이며, 최저 40도까지 내려간다.

● 7월 6일, 오찬, 우중(雨中)에 유배길에 오르다.

영조는 하교하기를, "방(榜: 문과 합격증)의 먹물이 마르기도 전에 당습(黨習)에 휩쓸린 것이 오찬이요, 이존중(李存中)을 두둔하고 민백상의 효시가 된 것도 오찬이며, 군부(君父)의 힘써 신칙(申飭)한 하교를 저버리고 그 형의 나라를 위한 마음을 배반한 것이 오찬이다. 여기에 하나만 해당되어도 함께 나랏일을 할 수가 없는데 하물며 이것을 겸하고 있음에랴. 오찬을 삼수부로 귀양 보내되 밤낮을 쉬지 말고 압부(押付)하라!"(榜墨未乾, 揚揚黨習, 吳瓚也; 右袒存中, 爲閔百祥嚆矢, 吳瓚; 負君父勉飭之教, 背其兄爲國之心, 吳瓚也. 有其一於此, 不與同國, 況兼此乎. 吳瓚, 三水府投界, 倍日押付; 『영조실록』 영조 27년 7월 5일 기사)라고 하였다.

오찬은 유배 가기 전 이인상이 자신에게 맡겨 놓은 분매(盆梅)

를 훈련대장 김성웅의 집에 맡겼다. 이인상은 이 매화를 음죽 현감을 그만둔 후인 1754년 도로 찾아왔다.

「오경보에게 준 편지」, 「능호집」(하) ——
40면

● 7월 중순, 유배길의 오찬에게 편지를 보내다.

편지는 다음과 같다: "타는 듯한 늦더위에 바삐 고개를 넘으시느라 기거(起居)가 어떠신지요? 동북쪽 길이니 그래도 선선한 편이 아닌가요? 몹시 근심하며 탄식하고 있습니다. 그대의 정성을 임금님께서 아시지 못해 마침내 말로 인해 죄를 얻게 되었고 노모와 멀리 헤어지게 되니, 마음이 참으로 괴롭겠지요. 하지만 그대의 마음은 진실로 죄를 입게 된 일을 걱정하는 게 아니라 임금님의 마음을 바루지 못한 일을 걱정하고 있고, 신하로서의 절개를 다하지 못해 어머님의 마음을 편안하게 해 드리지 못한 게 아닐까 걱정하는 것이지 어머님과의 헤어짐을 걱정하는 것은 아닐 테지요. 근심하는 그 마음을 또한 어떻게 위로해야 할지. 그렇지만 불우하게 몸을 마칠까 걱정하는 것이 아니라면 명분과 절개를 온전히 하기로 마음먹을 뿐이고, 명절(名節)을 근심거리로 여기지 않는다면 또한 자신의 마음을 다해 하늘을 우러르고 땅을 굽어보아 부끄럼이 없기로 마음먹을 뿐입니다. 점점 그리로 향할수록 의사(意思)는 점점 느긋해지고, 즐거운 곳은 점점 많아지며, 충효의 도리도 마침내 온전해질 것입니다.

아아! 선비가 이 세상을 사는 데에 다른 즐거움은 없거늘, 오직 독서 한 가지 일로써 몸을 편안히 하고 본성(本性)을 지키는 바탕으로 삼아야 할 것이며, 또한 벗들의 도움을 받은 후에야 허물을 줄이고 선(善)에 나아갈 수 있을 것입니다. 비록 조금 수립한 바가 있다 할지라도, 항상 뜻에 차지 않는 듯 부족하게 여긴 후에야 이 마음이 비로소 참되고 바르게 될 것입니다. 글로 다 말하지 못합니다. 부디 자중자애하시어 저의 구구한 정성에 부응했으면 합니다. 편지 뒤에 붙인 몇 마디 말도 함께 보시기 바랍니다.

'하늘은 마음을 분발시키고 성질을 참게 함으로써 그 능하지 못한 바를 증익(增益)해 주고자 한다.'[34] 이 말은 환난에

---

34 『맹자』「고자」(告子) 하(下)에 "하늘이 장차 큰 임무를 누구에게 내리려 하실 때에는 반드시 그 뜻을 괴롭게 하며, 그 근골(筋骨)을 수고롭게 하며, 그 몸을 굶주리게 하며, 그 몸을 빈궁하게 하여, 그 하는 바를 어그러지게 하나니, 이는 마음을 분발시키고 성질을 참게 함으로써 그 능하지 못한 바를 증익(增益)해 주고자 해서다"(天將降大任於是人也, 必先苦其

대처하는 가장 긴요한 방도가 됩니다. 이 뜻을 다하려면 오직 독서 한 가지 길이 있나니 모름지기 실심(實心)[35]으로 공부해야겠지요.

먼저 뜻을 세워야 합니다. 뜻이 서지 않으면 만사가 분명히 판단되지 않습니다. 한인(閒人)[36]이 되려 하든, 달인(達人)[37]이 되려 하든, 문장과 절의를 갖춘 선비가 되려 하든, 통유(通儒)나 순유(純儒)[38]가 되려 하든, 성인(聖人)이 되려 하든, 먼저 일정한 방향을 정해 놓고 나의 역량과 지기(志氣)를 헤아려야 하며, 나이가 많고 적음은 따질 필요가 없습니다. 만약 일에 따라 방편대로 하여 목전의 계획으로 삼는다면, 어물어물 일생을 보내다가 끝내 이루는 바가 없을 터이니, 일개 한인(閒人)이 되려 해도 또한 온전히 될 수 없을 것입니다. 근자에 깨달은 바가 있으니, 군자의 출처(出處)는 모름지기 시세(時勢)를 살펴야 하며, 스스로를 대하기를 십분 진중하게 해야 한다는 사실입니다. 만약 한때의 의기(意氣)로 망령되이 벼슬에 나아가려 한다면, 이름을 훼손하고 몸을 욕되게 하지 않는 경우가 드물 것입니다. 달(達)하면 나아가 도를 행하고, 궁(窮)하면 글을 써서 후세에 말을 남긴다고 했거늘, 마음씀은 둘 모두 수고롭다 하겠으나 궁한 사람이 끝내 몸을 지킬 수 있습니다.

북관(北關)의 여러 명승지를 인연이 닿아 한번 보게 되는 것도 또한 기사(奇事)라 할 것입니다. 옛사람들은 유배되고 귀양 갔을 적에 산수에 의탁했으니 문장과 지기(志氣)가 그 때문에 나아지는 경우가 많았습니다. 우리나라에는 먼 변방의 나쁜 땅은 없다 하겠으니, 설사 제주도나 흑산도나 육진(六鎭)이라 해도 춘주(春州)·매주(梅州)·경주(瓊州)·뇌주(雷州)[39]에 비하면 훨씬 편안하다 할 것입니다. 그런데도 사람

心志, 勞其筋骨, 餓其體膚, 空乏其身, 行拂亂其所爲, 所以動心忍性, 增益其所不能)라는 말이 보인다.

35 진실된 마음.

36 산야(山野)에서 유유자적하며 몸을 닦고 학문에 힘쓰는 사람. 즉 처사(處士).

37 널리 사리에 통달한 사람.

38 '통유'는 박학한 유자(儒者)를, '순유'는 순수한 유자(儒者)를 이른다.

영조 27년(신미辛未)

1751년

42세

들이 대부분 사지(死地)라 여기는 것은, 자못 유원성(劉元城)[40]을 비롯한 제공(諸公)이 어떤 고초를 겪었으며 어떤 기절(氣節)을 연마했는지 알지 못해서입니다.

예전에 그대와 더불어 서사(書史)를 강마(講磨)하기도 하고, 산을 품평하거나 거문고를 배우기도 하고, 꽃을 옮겨 심거나 대나무를 심기도 하는 등, 한가롭고 편안하게 자재(自在)했었지요. 그것들이 한때의 일이라면 멀리서 서로 그리워하고 근심하면서 해를 보내는 것 역시 한때의 일일 것입니다. 만사는 일부러 그렇게 하지 않았는데도 절로 그렇게 됩니다. 요컨대 마음을 환히 비우고 편안히 가져 조금도 막힘이 없게 하고, 외물(外物)이 다가오면 순응하되 기(氣)가 꺾여서는 안 될 것입니다."

〔老炎如焚, 倍道過嶺, 起居增護? 路出東北, 猶淸凉否? 耿耿憂歎. 精誠未被上知, 而竟以言獲罪, 遠離老親, 其心誠苦矣. 然高明之意, 固不以被罪爲憂, 而以不能格君心爲憂, 惟恐不盡臣節以安親心, 而不以離親爲憂. 其心耿然, 亦又何慰? 然不以坎軻沒身爲憂, 則以全節完名爲心而已 不以名節爲憂, 則又以盡吾之心而俯仰無愧爲心而已. 漸就向裏, 意思漸寬, 樂處漸多, 忠孝之道, 於是乎全矣.

嗚呼! 士生斯世, 無他可樂, 惟讀書一事, 爲安身立命之地, 而資之朋友而後, 又可以寡過而進善. 雖有少樹立, 常有欿然不足之意而後, 此心始眞正矣. 書不盡言, 千萬自重, 以副區區. 書後數段語, 幷宜覽至.

"動心忍性, 增益其所不能." 此語最爲處患難之要道. 欲盡此義, 惟有讀書一事, 須實心下工.

須先立志. 志不立, 則百事無時了斷. 要做閒人, 要做達人, 要做爲文章節義之士, 要做爲通儒爲純儒, 要做爲聖人, 俱要先有定向, 而稱我力量志氣, 不要較計年紀衰盛. 若隨事方便爲目前計, 則依違一

---

39 춘주·매주·경주·뇌주 모두 중국 남쪽 변방의 땅 이름이다. 춘주와 매주는 지금의 광동성(廣東省)에 있는 땅이고, 경주와 뇌주는 지금의 해남도(海南島)와 뇌주반도(雷州半島)에 해당하는 땅이다. 송(宋)나라 때 당개(唐介)가 춘주(春州)에, 유안세(劉安世)가 매주(梅州)에, 소식(蘇軾)이 경주(瓊州)에, 소철(蘇轍)이 뇌주(雷州)에 귀양 간 적이 있다.

40 송나라 신종(神宗)·철종(哲宗) 때의 인물로 이름은 안세(安世)이고, 자(字)는 기지(器之)이다. 사마광(司馬光)에게 배웠으며, 간의대부로 있으면서 강직한 간쟁을 하여 '전상호'(殿上虎: 궁궐의 호랑이)라 불렸다. 장돈(章惇)에게 미움을 받아 여러 곳에 귀양 갔다가 겨우 살아났다.

生, 終無所成就, 欲做一閒人亦不純.

近有所覺得, 君子出處, 須審量時勢, 而自待須十分尊重. 若以一時之意氣, 妄擬進取, 則鮮不敗名辱身. 達則行其道, 窮則著書立言. 用心俱勞, 而窮者終能保身.

北關諸勝, 因緣一覽, 亦是奇事. 古人多於流離遷謫之際, 寄托於山水, 文章志氣, 因而長進. 東國無遠惡地, 雖耽羅、黑山、六鎮, 比之春、梅、瓊、雷, 不啻便逸, 而人多視以死地, 殊不知劉元城諸公喫得何等苦楚, 鍊得何等氣節.

向與高明講磨書史, 評山學琴, 移花種竹, 閒靖自在, 彼固一時, 遠地相望憂歎終年者, 此亦一時. 萬事莫之爲而然. 要使胸中虛明安泰, 無少芥滯, 使物來順應, 而不撓其氣而已:「오경보에게 준 편지」(원제 '與吳敬父書'), 『능』3〕

● 7월 22일, 오찬, 유배지 삼수에 도착하다.

● 가을, 다백운루가 있는 구담봉과 옥순봉 사이의 모래 언덕에서 천맥(泉脈)을 발견하자 못을 만들어 연(蓮)을 심을 수 있겠다고 여겨 몹시 기뻐하다.

「산천정 기사」, 『능호집』(하)
278면

6년 후인 1757년 「산천정 기사」라는 글을 써서 이 일을 기록했다.

● 10월 2일, 김진상을 모시고 봉황대(鳳凰臺)[41]와 용문산(龍門山)에 노닐다. 김진상의 양자인 김열택(金說澤, 1727~1799, 자 여우汝雨, 호 낭옹浪翁)도 함께하다(「10월 2일, 퇴어 어른을 모시고 봉대鳳臺(봉황대)와 용문龍門(용문산)에서 노닐었는데 여우씨(김열택)도 함께하다"(원제 '十月二日, 陪退漁丈, 游鳳臺、龍門, 汝雨氏亦偕'), 『뇌』2).

● 인척 유묵지(柳黙之, 서얼)[42]가 음죽현을 지나다가 고을에 유숙

---

41 경기도 양평군 용문산 기슭에 있다.

42 본관이 전주인 유묵지는 박수항(朴粹恒)에게 시집간 이인상 종고모할머니의 사위이다. 이 종고모할머니의 또 다른 사위는 이봉환의 부친인 이정언(李廷彦)이다. 따라서 유묵지와 이정언은 동서간이다. 유묵지의 증조부는 경상 감사와 평안 감사를 지낸 유심(柳淰, 1608~1667)이고, 조부는 유이태(柳以泰)이며, 부친은 태인 현감을 지낸 유근(柳近)이다. 유후는 유근의 서제(庶弟)이고, 유묵지는 유근의 서자이다. 유묵지는 진사시에 합격한 바 있으나 벼슬을 한 것 같지는 않다. 『이재난고』(頤齋亂藁) 권18의 신묘년(1771) 4월 17일 일기에 "유덕장의 대나무 그림, 유묵지의 매화 그림, 윤덕희의 승려 그림과 말 그림, 이인상의 영지 그림과 연꽃 그림은 모두 한 가지 재주의 명가(名家)라고 한다"(如柳德章之竹, 柳黙之之梅, 尹德熙之僧馬, 李麟祥之芝蓮, 俱偏才名家云: 한국학자료총서 3 『이재난고』 제3책, 한국정신문화연구원, 1997, 665면)라는 말이 보이는 것으로 보아 유묵지는 매화 그림에 능했던 인물임을 알 수 있다. 한편 유후는 유심의 서자인 유이면(柳

하자 그의 시에 화답하고 겸하여 유후에게 편지로 보내다.

이인상은 "도산(道山)[43]은 안빈낙지(安貧樂志)하는데 시 또한 좋아 기억할 만하다"[道山安貧樂志, 詩亦工可念:「유류 아저씨 묵지黙之가 현縣의 마을에 유숙하였다. 그 시에 감사하여 차운하여 드렸으며 겸하여 이를 도산道山 유봉사柳奉事[44]에게 편지로 보냈다. 나는 도산의 「석양산창」夕陽山牕 시를 기억하고 있는데, 그 시의 한 연聯에 이르기를 "허정虛淨하여 종이가 없는가 의심되고/산 기운이 이니 안개가 낀 듯"이라 했다. 도산은 안빈낙지하는데 시 또한 좋아 기억할 만하다」(원제 '柳叔黙之過宿縣村, 感次其韻以贈, 兼簡道山柳奉事, 記得夕陽山牕詩, 一聯曰: "虛淨疑無紙, 氤氳似有煙." 道山安貧樂志, 詩亦工可念'), 『뇌』2]라면서 유후에 대한 존모감(尊慕感)을 드러내고 있다.

● 경력(經歷) 정기안(鄭基安)에게 「남한산성에서 감회가 있어」 (원제 '南漢感懷', 『뇌』2)라는 시를 지어 보내다.

정기안은 8월 17일 광주(廣州) 경력에 제수되었다.

● 오종형제인 이규상(李奎祥, 자 취오聚五)이 관아를 방문해 기뻐서 시를 짓다「취오씨가 내방했기에 기뻐서 짓다」(원제 '聚五氏奎祥來訪, 喜賦'), 『뇌』2].

이규상은 이보상의 삼종제로, 평생을 처사로 살았다.

● 11월 7일, 오찬, 유배지에서 숨을 거두다. 향년 35세.

오찬이 유배 간 삼수는 함경남도의 최북단이다.『신증동국여지승람』에는 삼수군이 이리 기술되어 있다: "동쪽으로 갑산부계(甲山府界)까지 125리이고, 남쪽으로 함흥부계(咸興府界)까지 344리이며, 서쪽으로 평안도의 고 무창군계(古茂昌郡界)까지 110리이고, 북쪽으로 압록강까지 1리이며, 서울까지는 1,573리이다."(東至甲山府界一百二十五里, 南至咸興府界三百四十四里, 西至平安道古茂昌郡界一百十里, 北至鴨綠江一里, 距京都一千五百七十三里.) 또 이 책에는 '삼수'라는 명칭의 유래가 이리 설명되어 있다: "갑산부에서 서북으로 2일 걸리는 거리인데 잔도(棧道)를 경유한다. 이방동(李

以免)의 아들이다. 따라서 유묵지에게는 당숙(堂叔)이 된다. 그러니 이인상과 유후·유묵지는 서로 인척간이다.

43 유후는 보통 '취설'(醉雪)이라는 호로 알려져 있는데, '도산'(道山)은 그의 별호다. 선영이 있는 도봉산 기슭에 거주했기에 이런 호를 썼다.

44 유후가 당시 봉사 벼슬을 하고 있었기에 이리 칭했다.

方洞), 적생동(積生洞), 신원절동(申元節洞), 오감덕(五敢德), 허공교(虛空橋), 검은지달(黔隱遲達) 등의 곳에는 1보(步)의 평지도 없으며, 세 개의 큰 강이 있는데, 하나는 백두산 아래의 마죽동(馬竹洞)에서 나와 혜산진(惠山鎭)과 인차외(仁遮外)를 거쳐 최천이동(崔天已洞)의 물과 합류하여 군계(郡界)로 들어오고, 하나는 길성현(吉城縣) 북쪽 장백산 서북보(西北堡)에서 나와 운총보(雲寵堡)를 거쳐 허천강(虛川江)과 합하여 강기(江岐)에 이르러 군계로 들어오고, 또 하나는 함흥부(咸興府)의 황초령(黃草嶺)·부전령(赴戰嶺)과 평안도 강계부(江界府)의 오만령(五萬嶺) 등의 물이 합하여 어면강(魚面江)이 되어 군계로 들어오는데, 이 세 물이 합류하여 압록강으로 들어가기 때문에 '삼수'라고 이른다 하고, 혹은 말하기를 '군(郡)이 어면강·압록강·삼수동수(三水洞水)의 세 가닥 사이에 있기 때문에 삼수라 이름했다'라고 한다."(自甲山府西北, 距二日程, 經由棧道, 與李方洞·積生洞·申元節洞·五敢德·虛空橋·黔隱遲達等處, 無一步平地. 有三大水, 一出白頭山下馬竹洞, 經惠山鎭暨仁遮外, 與崔天已洞水合流, 入郡界. 一出吉城縣北長白山西北堡, 經雲寵堡, 與虛川江合, 至江岐, 入郡界. 一咸興府黃草嶺·赴戰嶺·平安道江界府五萬嶺等水, 合爲魚面江, 入郡界. 三水合流入鴨綠江, 故曰三水. 或曰: '郡在魚面江·鴨綠江·三水洞水三岐之間, 故名三水.')

함경남도 최북단의 삼수와 갑산은 산세가 험한 오지인데다 겨울에 엄청나게 추워 이곳에 유배 오면 살아서 돌아가기가 쉽지 않았다. 20세기 일제강점기의 시인 김소월은 「삼수갑산」이라는 시에서 이곳을 이리 노래했다.

삼수갑산(三水甲山) 내 왜 왔노 삼수갑산이 어디뇨
오고나니 기험(奇險)타 아하 물도 많고 산(山) 첩첩이라 아하하

내 고향을 도로 가자 내 고향을 내 못 가네
산수갑산 멀더라 아하 촉도지난(蜀道之難)이 예로구나 아하하

삼수갑산이 어디뇨 내가 오고 내 못 가네
불귀(不歸)로다 내 고향 아하 새가 되면 떠 가리라 아하하

님 계신 곳 내 고향을 내 못 가네 내 못 가네
오다가다 야속타 아하 삼수갑산이 날 가두었네 아하하

내 고향을 가고지고 오호 삼수갑산 날 가두었네
불귀(不歸)로다 내 몸이야 아하 삼수갑산 못 벗어난다 아하
하[45]

　　김소월의 시에서 '삼수갑산'은 벗어날 수 없는 암울한 식민지
현실에 대한 은유다. 김소월은 삼수갑산에 들어가면 빠져 나오기
어렵다는 전통적 관념에 기대어 이 시를 썼다 할 것이다. 현재 전
하는 자료에 의하면 오찬은 9월까지는 그럭저럭 잘 견뎌내고 있
었다. 하지만 겨울로 접어들면서 극심한 추위를 견뎌내지 못하고
그만 불귀(不歸)의 객(客)이 된 게 아닌가 한다. 서울을 떠난 지 넉
달만이요, 유배지에 온 지 석 달 보름만이다. 영조는 이달 21일
오찬이 죽었다는 소식을 접하자 "어찌 그리 허약한고"(豈若是虛弱
乎:『승정원일기』, 영조 27년 11월 21일)라고 말했다.
　　『영조실록』의 오찬 졸기(卒記)는 다음과 같다: "전 정언 오찬이
삼수에서 졸(卒)하였다. 오찬은 대제학 오원의 아우이다. 문과에
급제해 처음 벼슬했을 때 할 말을 다하고 숨기지 않다가 마침내
엄중한 견책을 받아 절새(絶塞)에서 죽으니 사람들이 다 가련하
게 여겼다."(前正言吳瓚, 卒於三水. 瓚, 大提學瑗之弟也. 釋褐之初, 能盡
言不諱, 遂被嚴譴, 死於絶塞, 人皆憐之.)
　　『승정원일기』 영조 27년 11월 21일 기사에는, 우부승지(右副
承旨) 신회(申晦)가 어전에서 "(오찬의) 집에 노모가 있사온데 오찬
이 변방에 귀양 가 죽어 정리(情理)가 실로 참담하옵니다"(而家有
老母, 謫死塞外, 情理實慘然矣)라고 아뢴 말이 보인다. 당시 오찬의

---

45 『新人文學』3(1934. 11)에 발표된 시다. 여기서는 김용직 편저, 『김소월전집』, 재판, 서울대출판부, 2001, 218면의 것을
인용했다. 다만 맞춤법과 띄어쓰기는 지금의 것으로 바꾸고, 한자도 원래 노출되어 있는 것을 한글에 병기하는 방식으로
바꾸었다.

생부, 양부, 양모는 모두 이미 고인이 되었지만 생모 대구 서씨는 생존해 있었으며, 58세였다. 대구 서씨는 14년 뒤인 1765년 72세를 일기로 세상을 떴다.

오찬의 초취(初娶)는 청송 심씨인데 1740년 스물여섯 살에 죽었으며 딸이 둘 있었다. 재취(再娶)는 경주 김씨인데 1773년 마흔아홉 살에 죽었으며 딸이 하나 있었다. 경주 김씨가 낳은 딸은 김순택의 아들 김상모(金相謨)에게 시집 갔다(이 딸은 세 살 때 김순택이 오찬에게 청해 김상모와 정혼했다. 모친의 장례를 치르기 전에 병으로 죽었는데, 당시 스물다섯 살이었으며 생후 8개월 된 딸이 하나 있었다. 김순택은 「상모부 오씨 묘지」相謨婦吳氏墓誌(『지』3)를 지어 며느리의 죽음을 애도하였다). 오찬은 아들이 없었으므로 형 오관(吳瓘)의 아들 재경(載絅, 1735~1788)을 양자로 들였다.

훗날 벗이자 사돈인 김순택이 오찬의 행장을 찬(撰)했다. 그 글 중에 "두어 명 뜻을 같이하는 선비들이 기뻐하며 군(君)을 따라 노닐었다"(數三同志之士, 喜從君游) "군은 비록 술을 마시지 못했지만, 풍류가 있고 온화하게 어울리는 모습이 술을 마시는 이와 진배가 없었다"(君雖不能飮酒, 風流和舒如飮於酒者) "문을 닫고 경쇠를 쳤기에 집 이름을 '옥경루'라 하였다"(杜門擊磬, 名其居曰'玉磬樓')라는 말이 보인다(「고 정언 오군 경보 행장」故正言吳君敬父行狀, 『지』3).

오찬의 급작스런 죽음에 이인상은 말할 수 없이 큰 충격을 받았던 것 같다. 이인상의 삶이 오찬의 죽음 이전과 이후로 나뉜다고 말할 수 있을 정도로 오찬의 죽음은 이인상의 삶에 큰 그늘을 드리운 것으로 여겨진다. 또한 이 일을 계기로 단호그룹은 쇠락기로 접어든다.

● 12월, 이최지, 정산(定山: 지금의 충남 청양군 정산면) 현감에 제수되다.

● 겨울, 백씨와 함께 이호(梨湖)에 거주하는 김진상을 방문해 매화를 감상하다(「관매기」, 『뇌』4).

「소화사」, 「능호집」(하) ——
182면

● 12월 23일, 죽은 오찬을 위해 「소화사」(素華辭)를 지어 삼수(三水)에 보내다.[46]

그 일부를 보이면 다음과 같다: "슬픈 편지 보냈었지, 그대 북쪽 변방에서/사방에 높은 산 둘러싸고, 거목이 하늘을 덮었다지/눈 덮힌 쓸쓸한 흙집에는, 버려진 빗과 망건/임금과 어머니 그리워/뼈가 아프고 살이 녹네/친구 날로 멀어지니, 누구와 소요할꼬/슬픔을 견딜 길 없어, 주자와 두보를 읽네/와서 가르침을 청하는 무부(武夫) 있었다지, 강태공의 병법에 대해[47]/준마(駿馬) 타고 활을 쏘며, 장수는 호령하네/예로부터 얼음 꽁꽁 얼어, 어강(魚江)[48]에는 물결도 없네/저 땅에 무슨 즐거움이 있으리, 혼이여 거기 머물지 마소!"(緘哀稿紙兮, 君在北塞. 四山高圍兮, 鉅木蔽天. 牢臥雪屋兮, 廢櫛與巾. 思慕君親兮, 骨痛肌銷. 友朋日遠兮, 誰與逍遙. 無以塞悲兮, 晦父之文、杜氏之詩. 有來問業兮, 渭叟兵韜. 駿馬良弓兮, 壯士叫號. 玄氷亘古兮, 魚江無濤. 彼土何樂兮, 子無滯魄:「소화사」素華辭, 『능』4)

이인상은 이달 입춘일에 오찬의 꿈을 꾼 뒤 오찬의 넋이 혹 삼수에 갇혀 서울 집으로 돌아오지 못하고 있는가 걱정하여 초혼사(招魂辭)에 해당하는 이 글을 지었다. 흰 오동꽃에 탁흥(托興)한 초사풍(楚辭風)의 글로서, 오찬과 함께한 소중한 시간들을 회억하는 한편, 오찬의 혼이 서울 집으로 돌아오기를 간구한 글이다.

「오문경에게 답한 편지」, 「능호집」(하)—44면

● 12월, 오찬의 조카 오재순에게 편지를 보내 오찬의 명정(銘旌)에 '淸修'라는 두 글자를 쓰는 것이 예에 맞지 않는 일임을 밝히다.

———

「신성보에게 준 편지」, 「능호집」(하)—28면

● 신소에게 편지를 보내 "그대는 차마 세상을 과감히 잊지 못하는 마음이 몹시 심해 세상에 저촉되는 말을 하여 뭇사람의 흘김을 받는 거지요. 제 경우는 더욱 심합니다"(如高明不忍果忘之意尤甚, 其言語之所觸發, 衆人側目. 至於麟祥, 則尤過當矣:「신성보에게 준 편지」(원제 '與申子成甫書'), 『능』3)라고 하다.

「송시해에게 준 편지」, 「능호집」(하)—58면

● 송익흠에게 편지를 보내, 비록 서찰을 주고받는 일은 하지 않

---

46 『능호집』 권4에 실린 「소화사」 말미의 "나는 애사를 지어 함경도에 보냈다"(余旣作哀辭, 送于北路)라는 말과 "애사는 섣달 23일 지었다"(哀辭作於臘月卄三)라는 세주(細註) 참조.
47 삼수의 한 무부(武夫)가 오찬을 찾아와 병서를 배우고자 했다는 사실은 오찬이 1751년 9월 김순택에게 보낸 편지인 「답유문서」(答孺文書, 『수』)에 보인다.
48 삼수에 있던 강인 어면강(魚面江)을 말한다.

더라도 글쓰기 행위는 해야 함을 충고하다.

● 이윤영이 저술한 『오군산수기』(五郡山水紀)에 서문을 쓰다.

　　'오군'은 영춘·단양·청풍·제천·영월을 이른다. 이인상은 이 글에서 "배와 수레로 멀리 가지 않고 서울에서 멀리 떠나지 않으면서도 종신토록 넉넉히 즐길 수 있는 곳은 오직 오군(五郡) 산수일 것이다"(舟車顧不可以遠涉, 都門不可以遠離, 而可以終身優游者, 獨五郡山水是也)라고 하였다. 또한 이윤영의 이 책에 슬픈 말이 많아 이 글을 써서 그를 위로하고 세상의 군자들에게 질정을 구한다고 했다.

● 〈두보시의도〉(杜甫詩意圖, 선문대학교 박물관 소장), 〈회도인시의도〉(回道人詩意圖, 국립중앙박물관 소장), 〈여재산음도상도〉(如在山陰道上圖, 개인 소장)[49]는 모두 이해로부터 몇 년 사이에 그려진 것으로 추정된다.

　　이인상이 구담봉과 옥순봉 사이에 다백운루를 짓고 그 일대의 산수를 완상하면서 그의 화풍(畫風)에 변화가 야기된다. 〈두보시의도〉에는 "높은 강 급한 협곡에 우뢰가 싸우고/고목(古木)과 창등(蒼藤)에 일월이 어둡네"(高江急峽雷霆鬪, 古木蒼藤日月昏)라는 관지가 적혀 있고 "이인상인"(李麟祥印)이라는 인장이 찍혀 있다. 〈회도인시의도〉에는 "사람이 없으니 구름이 있고/구름이 없으니 사람이 있네/바람 고요하고 물은 맑으며/군옥(群玉) 같은 봉우리 층층이 솟았네/무지개 사라지고 반달이 뜨니/은거해 신(神)을 보존해야지"(無人有雲, 無雲有人. 風靜水明, 群玉嶙峋, 虹銷月偃, 斂處存神)라는 제시(題詩)와 "장난삼아 회도인의 시의(詩意)를 부연하다"(戲演回道人詩意)라는 관지가 적혀 있다.

○ 성범조 사망.

○ 이유수, 1월 부수찬에, 3월 정언에 제수되다. 이달 14일 왕이 친국(親鞫)할 때 패초(牌招)를 어겼다고 하여 경상도 풍기로 귀양 갔다가 동년 9월 18일 방송(放送)되다.

〈여재산음도상도〉(부분), 『서화평석』(1) 352면

『오군산수기』 서, 『능호집』(하) ── 99면

〈두보시의도〉, 『서화평석』(1) ── 276면
〈회도인시의도〉, 『서화평석』(1) 286면

49　〈두보시의도〉는 종래 〈고강창파도〉(高江滄波圖)로, 〈회도인시의도〉는 종래 〈무인유운도〉(無人有雲圖)로, 〈여재산음도상도〉는 종래 〈산음도상도〉로 불렸다.

○ 이명익, 2월 정릉(貞陵) 참봉에, 3월 동몽교관에 제수되다.

○ 이휘지, 2월 사복시 주부에, 4월 호조좌랑에, 7월 사복시 판관에, 12월 영유(永柔) 현령에 제수되다.

○ 이최중, 2월 문과에 급제하고, 4월 가주서(假注書)에 제수되다.

이최중은 영의정 이유(李濡)의 손자이고 홍봉한(洪鳳漢)의 고종사촌동생으로서, 문장에 능하다는 평이 있었다. 백씨는 이시중이고, 중씨는 이명중(李明中)이다.

○ 권진응, 2월 시직(侍直)에 제수되다.

○ 김성자, 2월 사옹원 첨정(僉正)에, 12월 파주 목사에 제수되다.

○ 김성응, 2월 판의금부사에, 4월 훈련대장에 제수되다.

○ 성효기, 2월 예빈시 참봉에 제수되다.

○ 이윤영, 정월 김상묵의 집에서 김종수를 처음 만나다.[50]

○ 이윤영, 봄 오찬이 답서를 보내와 "지난 겨울의 『매권』(梅卷)은 백우한테 있어 미처 보내지 못하니 탄식할 만합니다"(前冬梅卷在伯愚, 未及奉呈, 可嘆:「답윤지서」答胤之書, 『수』)라고 하다.

'지난 겨울의 『매권』'이란 이윤영·오찬·김상묵이 각각 지은 매화시 8편의 권축(卷軸)을 말한다.

○ 이윤영, 2월 단양 군수로 부임하는 부친을 모시고 단양으로 내려가다.

○ 오찬, 2월 말 이윤영에게 답서를 보내 벼슬길에서의 어려움을 말하며 지교(指敎)를 청하다.

편지 중에 이런 말이 보인다: "가르쳐 주시는 뜻이 신중하고 자세하니 고명(高明)께서 저를 사랑하지 않는다면 어찌 이를 얻을 수 있겠습니까. 삼가 마땅히 명심하겠사오나 다만 한번 세상길에 나와 대략 풍편에 전하는 말을 들으니 경악하게 되지 않는 것이 없거늘 오활하고 어리석어 본디 추향(趨向)에 어두운 사람이 이를 어찌 벗어날는지요. 생각이 이에 미치면 먹고 자는 것이 편치 않으니 어찌 하겠습니까, 어찌 하겠습니까. 평일에 믿고 의지하는 이는 오직 고명의 무리 서너 사람인데 서로 멀리 떨어져

---

50 「경보와 함께 백우의 작은 감실 속 매화를 보다가 김정부를 만나 그 시에 화답해서 주다」(원제 '偕敬父觀伯愚小龕梅花, 遇金定夫, 和其詩贈之', 『단』7)의 "군(君)을 늦게 이제야 안 게 애석하나니／장차 선경(仙境)에서 봤으면 좋겠네"(可惜知君今已晚, 且將神境好參尋)라는 말 참조.

있어 자주 좋은 계책을 받들지 못하니 더욱 사람을 늙게 만듭니다."(敎意謹悉, 非高明之愛我, 何由得此? 謹當拜受銘心, 而第一出世道, 略聞風傳, 無非驚愕, 則顧空疎愚劣, 素昧趨向者, 將何以拔出耶. 思之及此, 宿食靡安, 奈何奈何? 平日所依恃者, 唯高明輩數人, 相距落落, 亦無由頻承嘉謨, 尤令人欲老:「답윤지서」, 『수』)

오찬은 이달 18일 장원급제했다. 이윤영은 이달 22일 단양 부사로 부임하는 부친을 따라 단양으로 내려왔고, 이인상은 당시 사근도 찰방에 재직 중이었다. "믿고 의지하는 이는 오직 고명의 무리 서너 사람인데 서로 멀리 떨어져 있어" 운운한 것은 이 때문이다.

○ 이윤영, 3월 여러 벗들과 모여 단양의 여러 승경을 유람하다.

당시 이윤영은 아우 이운영과 스승 윤심형의 아들 윤상후(尹象厚)와 함께 배를 타고 제천의 한벽루(寒碧樓)로 가서 서울에서 내려온 김상묵과 김종수를 맞이하여 밤새 담소를 나누었으며, 풍기로 유배 가는 이유수를 전별한 후 구담·도담·사인암·삼선암 등 단양의 승경을 구경하였다.

○ 오찬, 3·4월 경 「백우가 소장한 윤지의 그림에 원령의 발문이 붙어 있는데 그 뒤에 쓰다」(원제 '書伯愚藏胤之畵元靈跋後', 『수』)라는 글을 짓다.

○ 송익흠, 4월 금부도사에 제수되었다가 5월 사옹원 주부로 옮기다.

○ 김종후, 4월 내시교관(內侍敎官)에, 5월 세마(洗馬)에 제수되다.

○ 이윤영, 5월 아우 이운영과 함께 영춘(永春)에 가 민우수(閔遇洙) 및 영춘 현감 민백분(閔百奮, 자 홍지興之)과 함께 북벽(北壁)과 남굴(南窟)을 유람하다.

○ 오찬, 6월 상순경 이윤영에게 편지를 보내 정언 벼슬에서 해직되어 한가롭게 지내고 있어 다시 공부를 하고자 하나 딸아이의 혼인이 다가오는 바람에 전심하지 못하고 있음을 말하다. 그리고 자신에게 기탄없이 지교(指敎)해 줄 것을 청하다(「여윤지서」與胤之書, 『수』).

이때만 해도 오찬은 자신이 유배까지 가리라고는 생각지 못했던 것 같다.

○ 오찬, 6월 상순경 이윤영에게 답서를 보내, 원령의 편지를 보고서 이윤영이 영춘과 영월에 성대하게 노닐었음을 알았다고 하다.

답서의 일부를 보이면 다음과 같다: "원령의 편지로 인해 영춘과 영월의 유람이 또한 성대했음을 듣게 되어 다만 절로 넋이 나갈 뿐인데 훌륭한 글이 뒤따라 이르니 흡사 가르침을 받는 듯하여 위로되고 마음이 시원해짐이 실로 형용하기 어렵습니다."(因元靈書, 聞春、越之遊又爛漫, 徒自銷魂, 華翰踵至, 怳若承晦, 慰豁固難狀:「답윤지서」答胤之書, 『수』)

영춘과 영월은 이른바 '오군'(五郡)에 속한다. 현전하지는 않지만 이윤영은 이해에 『오군산수기』를 저술했으며, 같은 해 이인상이 이 책의 서문을 썼다(「『오군산수기』 서」, 『능』3). 이 편지에서 말한 "훌륭한 글"이란 나중에 『오군산수기』에 실리게 된 글의 일부일 것이다.

○ 오찬, 6월 하순경 이윤영에게 답서를 보내 자신의 낭패한 처지를 말하다.

편지 중에 다음과 같은 말이 보인다: "아우(오찬)는 외람되이 분에 맞지 않는 직위에 있다가 필경 낭패하게 되었으니 실로 이럴 줄 알았습니다. (…) 주상의 엄한 분부가 바야흐로 잇따라, 의금부에 분부하사 두려워 어찌할 줄 모르는 중에■■■■■■ (…) 심지어 사간원에서 합사(合辭)한 것은 더욱이 늘 해오던 진부한 말인데 도리어 전고(前古)에 없던 죄명을 뒤집어썼으니 몹시 황겁하고 부끄럽습니다. (…) 원령이 근래 도성에 들어왔는데, '글과 사람이 본래 부드럽고 온건하나 이미 이럴 줄 알았거늘 입신(立身)의 근기(根基) 또한 미루어 알 수 있다'라고 했답니다. 들으니 현(顯)이 바야흐로 큰소리를 치며 말하기를 '나의 글 중 일변인(一邊人)은 역(逆)을 피해 〈탕평〉이라고 한 거'라고 했다는군요."(弟猥當匪據, 畢竟狼狽, 固已料之. (…) 嚴敎方胥, 命金吾, 懍惕罔措中■■■■■■ (…) 至於合辭, 尤是陳言, 而反蒙前古所無之罪名, 惶愧萬萬. (…) 元靈頃日入城, 以爲文與人本自平緩, 已料其如此, 而立身之根基, 亦可以推知云云. 聞顯也方大喝曰: '某書中一邊人, 避逆爲蕩平云者.)"주상께서 균역법의 폐단을 구제하는 책문(策問)을 내리셔서 신(臣: 오찬)은 병중에 글을 짓기 어려웠지만 대략 몇 마디 썼는데 단지 내수사와 제궁(諸宮)을 혁파하길 청하는 내용이었습니다. 주상께서 글을 보신 후 크게 불편한 뜻을 보이시어 더욱 몹시 두려울 뿐입니다."(策問良役捄弊, 臣病中不堪作文, 草草數語, 只請罷內司諸宮矣. 坼榜後, 大示未安之意, 尤切悚慄耳:「답윤지」答胤之, 『수』)

'현'(顯)은 당시 좌의정이었던 조현명(趙顯命)을 가리킨다. 조현명은 영조의 탕평책에 호응해 탕평정국을 주도하던 소론측 인물이다. '나의 글'은 6월 16일 조현명이 올린 차자(箚子)를 가리키고, '일변인'(一邊人)은 오찬을 가리킨다. 조현명은 이 차자에서 "오찬이 탕평을 능욕한 것은 모두 신(臣)이 꼭 물러나야 하는 이유가 됩니다"(吳瓚之汚辱蕩平, 皆臣必退之端:『승정원일기』)라고 했다. 조현명이 큰소리쳤다는 것은, 오찬이 상소를 올려 한 말은 실은 역률(逆律)을 범한 것인데 자신이 그것을 봐줘 '탕평을 능욕' 운운이라고 했음을 가리킨다.

○ 윤흡, 6월 원주 목사에 제수되다.

○ 오찬, 8월경 이윤영에게 편지를 부쳐 적소(謫所)의 형편과 자신의 심회를 말하다.

편지 중에 다음과 같은 말이 보인다: "죄를 지어 문외출송되매 가을 기운이 점점 생겨나 밤낮 궁리한 건 단지 구담과 도담에 노니는 일이었건만 홀연 천 리 밖 변새(邊塞)로 오게 되니 천하의 일이란 게 실로 대개 이와 같거늘 다시 무슨 말을 하겠습니까. (…) 원령의 편지를 보니 눈의 고통이 여전하고 심지어 의원을 찾아 치료하려 한다고 하던데 몹시 우려되어 마음에 잊히지 않습니다. 이미 사근역에 돌아가 잘 지내며 약효는 봤답니까? 아우는 지난 초엿샛날 비를 맞으며 길을 떠났는데 도처에서 물에 막혀 22일에야 비로소 적소(謫所)에 도착했습니다. ■■■■■■ (…) 책 보는 공부는 궁하고 적적한 중■■■■■■ 잠심(潛心)해 자세히 궁구하지 못하니 부끄럽습니다. 고을 향교에는 책이 없습니다. ■■■■■■ 자양서(紫陽書: 주희의 책) 1부(一部)와 두보의 시를 읽고 싶지만 책이 없어 한스럽습니다. ■■■■■■ (…) 이곳은 사면이 모두 높은 산이고 한 곳도 탁 트인 데가 없어 보름달이 깊은 밤이 되어서야 나오고 초월(初月)은 상현(上弦) 후에야 비로소 볼 수 있으니 궁벽한 정상(情狀)을 이로 미루어 알 수 있습니다. 백산

(白山)은 여기서 4, 5백리쯤 떨어져 있어 돌아갈 때 오르지 못할 듯합니다. 들으니 갠 날 앞산에 오르면 백두·장백산이 역력히 눈에 들어온다 하나 아직 시도해 보지 못했습니다(罪黜門外, 秋意漸生, 日夜所經營者, 只在龜、島游事, 忽然作塞外千里之行, 天下事固多如此, 更何言喩. (…) 第見元靈書, 謂眼苦依然, 至欲尋醫蹤, 區區憂慮, 不能忘. 未知其已返稅無撓, 能得藥效否? 累弟去初六, 冒雨發程, 到處阻水, 二十二日始到謫■■■■■■ (…) 看書之工, 窮寂中■■■■■■, 不能潛心細究, 深可愧也. 軍校無書, ■■■■■■一部紫陽書及杜子詩看讀, 亦恨無■■■■■ (…) 此處, 四面皆高山, 無一片開曠處, 望月夜深而出, 初月則上弦後始得見, 窮僻之狀, 可以推知. 白山距此幾四五百里, 歸時恐難歷登也. 聞淸明日登此前麓, 則白頭長白歷歷入眼底, 而姑未試之耳:「답윤지」,『수』).

당시 오찬은 자신이 곧 해배(解配)되어 서울로 돌아갈 수 있으리라 생각했던 듯하다. 극도로 곤궁한 처지에서도 벗을 걱정하고 있음에서 오찬의 사람 됨됨이와 그 우도(友道)를 엿볼 수 있다.

○ 송문흠, 8월 세자익위사 익찬(翊贊)에 제수되다.

○ 송문흠, 가을 주희의 「경재잠」(敬齋箴)을 늑천(櫟泉)의 시냇가 집에서 여일(汝一)을 위해 쓰다(개인 소장).

송문흠, 〈경재잠〉(부분), 『서화평석』(2) 1142면

「부정 잡시」, 『능호집』(상) 368면

관지는 다음과 같다: "이는 주자의 「경재잠」이다. 신미년 가을 날, 늑천(櫟泉)의 시냇가 집에서 여일(汝一)을 위해 쓰다. 문흠"(右朱子敬齋箴. 辛未秋日, 櫟泉溪堂爲汝一書. 文欽)

'늑천'(櫟泉)의 원래 이름은 '추곡'(楸谷)인데 송문흠의 형 명흠이 '늑천'으로 이름을 바꿨다.[51] 송문흠은 1751년 늑천의 앞인 '방산'(方山)에 귀거래관이라는 집을 지었다.[52] '늑천계당'(櫟泉溪堂)은 이 집의 한정당(閒靜堂)을 가리키는 것으로 보인다.

○ 송문흠, 이인상의 「부정 잡영」(桴亭雜詠: 일명 '부정 잡시'桴亭雜

---

51 『늑천집』 권19에 부록으로 실린 「늑천연보」(櫟泉年譜) 참조. '늑천'은 지금의 대전시 동구 추동(楸洞: 가래울) 일대다. 회덕(懷德)의 송촌(宋村)과 가까우며, 그 동쪽에 있다. 「늑천연보」의 "추곡은 송촌에서 한 고개 떨어져 있는데 그곳에 약간의 전장(田莊)이 있다"(去宋村隔一嶺, 而有若干莊業)라는 말 참조.

52 「늑천연보」 중 "방산은 늑천 앞에 있으니, 곧 한정당(閒靜堂: 송문흠)의 구택(舊宅)이 있던 곳이다"(方山在櫟泉前, 卽閒靜堂舊宅也)라는 말 참조. 또 『강한집』에 실린 「송사행 묘지명」(宋士行墓誌銘)의 "영조 27년(1751), 익찬에 제수되었으나 얼마 안 있어 그만두고 떠나 방산 아래에 은거하였다"(二十七年, 除翊贊, 已而免去, 遂退居方山之下)라는 말도 참조.

영조 27년(신미辛未)

1751년

42세

詩)에 화답하다(「이원령의 「부정 잡영」에 화답하다」(원제 '和李元靈桴
亭雜詠'),『한』1).

○ 임안세, 8월 위수(衛率)에 제수되다.

○ 오찬, 9월경 김순택, 이명환, 김상묵에게 각각 답장을 보내어
자신의 처지와 어머니에 대한 그리움을 말하다.

　김순택에게 보낸 답장에 이런 말이 보인다: "이후 그리 굶주림
은 없으며 흙집에 꼼짝없이 누워 책을 보다가 권태로워지면 반드
시 담배를 피우다 잠을 청하거늘 다소의 취미가 없는 건 아닙니
다. 다만 해가 져 창이 컴컴해지면 눈에 아무 것도 보이는 게 없
는데, 다만 세찬 바람이 불고 눈 쌓이는 소리가 들려 실로 마음을
어찌할 수가 없지요. 그러다가 노모의 편지를■■■ 오래 그리워
하던 중에 받아 보게 되면 종이 가득 쓰신 글이 그리워하시고 슬
퍼하시는 말 아닌 게 없는지라 읽으면■■■■■■■ 저도 모르
게 살이 녹고 머리가 허옇게 세니 어찌해야 할지요, 어찌해야 할
지요."(自此可無飢餓, 牢臥土屋, 看書意倦, 則必吸草引睡, 非不無多少趣
意. 但日落憁黑, 目無所見, 只聞急風驟雪, 則固難爲懷, 而且老慈手■■
■, 見於阻戀之餘, 滿紙辭意, 罔非思憐之語, 讀■■■■■■■, 不覺肌銷
髮白, 奈何奈何:「답유문서」答孺文書,『수』)

　이명환에게 보낸 답장에는 이런 말이 보인다: "거목(巨木)을
때고 보리밥을 먹으며 거의 기한은 면하지만 다만 어머니를 떠나
와 갈수록 더욱 견디기가 어려우니 어찌겠습니까, 어찌겠습니까.
(…) 한 길이나 되는 눈이 내린 것을 경험한 게 이미 몇 차례나 됩
니다. 단지 문을 닫아건 채 꼼짝않고 누워 있을 뿐입니다."(爇巨木
咀麥飯, 庶免饑寒, 但離闈情思, 轉益難耐, 奈何奈何. (…) 已經丈雪者數
次. 只閉戶牢臥而已:「답사회서」答士晦書,『수』)

　김상묵에게 보낸 답장에는 이런 말이 보인다: "어머니를 떠나
와 갈수록 더욱 견디기가 어렵습니다. (…) 저는 이곳에서 이미
세 번이나 대설(大雪)을 겪었습니다. 누각에 올라 먼눈으로 ■■
■■■하고 싶지만, 차가운 바람이 살을 에니 마음대로 회포를
풀 수 없거늘 탄식할 만합니다."(離親情事, 轉益難耐. (…) 此處已三
經大雪, 登樓縱目■■■■■, 寒風割肌, 不能恣意放懷, 是可歎也:「답백
우서」答伯愚書,『수』)

9월에 쓴 이 세 편의 편지가 현재 확인되는 오찬이 쓴 마지막 편지다. 문집에는 이 편지가 맨 끝에 실려 있다. 이 편지를 쓸 때만 하더라도 오찬은 어디 아픈 데도 없고 그럭저럭 유배 생활에 적응해 가고 있었던 것으로 보인다. 다만 오찬은 편모 슬하에서 성장해 어머니에 대한 효성이 지극했기에 사모(思母)의 정이 사무쳤던 듯하다. 오찬이 유배지에서 쓴 시들 중에는 어머니에 대한 그리움이 표백된 것이 적지 않다. 가령 「순(純: 오재순)에게 답하다」(원제 '答純', 『수』)라는 시의 "오직 어머니 그리워 꿈을 꾸나니/매일 밤 어김없이 남쪽에 노니네/꿈 깨면 다만 눈물 흘리거늘/변새의 달이 산머리를 에우고 있네"(惟有戀母夢, 每夜必南遊. 覺來但涕淚, 塞月籠山頭)라는 구절이 그러하다.

오찬의 본생부(本生父)는 오진주(吳晉周, 1680~1724)이고 본생모(本生母)는 대구 서씨(1694~1765)이다. 서씨의 부친은 감역(監役)을 지낸 서명덕(徐命德)이고, 조부는 현감을 지낸 서종규(徐宗揆)이다. 오찬의 양부는 오이주(吳履周, 1684~1709)이고 양모는 우봉 이씨(1687~1718)이다. 이 시에서 말한 어머니는 생모 대구 서씨를 가리킨다. 오찬의 양부는 오찬이 태어나기 전에 사망했으며, 양모는 오찬이 태어난 다음해 사망했다. 생부는 오찬이 8세 때 사망했다. 그래서 오찬은 어릴 적부터 퍽 고단한 신세였으며, 백씨 오원과 숙씨 오관의 보살핌 속에서 성장했다. 오찬이 어머니 대구 서씨에게 각별한 효심을 품은 것은 이런 성장 과정과 무관하지 않다.

오찬은 시에서 아내와 자식들에 대한 그리움도 토로했다. 가령 유배 가는 도중에 지은 시 「용흥강(龍興江)에서 배에 타 내키는 대로 읊다」(원제 '龍興江泛月夜吟', 『수』)에서 "멀리 집의 아내와 자식 생각거늘/그들 또한 오늘 밤 곱절로 나를 생각할 테지"(遙想故園兒女輩, 亦應今夜倍相思)라고 했다. 용흥강은 함경남도 남단인 영흥에 있는 강이다. 또 9월 적소에서 쓴 시 「밤에 계성(季成: 김응집金應集)과 두시에 차운하다」(원제 '夜與季成次杜韵', 『수』) 제2수의 미련(尾聯)에서는 "깊은 수심에 늘 강가에 서서/쉼 없이 흐르는 물에 그리움이 많네"(深愁每向江頭立, 逝水無停多所思)라고 했다.

오찬의 양아들 오재경(吳載絅)은 이달 오찬에게 「삼수 적소에 올리다」(원제 '上三水謫所', 『죽우문고』竹友文稿)라는 시를 보냈다.

○ 이윤영, 9월 24일 단양산수기 모음집인 『산사』(山史, 『단』11)의
1편인 「복거기」(卜居記)를 짓다.

　『산사』의 본래 명칭은 '단릉외사'(丹陵外史)이다(홍낙순, 「이윤지
단릉외사서」李胤之丹陵外史序, 『대릉유고[예]』大陵遺稿[禮]). 이윤영은
「복거기」에서 사인암에 은거하게 된 경위를 다음과 같이 자세히
밝히고 있다: 이해 3월, 나는 동생 이운영, 윤상후(尹象厚, 자 덕이
德以, 윤심형의 장남), 김상묵, 김종수와 함께 각각 말을 타고 나란
히 사인암으로 들어갔다. 그곳 서당에서 쉬었는데 골짝의 기운이
상미(爽美)하였다. 이것이 사인암과의 첫 해후였는데, 나는 절을
드리고 싶었다. 나도 모르게 무릎을 꿇고 스스로를 낮췄다. 바로
그 아래에 이르러, 서서 보고, 앉아서 보고, 누워서 보며, 날이 가
도록 떠나가지 못했다. 그런 연후에 그 미(美)를 온전히 감상했다.
나는 김상묵을 부르며 말하기를, "집을 지어서 살 만하겠구려. 내
가 그대와 더불어 돈을 내어서 땅을 사 훗날 함께 은거할 곳으로
삼으면 좋겠소이다"(可家而居也. 吾與子出錢貨之, 以爲異日偕隱之所
可也)라고 하니 상묵이 얼른 좋다고 답했다. 또 윤상후를 부르며
말하기를, "선생(윤심형)의 명(命)이 있으니, 멀리서 구하거나 다
른 데 갈 필요가 없겠소. 여기에 당(堂)을 짓고 실(室)을 짓고 헌
(軒)을 짓고 누(樓)를 지을 만하구려. 누(樓)를 지어서 세 집(이윤
영, 김상숙, 윤상후)이 이웃을 함직하외다. (…) 수석(水石)의 뛰어남
을 갖추고 있으니 여길 놔두고 다른 데를 구할 게 없겠구려"(先生
有命而不必遠求而他之也. 此可堂可室可軒可樓, 三家爲隣. […] 具水石
之勝, 不可捨此而求他也)라고 하였다. 이틀 후 이인상이 도착하여
그다음 날 같이 사인암 아래로 갔다. 이인상이 말하기를, "그대는
구했구려, 그대는 구했구려! 나는 그대가 사는 곁에 작은 정자를
짓겠소. 그리고 그대가 구담 가에다 작은 정자를 지어 서로 빈주
(賓主)가 되어 산수를 완상한다면 아마 이 생이 헛되지 않겠지
요"(子得之矣! 子得之矣! 吾築小亭於子居之傍, 子起小樓於龜潭之上, 迭
爲賓主, 管領風烟, 庶幾此生不虛矣)라고 하였다. 마침내 큰 붓에 먹
을 찍어 예서로 석벽(石壁)에다 "윤지·원령이 다시 이르러 터를
볼 것을 돌어르신(石丈: 사인암)께 약속드린다"(胤之元靈重到相址,

留約石丈)라고 썼다. 그리고 작은 그림을 그려 부친께 보여 드리며 가히 살 만한 곳임을 자세히 말씀드렸다. 그후 8월에 나는 한빈(漢濱)으로 가 선생(윤심형)을 찾아뵈었다. 9월에 김상묵이 돈 1천 전(10냥)을 보내왔다. 내가 예전에 모아 둔 돈 1천 전, 이인상과 오찬이 책을 사기로 약속한 돈 400전, 도합 2400전(24냥)으로 전(田) 12구(區)를 구입하였다.

『산사』에 실린 글은 「구담기」(龜潭記), 「연자산기」(鳶子山記), 「석지등기」(石芝磴記) 등 총 18편인데, 대개 1751년 무렵 창작되었다.

○ 이윤영, 다백운루를 읊은 시 10수를 짓다(「다백운루. 원령과 염운하여 함께 짓다」(원제 '多白雲樓. 與元靈拈韻共賦'), 『단』8). 또한 이인상과 송문흠이 지은 「부정 잡영」에 화답하다(「원령과 사행의 「부정 잡영」에 화답하여 주다」(원제 '和贈元靈士行桴亭雜詠'), 『단』9).

○ 이윤영, 이해 무렵 「운담서루기」(雲潭書樓記, 『단』11)를 짓다.

글 중에 "원령은 고견(高見)과 탁식(卓識)을 지녀 사물에 통하지 않는 바가 없었는데, 산수에 대해서는 더욱 신묘한 이해가 있었다. 약관 무렵부터 사방에 노닐었는데 구담에 두 번째 갔을 때 비로소 그곳에서 일생을 마칠 뜻을 두었다. 구담의 아름다움은 비록 사람마다 보고서 말하지만 과연 원령처럼 정말 알고서 진실로 좋아하는 사람이 몇이나 될까"(元靈以高見卓識, 於物無所不通, 然其於山水, 尤有所神解者, 自弱冠出遊四方, 再到龜潭, 始有終焉之志. 夫龜潭之美, 雖人人見而言之, 然其果能眞知而眞樂之如元靈者, 幾何人哉)라 하여 이인상의 산수에 대한 빼어난 식견이 언급되어 있다.

○ 이윤영, 9월경 오찬의 삼수 적거(謫居)에 시 여덟 수를 지어 보내다(「경보의 삼수 적거에 부치다」(원제 '寄贈敬父三水謫居'), 『단』8).

그 제3수 중의 "말세라 하늘을 못 믿겠네"(季世不信天)라든가 "왕화(王化)와 문교(文敎)가 낮네"(王化文敎賤)는 영조를 비난하는 말이다. 또 "한 줌의 계설향(桂雪香)이 든/옥향로를 손으로 떠받쳤었지/마음이 같은 오부자(吳夫子: 오찬)와/북산(北山)의 집에서 밤에 향을 제작했더랬지/명주 관(冠)으로 가루를 걸러/돌절구에 찧자 소리가 콩콩/독서할 때는 맑은 향이 스미고/거문고 탈 때는 높은 정취 있었지"(一片桂雪香, 玉鑪以手擎. 同心吳夫子, 北山夜製

成. 絲冠漉生雪, 石臼搗有聲. 讀書薰淸馥, 彈琴發高情: 제1수) "그대는 맑고 키가 훤칠하며 / 우뚝한 모습 그 마음과 같네 / 말 적고 마음을 돈독히 닦아 / 신(神)을 보존해 담박한 마음 지켰지"(之子淸而頎, 嶷嶷貌如心. 寡言敦內修, 存神守沖襟: 제2수) "우리 무리에 고사(高士) 있나니 / 보산(寶山: 이인상)은 마음이 얼음처럼 맑지 / 연잎의 이슬은 밝기가 달과 같아 / 헤어져도 그 빛 변함이 없네"(吾黨有高士, 寶山心一片. 荷珠明如月, 離合光不變: 제3수) "열흘만 보지 못해도 / 마음이 미칠 듯했지"(十日不相見, 其心如病癲: 제6수) "봉황이 우니 덕이 이미 외로운데 / 소나무는 추울 때 기운이 오히려 살아 있는 법"(鳳鳴德已孤, 松寒氣猶活: 제7수) 등의 말이 보인다.

○ 임과, 11월 인의(引儀)에 제수되다.

○ 이명환, 이해 12월경 오찬을 애도하는 초사체(楚辭體)의 「광초」(廣招, 『해악집』 권1)를 짓다.

이 작품은 구절마다 세주(細註)를 달아 자세히 전거를 밝히는 특이한 형식을 취하고 있다.

이명환은 만년에 오찬과 깊은 교분을 맺었으며 오찬을 통해 이윤영을 알게 되었다(「이윤지 제문」(원제 '祭李胤之文'), 『해악집』 권4). 오찬이 생전에 매화를 혹애했으므로 이명환은 오찬의 사후 그의 무덤 가에 매화나무 한 그루를 심어 자신의 마음을 기탁하였다.

○ 이윤영, 이해 12월경 오찬을 위해 「초혼사」(招魂辭, 『단』13)를 짓다.

그중에 "물은 멎지 않으면 비추지 못하고 / 울화가 있으면 혼미하네 / 충성스런 말을 살피지 못하는 건 / 천심(天心)이 영오(領悟)하지 못해서지"(水不止而不鑑, 火鬱則昏兮. 忠言莫察兮, 天心不悟)라 하여, 군주 영조를 비판한 말이 보인다. 또 "아름다운 한 사람 있으니 / 자는 원령이네 / 식견이 높고 행실이 방정하며 / 신지(神志)가 맑네 / 측달(惻怛)하며 강개하여 / 글을 지어 슬픈 마음을 드러내네 / 그는 어질고 나는 졸렬한데 / 나란히 교유했네 / 꽃나무처럼 아름답고 수려하며 / 달과 별처럼 눈부시네 / 서까래 같은 큰 붓 잡으면 / 기운이 펄펄했네 / 전서를 쓰면 아득한 고대를 재현하고 / 그림을 그리면 산과 강을 옮겨 왔네"(有美一人, 字元靈兮. 雋識方行, 神志淸兮. 惻怛高抗, 以文悲鳴兮. 爾賢我拙, 交遊幷兮. 花木榮秀, 燦月星兮.

援筆如椽, 氣盈盈兮. 篆籀挽玄古, 粉墨移泓峥兮)라 하여 이인상을 읊은 구절이 보인다. 또 "보산(寶山: 이인상)이 이르면 / 옥처럼 온량(溫良)했네 / 유문(孺文: 김순택)은 의젓하고 / 백우(伯愚: 김상묵)는 굳세고 반듯했네"(寶山至止, 如玉溫良兮. 維文愷悌, 維愚剛方兮)라 하여, 이인상·김순택·김상묵의 사람 됨됨이를 읊은 구절이 보인다.

◎ 한원진(韓元震, 1682년 생, 호 남당南塘) 사망.

◎ 이병연(1671년 생) 사망.

정선, 〈인왕제색도〉

◎ 정선, 윤5월 〈인왕제색도〉(仁王霽色圖)를 그리다(삼성미술관 리움 소장).

◎ 조현명, 5월 『균역절목변통문답』(均役節目變通問答)이라는 책자를 국왕에게 올리다.

◎ 홍계희, 6월 「균역절목변통사의」(均役節目變通事宜)를 국왕에게 올리다.

① 유학자 기온 난카이(祇園南海) 사망.

영조 27년(신미辛未)

1751년

42세

영조 28년(임신壬申, 1752년) 43세

● 1월 19일, 종제에게 간찰을 보내다.

간찰 중의 "새 법대로 시행함은 번잡해서 더욱더 말할 수가 없네. 괴이한 일이지"(新條奉行, 旁午轉不可說. 可怪:「사촌동생에게 보낸 간찰 10」)라는 말에서 알 수 있듯, 당시 막 시행된 균역법에 몹시 비판적인 태도를 취했다.

● 2월 10일, 오찬의 제문을 지어 영전에 곡하다.

제문은 다음과 같다: "유세차 임신년(壬申年) 2월 임인일(壬寅日)에 완산 이인상은 삼가 술을 부어 정언(正言) 오공(吳公) 경보(敬父)의 영전에 곡합니다.

아아, 경보여! 그대는 굴원과 같은 충성을 지녀 그 말이 강직했지요. 세상 사람들이 모두 혼탁할 때 혼자 깨어 있었으니 누구와 더불어 선을 행할 수 있었겠습니까? 저들은 세상을 추수(追隨)하고, 거만스럽지 않으면 남을 원망하니, 슬프외다, 지금 세상에 어찌 그 변고가 다하겠습니까? 소인들이 벼슬에 나아가니 시의(時義)가 어두워지고, 사사로운 꾀가 밝으니 우도(友道)가 천박해졌습니다. 나라에는 강상(綱常)이 없고 재야에는 맑은 의론이 없어져 벼슬에 나아가서는 직언(直言)을 하지 않고 때를 기다리는 걸 이롭게 생각합니다. 이처럼 마음가짐이 불순하니 환관(宦官)에게 부끄러울 따름입니다. 한번 진언(進言)하여 죄를 얻게 되면 다시는 말로써 진퇴(進退)를 삼으려 하지 않습니다.[1] 입을 열면 명예를 구하려 하고, 잠자코 있음으로써 자리를 보존하고자 하며, 이미 지위가 높아지고 나면 방자해져서 술에 취한 듯이 떠들어 댑니다.

아아, 경보여! 그대는 개결(介潔)하여 명예를 가까이 하지 않

---

1   전통적으로 언관(言官)의 책무는 임금에게 간(諫)해야 할 때 간하되 만일 정당한 간언이 받아들여지지 않을 때에는 벼슬을 그만두고 물러나야 한다고 간주되었기에 한 말이다.

았고, 또 지조를 변치 않아 깨끗한 옥과 같았으니, 궁한 벗들에게 도를 묻고 경박한 풍속에서도 마음을 보존했었지요. 벼슬에 나아가서는 직언을 했는데, 꺾이지도 않고 과격하지도 않았습니다. 포의(布衣)로 지낼 적에는 깊이 은둔해 즐거워하면서 근심이 없었습니다. 한결같은 절개를 길이 맹세해 그 도가 매우 공손했으므로, 뭇사람들은 진실로 그대를 법도로 삼고, 군자들은 진실로 그대가 '중'(中)을 행한다고 여겼건만, 결국 벼슬에서 쫓겨나 죽으니 누구를 원망하고 누구를 탓하겠습니까?

아아, 청수(淸修)[2]는 지조가 있고, 충성스런 마음은 진실되고 순수했습니다. 한 번 상소를 올려 임금을 높이는 대의를 견지했고, 한 번 책(策)을 올려 나라를 경영하는 계책을 다했습니다. 만약 그대를 계승하는 사람이 있다면 그대의 도는 외롭지 않을 것이고, 설사 그대를 계승하는 사람이 없다 해도 그대의 마음은 사라지지 않을 것입니다. 정기(精氣)가 소연히 밝아 저 하늘의 해와 같으니, 장차 역대의 임금들을 도와 왕실에 복을 내리시겠지요.

아아! 지난날 그대는 배를 타고 구담(龜潭)으로 거슬러 올라와 우뚝한 바위를 어루만지며 호연히 노래하면서 긴 강의 맑은 물을 굽어본 적이 있지요.[3] 그때 중정고(中正皐)[4]에 정한 그대의 집터는 나의 누각[5]과 가까웠는데, 그대는 집으로 돌아간 다음 늘그막에 여기서 살겠노라고 거듭 약속했었지요. 그렇건만 지금 거친 들에 달려와 그대의 무덤에 곡하고 있습니다. 천고(千古)의 슬픔을 머금은 채 차가운 구름을 바라보며 눈물이 가득합니다. 상향(尙饗)." 〔維歲次壬申二月壬寅, 完山李麟祥謹以觴酒, 哭于正言吳公敬父靈筵曰: 嗚呼敬父! 屈氏之忠, 而其辭猶懦, 衆濁獨醒, 誰與爲善? 彼爲泥而爲糟, 匪傲則怨, 哀今之世, 孰窮其變? 薄夫進而時義晦, 私智明而友道賤. 國無常綱, 野無淸議, 進身不言, 俟時便利. 秉心不純, 曾愧婦寺. 苟以言而獲罪, 不復以言爲進退. 言出沽名, 嘿以保位, 旣貴而肆, 有囂如醉.

2 오찬의 별자다. 오찬은 이 별자에 의거해 자신의 호를 '수재'(修齋)라고 했다.
3 오찬은 1751년 2월 18일 대과에 장원급제했는데 이윤영과 이인상이 잠시 단양에 내려와 산수 유람을 할 것을 권해 이 달 그믐께 단양으로 내려갔다.
4 단양의 구담봉과 옥순봉 사이의 물가 언덕에 이인상이 붙인 이름이다. 다백운루가 여기에 있었다.
5 다백운루를 말한다.

영조 28년 (임신壬申)

1752년

43세

嗚呼敬父! 潔不近名, 不渝如貞玉, 咨道于窮交, 存心于薄俗. 身出則言, 不撓不激 舍則深藏, 伊樂無戚. 永矢一節, 其道甚恭, 衆固循子而爲軌, 君子固以子爲中, 竟黜以死, 何怨何恫?

嗚呼! 淸修之操, 眞純其忠. 一疏秉尊君之義, 一策盡經邦之謨. 苟有繼者, 子道不孤 苟無繼者, 子心不昧. 精氣昭明, 有如皦日, 將左右于列聖, 降祥于王室.

嗚呼! 子昔乘舟, 遡于龜潭, 撫峻石而浩唱, 俯長湖之湛湛. 相宅中皐, 近我虛閣, 歸而申之, 終老之約. 乃走荒野, 哭子之墳, 千古之痛, 淚滿寒雲. 尙饗.「정언 오경보 제문」(원제 '祭吳正言敬父文'),『능』4]

오찬의 묘는 선산이 있는 용인현(龍仁縣) 구흥(駒興)에 있었다. 지금의 용인시 기흥구 일대다.

오찬은 장원급제한 직후 잠시 단양에 내려와 이윤영·이인상과 함께 단양 산수의 풍치를 즐긴 바 있다. 1751년 2월 말께의 일이다. 오찬은 이때 이해 정초(正初)에 완공된 구담 물가의 다백운루를 구경하고는 자신도 그 근처에 정자를 지어 살고 싶다는 뜻을 피력했다. 오찬은 이해 귀양가 급서했으므로 이인상은 오찬의 뜻을 슬퍼해 이듬해인 1752년 오찬을 위해 중정고에 작은 정자를 건립해 '경심정'(磬心亭)이라 이름하였다. 이인상이 지은「경심정기」(磬心亭記,『능』3)의 다음 대목에 이 사실이 언급되어 있다: "내가 일찍이 운담(雲潭: 구담)에 정자를 지었는데 경보가 와서 보고는 중정고 앞에 살고자 했으니, 나의 정자와 가깝기 때문이었다. 그런데 얼마 되지 않아 경보가 언사(言事)로 인해 북으로 귀양가 삼강(三江: 삼수)에서 운명했다. 나는 차마 옥경루(玉磬樓: 오찬의 집에 있던, 경쇠를 매달아 놓은 누각 이름)를 다시 찾을 수 없어 마침내 중정고 앞에 작은 정자를 세워 경보의 뜻을 이루어 주고 '경심'(磬心)이라는 편액을 걸었다. 정자 가운데는 오래된 경쇠를 달아 매양 산과 강이 고요하고 계절이 바뀌어 슬프기도 하고 기쁘기도 할 때면 윤지와 함께 경쇠를 두드려 소리를 내어 무심한 마음으로 들음으로써 스스로 정을 잊었다. 내가 이미 경보에 대해서도 차마 슬퍼하지 않거늘 천하의 일에 대해 생각하겠는가? 내가 치는 경쇠 소리를 듣고 내 마음을 아는 자, 다시 누가 있겠는가?"(余嘗築室于雲潭, 敬父來觀, 欲倚中正皐而居, 以近余室. 未幾敬父言

事北遷, 歿于三江, 余不忍復過磬樓, 遂作小亭倚中皐, 以遂敬父之心, 扁之日磬心, 中懸古石磬, 每當山靜江空, 時物變遷, 可悲可喜, 則輒與胤之擊石發聲, 聽之以無心, 以自忘情焉. 旣不忍悼念敬父, 況敢思及天下事乎? 聽之而知余心者, 復有誰歟:「경심정기」, 『능』3)

● 2월 그믐, 장남 영연이 관례(冠禮)를 올리고 혼인하다(「중춘 그믐날 큰아이 관례를 치르고 손님들이 비에 막혀 돌아가지 못하여 단릉의 여러 승경에 대해 즐거이 이야기하다」(원제 '仲春晦日冠長兒, 賓友滯雨不歸, 喜談丹陵諸勝'), 『뇌』2).

● 제천 군수 이재가 의림지(義林池)에 지은 정자에 걸 '紅流亭'이라는 편액 글씨를 부탁해 와 써 보내다(「제천의 이 어르신께서 의림지에 폭포를 감상하는 정자를 짓고 '홍류'紅流라는 이름을 붙이고는 편액의 글씨를 써 달라는 시를 지으셨기에 차운하여 드리다」(원제 '堤川李丈築義林池觀瀑亭, 名曰紅流, 索扁字有詩, 次韻以呈'), 『뇌』2).

● 봄, 여강(驪江)의 우만(牛灣)에 노닐다(「김사수金士修 소장 한천선생 시에 붙인 발문」(원제 '金士修藏寒泉先生詩跋'), 『뇌』4).

우만은 김민재(자 사수)가 거주하던 곳이다.

이 무렵 「우중(雨中)에 내키는 대로 서술하여 김자 사수(士修)에게 주다」(원제 '雨中漫述, 贈金子士修', 『뇌』2) 5수를 짓다. 그 시고가 전한다(《능호첩凌壺帖 B》,[6] 개인 소장).

● 4월 7일, 김민재가 소장한 이재(李縡)의 시에 발문을 쓰다(「김사수가 소장한 한천선생 시에 붙인 발문」(원제 '金士修藏寒泉先生詩跋'), 『뇌』4).

● 거문고를 들고 관아를 방문한 이정엽에게 시를 지어 주다.

이 시에는 "배에 올라 아양조(峩洋操)[7] 타지 마시길 / 서(西)로 가면 물보라 일고 행로(行路) 험하니"[8](乘舟莫奏峩洋操, 西下蹯花行路難:「이 처사 군중君重이 거문고를 갖고 방문했기에 삼가 퇴어退漁 어르신의 시에 차운하여 장미강 가의 벽오碧梧와 호석皓石에서의 연주[9]를

〈우중만술, 근정우만정안구화〉(부분), 『서화평석』(2) 565면

「우중에 내키는 대로 서술하여 김자 사수에게 주다」, 『능호집』(상)——402면

---

6 이 첩에 대해서는 박희병, 『능호관 이인상 서화평석 2: 서예편』, 559면을 참조할 것.

7 중국 고대의 거문고 곡조 이름이다.

8 배 타고 서울에 가서 귀인(貴人)과 달관(達官)들에게 거문고 연주를 하지 말라는 뜻이다.

9 장미강 가에 있던 이정엽의 집 뜰에는 평상(平牀)처럼 둥글고 평평한 '탄금석'(彈琴石)이라는 바위와 오동나무가 있었다. 이정엽은 날마다 이 바위 위에서 거문고를 타며 즐겼다. 민우수의 사위인 유언호(兪彦鎬, 1730~1796)가 지은 이정

기리고, 인하여 풍자의 뜻을 붙이다」(원제 '李處士君重攜琴來訪, 謹次退漁丈韻, 贊薔薇江上梧石之彈, 因寓諷意', 『뇌』2))라는 구절에서 볼 수 있듯 풍자의 뜻이 담겨 있다.

「정산현으로 부임하시는 계부께 삼가 드리다」, 『능호집』(상) 395면

● 정산현에 부임하는 계부에게 시를 경정(敬呈)하다(「정산현으로 부임하시는 계부께 삼가 드리다」(원제 '敬呈季父赴定山縣')).

시 중에 "백성들 노고에 홀로 마음 괴롭나니/고을 원이 신법 행하긴 참 어려운 일"(民勞心獨苦, 新法吏難爲)이라고 하여, 신법(균역법)을 비판하는 말이 보인다. 또 "붉은 해 비치던 산호관(珊瑚館)에서/바닷소리 듣던 그때 멀리 생각하실 테죠"(紅日珊瑚館, 遙思聽海時)라고 읊었는데, '산호관'은 이최지가 정산현에 부임하기 전에 근무했던 평릉역(平陵驛)의 건물에 걸었던 편액으로 추정된다. 이 편액 글씨는 1751년 여름 무렵 이최지의 부탁에 따라 이인상이 써 보낸 것이다.[10]

「퇴어 어르신의 「여강의 달밤에 배를 띄우다」라는 시에 삼가 차운하다. 목은의 운이다」, 『능호집』(상) 397면

● 4월, 김진상의 시에 차운한 시를 여러 편 짓다(「퇴어 어르신의 「여강驪江의 달밤에 배를 띄우다」라는 시에 삼가 차운하다. 목은牧隱의 운韻이다」(원제 '敬次退漁丈驪江泛月詩. 牧隱韻')).

당시 김진상은 새로 부임한 여주 목사 이형만(李衡萬)과 여강에 배를 띄우고 노닐다 저녁에 신륵사로 갔다. 이인상은 신륵사로 가 김진상을 뵌 듯하다.[11]

김진상의 시는 그의 문집인 『퇴어당유고』(退漁堂遺稿) 권4에 「음죽 현감 이원령이 '단'(端) 자를 운으로 쓴 시를 부쳐 주었기에 화답하다」(원제 '陰竹宰李元靈, 用端字投寄, 郤和')라는 제목으로 실려 있는데, 그중에 "사람 됨됨이가 절로 신선의 골격 있어/나를 따라 일찍이 태백산에 노닐었지/그 청정함은 백성과 아전의 위에 거(居)할 만하고/그 온량(溫良)함은 사류(士流) 사이에서 얻기 어렵네/고사리 캐는 그림 한 폭은 그대 솜씨 필요하니/이 뜻 심상하지 않음을 모로미 알게"(爲人自有神仙骨, 隨我曾遊太白山. 淸靜

엽의 애사인 「이 처사 애사」(李處士哀辭, 『燕石』 제9책)의 다음 구절이 참조된다: "庭有古石, 平圓如牀, 傍生一梧樹, 團團成陰以覆之, 名彈琴石, 日弄絃其上以自娛." '장미강'은 충주 가흥에 있는 장미산 부근의 남한강을 말한다.

10 『능호집』(하)에 부록으로 실린 「작은아버지에게 올린 간찰 7」 참조.

11 「계속 차운하여 퇴어 어르신의 시의(詩意)에 사례하다」(원제 '續次謝退漁丈詩意', 『뇌』2)의 "홀연 작은 배 저어 옛 절 찾으시니/음죽(陰竹)의 거오(倨傲)한 관리 청한(淸閒)을 좇네"(忽棹輕舟尋古寺, 竹州傲吏趁淸閒)라는 말 참조.

宜居民吏上, 溫良難得士流間. 採薇一幅要君手, 此意須知非等閒)라는 말이 보인다.[12] 이를 통해 당시 김진상이 이인상을 어떻게 보고 있었는지를 알 수 있으며, 또 그가 이인상에게 〈서산도〉(西山圖)[13]를 그려 달라고 했던 것을 알 수 있다. 이인상은 김진상을 몹시 존경했으므로 그림을 그려 주었으리라 생각된다.

● 4월, 송문흠이 「사월에 아내와 함께 집 앞의 강에 배를 띄웠는데 장난삼아 두보 시의 '晝引老妻乘小艇'(낮에 늙은 처를 이끌어 작은 배에 타다)이라는 구절을 운으로 삼아 이 일을 기록하여 이원령에게 부쳐 부인과 함께 이를 이야기하며 한번 웃기를 청하다」(원제 '四月與室人乘舟泛前湖, 戲用老杜晝引老妻乘小艇爲韻, 記事寄李元靈, 請與賢閤道此一笑', 『한』1)라는 시 7수를 지어 보내오다.

송문흠이 향리의 강에 배를 띄우고 아내와 함께 노닌 일을 읊은 시로서, 이인상 부부가 함께 보고 한번 웃으라고 보낸 것이다.

● 5월 25일, 이유수에게 간찰을 보내다(《단호묵적》 소수, 계명대학교 동산도서관 소장).

〈이유수에게 보낸 간찰(2)〉(부분), 『서화평석』(2) 663면

간찰 중에 "저는 병이 난 지 이미 며칠 되었는데, 예전의 격병(膈病)이 재발하여 기운을 못 차리고 있습니다"(麟祥得疾已數日, 而舊來膈病更發, 殆不能振)라는 말이 보임으로 보아 격병이 재발해 고생하고 있었음을 알 수 있다.

이유수는 본관이 전주이고, 선조의 9남인 경창군(慶昌君) 이주(李珘)의 5대손이다. 조부는 문화(文化) 현감을 지낸 이정욱(李廷煜)이고, 부친은 서윤을 지낸 이재(李在)이다. 어머니 해평 윤씨는 파주 목사를 지낸 윤세위(尹世緯)의 딸이다.

● 6월, 「화양동기」(華陽洞記, 『뇌』4)를 짓다.

이인상은 8년 전인 1744년 이준상·홍자와 함께 화양동을 찾은 적이 있는데, 이 글은 그때의 기억을 토대로 쓴 것이다. "아! 선비가 이 세상에 태어나서 화양동이 없다면 또 어디로 귀의하겠는가"(嗚呼! 士生斯世, 不有華陽洞, 則亦安所歸依)라는 구절에서 보듯 송시열에 대한 극도의 존모감(尊慕感)이 피력되어 있다.

---

12 이 시에는 "원령에게 〈서산도〉를 그려달라고 했기에 한 말이다"(要元靈畫〈西山圖〉故云)라는 주(註)가 달려 있다.

13 '서산'(西山)은 백이(伯夷)와 숙제(叔齊)가 은거했다는 수양산(首陽山)을 가리킨다. 따라서 〈서산도〉는 백이·숙제를 그린 고사도(故事圖)를 말한다.

● 이운영의 시에 차운해 도담·구담·남굴(南窟)·사인암을 읊다 〔「이자李子 건지健之에게 차운하다」(원제 '次李子健之韻'),『뇌』2〕.

　『뇌상관고』에 실린, 이인상이 이운영과 수창한 시로는 이것이 유일하다. 이운영의 문집인『옥국재유고』에는 이인상과 읊거나 이인상에게 준 시가 몇 편 보인다.[14] 이윤영과 이운영은 여덟 살 터울이다. 이 형제는 우의가 대단히 깊어 늘상 붙어다녔다. 그래서 이운영은 단호그룹의 문회(文會) 때 종종 끼곤 하였다. 그럼에도 이인상은 이운영과는 그다지 친밀했던 것 같지 않다. 아마 두 사람의 기질과 취향이 상이해서였을 것이다. 형인 이윤영과 달리 이운영은 해학을 즐기고, 기생 풍류 같은 것도 마다하지 않았다.[15] '강개'(慷慨)와 '청고'(淸高)를 무엇보다 소중히 여긴 이인상과는 체질이 좀 달랐던 것이다.[16] 단호그룹의 핵심 인물에 속하는 윤면동은『능호집』을 엮으면서 이 시마저도 빼 버려,『능호집』에는 이운영과 관련된 시가 단 한 편도 실려 있지 않다.

「감회가 있어」,「능호집」(상) 405면

● 이 무렵「감회가 있어」(원제 '有感',『뇌』2)[17]라는 시를 짓다.

　시 중에 "스스로 대인(大人)의 덕이 없으니/어찌 쇠한 세교(世教)를 부지(扶持)하겠나/세상에 이바지함도 명(命)이 있나니/나의 인생 홀로 슬퍼하누나/빈 골짜기에서 홀로 지내며/하얗게 센 머리로 경전(經典)을 읽네"(自無大人德, 孰扶世敎衰? 資補亦有命, 吾生心獨悲. 抱影空谷中, 頭白誦虞·犧: 제1수) "옛날엔 도(道)를 배우기 싫어/욕심대로 하며 천진(天眞)이라 여겼네/그럼에도 불선(不善)한 사람 책망한 것은/도 바깥에 사람이 있는 게 아니어서지/마음 살피면 얼음과 숯을 품은 듯했고/잠거(潛居)할 땐 귀신에게

14　『옥국재유고』권1에는 담화재에서 이민보·김무택·이인상·김순택·임과·이윤영·이운영이 함께 지은 연구(聯句)가 실려 있으며,「운담에서 모여서 노닐다. 이원령에게 주다」(원제 '雲潭幽遊. 贈李元靈'),「서벽정. 원령의 시에 차운하다」(원제 '棲碧亭. 次元靈韻'),「원령의《설악시축》(雪嶽詩軸)에 적다」(원제 '題元靈雪嶽軸')라는 시가 실려 있다.

15　이운영은 당시의 시속(時俗)과 세태를 반영하는 가사를 짓기도 하고, 야담집인『영미편』(穎尾編)을 짓기도 하였다. 이 작품들은 '요속'(謠俗)과 '배회'(俳詼)에 친화적이었던 그의 멘탈리티를 잘 보여 준다. 신현웅,「옥국재 이운영 가사의 특성과 의의」(서울대 석사학위 논문, 2010); 신현웅,「옥국재『영미편』의 자료적 특징과 가치」(『한국한문학연구』46, 2010); 이승복,『옥국재 가사 연구』(월인, 2013) 참조.

16　이인상의 이런 면모는 이윤영의 다음 말에 잘 집약되어 있다: "아름다운 한 사람 있으니/자는 원령이네/식견이 높고 행실이 방정하며/신지(神志)가 맑네/측달(惻怛)하고 강개하여/글을 지어 슬픈 마음을 드러내네."(有美一人, 字元靈兮. 雋識方行, 神志淸兮. 惻怛高抗, 以文悲鳴兮:「초혼사」제10수,『단』13)

17　총 3수인데,『능호집』에는 제1수와 제3수만 실려 있다.

부끄러웠지"(夙昔厭學道, 縱欲謂任眞. 內省懷冰炭, 潛居慚鬼神: 제2수) "나는 깊은 근심을 품고/도를 찾아 사방을 헤맸네/거리낌없이 말하며 공연히 뜻만 커/마음이 애닯고 서글프구나/정삭(正朔)은 초목에 기탁하고/예악(禮樂)은 어상(漁商)에게 묻네/훗날 나에게 죄를 주려 한들/명산에 감춰 둔 것 누가 엿보랴"(自我抱窮愁, 求道之四方. 放言空濩落, 中心內惻傷. 正朔寄艸木, 禮樂問漁商. 後有罪我者, 誰窺名山藏: 제3수) 등의 말이 보인다.

'예악을 어상에게 묻는다'라고 한 것은 사대부 사회에 진실된 예악이 사라져 재야의 민에게 예악을 구한다는 뜻이다. 한 세대 뒤의 인물인 박지원은 「자소집서」(自笑集序, 『연암집』 권3)에서 공자의 '예실구야'(禮失求野: 예를 잃으면 재야에서 구한다)라는 말을 소환했는데, 이인상의 생각과 통한다.

● 9월 7일, 4남 영집(英集. 1776년 졸), 음죽의 관아에서 출생하다.

● 9월 8일, 사촌동생에게 간찰을 보내다.

간찰 중에 "아내가 어제 아침 사내아이를 낳았는데 예전부터 있던 여러 병증이 모두 도지고 아이도 젖을 잘 먹지 못하니 퍽 염려되네. 복 없는 사람은 자식을 많이 두는 것도 그다지 기쁜 일은 아닐세"(昨朝婦解脫添丁, 而從前諸症倂發, 兒亦不善乳, 殊以爲撓. 眇福多子, 亦不足爲喜: 「사촌동생에게 보낸 간찰 10」)라는 말이 보인다.

● 10월 10일, 이기상, 도원(桃源) 찰방에 제수되다.

● 10월 하순, 민우수가 이인상의 문고(文藁)를 읽고 발문을 써 주다(「이원령문고 발」(李元靈文藁跋, 『정암집』貞菴集 권9).

이인상은 이 무렵 자신의 문고를 엮어 민우수에게 질정을 구했던 듯하다. 민우수는 이 글에서, 이인상의 글이 깨끗하여 진부한 말이 없음을 칭찬하고 있다. 또 이인상이 근세 문장의 폐단이 경전의 글을 인용하여 입론의 근거로 삼는 데 있음을 지적한 것이 독실한 견해라고 했다. 하지만 이인상의 글이 '문종자순'(文從字順: 문장이 난삽하지 않으며 자연스럽고 순탄함)하지 못함이 문제임을 지적하면서 주자(朱子)의 편지글을 숙독하여 의리를 깊이 탐구하는 한편, 당송팔대가의 한 사람인 송나라 증공(曾鞏)의 글을 취하여 문장을 혼후조창(渾厚條暢: 웅혼하고 중후하며 활달함)하게

「사촌동생에게 보낸 간찰 10」, 「능호집」(하) 부록 422면

하면 좋겠다는 뜻을 피력하였다.

민우수가 주자학자임을 감안하면 이런 충고는 하등 이상한 일이 아니다. '문종자순'은 흔히 당송고문의 특징으로 거론되곤 하는 말인데, 이인상은 당송고문을 그다지 존숭하지 않았으며 육경(六經)과 『맹자』의 문장을 배우고자 하였다. 또한 이인상은 비록 춘추 의리를 중시하는 입장을 평생 견지하긴 했지만 그럼에도 문학이 도학의 종속물이라고는 생각지 않았다. 그는 도학에 전념하면 문학은 자연히 성취된다는 입장에 동의하지 않았으며, 문학에는 문학 나름의 미적 자율성이 있음을 승인하였다〔김근행, 「이원령에게 답한 편지[제2서]」(원제 '答李元靈書[第二書]'), 『용재집』 권7〕.[18]

윤면동이 이인상의 문고[19]를 읽고 제후(題後)를 쓴 것도 이 시기 전후로 생각된다. 윤면동은 이인상의 글에 '굴원(屈原)의 충(忠)'이 과한 것이 문제라면서, "주장을 완곡하게 해 필봉을 다 드러내지 말아야 할 것"〔必隱約其說, 不得盡露其鋒鍔也: 「이원령의 문고 뒤에 적다」(원제 '題李元靈文後'), 『오』3〕이라고 말하고 있다.

● 10월 하순, 동지 겸 사은사(冬至兼謝恩使)의 서장관으로 연경에 가는 정기안에게 『만촌집』을 사올 것을 청하다〔「삼가 서장관 정공 기안基安이 부연赴燕할 때 작별하며 올린 계문」(원제 '奉別行臺鄭公

---

18 이 점과 관련해 김근행이 이인상에게 보낸 편지의 다음 구절이 참조된다: "또한 생각건대 그대는 도심(道心)이 아직 굳지 못하고 외물로부터의 구속이 아직 제거되지 않았거늘, 처음에는 시에 얽매이고 그다음엔 그림에 얽매였습니다. 이 두 가지는 유자(儒者)의 일에 있어서 꼭 전부 그만두어야 할 것은 아니나 또한 여기에 스스로를 얽매어서도 안 되는 것입니다. 벽(癖)이라는 것은 도를 해치는 큰 단서입니다. 군자가 만일 하루라도 도에 뜻을 둔다면 의당 결연히 이 벽을 버려야 할 것입니다. 그대에게 깊이 바라는 바는 지금부터 그것을 단칼에 베어 버리고 전심(專心)으로 맹성(猛省)하여 외물에 매이지 않는 넉넉한 경지에 드는 것이니, 그대는 어찌 생각하나요?"〔且念左右道心未牢, 物累未除, 始爲詩累, 又爲畫累. 二者於儒事, 固不必全廢, 而亦不可以是自累. 夫癖者, 害道之大端. 君子苟一日志道, 卽當決去是癖. 深望吾子, 自今以後, 一刀割去, 專意猛省, 以入優優之域. 何如何如: 金謹行, 「與李元靈書[第一書]」, 『庸齋集』 권7〕 "보내 주신 편지에서 염락(濂洛: 염락관민濂洛關閩, 즉 주렴계·정자·장횡거·주자)의 글에는 법도가 없다고 하셨는데, 저는 고명(高明)께서 아직 법도에 대해 다 알지 못하시나 생각됩니다. (…) 이른바 법도가 없다는 말이 저는 무슨 이야기인지 모르겠습니다. (…) 보내 주신 편지에서 염락의 여러 현자들은 사장(辭章)을 자부하지 않았기에 그들의 문장을 다 높일 필요는 없다고 하셨는데, 이는 더욱 문장을 논하는 도가 못 됩니다."〔來論以爲濂洛之文無法度者, 愚恐高明或未盡於法度之說也. […] 所謂無法度者, 愚未知其何說也. […] 來論以爲濂洛諸賢, 不以辭章自命, 不必並尊其文云者, 尤非論文之道也.: 「答李元靈書[第二書]」, 『庸齋集』 권7〕

19 윤면동은 이 문고에, 벗에게 보낸 편지, 산수기발(山水記跋), 쇄록(瑣錄), 단간(斷簡)이 들어 있다고 했다. '단간'은 척독(尺牘)을 말한다. 현재 『능호집』에는 척독이 한 편도 들어 있지 않다. 『뇌상관고』의 제3책에 척독이 실려 있었을 것으로 생각되나 일실(逸失)되어 전하지 않는다.

基安赴燕啓'), 『뇌』5).

● 11월, 열병(홍역)에 걸려 거의 죽을 뻔하다(「뒤에 오경보의 매화시 여덟 편에 화답하다」(원제 '追和吳子敬父梅花八篇')).

● 병이 조금 낫자 죽은 오찬의 매화시 8수에 화답하는 시를 완성해 병서(幷序)를 붙여 이윤영에게 보내다.

「뒤에 오경보의 매화시 여덟 편에 화답하다」, 『능호집』(상) 426면

● 12월, 송문흠이 사망하다. 향년 43세.

이달 26일, 송문흠의 제문을 지어 그의 백씨인 송명흠에게 보내다.[20] 제문 중에 "내 몸이 없어지는 듯한 아픔"(沒身之痛)이라는 말이 보인다.

이인상은 송문흠의 작고 후 그 자식들이 부친의 문집을 엮는 일을 크게 도왔다.[21]

이인상은 이달 송문흠의 애사를 쓰기 위한 자료를 송명흠에게 요청했으며 송명흠이 이에 대한 답서를 보내왔다(「이원령에게 답하다」(원제 '答李元靈'), 『늑천집』 권8).

● 겨울, 김순택과 이연의 집에서 매화연을 갖다.

이연이 시사(時事)를 언급하는 바람에 눈물이 나려고 해 꽃을 제대로 감상하지 못했다(「관매기」). 이연은 오찬과 아주 가까운 사이였으니 아마 오찬의 억울한 죽음에 대해 말한 것으로 보인다.

〈난동에 보낸 간찰(5점)〉, 『서화평석』(2) 597면

이연이 이해 이인상의 집과 가까운 난동(蘭洞, 지금의 서울 회현동 2가 일대)으로 이사왔으므로 둘은 자주 만나 노닐었다. 이 무렵 이인상이 이연에게 보낸 간찰 다섯 통이 《능호첩 B》에 실려 있다.

─

● 성범조를 위해 「고산재기」(高山齋記)를 짓다(「고산재기」高山齋記, 『뇌』4).

성범조는 원래 6년 전인 1746년 이인상에게 기문(記文)을 부탁하였다. 이인상은 기문을 진작 완성했으나 그것을 글씨로 쓰지

---

20 이 제문은 「제송자사행문」(祭宋子士行文)이라는 제목으로 『뇌상관고』 제5책에 실려 있으며, 『능호집』에는 실려 있지 않다. 『뇌상관고』에는 1753년에 지은 「우제송자문」(又祭宋子文)이라는 제목의 제문이 실려 있기도 한데, 이 제문은 「제송사행문」(祭宋士行文)이라는 제목으로 『능호집』 권4에 실려 있다.

21 송명흠, 「이원령에게 답하다 을해년」(원제 '答李元靈乙亥', 『늑천집』 권8) 참조. 또 「죽은 아우 사행 제문」(원제 '祭亡弟士行文', 『늑천집』 권15) 중의 "그의 유문(遺文)과 산고(散稿)는 마땅히 원령과 양지(홍자)와 정부(김종수)에게 부탁하여 잘 베낀 뒤 간직하여 알아줄 이를 기다려야 할 것이다"(若其遺文散稿, 當付元靈與養之·定夫, 繕寫藏弆, 以竢知者)라는 말도 참조.

는 못했는데, 1751년 성범조가 그만 병으로 사망하였다. 이인상은 성범조의 사후 이 글을 글씨로 써서 그의 아들에게 주었다.

● 서호결사(西湖結社)의 동인인 홍기해와 심관의 애사를 짓다(「심자 성유 애사」沈子聖游哀辭, 『뇌』5).

「홍조동 애사」, 『능호집』(하) ————
192면

홍기해는 평생 처사로서 빈한하게 살다 죽은 인물이다. 심관은 한원진의 문생으로 궁경자식(躬耕自食)하며 학문에 힘쓰다 조몰(早歿)하였다.

● 「구담명 찬기」(龜潭銘贊記, 『뇌』4)를 짓다.

구담 주변의 바위에 새겨진 글씨들에 대해 언급한 글로, 설사석(雪獅石)에 송시열이 해서로 쓴 "氷壺荷珠, 洒落光明"(얼음을 넣어 두는 옥으로 만든 작은 병과 연꽃에 맺힌 이슬과 같아 깨끗하고 밝고 빛나네)이 있고, 보화대(寶花臺)에 송문흠이 예서로 쓴 "嶽峙淵渟"(산은 우뚝하고 못은 깊네)이 있고, 옥순봉에 송문흠이 전서로 쓴 "金聲玉振"(종을 쳐서 연주를 시작하고 옥경玉磬을 쳐서 연주를 마감하네)이 있고, 석주탄(石柱灘)에 이인상이 초서로 쓴 "行雲流水, 初無定質"(떠다니는 구름과 흐르는 물은 애초 고정된 몸이 없네)이 있고, 서운장(瑞雲嶂)에 이인상이 전서로 쓴 "流水高山"(흐르는 물과 높은 산)이 있다고 했다.

● 「경심정기」(磬心亭記), 「다백운루기」, 「정정정기」(亭亭亭記, 『뇌』4) 등의 누정기를 짓다.

「경심정기」, 『능호집』(하) ————
118면
「다백운루기」, 『능호집』(하) 122면

'경심정'은 이인상이 1752년 다백운루 옆에 추가로 지은 소정(小亭)이다. 오찬은 생전 다백운루에 와서 자기도 이 옆에 거주하고 싶다는 뜻을 피력했는데 그만 그해 겨울 유배지에서 세상을 하직하였다. 이인상은 오찬의 뜻을 슬피 여겨 정자를 지어 석경(石磬)을 비치한 것이다. 오찬이 석경 연주하는 걸 좋아하여 서울의 집에다 옥경루(玉磬樓: 그 편액 글씨는 이인상이 썼음)를 짓고 거기서 석경을 연주하곤 했었기 때문이다. 「경심정기」에는 '반어'(反語)가 두드러지는데, 이는 오찬의 죽음에 대한 삭일 수 없는 슬픔의 표현이다.

'정정정'은 권섭이 옥순봉의 대안(對岸)에 지은 정자이다. 이인상은 그 기문에서 "어진 선비가 도(道)를 지니고 자기 몸을 깨끗이 했건만 세상에서 배척당하면, 물러나 구학(丘壑)의 승경(勝景)

을 차지하여 스스로 즐겨야 한다. 하지만 부귀하고 사치하는 사람이 도리어 이것을 사모하고 본떠 산을 사들여 누대와 정사(亭榭)를 세운다. 그런데 그 몸이 구학으로 돌아가지 못하는지라 땅문서를 만들어 경계를 정하는데 그러고도 혹 땅을 잃을까 두려워한다. 그래서 어진 선비가 물러나도 자기 몸을 용납할 데가 없으니, 나는 이를 슬퍼한다"(賢士懷道潔身, 爲世所擯斥, 退擅丘壑之勝以自娛, 而富貴豪侈者乃慕而效之, 買山而起樓榭, 身不能歸, 而立券定界, 猶恐或失, 卽賢士退亦無所容身, 余竊傷之)라 하여, 권귀가(權貴家)가 산을 사 들여 누정을 짓는 행태를 비판하고 있다.

● 신소에게 보낸 편지에서, 작년에 지은 「손님에게 고하는 두 가지 경계의 말」(원제 '告賓二戒')을 언급하다.

제1계는 다음과 같다: "제 집에 오신 손님은 시정(時政)의 득실이나 인물의 선악, 아정(雅正)하지 않은 음악이나 여색이나 재화(財貨)나 이익에 대해 말씀하지 마시기 바랍니다. 모두 졸박한 도(道)에 해가 되기 때문입니다. 손님이 설사 이런 것에 대해 말씀하시더라도 저는 대꾸하지 않겠습니다. 오로지 경서(經書)의 뜻 해석을 손님께서는 도와 주셨으면 합니다. 또한 저는 오로지 고문(古文)만을 좋아합니다."(賓臨弊室, 無談時政得失、人物臧否、聲色貨利. 俱妨拙道. 賓雖言, 不敢對. 惟講義資于賓. 而惟古文是好.) 제2계는 다음과 같다: "누가 나를 좋게 여겨 한 말은 전하지 마시고, 누가 나를 걱정하는 말을 전해 주시기 바랍니다. 누가 나를 헐뜯는 말은 전하지 마시고, 누가 내게 바라는 말을 전해 주시기 바랍니다. 나의 어리석음을 손님께서는 깨우쳐 주시기 바랍니다."(無傳人之好我, 傳人之憂我; 無傳人之毁我, 傳人之求我. 我之昧昧, 賓其嘉誨.)

● 「무변」(無辯, 『뇌』5) 세 편을 짓다.

이인상은 지난해 구담에 정자를 세워 이따금 그곳에 가 유유자적하였는데, 이에 대해 세간에서는 이러쿵저러쿵 말들이 없지 않았던 듯하다.[22] 이 글은 이인상이 객(客)과의 대화를 통해 자신

「신성보에게 준 편지」, 『능호집』(하) ― 32면

---

22 이 무렵 작성된 것으로 보이는 황경원의 「이원령에게 준 편지」(원제 '與李元靈書', 『江漢集』 권6)에서도 그런 분위기가 감지된다. 이 편지에는 "지금 족하께서 단양에 들어가지 않을지라도 육경(六經) 속에 참된 신선이 있거늘. 어째서 구담과 도담 사이에서 배를 타고서 우화등선(羽化登仙)하는 방술을 구하려 하시나요?"(今足下不入丹陽, 而六經有眞仙矣, 何爲乎拏舟二潭, 以求夫羽化之術邪)라는 말이 보인다.

에 대한 세상의 비난과 의혹에 답한 것이다. 이인상이 남긴 산문 중 가장 설리적(說理的)이며, 이인상의 섭세(涉世)의 도(道)와 고사(高士)로서의 심의(心意)를 논리적으로 잘 정리해 놓고 있다는 점에서 퍽 중요한 글이다.

맨 처음 객은 이인상이 '기세순명'(欺世徇名: 세상을 속이고 명성을 구함)한다고 여기는 사람들이 있으며, 이인상으로 인해 그의 벗들에게까지 비난이 미치고 있음을 지적한다. 이인상은 객의 이런 지적에 대해 자신은 세상으로부터 구하는 것이 없다는 것, 자신이 이름을 구한다는 것은 사실이 아니라는 것을 해명하고 있다.

두 번째로 객은 이인상이 '무심자'(無心者)가 아니냐고 힐문한다. 이는 이인상이 유가가 아니라 도가의 도를 따르는 게 아니냐는 힐난이다. 이에 대해 이인상은 자신은 근심을 잊기 위해 '허한(虛閒: 담박하며 한적함)하며 쓰임이 적은 도'(虛閒寡用之道: '과용'은 『장자』의 '무용'無用과 관련된 말)에 의탁하고 있을 뿐이며, 무심자는 아니라고 해명하고 있다.

세 번째로 객은 이인상이 '허한'(虛閒)을 즐긴다면 이는 이단에 가까운 게 아니냐는 주의를 준다. 이에 대해 이인상은 이단지학(異端之學)은 "외물을 끊고 정신을 보존"(絶物而存神)하는데, 자신은 "외물에 의지하여 즐거움을 삼으니"(資於物以爲樂) 이단이 아니라고 했다. 또 이단의 편능(偏能: 부분적 장점)은 성인(聖人)도 버리지 않았다고 하면서[23] 이단의 해보다 기세순명자(欺世徇名者)의 해가 더 크다고 했다.

이인상은 이 글을 이렇게 끝맺고 있다: "하늘에는 요상한 무지개와 혜성의 기운이 있고, 흙에 부쳐 사는 것은 더럽고 부패하고 냄새가 나며, 사람들은 덕을 지키는 것이 일정치 않습니다. 그래서 나는 옛사람하고 마음이 맞고 지금 사람에게는 구하지 않으며 다음 세상을 근심하지 지금 세상을 논하지는 않으니, 마음이 참으로 슬픕니다. 내게는 고서(古書)가 있어 그것으로 나의 슬픔을 잊고 평생의 즐거움으로 삼을 수 있습니다. 책이 없으면 근심이

---

23 '이단의 편능'을 인정한 이 발언은 주목을 요한다. 한 세대 뒤의 인물인 홍대용은 이단의 편능을 적극적으로 긍정함으로써 마침내 '공관병수론'(公觀倂受論)에까지 이를 수 있었다. 이렇게 본다면 이인상에게서 발원한 물줄기가 홍대용에 와서 강하(江河)를 이루었다고 할 만하다.

있고, 근심이 없으면 존심(存心)하게 됩니다. 나른하면 자고, 자면 꿈이 있는데, 꿈이 없으면 허한하니 무엇을 걱정하고 무엇을 근심하겠습니까?"(天有虹霓妖彗之氣, 寄土而生者多滓穢腐臭. 在乎人者秉德無恒, 故余遇於古人, 不求於今人; 憂來世, 不論今世, 其心誠悲矣. 余有古書, 可以忘吾之悲, 而有終身之樂. 無書則有思, 無思則存心; 倦則睡, 睡有夢, 無夢則虛聞, 何思何慮?)

「우연히 쓰다」, 『능호집』(하) ──────
281면

● 「만술」(漫述, 『뇌』5)을 짓다.[24]

경정합(敬定閤)에서 우중(雨中)에 쓴 글로, 자질(子姪)에게 보이기 위한 것이다. '경정합'은 규방이 아닌가 한다. 잡기 형식의 글인데 다음 말이 주목된다.

'요즘 사람들은 부끄러움을 모르는데, 이 폐단은 학문을 좋아하지 않고 가난을 편안히 여기지 않는 데 유래한다.'

'벗과 사귀거나 편지를 주고받을 때에는 비교하는 마음, 잘난 체하는 마음, 잘못을 숨기는 마음을 경계해야 한다. 이런 마음이 있으면 참뜻을 해친다.'

'명예는 외물(外物)로서 내가 가질 수 있는 것이 아닌바 설혹 좋은 평판을 듣는다 한들 나하고는 애초 아무 관계가 없음을 알아야 한다.'

'시가 전해지는 것은 그 '진실됨'(眞)에 있으며, 이것저것 주워 모으고 꾸미고 하는 데 있지 않다. 나 역시 시 짓기를 좋아하였으나 참된 뜻이 적은지라 사람들이 혹 칭찬하면 문득 부끄럽고 편치 않아 전후에 걸쳐 스스로 원고를 없앤 것이 꽤나 된다.'

'중국의 문(文)은 포용하는 것이 넓고 두터워 『시경』을 가르침으로 삼기에 여항의 미천한 지위에 있다 할지라도 도에 가까우면 벼슬에 나아갈 수 있다. 우리나라의 문은 요체가 근엄함에 있어 『춘추』를 가르침으로 삼기에 명분을 중시하지 않으면 스스로 설 도리가 없다.'

● 유후가 시를 보내와 그림을 그려 주기를 재촉하므로 차운해 화답하다(「취설醉雪 유柳 어르신이 부산에서 돌아와 오경보吳敬父와 약속해 나를 도봉산 집으로 오게 했으며 또한 한수추월寒水秋月의 그림

────────────
24 『능호집』에는 「우연히 쓰다」(원제 '偶書')라는 제목으로 실려 있으며, 일부 내용이 산삭되었다.

영조 28년(임신壬申)

1752년

43세

을 그려달라고 했는데 약속을 모두 지키지 못했다. 오래지 않아 경보는 삼강三江(삼수)에 귀양 가 죽었는데 유 어르신이 시를 주시며 그림을 재촉하므로 차운하여 받들어 화답하다」(원제 '醉雪柳丈歸自釜海, 約與吳敬父要我道峰山居, 且索畫寒水秋月, 而俱不能踐約. 未幾, 敬父謫歿三江, 而柳丈貽詩催畫, 次韻奉和'), 『뇌』2〕.

애초 유후는 1748년 윤7월 일본에서 돌아와 오찬과 약속하여 이인상을 도봉산에 있는 자신의 집으로 초치(招致)했으며 또한 〈한수추월도〉(寒水秋月圖)를 그려 달라고 했으나 이인상은 모두 응하지 못했다. 그리고 3년 후 오찬이 유배지에서 죽었다. 유후는 이때 다시 예전에 부탁한 그림을 그려 달라고 한 것이다.

● 〈구룡연도〉(九龍淵圖)를 임안세(任安世)에게 그려 주다(국립중앙박물관 소장).

〈구룡연도〉관지, 『서화평석』(1)
200면

관지는 다음과 같다: "정사년(1737) 가을, 삼청동의 임 어르신을 모시고 구룡연을 보았다. 그 15년 뒤에 삼가 이 그림을 그려 바친다. 그러나 몽당붓과 담묵(淡墨)으로써 뼈만 그리고 살은 그리지 않았으며 색택(色澤)을 베풀지 않았거늘, 감히 게을러서가 아니라 심회(心會)가 중요해서다. 이인상 재배."(丁巳秋, 陪三淸任丈觀第九龍淵. 後十五年, 謹寫此幅以獻, 而乃以禿毫淡煤, 寫骨而不寫肉, 色澤無施, 非敢慢也, 在心會. 李麟祥再拜.) 이 그림에는 "운헌"(雲軒)이라는 두인(頭印)과 "이인상인"(李麟祥印)이라는 성명인과 "천보산인"(天寶山人)이라는 자호인이 찍혀 있다.

〈김주하 묘표〉, 『서화평석』(2)
1047면

● 다대포 첨절제사(多大浦僉節制使)를 지낸 김주하(金柱廈)의 묘표(墓表)를 쓰다.

● 큰아들 영연의 혼서(婚書)를 쓰다(「큰아들 영연의 혼서를 유중온柳仲溫[25]에게 주다」(원제 '長子英淵婚書與柳仲溫'), 『뇌』5〕.

○ 임매, 3월 낭청(郎廳)에 제수되다.

○ 이윤영, 4월 청풍과 충주의 여러 승경을 구경하다.

당시 이윤영은 아우 이운영과 함께 부친과 중부 이태중을 모

---

25 '중온'(仲溫)은 자이고, 이름은 상직(相直)이며, 본관은 진주이다. 이영연의 장인이다. 이인상의 작은아버지 이최지와 동서간이다.

시고 한벽루로 가서 제천 군수 이재와 그의 아들 이유수를 만나 함께 월악산 신륵사(神勒寺)에 들어가 수렴선대(水簾仙臺)·용추(龍湫)·수락암(水落巖) 등의 승경을 구경하고 황강서원으로 가서 송시열과 권상하(權尙夏)의 화상(畵像)에 참배하였다.

○ 이윤영, 5월 서울에서 중부 이태중, 스승 윤심형, 이의철, 홍장한(洪章漢)과 배를 함께 타고 충주로 가 탄금대 등 인근의 명승을 유람하다.

○ 이명익, 5월 귀후서(歸厚署) 별제에, 9월 공조좌랑에 제수되다.

○ 임과, 6월 사옹원 주부에, 10월 사직령(社稷令)에 제수되다.

○ 김근행, 7월 종부시 주부에, 8월 금부도사에 제수되다.

○ 성효기, 7월 선공감 봉사에 제수되다.

○ 송문흠(1710년 생), 8월 홍천 현감에 제수되었으며, 12월 세상을 하직하다.

이윤영은 송문흠을 애도하는 시에서 "영물(靈物)이 깊은 못을 떠나고／철인(哲人)이 쇠한 세상을 하직했네"(深淵靈物逝, 衰世哲人辭:「사행을 애도하다. 이시랑을 곡하는 시에 차운하다」(원제 '悼士行. 次哭李侍郎詩'), 『단』9)라고 읊었다.

○ 김선행, 8월 경주 부윤에 제수되다.

○ 이윤영, 늦어도 이해 가을 구담봉 맞은편에 창하정(蒼霞亭)을 건립하다(「기년록」, 『옥』10).[26]

'창하'라는 명칭은 주희의 시「방광(方廣)을 출발해 고대(高臺)를 지나며 경보(敬父)의 시에 차운하다」(원제 '自方廣過高臺次敬父韻', 『회암집』晦庵集 권5)의 기련(起聯) "흰 눈은 맑은 절벽에 남아 있고／창하(蒼霞)는 적성(赤城)을 마주하고 있네"(素雪留淸壁, 蒼霞對赤城)에서 따왔다. 이듬해 3월 민우수가 창하정 기문을 써 주었다(민우수, 「이윤지가 건립한 단구의 두 정자 기문」(원제 '李胤之丹邱二

---

26 박경남, 「단릉 이윤영의『山史』연구」의 부록 '단릉 이윤영 연보'에서는 창하정이 1753년 3월 건립되었다고 했는데, 이는 민우수가 쓴「이윤지가 건립한 단구의 두 정자 기문」(원제 '李胤之丹邱二亭記', 『정암집』권9)의 "내가 또한 작은 기문을 지어서 정자 가운데 두었으니, 때는 계유년(1753) 늦봄이다"(余又作小記置亭中, 時癸酉春末也)라는 말에 근거한 것으로 보인다. 민우수의 이 말은 1753년 3월에 자신이 창하정의 기문(記文)을 썼다는 말이지, 창하정이 이때 완공되었다는 말은 아니다. 창하정의 건립 시기는『옥국재유고』에 실려 있는「기년록」의 "임술년(1752), 창하정을 구담에 건립하다"(壬戌建蒼霞亭于龜潭)라는 말을 준신(準信)해야 할 것으로 본다.

이윤영, 〈기원령〉, 『서화평석』(2)
1120면

亭記'), 『정암집』권9).

○ 이윤영, 이해 가을 "사람을 만나도 마음 맞는 이를 만나지는 못했나니 / 그대를 보면 그래서 존경하게 되네"(遇人未遇心, 見子乃敬重)로 시작하는 오언고시 「기원령」(寄元靈)[27]을 지어 이인상에게 보내다.

행서로 쓴 그 시고(詩稿)가 현재 전하는데, "창하정"(蒼霞亭)이라는 백문방인이 찍혀 있다(『근역서휘』소수, 서울대 박물관 소장).

○ 송익흠, 9월 홍천 현감에 제수되다.

○ 이양천, 9월 북평사에 제수되다.

이양천의 벗 홍낙순(洪樂純)이 송서(送序)를 써서 북평사에 보임된 이양천을 격려했다. 글 중에 "조사(朝士)로서 문학에 넉넉하고 시망(時望)이 있지 않은 자는 북평사에 선발되지 않는다"(朝士非優於文學有時望者, 不得與是選)라는 말이 보인다. 또 글의 맨 끝에 "용성(龍城) 서쪽에 삼강(三江)이 있는데 오경보가 이곳에 귀양와 죽었다네. 경보는 명가(名家)의 자제로 조정에서 직언을 하다가 변방으로 쫓겨났는데, 죽은 뒤에도 사면을 받지 못해 국인(國人)들이 지금도 슬퍼한다네. 자네는 술자리에서 시를 짓거나 사냥을 하는 말미에 나를 위하여 삼강에 가서 경보를 조문하였으면 하니, 거기에는 필시 초혼하지 못한 넋이 있으리라 여기네"(龍城之西, 有三江焉, 吳敬甫謫死於此. 敬甫, 名家子, 立朝直言, 身逐窮塞, 死不見宥, 國人至今悲之. 功甫詩酒射獵之暇, 爲我至三江, 弔敬甫焉, 此必有未招之魂)라는 말이 보인다(「북평사로 가는 이공보에게 준 송서送序」(원제 '送北評事李功甫序'), 『대릉유고』권1).

○ 이양천, 10월 27일 홍문관 교리에 제수되어 이틀 후인 29일 상소를 올려 군덕(君德)에 대해 간했다가 영조의 분노를 사서 흑산도에 위리안치되다.

상소 중에 이런 말이 보인다: "근일 성상(聖上)의 마음이 평안함을 잃어 거듭 진노하시어 신하들을 사방으로 귀양 보내시니 관료들의 기운이 저상(沮喪)되었습니다. (…) 돌아보건대, 지금 삼사(三司)의 서로 잇따라 귀양 간 이들은 어떠한 사람들입니까?"(近日

27　원래는 제목이 없는데 필자가 임의로 붙였다.

聖心失平, 天威震疊, 竄配四出, 搢紳喪氣. […] 顧今三司之相繼被竄者,
是何等人也: 『영조실록』 영조 28년 10월 29 기사)

당시 영조는 신하들의 직언을 참지 못하고 불 같은 분노를 표출하곤 했다. 그리하여 탕평에 반대하는 상소를 올린 신료들은 거의 다 유배 보냈다. 이양천의 상소는 이 점을 지적한 것이다. 이양천은 이윤영과 가까웠으며, 이인상과도 교분이 있었다. 그러니 이양천의 이 상소는 유배지에서 죽은 오찬과 무관하지 않다 할 것이다.

홍낙순은 적소(謫所)로 가는 이양천에게 「유배 가는 이공보에게 준 송서」(원제 '送李功甫謫中序', 『대릉유고』 권1)를 써 보냈다.

이 글 서두는 다음과 같다: "주상 29년 겨울, 홍문관 교리 이군 공보가 상소를 올려 임금의 덕에 대해 말하자 주상이 노하여 제주도 정의(旌義)에 귀양 보내라고 명했다. 그다음 날 아침 주상의 분노가 더욱 심해져 흑산도에 위리안치하라고 하셨다. 조정의 신하 중 귀양 간 사람이 또한 수십 명이나 된다. 흑산도는 나주 서쪽에 있는데, 바닷길로 천 리이고, 파도가 급한데다 위험한 암초가 많아 배가 종종 부서져 침몰하며, 장기(瘴氣)와 지네·뱀의 독이 다른 섬보다 더욱 심해 죽을죄를 지은 자가 아니면 있게 하지 않는다."(上之二十九年冬, 弘文校理李君功甫, 上疏言君德. 上怒命竄旌義海中. 其翌朝, 上怒益深, 安置黑山島, 加長圍. 朝士竄補者, 亦數十人. 黑山在羅州西, 海路千里, 風波迅急, 多危石, 舟往往破溺, 瘴癘蛇蝎之毒, 比他島尤甚, 非死罪者, 不居.)

한편, 이양천의 조카사위 박지원이 훗날 쓴 「불이당기」(不移堂記, 『연암집』 권3)에 이양천이 유배 갈 때의 일과 유배 중의 일이 그려져 있다. 또한 이 글에는 이양천과 이인상의 벗사귐이 그려져 있으며, 단호그룹이 중시한 세한(歲寒)에도 지조를 지키는 인간의 자세에 대한 박지원의 깊은 공감이 드러나 있다는 점에서 주목된다. 글은 다음과 같다.

예전에 이 학사(李學士) 공보(功甫)께서 한가로이 지낼 적에 매화시(梅花詩)를 지은 적이 있다. 심동현(沈董玄)[28]의 〈묵매도〉(墨梅圖)를 얻자 이 시를 그 그림의 화제(畵題)로 삼으시고는 웃으며 내게 이렇게 말씀하셨다.

"너무해, 심씨(沈氏)의 그림은! 실물을 빼닮았을 뿐이야!"

나는 무슨 말씀인가 싶어 이렇게 여쭈었다.

"실물과 비슷하게 그렸다면 훌륭한 화가 아니겠습니까? 왜 웃으시는 건지요?"

그러자 학사는 이렇게 말씀하셨다.

"까닭이 있지. 나는 애초 이원령과 친교가 있어, 한번은 그에게 생초(生綃) 비단 한 폭을 보내어 제갈공명(諸葛孔明) 사당 앞의 측백나무를 좀 그려 달라고 부탁한 적이 있네. 원령은 한참 후에 거기다 「설부」(雪賦)[29]를 전서(篆書)로 써서 보냈더군. 나는 그의 전서를 얻자 참 기뻤네. 하지만 빨리 그림을 그려 달라고 더욱 채근했더니 원령은 빙그레 웃으며 이렇게 말하더군.

'그대는 아직도 모르겠소? 이미 보냈지 않소.'

나는 놀라서 이렇게 말했다네.

'예전에 온 건 전서로 쓴 「설부」뿐이었소. 그대는 혹 잊으셨소?'

원령은 빙그레 웃으며 말했네.

'측백나무는 바로 그 속에 있구려. 바람과 서리가 매서울 때 변하지 않는 게 있겠소? 그대가 측백나무를 보고자 한다면 눈 속에서 찾아야 할 게요.'

나는 그제야 허허 웃으며 이리 말했다네.

'그림을 그려 달랬더니만 전서를 써 주고는, 눈을 보고서 변하지 않는 것을 생각하라니, 측백나무하고는 영 멀구려. 그대가 도(道)를 행하는 방식은 현실과 너무 동떨어진 것 아니오?'

얼마 후 나는 임금님께 간언(諫言)을 하다 죄를 얻어 흑산도로 귀양 가게 되었지. 낮과 밤을 꼬박 말을 달려 7백 리를 가는데, 길에서 전해 들으니 금부도사(禁府都事)가 사약(賜

---

28 심사정(沈師正, 1707~1769)을 말한다.

29 중국 남조(南朝) 송나라 사혜련(謝惠連)의 글이다.

藥)을 내리라는 어명을 받들고 곧 뒤따라올 거라 했어. 이 말에 노복들은 놀라고 겁에 질려 엉엉 울었지.

당시 추운 날씨에 눈이 펑펑 내리는데 낙엽 진 나무들과 낭떠러지가 울쑥불쑥 앞을 가리고 바다는 가이없는데, 바위 앞에 늙은 나무 하나가 거꾸로 드리워져 그 가지가 마치 마른 대나무 같았어. 나는 말을 세우고 도롱이를 걸치다가 그 나무를 손으로 멀리 가리키며 그 기이함에 탄복했지. 그러고는 이렇게 중얼거렸지.

'원령이 써 준 전서는 혹 저 나무 아닐까.'

유배지에 있는 동안 나쁜 기운을 머금은 안개는 자욱하고 독사와 지네는 침상에 득시글거려 무슨 해를 입을지 알 수 없었지. 그러던 어느 날 밤이었어. 큰 바람이 바다를 뒤흔들어 벼락 치는 듯한 소리가 나는 게 아닌가. 나를 따라 온 하인들은 모두 넋이 나가 구역질을 하며 어지러워했지. 하지만 나는 이런 노래를 지었어.

> 남쪽 바다 산호(珊瑚)[30]가 꺾인들 어떠하리
> 걱정되는 건 오늘밤 옥루(玉樓)[31]가 추울까 하는 것.

그 후 원령이 이런 답장을 보내 왔어.

'이 즈음 보게 된 「산호의 노래」는 곡진하기는 하되 슬픔이 절도를 잃지 않았고 원망하거나 후회하는 뜻이 없으니, 환난을 잘 견뎌내고 있는 듯하구려. 지난날 그대는 내게 측백나무를 그려달라고 했지만 그대 또한 그림을 잘 그린다 할 만하구려. 그대가 떠난 뒤 측백나무 그림 수십 장이 서울에 남았는데, 그건 모두 도화서(圖畵署) 화원(畵員)들이 몽당붓으로 베껴 그린 것이라오. 그렇건만 그림 속 측백나무의 굳센 줄기와 곧은 기운은 늠름하여 범접할 수가 없고, 가지와 잎은 빽빽하여 어찌 그리도 무성하던지요.'

---

30 이양천 자신을 비유한 말이다.
31 임금이 있는 궁궐을 가리킨다.

나는 나도 모르게 허허 웃으며 이렇게 말했지.

'원령은 몰골도(沒骨圖)[32]를 그렸다 할 만하군.'

이렇게 본다면 그림을 잘 그리는 건 대상을 비슷하게 본뜨는 데 있지 않아."

이 말씀에 나 또한 웃었다.

얼마 안 있어 학사는 돌아가셨다. 나는 학사를 위해 그 남긴 시문(詩文)을 책으로 엮었는데, 그 일을 하던 중 학사가 유배지에 계실 적에 그 형님[33]께 보낸 편지를 발견했다. 거기에 이런 말이 들어 있었다.

"근래 아무개의 편지를 받았는데, 저를 위해 요직에 있는 사람한테 부탁하여 귀양에서 좀 풀리게 해 달라고 하겠다더군요. 저를 어찌 이리 하찮게 여기는지 모르겠습니다. 설사 바다 가운데에서 썩다 죽는 한이 있을지언정 저는 그런 짓은 않겠습니다."

나는 이 편지를 쥐고 슬피 탄식했다.

"이 학사는 정말 눈 속의 측백나무였구나! 선비는 어려운 상황에 처해서야 비로소 그 본래 뜻이 드러나는 법이거늘 우환을 근심하고 곤액을 서글퍼하면서도 자신의 지조를 꺾지 않고 고고하게 홀로 우뚝 서서 그 뜻을 굽히지 않는 사람이 바로 세한연후(歲寒然後)에야 볼 수 있는 사람이 아니겠는가!"(曩李學士功甫, 閒居爲梅花詩, 得沈董玄墨梅以弁軸, 因笑謂余曰: "甚矣, 沈之爲畫也! 能肖物而已矣." 余惑之曰: "爲畫而肖, 良工也. 學士何笑爲?" 曰: "有之矣. 吾初與李元靈遊, 嘗遺絹一本, 請畫孔明廟柏. 元靈良久, 以古篆書雪賦以還. 吾得篆且喜, 益促其畫. 元靈笑曰: '子未喩耶? 昔已往矣.' 余驚曰: '昔者來乃篆書雪賦耳. 子豈忘之耶?' 元靈笑曰: '柏在其中矣. 夫風霜刻厲, 而其有能不變者耶. 子欲見柏, 則求之於雪矣.' 余乃笑應曰: '求畫而爲篆, 見雪而思不變, 則於柏遠矣. 子之爲道也, 不已離乎?' 旣而余言事得罪, 圍籬黑山島中, 嘗一日一夜疾馳七百里, 道路傳言金吾郎且至, 有後

---

32 그림을 그릴 때 윤곽선을 그리지 않고 그리는 기법을 말한다. 여기서는 '형체가 없이 그린 그림'이라는 정도의 뜻으로 사용되었다.

33 박지원의 장인 이보천(李輔天)을 말한다.

命, 僅僕驚怖啼泣. 時天寒雨雪, 其落木崩崖, 嵯呀虧蔽, 一望無垠, 而巖前老樹倒垂, 枝若枯竹. 余方立馬披簑, 遙指稱奇曰: '此豈元靈古篆樹耶?' 既在籬中, 瘴霧昏昏, 蝮蛇蜈蚣, 糾結枕茵, 爲害不測. 一夜大風振海, 如作霹靂, 從人皆奪魄嘔眩. 余作歌曰: '南海珊瑚折奈何, 秖恐今宵玉樓寒.' 元靈書報'近得珊瑚曲, 婉而不傷, 無怨悔之意, 庶幾其能處患也. 曩時足下嘗求畵柏, 而足下亦可謂善爲畵耳. 足下去後, 柏數十本留在京師, 皆曹吏輩禿筆傳寫. 然其勁榦直氣, 凜然不可犯, 而枝葉扶疎, 何其盛也!' 余不覺失笑曰: '元靈可謂沒骨圖.' 由是觀之, 善畵不在肖其物而已." 余亦笑. 既而學士歿. 余爲編其詩文, 得其在謫中所與兄書. 以爲"近接某人書, 欲爲吾求解於當塗者, 何待我薄也. 雖腐死海中, 吾不爲也." 吾持書傷歎曰: "李學士眞雪中柏耳. 士窮然後見素志, 患害恔厄而不改其操, 高孤特立而不屈其志者, 豈非可見於歲寒者耶!")[34]

이에서 보듯, 이 글은 박지원이 그린 이양천과 이인상의 초상이랄 수 있다.

○ 이최중, 10월 검열(檢閱)에 제수되다.

○ 오재순, 10월 익릉(翼陵) 참봉에 제수되다.

○ 김순택, 11월 호조좌랑에 제수되다.

○ 김상숙, 11월 명릉(明陵) 참봉에 제수되다.

○ 이명환, 9월 문과에 급제해, 9월 전적(典籍)에, 10월 병조좌랑에, 11월 북평사에 제수되다.

이해 제야에 「빙강가」(氷釭歌, 『해악집』권2)를 지었는데, 그 병서(幷序)는 다음과 같다: "예전에 옥경루에서 빙등(氷燈)을 매달아 놓고 놀이를 한 적이 있다. 지금 북관(北關)에 와 군문(軍門)에서 옛 법에 따라 빙등을 설치했는데 전에 본 것보다 크게 나아 마침내 옥경루에서 예전에 놀았던 일이 떠올라 감회가 있기에 소회를 쏟아냈다. 임신년(1752) 제야에 사회(士晦)가 쓰다."(昔在磬樓, 有氷燈之戱. 今來北關, 因轅門舊令設之, 大勝前見, 遂憶磬樓舊遊, 有感瀉懷. 壬申除夕, 士晦書.)

---

34 번역은 박희병·정길수 외 편역, 『연암산문정독 2』(돌베개, 2009), 74~80면에 따랐다.

영조 28년(임신壬申)

1752년

43세

미야가와 쵸오슌, 〈미인도〉

○ 김성응, 12월 판의금부사에 제수되다.

◎ 홍계희, 1월 『균역사실』(均役事實)을 국왕에게 올리다.

◎ 조현명(1690년 생), 4월 사망.

◎ 왕손(훗날의 정조正祖), 9월 출생.

◎ 이종성(李宗城, 1692~1759, 당색 소론), 10월 영의정이 되다.

ⓛ 양주팔괴의 한 사람인 왕사신(汪士愼, 호 소림巢林) 실명하다.

ⓛ 포르투갈 사신 광동에 도착하다.

ⓛ 우키요에(浮世繪) 화가 미야가와 쵸오슌(宮川長春) 사망.

ⓛ 하기 번(萩藩)의 유관(儒官) 야마가타 슈우난(山縣周南) 사망.

영조 29년(계유癸酉, 1753년) 44세

● 2월 28일, 공주 장촌동(長村洞)[1]에 가 송문흠의 장례에 제문을 지어 곡하다.

제문은 다음과 같다: "유세차 계유년(癸酉年) 2월 갑인일(甲寅日)에 익찬(翊贊)[2] 송공(宋公)의 관을 땅에 묻으려 하매 벗 완산 이인상이 주과(酒果)의 제수를 갖추어 곡하고 제문을 들어 영결합니다.

아아! 하늘이 그대를 데려가니 맑고 굳센 기운이 이미 다하였고, 세상의 운도 이미 기울어 선비들은 다시 떨치지 못합니다. 그대는 나의 벗이었으니 나의 말을 한번 들어 보시지요. 슬프게도 중국이 좌임(左衽)[3]의 땅이 되어 버린 터에 중봉(重峰)과 우암(尤菴)[4]의 도가 행해지지 않고 대의(大義)가 밝혀지지 않고 있으니 조선이 오랑캐 되는 걸 면하기 어렵게 됐습니다. 선비의 기상이 모두 바르다면 나랏일을 제대로 할 수 있겠지만 지금 그대가 죽었으니 어느 누가 명나라에 대한 의리를 생각하겠습니까?

아아! 궁한 선비가 벗을 잃으니 천고의 슬픔을 느낍니다. 나라에 어진 이가 없으니 누가 시대를 슬퍼하겠습니까? 세상에 독실한 마음과 방정한 행실로써 의를 실천하고 천명을 기다리는 사람이 있다면 나는 오히려 슬프지 않을 거외다. 또한 곧은 덕과 순정한 말로써 순박함을 회복하여 쇠락한 세상을 일으킬 수 있는 사람이 있다면 나는 오히려 슬프지 않을 거외다. 아아! 천도(天道)가 환히 밝고 인도(人道)가 타락하지 않았다면 그대는 필시 죽지

---

1 이인상의 「천호산 유기」에는 '장촌동'(長村洞)으로 되어 있고, 송명흠의 문집인 『늑천집』 권19의 연보에는 '장동리'(長洞里)로 되어 있다.
2 세자익위사(世子翊衛司)에 소속되어 왕세자를 보위하는 직책이다.
3 옷을 입을 때 오른쪽 섶을 왼쪽 섶의 위로 여미는 것을 이르는 말인데, 오랑캐의 옷 입는 방식을 가리킨다. 중국이 여진족의 지배하에 들어갔다는 뜻이다.
4 조헌(趙憲, 1544~1592)과 송시열(宋時烈, 1607~1689)을 가리킨다. 이들은 모두 숭명(崇明)을 주창했다.

않았을 겁니다. 만일 우리들 나이가 아직 젊고 의기(意氣)가 아직 높다면 그래도 그대의 뜻을 밝힐 수 있을 테지만 이제 어쩌겠습니까. 그 누가 나를 믿겠습니까? 나는 앞으로 다시는 천하의 선비와 사귀지 않고 다시는 천하의 일을 논하지 않으렵니다.

아아! 그대는 옛 도를 지켰고, 나는 아첨하는 벗이 아닌지라 바른 사귐을 하여 의리와 천명을 온전히 하리라 마음에 맹세했었지요. 영달하면 도를 행하고, 궁하면 저술을 할 것이며, 필경에는 산수에 은거하여 여생을 즐겁게 살자고 기약하지 않았나요? 하늘이 실로 그대를 죽게 한 건 나의 정신과 골수를 빼내 간 것이라 나는 형체 없는 그림자같이 되어 버렸고 멍청히 죽은 존재처럼 되어 버렸습니다. 그러니 그대를 슬퍼할 겨를 없이 나는 스스로를 슬퍼하고 있습니다. 세상이 혼탁하니 나의 슬픔을 누구에게 말하겠습니까? 아아, 슬프외다!"〔維歲次癸酉二月甲寅, 翊贊宋公之柩, 將永歸窀穸, 友人完山李麟祥具酒果之奠, 操文而哭訣曰: 嗚呼! 天之喪子, 淸剛之氣已盡, 世運已隤矣, 士類不復振矣. 始子友余, 有言神聽. 慨天下淪爲左衽, 重峰·尤翁之道不行, 不明大義, 難免爲夷. 士氣皆正, 國事可爲, 子今死矣, 人孰有皇明之思? 嗚呼! 窮士失友, 千古之悲. 國無賢良, 誰哀其時? 世復有篤誠方行而蹈義而俟命者, 余猶不悲. 復有貞其德而純其辭, 可以反淳而起衰者, 余猶不悲. 嗚呼! 天運昭明而人道不墜, 則子必不死. 使吾輩年紀猶壯, 而意氣猶峻, 則尙可以明子之志, 而今焉已矣. 人孰余信? 余將不復交天下士, 不復論天下事矣.

嗚呼! 子秉古道, 余非諛友, 矢心交正, 義命之全. 達則行道, 窮則立言, 終期丘壑, 靖樂永年. 天實捄子, 剗我神髓, 如影無形, 蠕然無視. 不暇悲子, 而余自悼. 世之溷溷, 余哀焉告? 嗚呼哀哉:「송사행 제문」(원제 '祭宋士行文'), 『능』4〕

「송사행 제문」, 『능호집』(하)
209면

당시 이인상은 송익흠·신소와 함께 송문흠의 장례식에 갔다. 세 사람은 귀로에 천호산(天壺山)의 암자에 올라 함께 하룻밤 자고 이튿날 헤어졌다. 이인상은 바위에다 세 사람의 자(字)를 쓴 뒤 "계유년(癸酉年) 중춘(仲春) 갑인일(甲寅日)에 장촌동에서 장례를 보고 여기 들러 하루 묵으며 슬픔을 토로하고 돌아가다"(癸酉仲春甲寅, 觀葬於長村洞, 過此一宿, 敍悲而歸:「천호산 유기」天壺山遊記, 『뇌』4)라고 썼다. 이때의 일을 적은 「천호산 유기」는 단소(短小)한 유기(遊記)의 형식을 빌어 벗 송문흠을 잃은 깊은 슬픔을 표현했다.

이인상은 천호산에서 송익흠·신소와 헤어진 후 배로 공주의 금벽정(錦壁亭) 아래를 지났는데, 예전에 송문흠과 기약해 이곳에서 만나 노닌 일이 기억나 비측(悲惻)해 하다. 배를 멈추어 공산관(公山館)에 들러 우인(友人) 김덕운(金德運, 1687~1767, 자 득보得甫, 호 진정재眞靜齋)[5]을 만나 함께 쌍수산성(雙樹山城) 부근의 공북정(拱北亭)에 올랐다. 거기서 가기(歌妓) 2인이 부르는 정철의 「장진주」(將進酒)와 권필의 「곡송강묘」(哭松江墓) 일절(一絶)을 듣고 슬퍼 눈물을 흘리다(「쌍수산정雙樹山亭[6] 유기」(원제 '遊雙樹山亭記'), 『뇌』4).

송문흠의 장례식에 참석하고 돌아오는 길에 쓴 「천호산 유기」와 「쌍수산정 유기」는 이인상이 쓴 여타의 유기들과 판연히 다르다. '유기'라는 제목을 붙이고 있기는 하나 실제로는 송문흠을 떠나보낸 막막한 심정을 기탁하고 있는 글이다. 이 점에서 이 두 글은 유기로서는 정격(正格)이 아니요 변격(變格)에 해당한다. 이런 '변격성'은 그의 말년의 글씨쓰기와 그림그리기에서 확인되는 변격성과 무관하지 않다.[7]

● 3월 17일, 원주 목사 윤흡의 제문을 지어 영전에 곡하다.

제문 중에 "애초 나는 미처 공에게 인사를 드리지 못했으나, 공은 실로 나를 알고서 나의 곤궁함을 애긍히 여겨 신성보(申成父: 신소)에게 이르기를, '내가 그를 구휼하고 싶지만 그는 구차히 받을 사람이 아니지 않나. 내가 자네에게 양식을 줄 테니 자네가 벗을 구휼하게나'라고 하셨다. 나는 이 말을 전해 듣고 공의 의로움에 감동하게 됐으며, 받고서 부끄럽지 않았다. 마침내 공의 집

---

5 경주 김씨 송애(松崖) 김경여(金慶餘, 1596~1653)의 증손이다. 김경여는 이귀(李貴)의 사위이고 김장생(金長生)의 문인으로 송시열·송준길과 친교가 있었다. 병자호란 때 인조를 호종해 남한산성에 피란했다. 출처와 의리가 분명한 인물로 알려져 있으며, 벼슬은 대사간과 충청도 관찰사를 지냈다. 김덕운은 일찍 부모를 여의고 중부(仲父)인 김창석(金昌錫, 자 文仲)의 밑에서 자랐다. 신임옥사 이후 향리 회덕(懷德)에 낙향하여 종형인 김정운(金鼎運, 1677~1735, 김창석의 양자)과 한 집에 거처한 처사형 인물이다.

6 공주 쌍수산성(일명 공산성)의 진남루(鎭南樓) 서쪽에 위치한 정자이다.

7 이인상 만년의 글씨쓰기에서 확인되는 말년 양식의 특징은『능호관 이인상 서화평석 2: 서예편』의 '2-중-1' '2-하-14' '6-1' '7-6' 참조. 또 그림그리기에서 확인되는 말년 양식의 특징은『능호관 이인상 서화평석 1: 회화편』중〈구담초루도〉와〈피금정도〉의 평석 참조.

에 가 인사를 드리고 더욱 공의 전덕(全德)을 보게 되었다"[始余未及拜公, 而公固知余而憫余之窮, 乃謂申成父曰: '余欲賙之, 而彼非苟受者. 余以粟授子, 子其賙友焉!' 余聞而感其義, 遂受之而無愧焉. 遂造拜公門, 而益見公之全德焉:「윤원주尹原州 제문」(원제 '祭尹原州文'),『뇌』5]라 하여, 젊은 시절 윤흡에게 신세진 일을 언급하고 있다. 이인상은 윤흡의 만시도 지었다.

윤흡은 당시 호걸지사(豪傑之士)로 일컬어진 인물로, 협기(俠氣)가 있어 어려운 처지에 있는 사람을 잘 돕는 것으로 유명하였다(김순택,「판결사 윤공 애사」判決事尹公哀辭,『지』3).

● 4월 11일, 이유수에게 간찰을 보내다(개인 소장).[8]

간찰 중에 "상관(上官)[9]의 폄척(貶斥)을 기다리지 않더라도 제 스스로 목민(牧民)의 일을 감당할 수 없다는 걸 알고 있습니다. (…) 민폐(民弊)가 자심한데도 아직껏 체직(遞職)이 되지 않고 있으니 이 때문에 더욱더 편치 않습니다"(不待上官之貶, 而自知不堪牧民. […] 民弊滋甚, 而尙今不得決遞, 以此來增不安)라는 말이 보인다. 이 간찰은 이인상이 경기 감사 김상익(당색 소론)과의 불화로 사직서를 낸 후 작성된 것으로 추정된다. 간찰을 보낸 이틀 후인 4월 13일 이서표(李瑞彪, 서얼)가 새로 음죽 현감에 제수되었다. 황경원이 쓴「이원령 묘지명」(『강한집』권17)에 이런 말이 보인다: "음죽현을 다스릴 적에는 법을 잘 받들어 권세 있고 지위가 높은 사람에게 굽히지 않았다. 3년 후에 관찰사의 뜻을 거스르게 되자 관직을 버리고 떠났다."(監陰竹縣, 能奉法, 不撓權貴. 居三年, 忤觀察使, 棄官去.)

● 4월 12일, 음죽 현감을 그만두다.

황경원이 쓴「이원령 묘지명」의 "관찰사의 뜻을 거스르게 되자 관직을 버리고 떠났다"라는 말로 보아 상관인 경기 감사의 뜻을 거슬러 사직한 것으로 보인다.

이인상이 균역법 시행에 불만이 있어 사직을 고려한 것은 1752년 가을부터였다[송문흠,「이원령에게 답하다」(원제 '答李元靈'),

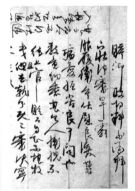

「윤원주 만시」,『능호집』(상)
415면

〈이유수에게 보낸 간찰(3)〉(부분),『서화평석』(2) 983면

---

8 이 간찰에 대해서는『능호관 이인상 서화평석 2: 서예편』의 '13-7' 참조.
9 당시 경기 감사인 김상익(金尙翼, 1699~1771)을 가리킨다.

『한』3). 김상익이 경기 감사에 제수된 것은 1752년 7월 2일이다. 이렇게 볼 때 이인상이 상관인 경기 감사의 뜻을 거슬렀다는 것은 균역법의 시행 과정에서 이인상이 적극적으로 호응하지 않고 이의를 제기하거나 소극적인 태도를 취했음을 의미하는 것일 수 있다.

이인상은 이날 서울 집을 출발해 노량진을 건너 안양(安陽)에 사는 처고모부 이덕보(李德輔, 서얼)[10]를 방문했으며 인근의 오산(梧山: 지금의 비봉산)을 유람하였다(「안양 이 어르신께서 그 방 이름을 '지족'知足이라 하셨는데, 벽에 진암晉菴 이 상서李尙書(이천보)[11]의 시가 있기에 차운하여 드리다」(원제 '安陽李丈名其室曰知足, 壁有晉菴李尙書詩, 次韻以呈'), 『뇌』2). 이인상은 이덕보의 집에서 하루 묵고 이튿날 모산으로 가 성범조와 장훈의 영전에 곡하였다. 그리고 바닷가 능촌(菱村: 안산군 와리면 능내리陵內里)으로 가서 석파령(石葩嶺: 도라리고개)에 올라 바다를 구경하였다(「해서소기海溎小記」, 『뇌』4).

● 4월 전후, 도연명이 지은 「귀거래사」의 "悅親戚之情話, 樂琴書以消憂"(친척들과의 정다운 대화를 기뻐하고/금琴과 책을 즐기며 근심을 푸네)를 전서로 쓰다(《묵수》墨藪 소수, 국립중앙도서관 소장).

● 김상묵의 고재(顧齋)[12]에서 배꽃을 감상하다.

이때 지은 시에 "뉘라서 정수사(淨水寺)의 고동(枯桐)[13] 물으리/배꽃은 뜰에 가득하나 거문고 탈 이 없네"(枯桐誰問淨水寺? 梨花滿庭莫按琴: 「김백우金伯愚의 고재에서 배꽃을 완상하다가 술에 취해 「상춘」시를 서사書寫하다」(원제 '金伯愚顧齋賞梨花, 醉書傷春'))라는 구절이 보이니, 죽은 오찬이 생각나 한 말이다. 이인상은 3년 전 봄에 오찬과 함께 배꽃을 구경한 적이 있다.

● 5월경, 홍천 현감으로 부임하는 이명익을 전별하는 시를 짓

〈귀거래사〉(부분), 『서화평석』(2) 673면

---

10 '안양'(安陽)은 시흥의 지명이다. '安養'으로도 표기한다. 이덕보는 이인상의 처고모부이며(兪肅基, 「禮曹判書杜谷張公行狀」, 『兼山集』 권15), 이천보(李天輔)의 서제종형이다. 본관은 연안(延安)이고, 증조부는 이정귀(李廷龜)이며, 부친은 이호신(李虎臣)이다. 일찍 부모를 여읜 이인상의 처 장씨는 고모에게 양육되었다.

11 '진암'(晉菴)은 이천보(李天輔, 1698~1761)의 호이다. 본관은 연안(延安)이고, 자는 의숙(宜叔)이다. 이정귀의 후손이며 김만기(金萬基)의 외손이다. 이조참판·이조판서·병조판서·우의정·좌의정·영의정을 역임했으며 오원·황경원과 교유가 깊었다. 문집으로 『진암집』(晉菴集)이 전한다.

12 김상묵의 서재 이름이다.

13 말라 죽은 오동나무로, 거문고를 제작하는 데 쓰인다.

영조 29년 (계 유 癸酉)

1753년

44세

다.[14]

● 6월 4일, 작은아버지에게 간찰을 올리다.

　간찰 중의 "저는, 모친께서는 그런대로 평안하오나 제 병과 아이의 병으로 모두 괴로워 아무런 즐거움이 없습니다"라는 말로 미루어 병고로 고생하고 있었음을 알 수 있다. '아이의 병'은 큰아들 영연의 지병을 가리키는 것으로 생각된다.

　또 이 간찰에는 "갈산(葛山) 일은, 명동(明洞) 건이 시간을 질질 끌고 있고, 가형(家兄)은 공무로 틈을 낼 수가 없고, 저는 또 이렇게 병으로 신음하고 있으니, 사정상 먼저 하인 유공(有功)을 보내 은거하고자 하는 곳 원근(遠近)을 자세히 조사해 보아야 할 터인데, 하인도 병이 나서 죽을 지경이오니 어찌해야 할지 모르겠습니다"(葛山事, 明洞一味泄泄, 兄則公故殆無暇日, 從子又呻病如此, 勢須先送有奴, 詳覘藏處遠近, 而奴又病欲死, 誠不知爲計也:「작은아버지에게 올린 간찰 8」, 『능호집』[하] 부록)라는 말이 보이는바, 갈산에 은거지를 구하는 일이 진척이 잘 되지 않고 있음을 알 수 있다. '갈산'은 경기도 양평군 청운면 신론리의 흑천(黑川) 가에 있는 산 이름으로 갈현(葛峴)이라고도 한다. 이곳에는 이인상의 증조부 이민계의 산소가 있었다. 이인상 집안은 여기에 땅을 구해 장차 가족들이 함께 모여 살 것을 모색하고 있었던 것 같다. 당시 이최지는 정산 현감으로, 이기상은 도원 찰방으로 재직 중이었다. 그전에 이최지·이인상 숙질은 서울의 명동 종강에 함께 살 새 집을 지을 구상을 하고 있었지만, 아직 확실한 결정을 내리지 못해 '명동 건이 시간을 질질 끌고 있고'라고 말했을 터이다. 종강에 집을 짓기 시작한 것은 두 달 뒤인 8월께다. 종강에 집을 지으면서 갈산에 땅을 마련하고자 하는 계획은 유야무야된 것으로 보인다.

● 유후에게 시를 써 보내다.

　시 중에 "한수추월(寒水秋月)을 베개로 삼고／맑은 시내와 일만 소나무에 흉금을 터놓네／술 깨면 노래 부르고 곤하면 잠을 자 분수 따르니／한적한 가운데 고금(古今)이 다르지 않네"(寒水秋月供倚枕, 泠溪萬松許披襟. 醒歌困睡聊隨分, 莫向閒中問古今:「취설취설醉雪

「작은아버지에게 올린 간찰 8」, 「능호집」(하)
398면

14　이명익은 이해 3월 26일 홍천 현감에 제수되었으며, 5월 19일 사은숙배하였다.

유柳 어르신 자상子相께 차운하여 드리다」(원제 '次贈醉雪柳丈子相'),
『뇌』2)라는 말이 보인다.

● 8월 20일, 종강에 새 집을 짓고자 종강의 토지신에게 제문을 지어 고하다(「종강 토지신 제문」(원제 '祭鐘崗土地神文'), 『뇌』5).

'종강'(鐘崗)은 '종강'(鐘岡) '종현'(鐘峴) '종산'(鐘山)이라고도 표기하는데, 지금의 서울시 중구 명동의 종현(鐘峴)을 이른다. 우리말로는 '북고개', '북단재', '북달재'라고 한다. 선행 연구에서는 예외없이 종강을 이인상이 현감을 지낸 음죽 부근의 설성(雪城)[15]으로 보았으며, 이인상이 음죽 현감을 그만둔 후 죽을 때까지 이곳에 은거했다고 하였다.

남산의 능호관이 비좁아, 지난해 혼인한 이인상의 큰아들이 나가 살고 있었던데다가, 노모와 어린 아이들이 한 방을 쓰고 있었고 이인상에게는 공부방이 없어 퍽 애로가 많았다. 그래서 명동에 터를 보아 초가집 두 채를 짓기 시작한 것이다.

토지신에게 고하는 제문 중에, 송문흠이 작고하기 전 장차 이 집에 걸라고 '뇌고'(賴古)라는 편액 글씨[16]를 써 주었다는 말이 있는 것으로 보아 종강에 집을 짓고자 하는 구상은 이미 1752년경부터 있었던 것으로 보인다.

● 가을, 이윤영 형제와 구담을 주유(舟遊)한 뒤 사인암으로 가다. 단양에 살 터를 정해 장차 향교 남쪽의 이화촌(梨花村)을 귀거래할 곳으로 삼다.

이인상은 벼슬을 그만둔 이해 단양으로 귀거래할 뜻이 있었던 듯하나 이 뜻은 실현되지 못했다.

「운화대명」(雲華臺銘)을 지어 전서로 써서 사인암의 암벽에 새긴 것은 이때의 일이다(이 글씨는 현재 남아 있음). 명(銘): "구름 기운 자욱하고 / 형색이 빼어나네 / 이 운화대 바위에다 / 삼가 이름

「이윤지 형제와 구담에서 배를 타고 노닐다가 사인암으로 들어왔다. 단구(丹邱)에 집터를 보아 장차 교남 이화촌을 귀거래할 곳으로 삼다」, 『능호집』(상) ─ 417면

〈운화대명〉, 『서화평석』(2) ─ 1031면

---

15 '설성'은 실은 음죽의 별칭이다. 음죽현에 설성산(雪城山)이 있어서다. 설성산에는 산성이 있었다.

16 명말 청초의 인물인 주량공(周亮工)의 당호(堂號)가 '뇌고당'(賴古堂)이다. 이인상 후손가에 전하는 『능호인보』(凌壺印譜)에 주량공의 두 인장 "주량공인"(周亮工印)과 "뇌고당"(賴古堂)이 실려 있음으로 보아 이인상의 시대에 주량공은 조선에 꽤 널리 알려져 있었다고 보아야 할 듯하다. 이인상이 이윤영에게 보낸 편지(「이윤지에게 준 편지 정축년(1757)」(원제 '與李胤之書丁丑'), 『능』3)를 통해 알 수 있듯 이윤영은 주량공의 『척독신초』(尺牘新抄)라는 책을 소장하고 있기도 했다.

새기지 말길."(有氣芬氳,[17] 有色英英. 雲華之石, 愼莫鐫名.) 관지: "원령"(元靈)

또 이 무렵 "退藏"이라는 두 글자를 대자(大字) 전서로 써서 사인암 동벽(東壁)에 새겼다. 관지: "운수"(雲叟)

같은 때에 이윤영은 "獨立不懼, 遯世無悶"(홀로 서 있되 두려워하지 않으며, 세상을 피하여 은둔해도 아무 근심이 없다) 여덟 자를 전서로 써서 사인암 남벽(南壁)에 새겼다(「운화정기」雲華亭記, 『뇌』4).

이 글씨들은 현재 모두 사인암 석벽(石壁)에 남아 있다.

● 가을, 산수헌(山水軒) 주인 권진응과 조양(朝陽)[18]의 절벽 아래에 배를 띄우고 노닐다.

이튿날 월악산(月嶽山)의 용추(龍湫)에서 폭포수가 떨어지는 것을 구경했으며(〈관란〉觀瀾의 관지), 지장소료(地藏小寮: 월악산에 있던 암자)에서 권진응·이윤영과 함께 잤다(「월악산에 들어가 지장소료에서 자다. 농암農巖의 운을 써서 원령과 권형숙權亨叔에게 보이다」(원제 '入月嶽, 宿地藏小寮. 用農巖韻, 示元靈·權亨叔'), 『단』9). 그리고 송계(松溪)에서 이윤영과 헤어졌다.

권진응은 본관이 안동이고, 한원진(韓元震)의 문인이다. 수암(遂菴) 권상하(權尙夏)의 증손이고, 제주 목사를 지낸 권정성(權定性)의 아들이다. 어머니는 송준길의 후손으로, 송병익(宋炳翼)의 딸이고, 송문흠의 부친 송요좌의 손윗누이이다. 오찬의 양모 우봉 이씨에게는 두 딸이 있었는데, 큰딸은 이양중(李養重)에게 시집가고, 작은딸은 권진응에게 시집갔다. 그러므로 권진응은 오찬에게 자형이 된다.

● 가을, 귀경하는 길에 가강(嘉江: 가릉)에서 자며 처사 이정엽의 거문고 연주를 듣다(「돌아가는 길에 가강에 묵으며 금석琴石 이 처사의 거문고 타는 소리를 듣고 내키는 대로 읊어서 주다」(원제 '歸路宿嘉江, 聽琴石李處士彈琴, 漫吟以贈', 『능』2).

이인상은 이정엽에게 「거문고 타는 이 처사에게 주는 서(序)」

〈퇴장〉, 『서화평석』(2)
1036면

〈강협선유도〉 관지,
『서화평석』(1) 264면

「돌아가는 길에 (…) 읊어서 주다」, 『능호집』(상)
418면

「거문고 타는 이 처사에게 주는 서」, 『능호집』(하)
82면

17 『뇌상관고』 제5책에 실린 「이윤지가 사인암 오른쪽 벽을 '운화'라고 명명했다. 이에 전서로 명을 새기다」(원제 '李胤之名舍人巖之右壁曰雲華, 銘以篆')에는 '氳'이 '曧'로 되어 있다. 뜻은 같다.

18 황강(黃江) 북쪽에 있으며, 한수재(寒水齋)에서 바라보인다. 권섭, 『옥소고』(玉所稿) 문(文)5의 「조양벽기」(朝陽壁記) 참조.

(원제 '贈彈琴李處士序')를 지어 주기도 했다. 이정엽이 이인상을 찾아와 거문고의 용순(龍脣)에 전서를 써 달라고 한바 그때 이 글을 지어 주었다. 창작 연도는 미상이다.

● 이호(梨湖)에 있는 김진상 어른의 댁을 찾아가 유숙하다.

● 늦가을, 이휘지에게 〈강협선유도〉(江峽仙遊圖)를 그려 주다(국립중앙박물관 소장).

관지: "삼가 설소재(雪巢齋)에게 그려 드리다. 인상. 계유년(1753) 늦가을"(謹寫呈雪巢齋. 麟祥. 癸酉秋季) 인기: "두류만리"(頭流慢吏)

● 늦가을 무렵, 백씨가 벼슬을 그만두다(「형님이 벼슬을 그만두었기에 시를 지어 질정을 구하다」(원제 '伯氏休官, 有賦仰正'), 『능』2).[19]

● 12월 4일, 작은아버지에게 간찰을 올리다.

간찰 중에 "질녀(이인상의 고명딸)의 병이 벌써 보름이 넘어서 몹시 위독한 상태이므로 괴로운 심정 이루 말할 수 없습니다"(姪女之病, 已涉一望, 極其危重, 惱擾不可形達: 「작은아버지에게 올린 간찰 9」, 『능호집』[하] 부록)라는 말이 보인다.

● 12월 6일, '관란'(觀瀾)이라는 두 글자를 전서로 써서 충청도 황강(黃江)의 권진응에게 보내다(개인 소장).

관지: "계유년(1753) 가을에 산수헌(山水軒) 주인과 더불어 조양(朝陽)의 절벽 아래에 배를 띄우고 노닐었다. 이튿날 월악산(月嶽山)의 용추(龍湫)에서 폭포수가 떨어지는 것을 구경하였다. 이별할 때 이 종이를 꺼내 '관란'(觀瀾) 두 글자를 써 달라고 해서 이해 섣달 초엿샛날 먹을 갈아 글씨를 써서 보낸다. 종강칩부"[20](癸酉秋, 與山水軒主人, 泛朝陽壁下. 翼日, 觀月嶽之龍湫水落, 臨別出此紙, 索書'觀瀾'二字, 是歲臘月丙戌, 炙研書寄. 鐘岡蟄夫) 관지 중에 '종강칩부'(鐘岡蟄夫)라고 한 것으로 보아 종강에 짓고 있던 집의 동사

「퇴어당을 찾아뵙고 유숙하며 시를 지었는데, 돌아올 때 시 두 수를 주셨기에 삼가 차운하여 받들어 드리다」, 『능호집』(상) 419면

「형님이 벼슬을 그만두었기에 시를 지어 질정을 구하다」, 『능호집』(상) 425면

「작은아버지에게 올린 간찰 9」, 『능호집』(하) 401면

〈관란〉, 『서화평석』(2) 720면

---

19 『승정원일기』에 의하면 영조 29년(1753) 8월 10일 이기상은 도원 찰방으로서 국왕을 알현했다. 따라서 이기상이 벼슬을 그만둔 것은 적어도 이 이후일 것이다. 이기상의 상관은 경기 감사 김상익으로서, 이인상은 그와 알력이 있어 이해 4월 벼슬을 그만두었다. 이기상이 관직을 그만둔 것은 동생의 이 일과 무관하지 않다고 생각된다. 이인상은 「형님이 벼슬을 그만두었기에 시를 지어 질정을 구하다」라는 시에서 "우리 형님 절로 도에 가까워 / 곧고 굳어 진실된 마음 보이네 / 낮은 벼슬 의젓이 그만두셨고"(吾兄自近道, 貞固見眞情. 薄宦委蛇了)라고 하여, 백씨가 도(道)를 굽혀 벼슬할 수가 없어 관직을 떠난 것처럼 말하고 있다.

20 '종강에서 칩거하는 사람'이라는 뜻이다.

(東舍)가 이 무렵 완공됐음을 알 수 있다.

● 12월, 작년 12월에 세상을 하직한 송문흠의 제문을 쓰다.

● 겨울, 남산 자락에 있던 이연의 난동(蘭洞) 집에서 매화를 완상하다. 그 감실(龕室)의 창호(窓戶)에 전서(篆書)를 쓰고 잡화(雜花)를 그리다(「관매기」, 『뇌』4).

———

● 임매가 한(漢)·위(魏)의 고시를 모아 찬(撰)한 『한위성시』(漢魏聲詩)에 발문을 쓰다(「『한위성시』 발」漢魏聲詩跋, 『뇌』4).

　이 글 중의 "소리는 '허'(虛)에서 나오는데 사물에 감응하는 것이 매우 빠르다. 바람과 우레는 무형(無形)으로, 소리를 내는데 특정한 때가 있고, 조수(鳥獸)는 유형(有形)으로, 소리를 내는데 절주(節奏)가 없다. 하지만 모두 기기(氣機)가 절로 동하여 감응이 있는 것이다. 사람에게 있어서는 마음에 근원하여 언어와 문장으로 발하나니 천기(天機)가 감응해 움직이고 만물과 협화(協和)하게 된다"(聲發于虛而感物甚疾, 風雷發之以無形而有其時, 鳥獸發之以有形而無其節, 然皆氣機自動而有感應焉. 其在于人者, 原乎心而發之于言語文章, 感動天機, 和恊萬物)라는 대목에는 천기론적(天機論的) 발상이 엿보인다. 또 "그 뒤로 시를 전공한 이들은 도연명과 두보 외에는 대체로 단인(端人: 단정한 사람)과 정사(正士: 바른 선비)가 적으니, 성정의 진실됨과 성기(聲氣)의 올바름을 잃은 데 연유한다"(後來工詩者, 自陶、杜以外, 槩少端人正士, 由其失情性之眞、聲氣之正也)라고 하여 도연명과 두보에 대한 존숭이 보인다.

　이 글에는 또한 "한위(漢魏) 이후로 이 뜻이 마침내 어두워져서, 시를 짓는 이들은 언어를 조탁하고 정(情)을 거짓으로 꾸며 날마다 공교한 데로 나아가"(自漢、魏以下, 斯義遂晦, 爲詩者琢辭矯情, 而日趨於巧)라는 말이 보이고, "내 생각에 시가 공교하기는 한위보다 더한 때가 없지만 시가 망한 것은 실로 한위로부터 시작된다"(余謂詩之工莫尙於漢、魏, 而詩亡實自漢、魏始)라는 말이 보이는바, 이인상이 문학에서 '공'(工)과 '교'(巧)를 배격했음을 알 수 있다. 이인상은 문학에서 '공'과 '교'만이 아니라 '부'(浮) '만'(漫) '번'(繁) '화'(華) '경'(輕) '조탁'(彫琢) '모방'을 모두 배격하였다. 문학의 본령인 '진'(眞: 진실됨)을 해친다고 보아서다. 이인상은 문학

영조 29년(계유癸酉)

1753년

44세

「송사행 제문」, 『능호집』(하)
209면

의 진실됨은 '번만'(繁漫)이 아니라 '간담'(簡淡), '부경'(浮輕)이 아니라 '침중'(沈重), '화려'·'조탁'이 아니라 '천진'·'자연', '모방'이 아니라 '창조'에서 담보된다고 믿었다. 이런 믿음은 비단 그의 작시행위(作詩行爲)에서만이 아니라 작화행위(作畵行爲)와 작서행위(作書行爲)에서도 똑같이 관철된다.[21]

● 기묘제현(己卯諸賢)의 한 사람인 대사성 김식(金湜)의 묘표(墓表)를 안진경체의 해서로 써 준 것은 이해 무렵으로 추정된다.

묘표석의 측면에 새겨진 김상묵의 글을 통해 이 묘표가 이해 10월에 건립되었다는 사실이 확인된다.

김상묵은 본관은 청풍이고, 김식의 후손이다. 조부는 양주 목사를 지낸 김도흡(金道洽)이고, 부친은 평강(平康) 현감을 지낸 김성채(金聖采)이다. 어머니 파평 윤씨는 순창 군수를 지낸 윤식(尹寔)의 딸이다.

● 이인상의 종매제인 윤재일(尹在一, 1728~?, 자 경백敬伯, 진사)에게 써 준 「물러남에 대한 경계」(원제 '退戒', 『뇌』5)라는 글은 음죽 현감에서 물러난 이해 아니면 그다음 해 무렵 쓴 것이 아닌가 한다.

이 글은 '부끄러움을 아는 마음'(知恥之心)의 중요성을 강조하면서 '분심'(忿心: 분개하는 마음)을 경계해야 한다고 했다.

● 걸작 〈장백산도〉는 이해 음죽 현감을 그만둔 이후 몇 년 사이에 그려진 것으로 추정된다(개인 소장).

이 그림에는 장백산 아래 삼수에서 죽은 벗 오찬을 애도하는 마음이 담겨 있다.

관지: "가을비 내리는 중에 계윤씨(季潤氏: 김상숙)를 방문했는데 종이를 꺼내 그림을 그려 달라고 해서 사람들로 하여금 곽충서(郭忠恕)의 지연(紙鳶)을 떠올리게 그렸더니 계윤이 웃으며 말

〈대사성 김식 묘표〉,
『서화평석』(2) 1062면

〈장백산도〉 관지, 『서화평석』(1)
220면

---

21 그림의 경우 〈구룡연도〉(九龍淵圖)의 제사(題辭)인 "정사년(1737) 가을, 삼청동의 임 어르신을 모시고 구룡연을 보았다. 그 15년 뒤에 삼가 이 그림을 그려 바친다. 그러나 몽당붓과 담묵(淡墨)으로써 뼈만 그리고 살은 그리지 않았으며 색택(色澤)을 베풀지 않았거늘, 감히 게을러서가 아니라 심회(心會)가 중요해서다"(丁巳秋, 陪三淸任丈觀第九龍淵. 後十五年, 謹寫此幅以獻, 而乃以禿毫淡煤, 寫骨而不寫肉, 色澤無施, 非敢慢也, 在心會)라는 말 참조. 글씨의 경우 〈관계윤서기십구폭〉(觀季潤書十九幅: 『조선후기 서예전』, 예술의 전당, 1990, 17면)의 "옛사람의 묘한 곳은 졸(拙)한 곳에 있지 교(巧)한 곳에 있지 않으며, 담(澹)한 곳에 있지 농(濃)한 곳에 있지 않다. 근골(筋骨)과 기운(氣韻)에 있지 성색(聲色)과 취미(臭味)에 있지 않다"(古人妙處在拙處, 不在巧處, 在澹處不在濃處, 在筋骨氣韻, 不在聲色臭味)라는 말 참조.

했다. '원령이 게으름이 심하구려!' 장백산을 그리며 이 때문에 마음 가는 대로 붓을 놀리고는 한번 웃는다."(秋雨中訪季潤甫, 出紙索畵, 令人有郭忠恕紙鳶想, 季潤因笑曰: '元靈懶甚!' 作長白山, 爲之放筆一笑.)

● 부여 백마강변의 대재각(大哉閣)이 중건되다.

이 누각은 숙종 26년인 1700년에 이경여의 손자 이이명이 건립한 것으로, 이경여가 올린 북벌과 관련된 상소에 효종이 답한 글 중의 "至痛在心, 日暮途遠"(지극한 아픔이 마음에 있는데 날은 저물고 갈 길은 멀구나)이라는 여덟 글자를 돌에 새겨 보존했다(글씨는 송시열이 썼음). 부여 인근의 정산 현감으로 있던 이최지가 녹봉을 떼어 그 건립을 도왔다(윤봉구尹鳳九, 「대재각중건기」大哉閣重建記, 『병계집』屛溪集 권43).

○ 이유수, 1월 겸사서(兼司書)에 제수된 후 상서(上書)하여 영의정 이종성(李宗城, 당색 소론)을 논핵한 것이 문제가 되어 문외출송(門外黜送)되다.

○ 이최중, 1월 병조정랑에 제수되다.

○ 이명익, 3월 홍천(洪川) 현감에 제수되다.

○ 임과, 4월 황해도 금천(金川) 군수에 제수되다.

○ 성효기, 4월 희릉(禧陵) 직장에 제수되다.

○ 이윤영, 4월 아우 이운영 및 윤상후·조정(趙晫)과 함께 구담에서 주유(舟遊)하다.

이운영이 사인암의 물가 바위 위에 바둑판과 장기판을 새긴 것이 바로 이때다(「기년록」, 『옥』10).

○ 김성자, 6월 평안도 강서(江西) 현령에 제수되다.

○ 이양천, 6월 유배지 흑산도에서 방송(放送)되다.

○ 김진상, 7월 27일 이포(梨浦)에 있는 자신의 집에서 '여강 기영회'(驪江耆英會) 첫 모임을 갖다. 이기진·이규진·민우수 세 기로(耆老) 및 이성진(李星鎭)·김탄행(金坦行)·민백순(閔百順)·김간재(金簡材) 등이 자리하다.

일찍이 김진상은 여강에 거주하는 이기진·이규진·민우수 세 사람과 의논하여 송(宋)의 '낙양 기영회'(洛陽耆英會) 고사를 본받

사인암 바위 위 바둑판,
장기판의 탁본

아 '여강 기영회'를 만들고자 했는데 이날 제일 연장자인 김진상
의 집에서 첫 모임을 가진 것이다(『퇴어당유고』 권4).

○ 홍자, 문과에 급제하여, 10월 전적(典籍)에 제수되다.

○ 김순택, 9월 정랑에 제수되다.

○ 김성응, 9월 판의금부사에 제수되다.

○ 홍주해, 9월 장악원 주부에 제수되다.

○ 이윤영, 이해 사인암의 반벽(半壁) 중에 서벽정(棲碧亭)을 건
립하다(「기년록」, 『옥』10).[22]

　　서벽정은 일명 '운화정'(雲華亭)이라고도 하는데, 지금 산신각
이 들어서 있는 자리다. 이인상은 이윤영을 위해 「운화정기」(雲華
亭記)라는 글을 지은 바 있다(『뇌』4). 이윤영은 사인암의 우벽(右
壁)을 '운화대'(雲華臺)라고 이름하였다. 운화정은 바로 이 운화대
위에 있다. '운화'(雲華)는 운모(雲母)를 말한다. 사인암의 각진 바
위 모양이 마치 운모를 쌓은 듯하다고 해 '운화'라는 말을 쓴 것
이다. 이인상은 사인암에 '운영석'(雲英石)이라는 별칭을 붙인 바
있는데,[23] '운영'은 운모 중 푸른빛이 많은 것을 이른다. 운모는 선
인(仙人)이 먹는 선약(仙藥)에 해당한다. 그러므로 '운화'나 '운영'
이라는 말에는 이윤영과 이인상의 도가적 취향이 반영되어 있다.
한편 '서벽'(棲碧)이라는 명칭은 이백의 시 「산중문답」(山中問答)
의 "왜 벽산(碧山)에 사냐고 내게 묻길래/웃으며 답 안 하니 마음
절로 한가롭네"(問余何意棲碧山, 笑而不答心自閑)에서 따왔다.

　　이윤영은 서벽정의 뒤편에 있는 바위에 "소유천문"(小有天門)
이라는 네 글자의 전서를 새겼는데, 지금도 남아 있다. '소유천문'
은 소유천(小有天)으로 들어가는 문이라는 뜻이다. '소유천'은 신
선이 산다는 36곳의 명산인 36동천(洞天)의 하나다. 이윤영은 서

이윤영, 〈소유천문〉, 탁본; 『서
화평석』(2) 1041면

22　"계유년(1753) 사인암에 서벽정을 짓다"(癸酉作棲碧亭于舍人巖: 「기년록」, 『옥』10)라는 말이 그 근거다. 박경남은 「단릉
　　이윤영의 『山史』 연구」의 부록 '단릉 이윤영 연보'에서 서벽정이 1753년 11월 건립되었다고 했는데 이는 민우수가 쓴
　　「이윤지가 건립한 단구의 두 정자 기문」(원제 '李胤之丹邱二亭記', 『貞菴集』 권9)의 "윤지가 나에게 소기(小記)를 지어
　　그 일을 기록해 줄 것을 청했다. 때는 계유년(1753) 중동(仲冬)이다"(胤之請余作小記以識其事. 時癸酉仲冬也)라는 말에
　　근거한 것으로 보인다. 하지만 이 구절은 민우수가 기문을 쓴 시기를 말하는 것이지 서벽정을 건립한 시기를 말하는 것
　　은 아니다. 따라서 서벽정이 1753년 건립된 것은 확실하나 이해 11월에 건립되었다고 말할 수는 없다.

23　박제가의 문집인 『정유각집』(貞蕤閣集) 2집에 실려 있는 「사인암. 능호공(凌壺公)이 운영석(雲英石)이라는 이름을 붙였
　　다」(원제 '舍人巖. 凌壺公贈名雲英石')라는 시의 제목에서 그 점이 확인된다.

벽정에 고경(古磬)을 비치하였다.[24]

민우수는 이해 11월 서벽정 기문을 써 주었다(「이윤지가 건립한 단구의 두 정자 기문」(원제 '李胤之丹邱二亭記'), 『정암집』 권9). 이 사실로 미루어 서벽정은 11월 이전에 완공됐다고 생각된다.

윤심형이 단양의 사인암에 "한 다발 볏짚으로 지붕만 이으면 되거늘 / 광활한 전원 경영할 필요 무어 있으리 / 청산과 녹수에 귀향할 꿈 있나니 / 흰 바위와 맑은 시내가 이 말 들으리"(秖要盖頭茅一把, 何須滿眼起田園. 青山綠水有歸夢, 白石淸泉聞此言:「사인암 바위 위에 쓰다」(원제 '題舍人巖石上'), 『임재집』臨齋集 권2)라는 시를 쓴 것은 사인암에 서벽정이 건립된 이후이니, 대체로 이해에서 이듬해 봄 사이일 것이다(윤심형은 이듬해 윤4월 사망했음). 이 시의 제3·4구는 지금도 사인암 암벽에 남아 있다. 이윤영은 이 시에 화답해 "양가죽옷 입고 칠리뢰(七里瀨)[25]에서 낚시하지만 / 평천장(平泉莊)[26]에는 아름다운 담장에 기이한 꽃이 갖춰져 있지 / 한 조각 초정(草亭)으로 귀향하고자 하는 꿈이 크거늘 / 석장(石丈)[27]이 함장(函丈)[27]의 말에 고개를 끄덕이네"(羊裘釣絲七里瀨, 錦壁奇卉平泉園. 茅亭一片多歸夢, 石丈點頭函丈言:「청령대淸泠臺에서 스승 윤 참의尹參議의 시에 삼가 차운하다」(원제 '淸泠臺敬次尹參議丈席韻'), 『단』9)라고 읊었다.

○ 오재순, 12월 세마(洗馬)에 제수되다.

○ 성대중, 생원시에 합격하다.

○ 이희천, 이해 김창흡의 손자인 김범행(金範行)의 딸과 혼례를 올리다.

◎ 영수각(令壽閣) 서씨(徐氏, 1823년 졸) 출생.

◎ 이익(李瀷, 1681~1763, 당색 남인), 퇴계 이황의 글에서 긴요한

---

24 『정암집』 권1의 「사인암에서 영춘(永春)으로 돌아가려 해 임별(臨別)할 때 이생 윤지에게 주다」(원제 '自舍人巖將還永春, 臨別贈李生胤之')라는 시에 주기(註記)된 "암재(巖齋)에는 고경(古磬)이 있다"(巖齋有古磬)라는 말 참조. '암재'(巖齋)는 서벽정을 가리킨다.

25 절강성(折江省) 동려현(桐廬縣) 남쪽에 있는 여울로 한나라 엄릉(嚴陵)이 은거하여 낚시하던 곳이다. 이 때문에 '엄릉뢰'(嚴陵瀨)라고도 한다.

26 당나라 이덕유(李德裕)의 별업(別業)이다.

27 '석장'(石丈)은 '바위 어르신'이라는 뜻이니 사인암을 가리키고, '함장'(函丈)은 '스승'을 가리키는 말로 윤심형을 이른다.

이중환, 『택리지』
(성호기념관 소장)

것을 뽑아 『이자수어』(李子粹語)를 엮다.

◎ 이중환(李重煥), 『택리지』(擇里志)를 저술하다.

◎ 홍대용, 이해 12월, 한 달 전 석실서원에서 처음 만난 주세붕(周世鵬)의 후손 주도이(周道以)에게 「증주도이서」(贈周道以序, 『담헌서』湛軒書 내집內集 권3)를 써 주다.

　홍대용은 이 글에서 당시 정자(程子)와 주자(朱子)를 배우는 이들이 훈고(訓詁)에 빠지거나 명리(名利)에 떨어지고 있음을 비판하면서 '행'(行), 즉 학문의 실천성을 강조했다.

◎ 강세황, 〈무이구곡도〉(武夷九曲圖)를 그리다(국립중앙박물관 소장).

강세황, 〈무이구곡도〉(부분)

① 고증학자이자 서예가인 손성연(孫星衍, 자 연여淵如, 호 방무산인芳茂山人) 출생.

① 양주팔괴의 한 사람인 고상(高翔, 자 봉강鳳岡) 사망.

영조 30년(갑술甲戌, 1754년) 45세

● 1월, 「춘사」(春辭, 『뇌』2)를 짓다.

춘사는 다음과 같다: "동사(東舍)[1]에 거처하소 처(妻)에 권하니/남편에게 춘축(春祝)[2]을 쓰게 하누나/날마다 머리 빗어 아프다 말고[3]/거울보고 환하게 미소 짓기를/큰며느리[4]는 나물국의 간을 맞추고/어린 딸은 옷 짓는 법을 배우네/청소하는 계집종은 한가한 날 많아/물 길어 꽃에 물주고/투초(鬪草)[5]하며 고양이에 장난질하네."(勸老妻處東舍, 告夫子春祝寫. 日梳莫言病, 對鏡生笑眉. 長婦調菜羹, 幼女學裁衣. 小婢灑掃多暇日, 吸泉灌花, 鬪草弄猫兒.)

이인상은 종강에 동사(東舍)와 서사(西舍) 두 채의 초옥(이 집이 바로 '뇌상관'雷象觀이다)을 지어 동사는 내사(內舍)로 삼고 서사는 외사(外舍)로 삼고자 하였다. 동사는 작년 겨울 무렵 이미 지어진 것으로 보이나 서사는 이해 6월에야 완공되었다. '유녀'(幼女)는 이인상의 고명딸을 말한다. 1741년생이니 당시 열네 살이었다. 또 '소비'(小婢)라고 한 것으로 보아 당시 어린 여종이 한 명 있었음을 알 수 있다.

● 1월 14일, 작은아버지에게 간찰을 올리다.

간찰 중에 "감기에 자주 걸리어 몹시 괴롭습니다"(寒病頻發, 殊悶)라는 말이 보인다. 또 성효기(成孝基)의 편지를 아무개에게 전해 달라는 말도 보인다(「작은아버지에게 올린 간찰 10」, 『능호집』[하]

「작은아버지에게 올린 간찰 10」, 『능호집』(하)
404면

---

1 이인상은 1753년 8월부터 서울 명동의 종강에 동사(東舍)와 서사(西舍) 두 채의 초가집을 짓기 시작했다.

2 입춘(立春) 날에 벽이나 문 등에 써 붙이는 글로 '춘사'(春辭)라고도 한다. 이 춘사는 1754년 1월 13일 입춘날 붙인 것으로 생각된다.

3 장군방(張君房)의 『운급칠첨』(雲笈七籤) 권32 「잡수섭」(雜修攝)에 "아침저녁으로 머리를 빗어 천 번을 채우면 두풍(頭風)이 영영 사라지고 머리카락도 세지 않는다"(晨夕梳頭, 滿一千梳, 大去頭風, 令人髮不白)라는 말이 보인다.

4 진주 유씨(柳氏)이다. 2년 전인 1752년 시집왔다.

5 '투초'에는 두 가지 의미가 있는데, 하나는 두 사람이 풀줄기를 서로 교차시킨 뒤 자기 쪽으로 당겨서 풀줄기가 끊어진 사람이 지는 놀이를 말하고, 다른 하나는 땅에 난 풀을 묶어서 누군가가 걸려 넘어지게 만드는 놀이를 말한다. 여기서는 후자가 아닌가 생각된다.

부록). 성효기는 서얼이며, 성대중의 부친이다. 성효기는 당시 희릉(禧陵) 직장으로 있었다. 언제부터인지는 확인되지 않으나 이인상은 성효기와 교유가 있었다.

● 유후에게 화답하는 술노래를 짓다(「취설옹醉雪翁에게 화답하다」(원제 '和醉雪翁', 『뇌』2)).

시 중에 "취해도 근심 말고 / 깨어나도 근심 마소"(醉莫愁, 醒莫愁) "소의문(昭義門)과 광희문(光熙門)[6]을 한 번 보구려 / 날마다 장례 행렬, 언덕 가득 상여 소리 / 살아생전 마음껏 술 마시던 자 / 하루아침에 반함(飯含)[7]하고 세상을 버리네"(請看昭義小門, 光熙門, 日日送葬, 鈴歌咽山丘. 亦有生前痛飮者, 一朝珠飯塞喉歸不留) "내게는 노우(老友) 오직 한 사람 있고 / 내게는 탁주 오직 한 사발 있네"(我有老友只一人, 我有濁酒只一甌) "시끄러운 진세(塵世) 내려다보니 / 지렁이와 파리가 울어대네 / 청컨대 그대는 술병을 기울여 / 취하여 깨지 말고 / 쉬지 말고 마시소 / 「귀거래사」(歸去來辭)와 「출사표」(出師表) 서글피 읊조리며 / 구구히 처자식 걱정일랑 마오"(俯視囂塵中, 蚓鳴發蠅喉. 請君盡傾壺, 醉莫醒, 飮莫休. 悲吟「歸來之辭」, 「出師」章, 區區莫作兒謀) 등의 말이 보인다. 해소될 수 없는 근심과 다가오는 죽음에 대한 의식, 끝까지 비굴하지 않게 당당히 살려는 자세가 피로(披露)되어 있다.

● 봄, 남간의 능호관에서 고인이 된 송문흠을 그리워하며 시를 짓다(「남간 집에서 송사행을 생각하다」(원제 '澗屋懷宋士行'), 『뇌』2).

● 2월, 강계 부사로 부임하는 정기안을 봉별(奉別)하다(「강계 부사 정공과 작별하며」(원제 '奉別江界府使鄭公'), 『뇌』2).

● 3월, 문화 현감으로 부임하는 김이원(金履遠, 1708~?)에게 전별시(餞別詩)를 써 주다(「임지로 가는 문화 현감 김이원을 받들어 전별하다」(원제 '奉贐金文化履遠之任'), 『뇌』2).

김이원은 자가 치백(致伯)이고, 본관은 안동이다. 생부는 김영행(金令行)이며, 양부는 김하행(金夏行)이다.

● 능호관에서 김무택과 시를 짓다(「봄날에 남간의 임원林園에서 함

「봄날에 남간의 임원에서 함께 당나라 사람의 시에 차운하다」, 『능호집』(상) ─ 438면

---

6 '소의문'은 지금의 서소문을 가리키고, '광희문'은 서울시 중구 광희동에 있는 문으로 '시구문'(屍口門) 혹은 '수구문'이라고도 했다. 조선 시대에 이 두 문을 통해 도성 밖으로 시신을 내보냈다.

7 염습(殮襲)할 때 시신의 입에 구슬이나 쌀을 물리는 것을 말한다.

영조 30년(갑술甲戌)

1754년

45세

께 당나라 사람의 시에 차운하다」(원제 '春日, 南澗林園共次唐人韻')〕.

김무택이 지은 시는 『연소재유고』 제2책에 「늦봄에 이음죽(李陰竹: 이인상)의 임원(林園)에서 함께 당시(唐詩)에 차운하다. 2수」(원제 '暮春, 李陰竹林園, 共次唐韻二首')라는 제목으로 실려 있다. 그 시 중에 "10년 동안 산관(山館: 능호관)을 경영해 / 그 임원(林園) 마음에 흡족할 테지 / 화사한 복사꽃은 막 꽃받침 맺고 / 어린 버드나무는 그늘을 드리우려 하네 / 계곡물 막아 꽃길로 들게 하나니 / 봉우리 우뚝하여 초가집을 굽어보네"(十載經山館, 林園愜素心. 夭桃纔結蕚, 穉柳欲成陰. 澗洑花蹊入, 峰危草屋臨: 제1수) "유거(幽居)에 화초 많이 심어 / 골짝에 들어서자 기이한 향기 풍기네 / 저자 멀어 거마(車馬)가 없고 / 산 깊어 구름만 있네"(幽居多種卉, 入洞異香聞. 市遠無車馬, 山深有靄雲: 제2수)라는 말이 보여 능호관의 풍광을 짐작할 수 있다.

● 옛날 매죽사(梅竹社)의 소집(小集)에서 지은 시의 운에 따라 시를 지어 김상묵의 아우인 상악(相岳)·상적(相迪)에게 보이다〔「「봄날 매죽사를 찾아 작은 모임을 갖다」라는 시의 운에 의거해 적어 김대아의 형제들에게 질정을 구하다」(원제 '記春日訪梅社小集韻, 正金大雅兄弟'), 『뇌』2〕.

● 4월 이후, 사복시 주부로 있던 송익흠의 정동(貞洞) 집을 오가며 가까이 지내다(「송익흠에게 보낸 간찰[1]」, 《명현간찰집성》名賢簡札集成, 학고재 소장).

● 6월 10일, 새로 지은 종강 집 서사(西舍)에 거주하기 시작하다.
종강의 새 집이 완공된 것이 이 무렵임을 알 수 있다. 이인상은 모루(茅樓)인 서사에 거주하게 된 것을 기념하여 「모루 명」(茅樓銘)을 지었다. 그 병서(幷序)는 다음과 같다: "갑술년(1754) 6월 10일 처음 종강의 모루[8]에 거주하게 되어 자리 곁에 다음과 같이

〈송익흠에게 보낸 간찰(1)〉, 「서화평석」(2) 993면

이윤영, 〈종강모옥도〉, 「서화평석」(1) 932면

「모루 명」, 「능호집」(하) 251면

---

8 이인상은 음죽 현감을 그만둔 지 넉 달 후인 1753년 8월 명동의 종강에 터를 정해 새로 집을 짓기 시작했다. 이 집은 익년 여름에 낙성되었으며, 이인상은 그해 6월 이 집의 서사에 입주하였다. 종강 집 서사는 동사와 달리 다락집이었는데, 여기서 말한 '모루'(茅樓)는 곧 이 서사를 이른다. 『뇌상관고』 제5책에, 집을 짓기 전에 종강의 토지신에게 고한 제문인 「종강 토지신 제문」(원제 '祭鐘崗土地神文')과 낙성 후에 고유(告由)한 글인 「종강 토지신에게 또다시 고하는 글」(원제 '又告鐘崗土地神文')이 실려 있어 자세한 경위를 알 수 있다. 그간 식구들이 늘어 남산에 있던 능호관이 너무 좁아 불편이 많았던 데다가 1752년에 결혼한 장남 영연이 나가 사는 바람에 자식들 교육에 문제가 있자 이인상은 능호관은 그대로 유지한 채 인근에 집을 신축하기로 결정한 것이다. 당시 이인상의 형 이기상의 집이 현계(玄溪, 일명 墨溪. 남산 자락

스스로를 경계하는 명문을 쓴다."(甲戌季夏十日, 始居鐘崗茅樓. 書座右以自警.) 명(銘)은 다음과 같다: "작은 누각 나를 용납하여/잠거(潛居)하여 명을 쓰노라/문장이 실상보다 나아선 안 되고/행실은 이름을 좇지 말지니라/속된 말은 하지 말고/경전 외에는 읽지 말며/담박하게 벗을 사귀고/옛을 본받아 법으로 삼을지니라/궁해도 천명을 어기지 말고/자나깨나 청정할지니라."(小樓容吾, 潛居有銘. 文不浮實, 行不徇名. 語不入俗, 讀不出經. 澹以得朋, 師古爲程. 窮不違命, 夢寐亦淸.)

이인상은 종강 집의 동사(東舍)에 '고우관'(古友館)이라는 이름을, 서사에 '천뢰각'(天籟閣)이라는 이름을 붙였다. 서재인 천뢰각에는 자신이 소장한 3천 권의 책을 비치하였다(「서재西齋[9]에서 검서檢書하다가 감회가 있어 김백우의 장시長詩에 차운하다」(원제, '西齋撿書有感, 次金伯愚長韻')).

「서재에서 검서하다가 감회가 있어 김백우의 장시에 차운하다」, 『능호집』(상) — 482면

'뇌상관'의 '뇌상'(雷象)은 『주역』에서 취한 말이다. 이인상은 만년에 『주역』 공부에 진력하였다. 『주역』의 진괘(震卦)는 '䷲'인데, 『주역전의』(周易傳義)에서는 그 괘상(卦象)을 이렇게 풀이하고 있다: "진(震)이라는 괘(卦)의 형상은 하나의 양이 두 개의 음 아래에 생겼으니 동(動)하여 올라가는 것이다. 이 때문에 '진'이라 했다. (…) 그 상(象)은 우레(雷)가 되고 그 뜻은 동함이 되니, 우레에는 분발하는 상이 있고, 동은 놀라고 두려워하는 뜻이 된다."(震之爲卦, 一陽生於二陰之下, 動而上者也, 故爲震. […] 其象則爲雷, 其義則爲動, 雷有震奮之象, 動爲驚懼之義.) 요컨대 진괘의 상(象)은 뇌(雷)인데, 분발하여 나아가고, 공구(恐懼)하여 닦고 삼가면 형통함이 있다는 뜻이 이 상(象)에 내포되어 있다. 이인상은 이 뜻을 취

인 지금의 필동 부근)에 있었던바, 가까워 왕래하기에 좋았다. 한편 김순택의 「이정산 묘지명」(李定山墓誌銘)에 의하면 이인상의 계부(季父) 이최지는 정산 현감을 그만둔 뒤 종강에 초당을 지어 좌우에 서책을 벌여 놓고 뜰에 화목(花木)을 심어 자오(自娛)했다고 하는데, 이최지가 정산 현감이 된 것이 1752년임을 고려하면 이 초당은 이인상이 1754년에 낙성한 종강의 집일 가능성이 높다. 이최지와 이인상이 서로 의논하여 종강에 집을 지었음은 이인상이 이최지에게 보낸 편지(「작은아버지에게 올린 간찰 8」, 『능호집』[하] 부록)를 통해 짐작되는 바이다. 이인상은 이 모루에 '천뢰각'(天籟閣)이라는 이름을 부여하였다. 유홍준 교수를 비롯해 종래 미술사 연구자들은 '종강'을 이인상이 고을 원으로 있던 설성, 즉 음죽의 지명으로 이해했으며, 그 결과 이인상이 만년에 이곳에 은거한 것으로 보았다. 그리고 이인상이 '모루도'(茅樓圖)를 많이 그린 것도 만년의 이 은거와 관련되는 것으로 해석해 왔다.

9　뇌상관 서사를 이른다.

영조 30년 (갑술甲戌)

1754년

45세

한 것으로 생각된다. '뇌상관'의 '관'(觀)은 본디 '집'이라는 뜻이지만, 뇌(雷)의 상(象)을 '살핀다'는 뜻으로도 읽힐 수 있는 중의성(重義性)을 지니고 있다.[10] '고우관'의 '고우'(古友)는 '고'(古)를 벗으로 삼는다'는 뜻이다. 이 명칭에서 이인상의 '고'(古)에 대한 존숭이 죽을 때까지 지속되었음을 알 수 있다. '천뢰각'의 '천뢰'(天籟)는 『장자』「제물론」(齊物論)에 나오는 말로, 무위자연(無爲自然)을 이른다. 명말(明末) 항원변(項元汴, 1525~1590, 호 묵림산인墨林山人, 절강 가흥인嘉興人)의 서재(書齋) 이름이 '천뢰각'이었다. 항원변은 서화·고서·고기(古器)의 수장가로서 감식안이 몹시 높았던데다 황공망(黃公望)과 예찬(倪瓚)을 사숙한 화가였다. 아마도 이 때문에 이인상은 항원변의 서재 이름을 본떠 자신의 서재 이름을 '천뢰각'이라 했던 게 아닌가 한다.

이최중의 삼종질로서 박지원과 친교가 있었던 이재(頤齋) 이의숙(李義肅)은 이인상의 종강 집을 방문하고 쓴 시에서, 이인상의 종강 집 뜰에 매화나무가 심겨 있고, 분중(盆中)에 괴석이 삽치(揷置)되어 있으며, 벽(壁)에 전서가 쓰여 있었다고 읊고 있다(「이원령의 집을 방문하다」(원제 '訪李元靈宅'), 『이재집』頤齋集 권1).

● 『시경』 소아(小雅)의 「상체」(常棣)를 전서로 쓴 것은 종강의 새 집에 입주한 이해 6월 이후로 추정된다.

관지: "「상체」 5장. 종강의 서사에서 쓰다"(棠棣五章. 鐘岡西舍寫) 인기: "종강천뢰각"(鐘岡天籟閣)

『시경』 소아의 「소완」(小宛)을 전서로 쓴 것 역시 이 무렵으로 여겨진다(《능호첩 B》 소수).

● 서얼인 엄홍복(嚴弘福, 1718~1762, 자 성오聖五)에게 소옹(邵雍)의 시 「지성음」(至誠吟)을 선면(扇面)에 전서로 써 준 것 역시 이해 6월 이후로 추정된다.

관지: "소강절(邵康節)[11]의 시다. 성오(聖五)를 위해 종강에서 쓰다. 원령"(康節詩. 爲聖五書于鐘岡. 元靈)

● 이최지, 6·7월경 정산 현감을 그만두다.

〈상체〉(부분), 『서화평석』(2)
314면

〈소완〉(부분), 『서화평석』(2)
582면

〈지성음〉(부분), 『서화평석』(2)
362면

10 『능호관 이인상 서화평석 2: 서예편』의 '1-7' 참조.
11 '강절'(康節)은 소옹(邵雍)의 사시(私諡)이다.

● 7월 21일, 종강의 토지신과 집의 중류신(中霤神)·조왕신(竈王神)에게 고하는 글을 짓다(「종강 토지신에게 또다시 고하는 글」(원제 '又告鐘崗土地神文'), 『뇌』5).

글 중에, 집의 터를 닦느라 토맥(土脈)을 상하게 하고 헌 집을 부수느라 옛 승묵(繩墨)을 다 버린 잘못을 범했으니 신명께서는 부디 나의 미혹함을 깨우쳐 달라고 간구하면서 "자손에 이르기까지/우직함을 지키고 배움을 독실히 하여/하늘이 내린 직분을 좇아/이 언덕을 욕되게 하지 않고/방 귀퉁이에서도 부끄럽지 않게 하여[12]/일찍 일어나고 소박한 음식을 먹으며/도(道)를 지켜 큰 복을 누리게 해 주십시오"(以及子孫, 守愚而篤學, 率天之職, 使不辱玆丘, 不愧于堂奧, 夙寤而菲食, 履道而享遐福)라고 말하고 있는 데서 이인상이 평생 견지한 '인간으로서의 염치'를 엿볼 수 있다. 이런 '개결(介潔)함'과 '삼감'은 이인상 인간 됨됨이의 특징적 면모다.

이인상의 이런 면모는 24세 때 지은 「화옹전」(『뇌』5)의 다음 대목에서도 나타난다: "마침내 돌아가 옛 집을 고치고 소나무와 대나무를 돌아보며 말했다. '너희에게는 커다란 집을 떠받칠 재목과 금슬(琴瑟)과 생황(笙簧)의 아름다운 소리와 먹을 만한 꽃과 맡을 만한 향기가 있지만 나는 차마 너희를 베어서 재목으로 삼을 수 없다. 나는 오직 덕을 취할 뿐 그 영화로움은 취하지 않는다. 내가 사물에서 취하는 것이 몹시 청렴하건만 그럼에도 이름이 또한 따르니, 어찌 두렵지 않겠는가.'"(乃歸葺舊居, 顧謂松與竹曰: "爾有扶厦之材、琴瑟笙簧之妙韻、可湌之英、可嗅之香, 而余不忍伐而爲材焉. 余惟取德, 而不取其榮華焉. 余之取於物甚廉, 而名亦隨之, 豈不懼乎.")

● 가을, 이연(李演)·김무택·김화택(金和澤, 1728~1806)[13]과 소호(小壺)의 남간에서 노닐며 병중의 이최중을 위해 〈송변청폭도〉(松邊聽瀑圖)[14]를 그리다(국립중앙박물관 소장).

〈송변청폭도〉(부분), 『서화평석』(1) 154면

12 『중용』에 "『시경』에 이르기를 '방 안에 있는 너를 살펴보니/방 귀퉁이에서도 부끄럽지 않네'라고 했다. 그러므로 군자는 움직이지 않아도 공경을 받으며, 말하지 않아도 믿음을 받는 것이다"(詩云: '相在爾室, 尙不愧于屋漏. 故君子不動而敬', 不言而信)라는 말이 보인다.

13 김순택의 동생이다. 영조 26년(1750) 사마시에 합격했고, 3년 뒤인 1753년 6월 문과에 급제하였다. 검열·설서·수찬·승지를 거쳐 춘천 부사와 곡산 부사, 양주 목사를 역임하였다.

영조 30년(갑술甲戌)

1754년

45세

화제: "성난 폭포 소리 홀연 하늘 밖에 울리고, 뜬구름은 해 가에 그늘을 만들려 하네"(怒瀑忽成空外響, 浮雲欲結日邊陰) 관지: "가을날 소호로(小葫蘆)의 남쪽 언덕에 올라 병중에 있는 위암(韋菴)의 부채에 그리다."(秋日, 上小葫蘆南岡, 寫病韋扇面.) 인기(印記): "이인상인"(李麟祥印)

이 그림에는 오찬의 억울한 죽음에 대한 이인상의 분만(憤懣)의 감정이 투사되어 있다.

「가을을 보내고자 이광문, 김원박, 경숙景肅(김화택金和澤) 제공과 남간에 모이다」(원제 '送秋日, 與李廣文·金元博·景肅諸公集南澗', 『뇌』2)와 「몇몇 벗들과 소호 남쪽 언덕에 올라」(원제 '與數友上小壺南崗', 『뇌』2)도 이때 지은 시들이다.

● 가을, 이윤영이 그린 〈계산가수도〉(溪山嘉樹圖, 개인 소장)[15]에 두 개의 제사를 쓰다.

앞에 쓴 제사는 다음과 같다: "이 그림은 창연(蒼然)하고 고와 아취(雅趣)가 있으니, 왕문(王問)이 그린 〈귀초도〉(歸樵圖)의 필의(筆意)와 유사하다. 청수자(淸修子: 오찬) 또한 메마른 붓으로 한림(寒林)을 잘 그렸지만 지금은 다시 볼 수 없다. 원령이 적다. 갑술년(1754) 가을"(此幅蒼嫩有趣, 類王問歸樵翁筆意. 淸修子亦能以枯筆作寒林, 今不可復得. 元靈識. 甲戌秋日) 뒤에 쓴 제사는 다음과 같다: "청수는 이미 옛사람이 되었으니 그가 우거했던 이 집에서의 모임은 다시 가질 수 없게 되었다. 원박(김무택)은 이 그림을 보물처럼 아껴야 마땅하며, 장차 윤지(이윤영)더러 후속의 그림을 그리게 할 일이다. 원령이 또 제(題)하다."(淸修已作古人, 僑舍此會, 不可復得. 元博宜寶惜此幅, 且使胤之續筆. 元靈再題.) 인기: "연문"(淵文) "운루"(雲樓)

오찬의 문집 『수재유고』에는 세 편의 화찬(畵贊)이 실려 있다. 하나는 자신의 그림에 붙인 것이고, 다른 하나는 이윤영의 그림에 붙인 것이며, 또 다른 하나는 이인상의 그림에 붙인 것이다.

이윤영, 〈계산가수도〉(부분),
『서화평석』(2) 911면

---

14 종래 〈송하관폭도〉(松下觀瀑圖)로 불렸다. 이 명칭이 왜 부적절한지는 『능호관 이인상 서화평석 1: 회화편』, 173~176면을 참조할 것.

15 종래 〈청수교사도〉(淸修僑舍圖)로 불렸으나 옳은 명칭이 아니다. 자세한 것은 『능호관 이인상 서화평석 1: 회화편』, 914면을 참조할 것.

다음은 자신의 그림에 붙인 찬이다: "바람은 휙휙, 강물은 넘실넘실. 내 배는 경쾌히 가네, 산 남쪽에. 저 산 아래는 곧 내 집이니, 벗들이 찾아와 즐거워하네."〔有風翼然, 江水洋洋. 揚揚我舟, 維山之陽. 彼山之下, 寔我之堂. 爰及朋友, 於焉徜徉:「화찬」畫贊, 『수』〕

다음은 이윤영의 그림에 붙인 찬이다: "숲 높고 시내 넓은 데에 누각이 허공에 걸렸으니 곧 내가 자나깨나 거주했으면 하던 곳인데 지금에야 윤지에게서 얻었구나. 진가(眞假)는 물을 것 없나니 밝은 창을 한 번 열면 족히 정신이 기뻐 스스로 즐거워할 만하네."〔高林廣川, 有樓架空. 卽予寤寐求居, 而今乃得諸胤之. 不須問眞假, 明窓一展, 亦足以怡神自娛:「윤지의 그림에 붙인 찬」(원제 '胤之畫贊'), 『수』〕

다음은 이인상의 그림에 붙인 찬이다: "소나무와 파초가 서로 어우러지고, 향로와 서안은 그윽하고 정결하네. 저 복건을 쓰고 앉아 있는 이는 모습이 예스럽고 마음이 한가로우니, 필시 마음에 자득한 게 있는 사람일 텐데, 나에게 미치지 못한다고 함은 어째서일까?"〔松蕉映蔚, 鼎几幽靜. 彼幅巾而坐者, 貌古而心閒, 是必有自得於心者, 而讓之於我者, 何也:「원령의 그림에 붙인 찬」(원제 '元靈畫贊'), 『수』〕

오찬의 아들인 오재경도 이인상의 그림에 대한 글 두 편을 남겼다. 다음이 그것이다: "보산(寶山: 이인상)의 그림을 취하는 자는 그 기이하고 고상하고 꾸밈이 없고 아정(雅正)함이 그 인간과 같음을 사랑해서다. 가느다란 붓과 좋은 먹으로 산수를 묘사하고, 누각과 인물과 기물(器物)을 뜻을 다해 포치(布置)했으니 실로 아름답다. 하지만 나무 하나 돌 하나라 할지라도, 담박하게 칠해 임리(淋漓)한 데서 일취(逸趣)가 생겨나 도리어 사람으로 하여금 마음이 고원(高遠)해지고 정신이 맑아지게 하니 꼭 그 방불한 것을 보는 듯하다. 지경(止卿)이 능히 이 뜻을 알아 이 그림을 간직한 것일까?"〔取寶山畫者, 愛其奇高踈雅如其人焉. 以纖毫精墨, 描寫山水, 樓謝·人物·器用, 極意舖舒, 固佳矣. 然雖一木一石, 澹抹淋漓處, 逸趣橫生, 却令人心遠而神淸, 如見其彷佛也. 止卿能識此意, 而蓄此畫歟:「이지경李止卿이 소장한 보산자의 화첩畫帖에 적다」(원제 '題李止卿所藏寶山子畫帖'), 『죽우문고』竹友文稿〕 "오래된 나무와 물가의 절벽 사이에 있는 가난한 집의 창에 기대어 있는 이는 『주역』을 보고 있는 걸까? 물가의 바위를 내려다보고 있는 이는 물고기를 보며 즐거워하는 걸까? 지경(地境)이 그윽하고 깊거늘 사람 또한 기심(機心)을 잊고 천기(天機)를 즐거워하는 걸까"(古樹潭壁之間, 倚甕牖者, 玩義易歟? 臨石磯者, 觀濠魚歟? 境固幽窅, 而人亦忘心機而樂天機者歟:「또 적다」(원제 '又'), 『죽우문고』)

'지경'(止卿)은 이정재(李定載)의 자다. 본관은 한산이고, 젊을 때 본암(本菴) 김종후(金鍾厚)의 문하에서 수학했으며, 오재경과 아주 친하게 지냈다. 이인상에게 심취하여 『뇌상관고』의 시고(詩稿)를 한 부 베껴 소장하고 있었는데, 현재 '뇌상고'(雷象稿, 4책)라는 제명으로 전한다.

같은 때, 이윤영이 그린 〈임정방우도〉(林亭訪友圖, 간송미술관 소장)[16]에 다음과 같은 제사를 쓰다: "필치가 빼어나고 고아(高雅)하며 농섬(濃纖: 진함과 가느다람)이 마땅함을 얻었으니 가히 기뻐할 만하다. 윤지는 근래 단릉(丹陵)의 산중에 거주하여 목석(木石)의 신골(神骨)이 되었고 또한 초고(岹古)함이 절특(絶特)하니, 장차 한번 붓에 미치게 할 일이다. 갑술년 가을, 원령이 쓰다."(筆致秀雅, 濃纖得宜, 可喜. 胤之近在丹陵山中, 作木石神骨, 又岹古絶特, 且使一及筆. 甲戌秋日, 元靈書.)

이윤영, 〈임정방우도〉(부분),
『서화평석』(2) 900면

「적석산 서쪽 대」, 『능호집』(상) ——
440면
「단군 제천대」, 『능호집』(상) 441면

● 남산 자락에 있던 김무택의 연소재(淵昭齋)에서 야음(夜飮)하다(「연소재에서 밤에 술을 마시다가 원박과 함께 읊조리다」(원제 '淵昭齋夜飮, 同元博賦'), 『뇌』2).

● 가을, 강화도의 적석산(積石山)과 단군 제천대(祭天臺)를 유람하고 「적석산 서쪽 대(臺)」(원제 '積石西臺'), 「단군 제천대」, 「낙조」(落照, 『뇌』2) 등의 시를 짓다.

「낙조」는 다음과 같다: "큰 밝음[17]은 항구히 잠기지 않아 / 영원히 어둠을 깨뜨리네 / 바다를 둘러싸 거리낌 없고 / 하늘에 올라 또

---

16 이 그림에는 "계해년(1743) 여름, 녹운정(綠雲亭)에서 김원박을 위해 그리다"(癸亥夏, 綠雲亭中, 爲金元博寫)라는 이윤영이 쓴 관지가 적혀 있다. 종래 이 관지 중의 '綠雲'을 '녹애'로 잘못 읽어 이 그림을 〈녹애정도〉라 일컬어 왔다. '雲'은 '雲'의 이체자(異體字)이다. 관지의 내용은, 이윤영이 이 그림을 녹운정에서 그렸다는 말이지 녹운정을 그렸다는 말은 아니다.

17 원문은 '大明'인데 '명나라'에 대한 우의(寓意)가 담겨 있다. 이 점에서 중의성(重義性)을 갖는 말이다.

한 신령함을 토하네 / 못의 무지개는 공연히 그림자 가리고 / 도깨비불은 감히 형체를 숨기지 못하네[18] / 적석산 서쪽 대에 오르니 / 비감해 외려 눈물이 흐르네."(大明恒不沒, 終古破昏冥. 環海曾無礙, 騰霄更吐靈. 湫虹空翳影, 野燐敢逃形. 積石西臺上, 猶敎感淚零: 제1수) "남은 붉은 빛 천만리에 퍼지나니 / 약목(若木)[19]을 누가 더위잡으려나 / 밤을 비추어 별과 달 뚜렷하고 / 빛을 남겨 바다와 산에 편재하네 / 은하수는 시각을 전하고 / 북두성은 빙 도네 / 외로운 등불 다 타도록 앉아 있거늘 / 맑은 새벽까지 기관(機關)[20]이 닫히지 않네."(殘紅千萬里, 若木有誰攀? 照夜分星月, 留光遍海山. 銀壺傳晷刻, 璇軸有回環. 坐到孤燈燼, 淸晨未閉關: 제2수) 이 시는 낙조의 빛이 어둠 속에 사라지는 것이 아니라 천만리에 퍼져 바다와 산, 하늘의 별과 달에 편재하다 새벽으로 이어짐을 노래하고 있다.

● 9월, 《보산첩》(寶山帖)이 성첩(成帖)되다(버클리대학 도서관 소장).

이인상이 이해 종강의 고우관(古友館)에서 우중(雨中)에 쓴 글씨들이 수록된 서첩(書帖)이다. 이 서첩에는 흥취가 도도한 이인상 득의의 대자(大字) 전서, 옥저전(玉筯篆), 팔분서(八分書), 해서, 행서 등 여러 서체의 글씨가 실려 있다. 그중 명(明) 유민(遺民)인 호극기(胡克己)의 시 "儂家近隔岳陽樓, 斑竹籬邊湘水流. 遙念故園磯下柳, 多季虛繫釣魚舟"(우리 집은 악양루岳陽樓[21] 가까이 있어 / 반죽斑竹 울타리 가에 상수湘水 흘렀지[22] / 멀리서 생각노라 고향 물가 버드나무에 / 여러 해 낚싯배 헛되이 매여 있으리)를 팔분체로 쓴 작품에는 "효종과 현종 때에 초(楚)땅 사람[23] 호극기가 표류해 와서 북청(北靑)[24]에 우거(寓居)했는데, 그가 지은 고향을 그리워한 시

《보산첩》 속표지, 『서화평석』(2)
438면

〈호극기 시〉(부분),
『서화평석』(2) 472면

---

18 '무지개'나 '도깨비불'은 악을 의미하는 시적 상관물들이다.
19 '약목'(若木)은 해가 지는 서쪽에 있다는 전설상의 신목(神木)을 이른다.
20 우주의 기관(機關)을 말한다. 즉 쉬지 않고 운행하는 하늘의 작용을 이른다.
21 중국 호남성(湖南省) 악양현(岳陽縣) 서문(西門)의 옛 성루로, 정면에 동정호(洞庭湖)가 있고 멀리 여러 산을 향해 있어 풍광이 아름답기로 유명하다.
22 소상강(瀟湘江) 일대에는 자줏빛 반점이 있는 대나무인 반죽(斑竹)이 자라는데, 전설에 의하면 순임금의 두 비(妃)인 아황(娥皇)과 여영(女英)이 순임금이 승하하자 눈물을 흘려 대나무에 얼룩이 생겼다고 한다.
23 호극기의 고향이 호남성 악양(岳陽)의 파릉(巴陵)이기에 이렇게 말했다. 옛날의 초(楚) 땅에 해당한다.
24 함경남도 북청군을 말한다.

가 사람들을 울렸다. 호극기는 명나라의 한림(翰林)이다"(孝顯之際, 楚人胡克己, 漂到流寓北靑, 其思鄕詩, 令人涕下. 克己乃皇明翰林也)라는 발문과 "고우관에서 우중에 채옹(蔡邕)의 필의(筆意)를 본뜨다. 원령"(古友館雨中, 倣蔡邕筆意. 元靈)이라는 관지가 적혀 있다.

● 10월, 홍천 현감 이명익의 초청으로 설악산을 유람하다.[25]

새벽에 평구(平丘)를 향해 출발했는데, 마침 지산(砥山)으로 들어가는 이연을 만나 말고삐를 나란히 해 도성을 나오다.

이인상은 홍천을 지나 거니고개를 넘어 인제로 들어갔는데, 이때 지은 시가 「거니고개」(원제 '車泥峙')[26]와 「거니촌 노인」(원제 '車泥村叟')이다.

「거니고개」는 다음과 같다: "천감역(泉甘驛)[27]에서 말을 멈추고 / 지팡이 짚고 거니고개 오르네 / 어둑한 풀은 사람 키를 넘고 / 서늘한 시내는 바위 밑을 졸졸 흐르네 / 하인이 말하길 '대낮인데 포효하는 저 호랑이 / 소리 보니 이빨이 큰 놈 같은뎁쇼.' / 연달은 봉우리 아득해 안개 같고 / 북쪽은 끊겨 바다 기운 불그레하네 / 나의 걸음 수고롭다 할 게 없으니 / 외로운 회포 자부할 게 무어 있으랴 / 슬프다 저 바닷가 장사꾼 / 매일 건어(乾魚) 파는 저자 달려가서는 / 야윈 등에 짐을 지고서 / 깊은 산골짜기 지나가누나 / 비록 이문은 조금이지만 / 신역(身役)을 지거나 세금을 물지는 않네 / 높다란 고개 위에 밭이 있는데 / 주려 죽는 농부들 많다고 하네."(歇馬泉甘驛, 負杖車泥峙. 暗草過人頭, 冷泉鳴石趾. 僕告晝嘷虎, 有聲如鉅齒. 連峰渺似霧, 北截海氣紫. 我行未云勞, 孤懷敢自恃. 哀彼海賈人, 日走枯魚市. 擔負脊無肉, 穿行絶峽裏. 猶有錐刀利, 曾無賦役使. 巉岏嶺上田, 耕者多餓死.)

「거니촌 노인」은 다음과 같다: "산골 노인 얼굴은 짐승 같지만 / 문 두드리니 웃으며 맞이해 주네 / 더께 낀 토방(土房) 깨끗이 쓸고 / 작은 도끼로 관솔을 쪼개네 / 조밥은 뜨끈뜨끈 / 나물국은

---

25 「이홍천(李洪川) 제문」(원제 '祭李洪川文', 『능』4)의 "홀연 편지를 보내 / 저를 방외(方外)로 부르셨는데 / 우뚝한 설악(雪嶽)이요 / 외딴 바닷가 동해였습니다"(忽馳簡書, 致我方外, 雪嶽嶙峋, 滄溟絶浼)라는 말 참조.

26 강원도 인제군 남면 어론리 남쪽에서 두촌면 건남리의 원거리로 가는 도중에 있는 고개로, 인제군과 홍천군의 경계를 이룬다.

27 강원도 홍천에 있던 역참이다.

향기가 도네/즐겁게 한방에서 침식을 하고/드러누워 곡연(曲淵)[28] 가는 길 물어 보누나."(山叟面如獸, 欸門便笑迎. 凝塵掃土室, 細斧劈松明. 沙熱黃粱飯, 鹽芬紫荣羹. 欣然同寢食, 卧問曲淵程.)

이 시들에서 민(民)에 대한 이인상의 태도를 읽을 수 있다. 이인상은 스물여덟 살 때 금강산을 구경하러 가는 도정에서도 민에 대한 연민을 드러낸 시를 지은 바 있다. 그러므로 이인상의 이런 태도는 평생 일관된 것이라 할 만하다.

설악산 여행에서 이인상은 합강정(合江亭), 오세암(五歲菴), 영시암(永矢菴), 관음굴(觀音窟), 의상대(義相臺), 계조굴(繼祖窟), 화암사(華巖寺), 한계폭포(寒溪瀑布) 등을 구경하였다. 이 무렵 이윤영은 이인상에게 그림을 그려 줬는데, 그 제사(題辭)는 다음과 같다: "원령은 가을에 설악산에 들어가 혹 목석(木石)의 사이에서 고승을 만났는지? 그만이로다! 세상에 사람이 없어 이 무리에서 찾고자 하니."(元靈秋入雪嶽, 或遇高僧於木石之間邪. 已矣, 世無人矣, 欲求之此輩:「그림에 적어 원령에게 주다」(원제 '題畵贈元靈'), 『단』13)

● 「이윤지에게 답한 편지」(원제 '答李子胤之書', 『능』3)를 작성하다.

글 중에 "연소(年少)하여 진취(進就)가 있는 이들은 작은 기예로 이름을 좇고, 찡그림과 웃음으로 교유를 맺으며, 선배를 업신여기면서 큰 소리로 말하며 기세를 올리는 것을 높은 행실로 여깁니다. 근본이 되는 청정(淸淨)하고 허명(虛明)한 마음을 활활 타오르게만 하고 차분히 가라앉지 못하니, 기상(氣象)의 급박(急迫)함을 심히 근심할 만합니다. 도무지 평담하고 삼가고 성실한 사람을 구하고 싶어도 쉽게 구할 수가 없군요"(年少進就者, 以小藝馳名, 以嚬笑定交, 以陵轢先輩, 抗言出氣爲高行. 使本原淸淨虛明之地, 炎炎如焚, 不能按下, 氣象迫急, 甚可憂也. 雖欲求一切平白謹愿之人, 未易得)라 하여, 후배들에 대한 실망감을 피력하고 있다. 또 "서너 명 옛 벗이, 비록 우도(友道)에 대해 가벼이 말할 수는 없는 일이지만, 제게 허물이 있을 경우 그것을 용인하고 두둔하지 말아 제 마음을 저버리지 말았으면 할 뿐입니다"(數三故舊, 雖不可輕言友道,

〈검서서재유감, 근차장운구교〉(부분), 『서화평석』(2) 575면

---

28 설악과 한계령 사이 깊은 곳에 위치해 있으며, '곡백연'(曲百淵)이라고도 한다.

영조 30년(갑술甲戌)

1754년

45세

有過則無相容忍依阿以負心而已)라고 말하고 있음으로 보아, 이 무렵 서너 벗만 심허(心許)하고 있었음을 알 수 있다.

또한 글 중에, 자신의 설악산 시들에 차운한 이윤영의 화답시를 칭찬한 말이 보인다.

● 설악산에서 승려 법안(法眼)이 찾아왔기에 병든 국화를 읊다〔「설악산의 승려 법안이 내방했기에 병든 국화를 읊다」(원제 '雪嶽僧法眼來訪, 賦病菊'), 『뇌』2〕.

「서재에서 검서(檢書)하다가 (…) 김백우의 장시에 차운하다」, 『능호집』(상) 482면

● 종강의 서사(천뢰각)에서 책을 점검하던 중 감회가 있어 김상묵의 시에 차운한 시를 짓다〔「서재西齋에서 검서檢書하다가 감회가 있어 김백우의 장시에 차운하다」(원제 '西齋撿書有感, 次金伯愚長韻')〕.

시 중에 "삼천 권 책 쌓아 둔 / 나의 방 절로 깊고 고요하여라"(築書三千卷, 我室自深邃) "세상을 이롭게 하는 데 뜻을 두었고 / 고(古)를 숭상해 친구 없지 않았네"(善世余有志, 尙古非無友) "화려한 글엔 속이는 마음 많고 / 청담(淸談)29은 입을 상하기 쉽네"(華辭多欺心, 淸談易戕口) "화이(華夷)를 옳게 분변한다면 / 후세에도 어찌 취할 게 없으리"(一正華夷辨, 後來豈無取) "바라노니 운담(雲潭: 구담) 가에서 / 백발이 되도록 나란히 밭 갈며 살았으면"(願言雲潭上, 耦耕期皓首) 등의 말이 보인다. 상당한 장서가 있었음을 알 수 있다. 이 시는 시고가 전한다(〈검서서재유감, 근차장운구교〉撿書西齋有感, 謹次長韻求教, 《능호첩 B》소수).

「연경(燕京)에 가는 이 학사(李學士)를 전송하는 서」, 『능호집』(하) 85면

● 10월, 동지 겸 사은사(冬至兼謝恩使)의 서장관(書狀官)으로 연경에 가는 이유수에게 송서(送序)를 지어 주다.

이 글에서 이인상은 오랑캐에게 사신 가는 것은 예(禮)가 아니며, 군사를 쓰기 위한 권도(權道)이고, 때를 살펴 임기응변하려는 방책이라고 했다.

● 12월 19일, 호서의 향리로 떠나는 허선(許鏇, 자 사예士輗)30과 남간의 산루(山樓)에 올라 새벽달을 보다〔「섣달 계해일에 처음 대설

---

29 세속을 떠나서 하는 고상한 이야기를 말한다. 중국의 위진(魏晉) 시대 문사(文士)들이 노장(老莊) 사상을 좇아, 세상일을 버리고 속세를 떠나 청정무위(淸淨無爲)의 공리공담을 일삼던 데서 유래하는 말이다.

30 호서(湖西)의 선비이다. 『능호집』권2에 실린 「구곡(龜谷)에서 허사예에게 보이다」(원제 '龜谷示許士輗')라는 시도 허선에게 준 것이다. '사예'라는 자(字)는 이인상이 1758년에 그린 것으로 추정되는 〈구담초루도〉(龜潭艸樓圖)의 제화에도 보인다. 『능호관 이인상 서화평석 1: 회화편』 중 〈구담초루도〉의 평석 참조.

大雪이 내렸는데, 남쪽으로 돌아가는 허사예許士輗를 전송하고자 그를 이끌고 산루[31]에 올라 새벽달을 보다가 즉석에서 읊어 기쁜 마음을 적다」(원제 '季冬癸亥始大雪, 將送許士輗南歸, 携登山樓望曉月, 口占識喜'), 『뇌』2).

● 북촌의 처사 정이화(鄭履和, 자 여소汝素)와 종사(從史: 세손위종사世孫衛從司의 종7품 벼슬) 김용겸(金用謙)을 방문했으나 만나지 못하다.

이인상과 김용겸이 언제부터 교유했는지는 확인되지 않으나 적어도 사근도 찰방으로 나가기 전에 이미 교유가 있었던 것은 분명하다. 이 점은 김상숙의 시「겨울밤에 효효자(嘐嘐子: 김용겸) 및 이원령과 모여 이야기하다가 '풍'(風) '아'(雅) '송'(頌)으로 분운했는데 '송' 자를 얻다」(원제 '冬夜, 會嘐嘐子·李元靈話, 分韻風雅頌, 得頌字', 『배와초』坏窩草 권2)에서 확인된다. 김상숙의 시에는 "서안(書案)을 마주하고 『시경』을 펼쳐 / 먼저 「청묘」(淸廟)를 읽네 / 그리고 국풍(國風)과 이아(二雅)도 읽고 / 일통(一統)을 질탕하게 이야기했네"(芭經對床展, 先讀淸廟頌. 國風曁二雅, 迭宕談一統) "이군(이인상)이 술과 나물 가져왔으니 / 녹봉 아껴 좋은 음식 마련한 거네 / 이 모임의 즐거움 함께 말하지만 / 좋은 일엔 갖가지 어려움 따르는 법이지 / 뒤따라 숙직하는 곳에 이르니 / 차가운 달이 구름을 깨고 나오네 / 등촉 밝히자 상기도 여흥이 있어 / 문장을 다시 논평하누나 / 함께 도잠(陶潛)의 시 감상하며 / 강개하게 진송(晉宋) 시대 이야기하네"(李君携醪菜, 美味剩官俸. 共言此會樂, 好事難種種. 相隨到直廬, 寒月破雲縫. 挑燈尙餘興, 文章更核綜. 共賞陶潛詩, 慷慨說晉宋) 등의 말이 보인다. 이 시를 통해 이인상이 서울에서 벼슬할 때 김용겸·김상숙과 밤에 모임을 갖고 『시경』과 도연명의 시를 함께 읽었음을 알 수 있다. 이인상과 김상숙은 도연명을 몹시 존경하였다.

● 겨울, 이연의 난동(蘭洞) 집에서 매화를 감상하며, 옛날 오찬의 산천재에서의 매화음을 회억하다(「관매기」, 『뇌』4).

집에 돌아와 「감회가 있어. 이광문에게 편지로 써 보내다」(원

---

31 이인상은 남산의 능호관 부근의 시냇가에 초루를 지은 바 있다. '산루'는 바로 이 초루를 말한다.

제 '有感. 簡李子廣文')라는 시를 지어 이연에게 보냈는데, 시 중에 "설원(雪園)의 벗[32] 생각하매 공연히 눈물나고/난곡(蘭谷)[33]의 시에 화답하려 하나 소리를 못 이루네"(懷友雪園空下淚, 和詩蘭谷未成聲)라는 말이 보인다.

● 겨울, 김상묵의 집에 묵으며 성개(盛開)한 매화를 감상하다.

이날 술을 과하게 마셔 끽다(喫茶)하여 술을 깬 다음 또 술을 마시다. 아침에 일어나 매화를 기리며 술을 경계하는 다음 글을 지어 매감(梅龕)의 창호(窓戶)에 쓰다:[34] "아리땁고 곧은 나무/군자의 뜰에 있네/받은 기운 조화로워/순수하고 깨끗하네/담박하여 무성하지 않고/맑아서 욕심이 적네/하늘이 물(物)을 내고/월령(月令)[35]을 베풀어서/초목들 너도나도/다투어 생장하네/봄이 처음 시작되어/우레도 들리잖네[36]/뭇 꽃 아직 안 필 때니/크게 형통하고 올곧아라/기운의 변화 겪어/맑은 덕이 빛나누나/빙설은 칼끝 같고/땅은 신령치 못하건만/이때 꽃을 피워 내니/더욱 희고 향기롭네/높은 가지에 꽃망울이 터져/고원(高遠)한 자태 우러러보네/좋은 화분에 올려/병풍을 휘휘 둘러/방 가운데 두니/내 마음 편안하다/해와 달에 씻긴 모습/고운 창에 비치누나/예스런 자태 군세어서/달빛도 범접을 못 하누나/나의 벗들에게 고해/맑음과 삼감을 본받게 하리[37]/그 아래 앉으면/엄습하는 향기 가득하네/머리맡에서 밤을 지키니[38]/술 마셔도 정신이 또렷/잠잘 때도 함께하니/사람 수명 늘려 주리."(葳蕤貞木, 在君子庭兮. 受氣之和, 粹而精兮. 樸而不茂, 澹而寡情兮. 維天植物, 布月令兮. 草疾木奮, 競生成兮. 始振其蟄, 雷又收聲兮. 榮華旣渴, 大亨貞兮. 閱氣之變, 耀德之淸兮. 氷雪鍔鍔, 厚土不靈兮. 乃吐其華, 彌素而馨兮.

---

32 와설원 주인 오찬을 가리킨다.

33 이연(자 광문)을 가리킨다. 당시 이연이 남산 기슭의 '난동'으로 이사하였다. '난곡'은 난동을 말한다.

34 「관매기」,『뇌』5 참조.

35 『예기』에 「월령」편이 있는데, 1년 열두 달 기후의 변화나 초목과 곡식의 생장, 나라의 의식(儀式), 농가의 행사 따위를 언급한바, 조정에서 다달이 베풀어야 할 정령(政令)을 밝혀 놓은 것이다. 여기서는 하늘이 달별로 자연에 부여한 규칙과 변화라는 정도의 뜻으로 쓰였다.

36 『예기』「월령」에 의하면, 우레는 음력 2월이 되어야 비로소 나타난다. 그리고 이때 비로소 비가 내린다.

37 이 구절에는 과도한 음주를 경계하는 뜻이 담겨 있다.

38 매화가 밤에 머리맡에서 자기를 지켜본다는 뜻이다.

〈송하독좌도〉,
『서화평석』(1) 440면

峭枝發色, 仰崢嶸兮. 薦以雕盆, 圍曲屛兮. 在堂之中, 我心寧兮. 沐日浴月, 穿文櫳兮. 古姿骨勁, 皎輝莫攖兮. 告我友朋, 淑愼儀形兮. 在樹之下, 襲芬之盈兮. 警夜之枕, 飮而恒醒兮. 枕藉佩服, 延壽齡兮: 「매화송梅花頌 김백우金伯愚의 집에서 잤는데, 취한 뒤 매화감실梅花龕室에 쓰다」(원제 '梅花頌 宿金伯愚, 醉後書梅花龕'), 『뇌』5) 아침에 일어나 작취미성(昨醉未醒)의 상태에서 바로 글을 지어 매감에 썼다고 한 데서 이인상의 문장력을 엿볼 수 있다.

● 제야에 현계(玄溪)의 백씨 댁에 가 매화 아래에서 김무택·김상악과 소음(小飮)하며 〈송하독좌도〉(松下獨坐圖, 평양 조선미술박물관 소장)를 그리다〔「제야에 백씨를 모시고 매화 아래에서 김자金子 원박元博에게 술을 조금 마시게 하다」(원제 '除夕陪伯氏, 梅下小飮金子元博'), 『뇌』2; 「관매기」, 『뇌』4〕.

이 그림의 관지는 다음과 같다: "원령이 술에 취해 그리다. 갑술년 제야"(元靈醉寫. 甲戌除夜)

● 이윤영에게 「창하정 상량문」(蒼霞亭上樑文)을 써 주다.

「창하정 상량문」, 『능호집』(하)
270면

창하정(蒼霞亭)은 이윤영이 1752년 구담봉 맞은편에 세운 정자이다.

● 이윤영에게 「운화정기」를 써 주다(「운화정기」雲華亭記, 『뇌』4).

● 승려 설정(雪淨)에게 「오세암기」(五歲菴記, 『뇌』4)를 써 주다.

설악산 오세암은 옛날 김시습이 우거했던 곳이다. 이인상은 이 글에서 김시습의 자회(自晦)가 시의(時義: 시대에 맞는 의리)를 위한 것이라고 했다.

● 〈강반모루도〉(江畔茅樓圖)[39]는 이때 그려지거나 아니면 익년 가을 윤면동과 남간에서 노닐 때 그려진 것으로 추정된다(국립중앙박물관 소장).

〈강반모루도〉(부분),
『서화평석』(1) 188면

관지: "남간에서 가을날 붓 가는 대로 그리다. 원령"(南澗烑日漫寫. 元靈) 인기: "보산인"(寶山人)

〈다백운루도〉, 『서화평석』(1)
298면

● 이준상에게 준 〈다백운루도〉(일명 〈한유시의도〉韓愈詩意圖)도

---

39 종래 〈남간추색도〉(南澗秋色圖)로 불렸다. 하지만 이 그림은 남간에서 그린 것이지 남간을 그린 것이 아니므로 옳은 명칭이 아니다.

이해로부터 몇 년 사이에 그려진 것으로 추정된다(국립중앙박물관 소장).

제시(題詩): "본디 사람들에게 알려진 곳이 있으니／어찌 오가는 길이 없겠는가／사방에 벽을 두지 않아／어디서든 부용(芙蓉)이 보이네"(自有人知處, 那無路往踪. 莫敎留四壁, 面面看芙蓉.) 관지: "천식재(泉食齋)를 위해 그리다. 운담인"(爲泉食齋作. 雲潭人) 관지 중의 '운담인'(雲潭人)은 이인상의 자호이다.

● 이해 전후에 〈예기비〉(禮器碑), 〈공화비〉(孔龢碑), 〈사신비〉(史晨碑), 〈공주비〉(孔宙碑) 4비(碑)를 임모(臨摹)하다.

〈임예기비〉(臨禮器碑, 개인 소장)에 쓴 발문은 다음과 같다: "'靈'자 이하 36자는 괴오무상(怪奧無常)하니, 〈예기비〉를 높여 이런 서법까지 아울러 배운다면 나쁜 길로 빠지게 될 것이다. 한비(漢碑)의 본디 이와 같은 것은 모름지기 잘 살펴야 하리니, 종정(鐘鼎)의 고전(古篆)과 비교해 보면 또한 결단코 배워서는 안 되는 것이 있거늘, 이는 식견이 있는 자하고만 말할 수 있다."(自'靈'字以下三十六字, 怪奧無常, 則尊〈禮器碑〉而竝學此法, 則流惡道矣. 漢碑故自如此者, 須着眼, 比之鐘鼎古篆, 亦有斷然不可學者, 可與知者道也.) 관지는 다음과 같다: "원령이 또 쓰다"(元靈又書)

이윤영은 익년 1월 7일 이 글씨에 다음과 같은 발문을 붙였다: "(…) 〈예기비〉는 시내의 괴상한 바위에 소나무 등걸이 우뚝 솟은 듯하고, 〈공화비〉(〈을영비〉의 이칭)는 큰길에 있는 높은 문이 정연하게 빛이 나는 듯하고, 〈사신비〉는 옥을 쪼고 비단에 채색해 교묘한 의장(意匠)이 미묘한 경지에 든 듯하고, 〈공주비〉는 쇠뇌를 당기기만 하고 쏘지 않았지만 산을 무너뜨릴 수 있을 듯하다. 그 용필(用筆)은 옛 사람의 묵적(墨跡)에 구애되지 않았으나 조금도 법도를 벗어나지 않았으며, 그 용묵(用墨)은 마치 물이 땅 위를 흐르는 것 같아 상황에 따라 모양을 이루었으니, 아아 기이하도다. 땅이 서로 떨어져 있고 시대가 뒤임에도 불구하고 여합부절하여 큰 것을 깨달을 수 있으며 작은 것 또한 깨달을 수 있다. 을해(乙亥) 인일(人日) 윤지가 제(題)하다."((…) 〈禮器碑〉, 如流泉怪石, 松槎崛特; 〈孔和碑〉, 如大道高門, 井畫粲然; 〈史晨碑〉, 如琢玉雕錦, 巧思入微; 〈孔宙碑〉, 如引弩不發, 山嶽可摧. 其用筆, 不拘古人之跡,

〈임예기비〉(부분),
『서화평석』(2) 804면

而規矩不踰尺寸; 其用墨, 如水在地, 隨遇而成象. 嗚呼, 奇哉! 地之相去, 世之相後, 而若合符契者, 可以喩大而亦可以喩小矣夫. 乙亥人日, 胤之題:

「원령의 한비漢碑 임모臨摹 끝에 적다」(원제 '題元靈漢碑摹後'), 『단』13)

○ 윤심형(1693년 생), 윤4월 12일 사망(『임재집』臨齋集 부록 「행장」).

○ 임매, 진사시에 합격하다.

○ 이윤영, 1월 부친을 모시고 여주의 신륵사 동대(東臺)에서 열린 기영회(耆英會)에 참석하다.

　　제가(諸家)의 자제(子弟)와 인근에서 온 사람이 도합 30여 인이었는데 모두 붓을 잡아 시를 수창하였다.

○ 이태중, 2월 평안 감사에 제수되다.

○ 이명환, 2월 강동(江東) 현감에 제수되다.

○ 홍자, 2월 시강원 문학(文學)에, 6월 정언에 제수되다. 7월 호남어사가 되고, 8월 부수찬에, 12월 교리에 제수되다.

○ 김순택, 3월 낭천(狼川: 별칭이 화음華陰) 현감에 제수되다.

○ 이양천, 봄 서벽정의 이윤영을 방문하다(『단』9).

　　같은 때 민우수도 서벽정을 찾아와 40여 일을 머물며 『주역』을 공부하였다.[40] 이윤영의 동생 이운영이 「서벽정에서 이공보(이양천)와 염운하다」(원제 '棲碧亭與李功甫拈韻', 『옥』1)라는 시를 지은 것은 이 무렵이다.

○ 송익흠, 4월 사복시 주부에, 12월 보은 현감에 제수되다.

○ 김성응, 5월 판의금부사에 제수되다.

○ 김상숙, 6월 내섬시 봉사에 제수되었다가, 7월 사옹원 봉사 이정매(李廷梅)와 상환(相換)되다.

○ 이유수, 6월 동지겸사은사 서장관에 임명되다.

○ 이기중, 6월 단양 읍내에 우화교(羽化橋)와 등선루(登仙樓)를 건립하고 이를 기념하여 다리 곁에 기적비(記蹟碑)를 세우다.

40　민우수가 지은 시 「사인암에서 영춘으로 돌아가려 해 임별할 때 이생 윤지에게 주다」(원제 '自舍人巖將還永春, 臨別贈李生胤之', 『정암집』 권1)의 "다시 함께 말을 잊고 『주역』을 대하네"(更與忘言對義易)라는 말 참조. 또 이윤영이 지은 시 「40여 일 재거(齋居)하시다가 장석(丈席: 민우수)께서 돌아가실 때 시를 남기시어 삼가 그 시에 차운하다」(원제 '齋居四十餘日, 丈席臨歸留詩, 敬次其韻', 『단』9)도 참조.

영조 30년(갑술甲戌)

1754년

45세

글은 남유용이 짓고, 글씨는 이운영이 썼다. 우화교는 천상(川上)에 설치한 석축(石築)의 홍예교(虹蜺橋)인데, 이듬해 여름 시냇물이 크게 불어 무너져 버렸다.

○ 이윤영, 여름 〈단릉석도〉(丹陵石圖)를 그려 홍낙순에게 주다(개인 소장).

이윤영, 〈단릉석도〉, 『서화평석』(1) ──
924면

이 그림에 이윤영이 쓴 제화는 다음과 같다: "청컨대 백효(伯孝: 홍낙순)는 열흘간 정좌(靜坐)하여 이 하나의 돌을 익히 보아 가취(佳趣)를 얻기를. 그러면 가을에 구담과 운화(雲華)의 사이에 노닐 적에 산에 들어와 결사(結社)하고픈 마음이 생길 걸세. 윤지"(請伯孝十日靜坐, 熟看此一石得佳趣, 秋游龜淵, 雲華之間, 乃有入山結社之意. 胤之) 홍낙순의 제사는 다음과 같다: "갑술년(1754) 여름에 윤지가 단릉에서 나를 찾아와 원관정(遠觀亭)에 가서 보았다. 윤지는 나를 위해 이 그림을 그렸는데 부친 뜻이 퍽 높았다. 지금으로부터 이미 6년 전이다. 나는 아직도 운화(雲華)의 사이에서 한번 노닐지 못했으니, 그 때문에 매번 이 그림을 볼 때마다 서글퍼진다. 기묘년(1759) 초여름에 백효(伯孝)가 제(題)하다."(甲戌夏, 胤之自丹陵訪余, 往見於遠觀亭中. 胤之爲余作此畫, 寄意甚高, 于今已六年矣. 余尙未得一游於雲華之間, 每見此畫輒爲之怊恨也. 己卯初夏, 伯孝題.)

이윤영은 홍낙순에게 〈도담삼봉도〉(島潭三峰圖)(개인 소장)를 그려 주기도 했다.

○ 이윤영, 9월 동생 이운영과 함께 구담에서 권진응과 그 아들 권중일(權中一), 남기택(南紀澤)과 만나 밤에 배를 띄우고 노닐다. 청풍 군수 성천주(成天柱)와 그 아우 운주(雲柱)가 나중에 와 옥순봉 아래에서 주유(舟遊)하다가 창하정·사인암 제처(諸處)에 이르다.

○ 이윤영, 9월 29일 종강의 이인상에게 편지를 보내 설악산 유람 준비를 잘 마쳤는지 묻다(《해좌묵원》海左墨苑 소수, 국립중앙박물관 소장).

○ 이최중, 9월 사서(司書)에 제수되다.

○ 이윤영, 겨울 연경에 가는 이유수에게 시를 지어 주다.

그 시에 "옷에 오랑캐 먼지 붙어 더러우리니 / 손으로 동해의

이윤영, 편지(부분)
《해좌묵원》 소수

물을 퍼서 부지런히 씻어야지 / 옷 씻어 더러운 물은 귀 씻은 물과 같거늘 / 노중련(魯仲連)이 다시 태어나도 밟지 않으리"(衣上征塵蒙不潔, 手決東海勤濯澡. 洗衣濁似洗耳水, 魯連復生應不蹈:「연경에 가는 심원深遠(이유수)을 전별하며」(원제 '別深遠赴燕'), 『단』9)라는 말이 보인다.

○ 이윤영, 겨울 설악산을 읊은 이인상의 여러 시[41]에 화답한 「원령의 설악산을 읊은 여러 시에 화답하여 주다」(원제 '和贈元靈雪嶽諸詩', 『단』9) 6수를 지어 이인상에게 보내다.

이윤영의 아우 이운영이 「원령의《설악시축》에 적다」(원제 '題元靈雪嶽軸', 『옥』1)라는 시를 지은 것도 이 무렵일 것이다.

○ 이윤영, 12월 단릉산방(丹陵山房)에서 단양의 처사 전상정(全尙貞, 자 사정士正)의 「소열제찬」(昭烈帝贊)과 「장자방찬」(張子房贊)에 화답하는 글을 짓다.

그 초고가 현재 전한다(《근묵》 소수, 성균관대학교 박물관 소장).

〈소열제찬·장자방찬〉(부분),
『서화평석』(2) 1124면

이서구(1754~1825)

◎ 이서구(李書九, 1825년 졸, 자 낙서洛瑞, 호 척재惕齋·강산薑山) 출생.

◎ 김득신(金得臣, 1822년 졸, 호 긍재兢齋, 도화서 화원) 출생.

◎ 홍대용, 5월 석실서원에서 회강(會講)할 때 『소학』의 「명륜」 편을 강(講)하다(「미상기문」渼上記聞, 『담헌서』 내집 권1).

◎ 이천보(李天輔, 1698~1761), 5월 영의정이 되다.

① 서예가 이병수(伊秉綬, 호 묵경墨卿) 출생.

① 『유림외사』(儒林外史)를 쓴 오경재(吳敬梓) 사망.

① 양주팔괴의 한 사람인 이방응(李方膺) 사망.

---

41 「보문 옛길을 찾아」(원제 '尋普門舊路'), 「관음굴」(觀音窟), 「의상대에서 월출을 기다리다」(원제 '義相臺候月出') 등 몇 수가 『뇌상관고』 제2책에 수록되어 있다.

영조 30년 (갑술甲戌)

1754년

45세

영조 31년 (을해乙亥, 1755년) 46세

● 1월 8일, 모친의 고희를 맞아 시를 짓다.

● 정월 대보름, 김상숙·김상악과 약속해 달구경을 하며 매죽사 (梅竹社)와 매초루(賣貂樓)의 옛일을 회억하다 (「정월 보름날 김자 계 윤(김상숙) 및 순자(김상악)와 약속해 달구경을 하며 매죽사와 매초루의 옛일을 생각하다」(원제 '上元約金子季潤、舜咨玩月, 懷竹社貂樓舊事'), 『뇌』2).

● 1월경, 황해도 관찰사로 부임하는 김양택에게 송서(送序)를 지어 주다.

이인상은 사근도 찰방으로 있을 때 인근 고을인 산음(山陰) 현 감으로 좌천되어 와 있던 김양택과 좋이 지낸 바 있다. 이 글에는 "해서 지방은 고을이 피폐한데도 세금은 전결(田結: 논밭에 물리던 세금)의 두 배를 징수하고, 호구(戶口)가 얼마 되지 않는데도 군포 액(軍布額)[1]은 인구의 두 배를 부과하고 있으며, 해안 방비는 허술 하여 걱정스럽고 육로는 험한 산이 없어 적의 침략을 받기 쉽다. 게다가 해마다 흉년이 거듭되어 실로 다스리기 어려운 실정이다. 그렇지만 사신들이 오랑캐 조정을 왕래하느라 말과 수레가 해마 다 달마다 모여들어 화려한 의복과 기름진 음식, 노래하고 악기 를 연주하는 기녀들로 도로가 어지러운데, 감사(監司)로 온 자는 주연(酒宴)으로 낙을 삼고 부화(浮華)한 데 익숙해진 탓에 일을 공 경히 하지 못해 사사로움을 끊지 못하고 있으니 식자들이 개탄하 는 바이다"(海西之地, 邑弊而收公錢倍田賦, 戶縮而簽軍額倍人口, 海防 疎虞, 陸路無險阻, 易以受敵, 而又値歲累?, 治之實難, 而以使价之通虜庭, 車馬歲月奔湊, 服食鮮脆, 歌吹脂黛, 棼錯于道路, 爲監司者, 恒以燕安爲 樂, 而習於浮僞, 不能敬事而絶私, 識者歎焉:「황해도 관찰사로 부임하는 김 승지金承旨(김양택)를 전송하는 서序」(원제 '送金承旨觀察海西序'))

---

1 군적(軍籍)에 든 사람이 군에 복무할 수 없는 처지일 때 복무하는 대신 바치던 삼베나 무명을 말한다.

라 하여, 연경으로 가는 사신의 행차 때문에 연로(沿路)의 백성이 고통을 겪고 있음을 지적하고 있다. 이인상은 사근도 찰방으로 있을 때도 통신사(通信使)의 행차 때문에 연로의 백성이 질고(疾苦)를 겪고 있음을 마음 아파한 바 있다.

「통도사를 출발하며」, 『능호집』(상) ── 289면

● 「주난우(朱蘭嵎) 글씨의 「종수」시(種樹詩) 주련(柱聯) 지(識)」(원제 '朱蘭嵎書種樹柱聯識', 『뇌』4)를 짓다.

이인상은 선조 39년인 1606년 조선에 조사(詔使)로 온 명나라 주지번(朱之蕃, 호 난우蘭嵎)의 글씨를 집자(集字)해 "扶疎蔭石, 夭矯參天. 十年爲期, 天籟所行"(잎이 무성하여 바위에 그늘 드리우고/나무가 높이 솟아 하늘을 찌르네/십 년이 되자/천뢰天籟[2]가 들리네)이라는 주련(柱聯)을 만들어 이를 능호관의 북쪽 창호에 새기고자 했다. 이에 이 지(識)를 써서, 14년 전 신소가 돈을 대고 송문흠이 주선하여 남산의 고봉절간(高峰絶澗)에 초당을 지어 살게 되었다는 사실과 벗들에게서 얻은 나무를 뜰에 심어 잘 가꾸어서 바야흐로 울창한 숲을 이루었는데, 특히 북쪽 창호 앞의 소나무와 오동나무가 가장 크다는 사실을 언급했다. 이 열여섯 글자에는 이를 기념하는 뜻이 들어 있다. 당시 송문흠은 이미 작고했고 신소는 와병 중이었다. 이인상은 이에 대한 비감을 토로하고 있다.

● 2월 16일, 신소(1715년 생)가 사망하다. 향년 41세.

이인상은 신소가 위중하다는 말을 듣고 강화로 찾아가 문질(問疾)하였다(「강화의 부아府衙에 들어 신성보를 문질하고 도로 갑진甲津을 건너다」(원제 '入沁府, 問申成甫疾, 還渡甲津'), 『뇌』2). 신소의 부친 신사건(申思建)이 강화 유수로 있었기에 신소는 당시 강화의 부아(府衙)에 머물고 있었다.

송명흠이 송익흠에게 보낸 편지 중의 "원령이 편지를 보내와 임종할 때의 언사가 바른 죽음의 도리를 깊이 얻었음을 자세히 알려주어 애통함이 몹시 심하구나. 이 몸이 궁하여 단지 이 벗에 의지해 아우를 잃은 슬픔을 잊으려 했는데 지금 또 나보다 먼저 가 버리니 뒤에 죽는 사람의 고통은 실로 죽은 사람보다 백배는 더할 게다"(元靈書來, 細報臨絶辭氣, 深得正終之義, 尤劇痛惜, 此身畸

---

2 『장자』에서 유래하는 말로, 자연의 소리를 뜻한다.

窮, 只憑此友, 庶忘無弟之悲, 今又先我, 後死之苦, 誠百倍於化者:「시해에게 답하다」(원제 '答時偕'), 『늑천집』 권5)라는 말 및 김상무에게 보낸 편지 중의 "원령이, 임종 시의 언사가 어지럽지 않음과 벗들에게 이별을 고한 말이 군자가 바른 죽음을 맞이하는 도리를 깊이 얻었다는 것을 알려주었으니 몹시 애통해할 만하구려"(元靈示及臨終辭氣之不亂, 告訣朋友之語, 深得君子正終之義, 尤可傷惜:「김중척에게 주다」(원제 '與金仲陟'), 『늑천집』 권8)라는 말로 보아, 신소는 존엄하게 생을 마쳤으며 이인상은 그의 임종을 지켜본 듯하다. 신소의 딸이 송명흠의 아들 송시연(宋時淵, 1742~1806)[3]에게 시집갔으니, 송명흠과 신소는 벗이자 사돈간이다.

황경원은 신소의 묘지명에서, 신소가 죽기 직전에 아무 것도 이룬 게 없이 죽는 것을 슬퍼하자 이인상이 그렇지 않다며 다음과 같이 신소를 위로했다고 말하고 있다: "성보(신소)는 궁하면서도 천하를 잊지 않아 화이(華夷)의 분변으로 출처의 의리를 정했으며, 종신토록 효를 실천하고 남이 보지 않는 깊은 방에서도 부끄러운 행실을 하지 않았소. 그대는 진실로 도에 가까우니 어찌 세상에 이름이 드러나지 않은 채 죽는다고 말할 수 있겠소? 붕우의 도는 오륜(五倫) 중에서도 시작과 끝이 되는데 그대만이 이 의리에 돈독하여 대대로 혁혁한 집안이었건만 굶어죽을지언정 후회하지 않기로 맹세했으니 진실되고 정성스러움이 있지 않다면 어찌 이 비색(否塞)한 천하에 처할 수 있었겠소?"('成甫窮而不忘天下, 以中國夷狄之辨, 而定出處之義, 有終身之孝, 而行不愧於屋漏, 子誠近道, 豈可謂無聞而死乎? 朋友之道, 於五倫, 爲其終始, 而惟子篤於斯義, 雖家世光曜爀奕, 而矢心餓死不悔, 非有眞誠, 何能處天下之屯哉:「신성보 묘지명」, 『강한집』 권17)

임성주가 쓴 신소의 제문에는 "지금 이후로 우리 무리 중 이런 인물은 다시 없을 것이다"(自今而後, 吾黨不復有人矣: 『녹문집』 권23)라는 말이 보인다. 또 그가 쓴 「처사 신공 묘지명」(處士申公墓誌銘)에는 "기억건대 예전 을묘년(1735) 가을 내가 청협(淸峽: 청주)에서 서울로 왔을 때 송형 문흠 사행이 마련한 자리에서 처음 공

---

3   원래 송문흠의 차남인데 송명흠의 양자가 되었다.

을 뵈었다. 당시 빈우(賓友)들이 자리에 가득했으며 돌아가며 이야기했다. 공은 홀로 조용히 단정하게 공수(拱手)하고 있었는데 그 모습이 맑고 깨끗했다"(記昔乙卯秋, 余自淸峽入京, 始見公於宋兄文欽士行之座, 時賓友滿座, 談論迭發, 公獨退然端拱, 眉目瑩然) "내가 어머니를 모시고 서울 근교에 우거하고 있을 때[4] 공은 나이가 서른 남짓이었다. 이때 사행 및 같은 시대의 뜻을 함께하는 선비들이 서울에 많이 모여 있었다. 이들은 한가하면 함께 문회(文會)를 가졌으며 도의(道義)와 명절(名節)로써 서로 격려하고 성현(聖賢)이 되도록 서로 책망했지만, 모두 자신이 공에게는 미치지 못한다고 말했다. 공은 젊어서 병에 걸렸는데 중년에 이르러 더욱 심해졌다"(及余奉親寓京口, 則公年三十餘矣. 當是時, 士行及一時同志之士, 多聚京師, 暇則相與爲文會, 以道義名節相砥礪, 聖賢相責望, 然於公皆自謂不及也. 公少嬰疾, 至中年益甚) "사람들과 말할 때는 온순하고 공경하고 겸손하여 화기(和氣)가 넘쳤지만 일을 당해 의리를 논하며 시비를 따질 때에는 목소리와 얼굴빛이 근엄했다"(與人言, 溫恭謙遜, 和氣藹然, 而至當事論義理, 剖判黑白, 聲色嚴確) "젊어서 손무(孫武)와 오기(吳起)를 좋아하여 그 요지를 대략 섭렵했는데 뒤에는 다시 보지 않았다. 그러나 관방(關防), 성지(城池), 전곡(錢穀), 병농(兵農)에 대해 항상 관심을 갖고 연구했다"(早悅孫吳, 略涉大旨, 後不復觀. 然於關防、城池、錢穀、兵農, 常留心揣摩)는 등의 말이 보인다(『녹문집』 권24). 이를 통해 임성주가 신소를 알게 된 것은 1735년 송문흠의 서울 집에서이며, 1740년대에 들어 이들이 문회를 자주 가졌음을 알 수 있다. 또한 신소는 대명의리론자이되 실학적 관심을 지닌 인물이라는 점이 흥미롭다.

신소의 두 아들 신광온(申光蘊, 1735~1785, 송익흠의 사위)과 신광직(申光直, 1738~1794)은 박지원과 친교가 있다. 뿐만 아니라 신광온과 홍대용은 사돈간이었다.[5] 홍대용은 특히 신광직과 친했다. 신광온의 아들 신재식(申在植)은 순조와 헌종 때 대사간, 대제학, 이조판서 등을 지냈다.

4 　임성주는 1743년 경기도 여강(驪江)에서 서울로 이거(移居)했다.

5 　신소의 큰아들 신광온은 박지원과 절친한 사이였다. 신광온은 송문흠의 재종제인 송익흠(宋益欽)의 딸에게 장가갔다. 훗날 신광온의 딸은 홍대용의 아들 홍원(洪遠)에게 시집갔다.

● 2월, 김성응의 집에서 찾아온 매화나무가 비로소 꽃을 피워 집의 추위를 잊게 하다. 꽃이 굳세고 아름다워 아취가 있었으나 오찬이 죽어 같이 완상할 사람이 없음을 탄식하다(「관매기」, 『뇌』4; 「매화를 타박하는 글」(원제 '駁梅花文'), 『뇌』5).

● 봄, 현계(玄溪)의 백씨 댁에 영춘화(迎春花)를 분종(分種)하다 (「영춘화를 현계 댁에 나누어 심고서 삼가 형님께 드리다」(원제 '分種迎春花于玄溪宅, 謹呈伯氏'), 『뇌』2).

● 2월, 보은 현감으로 부임하는 송익흠에게 시를 지어 보내다 (「보은 현감으로 부임하는 송자 시해에게 주다」(원제 '贈宋子時偕赴報恩縣'), 『뇌』2).

● 봄, 남간에서 계부를 모시고 시를 짓다. 이최중도 오다(「남간에서 가숙家叔 연심재淵心齋(이최지)를 모시고 짓다. 인보씨仁甫氏(이최중)도 오다」(원제 '南澗陪家叔淵心齋賦. 仁甫氏亦會'), 『뇌』2).

● 봄, 단양에 내려가다. 이때 지은 시가 「단협(丹峽)으로 들어가는 길에 김자(金子) 숙평(叔平: 김탄행金坦行)의 전사(田舍)에 들렀는데, 인하여 동행하다가 중도에 헤어지다」(원제 '將入丹峽, 過金子叔平田舍, 因與同行, 中路分手', 『뇌』2)이다.

김광국(金光國, 1727~1797)이 봄에 구담의 다백운루로 찾아와 이인상과 담소한 것은 이때가 아닌가 한다. 김광국은 이인상의 그림 〈방심석전막작동작연가도〉(倣沈石田莫斫銅雀硯歌圖, 일본 개인 소장)의 발문에 이 사실을 자세히 기록하였다: "몇 해 전에 내가 원령을 다백운루로 찾아갔을 때가 생각난다. 향을 사르고 차를 마시며 휘주산(徽州産) 먹을 단계(端溪)의 벼루에 갈아 자줏빛 붓을 뽑아서 주(周)나라 〈석고문〉(石鼓文)과 한비(漢碑) 한두 줄을 임모(臨摹)했으며, 철여의(鐵如意)를 들어 옥경(玉磬)을 두드리고,[6] 장자(莊子)의 「소요유」(逍遙遊)를 읽었다. 네모난 서안(書案)을 벽오동 아래로 옮기니, 때는 늦봄이라 여린 풀싹이 보들보들하여 방석 같았고 흩날리는 꽃잎이 사람에게 날아들었다. 이에 새로

〈방심석전막작동작연가도〉,
『서화평석』(1) 624면

6　'철여의'는 쇠로 만든 여의를 말한다. '여의'는 나무·옥·쇠붙이 따위로 3척(尺) 길이 정도로 만든 기구로, 도사가 청담(淸談)을 하거나 중이 설법할 때 사용한다. 이인상은 구담에 다백운루를 건립한 뒤 얼마 안 되어 그 곁에다 오찬을 추모하기 위해 경심정(罄心亭)이라는 정자를 건립했다. 그리고 이곳에 고경을 비치하였다. 1752년의 일이다(『능호집』 권3의 「경심정기」 참조).

거른 술을 따라 취기가 약간 오르자 위로 주진(周秦) 시대부터 아래로 우리나라에 이르기까지 서화에 대해 논하였고, 흰 비단을 펼쳐 붓을 놀려 인물화며 산수화를 그리니, 그 흥겹고 질탕한 즐거움은 속세에서 얻기 쉬운 게 아니었다. 눈을 돌이키는 사이에 원령은 이미 옛사람이 되었거늘, 지금 이 그림을 보니 더욱 슬픔이 느껴진다."(記往年, 吾過元霝於多白雲樓, 焚香啜茗, 磨徽煤於端石, 抽紫穎臨周鼓、漢碣一兩行, 提鐵如意扣玉磬, 讀莊叟逍遙篇, 移方几於碧梧之下. 時暮春, 嫩草如茵, 飛花撲人, 乃酌新醪微酡, 論書畵, 上自周秦, 下逮國朝, 展素絹揮灑, 寫人物或山水, 其淋漓跌宕之樂, 亦塵埃中未易事也. 轉眄之間, 元霝已作古人, 今覽是畵, 益覺愴然: 김광국, 『석농화원』石農畵苑 원첩原帖 권3)[7]

「신성보 제문」, 『능호집』(하) 214면

● 4월 3일, 신소의 장례 하루 전날 제문을 지어 영결을 고하다.

제문은 다음과 같다: "숭정 후 두 번째 을해년(乙亥年) 4월 정미일(丁未日)에 신성보의 관을 땅에 묻으려 하매 그 하루 전인 병오일(丙午日)에 완산 이인상이 삼가 술을 올리고 글을 지어, 통곡한 후 영결을 고합니다.

아아! 내가 그대를 문병했을 때 그대는 조금도 죽음을 애달파하는 기색이 없었으며, 종이에다가 '다만 세상에 이름을 내지 못한 채 죽는 게 슬프구려'라고 썼더랬지요.[8] 나는 그대를 부르며 이렇게 말했지요. '그대는 진실로 도에 가까웠소. 병 때문에 힘써 공부할 수 없었으나[9] 평소의 지조를 굽히지 않았고, 불우하면서도 천하와 국가의 일을 잊지 않았으니, 어찌 그대가 세상에 이름을 내지 못한 채 죽는 사람이겠소?' 그대는 결국 세상을 뜨고 말았으니, 가만히 내 삶을 슬퍼합니다.

아아! 생각건대 그대는 평생 효성을 다했으며 행실이 아내에게 부끄럽지 않았으니, 이 점은 필시 그대의 아들이 전할 테지요. 그러나 마음 세움이 바르고 굳세었던 것, 의롭게 처신함이 독실했던 것은 벗이 밝히지 않는다면 훗날 누가 믿겠습니까. 아아! 동

7 유홍준·김채식 옮김, 『김광국의 석농화원』, 눌와, 2015, 562면.
8 당시 신소는 말을 할 수 없는 상태라 종이에다가 몇 자 끄적였던 듯하다.
9 신소는 젊어서 고질병에 걸려 중년에 더욱 심해졌다. 임성주의 『녹문집』(鹿門集) 권24에 실린 「처사 신공 묘지명」(處士申公墓誌銘) 참조.

국(東國)의 운이 쇠하고 풍속이 비루하여 바른 선비를 만나기 어렵습니다. 그대는 말하기를, '우주에 오직 우리 무리가 있다'라고 했고, 남들 역시 그대를 선비로서 대신(大臣)이 되기에 마땅한 사람이라고 허여했지요. 그대는 신실한 마음이 스스로 높았을 뿐, 쓰이고 안 쓰이고의 여부와 세상에 뜻을 펴는가 못 펴는가의 여부를 논했겠습니까?

아아! 화이(華夷)를 따져 출처(出處)의 의리를 정한 선비들은 일세(一世)의 비웃음을 받으며 길이 내버려졌습니다. 그대는 약관의 나이 때부터 홀로 의리를 지켜 과거에 응하지 않았지요.[10] 대대로 혁혁한 집안이었건만 죽어도 글을 아름답게 꾸미는 걸 좋아하지 않겠다고 맹세했으며 또한 훌륭한 평판을 바라지 않았으니, 참된 정성과 소신이 없었다면 어찌 곤궁한 데 처하기를 달갑게 여길 수 있었겠습니까? 아아! 한미한 선비로서 막중한 세도(世道)[11]를 자임하자 사람들은 '공언(空言)[12]은 쓸모가 적다'라고 말했었지요. 그대는 일찍이, '오늘날 시의(時義)가 분분하매 선비의 절개는 날로 낮아지고, 민생이 날로 피폐해 가매 국세(國勢)는 날로 위태로워진다'라고 말한 적이 있지요. 그리하여 조정 대신들은 여유작작했으나 그대는 홀로 근심하였습니다. 임종할 때에도 오히려 가슴을 가리키며 탄식했으니, 미천한 포의였건만 그대의 마음 씀은 실로 고달팠습니다.

아아! 붕우의 도는 오륜(五倫)의 처음이요 끝이거늘, 오직 그대가 이 의리에 돈독했습니다. 사람들이 혹 가벼이 이합(離合)하더라도 그대는 종신토록 그런 기미를 보이지 않았고, 오직 자신의 본분을 다하지 못할까 두려워하며 벗이 자신의 잘못을 고쳐 주기를 바랐습니다. 벗에게 좋은 점이 하나라도 있으면 그대는 그것을 사랑하였고, 심지어 그 처자에게 질병이 있는 것까지도

---

10 신소는 오랑캐가 천하의 임금 노릇 하는 세상에서 벼슬할 수 없다고 하여 평생 과거 시험에 응시하지 않았다. 황경원의 『강한집』(江漢集) 권17에 실린 「신성보 묘지명」(申成甫墓誌銘) 참조.

11 세상의 도의(道義).

12 '공언'은 포폄과 시비를 이념적으로 따지는 것을 이른다. 『사기』「태사공자서」(太史公自序)에, "공자가 말했다: '내가 공언(空言)으로 기재하고자 했으나 절실하고 명백한 구체적인 사실로 드러내는 것보다는 못했다'"(子曰: 我欲載之空言, 不如見之於行事之深切著明也)라는 말이 보인다. 여기서는 대의명분을 중시하는 말을 이른다.

ᅵ

근심했었지요. 처자의 질병과 죽음 때문에 벗이 스스로의 뜻을
망각하고 그 지조를 바꿀까 염려해서니, 그대의 마음이 참으로
수고로웠고, 벗 사귀는 도가 두터웠다 하겠습니다. 이 몇 가지 일
은 그대의 마음 세움과 의리에 처함이 빼어나 도에 가까웠음을
보여 주는 예가 아니겠습니까. 일찍이 남에게 베푼 바가 없다고
했지만, 그대가 어찌 여기에 그쳤겠습니까.

　아아! 어리석은 나를 그대가 벗으로 삼아 주어 두어 사람과 더
불어 세리(勢利)를 떠나 교유했거늘, 도연명(陶淵明)이 귀거래(歸
去來)한 것을 흠모해 머리가 허옇게 되도록 함께 도에 귀의하려
했더니, 어찌 알았겠습니까, 올곧은 그대가 먼저 죽고 멍청한 내
가 살아남게 될 줄을! 횅뎅그렁하게 빈 껍데기만 있고 정신은 이
미 고갈되어 사는 게 이다지도 괴롭거늘, 질의할 게 있다 한들 누
구에게 말하겠습니까. 무덤 앞에서 길이 통곡하며 천명(天命)을
돌이킬 수 없음을 슬퍼합니다. 아아, 슬프외다!"(維崇禎再乙亥四月
丁未, 申子成甫之柩, 將永歸幽宅, 前一日丙午,

　完山李麟祥謹酹酒陳辭, 慟哭告訣曰: 嗚呼! 余訊子病, 曾無怛化, 有書
在紙, '獨悲無聞而死.' 余呼子曰: "子誠近道. 病不能力學, 而不撓平生之
守, 窮而不忘天下國家事, 子豈無聞而死者?" 子竟長歸, 惟余生之可悲.

　嗚呼! 念子有終身之孝, 而行不愧於在室, 惟子之子, 必能述焉. 惟其立
心之剛正, 處義之篤謹, 非友明之, 後孰信之? 嗚呼! 偏方之値衰運, 而陋俗
之難遇正士. 子固有言曰: "宇宙惟吾徒在." 而人亦許子以魯儒之宜大臣.
子則信心自高而已, 又何論用舍屈伸哉?

　嗚呼! 以夷夏之辨而定出處之義者, 固一世之羣, 笑而永棄. 子自弱冠,
獨引義而不赴擧. 雖家世華耀爀奕, 而矢心枯死不樂文繡, 亦無願於令聞,
非有眞誠定力, 何能甘處其困哉? 嗚呼! 以一士之微, 而自任世道之重, 人
固謂空言寡用矣. 子嘗謂: "時義多門, 而士節日卑, 民生日瘁, 而國勢日危."
卿士逌逌, 而子獨隱憂, 臨歿之言, 猶指心而嗟吁, 夫以韋布之賤, 而用子之
心, 誠亦苦矣.

　嗚呼! 朋友之道, 爲五倫之終始, 惟子篤於斯義. 人或輕爲離合, 而子則
沒身不見其幾微, 惟恐我之不盡分, 而冀人之或改之. 人有一善, 子則愛之,
至憂其妻子之有疾病, 疾病死喪, 惟恐人之汨其志而易其守, 子心誠勞, 而
友道終厚矣. 惟此數者, 豈非子之立心處義之卓然幾於道乎? 曾無所布施,

영조　31년（을해乙亥）

1755년

46세

而止於斯乎?

嗚呼! 以余之愚, 而子則友之, 與夫二三子, 幾忘獻子之家, 而慕陶氏南村之居, 皓首爲期, 同歸于道, 豈意子貞先萎, 而余蠢猶視? 骹然膚立, 而神精已涸, 此生良苦, 有疑何告? 臨穴長慟, 哀皓天之不復. 嗚呼哀哉: 「신성보 제문」(원제 '祭申成甫文'), 『능』4)

● 4월, 단구(丹丘: 단양)의 물가 누각에 거처하던 민우수와 이호(梨湖)의 김진상을 찾아뵙다.

원래 민우수는 여주의 우만(牛灣)에 집이 있었는데, 이 무렵 단구에 일시 거처했다.

● 4월 16일, 서장관으로 연경에 갔다가 이해 3월에 귀국한 이유수에게 간찰을 보내어 위로하다(『해좌묵원』 소수, 국립중앙박물관 소장).

이유수는 북경 체류 중 역관(譯官)을 통해 입수한 당보(塘報: 중국 조정에서 발행하는 관보官報)를 귀국할 때 갖고 오지 않았다고 하여 4월 초에 하옥되었다. 그러나 정상이 참작되어 곧 풀려나 양주(楊州)의 향저(鄕邸)에 내려가 있었다.

● 7월, 함경도 북평사(北評事)로 좌천된 홍자를 전별하는 시를 짓다.

이 시 제5수는 다음과 같다: "정수사(淨水寺) 불전(佛前)에 누가 거문고 타리 / 어강(魚江)의 파도와 급류 소리 절로 구슬프네 / 북방에 떠도는 혼 부를 수 없거늘 / 돌아올 때 「소화사」나 읊어 주구려."(淨水佛前琴誰奏, 魚江濤瀬響自悲. 北有羈魂招不得, 歸輪爲唱素華辭.) '정수사'는 경상북도 영덕에 있던 절이다. 오찬은 생전에 정수사의 오동나무로 거문고를 만들었는데, 공교롭게도 귀양 가 죽은 어강에 같은 이름의 절이 있었다. 정수사와 관련된 일은 「뒤에 오경보의 매화시 여덟 편에 화답하다」(원제 '追和吳敬父梅花八篇')의 추기(追記)에 자세히 언급되어 있다.

김상정(金相定)은 홍자에게 송서(送序)를 지어 보내 북평사가 중요한 직책임을 말했다(「북평사 홍 어르신 양지養之를 전송하는 서序」(원제 '送北評事洪丈養之序'), 『석당유고』石堂遺稿 권2).

● 7월 19일, 이명익의 장례 하루 전날 제문을 지어 영결을 고하다.

이인상은 이명익의 만시 8수[13]를 지었는데, 그중에 "요성(妖星)이 규성(奎星)[14]을 침식해/살운(殺運)이 미미한 양(陽)을 해쳤네/지사(志士)는 끝내 드러나지 않고/인현(仁賢)은 절반이 목숨을 잃었네"(妖星蝕奎度, 殺運剝微陽. 志士終苃晦, 仁賢半椽喪: 「담존재 이공 만시 8수」(원제 '湛存齋李公輓八首') 제4수, 『뇌』2) "굴원의 「천문」(天問)[15]을 길이 해석하고"(永釋靈均策: 제4수, 『능』2) "오월이라 종강에 비가 내릴 제/흰 망아지 매어 그대 머물게 했지[16]/머리가 세는 걸 서글퍼하고/초루(草樓)[17]가 높다고 웃기도 했지/이별할 때 나에게 참깨를 주며[18]/〈옥순도〉(玉筍圖) 완성을 촉구했었지"[19](五月鍾崗雨, 留君縶白駒. 劇憐玄鬢改, 更笑草樓高.[20] 贈別胡麻子, 催成〈玉筍圖〉: 제6수, 『능』2) 등의 말이 보인다. 이로 보아 이인상이 이명익을 마지막으로 본 것이 이해 5월 종강 집에서였으며, 이명익은 헤어질 때 이인상에게 〈옥순봉도〉(玉筍峯圖)를 그려줄 것을 청했던 것을 알 수 있다.

● 임서가 푸른 돌과 솔뿌리로 만든 베개 두 개를 보내와 시를 지어 사례하다.

● 삼청동 백련봉으로 이사한 박사신(자 여신汝信, 서얼)에게 시를 써 주다.

시 중에 "문 나서면 곧 종강에 찾아왔는데"(出門便訪鐘崗人) "명화(名畵)와 법서(法書)는 백 축(軸)이나 되네"(名繪法書盈百軸

----

13 『능호집』에는 6수만 실려 있으며, 제3수와 제4수가 빠졌다.

14 '요성'(妖星)은 재앙의 징조를 드러내는 별이고, '규성'(奎星)은 28수(宿) 가운데 15번 째 별로 문장(文章)을 주관하는 별이다.

15 굴원의 「천문」은 독특한 문답체의 글로, 172개의 물음을 통해 하늘·땅·사람에 대한 온갖 문제를 거론했다.

16 '흰 망아지'는 현자(賢者)가 타고 온 말을 뜻한다. 『시경』 소아 「백구」(白駒)에, "희고 흰 망아지가/우리 밭 곡식을 먹었다고 말해서/발 묶고 고삐 매어/아침 내내 붙잡아 둬/내 마음속 저 어진이/더 놀다 가게 하리"(皎皎白駒, 食我場苗. 縶之維之, 以永今朝. 所謂伊人, 於焉逍遙)라는 구절이 있다. 이인상이 이명익과 설악산에 함께 노닌 것이 전년도(1754) 가을이니, 여기서 말하는 '오월'은 1755년 오월일 것이다. 이때의 만남이 두 사람의 마지막 만남이었다. 이후 얼마 안 있어 이명익은 세상을 하직한다.

17 뇌상관 서사(西舍)인 천뢰각을 말한다.

18 이 사실은 「이홍천 제문」(원제 '祭李洪川文', 『능』4)에도 보인다. '참깨'는 신선이 먹는 음식의 하나다. 이것으로 밥을 해 먹으면 장수한다고 한다.

19 이명익이 이인상에게 단양 구담의 옥순봉을 그려줄 것을 재촉했다는 말이다.

20 『뇌상관고』에는 『능호집』과 달리 '高'가 '孤'로 되어 있다. 『능호집』을 취한다.

등의 말이 있음으로 보아 이 무렵 이인상이 박사신과 가까이 지냈다는 것, 박사신이 서화 수장가였다는 것을 알 수 있다.

김귀주(金龜柱)의 문집 『가암유고』(可庵遺稿) 권1에 실린 「가을밤에 우연히 읊어 박군 여신에게 주다」(원제 '秋夜偶吟, 贈朴君汝信')라는 시를 통해 박사신이 김귀주를 종유(從遊)했음이 확인된다.

● 가을 무렵, 윤면동이 천뢰각에 와 시를 읊다.

그중에 "높은 누각의 구름 속 경쇠 소리 은은하고"(樓高雲磬細) "그림을 마주하니 귀거래 생각 짙네"(對畵濃歸思) 등의 말이 보인다(「천뢰각에서 주인에게 드리다」(원제 '天籟閣呈主人'), 『오』1). 이를 통해 천뢰각이 높은 다락집이었으며 석경(石磬)이 비치되어 있었음을 알 수 있다.

● 9월 중양절, 남간에서 윤면동·이윤영과 노닐다.

이인상은 이 일을 다음과 같이 읊었다: "조용히 문곡(文谷)[21]에 숨어서 사니 / 풀 깊어 길을 찾기 어렵네 / 맑은 여울엔 불쑥 솟은 바위 드리우고 / 높다란 봉우리엔 작은 구름이 흘러가네 / 나무의 본성을 그 가꿀 때 보고 / 책 향기를 베갯맡에서 맡네 / 어젯밤 반가운 손 찾아왔거늘 / 벗 떠나 혼자 삶을 허락지 않네."(漠漠隱文谷, 草深路難分. 明湍垂斷石, 層巘礙細雲. 樹性培時見, 書香枕處聞. 前宵嘉客過, 不許竟離羣:「남간에서 중양절에 노닌 일을 기록하여 윤자목에게 편지로 보내다」(원제 '記澗中重陽之遊, 簡尹子穆'))

당시 이윤영이 지은 시 「원령·자목과 남간에 들어갔는데 뜰의 나무가 이미 높다랗게 자라 크게 늘어서 있었다. 그 아래 앉아서 운(韻)을 정해 짓다」(원제 '與元靈、子穆入南磵, 庭樹已高大列, 坐其下, 限韻賦之', 『단』10)에 "단양의 골짝에 들어가 5년을 지냈거늘 / 그 사이 나무들 벌써 구름까지 치솟았네 / 가지 사이로 삼각산 나오고 / 낙엽 아래 남간의 물소리 들리네"(五年曾入峽, 羣木已參雲. 華嶽枝間出, 南泉葉底聞) "나무 늙어 모가 진 게 바위와 같고 / 산은 추

「남간에서 중양절에 노닌 일을 기록하여 윤자목에게 편지로 보내다」, 「능호집」 (상)
504면

---

21 '문곡'(文谷)은 이인상의 집이 있던 종강의 지명이다. 김무택의 『연소재유고』에 수록된 「여름날 중방원(衆芳園)에 부쳐 살면서 작년 남동(南洞)에 교거(僑居)할 때 원령이 우중(雨中)에 국화 포기를 나눠준 것을 회억하며 그 시의 운(韻)에 화답하다」(원제 '夏日寓寄衆芳園, 追憶昨年南洞僑居, 元靈雨中分菊, 因其韻')라는 시 제4수에 "문곡(文谷)의 집에 숨어 살면서 / 임포(林圃)를 마주해 병 치료하네"(有屋隱文谷, 養痾對林圃)라는 구절이 보인다.

워 그 기운 구름에 접했네"(樹老稜如石, 山寒氣接雲) 등의 말이 보인다.

● 이양천이 9월에 세상을 떠 그 애사를 짓다.

이인상은 유언순을 통해 이양천을 알게 되었다. 이양천은 진한고문(秦漢古文)을 중시하여 사마천의 『사기』를 혹애하였으며, 식견과 비평안이 높았다.[22] 박지원은 소싯적 처숙인 이양천에게서 『사기』를 배웠을 뿐만 아니라, 이양천을 통해 노론 선배 청류(淸流) 사인들의 의취(意趣)와 문예 활동을 접하였다. 즉 이양천은 단호그룹과 박지원의 연결고리라는 점에서 주목을 요한다. 박지원은 「불이당기」(不移堂記, 『연암집』 권3)라는 글에서 이양천이 흑산도로 유배 갔을 때의 일을 언급하며 이인상과 이양천의 심교(心交)를 그리고 있다.

이양천은 죽기 직전(8월) 이윤영에게 "집은 쓸쓸하고 가을빛 찬데 / 오래된 그루터기와 기이한 돌 푸르라니 모여 있네 / 그대 돌아왔건만 나는 병들어 또 서로 떨어져 / 누워서 숲의 쇠잔한 매미 소리 듣네"(壇宇蕭蕭秋色寒, 古查奇石翠相攢. 君歸我病又相阻, 臥聽中林蟬噪殘: 홍낙순, 「잡록」雜錄, 『대릉유고』大陵遺稿 권8)라는 시를 보냈다.

이윤영은 이양천의 만시를 지었다(총2수): "바닷속 산호수 / 바람 불어 그만 꺾여 버렸네 / 파도가 쳐 그치지 않건만 / 옥루(玉樓) 추운 것만 걱정했었지."(海底珊瑚樹, 風吹任折殘. 波濤盪未已, 秪恐玉樓寒.) "광릉(廣陵)[23]이 어드멘가 / 흰 눈 내리는 밤 그대를 땅에 묻네 / 삼천 길 깊은 땅이라 한들 / 그대의 정신 어찌 가리리."(廣陵何處是, 白雪夜埋人. 厚土三千丈, 何能掩汝神: 「공보 만시」(원제 '挽功甫'), 『단』10)

이운영 역시 이양천의 만시를 지었다(총4수). 그중에 "지금 세상 곤궁히 살았고 / 세로(世路)에 풍파가 많았네"(厄窮度今世, 世路多風波) "의론이 자못 준정(峻正)해 / 맑은 조정에서 자취가 순탄치

「이 교리 공보 애사」, 『능호집』(하) ——
195면

이양천, 〈추회〉(秋懷),
『서화평석』(2) 1211면

---

22 홍낙순(洪樂純)이 쓴 「만이공보학사」(挽李功甫學士, 『大陵遺稿』 권10) 제1수의 "激厲東京議, 沈雄西漢文" "傲眼傾千古, 高材冠一時", 제3수의 "薄技吾何有, 評論子最能, 篇成爲一誦, 語到輒相稱"이라는 말 참조. 또 김종수, 「이 아저씨 공보 애사」(원제 '李叔功父哀辭', 『夢梧集』 권5)의 "其鑒識玄朗" "公評文章甚高"라는 말도 참조.

23 이양천의 묘가 있는 경기도 광주를 이른다. 지금의 경기도 성남시 분당구 돌마에 해당한다.

영조 31년 (을해乙亥)

1755년

46세

않았지"(議論頗峻正, 淸朝跡齟齬) "가업을 전할 자식이 없고/어머
니께 참척(慘慽)의 슬픔 안겼네"(無子可傳業, 有母空貽慽) 등의 말
이 보인다(「이 교리 공보 만시」(원제 '李校理功甫挽'), 『옥』2).

이양천의 인척인 김종수는 애사를 지었고(「이 아저씨 공보 애
사」(원제 '李叔功父哀辭'), 『몽오집』 권5], 박지원은 제문을 지었다
(「영목당 이공 제문」(원제 '祭榮木堂李公文'), 『연암집』 권3]. 박지원은
또한 이양천의 시문을 수습해 그 문집을 엮었다.

● 10월경, 진하 겸 사은(進賀兼謝恩) 부사(副使)로 연경에 가는
황경원에게 송서(送序)를 지어 주다.

「연경에 가는 황 참판을 전송하는 서」,
『능호집』(하)
93면

글 중에 황경원이 『남명기』(南明紀)와 『명배신전』(明陪臣傳)을
저술한 것을 칭송하는 말이 보인다. 또 "십 년 전에 친구 서넛과
더불어 몰래 대의를 강구하며 천하가 한번 다스려지길 기다리던
일을 아직도 기억한다"(尙記十年以前, 與數三朋友潛講大義, 以俟天下
之一治:「연경에 가는 황 참판을 전송하는 서」(원제 '送黃參判赴燕序'),
『능』3]라 하여, 1744년 11월 오찬의 계산동 집에서 이윤영·김순
택·윤면동 등과 강회를 가졌던 일을 언급하고 있다.

황경원은 신소, 송문흠, 이인상 등과 의견을 주고받으며 『남명
서』(南明書)[24]와 『명배신전』을 썼다.[25] 황경원의 이 두 책은 단호
그룹의 이념을 대변하고 있다 할 것이다.

● 겨울, 정이화와 함께 『만촌고』(晩村稿)를 보다(「눈 속에 정여소
鄭汝素(정이화)가 내방하여 『만촌고』를 보다」(원제 '雪中鄭汝素來訪, 共
閱晩村稿'), 『뇌』2].

『승정원일기』 영조 29년 1월 11일 기사에 다음과 같은 말이
보인다: "유한소(兪漢蕭)가 아뢰었다. '『여만촌집』(呂晩村集)을 이
번에 구입해 오고자 하였으나 청인(淸人)들이 내어주려고 하지
않아서 다만 『만촌시초』(晩村詩抄) 한 권을 구하여 왔습니다. 이
책이 비록 전집은 아니나 만촌의 출처(出處)와 사적(事蹟)을 충분

---

24 『남명기』(南明紀)는 남명(南明)의 본기(本紀)를 말하고, 『남명서』(南明書)는 남명사(南明史)를 말한다.

25 황경원의 『강한집』 권6에 실려 있는 「이원령에게 보낸 두 번째 편지」(원제 '與李元靈第二書')와 「신성보에게 보낸 두 번
째 편지」(원제 '與申成甫第二書') 및 『강한집』 권17에 실려 있는 「송사행 묘지명」 참조. 「신성보에게 보낸 두 번째 편지」
를 통해 신소가 황경원에게 국사(國史: 『明陪臣傳』)를 쓸 것을 촉구했던 것을 알 수 있으며, 「송사행 묘지명」을 통해 송
문흠이 『명배신전』의 집필과 완성에 큰 도움을 준 것을 알 수 있다.

히 비추어 징험할 수 있사오니 운관(芸館: 교서관校書館)에 명하여 간행해서 반포하심이 좋을 듯하기에 감히 아뢰옵니다.' 임금께서 '열람하고 싶으니 한 권을 베껴 들여보내면 좋겠다'라고 말씀하셨다."(漢蕭曰: "『呂晚村集』, 今番欲貿來, 而彼人不肯出給, 故只得『晚村詩抄』一卷而來. 此雖非全集, 其出處事蹟, 足可以此照驗, 令芸館刊布似好, 故敢達矣." 上曰: "欲覽之, 一本謄入, 可也.") 이에 의하면, 조선에 여류량(呂留良)의 시초(詩抄)가 반입, 유포된 것은 영조 29년(1753) 1월 이후였다. 1755년 3월, 동지사로 파견된 사신이 『여만촌문집』 초본(抄本)을 구해 왔는데, 이인상이 본 『만촌고』는 이 본(本)이었을 가능성이 높다.

● 함양으로 돌아가는 진명옥에게 시를 일곱 수 지어 주어 옛날 친분을 맺었던 함양의 제공(諸公)에게 전할 것을 당부하다(「진명옥이 함양으로 돌아가거늘 함양의 제공諸公과 생사가 나뉘고 적조한 느낌이 있지만 미처 편지를 쓰지는 못하고 절구 일곱 수를 써서 전송傳誦을 부탁하다」(원제 '陳鳴玉還歸天嶺, 念與天嶺諸公有存沒契濶之感, 未及裁書, 賦七絶, 托鳴玉傳誦'), 『뇌』2).

● 인협(麟峽: 인제)에 들어가는 벗 이무(李懋, 자 덕부德夫)에게 시를 주어 주다.

시는 다음과 같다: "저 옛날 이 통제사(統制使)[26] / 선조(宣祖)와 인조(仁祖) 때 자취 남겼네 / 나라가 위태로우면 호준(豪俊)에 의지하나니 / 이름은 미미하나 덕예(德藝)는 무거웠네 / 금원(禁苑)에 들어가 범을 쏘았고[27] / 운기(雲旗)가 외위(外衛)에 가지런했네[28] /

---

26 이확(李廓, 1590~1665)을 가리킨다. 본관은 전주(全州), 자는 여량(汝量)이다. 인조 14년(1636)에 춘신사(春信使)가 되어 후금(後金)의 심양(瀋陽)에 다녀왔다. 이때 황제를 칭한 후금의 국서를 부득이하게 받았다가 통원보(通遠堡)에 이르러 몰래 청포(靑布)로 싸서 혁낭(革囊) 속에 놓아 두고 돌아왔다. 이확이 돌아온 뒤 평안 감사 홍명구(洪命耉)와 삼사(三司)의 간관은 이확이 처음에 국서를 거절하지 못하고 몰래 중도에 놓아두고 온 것을 죄로 삼아 효시하기를 청하였다. 이때 김상헌(金尙憲)의 변호로 이확은 극형을 면하고 검산산성(劍山山城)에 정배되었다. 이해 청(이전의 후금)이 침략하자 유배에서 풀려나 남한산성을 수비하는 데 힘썼고, 난이 끝난 뒤 충청도 병마절도사를 거쳐 1641년(인조 19) 삼도 수군통제사에 이르렀다. 병조판서에 추증되었으며, 시호는 충강(忠剛)이다.

27 이희조(李喜朝, 1655~1724)의 「이통제사전」(李統制使傳, 『芝村集』 권25)에 따르면, 이확은 광해군 14년(1622) 선전관(宣傳官)으로 있을 때 금원(禁苑: 창덕궁의 후원)에 들어온 범을 쏘아 죽였다고 한다.

28 이확은 인조반정 때 돈화문 밖에서 수비하다가 밤에 반정군이 이르자 문을 열어 대궐에 들어가게 하였다. 「이통제사전」에 "의로운 깃발이 대궐을 향하자 공이 경계를 해제하고 군진(軍陣)을 물러나게 해 길을 내었다"(義旗向闕, 公則鳴金退陣, 使之淸道)라는 기록이 보인다.

영조 31년 (을해乙亥)

1755년

46세

한 번 춘신사(春信使)[29]가 되자 / 참람한 연호(年號)에 죽기로 저항했네[30] / 드러누워 하늘에 맹세하고 / 등을 펴고 무릎을 꿇지 않았네[31] / 오랑캐의 개[32]가 물어 피가 나자 / 보는 사람 울며 분개했었지 / 땅을 그으며 '대의'(大義) 두 글자를 썼나니[33] / 상투를 어루만지는 초상 전하네[34] / 의로운 명성 한 시대를 비추고 / 정백(精白)한 충심 후손에 남겼네 / 덕부(德夫)는 공의 후손으로 / 해진 베옷 입었으나 옥을 품었네 / 풍상(風霜)으로 무성한 머리 쇠해도 / 버러지 설치는 탁한 세상을 비웃네 / 나는 그와 홀연 궁한 사귐 맺었으니 / 눈 내리는 바닷가에서 말채찍을 잡으리[35] / 지촌(芝村: 이희조)의 글[36]을 함께 읽으며 / 현인이 폐색(閉塞)됨을 시름치 않네 / 이 시를 써 행탁(行橐)에 넣게 해 / 인협에 놀러 감이 늦어짐을 위로하노라."〔維昔李統制, 舊跡宣 仁際. 國危仗豪俊, 名微重德藝. 射虎入禁苑, 雲旗整外衛. 一充春信使, 誓死僭號歲. 仰臥矢天日, 背伸脚莫拽. 羯狗噬出血, 觀者泣裂眥. 畫地書大義, 傳像撫推髻. 義聲照一時, 精白遺後裔. 德夫乃公孫, 抱玉褐布弊. 風霜凋壯髮, 蟲蚋哂濁世. 忽來爲窮交, 執鞭雪海

---

29 정묘호란의 화의(和議)에 따라 조선은 후금과 형제국이 되어 매년 봄·가을에 심양에 사신을 보내 조공을 바쳤는데, 봄에 보낸 사신을 '춘신사'라고 한다.

30 인조 14년(1636) 이확이 춘신사로 심양에 갔을 때 홍타이지(청 태종)가 연호를 '숭덕'(崇德)이라 하고 황제(皇帝)를 칭해 즉위하였다. 청나라는 이확 일행에게 즉위식 하례(賀禮)의 반열에 참여하여 삼궤구고두(三跪九叩頭)의 예를 행하게 하였는데, 이확은 결사적으로 거부하였다.

31 박지원의 「이공신도비명」(李公神道碑銘,『연암집』권2) 서문에, 청 황제의 즉위식에서 이확이 항거하던 상황이 그려져 있다. 이에 따르면, 청나라 장사들이 이확을 제단(祭壇)에 끌고 온 뒤 그를 끼고 서자, 이확은 즉시 나가자빠져 다리를 쭉 뻗고 누웠다. 장사들이 앞 다투어 그의 팔과 다리를 붙잡아 땅에 엎어뜨렸는데, 공은 크게 호통 치며 몸을 뒤쳐 바로 누우며, 앞에 접근하는 자가 있으면 누운 채 발길로 그 얼굴을 차서 코가 깨져 피가 흐르게 하니, 이날 구경하던 자들이 깜짝 놀라고 혐오스러워 차마 보지를 못했다고 한다. 「이공신도비명」의 원제는 '嘉義大夫 行 三道統制使 贈 資憲大夫 兵曹判書 兼 知義禁府事 五衛都摠府都摠管 謚 忠剛 李公神道碑銘'이다.

32 이확을 구타한 청나라 장사들을 가리킨다.

33 이희조의 「이통제사전」에, "이확이 항거하는 것을 본 한인(漢人)들이 눈물을 흘리고 땅을 그으며 '대의'(大義)라는 두 글자를 썼다"(漢人觀者, 莫不含淚嘖嘖, 畫地書大義二字)라는 말이 보인다.

34 「이통제사전」에 따르면, 심양에서 이확의 항거를 본 이들이 그 장면을 그림으로 그렸으며 이 그림을 보물처럼 간직했다고 한다. 또 북경의 사람들이 다투어 그 그림을 모사하여 매매했다고 한다. 박지원의 「이공신도비명」 서문에 따르면, 임경업 장군이 등주(登州)에 들어갔다가 1645년 마홍주(馬弘周)에게 사로잡혀 북경으로 압송되던 중 그림 하나를 보았는데, 바로 이확이 항거하는 상황을 그린 것이었다고 한다.

35 『사기』「관안열전」(管晏列傳) 찬(贊)에 "만일 안자(晏子)가 지금 이 세상에 살아 있다면 내 비록 그를 위해 말채찍을 잡는다 할지라도 기쁠 것이다"(假令晏子而在, 余雖爲之執鞭, 所忻慕焉)라는 말이 보인다.

36 이희조의 「이통제사전」을 가리킨다.

滋. 共讀芝村文, 不愁賢人閉. 書此入行橐, 以慰客游滯: 「인협에 들어가는 벗 이덕부에게 주다」(원제 '贈李友德夫入麟峽'), 『뇌』2〕 이인상의 반청(反淸) 의식이 잘 드러나는 시이다.

● 김상굉의 양자 김기희(金箕熙, 1740~1808)의 관례(冠禮)에 시를 지어 보내다(「김양재(金良哉: 김상굉)의 양아들이 관례를 치르니 감회가 있어 시를 지어 김자(金子) 상부(常夫: 김근행)에게 보이다」(원제 '金良哉繼子冠, 感賦示金子常夫'), 『뇌』2〕.

　　김기희는 김상굉의 동생인 김상악의 큰아들인데, 김상굉의 양자로 들어갔다.

　　당시 이인상이 병으로 참석하지 못했기에 시를 지어 보낸 것이다. 이 점은 김상악이 지은 시 「희아(熙兒: 김기희)의 관례 날, 김상부(金常夫)가 돌아가신 형님의 벗으로 내빈석에 와 주셨고 이원령은 병으로 오지 못해 시를 지어 보내왔다. 이에 차운하여 감회를 부치다」(원제 '熙兒冠日, 金常夫以亡兄執友, 來參賓席, 而李元靈以病不能來, 有詩投示, 仍步韻寓感', 『위암선생시록』韋菴先生詩錄 권1)를 통해 알 수 있다.

● 겨울, 송명흠이 이인상에게 편지를 보내 아우 송문흠의 유고(遺稿)에 실을 서독(書牘)을 좀 챙겨 보내 달라고 부탁하다(「이원령에게 답하다」(원제 '答李元靈'), 『늑천집』 권8〕.

● 겨울, 백씨에게 화답하는 시를 지어, 노년에 남산 부근에 함께 사는 즐거움을 노래하다(「형님께 화답하여 올리다」(원제 '和上伯氏'), 『뇌』2〕.

● 겨울, 김상악에게 화답시를 보내다(「순자舜咨에게 화답하다」(원제 '和舜咨'), 『뇌』2〕.

　　이 시 제1수의 "반 동이의 물에 물고기는 즐겁고 / 매화의 꽃망울에 베개가 향기롭네"(魚樂半壺水, 梅心一枕香)라는 말을 통해 능호관에 매분(梅盆)과 함께 물고기를 기르는 어항이 있었음을 알 수 있다. 이 시 제2수는 당시 이인상의 삶과 내면풍경을 잘 반영하고 있으며, 오찬의 집에서 매화를 감상하던 지나간 시절에 대한 그리움을 담고 있다. 시는 다음과 같다: "시름겨워 읊으니 잠이 오지 않는데 / 거리의 북소리 한밤에 들리네 / 늙은 전나무는 찬 비를 맞고 / 성긴 별빛은 쌓인 구름을 깨뜨리네 / 새벽 빛에 책을 열어 보고/주렴 내려 빈 바람소리를 듣네/홀연 생각하네 동쪽 시냇가[37]에/매화 감상하던 좋은 무리 있었던 것을."(愁吟眠不着, 街鼓夜初分. 老檜排寒雨, 疎星破積雲. 晨光開卷見, 空籟下簾聞. 忽憶東溪上, 看梅有好群.)

● 겨울, 계부를 모시고 판의금부사 김성응의 흠흠헌(欽欽軒)에 가 매화를 감상하며 술을 진탕 마시다. 새해부터 금주령이 발동해 술을 못 마시게 되므로 빈주(賓主)가 통음하여 곤드레만드레 취하다(「관매기」, 『뇌』4).

　　김성응은 영의정 김육의 현손이고, 청풍부원군 김우명(金佑明)의 증손이며, 판서 김석연(金錫衍)의 손자이고, 김성자의 종제다. 청풍 김씨 명문가 출신이나 어영대장 장붕익(張鵬翼)의 천거로 억지로 무직에 발을 들여놓은 후 어영대장, 훈련대장, 병조판서, 판의금부사 등을 도맡아 하였다. 이인상은 김성응의 선조인 대사성 김식(金湜)의 묘표(墓表)를 안진경체의 해서로 쓴 바 있다.

● 겨울, 밤에 계부를 모시고 김양택의 집에 가 매화를 감상하다. 이휘지도 오다. 새해에 금주령이 발동하므로 술을 전별(餞別)하느라 통음하다(「관매기」, 『뇌』4).

● 12월, 「매화를 타박하는 글」(원제 '駁梅花文', 『뇌』5)을 지어 매화도 '열성'(熱性)을 갖고 있음을 기롱하다.

　　글 중에 "근년 이래로 매화 키우는 일이 점점 성행해 부호가(富豪家) 치고 한 그루 심지 않는 집이 없다. 매번 추운 겨울이 되면 손님과 벗을 초대하여 수화로(水火爐)[38]와 전립투(氈笠套)[39]를 끼고 앉아 매화음(梅花飮)을 가지는데 술냄새와 고기냄새가 푹푹 쪄 사방 좌중의 사람들이 땀을 줄줄 흘리니, 매화가 마침내 일찍 피어서 10월에 이미 한창이고, 동지(冬至)에 이미 꽃받침이 떨어지고 섣달이 되면 어린잎이 벌써 생긴다"(近年以來, 梅花浸盛, 富豪

37　오찬이 살았던 북촌의 계산동을 가리킨다. 1751년 3, 4월경 오찬이 이인상에게 보낸 술회시(《근묵》소수, 성균관대박물관 소장)의 "동쪽 시내에 소쇄하게 집을 지어서/맑고 서늘한 한 골짝을 전유(專有)하였네"(瀟灑東溪築, 淸泠一壑專)라는 구절 중 '동쪽 시내'라는 말 참조.

38　'수화로'(水火爐)의 외관이 양장(羊腸)과 닮아 '양장지로'(羊腸之爐)라고도 한다. 술을 데우거나 차를 끓이는 기구이다. 고렴(高濂)의 『준생팔전』(遵生八牋) 권8, 「기거안락전」(起居安樂牋) 참조.

39　전골 그릇을 말한다. '전철'(煎鐵)이라고도 한다. 철판 중앙의 움푹한 곳에 고기를 놓고 구워 먹는다. 일본에서 들어왔다. 서유구(徐有榘)의 『임원경제지』(林園經濟志) 「정조지」(鼎俎志) '적우육방'(炙牛肉方) 참조.

家廡不家種一樹, 每當寒月, 招邀賓朋, 擁羊腸之爐、氊頭之鐵, 作花下飮, 酒肉之氣, 薰腴蒸液, 四座流汗, 而梅花逐早開, 十月已離披, 冬至已蔕落, 遇臘, 嫩葉已生)라 하여, 경화(京華) 벌열가(閥閱家)의 매화 감상 행태에 대한 비판이 보인다. 이인상은 지금까지 매화가 '한사'(寒士)에게 어울리는 꽃이라고 믿었다. 하지만 근래 부호가 집의 매화는 만발한데 자기와 같은 한사의 집 매화는 꽃을 피우지 않는 걸 보고 이인상은 크게 실망하지 않을 수 없었다. 추위에 견디는 정고(貞固)함, 즉 '냉성'(冷性)이 매화의 본성이며 그 점에서 고궁(固窮)하는 선비의 지조와 통하는 점이 있다고 봤는데, 지금 보니 매화는 '열'(熱)을 좋아하여 따뜻한 조건을 제공하면 꽃을 피우는 게 아닌가. 그리하여 이인상은 "매화 역시 열성을 갖고 있다"(梅花亦有熱性)고 느끼게 되었다. 이 경우 '열성'은 어려운 여건 속에서도 변함없이 의연하게 지조를 견지하는 태도와 반대되는 성향, 즉 시속(時俗)을 붙좇는 태도를 뜻한다.

● 겨울, 백씨의 집에서 수신(守申)[40]하다. 김상악이 술을 갖고 오다(「백씨의 현계 댁에서 수신하다. 김순자가 술을 갖고 와 함께하다」(원제 '伯氏玄溪宅守申. 金舜咨攜酒來會'), 『뇌』2).[41]

───

● 「사변」(仕辨, 『뇌』5)을 짓다.

당시 송명흠이 노친을 봉양하기 위해 지방관인 옥과 현감으로 나간 데 대해 사람들 사이에 이러쿵저러쿵 말이 있었다. 이에 이인상은 이 글에서 출처(出處)의 도리를 밝히며 송명흠의 행위를 옹호하였다. 송명흠에 대한 변호는 이인상 자신에 대한 변호이기도 하다고 생각된다. 당시 이인상처럼 벼슬을 마다하고 처사로서 살아가는 이들은 종종 '고명'(沽名: 명예를 탐냄)의 혐의를 받곤 하였다. 즉 '기세순명'(欺世徇名: 세상을 속여 명성을 추구함)이라는 비

---

40 수경신(守庚申)을 가리킨다. 도교에서 유래한 풍습으로 경신일(庚申日) 밤에 잠을 자지 않고 지새우는 일이다. 도교에서는 사람 몸 안에 기생하는 세 가지 벌레, 즉 삼시신(三尸神)이 경신일에 천제(天帝)에게 그 사람이 지은 죄를 고해 바침으로써 수명을 단축시킨다고 보았다. 이 때문에 사람들은 이날 밤에 잠을 자지 않음으로써 이를 피하려 했다.

41 당시 김상악이 지은 시는 『위암선생시록』 권1에 「현계에서 수신하는 보산자 이원령을 만나다」(원제 '會寶山子李元靈守申玄溪')라는 제목으로 실려 있다. 시 중에 "울창한 남산에／소나무와 노송나무 어찌 그리 즐비한가／그 아래 가난한 집 선비가 있어／고요히 사는 게 은사(隱士)와 같네／(…)／현계에서 편지 보내와／지팡이 짚고 가 사립문 두드리네"(南山菀蒼蒼, 松栝何鱗鱗. 下有蓬室士, 屛居類隱淪. […] 折簡南溪濱, 杖策款柴扉)라는 말이 보인다.

영조 31년(을해乙亥)

1755년

46세

난으로부터 자유롭지 못했다.

● 「방숙제전」(方淑齊傳, 『뇌』5)을 짓다.

호서의 홍산현(鴻山縣)에 거주한 방숙제라는 노인과 그의 처 김파(金婆)에 대한 이야기이다. 두 부부는 영이(靈異)를 행하는 도가자류(道家者流)에 속하는 인물이다. 이인상은 도가에 관심이 많았기에 전해 들은 이런 이야기를 작품화했을 터이다. 이 작품에는 말미에 논찬(論贊)이 붙어 있는데, 이인상은 자신을 '비사씨'(秘史氏)라 칭하고 있다. 이 작품 역시 명목은 '전'(傳)이나 기실 야담에 해당한다.

● 김상악이 소장한 도봉산을 닮은 작은 향산(香山)[42]에 명을 쓰다.

명은 다음과 같다: "한 주먹만큼 작지만/만 길 도봉산을 닮았다/두 노인[43]의 고심을/어느 땐들 잊을손가."(一拳之小, 而象道山萬丈. 二老苦心, 無時可忘.「김순자(김상악)의 작은 향산이 도봉산과 비슷한데, 내게 명을 청했다」(원제 '金舜咨小香山類道峯者, 求銘'), 『뇌』5)

● 선면화 〈해악추월도〉(海嶽秋月圖: 설악산을 그린 것으로 추정됨. 실전)를 그리고 그 위에 잠(箴)을 써서 송익흠에게 주다.

잠은 다음과 같다: "내가 송자(宋子) 시해(時偕)를 위하여 부채에 그림을 그렸는데, 화의(畵意)는 해악(海嶽: 설악산)의 가을 달이었다. 이튿날, 송시해에게서 홀연 이런 편지가 왔다. '간밤에 그대가 부채에다 설악산을 그리는 꿈을 꾸었는데 과연 그런 일이 있는지 묻사외다.' 아마도 정신의 교감이 있었던 듯한데, 참 기이한 일이다. 나는 송자에게 이리 말했다. '그대는 외물(外物)에 구애됨이 없지만, 내가 근래 설악산에 노닌 것을 알고 있는지라 그 점이 연상되어서 그런 꿈을 꾼 게 아닐까요?' 송자가 말했다. '종자기(鍾子期)가 백아(伯牙)의 마음이 산수에 가 있음을 안 것은 금(琴)을 연주하는 소리를 듣고서였거늘 나처럼 꿈으로 친구의 마음을 알아낸 경우는 세상에 드물 거외다!' 그 말이 농담에 가깝긴 하나 깊은 이치가 담겨 있었다. 내가 또한 생각건대, 무릇 어떤 사물과

---

42 '향산'에 대해서는 본서 195면의 각주 19번을 참조할 것.

43 도봉서원에 제향된 조광조와 송시열을 가리킨다.

관계할 때 마음에 맞는 즐거움은 신(神)이 통함에 있나니, 벗 사이에서 더욱 그러하다. 대저 거문고 소리에 깃든 마음을 들은 자는 소리를 앎이 거문고에 그치고, 꿈에 부채에다 그림을 그리는 것을 본 자는 마음을 앎이 그림에 그친다. 둘 다 모두 신(神)의 회통(會通)이 있는 듯하기는 하나, 도의(道義)로써 서로 감발(感發)하지 않는다면 모두 그 앎이 얕다고 하겠다. 이에 부채에다 다음과 같은 잠(箴)을 적는다. '충만한 가을 바다와 / 깨끗한 큰 산과 / 맑게 떠오르는 달은 / 군자에 견줄 만하네 / 벗의 마음 살펴 / 순리대로 행하게 하고 / 몸을 고결히 하고 올바른 도를 실천케 해 / 그 이름 온전하게 함이 / 올바른 우도(友道)라네.'〔余爲宋子時借畵扇, 意在海嶽秋月. 翌日, 宋子忽有書曰: '夢畵扇雪嶽, 故訊之.' 蓋有神會, 事若奇矣. 余謂宋子: '於物無適莫, 而知余近遊雪嶽, 是固因想之理耶?' 宋子曰: '鍾期知伯牙志在山水, 而猶待於聽琴. 若夢而知心, 則希矣哉!' 辭固近謔, 而有深理. 余又思之, 凡應事接物, 稱心之樂, 在乎神到, 而朋友爲尤甚. 夫聽琴心者, 知音止於琴; 夢畵扇者, 知心止於畵. 俱若神會, 而非以道義相感發, 皆淺之爲知也. 遂作扇上箴曰: '秋海之盈, 大嶽之精, 升月之淸, 比于君子. 玩心高明, 順理而行, 潔身履正, 而完其名, 友道之貞': 「부채의 그림에 쓴 잠箴」(원제 '畵扇箴')〕

「부채의 그림에 쓴 잠」, 「능호집」(하) —— 246면

● 민우수에게 청(晴) · 우(雨) · 풍(風) · 로(露), 네 폭의 난초 그림을 그려 봉정(奉正)하다(실전).

○ 김진상(1684년 생) 사망하다.

○ 이기진(1687년 생) 사망하다.

○ 오재순, 2월 상의원(尙衣院) 별제(別提)에, 4월 장례원(掌隸院) 사평(司評)에 제수되다.

○ 권진응, 3월 부수(副率)에 제수되다.

○ 김성웅, 3월 훈련대장에, 10월 판의금부사에 제수되다.

○ 영천 군수 홍력(洪櫟), 5월 사인암에 와서 여러 승경을 구경하다.

　당시 공주 군수 황간(黃幹), 문경 군수 심빈(沈鑌), 의성 군수 민백흥(閔百興) 등도 앞서거니 뒤서거니 왔다(「기년록」, 「옥」10).

○ 이기중, 5월 단양 군수의 임기가 끝나 서울로 돌아오다.

영조 31년 (을해乙亥)

1755년

46세

○ 이윤영, 5월 4년간의 사인암 생활을 접고 서지 부근에 있는 서울 집으로 돌아오다(「기년록」, 『옥』10).

○ 이휘지, 6월 함흥 판관에, 12월 내자시 주부에 제수되다.

○ 김상묵, 7월 세마(洗馬)에 제수되다.

○ 송명흠, 7월 옥과(玉果) 현감에 제수되다.

○ 성효기, 7월 광흥창 주부에 제수되다.

○ 홍자, 임금이 눈물을 흘리며 하교할 때 정언으로서 웃는 말로 진달(進達)했다고 하여 임금의 노여움을 사다. 이 일로 7월 북평사로 좌천되다.

○ 이유수, 3월 북경에서 귀국하자마자 서장관으로서 업무를 태만히 했다는 혐의를 받아 일시 구금되었으나 곧 풀려났으며, 7월 응교에 제수되다.

○ 이윤영, 7월 기망(旣望)에 평안 감사인 중부(仲父) 이태중을 모시고 이명환·이휘지와 대동강에서 노닐다(「7월 기망에 평안 감사 이공 태중과 대동강에 배를 띄우기로 약속하였다. 나는 보름날 황학루 아래에서 배에 올라 저물녘 연광정에 배를 댔다. 감사가 나와서 맞이하고 음악을 연주하여 즐겁게 했으며 술자리가 무르익자 절구 한 수를 읊어 좌중의 모든 이에게 화답을 구하였다. 이윤지가 때맞춰 오고 영청永淸 태수[44] 이휘지도 모임에 참석했다」(원제 '七月旣望, 道伯李公台重約與泛舟于大同江. 余於望日, 乘舟于黃鶴樓下, 暮泊練光亭. 道伯出迎, 作樂以娛, 酒闌咏一絶, 要坐中齊和. 李胤之適來, 永淸守李美卿亦赴會'), 『해악집』 권2). 이윤영은 당시 관서의 명소를 두루 유람하였다.

○ 송명흠, 8월 옥과 현감으로 부임하다.

○ 이기중, 9월 인천 부사로 부임하다. 당시 이윤영·이운영 형제는 계부(季父) 이상중(李商重), 족대부 이병점(李秉漸, 자 여홍汝鴻), 이민보 등과 함께 인천 관아로 가서 능허대(凌虛臺)에서 바다를 구경하고 이단상·이희조를 제향하는 학산서원(鶴山書院)을 참배하다.

○ 김근행, 10월 위수(衛率)에 제수되다.

---

44 '영청'은 평안도 영유현(永柔縣)의 옛 명칭이다. 이휘지는 1751년 12월 영유 현령에 제수되었다.

◎ 정선, 첨지중추부사(僉知中樞府事)(종3품)에 제수되다.

◎ 2월, 전라도 나주에서 괘서(掛書)의 변(變)이 발생하다.

　이 일에 연루된 소론 일파(준소峻小: 강경파 소론)가 처형되거나 유배를 당했는데, 이를 '을해옥사'(乙亥獄事)라고도 부른다. 이 일로 유수원은 대역부도죄로 사형되고, 이광사는 함경도 부령으로 귀양 갔다.

◎ 3월, 조태구·김일경 등에게 역률(逆律)을 추시(追施)하다.

◎ 12월, 전라도 함평에 이국인 8명이 표착(漂着)하다.

① 내각학사(內閣學士) 호중조(胡中藻) 처형되다(문자옥文字獄).

　그가 지은 시의 구절 "一把心腸論濁淸"(한번 마음으로 청탁을 논하네)에서 '濁' 자가 국호 '淸' 자 위에 있다는 것이 처형의 이유였다.

① 『명사』(明史) 편찬을 주관한 장정옥 사망.

① 문학가 전조망(全祖望) 사망.

① 안도오 쇼오에키(安藤昌益)의 『자연진영도』(自然眞營道) 고본(稿本)이 이루어지다.

① 아메노모리 호오슈우(雨森芳洲) 사망.

영조 31년 (을해乙亥)

1755년

46세

영조 32년(병자丙子, 1756년) 47세

● 봄, 집의 분매가 성개(盛開)해 향기가 진동하다(「관매기」, 『뇌』 4).

● 오재순에게 총죽(叢竹)을 나눠 줄 것을 청하는 시를 지어 보내다.

오재순은 화답시에서 지난 겨울 몹시 추워 자기 집 정원의 나무들이 많이 얼어 죽었는데 대나무도 상태가 안 좋다며 내년을 기다려 달라고 했다(「원령이 총죽을 구한 시에 화답하다」(원제 ‘和元靈求叢竹韻’), 『순암집』 권1).

「김양재 유서 지」, 「능호집」(하) 172면

● 3월 14일, 「김양재 유서 지」(金良哉遺書識)를 짓다.

김상긍의 유서에 붙인 지(識)이다. 김상긍은 병이 위독해지자 손수 붓을 들어 “寄贈元靈”(원령에게 부친다)이라는 넉 자를 썼는데 곁에 있던 사람이 걱정하여 붓을 빼앗아 그 뜻대로 하지 못하였다. 김상긍이 죽은 지 22년째 되는 해인 금년 그의 동생 김상악이 이 편지지를 이인상에게 보여 주며 ‘지’(識)를 지어 김상긍의 양자에게 주게 하였다. 지 중에는 “그대가 세상을 뜬 이래 도(道)는 날로 쇠미해지고 여러 벗들 또한 연이어 세상을 떠났다. 생각건대 나는 노쇠한 몸으로 횡뎅그렁하게 홀로 세상을 살아가며 머리는 허옇게 되고 재 같은 마음만 남아 훌륭한 벗이 임종 때 부친 뜻에 부응하지 못하고 있으니, 이 어찌 슬프지 않겠는가”(自子之歿, 世道日渝, 而諸友又相繼淪喪, 念余腐朽, 然獨立, 而髮白心存, 無以副良友臨歿寄贈之意, 豈不悲哉)라는 말이 보인다.

● 초여름, 참봉 박덕재(朴德哉: 덕재는 자. 이름 미상), 정이화, 박사신과 남간에 오르다.

당시 지은 시 중에 “마을의 권중약(權仲約: 권헌)[1]과 / 전날에 꽃

---

1 권헌은 이인상 만년의 벗으로, 1756년에 종강으로 이사와 1758년 봄까지 종강에서 살았다. 문집 『진명집』(震溟集)이 전한다.

함께 보았지"(里中權仲約, 前日共看花:「박 참봉 덕재, 정 처사 여소汝素,[2] 박 대아 여신汝信[3]과 함께 소호小壺의 남간에 오르다」(원제 '同朴參奉德哉、鄭處士汝素、朴大雅汝信上小壺南澗'), 『뇌』2)라는 말이 있는 것으로 보아 이 무렵 종강으로 이사온 권헌과 교유하고 있었음을 알 수 있다.

● 5월, 김상악과 매죽사(梅竹社)의 동원(東園)에서 시를 짓다(「매죽사 동원에서 김자 순자와 운을 나누어 짓다」(원제 '梅竹社東園, 同金子舜咨分韻'), 『뇌』2).

● 김상악이 뇌상관을 내방하다.

이때 지은 시에 "군옥봉(群玉峰) 아득하고 / 부정(桴亭)은 운담(雲潭)[4]의 물결에 둘러싸여 있을 테지"(漠漠群玉峰, 桴亭繞雲波:「김순자金舜咨가 내방하여 '화'和 자 운을 얻다」(원제 '金舜咨來訪得和字'), 『뇌』2)라 하여 단양의 구담을 그리워하는 말이 보인다.

「비」, 『능호집』(상) 509면

이인상은 이 무렵 구담을 자주 그리워하였다. 「비」(원제 '雨', 『뇌』2)라는 시의 "문득 구담에 노 젓는 걸 생각하거늘"(便思鼓枻龜潭水)이라는 구절이라든가, 「장교(長橋)의 우사(寓舍)에서 여러 공과 함께 짓다」[5](원제 '長橋寓舍, 共諸公賦', 『뇌』2)라는 시의 "구담의 일만 이랑 노 저을 만해 / 구리 기둥 같은 옥순봉 꿈에 아련하네"(龜潭萬頃堪移棹, 玉筍銅標夢有依)와 같은 구절에서 그 점을 알 수 있다. 당시 이인상은 김상악과 자주 시를 주고받으며 친밀하

2   정이화(鄭履和)를 말한다. '여소'는 그 자이고 본관은 연일(延日)이다. 『능호집』 권2의 「북악의 정 처사 여소와 김 종사를 방문했으나 만나지 못하다」(원제 '訪北山鄭處士履和汝素、金從史用謙不遇')에 그 이름이 보인다. 한편 성대중(成大中)의 『청성집』(青城集) 권6에 실린 「고반재기」(考槃齋記)에 "삼청동에 숨은 군자가 있으니 정공 여소다. (…) 사람과 사귐에 귀천(貴賤)과 현우(賢愚)를 막론하고 저마다에게서 환심을 샀지만 그의 내면에는 실로 우뚝하여 뽑아 버릴 수 없는 절조가 있다. 지금 나이가 예순이다"(三清之洞, 有隱君子, 曰鄭公汝素. […] 與人交, 無貴賤賢愚, 各得其歡心, 然內實有特立不可拔之操. 年今六十)라는 말이 보인다.

3   박사신(朴師藎)을 말한다. '여신'(汝信)은 그 자이다. 『능호집』 권2의 「박여신이 삼청동으로 집을 옮기다」(원제 '朴汝信移宅三清')에도 그 이름이 보인다. 한편 김귀주(金龜柱)의 『가암유고』(可庵遺稿) 권15에 실린 「박여신의 금강산 그림 뒤에 붙인 서문」(원제 '朴汝信金剛圖後序')에 따르면 그는 1760년 봄에 금강산 일대를 유람한 후 10여 곳의 승경을 그린 것을 김귀주에게 보내 서문을 청했다고 한다. 서화 수장(收藏)의 벽(癖)이 있었던 인물이다.

4   군옥봉(群玉峰)은 옥순봉(玉筍峯)의 별칭이다. 부정(桴亭)은 이인상이 강물을 따라 구담의 절경을 보기 위해 만든 떼배로, 「부정기」(桴亭記)(『능』3)에 그것을 만든 경위가 자세히 설명되어 있다. 운담(雲潭)은 이인상이 단양의 옥순봉 아래에 지은 다백운루(多白雲樓) 앞을 흐르는 남한강에 붙인 이름이다.

5   '장교'(長橋)는 흔히 '장통교'를 이르는데, 여기서는 돈의문 부근에 있는 경교(京橋)를 가리킨다. 당시 이윤영의 새로 이사한 집이 이 부근에 있었다. '여러 공'은 이윤영·김상묵·김종수를 말한다.

영조 32년(병자丙子)

1756년

47세

〈검선도〉, 『서화평석』(1) 236면

게 지냈다.

● 뇌상관을 찾아온 유후에게 화답하는 시를 짓다.

시는 다음과 같다: "가랑비 내려 베개에 기대니/쇠락한 꽃이 또 시름을 일으키네/맑은 달이 나오려 할 때/늙은 손을 붙들어 머물게 하네/먼 골짝엔 무지개 걷히려 하고/밝은 노을 피어올라 절로 떴구나/잠시 죽장(竹杖) 짚고 가/모루(茅樓)에서 함께 먼 곳을 바라보네."〔細雨仍欹枕, 殘花又動愁. 欲吹淸月出, 便挽老賓留. 遠壑虹將斂, 明霞蒸自浮. 暫須移竹策, 遐矚共茅樓: 「취설옹에 화답하다」(원제 '和醉雪翁'), 『뇌』2〕 시 중의 '모루'는 천뢰각이 아니라 능호관 곁의 산루(山樓)를 가리킨다. 이인상은 뇌상관에 들른 유후와 함께 남간의 산루에 올라 먼 곳을 바라본 것이다. 유후는 당시 사재감 직장이었다. 이인상이 유후에게 〈검선도〉(劍僊圖, 국립중앙박물관 소장)를 그려 준 것은 바로 이때가 아닌가 한다. 〈검선도〉에는 "중국인의 〈검선도〉를 본떠서 취설옹에게 봉증하다. 종강에서 우중(雨中)에 그리다"(倣華人劍僊圖, 奉贈醉雪翁. 鐘崗雨中作)라는 관지가 적혀 있는데, 이 시의 창작 상황과 일치한다. 〈검선도〉에는 "이인상인"(李麟祥印) "천보산인"(天寶山人)이라는 인장이 찍혀 있다.

● 7월, 북영(北營)에 노닐며 「다음 날 여러 공과 북영에 들어갔기에[6] 감회를 적다」(원제 '翼日與諸公入北營, 志感', 『뇌』2)[7]라는 시를 짓다.

「여러 공과 북영에 들어갔기에 감회를 적다」, 『능호집』(상) 510면

시 중에 "늙어가 검서(劍書)의 장한 뜻 버렸으나"(老去劍書抛壯志)라는 말이 보인다. 행초로 쓴 이 시의 시고가 전한다(개인 소장).[8] 관지: "원령"(元靈) 인기: "잠룡물용"(潛龍勿庸)

〈익일여제공입북영, 지감〉, 『서화평석』(2) 905면

북영에 노닐기 전날 이인상은 김상묵·김종수와 이윤영의 새 집(이윤영은 이해 여름 서문西門 밖으로 이사했다)에서 아회를 가졌다. 아회는 이튿날에도 이어졌는데, 이날은 이인상·김상묵·김종수 외에 이운영·이서영(李舒永: 이윤영의 종제)·이유수·김상숙·김광묵·조정(趙晸)이 참여하였다. 이윤영은 당시 이인상이 그림을

---

6 북영(北營)은 창덕궁 서쪽, 즉 지금의 원서동(苑西洞)에 있던 훈련도감의 본영(本營)을 말한다.

7 총 2수인데, 『능호집』에는 「여러 공과 북영에 들어갔기에 감회를 적다」(원제 '與諸公入北營, 志感')라는 제목으로 제1수만 실려 있다.

8 이 시고에 대해서는 『능호관 이인상 서화평석 2: 서예편』의 '12-6'을 참조할 것.

그리는 광경과 김상숙이 글씨를 쓰는 광경을 시로 남겼다. 또 당시 거문고 연주로 유명했던 쇠돌〔鐵石〕을 불러 음악을 감상한 일을 읊었다〔「누항의 교거僑居에서 밤에 원령·백우·정부와 당시唐詩의 운을 집어 함께 짓다」(원제 '陋巷僑居, 夜與元靈·伯愚·定夫拈唐韻共賦'), 『단』10〕. 이들은 나중에 북영으로 가 완대정(緩帶亭)에 올랐다. 김종수의 형인 김종후(金鍾厚)와 교리(校理) 김시묵(金時默)도 북영으로 와 함께 노닐었다〔「기년록」, 『옥』10〕.[9]

「뒤에 오경보의 매화시 여덟 편에 화답하다」, 『능호집』(상)
426면

● 가을, 4년 전인 1752년 겨울에 완성한 「뒤에 오경보의 매화시 여덟 편에 화답하다」(원제 '追和吳子敬父梅花八篇')를 시축(詩軸)으로 만들어 김종수에게 보이다.

● 가을, 윤면동이 내방하여 능호관의 원중(園中)에서 함께 시를 읊다〔「능호관의 원중에서 함께 짓다」(원제 '凌壺館園中共賦'), 『오』1〕.

윤면동의 시 중에 "늙은 등나무 깊어 햇빛 가리고"(老藤深翳日) "남간의 물길 새로 끌어들였네"(新疎南澗水) 등의 말이 보인다. 이를 통해 능호관의 뜰에 늙은 등나무가 있었고, 남간의 물을 끌어와 쓰고 있었음을 알 수 있다.

● 가을, 윤면동의 집에 가 시를 읊조리다〔「이원령이 내방해 함께 전운前韻에 차운하다」(원제 '李元靈來訪共次前韻'), 『오』1〕.

시 중에 "인근의 옹(翁)이 자주 찾아와 / 근래 젊은 무리 사양하노라"(隣翁許頻過, 近謝少年輩)라는 말이 보인다. 이 시는 윤면동의 시 「능호관의 원중에서 함께 짓다」(원제 '凌壺館園中共賦')와 운이 같다.

● 8월 16일, 김상숙이 쓴 글씨 19폭을 감상하고 평(評)을 붙이다.

〈관계윤서십구폭〉,
『서화평석』(2) 900면

평은 다음과 같다: "고인(古人)의 묘처(妙處)는 졸(拙)한 곳에 있지 교(巧)한 곳에 있지 않다. 담(澹)한 곳에 있지 농(濃)한 곳에 있지 않다. 근골(筋骨)과 기운(氣韻: 풍격과 기품)에 있지 성색(聲色)과 취미(臭味)에 있지 않다. 신(神)이 이를 적에는 비록 고인(古人)이라 할지라도 그것을 스스로 알지 못한다. 계윤(季潤)의 글씨는

---

9 「기년록」에는 이인상이 이윤영 집에서의 아회에는 참여하지 않고 나중에 따로 북영으로 온 것으로 기술되어 있으나 착오로 보인다. 이인상은 이윤영의 집에서 하룻밤을 자고 다음 날 아회에도 참여했으며, 일행과 함께 북영으로 갔다.

영조 32년 (병자丙子)

1756년

47세

이 뜻을 깊이 체득하였다. 그러므로 운필(運筆)과 행묵(行墨)을 보면 유한(幽閒)하고 자재(自在)하여 마치 구름이 흘러가고 물이 멈추는 것과 같거늘, 그 득의처에서 고인(古人)을 잊고 또한 자기 자신도 잊었나니, 이 서권(書卷)은 필획 하나도 실의(失意)한 곳이 없다. 보는 자는 의당 손을 씻어 공경하고 중히 여겨야 할 것이다. 병자(丙子) 중추(中秋) 다음 날 원령이 적다."(古人妙處在拙處, 不在巧處, 在澹處不在濃處, 在筋骨氣韻, 不在聲色臭味. 當其神到, 雖古人亦不自知. 季潤書, 深得此意, 故觀其運筆行墨, 幽閒自在, 如云[10]流水止, 當其得意, 忘古人亦自忘, 此卷無一筆失意, 觀者宜盥水敬重之. 丙子中秋翼日, 元靈識.) "여섯 고삐가 거문고와 같도다. 계윤의 글씨 열아홉 폭(幅)을 보고 원령이 또 평하다."(六轡如琴. 觀季潤書十九幅. 元靈又評:〈관계윤서십구폭〉觀季潤書十九幅, 개인 소장)

● 9월 20일, 송문흠의 모친 윤씨가 큰아들 송명흠의 옥과(玉果) 관사(官舍)에서 사망하다(송명흠, 「선비 영인 윤씨묘 추지」先妣令人尹氏墓追誌, 『늑천집』 권16).

● 11월 18일, 집안의 늙은 충복(忠僕) 유공(有功)의 제문을 지어 그의 상여를 울며 떠나보내다(「노복老僕 유공 제문」(원제 '祭老僕有功文'), 『뇌』5).

유공은 이인상의 선친 때부터 집안의 종이었는데 우직하면서도 기예가 많아 집안의 온갖 일을 도맡아하였다. 이인상은 이 제문에서 자신의 어린 시절부터 지금까지의 삶을 쭉 되돌아보면서 자신의 가족을 위해 죽을 때까지 힘들게 일한 유공에게 깊은 감사를 표하고 있다. 유공은 회암(檜巖)의 선영 아래 묻혔다. 이 글에서 이인상은 자신을 '종강병부'(鐘崗病夫)라 칭했다.

● 겨울, 김민재(민우수의 생질) 형제에게 편지를 보내 민우수가 죽을 때 남긴 유소(遺疏)를 감추지 말고 세상에 공개할 것을 촉구하다.

———

● 「신종(神宗) 황제 어서(御書)를 중모(重摹)하고 붙인 발문」(원제 '重摹神宗皇帝御書跋', 『뇌』4)을 짓다.

「김사수 형제에게 준 편지」,
『능호집』(하) 60면

---

10 '云'은 雲의 고자(古字)이다.

종실인 전성군(全城君) 이혼(李混, 1661~1727)[11]의 양주 별서(別墅) 옥류당(玉流堂)에서 나온, 신종황제가 쓴 '龍' 자의 모본(摹本)을 이인상이 중모(重摹)하고 발문을 붙인 것이다. 글 끝에 "해외(海外)의 초망신(草莽臣: 초야의 신하)은 삼가 쓴다"(海外草莽臣敬書)라는 말이 보인다.

「이윤지의 「서해시권」에 붙인 서」,「능호집」(하) 109면

● 이윤영의 『서해시권』(西海詩卷)에 서문을 쓰다.

이윤영은 이해 5월 15일 동생 운영, 종제 희영(喜永, 자 구지懼之), 소우(少友) 김종수와 함께 배를 타고 인천 앞바다로 나가 노닐었으며(김종수, 「부해기」浮海記, 『몽오집』 권4), 이때 지은 시를 수습해 시권(詩卷)을 만들었다. 이 글은 이 시권에 붙인 서문이다.

● 「시우전」(市友傳, 『뇌』5)을 짓다.

이인상은 이 작품에서 이해관계에 따른 면교(面交: 겉치레 사귐)는 진정한 우도가 못 되며, 생사와 이해관계를 초월한 '의교'(義交: 도덕적 사귐)야말로 진정한 우도임을 강조하고 있다. 이

「이윤지에게 준 편지」,「능호집」(하) 52면

인상은 이해관계에 따르는 당시 사대부들의 천박한 벗 사귐을 개탄했으며 진정한 우도를 추구하였다(「이윤지에게 준 편지」(원제 '與李胤之書')).[12] 그래서 이런 작품을 써서 우의(寓意)한 것으로 보인다.

이 작품은 '전'이라고 했지만 실은 야담이다. 이인상은 야담을 네 편이나 창작했다. 「일사전」(1733), 「검사전」(1746), 「방숙제전」(1755), 「시우전」(1756)이 그것이다. 비록 작품 수가 많지는 않으나 일생 동안 꾸준히 창작했음을 알 수 있다. 그리고 이 네 편의 작품은 모두 이인상의 관심사를 적극적으로 반영하고 있으며, 단순한 파적거리로 지어진 게 아니라는 사실이 주목된다. 이 점에서 이인상은, 시인·산문가·화가·서예가 외에 문제의식이 뚜렷한 '야담 작가'의 한 명으로도 기억됨직하다.

● 주서(注書) 이유년의 애사를 짓다(「이 주서 용강 애사」李注書用康哀辭, 『뇌』5).

11　저명한 서화 수집가인 낭원군(朗原君) 간(偘, 1640~1699)의 둘째 아들이다.

12　「이윤지에게 준 편지」의 "붕우는 오륜(五倫)의 처음과 끝이거늘, 그 종요로운 도리를 찾으려 한다면 마음속 의(義)와 이(利)의 구분을 밝혀야 하나니"(朋友爲五倫之終始, 而求其要道, 講明此心義利之分爾) "우도(友道)가 마침내 사라져 버렸으니 어찌 슬퍼하지 않을 수 있겠습니까?"(交道遂息, 可不悲哉) 등의 말 참조.

영조 32년 (병자丙子)

1756년

47세

　　이유년은 이재의 아들이며 이유수의 동생이다. 이유년은 1751년 3월 김종수·김상묵 등과 단양에 놀러 가던 중 음죽현에 들러 객사에 유숙한 적이 있으며, 종강에 있는 이인상의 집을 방문하기도 했다.

● 처녀 홍씨(홍자의 딸)의 애사를 짓다(「처녀 홍씨 애사」處女洪氏哀辭,『뇌』5).

　　15세에 요절한 홍자(洪梓) 딸의 죽음을 애도한 글이다. 홍자의 매부인 김원행이 쓴 「처자 홍씨 애사」(『미호집』 권20)에 의하면 홍씨의 이름은 '주임'(周任)이다. 이인상은 그녀가 대여섯 살에 한글을 깨쳤으며, 오빠들이 글 읽는 것을 가만히 듣고 기억해, 어른들이 물으면 중국의 역사와 인물에 대해 거론했다고 했다. 또한『춘추좌씨전』은 기사(記事)와 인물의 성명이 뒤섞여 나오고 복잡해 노성한 선비도 그것들을 기억하기 어려운데 홍씨는 요연히 알았다고 했다. 이 애사에는 다음에서 보듯 규방에 갇혀 그 재능을 사회적으로 실현하지 못하는 여성의 억울한 처지에 대한 이인상의 깊은 연민이 표현되어 있다: "그 천품이 순수하고 식견이 몹시 높았음에도 그것을 아는 자는 부형(父兄)뿐이었으니, 설령 수명이 길었던들 그것을 발휘한 바는『시경』의 이른바 '시집을 화순(和順)하게 한다'[13]라는 데 그치고 말았을 것이다. 그런데 하늘은 또 그 수명에 인색하고 여자로 태어나게 하였으니, 홍씨 같은 자를 어찌 슬퍼하지 않을 수 있겠는가."(蓋其品姿醇粹, 識解絶高, 而知之者獨其父兄, 雖使得永其年, 所可推用, 止於詩人所稱"宜人家室"而止, 而天又嗇其年, 生而爲女子, 而如洪氏者, 豈不悲哉.)

　　여성에 대한 이인상의 진보적 시각은 2년 후인 1758년에 쓴 「유인 안동 권씨 애사」(孺人安東權氏哀辭,『뇌』5)에서도 확인된다.

「『도화선』 지」, 「능호집」(하) ────
166면

● 「『도화선』 지」(桃花扇識)를 짓다.

　　『도화선』은 청초(淸初)에 공상임(孔尙任)이 지은 전기서(傳奇書: 희곡)이다. 명말(明末)의 역사를 배경으로 문인 후방역(侯方域)과 명기(名妓) 이향군(李香君)의 사랑을 그린 것으로, 『장생전』(長

────────────

13　『시경』 주남(周南) 「도요」(桃夭)에 "이 여자 시집 가 / 시집을 화순(和順)하게 하리"(之子于歸, 宜其家室)라는 말이 보인다.

生殿)과 함께 청대 희곡의 쌍벽을 이룬다. 연애담이 근간이 되는 이 희곡을 이인상은 그 배경이 되는 역사적 사건과 인물들에 주목하여 읽음으로써 작품 이면의 정치적·역사적 의미를 밝히고 있는바, 이인상의 역사적·비평적 감수성이 돋보인다 하겠다. 이 글 중에는 명말의 추의(鄒漪)가 저술한 『계정야승』(啓禎野乘)이 언급되어 있어 이인상이 명말청초의 책을 적잖이 보았음을 짐작케 한다.

신소와 송문흠은 이인상의 이 글을 읽고 눈물을 흘렸다고 한다(「이원령 묘지명」, 『강한집』권17).

● 이윤영이 김종수에게 그려 준 선면화(실전)에 찬을 쓰다.

찬은 다음과 같다: "파초의 깨끗함과 영지의 향기로움과 국화의 서늘함도/오히려 때에 따라 영고성쇠가 있나니/돌의 정고(貞固)함만 못하다."〔蕉之淨, 芝之馨, 菊之冷, 猶有時而枯而榮, 不如石之貞:「이윤지가 김정부金定夫의 부채에 그린 그림 찬」(원제 '李胤之畵金定夫扇畵贊'), 『뇌』5〕

● 오재진(吳載縝, 자 사심士深, 1731~1762, 서얼)[14]이 갖고 있는 월뢰금(月籟琴)의 명(銘)을 쓰다.

명은 다음과 같다: "맑은 소리로 시작하여/화락한 소리로 끝을 맺네/고요한 밤에 듣던 그 소리/길이 생각하네/처음에 볼 적엔/달이 이화(梨花)[15]에 있더니만/끝에 보니/달이 바다에 있어라."〔渺然而發, 穆然而止. 聲在靜夜, 有永我思. 我觀其始, 月在梨花. 我觀其終, 月在海波:「오생吳生의 월뢰금 명」(원제 '吳生月籟琴銘'), 『뇌』5〕

「오생의 월뢰금 명」,『능호집』(하) ——
253면

● 남간 주변의 경물 이름을 돌에 새겨 표시하다.

글은 다음과 같다: "조산(朝山)[16]의 골짜기, 그 동쪽에 봉암(鳳巖)이 높이 솟았다. 소호(小壺)에 하늘 있어, 종강의 시냇물이 발원한다. 동쪽 언덕은 '정설'(停雪)이고, 서쪽 언덕은 '희발'(晞髮)[17]

---

14 오원(吳瑗)의 서제(庶弟)인 오무(吳斌, 자 治甫, 1708~1746)의 아들이다.

15 '달'에는 '달'과 '월뢰금'이라는 두 가지 의미가 중첩되어 있다. '이화'(梨花)에는 '배꽃'과 '이화헌'(梨花軒: 이최지 집 당호로 추정됨)이라는 두 가지 의미가 중첩되어 있다.

16 '조산'은 조상의 사당이 있는 산을 말한다. 이인상의 고조부 이경여(李敬輿)의 사당이 남산 기슭에 있었기에 이리 말했다.

17 '희발'(晞髮)은 머리를 말린다는 뜻으로, 탈속적이고 고결한 행동을 말한다. 『초사』구가(九歌)「소사명」(少司命)에 "너와 함께 함지(咸池)에서 머리를 감고/너와 함께 양지바른 언덕에서 머리를 말리리"(與女沐兮咸池, 晞女髮兮陽之阿)라

이다. 상폭(上瀑)은 '탁향'(濯香)이고, 중대(中臺)는 '영지'(靈芝)이다.[18] 왼쪽 벽은 '퇴운'(頹雲)이고, 오른쪽 벽은 '철애'(銕崖)이며, 거주하는 곳 이름은 '석심'(石心)[19]이고, 샘은 '음기국'(飲杞菊)이다.[20] 뒤에 올 사람에게 고하노니, 이는 연문(淵文)[21]이 새긴 것이다."〔朝嶽之洞, 鳳巖峙其東. 小壺有天, 始發鐘崗之泉. 東崗日停雪, 西阿日晞髮, 上瀑日濯香, 中臺爲靈芝, 左壁頹雲, 右爲銕崖. 居名石心, 泉飲杞菊. 以告來者, 是爲淵文之刻:「남간의 돌에 새겨 이름을 표시하다」(원제 '南澗石刻標名'), 『뇌』5〕 이에서 보듯, 동쪽 언덕은 '정설'(停雪)이라 하고, 서쪽 언덕은 '희발'(晞髮)이라 하고, 위에 있는 폭포는 '탁향'(濯香)이라 하고, 중앙의 바위는 '영지'(靈芝)라 하고, 왼쪽의 암벽은 '퇴운'(頹雲)이라 하고, 오른쪽의 암벽은 '철애'(銕崖)라 하고, 거주하는 곳 이름은 '석심'(石心)이라 하고, 시내는 '음기국'(飲杞菊)이라 하였다.

《공하재선첩》 표지

○ 민우수(1696년 생), 윤9월 사망.

○ 이태중(1694년 생), 10월 사망.

○ 임안세(1691년 생) 사망.

○ 김상숙, 정초에 이윤영 형제에게 편지를 보내 대보름날 심익운과 자신의 집에서 만나기로 했다며 올 수 있을지 묻다(《공하재선첩》公荷齋繕帖, 영남대학교 도서관 소장).

○ 이최중, 1월 문겸(文兼)[22]에, 2월 강원도 어사에, 4월 관서(關西) 어사에, 5월 사복정(司僕正)에, 7월 겸문학(兼文學)에, 9월 부응교(副應敎)에 제수되다.

는 말이 보인다.

18 '중대'(中臺)는 산 중턱의 바위를 뜻한다. 『능호집』 권2에 수록된 「임자 중유가 푸른 돌과 솔뿌리로 만든 베개 둘을 준 데 사례하다」(원제 '謝任子仲由贈碧石松根二枕')에 "시내의 영지석(靈芝石)에 이걸 갖고 가/좌우로 벤 채 탁향폭포를 보리"(攜到中澗靈芝石, 左右枕向濯香瀑)라는 말이 보인다.

19 '석심'(石心)은 '목인석심'(木人石心)에서 따온 말이다. '목인석심'은 굳은 절조를 비유한 것으로, 진(晉)나라의 은사(隱士) 하통(夏統)을 상찬(賞讚)한 말이다. 『진서』(晉書) 권94 은일열전(隱逸列傳) 「하통」(夏統) 참조.

20 이인상이 1742년에 쓴 「화고명」(花觚銘)에 "구기자와 국화를 먹네"(餐杞菊)라는 말이 보인다.

21 '연문'(淵文)은 이인상의 별자(別字)이다. 1744년 겨울에 이인상은 오찬의 계산동 집에서 오찬·이윤영·김순택과 한 달이 넘도록 강학(講學)을 했는데 이때 이들은 서로를 권면하는 뜻에서 별자를 하나씩 지었다.

22 문신으로서 무직인 선전관(宣傳官)을 겸하는 것을 이른다.

당시 이최중은 암행어사로 민정(民情)을 잘 염찰(廉察)했다는 평을 들었다.

○ 이휘지, 1월 상의원 첨정에, 10월 순창 군수에 제수되다.

○ 홍자, 3월 부교리에, 7월 교리에 제수되다.

○ 김상숙, 3월 한성 참군(漢城參軍)에 제수되고, 10월 종부시 직장 신집(申鏶)과 상환되다.

○ 성효기, 3월 장수(長水) 찰방에 제수되다.

○ 김근행, 4월 형조 좌랑에, 6월 형조 정랑에 제수되다.

○ 임매, 5월 광릉(光陵) 참봉에 제수되다.

○ 김선행, 5월 수원 부사에 제수되다.

○ 이윤영, 5월 서해에 배를 띄워 노닐다. 인천 관아에서 출발해 자연도(紫烟島)를 경유해 용유도(龍流島) 앞바다에 이르렀는데 큰 풍랑을 만나 위험을 겪다.

○ 이윤영, 여름 무렵 서성(西城)에 있던 동명(東溟) 정두경(鄭斗卿)의 옛집으로 이사하다(이희천, 「동명지기」東溟池記, 『석루유고』石樓遺稿 권2).

새문 밖 경교(京橋) 부근이다. 새문(돈의문)을 나서면 개천이 있고 거기에 경교라는 다리가 있었으며, 부근에 경기 감영(지금의 적십자병원 자리)이 있었다. 거마(車馬)가 다니는 큰길 좌측에 이윤영의 고루(高樓)가 있었다.[23]

○ 이윤영, 7월 이사한 새 집에서 이인상·김상묵·김종수와 아회를 갖다.

이튿날에도 아회가 이어졌는데, 이인상·김상묵·김종수 외에 김상숙·이유수·김광묵·조정·이운영·이서영이 참여하였다. 이때 이윤영은 「누항의 교거(僑居)에서 밤에 원령·백우·정부와 당시(唐詩)의 운(韻)을 집어 함께 짓다」(원제 '陋巷僑居, 夜與元靈·伯愚

〈누항교거, 야여원령·백우·정부염당운공부〉, 「서화평석」(2)
1129면

23 심익운이 지은 시 「세 군자를 애도하다」(원제 '悼三君子', 『백일집』)의 "경구(京口)는 거마가 다니는 길/길 왼편에 높은 누각 세웠네"(京口車馬道, 道左起高樓)라는 말 참조. 이윤영 집안은 대대로 서대문 밖 경교 부근에 살았기에 '새문 밖 이씨 경교파(京橋派)'로 불렸다(이승복, 『옥국재 가사 연구』, 60면의 각주11 참조). 이윤영의 아들 이희천이 쓴 「십사당 숙 행장」(十四堂叔行狀, 『石樓遺稿』 권2)에 다음과 같은 말이 보인다. "自族大父富平公諱, 世居敦義門之外, 緦功之親十餘家, 井閭相望, 而咸以敦厚謹愨, 相尚爲家法, 爲一世所推服, 敦義門俗號新門, 故人遂別名我李氏爲新門之李."(이 자료는 신현웅, 「옥국재 이운영 가사의 특성과 의미」, 24면의 각주 54에서 처음 소개되었음)

영조 32년(병자丙子)

1756년

47세

‘定夫拈唐韻共賦’, 『단』10) 9수를 지었는데, 그 제4수의 시고(詩稿)가 전한다(행서, 개인 소장).[24] 시고는 다음과 같다: "기이한 붓 소매에서 꺼내며 살짝 웃을 뿐/안부 묻는 말 같은 건 하지도 않네/흰 종이 먼저 펼치니 사람들 에워싸는데/팔뚝 사이 기틀에서 검은 구름이 움직이네[25]/고삐 풀린 천마(天馬)가 바람을 따라 가고/물에 뛰어든 놀란 뱀이 번개로 화(化)하여 나네[26]/열 사람 이름을 적으니 참으로 성사(盛事)라/서원(西園)[27]의 곡수(曲水)가 아련히 생각나네. 윤지"(奇毫出袖笑微微, 相見寒暄說且稀. 白雪先開楮上陣, 玄雲稍動腕間機. 脫銜天馬追風逝, 透水驚蛇化電飛. 十子題名眞盛事, 西園曲水思依依. 胤之) 이 시는 김상숙의 글씨 쓰는 장면을 읊은 것이다.

○ 이윤영, 가을 〈강풍산석도〉(江楓山石圖)를 그리다(국립중앙박물관 소장).

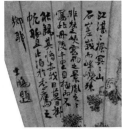

이윤영, 〈강풍산석도〉(부분),
『서화평석』(2) 928면

제화: "선루(仙樓)에서 가을날 미경(美卿: 이휘지)을 위해 그리다. 단릉산인 윤지"(仙樓秋日寫爲美卿. 丹陵山人胤之) 이명환의 제사: "강은 깊고 단풍은 아득하며 산의 바위는 울퉁불퉁 높아 자못 초협(楚峽)의 구름 끼고 비 내리는 경치가 아니다. 윤지가 이를 그린 것은 천리 밖의 단양을 한껏 바라보지만 갈 수가 없어서이니, 장차 나와 더불어 저물녘에 배의 돛을 달아 잠시 계응(季鷹: 장한 張翰)[28]의 고향에 머무를까나. 사회(士晦: 이명환)가 적다."(江湛湛楓冥冥, 山石嵯峨而崢嶸, 殊非楚峽雲雨之景, 胤之之寫此, 丹陵千里目極而不能歸, 其將與我, 日暮掛帆, 聊且止泊於季鷹之鄕耶. 士晦題.)

○ 이윤영, 가을 윤면동과 함께 금강산을 유람하다[「이윤지와 금강산을 유람하려 동교東郊를 나서다」(원제 '與李胤之作楓嶽遊, 出東郊'), 『오』1].

---

24 이 시고에 대해서는 『능호관 이인상 서화평석 2: 서예편』 부록 3의 '1-5'를 참조할 것.

25 붓을 잡아 글씨를 쓰는 것을 형용한 말이다.

26 이 두 구는 글씨가 자재(自在)하고 변화불측(變化不側)함을 말한 것이다. 흔히 글씨가 생동하고 기운찬 것을 '경사입초'(驚蛇入草: 놀란 뱀이 풀로 들어간다)라고 한다.

27 북송의 수도 개봉(開封)에 있던 왕선(王詵)의 정원 이름이다. 이곳에 왕선, 소식(蘇軾), 소철(蘇轍), 황정견(黃庭堅), 조보지(晁補之), 장뢰(張耒), 이공린(李公麟), 미불(米芾), 진관(秦觀), 유경(劉涇) 등이 모여 시를 읊거나 담소를 나누거나 거문고를 연주하거나 글씨를 쓰며 아회(雅會)를 가졌는데, 이 장면을 그린 그림이 〈서원아집도〉(西園雅集圖)이다.

28 진(晉)나라 장한(張翰, 자 계응)은 고향의 농어회가 그리워 벼슬을 버리고 고향으로 돌아간 것으로 유명하다.

영조 32년(병자丙子)

1756년

47세

**이윤영, 〈호루청상〉,
『서화평석』(2)** 1114면

○ 이윤영, 이해에서 다음 해 사이에 "壺樓淸賞"(호루壺樓에서의 맑은 완상玩賞이라는 뜻) 네 글자를 안진경체의 해서로 쓰다.[29]

　'호루'는 이윤영의 서루(書樓)인 '옥호루'(玉壺樓)를 말한다.

○ 이유수, 8월 승지에 제수되다.

○ 오재순, 8월 빙고 별제에 제수되다.

○ 송명흠, 9월 모친상을 당해 옥과 현감을 사직하다.

○ 김성자, 윤9월 청주 목사에 제수되다.

○ 조영석, 첨지중추부사·돈령도정(敦寧都正)에 제수되다.

○ 성대중, 문과에 급제하다.

◎ 유덕장(1675년 생) 사망.

◎ 박문수(朴文秀, 1691년 생, 당색 소론) 사망.

◎ 정선, 가선대부 동지중추부사(종2품)에 제수되다.

◎ 송시열·송준길, 2월 문묘(文廟)에 종사(從祀)되다.

◎ 정초에 금주령(禁酒令)이 내리다.

① 양주팔괴의 한 사람인 화암(華嵒, 호 신라산인新羅山人) 사망.

---

29 이 글씨에 대해서는 『능호관 이인상 서화평석 2: 서예편』부록 3의 '1-1'을 참조할 것.

영조 33년(정축丁丑, 1757년) 48세

● 1월 2일, 축시(丑時: 새벽 한시에서 세시 사이)에 아내 덕수 장씨 44세를 일기로 세상을 하직하다(『완산이씨세보』).

안산의 능길산(菱吉山)에 장사지내고, 18년 후 포천군 내동면(內洞面) 소학동(巢鶴洞)에 천장(遷葬)하다.

이인상보다 네 살 아래인 장씨는 두 살 때(1715) 아버지와 어머니 보성(寶城) 오씨를 여의었으며,[1] 열아홉 살 때 이인상에게 시집와 26년을 해로하였다. 장씨는 이인상에게 사우(師友)와 같은 존재였다. 장씨는 늘 이인상에게 규잠지언(規箴之言: 깨우치고 충고하는 말)을 하였다. 장씨는 명문가인 장유 집안의 후손이었다. 장씨는 비록 일찍 부모를 여의긴 했어도 어진 고모를 통해 부모의 가언(嘉言)과 의덕(懿德)을 얻어들을 수 있었다.[2] 장씨의 현숙함과 지혜로움은 그러므로 어릴 적부터 집안에서 얻어듣고 배운 데 힘입은 바가 크다고 생각된다.

장씨는 극심한 생활고로 결혼한 지 9년째 되던 해부터 17년간 침고지질(沈痼之疾)을 앓아 왔는데, 송문흠과 신소는 이를 걱정하여 약을 지어 보내곤 하였다. 이인상은 국사(國事)라든가 시의(時義)와 관련된 일 등 함부로 말할 수 없는 사안은 서너 명의 벗 말고는 오직 아내에게만 말했다. 10년 이래 세운(世運)이 날로 어그러지고 벗들이 날로 세상을 떠나 문밖에 나가면 마음을 토로할 데가 없었지만 그래도 집에 들어와 아내의 말을 들으면 비록 아내가 병을 앓고 있기는 해도 훌륭한 말이 그치지 않아 근심을 잊고 즐거워할 수 있었다고 했다. 뿐만 아니라 이인상은 시문을 지으면 아내에게 들려주어 비평을 받곤 하였다.[3]

---

1 이인상의 장인에게는 아들은 없고 딸만 둘 있었는데, 큰 딸은 신사보의 아내가 되고, 작은 딸은 이인상의 아내가 되었다(「告亡室文」, 『뇌』5).

2 "公旣無子, 而季女淑人生纔二歲, 雖有嘉言懿德, 莫可得以詳, 而季女猶及聞者, 賴公姊李氏婦之賢."(「告亡室文」, 『뇌』5).

3 "吳子遽沒, 余將築磬心之亭于龜潭之上, 以寓余悲, 盖嘗爲記文, 誦傳于淑人矣."(「又祭亡室文」, 『뇌』5); "間放山海, 氣酣辭

이인상은 벗 홍자의 권유에 따라 아내의 혼백(魂帛)을 능호관 뜨락의 측백나무 아래에 묻었다. 그리고 혼상(魂箱) 밑에 이렇게 썼다: "혼이 집으로 돌아왔지만 어디든 못 가겠는가. 측백나무 아래에 혼백을 묻었는데 온갖 꽃이 이 나무를 두르고 있다. 이 나무는 벗들이 심은 것으로 숙인(淑人: 아내)이 즐거워하던 것이다. 나는 때때로 찾아와서 이 나무 아래의 혼백과 감통(感通)하고자 한다."(魂返室堂, 而亦無所不之. 瘞帛栢下, 繞栢百花, 是惟諸友之植, 而淑人之樂之者. 余以時至, 感栢下之帛:「혼상 지」魂箱識,『뇌』4) 이 나무는 두 사람이 오랫동안 가꾸고 바라본 것이었다. 종강에 비록 새 집을 짓기는 했으나 남간의 이 집에는 둘만의 오랜 기억이 깃들어 있었다. 이인상은 그래서 아내의 혼백을 이곳에다 묻은 것이다.

이인상은 아내가 죽은 지 이태 후에 쓴 「또 한 편의 아내 제문」(원제 '又祭亡室文',『뇌』5)에서 "오랜 벗들이 날로 조락(凋落)하여,[4] 집을 나서면 창황(愴怳)하여 마음 터놓을 데가 없지만"(故舊日以凋落, 出門愴怳, 無以開懷) 운운이라고 말하고 있어 단호그룹의 성쇠를 알 수 있다.

● 봄, 아내가 죽은 후 아끼던 매화나무도 그만 얼어죽다(「관매기」,『뇌』4).

『뇌상관고』에는 1757년에 지은 시가 별로 보이지 않는다. 아내가 죽자 이해에 시를 별로 짓지 않은 것 같다.

● 4월 9일, 「죽은 아내에게 고하는 글」(원제 '告亡室文',『뇌』5)을 짓다.

이인상의 아내는 두 살 때 부모를 모두 여의어 고단한 어린 시절을 보냈다. 이인상은 이를 마음 아파하여 장인과 장모의 가언(嘉言: 아름다운 말)과 의덕(懿德: 훌륭한 덕성)을 추려 행록(行錄) 13칙(則)을 지어 아내의 빈소에 바쳤다.

「아내 제문」,「능호집」(하)
223면

● 4월 11일, 아내의 장례 5일 전에 제문을 지어 영전에 곡하다.

제문 중에 "숙인은 나의 아내이면서 / 나의 벗이기도 했지요 / 나의 어리석음 깨우쳐 주고 슬픔을 위로했거늘 / 그 낯빛은 순하

腴. 我歸有誦, 輒聞箴言, 覺我辭夸, 於道不尊."(「祭亡室文」,『뇌』5)

4 1751년 11월에 오찬이, 1752년 12월에 송문흠이, 1755년 2월에 신소가 각각 세상을 떴기에 한 말이다.

고 말씨는 순후했지요 / 이 때문에 내가 치욕을 면할 수 있었거늘 / 내 어찌 그것을 잊을 수 있겠습니까"(淑人在室, 義兼師友, 矯愚娛悲, 色婉辭厚. 得免恥辱, 我心有鏤) "이따금 산수에 노닐 때면 / 기분이 좋아 글이 번드레해졌지요 / 돌아와 시를 들려주면 / 곧 충고하여 / 말이 화려하면 / 도가 높지 못함을 일깨워 줬지요"(間放山海, 氣酣辭腴. 我歸有誦, 輒聞箴言, 覺我辭夸, 於道不尊)라는 말이 보인다.

● 5월 9일, 보은 현감으로 있던 송익흠에게 간찰(개인 소장)[5]을 보내 아내의 장례를 치른 일을 말하고 아울러 3년 전 송익흠의 서울 정동(貞洞) 집을 오가던 때를 회억하다.

● 여름, 종강의 집에 온 권헌에게 명말(明末) 정룡(程龍)의 풍란(風蘭)을 본뜬 묵란을 그려 주다(「소형란 지」素馨欄識, 『뇌』4).

'정룡'은 호가 백설산인(白雪山人)이며, 부총병(副總兵)을 지냈다. 명 숭정(崇禎) 계유년(1633)에 칙명을 받들어 조선에 왔다가 이듬해인 갑술년에 돌아갔다. 이인상은 정룡이 갑술년(1634) 우리나라에 머물 때 그린 묵란을 한 폭 소장하고 있었다. 이 그림은 뒤에 김광국의 소장품이 되었으며 현재 전하고 있다(『석농화원』 원첩 권4).[6]

〈방정백설풍란도〉(倣程白雪風蘭圖, 동산방화랑 소장)는 이 무렵 그린 것으로 추정된다. 이 그림에는 "난을 그리되 흙은 그리지 않는다. 능호관에서 겨울날 정백설의 필의(筆意)를 본뜬다. 원령"(畵蘭不畵土. 凌壺冬日, 倣程白雪筆意. 元靈)이라는 관지가 적혀 있다.

● 6월 18일, 김진상의 제문을 지어 무덤에 곡하다.

● 6월 21일, 민우수의 제문을 지어 영전에 곡하다.

제문 중의 "제가 설성에 있을 때 처음 선생을 뵙고"(余在雪城, 始拜先生: 「섬촌 민 선생 제문」(원제 '祭蟾村閔先生文'), 『뇌』5)라는 말로 미루어 보아, 이인상이 음죽 현감으로 있을 때 처음 민우수를 찾아뵌 것을 알 수 있다.

● 가을, 이윤영에게 「수정루기」(水精樓記)를 지어 주다.

이윤영은 작년 여름 서지(西池)에서 서성(西城)으로 이사하였

〈송익흠에게 보낸 간찰(2)〉, 『서화평석』(2) 997면

정룡, 〈묵란〉

〈방정백설풍란도〉, 『서화평석』(1) 878면

「퇴어 김 선생 제문」, 『능호집』(하) ── 227면

「섬촌 민 선생 제문」, 『능호집』(하) 232면

「수정루기」, 『능호집』(하) ── 125면

영조 33년(정축丁丑)

1757년

48세

〈역전〉(부분),
『서화평석』(2) 868면

다. 새로 이사한 집에는 소루(小樓)가 하나 있었다. 이윤영은 이곳을 서루(書樓)로 삼아 책과 골동 등의 기물을 보관하였다.[7] 이윤영은 이 소루를 옥호루(玉壺樓: 약칭 호루壺樓) 혹은 선루(仙樓)라고 불렀는데,[8] 이사한 이듬해인 1757년 '수정루'로 이름을 바꾸었다.[9]

이인상은 이 글에서 이윤영의 스승인 윤심형과 관련된 옛일을 회억하면서 그의 죽음을 슬퍼하는 한편, 절친한 벗들의 작고로 인한 적막감을 토로하고 있다. 이해 봄 아내의 죽음으로 인해 이인상이 느꼈던 비상(悲傷)과 상실감은 더욱 증폭되었을 터이다.

이인상은 이 글에서, 10여 년 전 이윤영의 담화재에서 벌어진 술자리에서 윤심형이 이인상에게 고예(古隸)를 써 보라고 해서 술에 취한 채 "세계를 바꾸어야지, 세계에 의해 바뀌어서는 안 된다"(當轉移世界, 不當爲世界所轉移)라는 글귀를 썼음을 밝히고 있다. 똑같은 글귀가 1745년 여름 무렵 송문흠에게 보낸 편지(「송사행에게 준 편지」(원제 '與宋士行書'), 『능』3)에도 보인다.

● 9월 26일, 김상숙을 위해 『역전』(易傳)을 안진경체의 해서로 초사(抄寫)하여 이윤영에게 전송(傳送)하다.[10]

7　이 누각에는 고서 몇 권, 고서화 몇 축(軸), 고보기(古寶器) 몇 개, 길고 짧은 고검(古劍) 둘, 취우(翠羽)를 꽂은 고병(古瓶) 하나, 크고 작은 고경(古鏡) 둘, 고옥경(古玉磬)과 옥등(玉燈) 각각 하나, 죽상(竹床) 하나, 석상(石床) 하나, 단릉의 문석(文石) 하나, 기타 기완(器玩) 몇 개가 있었다고 한다(洪樂純, 「仙壺記」, 『大陵遺稿』 권2). 이운영은 1771년 5월 조카(이윤영의 아들) 이희천(李羲天)이 금서(禁書)인 『명기집략』(明紀輯略)을 소지했다는 죄명으로 효수되자 수정루의 골동고기(骨董古器)가 재앙의 빌미가 된 것이라고 탄식하며 그것들을 전부 흩어 버렸다(이운영, 「祭亡姪義天文」, 『옥』9의 "吁嗟, 此物灾吾之家, 吾不欲留之. 埋汝還城, 樓中之牙籤, 緗帙, 尊彛, 鼎罍, 吾將散之而去之. 嗚呼此意, 汝其歸告吾伯氏! 悲夫悲夫"라는 말 참조).

8　"李胤之(…)隱居京口小樓中, 蓄奇書異畫, 古器寶玩, 樓下雜植佳花異卉, 名其樓曰玉壺, 與韻士焚香鳴磬, 相對蕭然, 善談論, 亹亹可聽, 有宋明間高逸風致."(홍낙순, 「잡록」, 『대릉유고』 권8) 또 홍낙순의 「선호기」(仙壺記, 『대릉유고』 권2)도 참조된다. '선호'(仙壺)는 호루(壺樓)를 말한다. '호루'라는 말은 홍낙순의 시 「이사춘에게 부치다」(원제 '寄李士春', 『대릉유고』 권11)의 "옛날 내가 호루의 객(客)일 적에 / 자네가 때로 말석에 앉아 있었지"(昔我壺樓客, 君時隅坐人)라는 구절에 보인다. '사춘'은 이윤영의 아들 이희천(李羲天)의 자다. 현재 국립중앙박물관에 소장되어 있는 《묵희》(墨戱)라는 첩(帖)은 원래 이윤영의 후손이 성첩(成帖)한 것으로 여겨지는데, 이 첩의 첫 장에 '壺樓淸賞'이라는 이윤영의 글씨가 실려 있다(이에 대해서는 『능호관 이인상 서화평석 2: 서예편』의 '1. 《묵희》' 참조). '호루청상'의 '호루'는 옥호루를 가리킨다. 한편, 국립중앙박물관에 소장된 이윤영의 〈강풍산석도〉(江楓山石圖: 일명 '山石圖') 제사(題辭) 중에 '선루'(仙樓)라는 말이 보인다.

9　개명한 이유는 이인상이 1757년에 쓴 「수정루기」(『뇌』4)와 홍낙순의 「수정루기」(水精樓記, 『대릉유고』 권2)에 자세히 언급되어 있다.

10　이 글씨에 대해서는 『능호관 이인상 서화평석 2: 서예편』의 '11-3'을 참조할 것.

당시 이윤영은 병에서 회복 중이었다.

● 가을, 「소형란 지」(素馨欄識, 『뇌』4)를 짓다.

이최중이 종강의 집에 와 '素馨欄'이라는 세 글자를 써 준 일을 기념한 글이다. '소형란'은 이인상의 큰아들 영연이 자신의 방 연업실(連業室) 남헌(南軒)에 붙인 이름이다.

〈강남춘의도〉(국립중앙박물관 소장)는 이때 이최중에게 그려 준 그림이 아닌가 한다. 관지: "위암(韋菴) 인부씨(仁夫氏)를 위해 그리다. 종강 우인(寓人)"(爲韋菴仁夫氏作. 鐘岡寓人) 인기: "운헌"(雲軒).

〈강남춘의도〉(부분), 『서화평석』
(1) 138면

● 추동간(秋冬間), 황경원에게 답장을 보내 자신의 글을 자세히 평하고 질정해 줄 것을 청하다.

이 편지 중에 다음과 같은 말이 보인다: "가만히 생각건대 문(文)이라는 것은 의(義)의 짝이 되고 도(道)와 합치되는 말이겠는데, 그 시의(時義)에는 두 가지가 있으니, 하나는 당세(當世)의 의(義)를 밝히는 것이고, 다른 하나는 백세(百世)의 병폐를 구하는 것입니다."(竊謂文者, 配義合道之言, 而文之時義有二道, 一則明當世之義, 一則捄百世之弊.)

이에 앞서 황경원은 이인상에게 보낸 편지에서 이인상의 글이 "가히 중국에 진입할 만하다"[可以進於中夏:「황 참판에게 답한 편지」(원제 '答黃參判書'), 『능』3]라고 한 바 있다.

「황 참판에게 답한 편지」, 『능호집』(하)
66면

● 11월, 「돌솥[11] 명」(원제 '石鼎銘', 『뇌』5)을 짓다.

새벽에 일어나 추운 방에서 돌화로를 끼고 앉아 독서하는 이인상의 모습이 그려져 있다. 이 글에서 이인상은 스스로를 '산인'(山人)이라 칭하고 있다. 당시 집에 늙은 여종이 한 명 있었음을 알 수 있다.

● 11월 10일, 송익흠이 청주의 여차(旅次)에서 사망하다.

● 겨울, 「늑천 송자에게 준 편지」(원제 '與櫟泉宋子書', 『능』3)를 작성하다.

「늑천 송자에게 준 편지」, 『능호집』(하)
18면

송명흠이 모친상 때 일을 적절히 처리하지 못했음을 지적한 편지다. 자신의 마음을 속이지 않는 이인상의 면모를 보여 주는

---

11 돌화로를 말한다.

글이다.

● 겨울, 홍자의 집에서 7년 전 정월 대보름 때 본 매화를 다시 감상하다. 옛날 같이 매화를 감상하던 송문흠은 이미 작고하고 자신과 홍자는 그 사이 수염과 머리가 허옇게 된지라 등촉 아래에서 매화 향기를 맡으며 서글픈 마음을 이기지 못하다. 옛날에 쓴 '眞香純白'이라는 글씨를 개서(改書)하다(「관매기」, 『뇌』4).

● 겨울, 윤면동의 집에서 김무택·이상목과 함께 매화를 감상하고(「관매기」), 〈묵매도〉(墨梅圖, 일명 '월하상매'月下賞梅. 개인 소장)를 그리다.

관지: "원박씨(元博氏)와 함께 자목(子穆)의 방에서 매화를 감상하고 발묵(潑墨)하여 마음 가는 대로 그렸다. 원령. 정축년 겨울"(与元博氏, 賞梅于子穆室, 潑墨漫寫. 元霝. 丁丑冬日)

〈묵매도〉 관지, 『서화평석』(1)
834면

● 겨울, 계부의 연심재(淵心齋)에서 매화를 감상하다(「관매기」).

● 12월 19일, 아내의 연제(練祭)에 축문(祝文)을 지어 고하다.

글 중에 "규잠(規箴)의 말을 듣지 못한 것이 벌써 일 년이 다 되어 갑니다"(不聞規箴之言者, 已盡一年矣:「죽은 아내의 연제 축문」(원제 '亡室練祭祝文'), 『뇌』5)라는 말이 보인다. 이인상은 「또 한 편의 아내 제문」(원제 '又祭亡室文', 『뇌』5)에서는 "집안에 들어와서는 하루도 잠규(箴規)의 말을 듣지 않은 날이 없었지요"(入室則盖無一日不聞箴規)라고 말하고 있다.

● 12월, 고우관(古友館)에서 「관매기」(觀梅記, 『뇌』4)를 짓다.

이인상은 사근도 찰방으로 있을 때인 1749년 3월 사근역의 소리(小吏)에게 큰 매화나무를 구입하여 새로 건립한 수수정 아래에 심었는데, 찰방의 임기가 차서 돌아올 즈음 이 나무를 분에 옮겨 심어 서울 집으로 보냈다. 얼마 후 이인상은 음죽 현감으로 부임하게 되어 이 나무를 오찬에게 맡겼다. 오찬은 함경도로 유배 가면서 이 나무를 김성응에게 맡겼다. 이인상은 음죽 현감을 그만둔 후인 1754년 이 나무를 집으로 도로 찾아왔지만 이해 1월 아내가 죽자 나무도 그만 얼어 죽었다. 이인상은 이 매화나무가 죽자 다시는 분매(盆梅)를 기르고 싶지 않았다고 했다. 사근역에서 가져온 이 매화나무의 죽음은 이인상에게 비단 매화나무의 죽음으로만이 아니라 다가오는 자신의 죽음에 대한 예감으로 받아

영조 33년(정축丁丑)

1757년

48세

들여진 게 아닌가 한다. 그래서 「관매기」라는 글을 지어 자신이 평생 동안 본 분매들에 대하여 자세한 기록을 남긴다. '나의 매화 완상기(玩賞記)'라고 해도 좋을 이 특이한 글은 그의 나이 22세 때인 1731년부터 시작해 27년간 누구의 집에서 누구와 함께 어떤 매화를 보았는가를 상세히 기록해 놓았다.

「관매기」는 매화가 단호그룹의 정신적 상징물이었음을 잘 보여 준다. 이인상은 이 글에서 매화에 대한 추억과 벗들에 대한 추억을 통해 자신의 생을 정리하고 있다. 이 글에는 이인상 평생의 기쁨과 슬픔, 벗들의 죽음과 아내의 죽음이 망라되어 있다.[12]

● 「혼상 지」(魂箱識, 『뇌』4)를 짓다.

벗 홍자의 권유에 따라 죽은 아내의 혼백(魂帛)을 능호관 뜨락의 측백나무 아래에 묻은 일을 기록한 글이다.

「산천정 기사」, 『능호집』(하)
278면

● 「산천정 기사」(山泉亭記事)를 짓다.

이인상은 1751년 다백운루 부근에서 천맥(泉脈)을 발견하자 연못을 조성해 연(蓮)을 심을 수 있겠다고 여겨 기뻐했으며 이 사실을 장차 송문흠에게 알리고자 하였다. 하지만 그 사이 송문흠이 병으로 갑자기 세상을 떴다. 이인상은 그의 유고를 수습하던 중 자기에게 부치려고 한 시 1수를 발견하였다. 이 시는 다음과 같다: "능호관 주인은 연꽃을 혹애(酷愛)하나 / 늙어서도 연못 만들 뜰이 없다지 / 근래 운담에 집터 새로 정했다는데 / 모를레라 산 아래 샘이 있는지."(凌壺觀主愛蓮苦, 老去無庭鑿半畂. 近向雲潭新卜宅, 不知山下有泉否: 「산천정 기사」, 『능』4) 이인상은 송문흠의 이 시의 시의(詩意)에 부응하기 위해 연못 곁에 '산천정'(山泉亭)이라는 정자를 짓고자 했으며, 이 기사(記事)를 이규진에게 보내 기문을 받고자 했다.

● 이윤영의 백석향산(白石香山)에 명을 쓰다.

명은 다음과 같다: "생각해 보니 경보(敬父)와 노공정(魯公鼎)을 만들어,[13] 계설향(桂雪香)을 사르고 옥경(玉磬)을 쳤다.[14] 흰 돌

---

12 박혜숙, 「이인상의 '관매기' 연구」(『한국학연구』 42, 2016) 참조.

13 1745년에 이인상은 오찬·이윤영과 함께 '노공정'을 본 뜬 그릇을 제작한 적이 있다. '노공정'은 청동으로 만든 주대(周代)의 제기(祭器)로, '魯公'이라는 명문(銘文)이 있다.

로 향산(香山)을 만들었으니, 노공정과 함께 우뚝하다. 십 년 동안 명을 짓지 못했으니, 경보에 대한 슬픈 마음 때문이었다."(念與敬父作魯公鼎, 燒桂雪擊玉磬. 白石象山, 與鼎並峙. 十年不銘, 敬父之思:「이윤지 백석향산 명」李胤之白石香山銘,『뇌』5) 죽은 오찬을 슬퍼하는 마음 때문에 차마 명을 쓰지 못하다가 이제야 명을 쓴 것을 알 수 있다.

● 이윤영의 미월연(薇月硯)에 명을 쓰다(「이윤지 미월연 명」李胤之薇月研銘,『뇌』5).

● 이윤영에게 편지를 보내 명말(明末)의 문풍을 비판하고, 골동 애완의 부화한 습벽(習癖)을 없애야 할 것을 말하다(「이윤지에게 준 편지」(원제 '與李胤之書'),『능』3).

이인상·이윤영·오찬·김상묵 등 단호그룹의 인물들은 '고'(古)를 몹시 애호해 중국의 고기(古器)를 수장(收藏)·애완(愛玩)하는 취향이 있었다. 이인상은 그 유폐(流弊)를 성찰하면서 스스로를 반성한 것이다.

● 박사신(朴師藎)의 시권(詩卷)에 발문을 써 주다(「박여신朴汝信 시권 발문」(원제 '朴汝信詩卷跋'),『뇌』4).

● 권헌에게 보내는 글인 「권중약에게 주는 계(啓)」(원제 '與權仲約啓',『뇌』5)를 쓰다.

글 중에 "저물도록 그대를 생각하느라/나의 머리카락 성글어지네"(思君日長, 令我髮短)라는 말이 보인다.

이인상과 권헌은 사귄 지는 오래지 않으나 아주 절친하게 지냈다. 권헌은 재야지사(在野之士)로서 견식이 있고 비판적 사회의식이 있었으며 문한(文翰)이 유여(有餘)하였다. 권헌은 이인상의 서책이나 골동고기를 차람(借覽)했으며(「종산서가기」鐘山書架記, 초본『진명집』震溟集 권13),[15]「이팔(李八)에게 주다」(원제 '贈李八', 초

「이윤지에게 준 편지」,「능호집」(하)——
55면

---

14 '계설향'(桂雪香)이라는 말은 이윤영이 쓴 「경보의 삼수 적거에 부치다」(원제 '寄贈敬父三水謫居',『단』8)라는 시 제1수의 "한 줌의 계설향이 든/옥향로를 손으로 떠받쳤었지"(一片桂雪香, 玉罏以手擎)라는 구절에도 보인다. 오찬은 경쇠 연주를 좋아했던바, 이인상은 '옥경'(玉磬)이라는 두 글자를 오찬에게 써 주어 누각의 편액으로 걸게 하였다. 이인상, 「경심정기」磬心亭記,『능』3) 참조.

15 다음의 말 참조: "遂取禹、頡鼎籀之迹, 嶧山棗木之刻, 文王之鼎, 泗濱之磬, 耽羅、薩州螺硏玉蠙之屬, 以自娛. 此則皆非吾有, 而畜於比隣."(「鐘山書架記」, 초본『진명집』권13) 인용문 중 '비린'(比隣)은 같은 동네에 살던 이인상을 가리킨다.

영조 33년 (정축丁丑)

1757년

48세

본『진명집』권3)라는 시에서 다음과 같이 이인상 전서의 기이함을 노래한 바 있다: "사행(士行: 송문흠)은 전서를 잘 써/능히 우정(禹鼎: 우임금의 솥)의 자체(字體)와 비슷했네/원령은 그 무리인데/기운이 우뚝하니 더욱 장대했지/나는 언젠가 그의 어깨 툭 치며/글씨의 특이한 꼴 자세히 봤지/조각 속에 귀신이 든 것만 같고/단칼에 얼음을 깨뜨린 것 같고/벼랑이 아래로 드리운 것 같고/벼락이 우르릉 지나간 것 같고/반쯤 죽어 뼈가 드러난 소나무가/푸른 하늘에 거꾸로 걸려 있는 것 같았네/흥이 돋으면 성대히 먹을 뿌려/군센 적이 향하는 곳 끊어 버리네."(士行善篆籀, 能得禹鼎樣. 元靈乃其徒, 岁崱氣尤壯. 我嘗拍其肩, 細覩窊殊狀. 鬼靈入雕鎪, 劈畫破陰障. 崩崖落下垂, 霹靂耆已往. 槎枒半死松, 倒掛靑天嶂. 興酣大潑墨, 勁敵絶所向)

권헌은 또한 이인상의 고전(古篆)을 높이 평가한 시「장난삼아 원령의 전주(篆籀)에 대한 노래를 짓다」(원제 '戲作元靈篆籀歌', 초본『진명집』권5)를 창작하기도 했다. 이 시에는 다음과 같은 말이 보인다: "원령은 한(漢)나라의 중랑(中郞)/발분(發憤)하여 고(古)를 좇아 신수(神髓)를 찾아냈네/하늘이 공교함과 힘을 내려/그가 쓴 전주(篆籀) 우뚝하니 기세가 굉장하네/쓱 그은 분촌(分寸)의 획에서 기괴함이 나오니/늙은 나무등걸이 기이한 돌 위에 버티고 선 듯, 땅에 칼로 선을 그은 듯."(元靈漢室之中郞, 發憤追告[古]搜神髓. 天公與巧兼與力, 篆籀崛起勢贔屭. 劃然分寸出奇怪, 老槎揹奇石刀斫土.)

한편 그가 이인상을 그리워하며 쓴「아양(鵝陽: 충청남도 서천군)에서 종산(종강)의 옛 이웃을 생각하며」(원제 '鵝陽憶鐘山舊隣', 초본『진명집』권3)라는 시에는 "중년에 남산에 들어가/세상사람 만나지 않고/오연히 사립문 아래서/시상(柴桑)[16]을 서글피 바라보았지/마음 맞는 이를 다행히 만나/그윽한 정 자주 이야기했네/새 벗에 경도되어 친밀히 지냈으니/어찌 집만 가깝다 뿐이었겠나/사대부들 사이에 이름 자자해/빛나는 명성 독보(獨步)라 이를 만했지/(…)/양식이 없음을 스스로 탄식했으나/권귀(權貴)는

---

16 '시상'은 도연명이 귀거래한 곳이다.

거들떠보지도 않았네 / 기이한 비결(秘訣)은 성위(星緯)를 부연했고[17] / 괴상한 전주(篆籒)는 창힐(蒼詰)과 우(禹)임금을 본떴네[18] / 안채의 고우각(古友閣)[19]에는 / 진기한 종정(鍾鼎)을 모아 두었네 / 백예(百藝)에 두루 통달하였고 / 제가(諸家)를 참조해 『도연명집』에 주석을 붙였지[20] / 접여(接輿)와 미불(米芾)처럼 / 차츰 기궤한 고(古)를 이뤘네 / 형해(形骸)는 오도카니 흙과 같으나[21] / 술 마심을 스스로 취미로 삼네"(中歲入南山, 不與世人遇. 偃蹇衡門下, 悵望柴桑路. 幸逢會心人, 數與討幽素. 綢繆傾新知, 豈惟接衡宇. 藹藹衣冠內, 華譽稱獨步. [⋯]自歎菽水缺, 不肯權貴顧. 奇訣衍星緯, 怪籒摹蒼禹. 內舍古友閣, 瑰奇鍾鼎聚. 淹貫馳百藝, 箋釋互相注. 興狂與米顚, 浸淫成詭古. 形骸塊若土, 醉飮自延趣)라는 말이 보인다.

또 「고우자(古友子)[22]에게 장난삼아 주다」(원제 '戲贈古友子', 초본 『진명집』 권4)라는 시에서는 "그대는 보지 못했나 왕마힐(王摩詰: 왕유)은 시 속에 그림 있고 그림 속에 시가 있어 / 붓 들면 풍류가 고금을 관통했네 / 원령은 본시 이런 무리의 사람 / 그림 좋아하고 시를 사랑해 고질이 되었네 / 흥이 일면 기취(奇趣)를 그릴 뿐이라 / 말[馬] 고를 때 암수를 가리지 않음과 같네 / 일사(逸士) 만나 혹 전신(傳神) 하고자 했고 / 그 밖의 속인(俗人)은 돌아보지도 않았네 / 근래 협박을 당해 지닌 재주 후회해 / 팔 잘라 자유롭게 살겠노라 맹서했었지 / 괴상해라 그대 유독 나의 초상 그리려 해 / 내가 고개 젓자 그대는 아쉬워 손뼉을 쳤네 / 누렇고 못생긴 얼굴 세상이 다투어 웃을 텐데 / 기이한 기상 있다 한들 누가 그걸 형상하리 / 알괘라 그대의 뜻 진세(塵世)를 벗어나는 것이어서 / 나를 허현도(許玄度)[23]만큼 사랑하는 줄을 / 뭇 사람 모두 나를 버리나

---

17 '성위'(星緯)는 천문성상(天文星象)을 보고 인사(人事)의 길흉과 화복을 정하는 방술(方術)을 말한다. 이 구절을 통해 이인상이 천문역상(天文曆象)에도 밝았음을 알 수 있다.

18 '창힐'(蒼詰)은 문자를 처음 만든 사람이고, '우임금'은 '우전'(禹篆)이라는 독특한 전서를 쓴 것으로 알려져 있다.

19 이인상이 만년에 종강에 지은 집 뇌상관의 동사(東舍)에 붙인 이름이다. '고우관'(古友館)이라고도 한다. 서사(西舍)에는 '천뢰각'이라는 이름을 붙였다.

20 이인상은 종강에 살 때 중국인 10여 명의 『도연명집』(陶淵明集) 주석을 참조해 『도연명집』에 전주(箋註)를 붙인 바 있다. 권헌, 「『연명집 주해』 서」(淵明集註解序), 초고본 『진명집』 권8 참조.

21 세속에 초연한 모습이라는 뜻.

22 이인상 집의 당호가 '고우관'(古友館)이기에 '고우자'라고 한 것이다.

그대 홀로 존숭하니 / 이 본디 진심이요 헛된 존모 아닌 거지"(君不
見摩詰詩有畵畵有詩, 落筆風流掩今昔. 元靈自是此輩人, 嗜畵愛詩成痼
癖. 乘興但解寫奇趣, 有如相馬遺牝牡. 願逢逸士或傳神, 餘外俗子不復顧.
近遭迫脅悔技癢, 誓絶其腕都兩忘. 怪君獨請寫我眞, 我自掉頭君拊掌. 黃
面拙貌世爭笑, 雖有奇氣雖(誰)能狀. 知君意見洗塵土, 愛我不減許玄度.
衆人皆棄子獨尙, 此故眞心非虛慕)라고 하여, 둘이 서로 마음을 허여
한 지기임을 밝히고 있다. 또한 이 시를 통해 이인상이 만년에 초
상을 그려 달라는 어떤 권귀(權貴)의 부탁을 거절했다는 사실과
이인상이 좀처럼 남의 초상을 그리지는 않았지만[24] 인물화에 남
다른 재능이 있었다는 사실을 알 수 있다. 지금 전하는 이인상의
인물화는 〈검선도〉가 유일하다.

○ 정내교(1681년 생) 사망.

○ 이윤영, 이해에서 1759년 사이에 〈노송도〉(老松圖)를 그리다
(간송미술관 소장).

　　관지: "눈을 쓸지 않은 수정루(水精樓)에서 병우(病友) 계윤(季
潤)을 위해 노송(老松)과 새로 핀 연꽃을 그려 그 쓸쓸한 마음을
위로한다. 윤지"(臥雪水精樓中, 爲病友季潤作老松新荷, 以慰蕭索之懷.
胤之)

　　박지원이 이윤영의 집에 출입하며 『주역』을 배운 것은 이 무
렵의 일로 생각된다(박종채朴宗采, 『과정록』過庭錄 권1). 박지원의
아들인 박종채의 『과정록』에는 "우리 집에는 조그마한 산수화 족
자 둘과 〈일출도〉(日出圖), 〈군선도〉(羣仙圖), 〈구룡연도〉(九龍淵
圖) 등 여러 작은 그림들이 간직되어 있다. 이것들은 모두 아버지
께서 젊을 때 단릉(丹陵)과 능호(凌壺)를 좇아 노닐면서 간혹 장난
삼아 그 필의(筆意)를 본뜨신 것이다"(家藏又有山水二小簇, 及〈日出
圖〉·〈羣仙圖〉·〈九龍淵圖〉諸小幅, 皆先君少時, 与遊丹陵·凌壺, 間戲效其

이윤영, 〈노송도〉, 『서화평석』(1)
904면

23 '허현도'는 동진(東晉) 때 청담(淸談)을 일삼은 명사(名士)인 허순(許詢)을 말한다. '현도'는 그 자이다.

24 이인상이 남으로부터 그림을 그려 달라는 협박을 받아 절필했다는 사실과 이인상이 권헌의 초상을 그리고 싶어 했으나
　권헌이 거절했다는 사실은 다음 기록에도 보인다: "李君元靈, 能文辭篆隸, 而兼有顧, 陸之技. 嘗被人摧辱, 遂絶筆, 不復
　爲, 間就余或乘興弄筆, 而亦不使人知也. 每酒後, 瞠目熟視余, 間忽大笑曰: '吾見人多矣, 子之貌最難得, 非頰上加毛, 顧不
　可寫子矣.' 仍請傳神者數矣, 而余顧不肯矣."(「畵像說」, 초본 『진명집』 권13)

筆意者也)[25]라는 말이 보이니, 박지원이 이 무렵 이윤영·이인상을 좇아 노닐며 그 그림의 필의(筆意)를 배우고자 했던 것을 알 수 있다.

○ 홍자, 1월 헌납에, 3월 부교리에, 8월 수찬에 제수되다.

○ 이최중, 1월 승지에, 10월 삼척 부사에 제수되다.

이최중은 「삼척 백성의 폐해를 아뢰는 서(書)」(원제 '陳三陟民弊書', 『위암집』韋菴集 권4)를 지어 백성의 고통을 진정하는 등 삼척 군수로서 치적(治績)을 남겼다.

○ 김종후, 1월 동몽교관에 제수되다.

○ 김순택, 낭천 현감 재직시 '순리'(循吏)로 표창되다.

『승정원일기』의 이해 1월 25일 기사에 이런 구절이 보인다: "'관동(關東)에서 가장 잘 다스리는 수령이 누구인고?' 윤동승(尹東昇)이 아뢰었다. '낭천 현감 김순택이 비록 혁혁한 명성은 없으나 참된 정사(政事)에 힘써 아전과 백성들이 믿고 복종하니, 법으로 다스림이 매우 훌륭하다 할 것입니다. 그리하여 신(臣)이 서계(書啓)에서 묵묵히 참된 정사를 행하여 사방이 길들여졌다고 논한 것이옵니다. 윤창후(尹昌屋)가 거짓으로 명예를 낚은 일을 보고 나니 낭천 현감의 정사가 몹시 훌륭하게 여길 만한 것임을 더욱 알겠사옵니다.' 임금께서 말씀하셨다. '참으로 순리(循吏)로다. 김순택이 누군고?' 김상로(金尙魯)가 아뢰었다. '한림(翰林) 김화택(金和澤)의 형인데 본디 문장에 능한 선비로 일컬어지고 있사옵니다. 치적이 있다는 명성이 서울까지 많이 들려옵니다.' 신만(申晚)이 아뢰었다. '김순택은 개결하고 문장을 잘하니 필시 볼만한 치적이 있을 것이옵니다.' 임금께서 말씀하셨다. '내가 그를 본 적은 없으나, 고을을 다스린 공적을 들어보니 참으로 가상하구나.'"('關東最善治者, 誰耶?' 東昇曰: '狼川縣監金純澤, 雖無赫赫之聲, 而力行實政, 吏民信服, 治法甚爲可貴, 故臣於書啓中, 論之以默行實政, 四境馴狎, 蓋觀于尹昌屋行僞釣譽之事, 然後益見狼川之爲尤可貴矣.' 上曰: '眞循吏也. 金純澤, 誰耶?' 尙魯曰: '翰林金和澤之兄, 而素稱能文之士矣. 治聲亦多流入於京裏矣.' 晚曰: '其人介潔善文, 必有可觀之績矣.' 上曰:

---

25 박희병, 『나의 아버지 박지원』(양장본, 돌베개, 1998), 257면, 394~395면 참조.

영조 33년 (정축丁丑)

1757년

48세

'予未嘗見其人, 而聞其治邑之績, 誠爲可嘉.')

○ 이유수, 2월 대사간에 제수되다.

○ 김근행, 2월 직산(稷山) 현감에 제수되다.

○ 오재순, 2월 평강(平康) 현감에 제수되다.

○ 김상숙, 봄 이윤영을 위해 김순택의 「국의송」(菊衣頌)을 종요체(鍾繇體)의 세해(細楷)로 쓰다(《근묵》 소수, 국립중앙박물관 소장).

○ 김성응, 6월 훈련대장에 제수되다.

○ 이기중, 예전 단양 군수 시절의 부정이 적발되어 7월 인천 부사에서 파출(罷黜)되고 의금부에 나수(拿囚)되다.

　　이기중은 12월 29일 수원부(水原府)에 도배(徒配)[26]되었다가 익년 1월 9일 방송(放送)되었다. 이윤영은 아우 이운영과 함께 부친을 모시고 수원으로 내려갔다. 이기중은 전에도 수원부 장족역(長足驛)에 도배된 적이 있다. 이기중은 이희조(李喜朝)의 제자로, 위인(爲人)은 탄솔백직(坦率白直)하나 이재(吏才: 관리로서의 업무 능력)가 있었던 것 같지는 않다.[27]

○ 김상숙, 9월 남행가주서(南行假注書)에, 10월 사복시 주부에 제수되다.

◎ 정선, 〈청송당도〉(聽松堂圖, 국립중앙박물관 소장)를 그리다.

① 청, 외국 무역을 광동(廣東)에 한정하다.

① 카모노 마부치의 『관사고』(冠辭考) 완성되다.

김상숙, 〈국의송〉(부분),
『서화평석』(2) 1188면

정선, 〈청송당도〉(《장동팔경첩》)

---

26 ‘도배’란 도형(徒刑)의 죄목으로 귀양 가는 것을 이른다. ‘도형’은 5형의 하나로, 관(官)에 잡아 두고 강제노역을 시키는 형벌이다. 도형에는 반드시 장형(杖刑)이 가해졌다.

27 『승정원일기』 영조 33년(1757) 7월 16일 기사 참조.

영조 34년(무인戊寅, 1758년) 49세

〈고반〉, 『서화평석』(2) 814면

「상협으로 놀러 가는 원자재와 신익경을 전송하다」, 『능호집』(상) 551면

「김용휴가 사군에 놀러 가므로 (…) 떠날 때 주다」, 『능호집』(상) 555면; 〈득산에게 보낸 간찰〉, 『서화평석』(2) 1015면

「감회. 남쪽 고을의 여러 공에게 보이다」, 『능호집』(상) 514면

● 이윤영의 서성(西城) 집에서 『시경』의 「고반」(考槃)을 예서로 쓴 것은 이해 봄으로 추정된다(개인 소장).[1]

　관지: "봄에 서성에서. 원령"(春于西城. 元靈)

● 상협(上峽: 단양·충주 일대)에 놀러 가는 원중거(元重擧)에게 시를 써 주다.

● 사군(四郡)에 놀러 가는 김명주(金命柱, 1730~1775, 자 용휴用休)에게 「김용휴가 사군에 놀러 가므로 「세모에 회포를 적다」라는 시의 운에 추차(追次)하여 떠날 때 주다」(원제 '金用休游四郡, 追次晩歲書懷韻以贈行')라는 시를 써 주다.[2]

그 시고(詩稿)가 현재 전한다(개인 소장).[3] 김명주는 경주 김씨 김한열(金漢說, 1709~1742)의 아들로, 추사(秋史) 김정희(金正喜)의 조부인 김이주(金頤柱, 1730~1797)와 삼종간이다. 영조의 외손자인 김이주는 윤면동의 종매부다. 이인상은 윤면동으로 인해 김명주와 알게 된 듯하다. 이인상은 평생 포의로 지낸 김명주와는 교유했으나 귀족이라 할 김이주와는 교유하지 않았다.

● 답청일, 남산에 있는 김명주의 집 득산루(得山樓)를 찾았다가 주인을 만나지 못하자 자신의 집 뜨락에 성개한 매화를 함께 감상할 것을 청하는 간찰을 보내다(단국대학교 석주선기념박물관 소장).

● 늦봄, 충청도 직산(稷山), 공주, 황산(黃山), 회덕(懷德)을 여행하다.

·이때 지은 「감회. 남쪽 고을의 여러 공에게 보이다」(원제 '感懷. 示南州諸公')라는 시 중에 "늙으니 옛 벗이 그리워 / 멀리 노닒에 슬픈 읊조림 많아라 / 죽은 이 부질없이 꿈에 보이니 / 산 사람은 거

1　이 글씨에 대해서는 『능호관 이인상 서화평석 2: 서예편』의 '10-4'를 참조할 것.

2　이 시는 『뇌상관고』에는 실려 있지 않으며 『능호집』에만 실려 있다.

3　이 시고에 대해서는 『능호관 이인상 서화평석 2: 서예편』(2020, 초판 2쇄), 1015면을 참조할 것.

듭 맘이 괴롭네 / 농사일 배웠으나[4] 행하지 못하고 / 관직에 나가 지조만 해쳤네 / 동지들에게 고하노라 / 산림(山林)에 사는 게 내 참뜻임을"(衰暮戀[5]舊交, 遠遊多悲吟. 逝者空入夢, 生者重勞心. 學稼竟 無施, 懷祿損孤襟. 告我同志士, 眞意在丘林)이라는 말이 보인다.

· 직산 현감으로 있던 김근행을 만나 시를 수창하다(「직산의 관사 에서 주인인 사군使君[6]과 염운拈韻하여 옛 일을 서술하다」(원제 '稷山 官舍, 與主人使君拈韻叙舊'), 『뇌』2).

· 「잠곡(潛谷)의 비(碑)」[7](원제 '潛谷碑', 『뇌』2)라는 시에서 "삼남 지 방 편하게 하시어 / 백년이 지나도록 송축을 받네 / 예로부터 왕 정(王政)을 밝히는 일은 / 일정(一井)[8]에서 비로소 세워졌다네"(便 宜在三路, 頌禱經百禩. 從古明王政, 建自一井始)라고 하여 김육의 대 동법 시행을 칭송하고 있다.[9]

· 연기군에 있는 김창석(金昌錫, 자 문중文仲)의 집에 들르지 못해 아쉬워하며 「금계역(金鷄驛)으로 김문중을 방문하고자 했으나 뜻을 이루지 못하다」(원제 '金鷄驛訪金文仲, 未果', 『뇌』2)라는 시를 짓다. 시는 다음과 같다: "금계까지 십 리가 안 되나 / 차령(車嶺) 가는 길은 이 길 하나뿐 / 길옆에 국사(國士)가 살아 / 초목 사이 에 은거해 있네 / 전쟁을 이야기하며 태평시절 근심하고 / 효상 (爻象)을 완미(玩味)하며 상도(常度)가 사라진 것에 흐느끼네 / 궁 하고 굶주려도 농사일 배우기 부끄러워하고 / 명성을 신 삼는 일 처럼 하찮게 보네 / 머리 세어도 기운 유독 펄펄해 / 꿈에서 고인 (古人)과 만나네 / 이번 걸음에 방문하지 못하니 / 지치고 해 저물

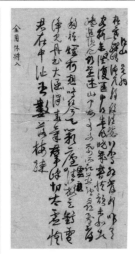

〈득산에게 보낸 간찰〉,
『서화평석』(2) 1010면

---

4 이인상은 모산에서 지낸 2년 동안 농사일을 돌보며 공부했다.

5 『뇌상관고』에는 '戀'으로 되어 있고 『능호집』에는 '憐'으로 되어 있다. 의미상 '戀'이 낫다.

6 김근행을 가리킨다. 1758년 당시 직산 현감으로 있었다. 김근행이 이때 지은 시가 『용재집』(庸齋集) 권2에 「직산 관아로 대보름날 밤 이원령이 마침 찾아와 『동포집』(東圃集)에서 운자를 뽑다」(원제 '稷衙燈夕李元靈適至, 抽『東圃集』韻)라는 제목으로 실려 있다. 시의 전문을 보이면 다음과 같다: "邂逅篝燈夕, 征駒爲我留. 春晴民事歇, 花落訟庭幽. 宿志慙朱紱, 韶光感白頭. 共移蓮沼步, 明月滿淸流."

7 잠곡 김육의 대동법 시행 공로를 칭송하기 위해 세운 비이다. 비의 원이름은 '김육대동균역만세불망비'(金堉大同均役萬 世不忘碑)이며, '호서선혜비'(湖西宣惠碑)라고도 불린다. 김육이 삼남 지방에 대동법을 실시한 일을 기념하기 위하여 삼 남 지방을 통하는 길목인 지금의 경기도 평택시 소사동에 건립하였다. 이인상의 벗인 김상묵의 족숙이 김성응(金聖應) 인데, 김성응의 고조부가 김육이다.

8 '일정'(一井)은 고대 정전제에서 토지를 구획한 단위로, 900무(畝)에 해당한다.

9 김육이 대동법을 시행한 것이 얼마나 대단한 일인지는 이헌창, 『김육 평전』(민음사, 2020)에 자세하다.

어 아쉬운 마음 / 화양서원에서 만나 / 함께 맑은 향 피우길 기약하노라."(金鷄未十里, 車嶺只一路. 路傍有國士, 隱沒混草樹. 談兵憂升平, 玩象泣常度. 窮飢恥學稼, 名聞視捆屨. 皓首氣獨伸, 夢與古人遇. 吾行未欸門, 馬瘏惜日暵. 留期華陽院, 淸香共一炷.)

김창석은 송애(松崖) 김경여(金慶餘)의 손자인데 평생 처사로 살았던 인물이다(숙종 45년[1719] 돈령도정敦寧都正에 제수되었으나 나아가지 않았음).『승정원일기』영조 28년(1752) 10월 1일 기사에 송시열과 송준길을 문묘에 승배(陞配)할 것을 요구하는 상소를 올린 충청도 유학(幼學)의 명단이 나오는데 이 중에 김창석의 이름이 보인다. 이인상은 영조 29년(1753) 봄, 송문흠의 장례식에 갔다가 돌아오는 길에 공주에서 김창석의 조카인 김덕운(金德運)을 만나 함께 쌍수산성 부근의 공북정에 오른 적이 있다.

·「박경명(朴景命)[10]의 운화 임거(林居)[11]」(원제 '朴景命雲華林居')라는 시에 "깊은 봄 쇠잔한 꿈 꾸어 / 오랑캐 치러 명사(鳴沙)[12]를 건너네"(春深衰夢在, 征虜度鳴沙)라고 하여 늙어도 북벌의 꿈을 접지 못하고 있음을 보여 준다.

·「영규대사 비」(원제 '靈圭碑'),「구곡에서 허사예에게 보이다」(원제 '龜谷示許士輗'),「야은의 검」(원제 '冶隱劍'),「검담 보만정」(黔潭保晚亭),「동춘당」(同春堂) 등의 시도 모두 이때 지은 것이다.

● 4월 16일, 제문을 지어 송익흠의 묘에 고하다.

날이 저물어 송익흠의 고향인 흥농촌(興農村)을 방문하여 그의 부친인 송요화(宋堯和)를 만났다. 돌아오는 길에 송명흠의 절친한 벗인 청주 목사 김성자를 만났으며,[13] 또 객사(客舍)에서 김

---

10 박신원(朴新源)을 말한다. 본관은 밀양이고, '경명'은 그 자이며, 박성석(朴星錫, 1650~1709)의 서자이다.『주역』에 밝았다. 점을 잘 쳤기에 달관(達官)들의 추천을 받아 예빈시 참봉에 제수되었으나 나오지 않았다. 부친 박성석은 송시열의 문인이며, 무과에 급제해 창성 방어사와 전라좌도 수군절도사를 지냈다. 성해응의『초사담헌』(草榭談獻) 3(『연경재전집』권56 소수)의 '박성석·신원'(朴星錫·新源) 조 참조. 또 성대중의『청성잡기』(靑城雜記) 권4·5 '성언'(醒言)도 참조.

11 '운화'(雲華)는 충청도 황산의 운화대(雲華臺)를 말한다. 박신원이 그 아래에 거주했다. 송능상(宋能相),「보름밤, 달은 밝고 바람은 고요한데 벗이 보고 싶어 배를 저어 황산으로 거슬러 올라가 경명(景命)을 방문했거늘 실로 다하지 않은 흥취가 있어 말로 드러내다」(원제 '望夜月朗風靜, 不勝剡溪之戀, 拿舟上黃山訪景命, 實有不盡之興, 形之於言'),『운평집』(雲坪集) 권1 참조.

12 '명사'(鳴沙)는 원래 중국 감숙성(甘肅省) 돈황(敦煌) 남쪽의 산 이름으로, 모래가 쌓여 이루어져 모래 우는 소리가 들린다고 한다. 보통 중국의 새외(塞外)를 가리키는 말로 쓰인다.

13 『늑천집』권19「연보」의 "선생(송명흠)과 김공(金公: 김성자)은 사귐이 가장 친밀하였다"(先生與金公交分最密)라는 말

「낭주 객사에서 미호 김공을 만나 회포를 풀다」, 『능호집』(상)
543면

원행을 만나 회포를 풀었다(김원행도 송익흠을 곡하기 위해 온 것임).[14] 이때 김원행에게 준 시 「낭주(琅州: 청주의 옛 이름) 객사에서 미호 김공[15]을 만나 회포를 풀다」(원제 '琅州客堂遇渼湖金公叙懷')에 "중화(中華)와 도적 한가지로 내치지 말아야지"[16](漢、賊不幷驅)라 하여, 청나라를 배척한다고 해서 중화 문명까지 배척해서는 안 된다는 취지의 말을 하고 있음이 주목된다. 이런 논리는 장차 한 세대 뒤의 인물인 홍대용이 본격적으로 제기하게 되며, 급기야 박지원·박제가가 홍대용의 논리를 토대로 북학론을 전개하기에 이른다.

한편, 송명흠의 「재종제(再從弟) 송시해 제문」(원제 '祭再從弟時偕文', 『늑천집』 권15)에는 "안으로는 훈지(壎篪)처럼 형제가 화목하여 이렇듯 번성하고, 밖으로는 원령과 성보가 있어 보익(輔益)이 되니, 당시에 스스로 이르길 '천하의 어떤 즐거움도 이와 바꿀 수 없다'라고 했다"(內則壎篪湛翕, 若是其盛, 而外則有元靈成甫, 爲之輔益, 當時自謂天下之樂, 無以易此)라는 말이 보인다.

● 여름, 남산 자락에 있던 윤면동의 집 탁락관(卓犖觀)[17]에서 이윤영·김무택과 아회를 갖다.

〈탁락관소집·이화〉, 『서화평석』(2)
910면

이때 지은 시가 「탁락관 소집」(卓犖觀小集, 『뇌』2)이다. 행초로 쓴 시고가 전한다(개인 소장).[18] 이 무렵 이인상은 근처에 살던 김무택·윤면동과 자주 소집(小集)을 가졌다.

● 초여름과 가을 두 차례 이윤영·윤면동·김무택과 도봉산에 가 도봉서원을 참배하고, 시를 지으며 노닐다.[19]

참조.

14 『늑천집』 권19 「연보」의 "四月, 渼湖金公來弔"라는 말 참조. 김원행의 생모가 송문흠의 조부인 송병원(宋炳遠)의 딸이다. 그러므로 김원행은 송문흠의 고종사촌 형이다.

15 김원행(金元行, 1702~1772)을 말한다. '미호'는 그 호이다. 또 다른 호는 운루(雲樓)이며, 본관은 안동이다. 원래 김창집(金昌集)의 아들인 김제겸(金濟謙)의 3남인데, 뒤에 출계(出系)하여 종숙(從叔) 김숭겸(金崇謙)의 양자가 되었다. 평생을 학문에 힘쓰면서 석실서원을 이끌었다. 그의 문하에서 홍대용과 황윤석을 비롯한 많은 학자가 배출되었다.

16 중원을 차지한 청(淸)을 배격한다고 하여 중원에 전해 오는 중화의 문물까지 배격하는 우(愚)를 범해서는 안 된다는 말이다. 이런 사고는 이인상의 후배인 홍대용·박지원에 이르러 본격적으로 전개되었다.

17 윤면동은 자신의 집에 '탁락관' 외에 '우형관'(寓形觀) '음백려'(蔭栢廬) 등의 이름을 붙였다.

18 이 시고에 대해서는 『능호관 이인상 서화평석 2: 서예편』의 '12-7'을 참조할 것.

19 1758년 '초여름'에 도봉산에 갔다는 사실은 이인상의 시 「이자(李子) 윤지(胤之), 김자(金子) 원박(元博), 윤자(尹子) 자목(子穆)과 도봉서원을 참배하고 염운(拈韻)하여 함께 짓다」(원제 '與李子胤之、金子元博、尹子子穆拜道峰書院, 拈韻共

이때 스물다섯 살의 젊은이 최치백(崔致白, 1734~ ?)을 만나 잠시 이야기를 나누다.[20] 최치백은 본관은 수성(隋城), 자(字)는 천규(天逵)로, 양주에 거주했으며 1768년(영조 44) 생원시에, 1771년(영조 47) 문과에 급제했다.

『능호집』권2에 실린 「윤지, 원박, 자목 제공과 도봉서원을 참배하고 염운(拈韻)하여 함께 짓다」(원제 '與胤之、元博、子穆諸公, 拜道峯書院, 拈韻共賦')는 여름에 갔을 때 지은 시이다.

여름에 갔을 때 그렸는지 가을에 갔을 때 그렸는지는 알 수 없으나 선면화 〈준벽청류도〉(峻壁淸流圖, 개인 소장)[21]와 〈소광정도〉(昭曠亭圖, 서강대학교 박물관 소장)는 도봉산에 놀러 갔을 때 그린 것이다. 〈준벽청류도〉의 제화는 다음과 같다: "내가 〔민장閔丈을 위하여〕 그림을 그렸는데, 〔윤지胤之가〕 또한 맑은 강물 한 줄

「윤지, 원박, 자목 제공과 도봉서원을 참배하고 염운하여 함께 짓다」, ────
「능호집」(상) 558면

〈준벽청류도〉 제화,
「서화평석」(1) 598면

賦', 『뇌』2)의 "벗 자목은 고포(孤抱)가 있거늘/맑은 여름 산문(山門) 함께 다시 찾았네/먼 골짝 가득 덮은 복사꽃 지금도 기억나거늘/빈 뜰에 지는 가을잎 어이 견디리"(故人子穆有孤抱, 淸夏山門與再經. 尙記桃花迷遠壑, 可堪秋葉下空庭)라는 시구 중의 '맑은 여름'(淸夏)이라는 말에서 확인된다. '맑은 여름'은 초여름을 이르는 말이다. "먼 골짝 가득 덮은 복사꽃 지금도 기억나거늘"(尙記桃花迷遠壑)이라고 한 것은 이인상이 1741년에 윤면동·이상목과 도봉산에 온 적이 있기에 한 말이다. 그래서 '다시 찾았네'(再經)라는 말을 썼다. 김무택과 윤면동의 문집에서도 당시 수창(酬唱)한 시가 발견된다. 김무택의「여름날 원령·윤지·자목과 도봉산에 들어가 짓다」(원제 '夏日, 與元靈、胤之、子穆入道峰作')와 「제월루(霽月樓)에서 또 '청'(靑) 자 운을 얻다」(원제 '霽月樓又得靑字', 『연』2), 윤면동의「이원령·김원박·이윤지와 도봉서원으로 노닐러 가는 길에 즉석에서 읊다」(원제 '與李元靈、金元博、李胤之遊道院途中口占')와 「도봉서원에 이르러 함께 짓다」(원제 '到院共賦', 『오』1)가 그것이다. 이들 4인이 이해 '가을'에 또 도봉산을 찾았음은 이윤영의『단릉유고』권10에 수록된「가을날 원령, 원박, 자목과 도봉서원에서 자며 함께 짓다」(원제 '秋日同元靈、元博、子穆宿道峯書院共賦')를 통해 확인된다. 『단릉유고』의 이 시 바로 앞에는「매화나무 아래 석상(石牀)에서 우연히 짓다」(원제 '梅樹下石牀偶題')라는 시가 실려 있는데 제목 아래에 "정축 삼월"(丁丑三月)이라는 세주(細註)가 달려 있다. '정축'은 1757년에 해당한다. 이 때문에 종래에는「가을날 원령, 원박, 자목과 도봉서원에서 자며 함께 짓다」가 1757년에 창작되었으며 이인상 등이 도봉산에 간 것이 1757년이라고 보았다. 하지만 이는 착오다. 대부분의 문집이 그렇지만『단릉유고』에 실린 시의 편차도 꼭 연대순으로 되어 있는 것은 아니며, 왕왕 착종이 있다.「가을날 원령, 원박, 자목과 도봉서원에서 자며 함께 짓다」는 뒤에 나오는「여름날」(원제 '夏日') 다음에 있어야 옳다.「여름날」은 이윤영이 이인상을 비롯한 벗들과 1758년 여름 북영(北營)에서 노닐 때 지은 시이다. 이들은 가을에 도봉산을 찾았을 때에도 지난번 여름에 사용한 '청'운(靑韻)으로 수창하였다. 이윤영은 이 시의 제1수에서 "때때로 벗을 이끌고 성곽을 나왔지"(時時出郭携諸友)라고 읊고 있다. '때때로'라는 말이 이들이 얼마 전에도 도봉산에 놀러왔음을 시사한다.

20 「동교(東郊)에서 돌아오는 길에 거듭 도봉에 들다」(원제 '東郊歸路重入道峰', 『뇌』2)의 제4수에 "최석사(崔碩士) 치백(致白)과 조금 이야기하다"(與崔碩士致白少話)라는 주기(註記)가 달려 있다. '석사'(碩士)는 손아랫사람을 높여 이르는 말이다.

21 〈준벽청류도〉는 종래〈선면송석도〉(扇面松石圖) 혹은〈도봉계류도〉(道峯溪流圖)로 불렸다. 이 그림은 도봉산에 놀러 가 그린 것이기는 하되 도봉산의 풍광을 그린 것은 아니다. 또한 이 그림의 기암(奇巖)은 준벽(峻壁)이지 단순히 돌은 아니다. 따라서 이 두 명칭은 다 적당하지 않다고 생각된다.

영조 34년(무인戊寅)

1758년

49세

기를 그려내었다. 민장(閔丈)은 기뻐하셨다. 〔민장의〕 사는 곳에 유수(流水)가 있거늘 윤지의 뜻이 참 좋다. 마침내 나는 붓을 들어 그림에 다음과 같이 제(題)하였다. '훌륭한 말을 듣고 훌륭한 행실을 보면 마치 강하(江河)를 터놓은 듯이 한다.' 이 부채가 지금도 있는지 모르겠다. 오늘 도봉산에 놀러 와 생사(生死)가 나뉜 슬픔을 이기지 못하겠다. 이 말을 기록해 같이 놀러 온 벗들에게 보여 감회를 부치고 서로 더불어 권면코자 한다."(■■■■■■■■■■ 日■■■■■■■■■■■■雲霞■■■■■■■■■■■畵, 余爲作■■■■ ■, 又出淸流一派, 閔丈欣■■■之居有流水, 胤之之意其善. 遂援筆題 其上, 曰: '聞善言, 見善行, 若決江河.' 不知此扇至今在否, 而今於道峯之 行, 不勝存沒之悲. 且記此語示同游, 以寓其感而相與勉焉.)〈소광정도〉 의 관지는 다음과 같다. "소광정(昭曠亭). 원령"(昭曠之觀. 元靈)

● 6월, 봉사(奉事) 김상무(金相戊), 이윤영, 김무택, 윤면동, 세마 (洗馬) 김종후, 좌랑(佐郞) 김상묵, 판관(判官) 홍익필(자 자직子直), 세마 김종수와 북원(北苑: 창덕궁 서쪽에 있던 북영北營을 이름)에 가 연꽃을 감상하고, 시를 지으며 노닐다.

이때 지은 시가 「여러 공과 북원에서 노닐며 각기 절구 하나 씩을 짓다」(원제 '與諸公遊北苑, 各賦一絶')와 「북원의 꽃을 읊은 여 덟 곡. 제공의 운을 써서 이윤지에게 화답하다」(원제 '北苑花八解. 和李胤之用諸公韻')이다.[22] 「대보단」이라는 장편시도 이때 지은 것 으로, 32세 때 전옥서 봉사로 대보단 제사에 참예한 것을 회억하 며 춘추대의의 염(念)을 피로(披露)했다. 이 시 중에 "말을 하면 나 보고 개가 짖는다고 하네"(發言謂我吠)라는 구절이 보인다. 18세 기 중엽이 되면 이제 조선의 관료나 지식인 가운데 변화된 현실 을 인정하면서 이미 먼 과거사가 된 병자호란의 치욕은 잊어버리 고 현실주의적 태도로 청나라와 관계해야 한다고 생각하는 이들

<소광정도>, 『서화평석』(1)
616면

「여러 공과 북원에서 노닐며 각기 절구
하나씩을 짓다」, 『능호집』(상)
570면

「북원의 꽃을 읊은 여덟 곡. 제공의 운을
써서 이윤지에게 화답하다」, 『능호집』
(상) 571면
「대보단」, 『능호집』(상) 575면

22 당시 이윤영이 지은 시는 『단릉유고』 권10에 「여름날」(원제 '夏日')이라는 제목으로 실려 있다(이 시 제목 아래에 "與金 仲陟、元靈、元博、子穆、伯高、伯愚、定夫, 賞花北營, 各賦一五絶, 又倂次八韻"이라는 세주細註가 달려 있다). 김종수가 지은 시는 『몽오집』(夢梧集) 권1에 「유월 십칠일, 형님 및 원령, 윤지, 자목 아저씨, 백우, 중회(仲晦), 김 어르신 중척(仲陟), 김원박과 함께 북영(北營)에서 연꽃을 완상하고 함께 시를 짓다」(원제 '六月十七日, 同伯氏、元靈、胤之、子穆叔、伯愚、仲 晦及金丈仲陟、金元博, 賞荷北營共賦')라는 제목으로 실려 있다. 이 시 제목에서 '형님'은 김종수의 백씨(伯氏) 김종후(金 鍾厚)를 말하고, '중회'는 백우 김상묵의 동생인 김광묵(金光默)을 말하며, '김 어르신 중척'은 김상무(金相戊)를 말한다. 이를 통해 당시 아홉 사람이 모임에 참여했음을 알 수 있다.

이 생겨났다. 이같은 대청(對淸) 인식의 변화는 18세기 후반에 북학파가 등장하기 이전부터 나타나고 있었다. 이 시구는 이런 상황에서 이인상과 단호그룹이 현실적으로 점점 더 고립되어 갔음을 보여 준다.

● 「물가의 언덕에서 조금 말한 것을 기록하여 받들어 서쪽 이웃의 두 군자에게 드려 화답을 구하다」(원제 '記澗皐少敍, 奉呈西隣二君子求和')라는 시를 짓다.

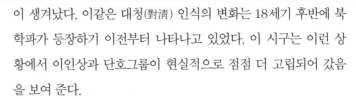

「물가의 언덕에서 조금 말한 것을 기록하여 받들어 서쪽 이웃의 두 군자에게 드려 화답을 구하다」, 『능호집』(상) 584면

'두 군자'는 윤면동과 이상목을 가리킨다. 이 시 중에 다음과 같은 말이 보인다: "성인(聖人)께서 경전을 남겨 / 은미한 뜻 이미 참되고 환하네 / 하지만 높여 믿는 이 없고 / 권위를 빌릴 뿐 진심이 아니네 / 개연히 사해(四海)를 생각해 보나 / 맑은 선비 한 사람 얻기 어렵네 / 도연명(陶淵明)은 남에게 굽히지 않았고 / 노중련(魯仲連)은 이름을 구하지 않았네 / 이러한 도(道) 또한 적막하거늘 / 흰머리 가득함을 탄식하노라."(先聖有正經, 微義已眞明. 而無尊信者, 假借心非誠. 慨念四海內, 難得壹士淸. 淵明寔負氣, 仲連非循名. 此道亦蕭條, 悲歎皓髮盈.) 친한 벗들을 떠나 보낸 이인상 만년의 쓸쓸한 심회를 엿볼 수 있다.

윤면동과 마찬가지로 이상목 역시 남산 자락에 집이 있었던 듯하다.

● 원중거에게 화답하는 시 「맑게 갬을 기뻐하다. 원자재(元子才)의 시에 차운하다」(원제 '喜晴. 次元子才韻', 『뇌』2)와 「원자재의 해바라기와 국화를 읊은 시에 화운하다」(원제 '和元子才葵、菊韻', 『뇌』2)를 짓다.

● 잠시 서울에 온[23] 낭천 현감 김순택의 집에 이윤영·이연·김무택과 모이다「화음華陰 사군使君 김유문金孺文의 집에서 이자李子 윤지胤之, 이자李子 광문廣文, 김자金子 원박元博과 함께 조금 이야기를 나누다」(원제 '華陰使君金孺文宅, 同李子胤之、李子廣文、金子元博小話'), 『뇌』2).

〈귤송〉, 『서화평석』(1) 186면

● 8월, 『초사』 구장(九章)의 한 작품인 「귤송」(橘頌)을 소해(小

---

23 김무택, 「화음(華陰) 사군(使君) 형(兄)이 도성에 들어온 지 며칠이 되어 장차 다시 고을로 돌아가야 해 우중에 가 뵈었는데, 원령과 윤지와 광문 등 여러 공이 와서 자리를 같이 해 두시(杜詩)의 운에 함께 차운하다」(원제 '華陰使君兄入城數日, 將復還縣, 雨中往見, 元靈、胤之、廣文諸公亦來會, 共次杜韻', 『연』2)를 통해 그 점을 알 수 있다.

楷)로 써서 이윤영에게 주다(《묵희》소수, 국립중앙박물관 소장).

관지: "뇌상관에서 가을비 속에 우연히 「귤송」을 써서 이자(李子) 윤지에게 보이다. 원령. 무인년 8월"(雷象觀秋雨中, 偶書「橘頌」, 示李子胤之. 元霝. 戊寅八月)

● 가을, 〈구담초루도〉(龜潭艸樓圖)를 그리다(개인 소장).[24]

관지: "〔무인년戊寅年 추동秋冬〕지간(之間)에 사예(士輗)와 더불어 물가의 초루(草樓)에서 만나기로 약속했거늘, 곧 산천정(山泉亭), 경심정(磬心亭), 창하정(蒼霞亭), 다백운루(多白雲樓)다. 종강에서 가을에"(■■■■之間, 與士輗留約水際艸樓, 卽山泉、磬心、蒼霞、白樓. 鐘岡秋日) 인기: "이인상인"(李麟祥印) "천보산인"(天寶山人)

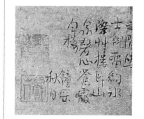

〈구담초루도〉(부분),
『서화평석』(1) 334면

● 10월 21일, 우인(友人) 이달원(李達源, 자 중배仲培)의 장례에 제문을 지어 고하다(「이중배李仲培 제문」(원제 '祭李仲培文'), 『뇌』5〕.

이달원은 빈천하여 무직에 종사한 인물로 보인다. 하지만 제문의 "저 아첨하는 유생(儒生)을 하찮게 여겼네"(薄彼諛儒) "거친 밥을 먹으며 나라 걱정 했지만"(蔬飯憂國) "꾸짖었네, '내가 칼을 좋아하며 / 부질없이 존주(尊周)를 말한다'고 / 꿈에 요동 벌판으로 가 / 준마(駿馬)를 달리자고 약속했네 / 농담하며 서로 서글퍼하는 중에 / 또한 고심(苦心)을 드러냈네"(嗔我好劍, 空言尊夏, 夢汎遼野, 約馳駿馬. 謔笑相憐, 亦發苦衷) 등의 말로 미루어보아, 기개가 있고 이인상과 이념을 같이한 인물인 듯하다.

「정 봉사 제문」, 『능호집』(하)
238면

● 11월 8일, 종묘 봉사(宗廟奉事) 정진화(鄭鎭華)의 제문을 지어 곡하다.

정진화는 조선 전기의 유자(儒者)인 정여창(鄭汝昌, 호 일두一蠹)의 후손이다. 이인상은 사근도 찰방으로 있을 때 정진화와 알게 되었다. 정진화는 서울에서 사망해 서교(西郊)에 묻혔는데 이날 고향 남계(藍溪)로 운구되매 이인상이 제문을 지어 곡한 것이다.

● 소한(小寒) 다음 날, 뇌상관에서 김상무를 위해 「곤암명」(困庵銘)을 지어 팔분으로 써서 주다(「김자金子 중척仲陟[25]이 「곤암명」困

---

24 이 그림은 종래 〈창하백루〉(蒼霞白樓) 혹은 〈강상초루도〉(江上艸樓圖)로 불렸다. 이 그림의 명칭을 왜 〈구담초루도〉로 해야 하는지에 대해서는 『능호관 이인상 서화평석 1: 회화편』 중 〈구담초루도〉의 평석을 참조할 것.

25 '중척'(仲陟)은 김상무(金相戊, 1708~1786)의 자이다. 김장생(金長生)의 후손이다. 영조 52년(1776) 기로 정시(耆老庭試)에 합격하여 승지에 제수되었으며, 의흥(義興) 현감을 거쳐 공조 참의(工曹參議)를 지냈다.

庵銘[26]을 스스로 짓고는 나의 글씨를 청했는데, 지나친 말이 있는 듯했다. 삼가 그 운(韻)에 의거해 받들어 답하다"(원제 '金子仲陟自銘困庵, 而索拙書, 若有溢辭, 謹依韻奉復'), 『뇌』5).

명은 다음과 같다: "초가집과 화려한 집 이 둘 가운데/어느 쪽이 운이 막힌 거고 어느 쪽이 운이 핀 걸까/문 닫아걸건 문 밖을 나오건/진(眞)을 보존해야 하리/책 있어도 강론 안 하면/허물과 뉘우침이 날로 자라고/시(詩)에 검속(檢束)함이 없으면/성정(性情)이 상리(常理)와 어긋나네/필묵(筆墨)을 삼가지 않으면/광란(狂瀾)을 누가 막으리/바둑일랑 두지 말고/천지의 기운을 살필지어다/그림자가 형체를 엿보니/위의(威儀)가 있게 할 일/너의 본성 해치지 말고/하늘의 뜻을 두려워해야 하리/벗사귐은 담박하여 고언(苦言)을 해야 하며/달콤한 걸 좋아 말라/곤궁하건 형통하건 명(命)을 다해야 하나니/이를 생각해 '곤암'(困菴)이라 이름했네."(繩樞華屋, 何屈何伸? 閉戶出門, 且葆其眞. 有書不講, 尤悔日長. 詩無檢束, 情性反常. 不謹于筆, 誰遏狂瀾? 不閒于棋, 玄黃在觀. 有影伺形, 威儀與偕. 無斲爾性, 有疑天稽. 交淡言苦, 無樂醴甘. 困亨致命, 顧兹名菴.) 이 글귀 중 '바둑일랑 두지 말고'(不閒于棋) 이하의 진적(眞跡)이 현재 전한다(개인 소장). 한편 이인상이 쓴 이 글씨 전체를 임모(臨摸)한 작품도 전한다(개인 소장).[27] 이 글씨의 관지는 다음과 같다: "중척씨가 곤암명(困庵銘)을 스스로 짓고는 나에게 자신의 침병(枕屏)에 이서(移書)하라고 했는데, 지나친 말이 있는 듯하여 삼가 그 구절을 좇아 원운(原韻)에 의거해 받들어 답했다. 무인년, 소한(小寒) 다음 날 입김을 불어 벼루의 언 먹물을 녹여 뇌상관 동쪽 창에서 쓰다."(仲陟氏自銘困菴, 命麟祥移書其枕屏, 而若有溢辭, 謹逐句奉復依原韻. 戊寅, 小寒翌日, 呵硯書于雷象觀東牖.)
———

〈곤암명〉(부분), 『서화평석』(2) 822면

서자 미상, 〈임곤암명〉 관지, 『서화평석』(2) 827면

26 '곤암'(困庵)은 김상무의 집 이름이다. '곤와'(困窩)라고도 한다. 김상무가 점을 쳐서 '곤괘'(困卦)를 얻자 '困'을 자기 집 이름으로 삼았다고 한다. 자세한 경위는 「곤와기」(困窩記)에 보인다. 「곤와기」는 이인상이 김상무의 청으로 지은 글로, 이 역시 1758년 작이다. 김상무는 스스로 「곤암명」을 짓고 이인상, 송명흠, 이민보 등에게 그 운(韻)에 따라 화답해 줄 것을 청한 듯하다. 송명흠이 지은 「곤암명」은 『녹천집』(櫟泉集) 권14에 실려 있고, 이민보가 지은 글은 「김중척의 「곤암명」에 차운하다」(원제 '金仲陟困菴銘次韻')라는 제목으로 『풍서집』(豊墅集) 권7에 실려 있다. 둘 모두 1758년 작이다.
27 이 두 글씨에 대해서는 『능호관 이인상 서화평석 2: 서예편』의 '10-5'를 참조할 것.

● 「회수기」(檜樹記, 『뇌』4)를 짓다.

선영인 모정(茅汀)의 묘사(墓舍) 뜰에 있는 늙은 전나무의 가지를 친 뒤 나무가 말라죽어 버려 이 일에 감회를 부친 글이다.

● 「서악」(叙樂, 『뇌』5)을 짓다.

이 글은 음악, 특히 여항가곡에 대한 이인상의 관심과 조예를 보여 준다. 이인상은 여항가곡을 '가시'(歌詩)라고 부르고 있는바, 우리말 노래를 긍정하면서 「감군은」·「장진주」의 음조와 장단에 대해 비평하고 있다.

단호그룹의 일원이었던 김상숙 역시 우리말 노래에 깊은 관심을 가져 정철의 「사미인곡」을 한역(漢譯)한 바 있다.

● 원중거의 〈상유시축〉(上游詩軸)에 발문을 써 주다(「원중거의 〈상유시축〉 발문」(원제 '元子才上游詩軸跋'), 『뇌』4).

원중거의 시에 깊고 맑은 운치가 적고 방자한 병폐가 있음을 지적하면서 시도(詩道)에 대해 논한 글이다.

● 권진응의 딸 안동 권씨의 애사를 짓다.

이인상은, "동국(東國)에는 더욱이 여학(女學)이 없어, 비록 법도 있는 집안의 딸이라도 귀여움 받고 자라 화장과 화려한 자수(刺繡)에 익숙하나 글은 가르치지 않아 지식이 없다. 시집와서 어질다는 명성이 있는 자도, 그 타고난 바탕이 아름답거나 그 부모와 시부모가 어질어서 보고 느낀 바가 있어서이지 배움을 통한 지식이 있어서가 아니니 어찌 안타깝지 않겠는가. 『시경』에 이르기를 '잘못하는 일도 잘하는 일도 없으며 / 오직 술과 밥을 의논한다'[28]라고 한 것은, 여자가 자기를 그리 대한다면 괜찮다는 말이나, 가르침으로 삼을 바는 아니다."(東國尤無女學, 雖法家女子, 生長於嬌愛, 習於脂粉華繡, 而無文字之教, 無所知聞. 其歸于夫家, 而有賢名者, 苟非生質之美, 必其父母舅姑賢, 有所觀感, 非由學而知之, 豈不惜哉? 『詩』曰: '無非無儀, 惟酒食是議', 是謂女子自待則可, 而非所以爲教也:「유인 안동 권씨 애사」孺人安東權氏哀辭, 『뇌』5)라면서, 우리나라에 '여학'(女學)이 없음을 안타까워하며 여성에게도 교육을 시켜 지식

[28] 『시경』 소아(小雅)「사간」(斯干)에, "잘못하는 일도 잘하는 일도 없으며 / 오직 술과 밥을 의논하여 / 부모에게 근심을 끼치지 말아야 하리"(無非無儀, 唯酒食是議, 無父母詒罹)라는 말이 보인다.

〈소사보진〉(부분),
『서화평석』(2) 755면

〈막빈어무식〉(부분),
『서화평석』(2) 833면

〈유백절불회진심〉,
『서화평석』(2) 765면

을 갖게 해야 한다고 말하고 있다. 우리나라에 여학이 없다는 지적은 「또 한 편의 아내 제문」(원제 '又祭亡室文', 『뇌』5)에도 보인다. 여성에 대한 이인상의 진보적 관점은 그의 처 장씨와의 깊은 존재관련에 기인하는 바 크다고 생각된다.

● 김상무에게 「곤와기」(困窩記, 『뇌』4)를 지어 주다.

'곤와'(困窩)는 '곤암'(困庵)을 말한다.

● 김상무에게 "일이 적으면 '진'(眞)을 간직하게 되고, 일을 줄이면 과실이 적다"(少事葆眞, 渻事寡過) "학문을 하여 스스로를 숨기고, 이름이 알려지지 않는 데 힘을 쏟아야 한다"(學以自隱, 無名爲務) "지나치게 높으면 쓰이지 못하고, 지나치게 넓으면 공효(功效)가 없다"(太高則無用, 大^{29}廣則無功) 등의 격언을 전서로 써서 주다(개인 소장).

관지: "받들어 김자(金子) 중척(仲陟)에게 질정하다."(奉正金子仲陟.)

또 김상무에게 "식견이 없는 것보다 가난한 것은 없으며, 뼈가 없는 것보다 천한 것은 없다"(莫貧於無識, 莫賤於無骨) "푸른 하늘을 대하여 두려워하지만 천둥소리를 듣고서는 놀라지 않으며, 평지를 밟으며 두려워하지만 파도를 건널 제는 무서워하지 않는다"(對靑天而畏, 聞雷霆不驚, 履平地而恐, 涉風波不疑) "헐뜯는 것이 이미 여러 사람이면 원망과 미워함이 실로 많아지게 된다"(譏刺旣衆, 怨仇實多) "포용, 이것이 사람을 대하는 제일의 법이다"(涵容是處人第壹灋) 등의 격언을 팔분으로 써서 주다(개인 소장).

또 "사귐을 그만두면 시비가 없어진다"(交息是非銷)라는 구절과 『채근담』의 수성편(修省篇)에서 유래하는 구절인 "백절불굴의 진실된 마음이 있어야 만변(萬變)에도 다하지 않는 묘용(妙用)이 있다"(有百折不回眞心, 始有萬變不窮妙用)를 고전(古篆)의 서체로 써서 김상무에게 주다(개인 소장).

이 글씨들은 본래 모두 한 서첩에 있던 것인데, 현재 파첩(破帖)되어 따로따로 전한다.^{30}

29 '태'로 읽어야 한다.

30 이 글씨들에 대해서는 『능호관 이인상 서화평석 2: 서예편』의 '9-8' '9-9' '10-6'을 참조할 것.

영조 34년 (무인戊寅)

1 7 5 8 년

4 9 세

〈논어 학이〉(부분),
『서화평석』(2) 633면

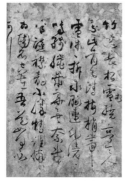

〈의운화진성백저작사관원회상
작·후원즉사〉(부분), 『서화평
석』(2) 655면

〈여왈계명·건괘 단전〉(부분),
『서화평석』(2) 642면

● 『논어』 「학이」(學而)의 "공자께서 말씀하셨다. '배우고 때로 익히면 또한 기쁘지 아니한가. 벗이 먼 데서 오면 또한 즐겁지 아니한가. 남이 알아주지 않더라도 노여워하지 않는다면 또한 군자가 아닌가'"(子曰: '學而時習之, 不亦悅乎. 有朋自遠方來, 不亦樂乎. 人不知而不慍, 不亦君子乎')라는 구절을 전서로 써서 김종수에게 준 것은 이해 겨울로 추정된다(《단호묵적》丹壺墨蹟 소수, 계명대학교 동산도서관 소장).

관지: "고우관(古友館)에서 눈 내린 후에 김자(金子) 정부(定夫)를 위해 쓰다."(古友館雪後, 爲金子定夫作.)

소옹의 시 「저작(著作) 진성백(陳成伯)의 「사관(史館) 정원의 모임에서 지은 작(作)」의 운(韻)에 의거해 화답하다」(원제 '依韻和陳成伯著作史館園會上作')와 「후원(後園)의 광경」(원제 '後園即事')을 행초(行草)로 써서 김종수에게 준 것도 이 시기다(《단호묵적》 소수).

관지: "겨울날 김정부(金定夫)를 위해 쓰다."(冬日書爲金定夫.)

소옹의 시 「석방비」(惜芳菲)도 한자리에서 행초로 쓴 것이다 (《단호묵적》 소수).

『시경』의 「여왈계명」(女曰鷄鳴)과 건괘(乾卦)의 단전(彖傳)을 소해(小楷)로 쓴 것도 이 무렵이다(《단호묵적》 소수).

〈여왈계명〉의 관지: "「여왈계명」 3장. 원령이 고관(古館: 고우관)의 남쪽 창에서 쓰다."(「女曰雞鳴」三章. 元靈書于古館南牖.) 인기: "두류만리"(頭流慢吏) 이 글씨에는 이윤영의 다음과 같은 발문이 붙어 있다. "우리나라 사람의 서예는 때가 절어 있으니, 비유컨대 천 말의 재가 없이는 도저히 세탁할 수 없는 기름 파는 집 사람의 옷과 같다. 다만 원령이 쓴 글씨만은 봄 밭의 깨끗한 백로(白鷺)요 가을 숲의 외로운 꽃과 같으니, 풍격이 크게 달라 하나의 먼지도 붙어 있지 않다. 윤지(胤之)가 생각나는 대로 쓰다."(東人翰墨, 沁入垢膩, 譬之賣油家衣裳, 非千斛灰所可濯盡. 獨元靈落筆處, 如春田鮮鷺, 秋林孤花, 氣韻逈異, 一塵着不得. 胤之漫書.)

송(宋) 장식(張栻)의 임종시 말인 "인욕(人慾)의 사사로움을 탈피하니, 이(理)와 의(義)의 묘함이 봄처럼 화락하다"(蟬蛻人慾之私, 春融理義之妙)를 전서로 쓴 것도 이 무렵이다(《단호묵적》 소수).

〈선세인욕지사〉(부분),「서화평석」(2) 638면

관지: "종강의 겨울날, 천뢰각에서 쓰다."(鐘崗冬日, 書于天籟閣中.) 인기: "두류만리"(頭流慢吏) 이 글씨에는 다음과 같은 이윤영의 발문이 붙어 있다. "원령의 전서는, 그 글자의 결구(結構)는 능운대(凌雲臺)의 재목과 같아 작은 획도 상칭(相稱)되고, 그 운필(運筆)은 큰길의 훌륭한 네 마리 말이 끄는 수레와 같아 전절(轉折)이 법도에 부합되니, 신속해도 그림자가 끊어지는 법이 없고 완만해도 자취가 정체(停滯)되는 법이 없다. 그 용묵(用墨)은, 구름이 바람을 받아 흐르듯 냇물이 낭떠러지에서 떨어지듯 행함이 자연스러워 상황에 따라 형(形)을 이룬다. 그 고심(苦心)이 깃든 곳은, 깊은 옛 우물물 한가운데에 비친 가을달과 같다. 나는 마음가짐이 가장 어렵고, 용묵이 그다음이고, 운필과 결자(結字)가 또한 그다음이라고 생각한다. 수정루(水精樓)의 눈 내린 창에서 윤지(胤之)가 또 쓰다."(元靈之篆, 其排字如凌雲臺材木, 銖兩相稱; 其運筆如通達良駟, 折旋中矩, 迅不絶影, 緩不滯跡; 其用筆如雲受風逐, 泉從厓落, 行其自然, 隨遇成形. 其苦心所在處, 古井湛湛, 秋月方中. 余謂處心最難, 用墨次之, 運筆作字, 又次之. 水精樓雪囱, 胤之又題.)

● 〈송석도〉(松石圖)를 그려 김상악에게 주다(실전).

이 그림의 제화는 다음과 같다: "구불구불 높은 솔/먼지 낀 눈〔雪〕받지 않고/울퉁불퉁 높은 바위/무너질 때 있을손가/바다는 넓디넓고/달빛은 희디희네/군자가 덕(德) 세우면/세상과 더불어 불멸하리"(蜿蜿喬松, 不受塵雪. 巖巖維石, 無時崩折. 渾渾維海, 皓皓維月. 君子立德, 與世不滅:「스스로 그림에 적어 위암韋菴을 면려勉勵하다」(원제 '自題畵, 勉韋菴'))[31]

「스스로 그림에 적어 위암을 면려하다」,「능호집」(하) 178면

● 「탄은(灘隱) 〈묵죽도〉(墨竹圖) 찬」(원제 '灘隱墨竹贊',『뇌』5)을 짓다.

이 글의 소지(小識)는 다음과 같다: "목릉(穆陵: 선조宣祖의 능호) 때 공자(公子) 정(霆) 탄은(灘隱)과[32] 한석봉(韓石峯) 호(濩)와

---

31 이최중과 김상악 모두 '위암'(韋菴)이라는 호를 사용하였다. 하지만 제사(題辭)의 내용으로 볼 때 이최중이 아니라 김상악에게 써 준 글로 여겨진다.

32 종실 출신의 화가 이정(李霆, 1554~1626)을 말한다. '탄은'은 그 호이다. 묵죽도를 잘 그린 것으로 유명하며, 국립중앙박물관, 간송미술관 등에 그의 그림이 소장되어 있다. 이인상의 시 「박여신이 삼청동으로 집을 옮기다」(원제 '朴汝信移宅三清',『능』2)에도 "벽에는 봉래(蓬萊: 양사언)의 대자(大字)와 탄은(灘隱)의 대나무가 걸려 있네"(壁掛蓬萊大字灘隱

이정, 〈묵죽도〉(국립중앙박물관 소장)

최간이(崔簡易) 립(岦)과 차오산(車五山) 천로(天輅)[33]가 당시 문예(文藝)로 추중(推重)되었다. 세상에 전하기로는 이 네 분이 서로 이종(姨從)이 된다고 하는데[34] 또한 기이한 일이다. 오산은 시에 능하여 민첩하게 응대하는 것이 귀신과 같아 천 마디 말이 줄줄 나왔는데 다만 법도가 없었다. 석봉은 글씨를 잘 써 엄밀하고 전아(典雅)하며 유창했지만 식취(識趣: 온축된 학식에서 우러나오는 멋)가 부족했다. 간이는 문(文)을 잘 지어 주자(奏咨)[35]와 기사문(記事文)에 능했는데 변별하고 판단한 것이 믿을 만했다. 탄은은 그림을 잘 그렸는데 그의 묵죽(墨竹)은 굳세어 신골(神骨)이 있지만,[36] 돌을 배치한 것은 좀 안 맞는 게 있다. 네 분의 기예를 대략 평해 보면, 그림이 글씨보다 높고 글씨가 문보다 높으며 시는 여기에 끼지 못한다. 하지만 네 분은 국운(國運)이 중간에 융성하던 시대에 태어나셔서 그 기예를 펼친 것이 모두 기력(氣力)이 있으니 쉽게 논할 수 없다. 신자(申子) 무첨(無忝)씨[37]가 탄은의 〈묵죽도〉 육첩(六疊) 병풍을 갖고 있는데 비단이 삭아 대의 줄기와 마디를 겨우 알아볼 수 있는 것이 세 폭이고, 나머지는 모두 빛이 바래 몇

竹)라 하여 '탄은의 대나무'가 언급되고 있다.

33 '석봉'(石峯)은 한호(韓濩, 1543~1605)의 호이다. 당대의 명필로 온갖 외교문서와 비석 글씨를 도맡아 썼다. 송도(松都) 출신으로, 동향(同鄕)의 문인 최립, 차천로 등과 교유했다. '간이'(簡易)는 최립(崔岦, 1539~1612)의 호이다. 명나라의 왕세정, 이반룡 등 이른바 '후칠자'(後七子)의 영향을 받아 진한고문(秦漢古文)에 경도된 문장가이다. 당대에 문명(文名)을 떨쳐 각종 외교문서 작성을 맡았다. 그의 글 중 《삼청첩》 서」(三淸帖序, 『簡易文集』 권3), 「낭간권서」(琅玕卷序, 『簡易文集』 권3), 「제석양정중섭묵죽팔폭」(題石陽正仲燮墨竹八幅, 『簡易文集』 권6) 등에 이정의 그림에 대한 비평이 보인다. 《삼청첩》(三淸帖)은 이정의 그림, 최립의 서문, 차천로의 시, 한호의 글씨로 이루어진 서화합벽첩(書畵合璧帖)으로, 현재 간송미술관에 소장되어 있다. 〈낭간권〉(琅玕卷)은 현재 전하는지 여부가 미상인데, 이시발(李時發, 1569~1626)의 「만기」(謾記, 『碧梧先生遺稿』 권7)에 의하면, 최립이 흑초(黑綃: 검은 명주)로 작은 두루마리를 만들어 이정에게 부탁해 여기에 이금(泥金)으로 대를 그리게 한 뒤 직접 발문을 지었으며 한호가 이 발문을 두루마리 말미에 이금으로 썼다고 한다. '오산'(五山)은 차천로(車天輅, 1556~1615)의 호이다. 윤근수(尹根壽), 최립과 더불어 당시 진한고문에 경도된 문인으로 꼽힌다. 최립과 함께 외교문서 작성을 맡았다. 특히 시로 유명했는데, 평양에서 명나라 사신 주지번(朱芝蕃)을 맞아 하룻밤 사이에 「기도회고시」(箕都懷古詩) 수백 구를 읊고 한호가 그것을 받아 적어 좌중을 놀라게 했다는 일화가 전한다.

34 한호는 최립의 족조(族祖) 최영(崔泳)의 외손자이다.

35 조선 시대에 중국에 보내던 외교문서를 말한다.

36 이인상은 시·서·화에서 '골기'(骨氣)를 대단히 중시했다. 이 때문에 네 사람 가운데 탄은을 가장 높이 평가한 듯하다.

37 충청도 가릉(嘉陵)의 판산(板山)에 거주한 처사 신집록(申集祿)을 말한다. 본관은 고령이고, 호가 무첨재(無忝齋)이다. 조부 신경여(申慶汝)는 무인(武人)으로 자산(慈山) 부사, 여주 목사, 우림장(羽林將), 정주(定州) 목사 등을 지냈으며, 부친 신성권(申聖權)은 벼슬하지 못했다. 도암(陶菴) 이재(李縡)의 문인이다.

몇 필획만 알아볼 수 있을 뿐이다. 생각해 보니 옛사람의 신골(神骨)이 사라지고 깎인 것이 상심할 만하기에 여섯 폭을 오려내어 다시 태지(苔紙)[38]에 풀칠해 붙인 뒤 예서(隷書)로 여섯 찬을 써서 신자(申子)에게 돌려줌과 동시에 네 분의 기예와 재능을 기록하여 탄은 당시의 성대함을 보인다."(穆陵之世, 公子霆 灘隱、韓石峯濩、崔簡易岦、車五山天輅以文藝重一時. 世傳四君者相爲姨從, 亦異事也. 五山能詩, 捷應如神, 千言不窮, 而特無法; 石峯工書, 嚴密典暢, 而少識趣; 簡易工文, 長於奏咨、記事, 剖劃可信; 灘隱工畫, 墨竹勁健有神骨, 而配石則有失筆. 槩評四君之藝, 畫高於書, 書高於文, 詩則不齒, 而四君者生于國運中賊之世, 其爲藝皆有氣力, 未易論也. 申子無忝氏, 有灘隱竹屛六疊而絹爛, 僅辨竿節者三幅, 餘皆煜煜, 祇辨數筆. 念古人神骨消剝可傷, 爲之剪取六幅, 還塗𥻘紙, 隷書六贊, 以歸申子, 而並識四君藝能, 以見灘隱一時之盛.)

● 홍염해(洪念海, 1727~1775, 자 계수季修)가 소장한 〈회옹소진〉(晦翁小眞)에 발문을 써 주다(「계수季修 소장 〈회옹소진〉 발문」(원제 '季修所藏晦翁小眞跋'), 『뇌』4).

홍염해는 홍계희의 넷째 아들이다. 홍계희에게는 다섯 아들이 있었는데 홍염해만 빼고 모두 문과에 급제했다. 홍염해는 평생 처사로 지냈으며, 경학에 조예가 있었다.

● 김종수에게 주려고 그렸으나 주지 않고 7년간 상자 속에 넣어 뒀던 선면 산수화를 꺼내 자지(自識)를 쓴 것은 이해로 추정된다.

자지: "황자구(黃子久: 황공망)는 만리강산(萬里江山)을 그릴 때 십 년 만에 선 하나를 끝냈거늘 그 공교함이 이러하였다. 나는 김자(金子) 정부(定夫: 김종수)를 위해 부채 하나에 그림을 그렸는데, 7년이 지난 뒤에 상자에서 꺼냈더니 필묵이 난잡해서 볼만한 게 없었다. 아무리 이런 작은 기예일지라도 심히 어려운 것이 이와 같고, 옛사람에게 미칠 수 없는 것이 이와 같다. 이 때문에 한번 웃는다."(黃子久作萬里江山, 十年了一綫, 其工乃爾. 余爲金子定夫畫一扇, 經七年而後出之篋中, 則筆墨嘗蒙茸無可觀. 雖此小伎, 甚難乃爾, 而古

---

38 '태지'(苔紙)는 물이끼와 닥나무를 섞어서 뜬 한지(韓紙)의 일종이다.

人之不可及如此. 爲發一笑: 「선화 자지」扇畵自識,[39] 『뇌』4) 그림이 비록 소기(小技)라고는 하나 쉬운 일이 아니며 큰 공력을 들여야 한다고 생각했음을 알 수 있다.

○ 홍자, 1월 응교에, 4월 승지에, 12월 대사간에 제수되다.

○ 이윤영, 봄 이유수·홍익필(洪益弼)·김상묵·김종수·정존겸(鄭存謙, 자 대수大受)과 손가장(孫家庄)[40]에서 노닐다(『단』10; 『해악집』권1).

○ 임매, 4월 사옹원 봉사에 제수되다.

○ 김상묵, 4월 인의(引儀)에, 10월 용궁(龍宮) 현감에 제수되다.

○ 김종수, 4월 세마에 제수되다.

○ 이연상, 5월 휘릉(徽陵) 참봉에, 9월 부수(副率)에 제수되다.

○ 이유수, 6월 승지에 제수되다.

○ 임과, 10월 황해도 배천 군수에 제수되다.

○ 박지원, 겨울 밤 이윤영의 종제인 이서영(李舒永) 및 족제인 이구영(李耉永)과 함께 북악의 대은암(大隱巖)에서 시를 수창하며 노닐었으며, 「대은암에서 수창한 시들에 붙인 서문」(원제 '大隱岩唱酬詩序', 『연암집』권3)을 짓다. 당시 이희천(李羲天: 이윤영의 아들)은 참석하지 못해 벌로 시 두 편을 짓는 한편, 「백록(白麓)[41]에서 수창한 시들에 화답한 서문」(원제 '和白麓詩序', 『석루유고』권2)이라는 글을 짓다.

이희천이 「성사(聖思: 김이호金履鎬)가 돌아가고 당숙은 돌아오시지 않아 홀로 앉아 있자니 재미가 없어 뜨락을 걸어 나왔다. 초승달이 갓 떠올라 사관(士觀: 이희문李羲文)의 서소(書所)를 방문했더니 박지원이 마침 와서 함께 옛일을 이야기하다가 새벽이 되어 돌아가는 길에 십운(十韻)의 배율시(排律詩)를 '일안고비체'(一鴈孤飛體: 일운도저一韻到底)로 지어 미중(美仲: 박지원)에게 주고 화답을 구하다」(원제 '聖思歸, 堂叔不返, 孤坐沒趣, 步出庭際, 微月初升,

---

39 이 글은 『뇌상관고』에 작은 별지(別紙)로 첨부되어 있다.

40 지금의 서울시 성북구 정릉 3동 333번지 일대에 있던 마을로, 밀양 손씨 일족이 모여 살아 이런 명칭이 붙었다. 북한산 자락에 있으며 근처에 정릉천이 흘러 풍광이 좋아 문사(文士)들이 많이 찾았다.

41 백악(白岳), 즉 북악의 기슭을 말한다. 대은암이 이곳에 있었다.

因訪士觀書所, 朴趾源適至, 與之談古, 達曙歸, 題十韻排律, 以一鴈孤飛體作, 贈美仲要和’)라는 시를 지어 박지원에게 화답을 구한 것은 이해 중양절의 일이다(『석루유고』권1).

○ 김순택, 12월 안산 군수에 제수되다.

○ 김상숙, 12월 낭천 현감에 제수되다.

◎ 윤득화(尹得和, 1688년 생, 자 덕휘德輝) 사망.

◎ 김석신(金碩臣, 김득신의 동생, 도화서 화원) 출생.

◎ 신윤복(申潤福, 호 혜원蕙園, 신한평의 아들) 출생.

◎ 심사정, 〈계산고거도〉(溪山高居圖)를 그리다.

◎ 영조, 황해도와 강원도에 천주교가 크게 보급되어 제사까지 폐하는 자가 있어 이를 엄금하다.

◎ 유척기(兪拓基, 1691~1767), 8월 영의정이 되다.

① 고증학자 혜동(惠棟) 사망.

① 청, 준가르부(部)를 병합하고 대학살을 자행하다. 전후 4년간 20만 호(戶) 60여만 인(人)이 살해되어 종족이 거의 전멸되다.

영조 35년(기묘己卯, 1759년) 50세

● 1월 1일, 「또 한 편의 아내 제문」(원제 '又祭亡室文', 『뇌』5)을 지어 고하다.

　이인상은 이 글에서 결혼 후 남산의 능호관에 정착하기 전까지 9년 동안 15번 이사를 했노라고 말하고 있다. 이 글은 아내와 함께한 26년간을 자세히 회고한 글로서, 아내에 대한 이인상의 존경심 및 아내를 잃은 크나큰 상실감이 토로되어 있다. 글 중의 "생각건대 나는 곤궁하고 쇠락하여 오래 버티지 못할 것 같고, 벗 중에 시속에 물든 이가 많아서 의지할 수 없을 것 같으며"(而念余衰涸隕剝, 若不可以久長; 朋知多入流俗, 若不可以依歸)라는 말에서 이인상이 자신에게 다가오는 죽음을 이 무렵 이미 예감하고 있었으며, 친한 벗들이 거의 다 죽고 살아 있는 벗들은 체제에 편입되어 가는 현실에 크게 낙담하고 있었음을 알 수 있다.

● 입춘일, 「입춘」이라는 시를 짓다.

「입춘」, 『능호집』(상)
589면

　시는 다음과 같다: "마음 맞아 반벽(半壁)의 시서(詩書)[1]를 읽나니/뜨락의 꽃나무는 철 따라 피네/고요한 언덕에 손을 머물게 해 말 잊고 앉아/맑은 밤 거문고 타니 달이 두둥실."(半壁詩書稱心讀, 一庭花樹應候開. 靜塢留客忘言坐, 淸夜鳴琴有月來)

● 봄, 홍염해의 시에 화답하다(「홍계수洪季修(홍염해)가 부쳐 보낸 시의 운에 화답해 사례하다」(원제 '和謝洪季修寄贈韻'), 『뇌』2).

　『뇌상관고』에서 홍염해의 시에 대한 화답시는 이것이 유일하다.

〈송치연에게 보낸 간찰〉(부분),
『서화평석』(2) 1005면

● 2월 13일, 송문흠의 아들 송치연(宋致淵, 자 성중誠中, 1736~1843)에게 간찰을 보내다(《공하재선첩》公荷齋繕帖 소수, 영남대학교 도서관 소장).

　간찰 중의 "선친의 문고(文稿)는 근래에 그대의 당형(堂兄) 덕

1　벽에 반쯤 쌓인 시서(詩書)라는 뜻이다.

에 빌려서 베꼈습니다. 시축(詩軸)의 빠진 부분은 거진 다 필사했으니 조만간 합하여 묶어서 인편이 오기를 기다려 올리겠습니다"(先丈文稿, 近賴令堂兄借錄. 詩軸零幅, 幾盡寫完, 早晚可以合束, 以待信便而上)라는 말로 보아 송문흠의 사후(死後) 이인상이 그의 문집 편찬에 지속적으로 관여했음을 알 수 있다. 또 이 간찰 중의 "큰애의 병이 고질이 되어 여지(餘地)가 없는 듯해 치료책을 강구할 수가 없습니다"(長兒之病沈痼, 恐無餘地, 而不能爲治療計)라는 말로 보아 이 무렵 큰 아들 영연의 병이 위중해진 것을 알 수 있다. 영연은 익년 12월 사망한다.

● 성대중이 이인상이 아프다는 말을 듣고 목두채(木頭菜: 두릅)를 보내온 것은 이해 봄 아니면 다음 해 봄일 것이다.

이인상은 바로 답서를 보냈는데, 병중임에도 필묵이 정화(精華)하여 더욱 청고(淸高)함이 느껴졌다고 한다.[2] 이인상은 성대중의 부친인 성효기(成孝基, 1701~?)와도 교분이 있었다. 성효기의 손자인 성해응은 이인상이 성효기에게 보낸 간찰들을 수습한 첩(帖)에 제후(題後)를 썼는데, 그중에 이런 말이 보인다: "이 첩의 간찰들은 모두 선왕고(先王考: 성효기)를 위해 쓴 것으로, 순수한 말이 모두 읽을 만하니 어찌 구양수와 소식의 척독만 척독이겠는가"(此帖盡爲先王考裁寫, 粹語皆可讀, 何啻歐蘇簡牘也.「제이능호화」題李凌壺畫,『서화잡지』書畵雜識,『연경재전집』속집 책16 소수). 성효기는 영조 9년(1733)에 사마시에 합격해 진사가 되었으며, 예빈시 참봉, 선공감 봉사, 희릉 직장(禧陵直長), 광흥 주부를 거쳐 영조 32년(1756)에 장수(長水) 찰방이 되었다. 박학다식하여 만년에『사례집설』(四禮集說)을 저술했으며, 운서(韻書)인『증보삼운통고』(增補三韻通考)를 편찬하기도 했다. 서화에도 관심을 두어 명말에 간행된『당시화보』(唐詩畵譜)를 본떠『동시화보』(東詩畵譜)를 편찬하고자 했으나 완성하지 못하고 죽었다.[3]

---

2 「침교(沈橋)와 김원박과 윤성유(尹聖兪: 윤광창尹光昌)에게 부친 편지」(원제 '寄沈橋·金元博·尹聖兪書'),『연경재전집』(硏經齋全集) 권13의 "王考聞凌壺公病, 贈木頭菜, 公作書以謝縷縷, 筆墨精華, 尤覺淸高, 弟則病昏難强, 盆覺先輩工夫未易追及"이라는 말 참조. 시제(詩題) 중의 '침교'(沈橋)는 김상악의 경저(京邸)를 가리킨다. 이 집은 김상악의 증조부가 처음 마련했다. '침교'는 원래 다리 이름인데 '십이교'(十二橋)라고도 불렸으며, 지금의 헌법재판소 맞은편에 있었다.

3 『동시화보』에 대해서는 성해응,「『동시화보』서」(東詩畵譜序),『연경재전집』권13 참조.

영조 35년(기묘己卯)

1759년

50세

「이윤지 제문」, 『능호집』(하)
241면

● 5월 3일, 이윤영(1714년 생)이 46세를 일기로 세상을 떠[4] 제문을 지어 곡하다. 제문은 다음과 같다.

"아아, 윤지여! 나를 버리고 간 것은 그대의 육신과 혼백이요, 나를 버리지 않고 남아 있는 것은 그대의 마음이외다. 저 서책들에 깊이 의리를 부쳐 생사를 걸고 그 뜻을 좇아 함께 옛 도에 돌아가고자 했으니, 말세의 풍속을 바로잡는 임무가 실로 재야의 선비에게 있었던 까닭이외다. 대개 천하의 일과 국가의 일이 진실로 우리의 근심과 즐거움에 관계되었기에 천고의 큰 의리를 본받아 중히 여겼던 것이지요. 지난날 그대와 더불어 이 대의(大義)를 강론하며 죽을 때까지 지키자고 약속했지요. 맑고 평담(平淡)하고 관후(寬厚)하고 인자한 그대의 덕은 본받음 직하다고 여기면서도, 공언(空言)은 쓸모가 적다면서 뭇사람들은 나의 어리석음을 미워했습니다. 하지만 그대와의 우정은 더욱 돈독해져 덕 있는 사람은 외롭지 않다고 이를 만했습니다.

아아! 30년 동안 마음에 슬픔이 많아 독서하는 즐거움이 때로 독서를 폐하는 것보다 못한 적이 있었는가 하면, 유학이 폐단을 드러내 때로 현허(玄虛)에 노니는 자들[5]에게 부끄러운 적도 있었지요. 그대가 고심이 있어 나를 찾아와 물었으므로[6] 마침내 남으로 지리산에 오르고 동으로 구담을 찾아 길이 함께 은둔하기를 맹세하며 운담과 사인암에 집을 지었지요.[7] 혹은 시끄러운 세속에 살면서 석가산(石假山)[8]을 만들고 대나무를 심어 바람 소리를 끌어오며 방에는 고기(古器)를 둘러 놓고 경쇠를 치기도 하면서 스스로 뜻을 부치고 자취를 숨겼지요. 뭇사람들은 이 때문에 그대를 고사(高士)로 여겼으나, 마음에 홀로 슬퍼함이 있는 줄 그 누가 알았겠습니까? 그대는 이제 길이 가 버렸고, 내 병은 고치기 어려울 듯합니다. 죽음은 참으로 슬퍼할 일이지만 살아 있은들 또한 무엇하겠습니까? 아아! 책을 품고 산으로 돌아가 심간(心肝)

4 사망 일자는 이운영, 「백씨 광지」(伯氏壙誌), 『옥』10에서 확인된다.
5 도가자류(道家者流)를 말한다.
6 이인상이 사근도 찰방으로 있을 때인 1748년 여름에 이윤영이 이인상을 찾아온 것을 말한다.
7 이인상은 단양의 운담 가에 다백운루를 지었고, 이윤영은 사인암 절벽 위에 서벽정(棲碧亭)을 지었다.
8 정원에 바위를 옮겨 만든 조그만 산 모양의 조형물이다.

을 깎고 도려내어 그대의 처음 뜻을 밝혔으면 하건만, 살날이 얼마 남지 않은 듯합니다.[9] 아아! 서책은 그대로 남아 있으나 골짝은 빛을 잃었습니다. 짧은 말로 정(情)을 부치지만 내 마음은 길이 슬픔에 잠깁니다. 아아, 슬프외다!〔嗚呼胤之! 舍我而去者, 惟形與魄 不舍我而存者, 惟子之心. 惟彼簡冊, 托義之深, 死生以之, 同歸古道, 濯礪衰俗, 是在韋布. 蓋有天下事, 有國家事, 是固關我之憂樂, 而式重千古之大義理. 昔與子講此義, 指歲暮而爲期. 淸夷含弘, 子德可師, 空言寡用, 衆嫉余愚. 子交彌篤, 謂德不孤.

嗚呼! 三十年中, 中心多悲, 讀書之樂, 有時不如廢書, 而實學之弊, 有時愧夫涉玄虛者. 子有苦心, 來訊之余, 遂南登智嶠, 東搜龜澤, 永矢偕藏, 構雲架石. 或就埃壒1闤闠之中, 疊石爲山, 種竹引風, 擁繞尊罍, 叩擊玉石, 以自寄意而混跡. 衆固以此高胤之, 而誰知中心之獨悲? 子今長往, 余病難醫, 死固可悲, 生亦何爲? 嗚呼! 縱欲抱書歸山, 刮心掐肝, 以明子之初志, 恐年歲之不我遺. 嗚呼! 簡冊猶存, 巖壑無光. 短辭寄情, 我心永傷. 嗚呼哀哉:「이윤지 제문」(원제 '祭李胤之文'), 『능』4〕

이 제문을 통해 이 무렵 이미 이인상의 건강이 퍽 안 좋았음을 알 수 있다. 또 제문 중에 "저 간책(簡冊)에 깊이 의리를 부쳐"(惟彼簡冊, 托義之深) "간책은 그대로 남아 있으나 골짝은 빛을 잃었습니다"(簡冊猶存, 巖壑無光)라고 하여 거듭 '간책'을 언급하고 있다. '간책'은 서적 중에서도 특히 역사서를 일컫는 말인데, 여기서는 이윤영이 저술한 『명산기』(名山紀)와 『오군산수기』(五郡山水紀)를 가리키는 듯하다.

이윤영은 숨을 거두기 전 "저녁 되자 높다란 오동나무에 획획 소리가 많고/비 온 뒤 서쪽 연못의 잠 자는 대자리 맑기도 하지/여기서 꾼 꿈 전하지 마소/봉래산(蓬萊山) 제일성(第一城)에 들어갈 테니"(高梧策策晩多聲, 雨後西塘睡簟淸. 簡中有夢休傳說, 應入蓬山第一城:「절필」絶筆, 『단』10)라는 시를 읊었는데, 그의 도가적 경도를 잘 보여 준다. 이윤영 만년의 소우(少友)인 심익운은 이윤영을 아예 "도자류"(道者流)라고 했으며, "맑고 깨끗함으로 스스로를 지

---

9 이 무렵 이인상은 자신의 죽음을 예감하고 있었던 듯하다. 이인상은 이미 자신과 가장 절친한 친구였던 오찬, 송문흠, 신소, 이윤영을 차례로 떠나보낸 터였으며, 자신의 아내도 땅에 묻은 터였다. 이인상은 이듬해 8월 15일 죽음을 맞는다.

켰으며 신선에 대한 일과 기이한 일을 좋아했다"(淸潔自持, 喜神仙奇異之事:「세 군자를 애도하다」(원제 '悼三君子'), 『백일집』百一集)라고 평하였다. 김이곤(金履坤, 자 후재厚哉, 호 봉록鳳麓)도 「우화교(羽化橋)[10]를 지나며 슬픔을 적다」(원제 '過羽化橋書悲', 『봉록집』鳳麓集 권3)라는 시의 병서(幷序)에서 "이윤지는 (…) 신선술을 좋아했다"(李胤之 [⋯] 好神仙之術)라고 하였다.

이운영은 「백씨 광지」(伯氏壙誌, 『옥』10)에서, "어릴 적 고향 집에 있을 때 몸이 파리하고 병이 잦아 선부군(先府君: 이기중)이 그리 공부를 권면하지 않으셨으나 성품이 책을 좋아했다. (…) 약관에 처음 서울에 왔을 때 임재(臨齋) 윤공(尹公: 윤심형尹心衡) 또한 허여하여 심상하게 여기지 않으셨다. 두어 번 과거에 응시했으나 합격하지 않자 마침내 그만두었으니 달갑게 여기지 않아서다. 타고난 자태가 고상하고 깨끗했으며 행실이 맑고 아름다웠는데, 두어 친구와 종유하며 고금(古今)에 대해 포폄하거나 때로 혹 필묵으로 목석(木石)을 그리거나 전예(篆隷: 전서와 예서)를 썼으며 고기(古器)를 늘어놓고 향을 사른 채 고요히 앉아 자오(自娛)했기에 방외산인(方外散人)으로 여겼다. 그 가슴속에 간직한 것은 아는 자만이 알 것이다"(幼時在鄕廬, 淸羸多病, 先府君不甚勸課, 然性好書, [⋯] 弱冠始入京師, 臨齋尹公又期許之, 不尋常焉. 數三就公車, 不利, 遂廢之, 盖不屑爲也. 天姿高潔, 制行淸修, 與數三朋友從遊, 揚挖古今, 時或以毫墨作木石, 篆隷, 列古器焚香, 靜坐以自娛, 與方外散. 若其中所存, 知者當知之)라 하였다.

● 처서(處暑) 때 시를 지어, "천시(天時)가 날로 변해 가니 / 지사(志士)는 괴로운 정을 품누나"(天時日變遷, 志士抱苦情)라고 읊다〔「처서에 염운하다」(원제 '處暑日拈韻'), 『뇌』2〕.

스스로를 '지사'(志士)로 여기고 있음을 볼 수 있다.

● 가을, 병석에서 시를 짓다.

시 중에 "가을이 와도 빈객과 벗이 없지만 / 청소해 놓으니 방이 깨끗하지"(秋至無賓友, 掃看一室淸) "세상의 캄캄한 밤 돌이키고 싶거늘 / 귀신에게 질정(質正)해도 이 뜻 명백하여라"(欲敎世

「가을날 아이들에게 운을 집게 해 함께 짓다」, 『능호집』(상) — 591면

---

10 단양에 있던 돌다리로 이윤영의 부친 이기중(李箕重)이 단양 군수로 있을 때 건립했다.

界回玆夜, 此意昭明質鬼神) "병부(病夫)라고 사방(四方)의 뜻 잊을 리 있나/마구간 말 울음소리 바람 향해 더욱 유장하네"(病夫敢忘四方志, 櫪馬向風鳴更長) "뜰 앞에 직접 심은 한 그루 소나무/우뚝하여 세모에도 가을 정을 머금었네/백화(百花)는 잠깐 새 피고 지지만/홀로 측백나무와 함께 내 뜰을 지키네"(庭前手植一株松, 亭亭歲暮含秋情. 百花榮落在斯須, 獨共蒼柏守我庭) 등의 말이 보인다〔「가을날」(원제 '秋日'), 『뇌』2〕.[11] 와병 중이나 평생 품어온 높고 강개한 뜻이 퇴색되지 않았음을 볼 수 있다.

——

● 「내양명」(內養銘, 『뇌』5)을 짓다.

이인상은 이 글에서 자신이 도가의 "복기토납지법"(服氣吐納之法)을 오랜 세월 동안 행하여 공효(功效)가 있었음을 말하면서 유가의 "조존발용"(操存發用)과 도가의 "존심제복"(存心臍腹)[12]이 모두 "이 마음 아닌 게 없다"(莫非此心)라고 했다. 그리하여 도가의 양생법이 유가의 도에 해가 되지 않으며, 양자는 보완적일 수 있다고 보았다. 이인상이 말년에 이르러 도가와 유가를 '명시적·자각적'으로 회통(會通)시키고 있음이 주목된다.

● 「낙양산송」(洛陽山頌, 『뇌』5)을 쓰다.

'낙양산'(洛陽山)은 충청도 괴산군 화양구곡(華陽九曲) 부근에 있는 낙영산(落影山)을 이른다. 이 산 밑에 명 신종(神宗)과 의종(毅宗)의 신위(神位)를 봉안해 제사를 지낸 만동묘(萬東廟)가 있었다. 이인상은 당(唐)의 〈마애비〉(磨崖碑)[13]의 글을 본뜨고 그 서체를 취하여 이 송(頌)을 써서, 낙양산 남쪽 시내의 돌 위에 새겼다.

● 「악하사당(岳下祠堂) 상량문」(岳下祠堂上樑文, 『뇌』5)을 짓다.

'악하사당'은 백악(白岳) 아래 건립된 안동 김씨 김창즙(金昌緝)의 신위를 봉안한 사당이다.

---

11 「가을날」은 다섯 수 연작이다. 『능호집』에는 「가을날 아이들에게 운(韻)을 집게 해 함께 짓다」(원제 '秋日使兒輩拈韻共賦')라는 제목으로 실려 있으며, 다섯 수 중 첫 번째, 두 번째, 세 번째 시만 수록되었다.

12 '조존'(操存)은 마음을 잡아 보존함을 말하고, '발용'(發用)은 마음이 동하여 작용함을 말하니, 이른바 심(心)의 미발(未發)과 기발(旣發)을 이른다. '존심제복'은 단전(丹田)에 마음을 집중하는 것을 이른다.

13 〈마애비〉는 원결(元結)이 찬(撰)한 「대당중흥송」(大唐中興頌)을 안진경(顏眞卿)이 써서 오계(浯溪)의 벼랑에 새긴 것이다.

영조 35년(기묘己卯)

1759년

50세

● 《상체축》(常棣軸)에 발문을 쓰다「「《상체축》발문」(원제 '常棣軸跋'), 『뇌』4〕.

　《상체축》은 이이형(李爾亨, '이형'은 자, 이름 미상), 이중시(李仲時, '중시'는 자, 이름 미상), 이숙빈(李叔賓, '숙빈'은 자, 이름 미상) 삼형제가 쓴 시고(詩稿)를 수습한 것이다. 이 글에서 이인상은 세종 때 예악문물이 가장 성대하여 '문명지치'(文明之治)를 이루었다면서 당시의 예악을 다시 일으켜야 함을 말하고 있다. 세 인물과 이인상은 모두 세종의 후손이다. 그래서 더욱 세종의 치적을 부각한 게 아닌가 한다.

● 이윤영의 젊을 때 그림 〈추학무인도〉(秋壑無人圖: 실전)에 제사(題辭)를 쓰다.

　제사는 다음과 같다: "이 그림의 묘함은 뜻 가는 대로 그려 필묵의 수고로움이 없는 데 있거늘 물가의 석벽 하나가 홀연히 기세를 쏟아 내니 사인암 암벽의 이름을 새겨 놓은 곳¹⁴과 흡사하다. 윤지의 젊은 시절 필의(筆意)가 이미 단릉(丹陵)의 산수와 신령하게 통했던 것일까. 가을 골짜기에 사람이 없는데, 낙엽이 지고 시냇물이 세차게 흘러 사람을 비감하게 해 차마 보지 못하겠다."〔此幅妙在隨意點染, 無筆墨之勞, 而水際一壁, 忽呵出氣勢, 宛似舍巖題名處. 胤之少時筆, 已與丹陵山水有神會耶? 秋壑無人, 木落川駛, 令人悲, 不忍觀:「이윤지의 옛 그림에 감회가 있어 제題하다」(원제 '感題李胤之舊畫'), 『뇌』4〕

○ 이연상, 사마시(司馬試)에 합격하다.

○ 이운영, 2월 진사시에 합격하다.

○ 이윤영, 이해 봄에서 5월 사이 수정루에서 김상숙·김복현(金福鉉)·심익운과 달을 구경하며 시를 수창(酬唱)하다〔「밤에 잠결에 문 두드리는 소리를 듣고 놀라 일어나 보니 계윤(김상숙)이 경옥(景玉: 김복현)과 심붕여(沈朋汝: 심익운)를 데리고 방문한 것이었다. 누각에 올라 달을 보며 "白雲在天, 山陵自出"로 분운해 '운'(雲) 자 '능'(陵) 자를 얻다」

14　이윤영이 사인암 강벽(江壁)에 왼쪽에서부터 차례로 윤심형(尹心衡), 이기중(李箕重), 민우수(閔遇洙), 이태중(李台重)의 이름을 세로로 나란히 새긴 것을 말한다. 이인상의 「수정루기」(水精樓記) 참조.

(원제 '夜睡中, 聞啄門聲, 驚起視之, 乃季潤携景玉沈朋汝見訪也. 登樓見月, 以白雲在天山陵自出分韻, 得雲字陵字'), 『단』10).

　이윤영이 밤에 자고 있을 때 이들이 문을 두드려 놀라 깨어 영접하였다. 이윤영은 이들에게 호마(胡麻: 참깨)[15]를 먹으라고 내놓고 용뇌(龍腦)를 향로에 살랐다. 심익운은 「단구자(丹丘子: 이윤영)가 그림을 준 데 사례하다」(원제 '謝丹丘子贈畵', 『백일집』百一集)라는 시에서 당시의 일을 이리 읊었다: "벗이 〈송석도〉(松石圖)를 내게 줬으니/어이 갚나? 백옥의 기러기 발[16]로 갚지/군센 소나무 견고한 바위 모두 숭상하나/견실하고 치밀한 백옥만 못하네/수정루 아래는 푸른 풀 무성하고/수정루 가에는 흰 구름 이네/객이 와도 말없이 길게 휘파람만 부나니/차는 향기롭고 호마는 풍미가 맑네/돌아와 벽의 그림 홀로 대하니/소나무에 기대고 돌에 걸터앉은 일 공연히 또 생각나네/불린불치(不磷不緇)[17]는 감히 말 못 해도/바라누나 세한(歲寒)에 맘 보존하길."(故人遺我松石圖, 何以報之白玉軫. 松勁石堅皆有尙, 未如白玉栗而縝. 水精樓下靑草深, 水精樓頭白雲生, 客至無言但長嘯, 香茶胡麻風味淸. 歸來獨對壁間畵, 倚松跂石空復思. 不磷不緇非敢論, 願言歲寒存心期.) 이 시를 통해 이날 밤 이윤영이 심익운에게 〈송석도〉를 그려 줬음을 알 수 있다. 심익운은, 「빈양(濱陽: 지금의 경기도 양평) 가는 배 안에서」(원제 '濱陽舟中', 『백일집』)라는 시에서 "김부자(金夫子: 김상숙)는 맑고 진실되다면/이단구(李丹丘: 이윤영)는 청초하고 시원하다네"(淸眞金夫子, 瀟灑李丹丘)라고 읊고 있는 데서 알 수 있듯 김상숙과 이윤영을 '고사'(高士)로 대하며 존경하였다.

○ 홍자, 5월 정주(定州) 목사에 제수되다.

○ 이휘지, 5월 연안 부사에 제수되다.

○ 이연상, 5월 내시교관에 제수되다.

○ 김종수, 5월 부수(副率)에, 7월 장원서 별제에 제수되다.

15　갈홍(葛洪)의 『포박자』(抱朴子) 「선약」(仙藥)에 "참깨를 먹으면 늙지 않는다"(餌服之不老)라는 말이 보인다.

16　거문고 줄을 받치는 기구이다.

17　갈아도 갈리지 않고 검게 물들여도 검어지지 않는다는 뜻으로, 지조가 군어 환경의 영향을 받지 않음을 비유한 말이다. 『논어』 「양화」(陽貨)에, "견고하지 않은가. 갈아도 갈리지 않으니. 결백하지 않은가. 물들여도 검어지지 않으니"(不曰堅乎, 磨而不磷. 不曰白乎, 涅而不緇)라는 말이 보인다.

영조 35년(기묘己卯)

1759년

50세

○ 김무택, 여름 「여름날 중방원(衆芳園)에 부쳐 살면서 작년 남동(南洞)에 교거(僑居)할 때 원령이 우중(雨中)에 국화 포기를 나눠 준 것을 회억하며 그 시의 운에 화답하다」(원제 '夏日, 寓寄衆芳園, 追憶昨年南洞僑居, 元霝雨中分菊, 因和其韻', 『연』2)라는 시를 지어, 작년 여름 우중에 이인상이 자신에게 국화 포기를 나눠 준 일을 회상하면서 현재 병중에 있는 이인상이 낫기를 간구하다.

시 중에 "그대 병 앓아 문 닫고 있네"(抱痾子掩戶) "그대의 병 이미 해 넘겼는데/황매우(黃梅雨)[18]가 또 내리고 있네"(子疾已經年, 又過黃梅雨) 등의 말이 보인다.

또한 이해에 김무택이 지은 「윤자(尹子: 윤면동)에게 보이다」(원제 '示尹子', 『연』2)라는 시에 "이자(李子: 이인상)가 오래 폐질(肺疾)을 앓아/해 넘어 병이 안 낫고 있네/침상에 누워 지내며/문 밖의 길조차 나갈 수 없네/때때로 문병 다녀오면/애처로운 마음 종일 떠나지 않네/안색이 마른 나무처럼 되어/맑고 굳세던 예전과 다르네/숙인 고개 목소리 작고/숨을 연신 헐떡거리네/돌아와 윤자를 대해/말없이 멍하니 바라만 보네/이런 사람이 이런 병 앓다니/우리 무리 참으로 명이 궁하네"(李子久患氣, 尙抱經年病. 宛轉床簀間, 不能窺戶徑. 時時就問疾, 慼然曛旭竟. 顔色頗枯槁, 有異昔淸勁. 低頭語音細, 氣喘不自定. 歸來對尹子, 無言久視瞪. 斯人有斯疾, 吾徒信窮命)라는 말이 보인다.

○ 이유수, 8월 안동 부사에 제수되다.

○ 임매, 9월 장악원 주부에, 12월 한성 주부에 제수되다.

○ 임과, 9월 울산 부사에 제수되다.

○ 김근행, 9월 김포 군수에 제수되다.

○ 김종후, 12월 세마에 제수되다.

◎ 홍대용, 동복(同福)의 물염정(勿染亭)에서 자연과학자 석당(石塘) 나경적(羅景績)을 처음 만나다.

나경적은 당시 나이가 칠십이 넘었으며 자신이 제작한 자명종을 집에 갖추어 놓고 있었다.

---

[18] 매실이 익을 무렵인 늦봄과 초여름 사이에 내리는 비를 말한다.

◎ 정선(1676년 생) 사망.

조영석은 「겸재 정동추 애사」(謙齋鄭同樞哀辭)를 지어 애도했다.

◎ 이종성(1692년 생) 사망.

◎ 김한구(金漢耉)의 딸, 6월 왕비(정순왕후貞純王后)로 간택되다.

① 양주팔괴의 한 사람인 왕사신(汪士愼) 사망.

① 청, 동(東)투르키스탄을 점거하고 '신강'(新疆)이라는 이름을 붙이다.

① 야마가타 다이니(山縣大貳), 『유자신론』(柳子新論)을 지어 존왕론(尊王論)을 설(說)하다.

① 이토오 쟈쿠츄우(伊藤若冲)의 〈설중원앙도〉(雪中鴛鴦圖) 완성되다.

① 문인 핫토리 난가쿠(服部南郭) 사망.

영조 35년 (기묘己卯)

1759년

50 세

영조 36년(경진庚辰, 1760년) 51세

● 여름, 송문흠의 처 청송 심씨의 애사(「숙인 청송 심씨 애사」淑人 靑松沈氏哀辭, 『뇌』5)를 짓다.

이조판서와 대사헌을 지낸 심성희(沈聖希)의 딸 청송 심씨는 8년 전인 1752년에 작고하였다. 송문흠은 아내가 죽자 이인상에게 그 애사를 부탁했는데 미처 글을 짓기도 전에 송문흠 역시 아내 뒤를 따라 세상을 하직하였다(1752년 12월).

이해 여름 이인상은 병으로 거의 죽을 뻔했는데 송명흠에게 편지가 오기를 '동생 내외를 합장(合葬)하려 하니 심씨의 애사와 동생과 이인상의 교유시말(交遊始末)을 좀 지어 보내 달라'고 하였다. 이에 이인상은 병이 심한 중에도 심씨의 애사를 약술(略述)해 보냈다. 그리고 자신이 병에서 일어나면 심씨의 애사를 더 자세히 지어 보낼 것이며, 이번에 지어 보내지 못한 송문흠과의 교유시말도 꼭 지어 보내겠노라고 약속하였다. 하지만 이인상은 이 약속을 지키지 못한 채 이해 8월 숨을 거두었다.

「이백눌에게 보낸 편지」, 『능호집』(하) — 68면

● 이민보에게 보낸 편지인 「이백눌에게 보낸 편지」(원제 '與李子伯訥書')는 죽기 얼마 전에 작성된 것이 아닌가 한다.

이 글 중의 "제 병은 대엿새 이래 손발 끝이 갑자기 붓고 효상(爻象: 『주역』의 점괘)도 더욱 좋지 않아 천명을 기다릴 뿐입니다"(賤疾自五六日以來, 肢末忽浮氣, 爻象益不佳, 俟命而已)라는 말을 통해 이인상의 병세가 아주 위중한 상태임을 알 수 있다. 또 "내게 몇 년을 더 살게 해 준다면 『역』(易)을 배우겠다'[1]라고 한 옛사람의 말을 생각하지만, 어찌 감히 이 미천한 사람이 생명을 이어가게 해 달라고 하늘에 바라겠습니까"(古人'假我數年, 卒以學易'之語, 而敢望天意遂此微物之性耶)라는 말을 통해 이인상이 만년에 『주역』 공부에 진력했던 것을 알 수 있다. 이인상은 위중한 중에

1　『논어』「술이」(述而)에 나오는 공자의 말이다.

도 "또한 그대에게 바라는 건 안목을 높이 두어 한 글자 반구(半句)라 할지라도 남을 쉽게 허여하지 말고, 세계가 극히 넓고 고금이 극히 아득하다는 것을 열심히 살펴, 삼가 명실(名實)과 진위(眞僞)를 구분했으면 하는 것이거늘 어찌 생각하나요, 어찌 생각하나요?"(亦願高明高着眼目, 雖一字半句, 不可輕許人, 猛省世界極寬大、古今極茫蕩, 致愼於名實眞僞之分, 如何如何)라 하여 끝까지 그다운 면모를 보여 준다.

이민보는 이인상의 만시 6수를 지었다(「이원령만」李元靈挽,『풍서집』豐墅集 권1). 일부를 보이면 다음과 같다: "백마강(白馬江)은 예로부터 흘러/사당 앞 교목(喬木)은 백년이 되었네/신령한 뿌리 명문가를 성대히 키워내/곁가지 뻗어 나와 사림(士林)에 우뚝.[2]"(白馬江流自古今, 祠前喬木百年深. 靈根培得名門壯, 挺出旁條聳士林: 제1수) "강개하여 평소 고안(苦顔)이 많았으나/두 눈은 진세(塵世)를 좁게 여겼네/만나면 의기투합해 당장 술 마시니/흡사 비가(悲歌) 부르고 축(筑)을 타는 자리에 있는 듯."(慷慨平居多苦顔, 乾坤雙眼隘塵寰. 相逢意氣當場飮, 宛在悲謌擊筑間: 제4수)

이민보는 또 「원령이 입관된 뒤 옛날에 그에게 부친 시의 운을 사용해 슬픔을 적다」(원제 '元靈就木後, 用昔年寄渠韻, 志悲',『풍서집』권1)라는 다음 시를 지었다: "한번 곡하고 관을 덮으니/이처럼 빼어난 사람 어디 있을꼬/봉황과 기린은 예로부터 단명하니/천지가 나와 더불어 슬퍼하누나/뛰어난 솜씨는 때로 명성에 누가 되고/넓은 마음은 본디 새로운 생각 간직하였네/구천에서 응당 또 웃을 테지만/나는 다시 이 재주 있는 신하를 애석히 여기네."(一哭盖棺了, 英豪若箇人. 鳳麟從古短, 天地共余嚬. 絶藝時名累, 弘襟素蓄新. 九原應更笑, 吾復惜材臣.)

이민보가 지은 이인상 제문에는 이런 말이 보인다: "접때 그대가 병이 심해 내가 문병 갔었지요. 그때 내 손 잡고 슬피 말했지요. '죽기 때문이 아니라 죽어 남길 이름이 없어 슬프다오.' 나는 말했소. '상심 마오 그대는 마땅히 불후(不朽)하리니. 우리 유자에게는 법도가 있거늘 비록 그것을 지순하게 실천하지는 못했다 할

---

2 백마강 가에 이인상의 고조 이경여의 사당이 있고 이인상이 그 서손(庶孫)이기에 이리 말했다.

영조 36년(경진庚辰)

1760년

51세

지라도 은미한 말과 큰 강령으로 대의를 보였고, 문장을 지어 한 시대를 내리 보았으며, 도를 절충하되 활달하고 거리낌이 없었으니 그 이룩한 것을 합치면 또한 위대하지 않겠소. 세상을 돌아보면 술 취한 것 같고 꿈같고 물거품 같고 환술(幻術) 같거늘, 이 진세를 벗어나 태초로 돌아가니 부끄러울 게 무엇이겠소. 진정으로 당신을 좋아하기에 나의 이 말 실로 과장이 아니라오. 장차 죽을 사람에게 내가 차마 면전에서 아첨하겠소.' 하늘이 베풀어 그대 기이한 재주 타고났다오. 그 뜻 드높아 고(古)에 힘써서 힘차게 습기(習氣)를 떨쳐 버렸고 종횡무진으로 치달려 지식을 두루 통달하되 그 요점을 얻었다오. (…) 선비들 기풍 좀스러워 그저 관(冠) 쓰고 띠 매고 있을 뿐이라오. 아, 그대는 포부가 옛 사람과 같았다오. 여사로 일삼은 정묘한 서화는 유희에 불과했거늘 저 식견이 얕은 이들은 분분히 그 기예만 사모했으니 그대가 늘 이마를 찡그림은 이 세상에 몸을 더럽힐까 해서였지요.ˮ(曩子疾革, 余往問之. 執余之手, 語甚悽悲. 悲不爲死, 死無藉手. 余謂勿傷, 子當不朽. 吾儒有軌, 雖未純履, 微言宏綱, 已見大意, 發爲文章, 高視一代, 折衷於道, 汪洋自恣, 捺厥樹立, 不亦其偉. 返而觀世, 醉夢泡幻, 脫垢還化, 何有所赧. 中心所悅, 言實非夸. 將死之人, 余忍面阿. 維天賦予, 命子奇才. 卓乎其志, 奮古而來, 豪揚習氣, 橫鶩旁驅, 博極歸約. (…) 齷齪士風, 徒爾冠紳. 嗟子抱負, 高世之人. 餘事墨妙, 不過遊戲, 紛彼淺知, 慕其一藝, 子頻常蹙, 如浼斯世: 「이원령 제문」(원제 '祭李元靈文'), 『풍서집』 권8]

이민보는 또한 이인상의 사후에 구담을 유람하던 중 「운담(雲潭)에서 원령의 정자 터를 보고 감회가 있어 짓다」(원제 '雲潭見元靈亭基, 感懷賦之', 『풍서집』 권3)라는 시를 지었는데, 그중에 이런 말이 보인다: "내 친구 이제 황천에 있는데/빈 터에는 옛날 서까래 몇 개뿐/고상한 풍모 한 길 돌에 남겼나니/그 여운 빈 배에 감돌고 있네."(我友今黃壤, 空墟曩數椽. 高風留丈石, 餘韵繫虛船.)

● 8월 15일, 술시(戌時: 저녁 7시에서 9시 사이)에 세상을 하직하다. 향년 51세.

경기도 안산의 능길산(菱茞山)에 있는 아내의 묘 옆에 안장되었으며,[3] 18년 후 포천군 내동면(內洞面) 소학동(巢鶴洞)의 진좌지원(辰坐之原)에 부인과 합장되었다.[4]

윤면동은 이인상의 제문에서, "고고한 품성은 일찍부터 혼탁한 세속에서 벗어나 진실된 마음으로 의로움을 즐겨 큰 도리를 잃지 않았고, 문예는 일세(一世)에 높았으나 견지한 뜻이 갈수록 겸손해 자취를 속세 밖에 두었지요. 뜻을 세운 것이 지극히 올발랐지만 꽉 막힌 기수(氣數)를 되돌릴 힘이 없다면서 이 한 몸 곤궁함에나 어울린다고 말했었지요. 그리하여 열장혈심(熱腸血心)을 고고냉담(枯槁冷澹) 중에 부쳤지요. 교유한 자는 궁사(窮士)와 한사(寒士)였으며 (…) 편석(片石)과 고운(孤雲)에 성령(性靈)을 통하고, 산전수애(山顚水涯)에 뇌소(牢騷)를 부쳤지요. 그리하여 필경 행한 것은 산야(山野)에서 직필(直筆)을 휘두르고 천지의 고분(孤憤)을 드러내며 「이소」(離騷)의 옛 노래를 잇고 도연명이 남긴 시에 화답하는 거였지요"(孤品早拔乎濁俗, 實心樂義, 不迷乎大經, 文藝高乎一世, 執志愈謙, 蹤跡放乎物外, 立心極正, 謂否運無力可回, 謂一身宜乎困窮, 其熱腸血心於枯槁冷澹之中. 所與者窮交冷友, (…), 通性靈於片石孤雲, 寓牢騷於山顚水涯, 其所以究竟者, 奮山澤之直筆, 發天地之孤憤, 續楚騷之舊章, 和柴桑之遺編: 「이원령 제문」(원제 '祭李元靈文'), 『오』)3)라고 말했다. 또 제문 중의 "뇌상관에서 어느 날 저녁 그대가 이런 말을 했었지요. '모두(旄頭)와 혜성⁵이 나타나 어두운 기운이 하늘에 가득하니, 선류(善類)는 재앙을 입고 문도(文道)는 날로 황폐해질 거요'"(雷觀之夕, 子嘗有言: '旄頭彗奎, 漕氣塞天, 善類其凶, 文道日榛')라는 말을 통해 이인상이 죽기 직전 천문을 보고 세계 상황을 몹시 비관적으로 전망했음을 알 수 있다.

황경원은 이인상의 제문에서, "그대는 평생 병이 많았지"(子平生旣多疾病) "뜻이 고결하여 우뚝 서서 구애됨이 없었으며 담박하고 깨끗했었지요. (…) 세상에서 일찍이 그대를 사모한 이들은 한갓 그대가 그린 그림의 농연(濃妍)함, 그대가 새긴 전각의 섬묘(纖妙)함, 그 시의 맑고 깊음만 알 뿐, 그대가 과두(科斗: 고전古篆)에

3　황경원의 「이원령 묘지명」(『강한집』 권17)에는 초장(初葬) 후 1년 뒤인 신사년(1761) 10월 18일 "같은 언덕에 개장(改葬)했다"(改葬同岡)라고 했다.

4　오희상(吳熙常), 「능호이공행장」(凌壺李公行狀), 『노주집』(老洲集) 권20; 『완산이씨세보』 참조.

5　'모두'(旄頭)는 묘성(昴星)을 가리킨다. 묘성은 오랑캐와 관련된 별로 알려져 있다. '혜성'은 전근대 시기에 불길한 별로 인식되었다.

영조 36년(경진庚辰)

1760년

51세

공(工)하고, 옥저(玉箸: 옥저전)에 정(精)하여 그 글씨가 강직하고 평이하며 순박하고 올곧아 옛날의 법도를 간직하고 있음은 알지 못했지요. (…) 내가 본 전서(篆書)가 실로 많은데 오직 그대의 필획만이 사주(史籀)[6]의 법도와 거의 합치했다오. (…) 매양 밤중에 그대가 쓴 태고전(太古篆)을 보며 그 묵택(墨澤)을 어루만지나, 어찌 그 유풍을 이어 나갈 수 있겠소"(志意高潔, 特立無牽, 而澹泊蕭散, [⋯] 世之所嘗慕子者, 徒知繪畵之濃姸, 印刻之纖妙, 與聲詩之泓淳. 然不知其工於科斗, 精於玉筋, 勁直簡易, 純質平正, 有古之典刑, [⋯] 余見篆書誠多矣, 惟子之畵, 庶有合於史籀之經, [⋯] 每中夜, 覽子所書太古篆, 撫其墨澤, 曷足以襲其遺馨)라고 하였다(「이원령 제문」(원제 '祭李元靈文'), 『강한집』 권22).

황경원은 또 「이원령 묘지명」(『강한집』 권17)에 "군은 평소 세상을 오연히 보고 홀로 우뚝 서서 (…) 문장으로 분만(憤懣)을 쏟아내었다. 허물과 악행이 있는 사대부를 보면 왕왕 나무라고 꾸짖어 방약무인하였기에 사대부들이 모두 달가워하지 않았다"(君平居傲世獨立, [⋯] 爲文章以泄其憤. 見士大夫有過惡, 往往譏罵, 傍若無人, 士大夫皆不悅也)라고 썼다. 또 "송자(宋子: 송문흠)와 신자(申子: 신소)가 그와 노닌다 하여 세간에 이를 비방하는 말이 몹시 많았으나 송자와 신자는 예전처럼 친밀히 교유하였다. (…) 성보(成甫: 신소)는 일찍이 사행(士行: 송문흠)에게 이르기를 '원령은 옛날의 기사(奇士)일세. 비방하는 말이 많다 해도 상관할 게 있겠는가?'라고 말했다"(二子者[송문흠·신소]與之遊, 世以是謗言甚多, 而二子者友善如故也. [⋯] 成甫嘗謂士行曰: '元靈, 古之奇士. 謗言雖多, 何足病哉')라고 하였다. 또 그 성품을 묘사하기를 "사람됨이 강개(剛介)하고 남들과 잘 화합하지 못했으며 (…) 사람들과 이야기할 때 단호하고 군세며 위엄 있고 올곧아 법도를 지킴이 있었다"(爲人剛介寡合, [⋯] 與人言, 莊毅峭直, 有法守)라고 하였다. 이를 통해 신소·송문흠이 서얼인 이인상과 사귄다고 하여 비방을 받았음을 알 수 있다. 황경원은 이인상의 강직한 측면만을 주로 부각시키고 있지

---

6 주(周)나라 태사(太史)인 사주(史籀)가 대전(大篆)의 서체를 만들었으며 대전(大篆) 십오편(十五篇)을 지었다는 설이 있다. 〈석고문〉(石鼓文)은 대전에 속한다.

만 다소 과장이 없지 않다고 생각된다. 이인상은 원칙을 지키는 데는 단호했지만 온량(溫良)하고 겸신(謙愼)하며 다정다감한 면이 있는 인간이었다. 존재관련이 깊은 몇몇 벗들은 이 점을 익히 알고 있었다.

김종후는 윤면동의 요청으로 쓴 「이원령 애사」(李元靈哀辭, 『본암집』本庵集 권6)에서 "덕(德)을 숭상하고 의(義)를 좋아하는 성품과 세상을 근심하고 슬퍼하는 뜻이 간절하고 애달파, 스스로 신분이 미천함을 알지 못하였으며, 그 부지런히 행한 바는 더욱이 이른바 천지간의 이치와 사람의 도리와 같은 큰 일에 있었다. 원령이 보존한 바가 대개 이와 같았지만 사람들은 또한 이로써 원령을 흠잡았다"(其尙德樂義之性, 憂世悲人之意, 懇篤惻怛, 不自知其身之微, 而其所拳拳者, 尤在乎所謂天經地義人彝之大者. 元靈之所存蓋如此, 然人亦以是疵元靈焉)라 하여, 당시 사대부들이 이인상이 서얼인 주제에 고담준론을 펴고 우국경세의 뜻을 높이 견지한 것을 고깝게 봤음을 지적하고 있다.

김종수는 이인상의 제문에서 이인상이 평생 '고고하고 결백'(孤高潔白)하며 '고(古)를 희구하고 속(俗)을 멀리한'(希古違俗) 기사(奇士)였으며, 송문흠·신소·오찬·이윤영 네 사람과 가장 돈독한 사이였다고 했다(「이원령 제문」(원제 '祭李元靈文'), 『몽오집』권5).

● 12월 21일, 장남 영연(英淵, 1737년 생) 사망하다. 향년 24세.

○ 김종수, 1월 공조좌랑에, 5월 호조정랑에, 6월 강서(江西) 현령에 제수되다.

○ 임매, 6월 공조좌랑에 제수되다.

○ 김성응, 8월 병조판서에 제수되다.

○ 이운영, 9월 세마에 제수되다.

○ 김선행, 12월 황해 감사에 제수되다.

○ 김무택, 이인상이 작고한 후 「감흥 10수」(感興十首, 『연』2)를 짓다.

이 시의 제9수에서 "어쩌다 병이 이리 깊이 들었나/그대 평생 기이한 기운이 푸른 노을과 같았거늘/가슴은 산과 바다 삼키어 문장이 거룩했고/눈은 『춘추』를 보아 의리에 밝았네/차솥과 약달이는 화로 근심스레 옆에 두고 / 대 울타리와 뜨락의 꽃 핀 오솔길에서 느긋이 나를 맞았었지 / 남간의 정자에서 시 읊조리며 간곡히 부탁했거늘 / 시문(詩文)을 수습해 달란 말 어찌 차마 잊으리"(一疾胡然二竪嬰, 靑霞奇氣爾平生. 胸呑溟嶽文章大, 眼觀春秋義理明. 茶鼎藥爐愁引接, 竹籬花徑懶逢迎. 呻吟澗榭丁寧託, 收拾諸編可忍忘) 라고 읊었는데, 이를 통해 이인상이 죽기 전 김무택·윤면동 등에게 자신의 시문을 수습해 달라는 유촉(遺囑)을 남겼음을 알 수 있다.

「뇌상관 시고」 표지

「뇌상관 시고」의 이인상 친필

이인상은 실은 죽기 전에 자신의 문집『뇌상관고』(雷象觀藁: 시고詩藁 2책, 문고文藁 3책)를 자편(自編)해 두었다. 지금 후손가에 소장된『뇌상관고』는 이인상이 자편한 뒤 보완한 수택본에 해당한다. 이 수택본의 일부분은 이인상에 의해 직접 필사되었다.[7]

윤면동은 이인상의 유촉을 저버리지 않고 이 자편고(自編藁)를 교열·산정(刪定)해 이인상 사후 19년째 되는 해인 1779년에 『능호집』을 간행하였다(김무택은 그 한 해 전에 세상을 뜸).

○ 윤면동, 겨울에 「초천(初泉)으로 이거(移居)했는데 벗들이 세상을 떠나 옛 일을 생각하니 마음이 서글프고 쓸쓸했다. 족질(族姪) 중안(仲顔)이 와서 자며 이원령의 초고를 함께 보고, 인하여 그 시에 차운하다」(원제 '移居初泉, 朋知牢落, 懷事悽廓. 族姪仲顔來宿, 共閱李元靈稿, 因次其韻', 『오』1)라는 시를 짓다.

시 중에 "수정루 황폐하여 차가운 돌 쌓이고 / 뇌상관 텅 비어 고경(古經)이 버려졌네"(水精樓廢堆寒石, 雷象觀虛抛古經)라는 말이 보인다. 이 시의 제목과 내용으로 볼 때 이때 이미 윤면동의 수중에 이인상이 자편한『뇌상관고』가 있었던 것으로 보인다.

---

7 김수진, 「능호관 이인상 문학 연구」에서는 이인상 사후 윤면동이 이인상의 유고를 수습해『뇌상관고』를 엮었을 것으로 추정했으나(위의 논문, 27면) 동의하기 어렵다. 또 한산 이씨 집안의 추성장인(秋聲丈人) 이정재(李定載)가『뇌상관고』의 교열 작업을 수행했으리라 추정했으나(위의 논문, 23면) 이 역시 동의하기 어렵다. 이정재는『뇌상관고』의 시고를 한 부 베껴 놓았을 뿐(지금 전하는『雷象稿』가 바로 그것이다)『뇌상관고』의 교열이나 편집에는 일절 관여한 적이 없다. 이정재가 필사 대상으로 삼았던『뇌상관고』의 시고는 이인상이 자편한 뒤 스스로 약간의 수정을 가한 텍스트다. 아마 이인상 생전에 이 텍스트가 이인상의 일부 지기들에게 유포되었던 것으로 보인다. 하지만 이인상은 이후에도 계속『뇌상관고』의 개수(改修) 작업을 꾀했으니, 이정재가 베껴 놓은『뇌상관 시고』에는 당연히 이 부분이 반영되어 있지 않다. 후손인 이주연 씨가 소장하고 있는『뇌상관고』는 이인상이 마지막까지 붙들고 손을 본 텍스트로서, 훗날 이 텍스트가 교열·산정(刪定)되어『능호집』이 간행되었다.『능호집』이 간행된 뒤에도 이인상의 차남 이영장은 이 수택본(手澤本)『뇌상관고』를 교정하거나 보완하는 작업을 계속했다.

영조 36년(경진庚辰)

1760년

51세

○ 김상악, 「이능호를 애도하다. 4수」(원제 '悼李凌壺. 四首', 『위암선생시록』 권2)를 짓다.

시는 다음과 같다: "천도(天道)가 안 돌아와 이치를 의심했었고 / 학문이 이루기 어려움을 탄식했었지 / 옛 골짝(구담을 이름)의 운장(雲章)은 아직 남아 있을까 / 책상머리 만촌(晩村)의 시는 먼지에 묻혔거늘."(晧天不復理堪疑, 志業人間歎苦遲. 古峽雲章猶在否, 牀頭塵沒晩村詩: 제1수)[8] "멀리서 홀로 지낸다는 말 운협(雲峽)[9]에서 듣고 / 병들어 머리 성근 것에 마음 몹시 아팠었지 / 관솔불 아래 겸산(兼山)의 뜻 강토(講討)했나니[10] / 장맛비 막 그치자 섬돌에 달이 비쳤었지."(雲峽迢迢聞索居, 劇憐衰病鬢毛疎. 松燈講罷兼山義, 積雨初收月在除: 제2수) "언젠가 빗속에 묵계(墨溪)의 집 찾았더니 / 병중에 나에게 흉금을 터놓았지 / '훗날 누가 알겠소 나의 유한(遺恨)을 / 생전에 베개맡의 책 다 못 읽었으니.'"(雨中曾過墨溪廬, 病裏襟懷向我攄. 誰識他時遺恨在, 生前未了枕邊書: 제3수) "시냇가에 고요한 모루(茅樓)가 있어 / 둥근 단(壇)의 꽃나무에 절로 봄이 왔었지 / 뜨락의 오솔길 풀에 덮여 못 견디겠나니 / 해질녘 부질없이 경쇠 치던 이 생각나네."(寂寂茅樓澗水濱, 輪壇花木自生春. 不堪細草埋幽徑, 日暮空懷擊磬人: 제4수)

김상악은 또 이인상이 작고한 후 「우연히 낡은 종이를 과안(過眼)하다가 원령의 시를 얻었는데 곧 병자년(1756) 대보름날 밤에 수창한 시였으므로 느낌이 있어 짓다」(원제 '偶閱古紙, 得元靈詩, 乃丙子元宵酬唱之韻, 感而有賦', 『위암선생시록』 권2)라는 시를 지었다. 시는 다음과 같다: "시냇가 사립문 해가 지나도 닫혔거늘 / 병중에

---

8 이 시에는 다음과 같은 주가 달려 있다: "'운장'(雲章)은 효종이 심양에 계실 때 쓴 간찰이다."(雲章, 卽孝廟在瀋陽時簡牘.)

9 '운협'(雲峽)은 광주부(廣州府) 무갑산(無甲山) 수복촌(水伏村) 명상(明祥)의 땅 이름이다. 명상은 김상악 집안의 선영이 있던 번천(樊川: '樊泉'으로도 표기함)에서 10리 떨어진 곳으로, 김상악 집안의 전장(田莊)이 있었다. 김상악은 1756년 모친상을 당해 번천에 내려와 있었는데 탈상 후 명상에 몇 년 동안 거주했다. 김상악의 시집 『위암선생시록』의 제2권 '명상록'(明祥錄)에는 김상악이 명상에 거주할 때인 1758년에서 1764년까지의 시가 수록되어 있다.

10 '겸산'(兼山)은 간괘(艮卦: ䷳)를 말한다. 간괘는 '☶'이 두 개 중첩되어 있는 모양인데, '☶'이 '산'(山)에 해당하므로 '겸산'(兼山)이라고 한다. 간괘는 '제자리에 그침'을 중시한다. 이인상은 벼슬에서 물러난 만년에 『주역』 공부를 독실히 했다. 김상악 역시 평생 『주역』 공부에 진력해 훗날 『산천역설』(山天易說)이라는 책을 저술하였다. 이 구절은 김상악이 구담의 다백운루를 방문해 밤에 이인상과 『주역』의 괘(卦)에 대해 담토(談討)한 일을 말했다.

영조 36년(경진 庚辰)

1760년

51세

근심이 많은데 계절은 자주 바뀌네 / 눈 쌓인 봉우리는 밝은 달을 기롱하고 / 바람 세찬 노목(老木)은 새 봄을 시샘하네 / 베갯머리에서 밤에 인정(人定) 종소리 듣던 일 아직도 기억나 / 황천(黃泉)에 있는 경쇠 치던 이 부질없이 생각하네 / 매화나무와 버드나무 심긴 산루(山樓) 예전 같지 않아 / 봄이 돌아오는 이 밤에 다시금 상심하네."(蓽門經歲掩溪濱, 病裏翻愁節序頻. 雪壓高峰欺晧月, 風號老木妬新春. 枕邊猶記聞鐘夜, 泉下空懷擊磬人. 梅柳山樓如舊未, 和時今夕更傷神.)

홍대용이 나경적에게 보낸 간찰

심사정, 〈연지유압도〉

◎ 남공철(南公轍, 1840년 졸, 호 금릉金陵) 출생.

◎ 유한지(兪漢芝, 1834년 졸, 호 기원綺園) 출생.

◎ 이명기(李命基, 몰년 미상, 호 화산관華山館, 도화서 화원) 출생.

◎ 심사정, 〈연지유압도〉(蓮池遊鴨圖)를 그리다(호암미술관 소장).

◎ 이익, 이해 무렵 『성호사설』(星湖僿說)의 편찬을 마치다.

◎ 홍대용, 6월 3일,[11] 나경적에게 간찰을 보내 지금 만든 혼천의(渾天儀)는 너무 크고 거치니 작은 크기의 것을 만들기를 바란다는 뜻을 피력하다.[12]

　나경적은 2년 후인 1762년 여름 사망했다. 홍대용은 자신의 요청에 따라 나경적이 제작한 혼천의를 향저(鄕邸)가 있던 청주목 수신면 장명리(지금의 행정 구역으로는 천안)의 농수각(籠水閣)에 비치하였다. 농수각에는 자명종도 비치되었다.

◎ 홍계희, 7월 병조판서가 되다.

◎ 홍봉한(洪鳳漢, 1713~1778), 9월 금위대장이 되다.

① 카모노 마부치의 『만엽고』(萬葉考) 완성되다.

11　김태준, 『홍대용과 그의 시대』(일지사, 1982), 101면에는 '6월 7일'로 되어 있는데 착오다.

12　"今此所造, 麤而且大, 全無金器規模, 幸先爲此, 而更爲商確, 別造小件, 以副此望如何? 從近當一就."(홍대용, 「나경적에게 보낸 간찰」, 개인 소장)

영조 37년(신사辛巳, 1761년) 사후 1년

- 8월 20일, 모친 죽산 안씨(1685년 생) 사망하다. 향년 78세.

영조 40년(갑신甲申, 1764년) 사후 4년

● 12월 12일, 손자 도(燾, 자 체인體仁) 출생하다.

영장의 맏아들로, 뒤에 백부 영연에게로 출계했다.

영조 44년(무자戊子, 1768년) 사후 8년

● 5월, 셋째아들 영하(英夏, 1748년 생) 사망하다. 향년 21세. 처는 수원 백씨이다.

◎ 홍대용, 중국인 벗 추루(秋庫) 반정균(潘庭筠)에게 편지를 보내면서 송문흠의 예서 작품과 이인상의 전서 작품을 함께 보내다.

　편지에 다음과 같은 말이 보인다: "송사행이 예서로 쓴 황태사(黃太史: 황정견黃庭堅)의 말 8엽(葉): 사행은 이름이 문흠인데 동춘 선생 준길의 현손이며 제 아버지의 친구입니다. 재주와 학식이 아주 높고 예서를 잘 쓰기로 이름이 났었는데 불행히 마흔세 살에 죽었습니다. 이원령의 전서 2엽: 원령은 이름이 인상입니다. 고아(高雅)하여 세속을 벗어났고 시문과 서화가 모두 그 묘를 얻었는데 특히 전서에 뛰어났습니다. 역시 오십이 못 되어 죽었습니다."(宋士行隷體黃太史語八頁: 士行, 名文欽, 同春先生浚吉之玄孫, 容之父執也. 才學絶高, 以善隷名, 不幸四十三而卒. 李元靈篆體二頁: 元靈, 名麟祥. 高雅絶俗, 詩文書畫, 俱得其妙, 尤長於篆體, 亦未五十而卒: 「여추루서」與秋庫書, 『항전척독』杭傳尺牘, 『담헌서』湛軒書 외집外集 권1 소수)

　홍대용이 중국인 벗에게 이인상과 송문흠의 글씨를 선물로 보낸 것으로 보아 그가 이 두 사람을 존경하고 높이 평가했음을 알 수 있다.

영조 45년(기축己丑, 1769년) 사후 9년

● 1월 13일, 손자 훈(勳, 자 자수子樹) 출생하다.

  영장의 차남이다. 뒤에 숙부 영하에게로 출계했다.

● 5, 6월경, 이덕무, 영장에게 시를 써 주다.

  시는 다음과 같다: "그대가 모산(茅山)에 숨은 지/이제 거의 십 년이 됐네/가풍이 어찌도 그리 깨끗한지/마음이 어리석은 게 전연 아니네/소 몰아 묵은 밭 싹 다 갈고/나귀 타고 느긋이 도성에 왔네/올 봄에 금강산 구경했으니/저버리지 않았네 젊은 시절을."(李子茅山隱, 伊來十載垂. 家風何太潔, 心事未全癡. 叱牸耕畬遍, 騎驢到郭遲. 今春楓岳見, 不負少年時:「증이중순영장」贈李仲純英章, 『아정유고[1]』雅亭遺稿[一], 『청장관전서』권9 소수)

  '모산'은 이영장의 외가가 있던 곳이다. 이인상은 젊은 시절 이곳에 2년간 거주한 적이 있다. 이인상 사후 영장은 이리로 옮겨와 산 듯하다.

  이 시를 통해 영장이 이해 봄 금강산 유람을 했음을 알 수 있다. 그리고 맑음과 염치를 중시한 이인상의 삶의 태도가 자식에게 이어지고 있음을 알 수 있다.

영조 46년(경인庚寅, 1770년) 사후 10년

○ 김무택, 벼슬을 그만두고[1] 귀향하다.

귀향해서 지은 5언 율시의 제8수에 다음과 같은 말이 보인다: "서울에 그리운 게 없지만 / 그래도 한 생각 없지는 않네 / (…) / 초연한 이 현감(縣監)은 / 늘 산수(山水)에 대해 말하곤 했지 / 돌아와 궁곡(窮谷)에서 지내나 / 이전의 교유 잊을 수 없네."(京華無繫戀, 猶有一念存. (…) 飄然李僊尉, 亹亹海山言. 歸來臥窮谷, 前遊不可諼:「경인년에 벼슬을 그만두고 옥계의 집으로 돌아와 일없이 한가히 지내며 때때로 도연명이 지은 「귀거래사」의 '삼경취황, 송국유존'(三徑就荒, 松菊猶存)을 운으로 삼아 8수를 지어 벗 윤성중에게 부치다」(원제 '庚寅罷官歸玉谿庄舍, 閒居無事, 時詠陶靖節歸去來辭, 因以'三徑就荒, 松菊猶存'爲韻, 賦八首, 寄尹友誠中'), 『연』2) '이 현감'은 음죽 현감을 지낸 이인상을 말한다. 시제(詩題) 중의 '성중'(誠中)은 윤면동의 종형인 윤현동(尹顯東, 호 석운石雲·남악南嶽)의 자이다.

김무택이 이인상 생전에 읊은 시 「윤자(尹子: 윤면동)에게 보이다」(원제 '示尹子', 『연』2)의 "내 벗은 윤(尹)과 이(李) / 떨어져 있으면 그리움 다함이 없네"(我友尹與李, 離索懷未罄)라는 구절에서 알 수 있듯, 김무택은 자신이 서울에서 사귄 가장 훌륭한 벗으로 이인상과 윤면동을 꼽고 있다. 그는 만년의 이인상을 '남간옹'(南澗翁)[2]이라 부르며 친근감과 존경심을 토로하였다.

---

1 김무택은 영조 44년(1768) 12월 21일 음직으로 가감역(假監役)에 제수되어 처음 출사하였다. 다음 해 6월 19일 감역(監役)에 제수되었고, 그 이듬해(1770) 2월 8일 장원서 별제에 제수되었다. 김무택은 이해 벼슬을 그만두고 향리 옥계(玉谿)로 내려갔다. 그 뒤 정조 즉위년(1776) 7월 7일 주부에 제수되었고, 동년 12월 29일 한성 판관에 제수되었으며, 이듬해 12월 25일 건원릉(健元陵) 능령(陵令)에 제수되었다. 그다음 해인 정조 2년(1778) 3월 7일 '신병심중'(身病甚重)을 이유로 사직했으며 이해 사망했다. 순조 24년(1824) 좌찬성에 추증되었다.

2 "去歲南澗翁, 分菊及時雨"(「夏日寓寄衆芳園, 追憶昨年南洞僑居, 元靄雨中分菊, 因和其韻」, 『연』2) 시구 중의 '去歲'는 무인년(戊寅年), 즉 1758년을 말한다.

영조 50년(갑오甲午, 1774년) 사후 14년

● 2월 15일, 계부 이최지(1696년 생) 사망하다. 향년 79세.

◎ 어전에서 전서에 능한 인물로 이인상이 거론되다.

　『승정원일기』 4월 6일 기사에 다음과 같은 말이 보인다: "임금께서 말씀하셨다. '전자(篆字)는 누가 잘 쓰는고?' 구윤옥(具允玉)이 아뢰었다. '이인상이라는 자가 있사옵고, 조윤형(曺允亨) 또한 잘 씁니다.'"(上曰: '篆字, 誰能善書?' 允玉曰: '有李麟祥者, 曺允亨亦善書矣.')

정조(正祖) 즉위년(병신丙申, 1776년) 사후 16년

● 10월 16일, 4남 영집(英集, 1752년 생) 사망하다. 향년 25세.
처는 원주 원씨이다.

정조 2년(무술戊戌, 1778년) 사후 18년

● 4월 16일, 형 이기상(1706년 생) 사망하다. 향년 73세.

◎ 황윤석, 일기에 다음과 같이 쓰다: "김 어르신이 이에 말씀하셨다. '이한진(李漢鎭)은 나의 이웃으로 임자생(壬子生)이다. 우리 집안 사빈(士彬)—고(故) 승지(承旨) 어르신 문행(文行)—의 생질이고, 고 판서 광적(光迪) 씨의 증손이다. 젊어서 윤동섬(尹東暹)에게서 팔분을 배우고, 또 이인상에게서 전서를 배웠는데, 지금 팔분과 전서로 이름이 나 있다."(金丈因言: 李漢鎭吾鄰也, 壬子生. 吾門士彬-故承旨丈文行-之甥姪, 故判書光迪之曾孫也. 少學八分于尹東暹, 又學篆書于李麟祥, 今以之知名:『이재난고』권26, 무술년[1778] 7월 초9일 일기)

'김 어르신'은 효효재(嘐嘐齋) 김용겸(金用謙)을 이른다. 황윤석은 김용겸을 찾아뵙고 이 말을 들었으며, 이를 일기에 기록해 놓은 것이다. 이 기록을 통해 이인상의 전서가 이한진에게 계승되었음을 알 수 있다.

이한진의 옥저전 〈유분수〉
游溢水(부분)

정조 3년(기해己亥, 1779년) 사후 19년

「『능호집』 발문」, 『능호집』(하)
286면

● 7월, 평양 감영에서 『능호집』 4권 2책이 간행되다.[1]

이해 5월 먼저 이윤영의 문집 『단릉유집』(丹陵遺集)이 평양 감영에서 인행(印行)되었다(「『단릉집』 발문」(원제 '丹陵集跋'), 『몽오집』 권4). 당시 김종수가 평안 감사였다. 윤면동은 김종수에게 편지를 보내 차제에 이인상의 문집도 인행할 것을 촉구하였다. 이에 이인상의 차남 영장이 윤면동이 산정한 유고를 갖고 김종수를 찾아 뵈었다. 그리하여 김종수가 경비를 대어 금속활자(운각인서체자芸閣印書體字)로 인행하였다. 단호그룹을 대표하는 이윤영과 이인상의 문집이 같은 해에 차례로 간행된 것은 의미가 크다고 생각된다.

김종수는 『능호집』에 발문을 썼다. 발문은 다음과 같다: "이원령은 기사(奇士)다. 원령은 여위고 목이 길었으며, 미목(眉目)에 속된 기운이 적었다. 매양 산보하면서 시를 읊조렸는데 그 모습을 바라보면 마치 학과 같았다. 원령은 천성이 소탈하고 욕심이 없었으며 산수(山水)와 시문(詩文)과 술을 즐겼다. 그러나 마음가짐과 행실은 반드시 옛 도리에 의거한바, 비록 비웃고 나무라는 자가 있어도 개의치 않았다. 나는 이 때문에 원령을 중히 여겼다. 하지만 남의 말만 듣고 그 이름을 붙좇는 세상 사람들은 다만 원령의 문장과 전서(篆書)와 그림의 아름다움만을 볼 뿐이니 그들이 어찌 원령을 안다고 하겠는가. 그 시문은 품격이 깨끗하고, 신정(神情)이 생동하며, 법도를 취함이 높아, 기이한 광채가 때때로 드러나니, 또한 그 사람됨을 상상해 볼 수 있다. 내가 평안 감사로 있으면서 이윤지의 『단릉고』(丹陵稿)를 간행한 바 있는데, 윤자목 씨가 내게 편지를 보내 이르기를, 왜 이어서 원령의 『능호고』(凌壺稿)를 간행하지 않느냐고 하였다. 얼마 후 원령의 아들 영장이

1 　김종수가 쓴 『능호집』(凌壺集) 말미의 「『능호집』 발문」(원제 '凌壺集跋') 참조.

유고를 갖고 나를 찾아왔는데 윤자목이 산정(刪定)한 것이었다. 그리하여 활자로 인출(印出)하였다. 나와 윤지와 자목은 모두 원령과 노닐었던 사람들이다. 관서 지방은 본디 유명한 산수가 많다. 나는 매양 산에 오르거나 강에 임해 술을 마실 때마다 원령을 생각하지 않은 적이 없으며 이 때문에 서글픈 마음이 되곤 하였다."(李元靈奇士. 元靈癯而脩吭, 鬚眉少塵垢氣. 每散步朗咏, 望之其狀類鶴. 元靈天性疎曠, 嗜山水文酒. 然立心制行, 必根據古義, 雖有嗤詆者不顧也. 余由是重元靈. 彼世之聞風趨名者, 特見其文章篆畵之美爾, 曷足以知元靈哉! 其詩文調潔神活, 取法則高, 而光恠時露, 亦可以想像其爲人也. 余按關西節, 旣刻李胤之丹陵稿矣, 海平尹子穆氏馳書謂盍續刻元靈凌壺稿. 已而元靈之子英章抱遺艸來謁, 子穆所刪定也. 遂以活字印出. 余與胤之子穆, 皆同元靈游者也. 關西故多名山水, 余每登臨把酒, 未嘗不思元靈, 而爲之愀然云.)

○『능호집』이 간행된 후 윤면동을 위시한 단호그룹의 옛 멤버들과 한 세대 아래의 젊은 무리가 모여 『능호집』에 실린 이인상의 시에 차운하다.

이 자리에서 윤면동은 「매헌(梅軒)의 성대한 초치(招致)를 받아 갔는데 옛 모임의 제공(諸公)이 다 왔다. 홍매와 동백이 가지가 어우러져 꽃이 피려 했다. 밤에 새로 간행한 옛 문집을 보았는데 젊은 무리의 품평과 칭찬이 자못 많았다. 이에 함께 능호의 시에 차운하다」(원제 '赴梅軒盛速, 舊社諸公並至. 紅梅與冬栢交枝, 欲吐蕚, 夜觀新刊舊集, 少輩頗有評褒, 仍共次凌壺韻', 『오』2)라는 시를 지었다. 이 시는 다음과 같다:"사람은 병들고 매화는 고사(枯死)하고 하늘에 연무(煙霧) 가득한데/눈바람 사나운 속에 석 달간 문 걸어 잠갔지/몇 꾸러미 붉은 귤에는 한량없는 은혜 있고/한 송이 동백꽃에 옛 모임의 벗들 단란하네/귀야(歸野)한 뒤에야 참된 즐거움 추구하지 않고/치사(致仕) 전에 헛된 영화 사절했었지/허적(虛寂)하니 마음에 밝은 깨달음이 생기거늘/하늘에 흘러가는 외로운 달에 맑은 흥취가 이네."(人病梅枯霧塞天, 閉門三月雪風顚. 數包丹橘餘恩在, 一朶紅茶舊社圖[圓]. 眞樂不須歸野後, 浮榮已謝乞身前. 心因虛寂生明悟, 孤月流空興灑然.) 이 시는 이인상이 지은 「화음 현감²

과 설악에 들어가기로 약속했으나 이루지 못해 인주(麟洲: 인제)
에 이르러 차운한 시를 받들어 부치다」(원제 '約華陰使君入雪嶽, 未
果, 行到麟洲, 次韻奉寄')라는 시에 차운한 것이다. 이인상의 시는
다음과 같다: "설악산의 보문(普門)[3] 보자 기약했건만/저물녘 펑
펑 오는 눈 감당이 안 되네/인주에는 선계(仙界)의 바람 이미 두
루 느껴지고/봉정(鳳頂)[4]에는 가을 달이 두둥실 떠오르네/홀로
계수나무 아래 거문고 안고/공연히 국화 앞에서 은거할 마음 품
네/날마다 물결은 춘주(春洲: 춘천)로 흐르니/잉어로 편지 전하
며[5] 아득히 생각하네."(滄海相期普門天, 不堪遲暮雪渾顚. 僊飆已覺麟
洲遍, 秋月初昇鳳頂圓. 獨自攜琴桂樹下, 空懷散髮菊花前. 波濤日日瀉春
峽, 雙鯉傳書思杳然.)

'매헌'은 김순택의 헌호(軒號)가 아닌가 한다. 윤면동이 말한
옛 모임의 제공(諸公)이 누구를 가리키는지는 미상이나 당시 김
무택, 이명환, 이유수, 이연은 이미 사망했고 김순택, 김상숙, 김상
악, 이민보, 황경원, 이최중, 이운영은 생존해 있었다. '젊은 무리'
란 이헌보(李獻輔)의 아들 이태원(李太源, 1740~1789, 자 경연景
淵),[6] 이민보의 아들 이시원(李始源, 1753~1809, 자 경심景深), 이윤
영의 서자 이희산(李羲山, 자 사인士仁), 김이주의 아들 김노영(金魯
永, 자 가구可久)·김노성(金魯成, 자 가대可大)·김노경(金魯敬, 1766~
1840, 자 가일可一) 등일 수 있다. 당시 윤면동은 이들과 자주 만나
시를 수창했기 때문이다.[7]

김이주는 윤면동의 종형인 윤현동(尹顯東)의 매부다. 윤면동은
김이주와 자주 만나 시를 수창하며 아주 가까이 지냈다. 뿐만 아
니라 윤면동의 양자 명렬(命烈)은 김이주와 삼종형제인 김원주(金
元柱)의 딸과 혼인하였다. 그러니 윤면동이 김이주의 자제들과 자

---

2   '화음'(華陰)은 '낭천'(狼川)을 말한다. 지금의 강원도 화천군이다. 당시 이인상의 벗 김순택이 화음 현감으로 있었다.

3   '보문'(普門)은 보문암(普門菴)이 있던 곳을 말한다. 설악산의 동쪽에 해당하며, 바다가 보인다. 그 아래에는 만장(萬丈)
    의 폭포가 있다. 김창흡, 『삼연집』 권24의 「동유소기」(東遊小記) 참조.

4   설악산 주봉인 대청봉(大靑峯)의 옛 이름이다.

5   멀리서 보내온 두 마리 잉어의 뱃속에 편지가 들어 있었다는 옛날 중국의 고사가 있다.

6   이태원의 문집 『심재유고』(心齋遺藁)에 실린 「매헌의 모임에서 능호의 시에 염운하다」(원제 '梅會拈凌壺')라는 시는 윤
    면동이 지은 시와 운자(韻字)가 같은 것으로 보아 같은 자리에서 읊은 시라 할 것이다.

7   『오헌집』 권2 참조.

정조 3년 (기해己亥)

1779년

사후 19년

주 접촉했던 것은 혼맥과 관련이 있다. 김이주의 넷째아들인 김노경은 추사 김정희의 생부이고 첫째아들인 김노영은 김정희의 양부이다.[8] 김정희는 이런 집안 내력으로 인해 단호그룹의 핵심 인물 가운데 마지막 생존자라 할 수 있는 윤면동의 이인상에 대한 기억과 평가를 접했을 터이다.[9] 김정희가 이인상의 그림과 글씨를 대단히 높이 평가한 것은 이와 무관하지 않다.[10]

◎ 오희상(吳熙常), 『능호집』을 읽고 나서 아우 오연상(吳淵常)에게 편지를 쓰다.

편지는 다음과 같다: "『능호집』 전체를 대략 읽으니 한 가지에 눈이 가더구나. 그 맑은 몸가짐과 깨끗한 행실, 세상을 근심하고 시속(時俗)을 걱정함은 흡사 후한(後漢) 당고제인(黨錮諸人)[11]의 기미(氣味)가 있더라. 또 비록 학문에 종사하지는 않았으나 요컨대 유자(儒者)의 법문(法門)에 어긋나지 않았더군. 당세의 명망 있는 선비들이 그의 지체가 낮은 것을 개의치 않고 사귐을 허락한 게 다 이유가 있었던 거지. 붕우 간에 옳은 일을 권하고 잘못에 대해 충고해 주는 의리가 있었는데, 우리 작은 할아버지 청수공(淸修公: 오찬)과의 사귐이 더욱 도타워 곧바로 훌륭한 옛사람처럼 되기를 서로 기약해 그 고정(苦情)과 참된 뜻이 언사(言辭) 밖으로 드러나니, 당시 이 무리 선배들의 사귐과 풍류를 이로 미루어 알 수 있더구나. 지금처럼 우도(友道)가 쇠약해진 때에 사람으로 하여금 감탄하고 흠모해 마지않게 하는구나.'〔凌壺全稿畧綽一寓目矣.

---

8 게다가 김노영의 처는 이인상과 교분이 깊었던 홍자의 아들 홍대현(洪大顯)의 딸이고, 김정희의 처는 이윤영의 숙부인 이태중(李台重)의 손자 이희민(李羲民)의 딸이다.

9 김정희의 조부 김이주는 단호그룹의 또 다른 핵심 인물이라 할 김무택·이민보와도 교유하였다.「石雲樓, 金希賢、金元博齊會, 飲酒長松下, 次少陵韻」(『오』2)이라는 시에서 그 점이 확인된다. 이 시 제목 중의 '석운루'(石雲樓)는 윤면동의 집이고, '희현'(希賢)은 김이주의 자이며, '원박'(元博)은 김무택의 자이다. 이 시가 지어진 계사년은 1773년에 해당한다. 또 김무택의「春日, 與子穆、希賢會誠中宅, 拈杜韻共賦」,「與子穆、伯訥、希賢又會誠中宅共賦」,「明日又與誠中、伯訥、子穆、希賢往游洗劍亭共賦」(『연』2)도 참조된다. 이 시 제목 중의 '백눌'(伯訥)은 이민보의 자이다. 이 시들은 모두 1773년에 지어졌다. 김무택은 이 무렵 김이주와 처음 만난 것으로 보인다.

10 이 점은 김수진,「능호관 이인상 문학 연구」, 27면에서 처음 해명되었다.

11 후한(後漢) 환제(桓帝)와 영제(靈帝) 때의 이응(李膺), 진번(陳蕃), 두밀(杜密), 진상(陳翔), 진식(陳寔), 범방(范滂) 등의 청류당인(淸流黨人)을 가리킨다. 이들은 태학(太學)의 생도들과 함께 당시 권세를 휘두르던 환관들을 공박하다가 도리어 붕당을 결성하여 조정을 비방했다는 명목으로 금고(禁錮)되었다.

盖其澡身潔行, 憂世憫俗, 恰有東京黨錮諸人之氣味. 且雖不能以學問從事, 要之不畔儒者法門. 當世名勝之不以地卑而許交有以也. 至於朋知之間, 克存責善規過之義, 而與我季祖淸修公契好尤篤, 直以古人相期, 其苦情活意, 溢於言辭之外, 其時一隊先輩之交際風流, 推此盖可見矣. 顧今友道衰薄之時, 令人感歎興像而不能已也:「사묵의 편지에 답하다」(원제 '答士黙'),『노주집』권3)

◎ 유만주,『능호집』을 두 번 읽다.

그는『흠영』(欽英)에 이렇게 썼다:

· "원령의 도(道)는 성·색·화·리(聲色貨利)[12] 네 글자를 붓 끝에 붙이지 않는다. 비단 붓 끝에 붙이지 않을 뿐만 아니라 입에도 붙이지 않는다. 비단 입에 붙이지 않을 뿐만 아니라 마음에도 붙이지 않는다. 성·색·화·리를 도외시하고 사우(師友: 벗)와 시문(詩文)과 서화(書畵)를 목숨으로 삼는 자가 이 세상에 몇이나 될까."(元靈之道, 聲色貨利四字, 筆頭不着. 非徒筆頭不着, 於口頭不着. 非徒口頭不着, 亦於心頭不着. 夫外聲色貨利, 而能以師友文墨爲命者, 世間能有幾人:『흠영』기해년[1779] 12월 19일 일기)[13]

· "원령을 비롯한 여러 사람들은 그림에 마음을 부쳐 유희(游戲)한 이들이다. 그러므로 비록 몇 길이나 되는 족자나 여러 폭의 화축(畵軸)이라 할지라도 기이한 소나무와 커다란 바위, 거대한 폭포와 괴목(怪木)들을 많이 그렸을 뿐, 산수와 인물, 정원이나 연못, 새나 길짐승 같은 구구한 것들은 그리지 않았다. 혹자는 원령의 그림 가운데 도사가 바위 위에 칼을 꽂고 기대 앉아 구름을 보는 것이 있는데 몹시 기이하다고 한다."(李元靈諸人, 亦以畵寓心而游戲者也. 故雖數丈之簇、累幅之軸, 多畵奇松大石鉅瀑異木一箇而止, 不區區於山水人物園池翎毛. 或言: '元靈畵道士揷劍于石上倚坐看雲狀, 甚奇'『흠영』갑신년[1784] 윤3월 13일 일기)[14]

· "비가 조금 멎어 연동(蓮洞)에서 곧바로 사동(社洞)으로 가 점심을 먹고 함께 능호의 글을 읽었다. 이런 이야기를 했다: '혜강(嵇康)과 완적(阮籍)의 무리는 모두 영웅이다. 그러나 그들의 마음

---

12 '성'(聲)은 아정(雅正)하지 않은 음악을, '색'(色)은 여색을, '화'(貨)는 재물을, '리'(利)는 이익을 말한다.

13 김하라 편역,『일기를 쓰다 2: 흠영 선집』, 우리고전백선 20, 돌베개, 2015, 76면.

14 『일기를 쓰다 2: 흠영 선집』, 76~77면.

자리는 지나치게 광달(曠達)했으니 그로 인한 폐해가 동진(東晉)의 부허(浮虛)한 청담(淸談)의 풍속을 이루게 되었다. 그러므로 사대부는 세도(世道)를 걱정하는 심장이 있어야만 품행이 온전하게 되는 것이다. 능호, 단릉, 송 공(송문흠), 청수(오찬) 이 네 분의 문집을 모아 한 질(帙)로 엮어 『성색과 화리를 벗어난 책』이라고 제목을 달면 매우 멋질 것이다."(雨少停, 自蓮洞直之社洞, 午食, 共閱凌壺之書. 議嵇叔夜·阮嗣宗輩, 皆是英雄, 而占地太曠, 流弊遂成晉俗之淸浮. 是以士大夫不可無憂世道之心腸, 便完品行. 擬萃凌壺·丹陵·宋公·淸修四集, 全編一帙, 題曰「聲色貨利以外之書」, 當亦稍奇: 『흠영』 갑신년[1784] 5월 16일 일기)[15]

---

15 『일기를 쓰다 2: 흠영 선집』, 77면.

정조 6년(임인壬寅, 1782년) 사후 22년

○ 윤면동, 김상임(金相任, 자 숙도叔度)·김상휴(金相休, 자 계용季容)·이안중(李安中, 자 평자平子)과 자신의 집에서 이인상의 시에 차운한 시를 짓다「김숙도金叔度·계용季容 형제가 이평자李平子를 데리고 와 소루小樓에서 묵으며 함께 능호의 시에 염운하다」(원제 '金叔度、季容兄弟相任、相休携李平子安中來宿小樓, 共拈凌壺韻'),『오』2〕.

김상임·김상휴는 김무택의 아들들이다. 이를 통해 이인상이 윤면동에 힘입어 다음 세대의 인물들과 접속되고 있음을 알 수 있다.

정조 7년(계묘癸卯, 1783년) 사후 23년

◎ 이덕무, 사근도 찰방으로 있을 때 이인상에 대해 들은 이야기를 『한죽당섭필』에 기록하다.

『한죽당섭필』에 이런 말이 보인다: "능호 이인상이 사근도 찰방이 되었을 때 설치(設置)한 것이 많고, 마음가짐을 공정하고 청렴하게 하여 아전들을 단속했다. 내가 늙은 아전에게 오륙십 년 이래 누가 가장 선정(善政)을 했느냐고 물으니 '능호'라고 대답했다. 서화와 문사(文詞)에 종사하는 사람은 대개 사무를 알지 못하는 자들이 많으니 미불(米芾)과 예찬(倪瓚) 같은 사람이 그러하다. 능호는 이치(吏治: 관리로서의 사무 능력)를 겸했다."(李凌壺麟祥爲沙斤察訪, 多所設置, 持心公廉, 而又束吏. 余問老吏: '五六十年來, 何官最爲善政?' 吏擧凌壺以對. 蓋書畫文詞之人, 例多不識事務, 若米顚倪迂者, 是也. 凌壺能兼吏治: 「수수정」數樹亭, 『한죽당섭필[상]』寒竹堂涉筆[上], 『청장관전서』권68 소수) 이덕무는 정조 6년(1782) 2월부터 정조 7년(1783) 11월까지 사근도 찰방직에 있었다.

이덕무와 절친했던 박제가 역시 이인상을 존경해 그에 대한 언급을 남기고 있다(이인상이 죽은 해에 박제가는 열한 살이었다). 다음이 그것이다.

·"능호공이 찰방이었을 때 운모(雲母)를 찧어 종이를 만들었는데, 이것이 곧 '석린간'(石鱗簡)의 효시다. 사근역의 고사로서 갖춰 놓을 만하다."(凌壺公作丞時, 搗雲母作牋, 卽石鱗簡之始, 可備沙斤故事: 「해질녘 이문원摛文院 당중堂中을 거닐다가 청장관을 생각하다」(원제 '夕日散步摛文院堂中, 有懷靑莊'), 『정유각집』貞蕤閣集 2집)

·"능호공이 사인암에 '운영석'(雲英石)이라는 이름을 붙였다."(凌壺公贈名雲英石: 「사인암. 능호공이 운영석雲英石이라는 이름을 붙였다」(원제 '舍人巖. 凌壺公贈名雲英石'), 『정유각집』 2집)

호(號) 뒤에 '공'이라는 말을 붙여 '능호공'이라고 부르고 있는 데서 그 존모의 염(念)이 느껴진다.

박제가는 다음에서 보듯 사인암에서 노닌 이인상과 이윤영을 흠모하는 마음을 시로 읊은 바 있다: "원령은 날마다 세 말 먹을 갈았고/윤지는 몇 켤레 나막신 다 닳았었지/사인암 보고 놀라 외치며 좋아 죽을 듯해/평생 노닐며 돌아가지 않았었지/그 풍류 적막해진 때 내가 왔나니/취해 누워 단조(丹竈: 단약丹藥을 굽는 화덕)에 불을 땠으면 하네."(元靈日磨三斗墨, 胤之著盡幾兩屐. 驚呼一時狂欲絶, 平生傲遊歸不得. 風流零落我初到, 醉臥願傍燒丹竈: 「사인암. 능호공이 운영석이라는 이름을 붙였다」)

정조 8년(갑진甲辰, 1784년) 사후 24년

○ 윤면동, 8월 이인상의 매화시 8수에 차운해「11월에 대설이 한 길 남짓이나 내려 겨울이 다 가도록 없어지지 않았는데 전에 없던 일이다. 그래서 새와 사람의 자취가 모두 끊겼다. 늙고 병이 들어 깊이 칩거하여 홀로 감실의 매화를 마주해 능호의 매화시에 차운하여 하루에 한 수씩 화답했는데, 벗들의 죽음을 슬퍼하고 나의 늙고 쇠함을 애도하였다. 옛날을 생각하고 지금을 슬퍼해 써서 아이들에게 보여 주어 같이 화답하게 하다」(원제 '仲冬, 大雪丈餘, 經冬不消, 前古未有. 鳥雀與人跡俱斷. 老病深蟄, 獨對龕梅, 次凌壺梅詩, 日和一韻, 感朋友之凋喪, 悼年貌之衰謝, 懷古愴今, 書示兒輩共和', 『오』2)라는 시를 짓다.

이 시의 제4수와 제5수를 보이면 다음과 같다: "벗들 따라 노닌 지 50년/성대한 모임 자리에서 매화 구경 으뜸이었지/향기 감도는 산천재(山天齋)에 빙등(氷燈)이 영롱했고/설악에서 돌아오자 운루(雲樓)에 매화 피었었지/시 일천 수 나란히 읊자 정(情)이 하나가 되나니/일심(一心)을 외로이 비춰 꿈길에 혼이 찾아오네/봄빛이 매화나무 둘러 꼭 옛날 같거늘/어찌 차마 술단지 앞에서 홀로 잔을 잡으리."(朋友遊從五十載, 賓筵盛會最觀梅. 香飄桂館氷燈瀅, 花發雲樓雪峀廻. 千首聯吟情性合, 一心孤照夢魂來. 春光繞樹渾如舊, 忍向樽前獨把杯: 제4수) "수정루의 굽은 난간에/신선과 같은 벗이 나를 불러 즐거움 다함이 없었지/옥경(玉磬)은 꽃을 재촉하며 고아한 소리 내고/술잔은 물에 비치어 봄 수심을 풀어 줬지/흰 꽃받침 풍설에 상할까 걱정했으나/붉은 꽃에 일월이 머물리라 함께 믿었었지/병든 이 몸 얼굴에 속진(俗塵)이 가득해/빙설 같은 꽃이 보고서 부끄러워하는 듯."(水晶樓上曲欄頭, 儗侶相邀樂未休. 玉磬催花傳雅調, 兕觥流影解春愁. 只憐素萼風霜逼, 共恃朱顔日月留. 撲面緇塵餘病骨, 氷葩相對似含羞: 제5수) 제4수에서는 오찬과 이인상을 읊었고, 제5수에서는 이윤영을 읊었다. 특히 제4수의 하4구에는 두 사람을 그리워하는 마음이 표현되어 있다.

정조 8년(갑진甲辰)

1784년

사후 24년

정조 10년(병오丙午, 1786년) 사후 26년

● 4월 16일, 사촌동생 이욱상(1728년 생) 사망하다. 향년 69세.

영조 37년(1761) 이문학관(吏文學官)에 제수된 이래 빙고별제 (氷庫別提), 나주감목관(羅州監牧官), 남양감목관(南陽監牧官), 승문 원 제술관 등의 말단 벼슬을 지냈다. 이욱상은 아들이 없어 이인 상의 형 이기상의 막내아들 영저(英著, 1766~1790, 자 경시景始)를 양자로 들였다. 영저의 처는 창녕 성씨이며 부친이 성대집(成大 集)이다. 성대집은 성대중의 동생이다.

● 10월 18일, 작은어머니 안동 김씨(1695년 생) 사망하다. 향년 92세.

부친은 소촌 찰방과 지평(砥平) 현감을 지낸 김창발(金昌發, 김 창집金昌集의 얼孼사촌)이고, 조부는 수구(水口) 만호를 지낸 김수 장(金壽長)이다.

정조 13년(기유己酉, 1789년) 사후 29년

● 4월 4일, 손자 희(熙, 자 경숙敬叔) 출생하다.

영장의 3남이다.

정조 14년(경술庚戌, 1790년) 사후 30년

○ 윤면동, 이해 8월 8일 세상을 뜨다.

죽기 전에 쓴 절필시(絶筆詩)에서, "지리하게 진세(塵世)를 떠돌아 신선과 인연 먼데/원령과 윤지 나에 앞서 죽은 지 몇 해런가"(支離塵俗儻緣薄, 靈、胤先吾歲幾遒:『오』2)라고 읊다. 이를 통해 그가 죽을 때까지 이인상·이윤영 두 벗을 생각했음을 알 수 있다.

472

정조 17년(계축癸丑, 1793년) 사후 33년

● 5월 7일, 큰형수 안동 김씨(1723년 생) 사망하다. 향년 71세.

정조 17년(계축癸丑)

1793년

사후 33년

정조 19년(을묘乙卯, 1795년) 사후 35년

● 6월 18일, 차남 영장, 이문학관(吏文學官)에 제수되다.
  첫 벼슬이다.

순조 즉위년(경신庚申, 1801년) 사후 41년

● 12월 29일, 차남 영장, 진잠(鎭岑) 현감에 제수되다.

'진잠현'은 지금의 대전시 유성구 원내동 일대이다.

순조 5년(을축乙丑, 1805년) 사후 45년

● 12월 28일, 차남 영장, 조지서(造紙署) 별제에 제수되다.

순조 7년(정묘丁卯, 1807년) 사후 47년

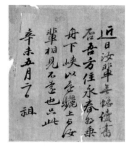

이영장의 간찰, 『서화평석』(2)
563면

● 2월 22일, 차남 영장 창평(昌平) 현령에 제수되다.

'창평현'은 지금의 전남 담양군 창평면 일대이다.

이영장은 지방관일 때 아주 청렴했으며, 선정을 펼쳤다. 그 아버지에 그 아들이라 할 만하다. 남공철이 조정에서 임금에게 아뢴 다음 말이 참조된다: "공철이 아뢰었다. '전 진잠 현감 이영장은 6년간 고을 원으로 있으면서 온갖 폐단을 다 없애고, 객사와 관아의 건물을 환하게 중수했으며, 백골징포(白骨徵布), 황구첨정(黃口簽丁)과 같은 억울한 세금 징수를 일절 하지 않아 아전들이 청렴한 마음을 갖게 되었다 하온데 이런 치적은 근래 드물다 할 것이옵니다. 이런 사람은 의당 칭찬하고 격려하여 벼슬을 올려 주어야 할 것이옵니다.'"(公轍曰: '鎭岑前縣監李英章, 六載居官, 百弊俱蘇, 賓館衙舍, 煥然重新, 白骨黃口, 一無冤徵, 吏懷廉淸, 治績近所罕有爲辭. 此等之人, 宜有嘉獎激勸之政, 施以陞敍之典.': 『승정원일기』 순조 8년 6월 11일)

1809년 4월에 이영장은 '신병침중'(身病沈重)을 이유로 창평 현령을 그만두는데,[1] 이는 표면적 이유일 뿐 실제로는 전년 12월에 이조(吏曹)에서 '이영장이 수령의 근무 고과(考課)에서 추봉근예(麤捧近譽)로 평가되었으니 중고(中考)를 받아야 마땅한데 상고(上考)를 받았다'고 문제를 제기해[2] 사직한 것으로 여겨진다. '추봉근예'는 '환곡(還穀)을 엄하지 않게 받아 명예를 가까이한다'는 뜻이다. 즉 백성들에게 칭송을 듣기 위해 환곡을 각박하게 받지 않았다는 뜻이다. 뒤집어 생각하면 이영장은 백성들을 수탈하지

---

1 "以全羅監司李冕應狀啓, 平昌縣令李英章身病沈重, 時月之內, 萬無差完之望, 不得已罷黜事, 傳于金宗善曰, 口傳差出."(『승정원일기』 순조 9년 4월 3일)

2 "元在明, 以吏曹言啓曰: '今日本曹開坼坐起時, 考見諸道褒貶啓本, 則昌平縣令李英章, 以麤捧近譽爲目, 靑陽縣監權最仁, 以引或過當爲目, 則俱宜置中考, 而置諸上考, 殊無嚴明殿最之意, 兩道道臣, 推考警責, 上項兩邑守令, 竝中考施行, 何如?' 傳曰, '允.'"(『승정원일기』 순조 8년 12월 16일)

않고 인정(仁政)을 폈고, 이 때문에 높은 고과를 받지 못했던 것이
다. 이에서 '청렴'을 중히 여긴 이인상 집안의 가법(家法)을 볼 수
있다.

순조 8년(무진戊辰, 1808년) 사후 48년

● 11월 5일, 둘째 며느리 청풍 김씨(1744년 생) 사망하다. 향년 65세.

부친은 김헌로(金憲魯)이고, 조부는 문성 첨사(文城僉使)를 지낸 김당(金棠)이며, 증조는 전라우수사와 구성(龜城) 부사를 지낸 김숙(金俶)이다.

순조 9년(기사己巳, 1809년) 사후 49년

- 고명딸(1741년 생) 사망하다. 향년 69세.

순조 12년(임신壬申, 1812년) 사후 52년

● 8월 27일, 차남, '영장'(英章)이라는 이름을 '장영'(章英)으로
바꾸다(『승정원일기』 순조 12년 8월 27일).[1]

---

1   이하 '이영장'이라 하지 않고 '이장영'이라 한다.

순조 18년(무인戊寅, 1818년) 사후 58년

● 12월 2일, 맏며느리 진주 유씨(1736년 생) 사망하다. 향년 83세. 부친은 유상직(柳相直)이고, 조부는 찰방을 지낸 유현(柳絢)이며, 증조부는 현감을 지낸 유형운(柳亨運)이고, 외조부는 지평 현감을 지낸 김창발(金昌發)이다.

성해응이 지은 「공인 진주 유씨 애사」(원제 '恭人晉州柳氏哀辭', 『연경재전집』 권17)에 다음과 같은 말이 보인다: "능호 이공에게는 진주 유씨라는 어진 며느리가 있었다. 젊은 나이에 미망인으로 일컬어졌다.[1] 조카 도(燾)[2]를 양자로 삼아 함께 살다가 충주에서 죽었다. 향년 84세이다.[3]

능호공은 일찍이 단양의 강상(江上)에 배를 띄워 부용성으로 들어가 구담 남쪽에 정사(精舍)를 지었다. 장차 가족을 데리고 은거할 참이었으나 뜻을 이루지 못하고 죽었다.

공의 둘째아들 창평공[4]이 부친의 뜻을 이루고자 했으나 구담의 정사가 거친 강에 뚝 떨어져 있어 생계를 도모할 방법이 없었다. 그래서 청풍의 도화동(桃花洞)에 거주했는데 구담에서 멀지 않았다. 유씨는 도를 따라 함께 갔는데 얼마 안 있어 충주로 이사했다. 창평공은 한 곳에 안주한 적이 없었으니 집과 꽃나무와 연못이 비록 그 안배가 뜻에 맞을지라도 조금만 마음에 안 드는 게 있으면 바로 버리고 떠났다. 이런 까닭에 충주에 있을 때 이사한 적이 네 번이고, 충주에서 포천으로 이사한 적이 두 번이며, 포천에 있을 때 이사한 적이 두 번인데, 마침내 다시 충주로 돌아왔다. 유씨는 그때마다 도를 따라 거처를 옮겼는데, 밥솥이나 그릇 등을 잘 챙겨 잃어버리지 않았으니, 제사를 지내거나 빈객을 접대

---

1 진주 유씨는 스물다섯 살 때 남편을 잃었다.
2 이인상의 차남 장영의 맏아들이다.
3 이는 착오이다. 향년 83세가 맞다.
4 창평 현령을 지낸 장영을 이른다.

하는 데 쓰이는 기물들이 모두 법식이 있고 유실(遺失)되지 않은 데에는 유씨의 힘이 크다. 옛날의 현모(賢母)는 모두 담박함을 편히 여기고 노고를 달게 여겨 영예와 이익을 흠모하는 일이 없었다. 그러므로 자손이 그 하고자 하는 바를 이룰 수 있었다. 만일 좋은 옷을 입고 싶어하고 맛있는 것을 먹고 싶어해 남처럼 잘 먹고 잘 입지 못하는 것을 수치스럽게 여겨 날마다 돈과 벼슬을 닦달하는 게 끝이 없다면 자손이 돈과 벼슬을 구하는 데 급급하리니 어질고자 하나 어질 수 있겠는가. 유씨가 몸소 산중(山中)의 일을 하며 그 한적함을 즐기는 것을 보고는 도 역시 스스로 농사일에 힘써, 구차한 일를 하거나 더럽고 욕된 일을 무릅써 가며 의롭지 않은 물품으로 봉양하고자 하지 않았으니, 이에서 유씨가 현모임을 알 수 있다.”(凌壺李公有賢子婦曰晉州柳氏, 早歲稱未亡人, 子從子熹而從之, 卒于忠州中, 壽八十四歲. 凌壺公嘗泛舟丹陽江上, 入芙蓉城, 築精舍于龜潭之陰, 將盡室歸隱焉, 未果而卒. 公仲子昌平公欲成其志, 顧荒江斗絶, 無以爲食. 居于淸風之桃花洞, 距龜潭不遠. 夫人從熹俱往, 已而轉徙忠州. 昌平公未甞懷安于一處, 室廬花木池沼, 雖位置可意, 少有不可, 棄之如遺. 是故在忠州時, 移居者四, 自忠州移居抱川者二, 在抱川又移居者二, 卒又返忠州. 夫人輒從熹轉徙, 而日用鼎鐺杯圈之屬, 皆得撿攝, 無所遺亡. 祭祀賓客之需, 並有條法而不壞者, 夫人之力爲多. 古昔爲人賢母者, 皆安淡泊甘勞苦, 而澹然無所慕乎榮利, 故子孫得遂其所欲爲. 苟欲華其衣美其食而耻珍麗不若人, 日責錢財科窣無有紀極, 子孫將干求營爲之不給, 雖欲賢得乎? 觀夫人躬操山居之務而樂其閑適, 故熹亦自力於耕稼, 而不欲涉苟且冒汚辱, 以非義之物爲養, 此可見夫人之爲賢母也.)

　　이 글을 통해 이인상의 가난이 자식 대까지 대물림되었음을 알 수 있다.

순조 20년 (경진庚辰, 1820년) 사후 60년

● 차남 장영, 노주(老洲) 오희상(吳熙常)에게 부친의 행장을 써 달라고 청하다.

이해 4월 오희상이 단양, 청풍, 제천, 영춘 일대를 유람할 때 충주에 거주하고 있던 이장영이 동행하였다.[1] 이장영은 이때 부친의 행장을 부탁한 것으로 보인다.

오찬의 종손(從孫)인 오희상은 평소 이인상에 대해 존모의 감정을 품고 있었다. 그가 쓴 행장은 이인상의 삶과 자취를 비교적 충실히 잘 요약해 놓고 있다. 그 전문을 보이면 다음과 같다: "공은 휘(諱)가 인상이고 자는 원령이며 성은 이씨다. 세종의 별자(別子)인 밀성군 침(琛)의 후손이다. 6대손에 휘 경여(敬輿) 의정부 영의정 문정공(文貞公)이 있는데 명성과 덕이 일세에 으뜸이었으며 세상에서 백강선생(白江先生)으로 일컬어졌는데 공의 고조이시다. 증조는 전생서(典牲署) 주부 휘 민계(敏啓)이고, 조부는 서부(西部) 주부 휘 수명(需命)이며, 부친은 통덕랑 휘 정지(挺之)이다. 모친 죽산 안씨는 학생 흥필(興弼)의 따님이다.

공은 숙종 경인년(1710) 4월 26일 태어났는데 어릴 때 노리개를 좋아하지 않았고 글읽기에 힘썼으며 기억력이 좋았다. 26세 때 진사시에 합격했으며 북부 참봉에 보임되었다가 전옥서 봉사

---

1 『노주집』권27 부록 「연보」의 다음 말 참조: "時任公魯宰忠州, 約遊四郡也. 庚寅, 到忠州, 洪伯應自寧越衙衙來會. 辛卯, 偕任公及其胤子翼常, 發向丹丘, 歷尋黃岡書院, 謁尤菴, 遂菴兩先生眞像于寒水齋中. 壬辰, 遊舍人巖, 李昌平章英亦來會. 癸巳, 遊三仙巖諸勝. 甲午, 泛舟島潭, 歷賞諸勝. 乙未, 舟下長淮. 丙申, 上降仙臺, 賞龜潭、船潭、玉筍峰. 止宿淸風寒碧樓. 丁酉, 送任公還忠州, 與洪伯應、李昌平, 轉向越中, 歷訪尹洗馬善用於川上, 轉賞義林池. 戊戌到越, 與府伯洪公履簡, 遊錦江亭, 泛舟前江. 己亥, 審子規樓、觀風軒, 仍遊紫烟巖. 庚子, 謁莊陵, 歷拜彰節書院, 仍賞鶴棲巖、淸泠浦. 先生每經端廟所御, 輒嗚咽呑聲, 悲不自勝, 傍觀爲之感服. 辛丑, 發向忠原, 歷謁樓巖書院." 오희상은 사군 유람 뒤 이장영이 보내온 편지에 다음의 답서를 보냈다: "今行極江山巖泉之趣, 又得與老丈邂逅, 終始周旋, 可謂賞心樂事, 久而不能忘也. 四郡評品, 盛行儘得之, 當以丹陽爲最. 盖龜、玉、雲、舍、三仙, 短長相補, 足數海山諸勝競奇, 其餘淸風、永、堤, 殊無可稱耳. 越中山水, 雖不入於四郡, 當亞於丹丘, 而若錦江亭一面, 暎帶平湖, 固無遜於淸心樓, 其幽夐奇秀, 反有勝之者. 但在於險阻幽絶之地, 所以不得擅名, 而見者亦不甚奇之, 世之循名久矣. 人之傑特, 沉淪於嵁巖而不見知, 如斯亭者, 又何限哉! 恨不得冥搜而一遇也."(「答李仲淳」, 『노주집』권9)

로 옮겼고 사재감 직장을 거쳐 통례원 인의로 승진했다가 내자시
주부로 벼슬이 바뀌었으며 사근도 찰방으로 나갔다. 그 뒤 몇 년
만에 음죽 현감에 제수되었는데 자신을 기율하고 백성을 다스림
에 굳게 법을 지켜 마침내 이 때문에 감사에게 미움을 받아 벼슬
을 버리고 떠났다.

일찍이 문정공은 상하(上下)가 뒤바뀐 때[2]를 만나 천하 대의를
자임했는데 급기야 시대가 멀어지자 이 의리가 어두워졌거늘 공
은 일찍부터 개연히 절개를 지키고자 하는 뜻이 있었다. 어느날
단양의 산수에 노닐다가 배를 저어 옥순봉에서 부용성으로 들어
가 구담의 물가에 정사(精舍)를 짓고는 그 누각 이름을 '다백운'이
라 하였다. 장차 세상을 버리고 은거할 것 같았으나 모친이 연로
하시어 그리하지 못하고 얼마 안 있어 병으로 죽었으니 때는 경
진년(1760) 8월 15일이다. 처음에 안산의 능길에 장사지냈으며
18년 뒤 포천 소학동 진좌(辰坐)의 둔덕에 이장했다. 아내인 숙인
덕수 장씨는 학생 진욱의 딸이요 문충공 휘 유(維)의 현손인데 정
순(貞順)하고 부녀의 법도가 있었으나 공보다 4년 앞서 사망해 나
중에 공의 묘에 부장(祔葬)되었다. 4남 1녀를 낳았는데 장자는 영
연이고 차남은 전 현령 장영이며 셋째는 영하이고 넷째는 영집이
며 딸은 백동우에게 시집갔다. 장영에게는 세 아들이 있는데 맏
이인 도(燾)는 형의 양자가 되고, 둘째 아들 훈(勳)은 큰동생의 양
자가 되었으며, 셋째 아들은 희(熙)이다.[3] 딸은 김광하(金光夏)[4]에게
시집갔다. 훈의 아들은 정균(正均)이다. 나머지는 다 적지 않는다.

공은 사람됨이 맑고 빼어나고 소탈하고 활달했으며, 고고하여
세속을 벗어났는데, 여윈 학과 긴 대나무와 같은 풍모가 있었다.
뜻은 고결하고 행실은 반듯해 세상의 추이를 좇아 변하지 않았
다. 도의에 두터웠는데 더욱이 우도(友道)에 정성스러워 기의(氣
義)에 서로 감발했으며 표리가 환히 비쳐 진실하였다. 이런 까닭
에 함께 노닌 이들이 나의 작은할아버지 청수공, 한정당 송공 문

2　여진족이 중원의 주인이 된 시대를 말한다.
3　『완산이씨세보』에는 '燾'가 '憲燾'로, '勳'이 '憲勳'으로, '熙'가 '憲熙'로 되어 있다. 도는 해주 오씨에게 장가들었고, 훈은
　　광산 김씨에게 장가들었으며, 희는 청풍 김씨에게 장가들었다.
4　『완산이씨세보』에는 '안동 金鼎夏'로 되어 있다.

흠, 단릉 이공 윤영, 함일재 신공 소, 설계(雪溪) 김공 순택처럼 모두 일대(一代)의 어질고 빼어난 분들이었는데, 공과 도의로써 절차탁마하며 막역하게 사귀지 않음이 없었으며, 퇴어 김공 진상, 한빈(漢濱) 윤공 심형과 같은 선배들 또한 모두 나이와 작위를 접고 자신을 낮추었다. 옛말에 이르기를 '그 사람을 보지 못하면 그 벗을 보라'고 했거늘 이는 공에 해당되는 말이다.

공은 성품이 몹시 효성스러웠다. 9세에 부친을 여의었는데 거적에서 자며 상복을 벗지 않고 애모(哀慕)하기를 마치 성인(成人)처럼 하였다. 모친을 섬기기를 화락하게 하고 뜻에 맞게 해 조금도 거스름이 없었다. 백씨와 나이 차가 많지 않았으나 백씨를 몹시 부지런히 섬겨 일찍이 백씨가 병에 걸렸을 때 주야로 그 곁을 떠나지 않았으며 약과 음식을 스스로 챙기고 남으로 하여금 대신하게 하지 않았다. 어려서 계부 정산공에게 수학했는데 경전의 은미한 말과 큰 강령을 보면 곧 그 대의(大意)를 알았다. 그리하여 제자백가를 두루 보아 꿰뚫었다. 문장을 지음에는 고인의 법도에 크게 구애되지 않아 신정(神情)이 독창적이었으며, 스스로 능히 진부한 것을 변화시켜 새로운 것을 만들어 냈고, 자세히 반복해 논할 때 이치와 의리에 의거한지라 간절하고 담박하고 의미가 깊어 사람으로 하여금 물리지 않게 했다. 시 또한 특출하여 진구기(塵垢氣)가 없었다. 심지어 전서(篆書)와 회화도 모두 지극히 묘해 사람들이 다투어 보배로 여겼으나 스스로는 마뜩해 하지 않았다.

만년에는 예전의 좋아하던 취미를 모두 버리고 차츰 화려함을 거두어 실다운 데로 나아갔으니[5] 방 하나를 깨끗이 청소하고 거기서 글을 읽었다. 하루를 아침·낮·오후·밤의 넷으로 나누어 각각 공부할 것을 정해 몹시 아프지 않으면 폐하거나 느슨히 하지 않고 장대한 공부를 하고자 했으나 하늘이 수명을 더 늘려 주지 않아 애석하게도 뜻을 펴 보지 못한 채 죽었다.

공은 본디 가난했으나 생계를 도모하지 않아 남의 집에 세들어 살았는데 송사행과 신성보 등 여러 공이 소강절의 천진 고사(天津故事)를 흉내내어 돈을 모아 한양 남산 기슭에 집을 사 주었

---

5   원문은 '斂華就實'이다. 시문이나 서화에 힘쓰다가 그것을 그만두고 학문에 정진하는 것을 이르는 말이다.

으며 집에다 '능호'라는 편액을 걸었다. 그 후 공의 유집(遺集)을 인행(印行)할 때 이를 내세워 호를 삼았다.

오호라! 공의 높은 재주와 깊은 학식으로 족히 세상에 이바지해 풍속을 바로잡을 만했거늘 이미 당세에 불우해 산수에 마음을 깃들이고 시와 한묵(翰墨)에 정을 부쳤다. 하지만 자나깨나 왕실을 걱정해 일찍이 말하기를, '우리나라 사대부는 비록 궁하여 아래에 있다 할지라도 세신(世臣)이 아님이 없으니 요컨대 나라가 존재하면 내가 존재하고 나라가 망하면 내가 망하는 것이라고 생각해야 마땅하다'라고 하였다. 늘 세도(世道)의 높고 낮음, 어진 이의 줄어듦과 사악한 이의 늘어남, 정치의 득실 등에 대한 근심이 깊고 생각이 많아 분개하고 슬퍼해 마지 않았다. 서너 동지들과 더불어 옛 의리를 강론하여 밝혀서 부식(扶植)하고 만회할 것을 생각했으니, 대개 후한(後漢)의 고준(顧俊)[6]을 비롯한 제인(諸人)의 풍모가 있었으나 아는 자가 드물었다.

선대부 형제[7]는 또한 일찍이 공을 좇아 노닐었다. 이 때문에 나는 동자 때부터 이미 공의 덕의(德義)에 몹시 심복(心服)했었다. 금년 초여름에 사군(四郡)에 노닌지라 현령군(縣令君)[8]과 창하정(蒼葭亭)에서 해후해 배로 단구(丹丘)의 동문(洞門)으로 내려와 운루(雲樓: 다백운루)의 유지(遺址) 아래에서 배회했는데, 공이 세상을 뜬 지 마침 한 갑자(甲子)였다. 강산은 의구하나 옛날의 풍류는 아득하여 사람으로 하여금 굽어보고 쳐다보며 회포를 일으키게 해 차마 떠날 수가 없었다.

현령군은 공의 유사(遺事) 십여 칙(則)을 엮어 내게 주며 행장을 써 줄 것을 부탁하였다. 나는 아둔해 숨은 빛을 드러내기에 참으로 부족하지만 정의(情誼)가 돈독하므로 의리상 감히 마다할

---

6 '팔고'(八顧)와 '팔준'(八俊)의 줄임말로, 후한 말기 환제(桓帝)와 영제(靈帝) 때의 명사(名士)들을 일컫는다. 덕행이 빼어난 명사 8명을 팔고라 하고, 영준(英俊)한 명사 8명을 팔준이라 했는데, 팔고는 곽림종(郭林宗)·종자(宗慈)·파숙(巴肅)·하복(夏馥)·범방(范滂)·윤훈(尹勳)·채연(蔡衍)·양척(羊陟)을 말하고, 팔준은 이응(李膺)·순욱(荀彧)·두밀(杜密)·왕창(王暢)·유우(劉祐)·위랑(魏朗)·조전(趙典)·주우(朱寓)를 말한다. 이들은 당시 권세를 휘두르던 환관들을 공박하다가 도리어 붕당을 결성하여 조정을 비방하였다는 명목으로 금고(禁錮)되었다.

7 오재순(吳載純)과 오재유(吳載維, 오재순의 큰 동생)를 이른다. 두 사람은 1744년 오찬의 계산동 집에서의 강회 때 그 말석에 있었다. 오희상은 생부가 오재순이며, 뒤에 오재소(吳載紹, 오재순의 작은 동생)의 양자가 되었다.

8 이장영을 가리킨다. 창평 현령을 지냈기에 이리 말했다.

순조 20년 (경진庚辰)

1820년

사후 60년

수 없었다. 그래서 이상과 같이 찬(撰)했다. 지금 온 세상이 혼탁하고 선비의 추향(趨向)은 날로 낮아져 맑은 의론이 재야에서 사라진 지 오래다. 저 옛날 공과 그 벗들의 교우 비슷한 것이라도 보고자 한들 그것이 어찌 가능하겠는가. 슬픈 일이다.

숭정 기원후 네 번째 경진년(1820) 하짓날에 해주 오희상이 삼가 쓰다."(公諱麟祥, 字元靈, 姓李氏. 系出世宗別子密城君諱琛, 六傳而有諱敬輿議政府領議政文貞公, 名德冠一世, 世稱白江先生, 於公爲高祖也. 曾祖典牲署主簿諱敏啓, 祖西部主簿諱需命, 考通德郞諱挺之. 妣竹山安氏, 學生興弼之女. 公生於肅宗庚寅四月二十六日, 幼而不好弄, 便能伽書强記. 二十六, 擧進士, 補北部參奉, 遷典獄署奉事, 由司宰監直長, 陞通禮院引儀, 改內資寺主簿, 出爲沙斤道察訪. 已又拜陰竹縣監, 律己爲治, 棘棘守法, 卒以是忤監司, 棄官去.

初文貞公, 丁冠屨倒置之日, 身任天下大義. 及其世遠, 而此義寢晦, 公嘗慨然有蹈海之志. 一日遊丹陽山水, 挐舟自玉筍峯, 入芙蓉城, 置精舍於龜潭之沚, 名其樓曰多白雲. 若將遺世獨往者, 而親老未果, 未幾疾卒, 庚辰八月十五日也. 初葬安山菱吉, 後十八年, 改窆抱川巢鶴洞坐辰之原. 配淑人德水張氏, 學生震煜女, 文忠公諱維之玄孫, 貞順有閨範, 先公四年卒, 葬祔公墓. 生四男一女, 長英淵, 次章英前縣令, 次英夏, 次英集, 女適白東佑. 章英三男, 曰燾爲長房后, 曰勳爲三房后, 曰熙. 一女適金光夏. 勳之男曰正均, 餘不盡錄.

公爲人淸秀疎曠, 孤標絶俗, 有癯鶴脩竹之韻, 志潔而行方, 不肯與世推移. 顧篤於倫彝, 而尤拳拳於友道, 氣義相感, 表裏昭徹. 是以所與遊盡一代之賢雋, 如我季祖淸修公、閒靜堂宋公文欽、丹陵李公胤永、涵一齋申公韶、雪溪金公純澤, 無不切偲而莫逆也. 前輩如退漁金公鎭商、漢濱尹公心衡, 又皆折年位而下之. 古語云: '不見其人, 見其友', 卽公之謂也.

性甚孝, 九歲而孤, 寢處苫塊, 不脫衰帶, 哀慕若成人. 事母夫人, 怡愉順適, 未嘗少拂其志. 與伯氏年相比, 而服事甚勤. 嘗寢疾, 晝夜不離乎側, 藥餌飯飱, 必自其手而不以人代之. 少受業於季父定山公. 經傳之微言宏綱, 輒見其大意. 於是泛濫九流百家之書, 靡不貫穿. 其爲文章, 弗規規於古人法度, 而神情獨造, 自能化腐而爲新, 其曲折往復之際, 依乎理義, 惻怛疎宕, 尤使人不厭. 詩亦奇雋, 無塵垢氣. 至於篆籒繪畫之類, 俱極其妙, 人爭寶玩, 而不自屑焉. 逮晩年, 屛棄宿好, 駸駸然斂華就實, 淨掃一室, 讀書其中, 日分朝、晝、晡、夜爲四時, 各有課程, 非甚病, 未嘗廢弛, 用究久大之業, 而天不假之以年數, 惜乎其齎志而沒也.

公素家貧, 不自治生, 僦屋而居. 宋、申諸公, 倣康節天津故事, 集錢買宅於漢師南山之阿, 扁其觀曰凌壺. 其後遺集之印行也, 因揭以爲號云. 嗚呼! 公之高才邃學, 足以需世矯俗, 而旣不偶於時矣, 棲心於山巓水涯, 托情於風雅翰墨, 而惟其寤寐眷係王室, 嘗曰: '我國士大夫, 雖窮而在下, 莫非世臣. 要當以國存與存, 國亡與亡爲心也.' 每於世道之汚隆, 賢邪之消長, 政敎之得失, 憂深慮遠, 感憤悲咤而不能已. 思與數三同志, 講明古義, 有以扶植而挽回, 盖有東京顧俊諸人之風, 而知之者鮮矣. 先大夫兄弟, 亦嘗從公遊, 以是不佞已自童年, 服公德義甚習. 今歲孟夏, 薄遊四郡, 與縣令君邂逅於蒼莨亭, 遂舟下丹丘洞門, 沿回於雲樓遺址之下, 去公之世, 甲子適一回矣. 江山不改, 風流邈然, 令人頹仰興懷而不忍去也.

縣令君綴公遺事十數則, 屬不佞以狀德之文. 自惟鹵劣, 固不足以發揮潛光, 事契之敦, 義不敢辭, 遂譔次如右. 而顧今擧世混濁, 士趨日卑, 淸議之不在野久矣. 如公曩時一隊交際, 縱欲見其髯髯, 何可得也. 悲夫!

崇禎紀元後四庚辰日南至, 海州吳熙常謹狀.「능호이공행장」凌壺李公行狀,『노주집』권20)

순조 28년(무자戊子, 1828년) 사후 68년

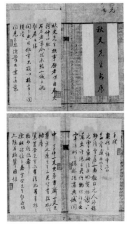

장심, 〈추사선생안전〉

◎ 청나라 화가 장심(張深, 자 숙연叔淵, 호 다농茶農), 추사 김정희가 선물로 보낸 〈설옥도〉(雪屋圖, 추사 작)와 《원령화책》(元靈畵冊)을 받고 답서를 보내다.

이 답서는 장심이 김정희에게 처음 보낸 편지다. 이 편지에 이런 말이 보인다: "신묘한 그림인 〈설옥도〉는 원인(元人)의 신수(神髓)를 아주 잘 터득했으며, 《원령화책》은 명(明)의 뛰어난 화가들과 대단히 가깝습니다. 감사합니다. 감사합니다."(妙繪雪屋一圖, 極得元人神髓, 元靈畵冊, 絶近明賢. 拜謝拜謝: 장심, 〈추사선생안전〉秋史先生安展, 『추사 김정희: 學藝 일치의 경지』[1] 소수) '원령화책'은 이인상의 그림 몇 점을 모아 장황한 책일 것이다. 김정희는 이인상의 그림을 높이 평가해 이를 중국인에게 선물한 것이다.

김정희는 또한 아들 상우(商佑)에게 보낸 다음 편지에서 보듯 이인상의 예서 글씨와 그림을 대단히 높이 평가하였다: "예서는 서법의 조가(祖家)이다. 서도에 마음을 둔다면 예서를 몰라서는 안 되느니라. 예법(隷法)은 반드시 방경고졸(方勁古拙)을 윗길로 친다. 그 졸(拙)한 곳은 쉽게 얻을 수 없지. 한예(漢隷)의 묘(妙)는 전적으로 졸한 곳에 있다. (…) 또한 예법(隷法)은 흉중(胸中)의 청고고아(淸高古雅)한 뜻이 없고서는 손을 댈 수 없느니라. 흉중의 청고하고 고아한 뜻은 또한 흉중에 문자향(文字香)과 서권기(書卷氣)가 없고서는 팔과 손가락에서 발현될 수 없느니라. 그러니 또한 심상한 해서(楷書) 같은 것과는 비길 수 없지. 모름지기 흉중에 문자향과 서권기를 먼저 갖추는 게 예법의 장본(張本)이 되며, 예

---

1 국립중앙박물관에서 2006년 발간된 도록이다. 장심의 편지는 이 책 121면에 그 전문이 수록되어 있다. 장심이 김정희에게 보낸 편지 중에 언급된 '허내곡'(許乃穀)이 환현(環縣) 현령이 된 해와 '장상하'(張祥河)가 복건향시부고관(福建鄉試副考官)이 된 해는 도광(道光) 8년, 즉 1828년이다. 이 사실은 허내곡의 시집인 『서작헌시초』(瑞芍軒詩鈔)에 실린 「서안서목돈황령허군전」(署安西牧燉煌令許君傳)과 『청실록』(淸實錄) 권136의 도광 8년 5월 임자일(壬子日) 기사를 통해 알 수 있다. 따라서 장심의 이 편지는 1828년에 작성되었다 할 것이다.

서를 쓰는 신결(神訣)이 된다. 근일 조지사(曹知事: 조윤형), 유기원 (兪綺園: 유한지) 같은 제공(諸公)이 모두 예법에 깊긴 하나 다만 문자기(文字氣)가 적어 몹시 한스럽다. 이원령의 예법과 화법(畵 法)은 모두 문자기가 있다. 한 번 그것을 본다면 문자기가 있은 뒤에야 할 수 있다는 것을 깨달을 수 있을 게다."(隷書是書法祖家, 若欲留心書道, 不可不知隷矣. 隷法必以方勁古拙爲上, 其拙處又未可易 得, 漢隷之妙, 專在拙處. […] 且隷法非有胷中淸高古雅之意, 無以出手, 胷中淸高古雅之意, 又非有胸中文字香書卷氣, 不能現發於腕下指頭, 又非 如尋常楷書比也. 須於胸中先具文字香書卷氣, 爲隷法張本, 爲寫隷神訣. 近日如曹知事兪綺園諸公, 皆深不隷法, 但少文字氣, 爲恨恨處. 李元靈隷 法、畵法皆有文字氣. 試觀於此, 可以悟得其有文字氣然後, 可爲之耳: 「서 시우아」書示佑兒, 『완당집』阮堂集 권7)

순조 32년(임진壬辰, 1832년) 사후 72년

● 윤9월 19일, 차남 장영(1744년 생) 사망하다. 향년 89세.

순조 33년(계사癸巳, 1833년) 사후 73년

● 3월 29일, 장영의 맏아들 도(1764년 생) 사망하다. 향년 70세.

고종 13년(병자丙子, 1876년) 사후 116년

◎ 박규수, 「능호 그림의 족자에 적다」(원제 '題凌壺畵幀', 『환재집』 瓛齋集 권11)라는 제발(題跋)을 짓다.

　이 글은 다음과 같다: "능호 처사는 지조가 맑고 절개가 높아 당시 사우(士友)들로부터 추중(推重)되었다. 그가 종유(從遊)한 사람은 모두 거공(鉅公)과 명유(名儒)였다. 그 시대의 풍기(風氣)는 동한(東漢)의 제 군자에 비견할 만했다. 그의 서화와 시문은 단지 여사(餘事)일 뿐인데, 지금 세간에 남아 있는 것이 또한 몹시 적어 선면(扇面)에 그린 소경산수(小景山水)와 화첩(畵帖) 말미의 기분 내키는 대로 쓴 글씨 따위에 불과하니, 어쩌다 작화(作畵)하고 작서(作書)한 것이며 그리 마음을 써서 한 일이 아니다. 하지만 여기서 그 신운(神韻)을 상상하고 그 가슴속 생각을 깨달을 수 있다. 처사는 평소 단양의 산수를 좋아하여 한번 노닐고 다시 노닐고 했으니 여기에 집을 지어 여생을 마칠 뜻이 있었다. 이 때문에 늘 기험(崎險)한 바위와 기굴(奇崛)한 고목(古木)을 많이 그렸는데 맑고 소슬하여 진세(塵世)의 정경이 아니었다. 지금 이 화폭에서 또한 처사의 흉회(胸懷)를 엿볼 수 있으니 단지 화필(畵筆)의 고아(古雅)함만 갖고 논할 일이 아니다. 처사는 글씨는 안진경을 배웠다. 전서는 또한 대단히 예스러운데, 그 그림의 화법(畵法)은 또한 모두 전서의 필세(筆勢)이다. 이 그림은 창산(倉山: 김기수金綺秀) 시랑(侍郎)[1]의 소장품이다."(凌壺處士, 淸操高節, 爲當時士友推重, 所從遊盡鉅公名儒, 一代風氣, 殆與東京諸君子作先後進. 書畵翰墨, 特餘事耳. 今留在世間, 亦甚鮮焉, 卽不過扇上小景, 帖尾漫筆, 偶然而作, 不甚置意者. 然於此有可以像想神韻, 領略襟期. 處士平生喜丹陽山水, 一遊再遊, 志在築室終老. 是故每多作嵯巖奇石屈奇古木, 泓淳蕭瑟, 非塵寰境. 今此

1　'시랑'(侍郎)은 참판을 이른다. 김기수는 고종 13년(1876) 3월 22일 예조 참판에 제수되었다. 이해 12월 박규수가 타계했다. 그러므로 이 글은 박규수가 죽은 해인 1876년에 작성되었다 할 것이다.

幅亦可見處士胷次, 不止以畫筆古雅論也. 處士書學魯公, 篆又最古, 其畫

法又皆篆勢耳. 此幅爲倉山侍郞所藏.)

고종 13년(병자丙子)

1876년

사후 116년

凌壺 李麟祥先生 眞

작자 미상, 〈이인상 초상〉, 지본채색, 51×33cm, 국립중앙박물관 소장

우측 상단에 "凌壺李麟祥先生 眞"이라고 예서로 쓴 글씨가 보인다. '능호'(凌壺)는 이인상의 호이고, '진'(眞)은 진영(眞影), 즉 초상화라는 뜻이다.

이 그림은 누가 그렸는지 미상이다. 당시의 어법은 지금과 달라 '선생'이라는 말을 극도로 아꼈으며, 함부로 쓰지 않았다. 자신의 스승이나, 몹시 존경하는 인물에 대해서만 이 말을 썼다. 이 그림에서는 존경의 뜻으로 이 말을 쓴 게 아닐까 한다.

이인상 생전에 '능호'라는 호는 거의 사용되지 않았으므로, 이 그림은 이인상 사후에 그려진 것으로 보인다. '선생'이라는 용어를 쓴 것도 이인상 사후의 그에 대한 존모(尊慕)의 태도를 반영하고 있다고 생각된다. 수염 한 올 한 올을 세세히 그렸으며, 얼굴의 마마 자국까지 그대로 재현했다. 야복(野服) 차림의 이 초상화는 온화하면서도 내면적으로 굳건했던 이인상 됨됨이의 일단을 드러내 보여 준다고 판단된다. 미간에 있는 몇 개의 주름은, 그가 평생 세계와의 불화(不和)를 안고 살았음을 증거하는 것이 아니겠는가.

－『능호관 이인상 서화평석』1 회화 '부록1 이인상 초상' 중에서

참고문헌

1. 한국 문헌

李麟祥,『雷象觀藁』
李麟祥,『雷象稿』
李麟祥,『凌壺集』
李麟祥,『沙斥道形止案』

權燮,『玉所稿』
權攄,『震溟集』
金龜柱,『可庵遺稿』
金謹行,『庸齋集』
金鑢,『藫庭遺藁』
金茂澤,『淵昭齋遺稿』
金相福,『稷下遺稿』
金相肅,『坯窩草』
金相岳,『韋菴先生詩錄』
金相定,『石堂遺稿』
金純澤,『志素遺稿』
金元行,『渼湖集』
金履坤,『鳳麓集』
金履安,『三山齋集』
金益謙,『潛齋稿』
金正喜,『阮堂集』
金鍾秀,『夢梧集』
金鍾厚,『本庵集』
金鎭商,『退漁堂遺稿』
金昌翕,『三淵集』
南有容,『雷淵集』
閔思平,『及菴詩集』
閔遇洙,『貞菴集』

朴珪壽,『瓛齋集』

朴齊家,『貞蕤閣集』

朴宗采,『過庭錄』

朴趾源,『百尺梧桐閣集』

朴趾源,『煙湘閣集』

朴趾源,『燕巖稿略』

朴趾源,『燕巖集』

成大中,『青城雜記』

成大中,『青城集』

成海應,『研經齋全集』

宋明欽,『櫟泉集』

宋文欽,『閒靜堂集』

宋翼弼,『龜峰集』

沈翼雲,『百一集』

吳載絅,『竹友稿』

吳載純,『醇庵集』

吳瑗,『月谷集』

吳瓚,『修齋遺稿』

吳熙常,『老洲集』

兪晚柱,『欽英』

兪彦鎬,『燕石』

兪莘煥,『鳳棲集』

兪漢雋,『自著』

兪漢雋,『著庵集』

尹國馨,『甲辰漫錄』

尹得叙,『止齋詩集』

尹冕東,『娛軒集』

尹鳳九,『屏溪集』

尹心衡,『臨齋集』

尹顯東,『石雲集』

李穀,『稼亭集』

李奎報,『東國李相國集』

李德懋,『雅亭遺稿』(『靑莊館全書』所收)

李德懋,『淸脾錄』(『靑莊館全書』所收)

李德懋,『寒竹堂涉筆』(『靑莊館全書』所收)

李明煥,『海嶽集』

李敏輔,『豊墅集』

李鳳煥,『雨念齋詩文鈔』

李穡,『牧隱集』

李世愿,『顧庵遺稿』

李時發,『碧梧先生遺稿』

李彦迪,『晦齋集』

李運永,『穎尾編』

李運永,『玉局齋遺稿』

李胤永,『丹陵遺稿』

李胤永,『丹陵遺集』

李義肅,『頤齋集』

李珥,『栗谷全書』

李最中,『韋菴集』

李太源,『心齋遺藁』

李滉,『退溪集』別集

李喜朝,『芝村集』

李義天,『石樓遺稿』

任敬周,『靑川子稿』

任聖周,『鹿門集』

鄭來僑,『浣巖集』

趙龜命,『東谿集』

趙榮祐,『觀我齋稿』

趙畋,『晚靜遺稿』

崔岦,『簡易文集』

崔弘簡,『崔從史文艸』

洪啓能,『莘村集』

洪大容,『湛軒書』

洪樂純,『大陵遺稿』

黃景源,『江漢集』

黃胤錫,『頤齋亂藁』

柳本藝,『漢京識略』

李最之,『深衣說』

丁若鏞,『自撰墓誌銘』

『新增東國輿地勝覽』

『高陽郡邑誌』(1755년 편찬, 규장각 소장)

『沙斤道先生案』

『海南尹氏群書目錄』

『訓蒙字會』

『承政院日記』국사편찬위원회 사이트 〈http://sjw.history.go.kr〉

『朝鮮王朝實錄』국사편찬위원회 사이트 〈http://sillok.history.go.kr〉

韓國文集叢刊 한국고전번역원 사이트 〈https://db.itkc.or.kr〉

김용직 편저, 『김소월전집』, 재판, 서울대출판부, 2001.

김하라 편역, 『일기를 쓰다: 『흠영』 선집』, 돌베개, 2015.

박희병 역, 『능호집』 상·하, 돌베개, 2016.

박희병 역, 『나의 아버지 박지원』, 양장본, 돌베개, 1998.

박희병·정길수 외 편역, 『연암산문정독 2』, 돌베개, 2009.

유홍준·김채식 옮김, 『김광국의 석농화원』, 눌와, 2015.

이규상 지음, 민족문학사연구소 한문분과 옮김, 『18세기 조선 인물지 병
　　　세재언록』, 창작과비평사, 1997.

이병기 편, 『近朝內簡選』, 국제문화관, 1948.

2. 중국 문헌

『禮記』

『周易』

『詩經』

『中庸』

『大學』

『論語』

『楚辭』

『莊子』

『史記』

『漢書』

『晉書』

『舊唐書』

「劉知幾傳」(『新唐書』列傳 57)

『淸實錄』

沈翼機,『浙江通志』

陶潛,『陶淵明集』

陶弘景,『陶隱居集』

王維,『王右丞集』

韓愈,『昌黎先生集』

張君房,『雲笈七籤』

蘇軾,『東坡集』

程頤,『易傳』

朱熹,『朱子語類』

朱熹,『朱子全書』

羅大經,『鶴林玉露』

李晏,「香山記略」

倪瓚,『淸閟閣集』

胡廣 외,『性理大全』

商輅,「香山永安寺記」

何鏜,『名山勝槩記』

李夢陽,『空同集』

李攀龍,『滄溟集』

王世貞,『弇州四部稿』

程大約,『程氏墨苑』

黃鳳池,『六言唐詩畫譜』

陸世儀,『思辨錄輯要』

雍正帝,『大義覺迷錄』

呂留良,『呂晚村先生文集』

章學誠,『文史通義』

孔尙任,『桃花扇』

李鍇,『睫巢集』

許乃穀,『瑞芍軒詩鈔』

3. 서화첩, 도록

《元靈筆(上)》(국립중앙박물관 소장)

《元靈筆(中)》(국립중앙박물관 소장)

《凌壺帖 B》(개인 소장)

《寶山帖》(버클리대 도서관 소장)

《丹壺墨蹟》(계명대 동산도서관 소장)

《槿域書彙》(서울대 박물관 소장)

《墨戲》(국립중앙박물관 소장)

《墨藪》(국립중앙도서관 소장)

《千古最盛帖》(국립중앙박물관 소장)

《海左墨苑》(국립중앙박물관 소장)

《槿墨》(성균관대 박물관 소장)

《公荷齋繕帖》(영남대 도서관 소장)

《名賢簡札集成》(학고재 소장)

《名家贋墨》(《사진 도본 명가잉묵 전7권 외 고인 필적》, 이종덕 편, 한국컴퓨터산
    업, 1992 소수)

《海東歷代名家筆譜》, 한남서림, 1926.

『凌壺印譜』(개인 소장)

국립중앙박물관,『능호관 이인상』, 2010.

국립중앙박물관,『추사 김정희: 學藝 일치의 경지』, 2006.

예술의 전당,『조선후기 서예전』, 1990.

4. 연보

盧守愼,『文元公晦齋先生年譜』

李野淳,『退溪先生年譜補遺』

柳成龍,『退溪先生年譜』

宋疇錫 외,『尤菴年譜』

『尤菴年譜』(『宋子大全』 소수)

柳琴,『於于先生年譜』

丁奎英,『俟菴先生年譜』

김용선,『이규보 연보』, 일조각, 2013.

정석태,『退溪先生年表月日條錄』4책, 퇴계학연구원, 제1책은 2001, 제
    2·3책은 2005, 제4책은 2006.

조성을, 『年譜로 본 茶山 丁若鏞-샅샅이 파헤친 그의 삶』, 지식산업사, 2016.

허경진, 『허균 연보』, 보고사, 2013.

朱金城, 『白居易年譜』, 上海: 上海古籍出版社, 1982.

丁文江·趙豊田, 『梁啓超年譜長編』, 上海: 上海人民出版社, 1983.

束景南, 『朱熹年譜長編』, 上海: 華東師範大學出版社, 2001.

束景南, 『王陽明年譜長編』, 上海: 上海古籍出版社, 2017.

楊家駱 主編, 『梁任公年譜長編』, 台北: 世界書局, 1958.

胡頌平, 『胡適之先生年譜長編初稿』, 台北: 聯經出版事業公司, 1984.

羅聯添, 『白樂天年譜』, 台北: 國立編譯館, 1989.

花房英樹, 『白居易年譜』(『白居易研究』, 京都: 世界思想社, 1971 소수).

平石直昭, 『荻生徂徠年譜考』, 東京: 平凡社, 1984.

島田虔次 編譯, 『梁啓超年譜長編』, 東京: 岩波書店, 2004.

5. 족보, 사전, 연표

『慶州金氏世譜(文貞公派)』, 1927.

『光山金氏良簡公派譜』, 2010.

『杞溪兪氏族譜(進士公派)』, 1991.

『南陽洪氏南陽君派譜』, 1853.

『德水張氏族譜(柳亭公派)』, 1974.

『萬姓大同譜』, 만성대동보 발행소, 1931(명문당, 1983 再刊).

『星州李氏文烈公派世譜』, 1961.

『水原白氏大同譜』, 1997.

『安東金氏世譜(文正公派)』, 1982.

『完山李氏世譜』, 19세기 중엽(이인상 후손 소장).

『全州李氏桂陽君派譜』, 1994.

『全州李氏密城君派世譜』, 2002.

『平山申氏系譜(思簡公派)』, 1990.

『豊川任氏竹崖公派譜』, 1989.

『韓山李氏良景公派世譜』, 1982.

『海州吳氏家牒』(오찬 후손 소장)

『海州吳氏大同譜(貞武公派)』, 1991.

『금성판 국어대사전』, 금성출판사, 1995.

『브리태니커 세계 대백과사전』, 브리태니커, 2002.

『三省堂 国語辞典』, 제7판, 東京: 三省堂, 2013.

『한국땅이름큰사전』, 한글학회, 1991.

이만열 엮음, 『한국사 연표』, 역민사, 1985.

柏楊, 『中國歷史年表』, 제4판, 台北: 1981.

손잔첸(孫占銓) 편저, 진화 편역, 『한눈에 읽히는 중국사 인물과 연표』, 나
무발전소, 2017.

「文徵明年表」, 『中國書法全集』 50, 文徵明卷, 北京: 榮寶齋, 2000.

東京學藝大學 日本史研究室 編, 『日本史年表』, 증보 4판, 東京: 東京堂
出版, 2007.

歷史學研究會, 『日本史年表』, 제5판, 東京: 岩波書店, 2017.

6. 연구 논저

김수진, 「능호관 이인상 문학 연구」, 서울대 박사학위논문, 2012.

김수진, 「이인상·김근행의 호사강학(湖社講學)에 대한 연구」, 『한국문화』
61, 2013.

김영진, 「조선후기 詩歌 관련 신자료(1)」, 『한국고시가연구』 20, 2006.

박경남, 「단릉 이윤영의 『山史』 연구」, 서울대 석사학위논문, 2001.

박혜숙, 「18~19세기 문헌에 보이는 화폐단위 번역의 문제」, 『민족문학사
연구』 38, 2008.

박혜숙, 「이인상의 '관매기' 연구」, 『한국학연구』 42, 2016.

박희병, 「능호관 이인상, 그 인간과 문학」, 『능호집(하)』, 돌베개, 2016.

박희병, 『능호관 이인상 서화평석 1: 회화편』, 돌베개, 2018.

박희병, 『능호관 이인상 서화평석 2: 서예편』, 돌베개, 2018.

박희병, 『범애와 평등』, 돌베개, 2013.

박희병, 『통합인문학을 위하여』, 돌베개, 2020.

성기옥, 「18세기 음악의 '촉급화(促急化)' 현상과 지식인의 대응」, 『조선후
기 지식인의 일상과 문화』, 이화여대 한국문화연구원, 2007.

신현웅, 「옥국재 『영미편』의 자료적 특징과 가치」, 『한국한문학연구』 46, 2010.

신현웅, 「옥국재 이운영 가사의 특성과 의의」, 서울대 석사학위논문, 2010.

유승민, 「능호관 이인상 서예와 회화의 서화사적 위상」, 고려대 석사학위논문, 2006.

유승희, 「조선후기 한성부 무주택자의 거주양상과 특징」, 『한국민족문화』 40, 2011.

유홍준, 「능호관 이인상의 생애와 예술」, 홍익대 석사학위논문, 1983.

유홍준, 『화인열전』 1·2, 역사비평사, 2001.

이승복, 『옥국재 가사 연구』, 월인, 2013.

이헌창, 『김육 평전』, 민음사, 2020.

임학성, 「18세기 중엽 사근도 소속 역인의 직역과 신분」, 『1747년 사근도 역 사람들-사근도형지안』, 문경시, 2017.

장사훈, 『한국악기대관』, 서울대출판부, 1986.

전경목, 「『사근도형지안』과 작성 책임자 이인상」, 『1747년 사근도 역 사람들-사근도형지안』, 문경시, 2017.

차미애, 「공재 윤두서의 중국출판물의 수용」, 『미술사학연구』 264호, 2009.

차미애, 「일본 야마구치현립대학 데라우치문고 소장 조선시대 회화 자료」, 『경남대학교 데라우치문고 조선시대 서화: 돌아온 문화재 총서 2』, 국외소재문화재재단 편, 사회평론아카데미, 2014.

顧頡剛, 「梁啓超年譜長編序」, 『梁啓超年譜長編』 제1권, 1983.

朱洪斌, 「『梁啓超年譜長編』糾誤」, 『民國檔案』, 2004 第3期, 中國第二歷史檔案館.

李揚, 「『梁啓超年譜長編』辨誤一則」, 『讀書』, 2010 第10期, 中國出版集團.

陳希亮, 「王敬芳字搏沙非搏沙-『梁啓超年譜長編』諸書勘誤」, 『紅海學刊』, 2012 第2期, 江蘇省社會科學院.

胡適, 「『梁任公先生年譜長編初稿』序」, 『梁任公年譜長編』上, 1958.

余英時, 「中國近代思想史的胡適-『胡適之先生年譜長編初稿』序」, 『胡適之先生年譜長編初稿』, 1983.

狹間直樹,「解說」,『梁啓超年譜長編』, 2004.

井波陵一,「あとがき」,『梁啓超年譜長編』 제5권, 2004.

찾아보기

색인 범례

1 '인명', '지명', '서명', '시문명', '서화명', '사항명'으로 나누어 색인어를 제시했다.

2 '인명'에서, 근현대 연구자의 이름 중 한국인의 경우 이름 옆에 現을 표시하고 한자 병기는 하지 않았다.

3 정자 이름이나 누각 이름 등 건물 명칭은 '지명'에 제시했다.

4 '시문명'에서, 이인상의 시문과 다른 사람의 시문을 따로 제시했다.

5 '시문명'에서, 번역된 제목과 원제를 따로 제시해 어느 쪽으로든 찾을 수 있게 했다.

지명

532

534

서명

536

시문명

548

582

발문

이 책의 마지막 교정을 볼 무렵, 수소문 끝에 오찬의 후손이신 오세헌 씨와 연락이 닿아 전화 통화를 했다. 집안에 혹 오찬의 문집이 전하지 않는지 물었더니, 예전에 부친이 살아 계실 적에 2책의 문집이 집에 있었는데 누군가에게 빌려줬다가 그분이 분실해 버려 돌려받지 못했다고 했다. 그러면서 수재공(修齋公: 오찬)이 친구들과 함께 지은 글들을 실어 놓은 것으로 보이는 책이 집에 한 권 있는데 정확히 무슨 책인지는 모르겠다고 했다. 나는 날을 잡아 오세헌 씨를 만나 뵈었다.

오랫동안 이인상을 연구해 오면서 이른바 '단호그룹'에 속한 인물들의 문집들, 이를테면 이윤영의 『단릉유고』(丹陵遺稿), 송문흠의 『한정당집』(閒靜堂集), 윤면동의 『오헌집』(娛軒集), 김순택의 『지소유고』(志素遺稿), 김무택의 『연소재유고』(淵昭齋遺稿), 김상숙의 『배와초』(坯窩草) 등을 두루 열독(閱讀)했지만 유독 오찬의 유저는 접하지 못했다. 여기저기 조사하고 알아보았지만 모두 허사였다. 그래서 나는 오찬이 정치적인 일로 유배 가 젊은 나이에 죽는 바람에 그의 글들이 문집으로 수습되지 못한 게 아닌가 생각하게 되었다.

이인상과 존재관련이 가장 깊은 사람을 셋 꼽는다면 이윤영, 송문흠, 오찬이다. 이 셋은 단호그룹의 핵심 중의 핵심이랄 수 있다. 그러니 오찬의 글이 부재함은, 단호그룹의 전모를 아는 데는 물론, 이인상의 삶을 온전히 복원하는 데도 큰 곤란을 초래한다고 하지 않을 수 없다. 이 때문에 연보 작업을 마무리하면서도 끝내 마음이 편치 않았다.

나는 작년부터 1년 가까이 연보의 교정을 보고 있는데, 최근 마지막 교정을 보던 중 왠지 오찬의 문집이 후손집에 있으리라는 느낌이 강하게 엄습했다. 그래서 해주 오씨 문중에 연락해 오찬 후손의 연락처를 알아보기 시작했다. 그리하여 열흘쯤 뒤 마침내 오세헌 씨와 전화 통화를 하게 된 것이다.

약속한 날 오세헌 씨를 뵈었더니, 필사본 네 책을 꺼내 놓으셨다. 그중 한 책은 표제(表題)가 박락(剝落)되고 파손이 퍽 심했는데, 내제(內題)를 보니 '수재유고'(修齋遺稿)라고 되어 있었다. 그리도 찾던 오찬의 문집이었다. 앞부분은 시고(詩稿)이고 뒷부분은 문고(文稿)였는데, 분권(分卷)이 되지 않은 채 단책(單冊)으로 묶여 있었다. 몇 십 년 전 누군가에게 빌려줘 잃어 버렸다는 2책으로 된 문집은 아마도 이 단책본의 시고와 문고를 분리해 2책으로 만든 것이지 않을까 생각된다.

오세헌 씨가 보여 준 나머지 세 책은 『죽우고』(竹友稿) 2책과 『해주오씨가첩』(海州吳氏家牒) 1책이다. 『죽우고』는 오찬의 아들 오재경(吳載絅)의 문집인데, 그 제1책이 '죽우시고'이고, 제2책이 '죽우문고'였다.

나는 『수재유고』를 통해 많은 새로운 사실을 알 수 있었으며, 미심쩍은 점들을 풀 수 있었다. 이에 다시 추가로 작업을 해 연보를 대폭 보충하였다. 다된 일을 다시 시작하게 해 출판사에 송구스럽기 짝이 없지만 그럼에도 이 추가 작업으로 인해 본 연보는 한층 충실하고 풍부해진 것 같다.

나는 이 일을 계기로 문득 이런 생각을 하게 되었다: 시인 백석이 말했듯, 나의 뜻이나 힘보다 더 크고 높은 어떤 것이 있어 나를 굴려 가는 것은 아닌지.

훗날의 망각에 대비하기 위해 책의 말미에 그 경위를 간단히 적는다.

2021년 10월 29일
박희병